Franz Egle | Michael Nagy (Hrsg.)

Arbeitsmarktintegration

Franz Egle | Michael Nagy (Hrsg.)

Arbeitsmarktintegration

Grundsicherung – Fallmanagement – Zeitarbeit – Arbeitsvermittlung

2., überarbeitete und erweiterte Auflage

GABLER

Bibliografische Information Der Deutschen Nationalbibliothek
Die Deutsche Nationalbibliothek verzeichnet diese Publikation in der
Deutschen Nationalbibliografie; detaillierte bibliografische Daten sind im Internet über
<http://dnb.d-nb.de> abrufbar.

Professor Dr. Franz Egle hat an der SRH Hochschule Heidelberg den Stiftungslehrstuhl für Arbeitsmarktökonomie, Personalberatung/-vermittlung und Personaldienstleistung inne.

Professor Dr. Michael Nagy ist Professor für Personal- und Qualitätsmanagement an der SRH Hochschule Heidelberg und lehrt systemorientierte Managementlehre am Malik Management Zentrum St. Gallen.

1. Auflage 2005
2. Auflage 2008

Lektorat: Ulrike Lörcher | Katharina Harsdorf

Der Gabler Verlag ist ein Unternehmen von Springer Science+Business Media.
www.gabler.de

Umschlaggestaltung: Ulrike Weigel, www.CorporateDesignGroup.de
Druck und buchbinderische Verarbeitung: Wilhelm & Adam, Heusenstamm
Gedruckt auf säurefreiem und chlorfrei gebleichtem Papier
Printed in Germany

ISBN 978-3-8349-0677-9

Vorwort

Das vorliegende Buch vermittelt anschaulich und nachvollziehbar die Fachkenntnisse, die für die Vorbereitung auf Tätigkeiten im Bereich der Arbeitsvermittlung, der aktivierenden Sozialleistungsberatung und des Fallmanagements erforderlich sind. Wichtige Aspekte der Vermittlungsarbeit für unterschiedliche Zielgruppen am Arbeitsmarkt werden verdeutlicht. Für Praktiker stellt das Buch ein fachlich fundiertes Nachschlagewerk dar, welches über den aktuellen Stand der Job Center, des Fallmanagements und der Neuregelungen des Sozialgesetzbuches (SGB II und III) im Rahmen der Arbeitsmarktreformen informiert.

Das Buch geht konzeptionell über die bisherige Arbeitsvermittlung der Agenturen für Arbeit hinaus, indem es bewusst die Jobvermittlung in Kommunen, Landkreisen, Arbeitsgemeinschaften sowie die Bedeutung von Kombi- und Mindestlöhne sowie den Bedeutungszuwachs von Zeitarbeit ins Blickfeld rückt. Inhaltlich vertraut werden die Leser mit dem erforderlichen Grundlagenwissen über

- Arbeitsmarktökonomie,
- Bildung und Qualifizierung,
- Job Center und Fallmanagement,
- Arbeitsvermittlung, Profiling und Matching,
- Berufe und Tätigkeitsfelder,
- Integration von behinderten Menschen
- Kombilohnmodelle, die Mindestlohndiskussion sowie
- das Potenzial der Zeitarbeit

Das Buch *ARBEITSMARKTINTEGRATION* basiert auf den langjährigen Lehr-, Management- und Vermittlungserfahrungen der Autoren an der Hochschule der Bundesagentur für Arbeit, der SRH Hochschule Heidelberg, dem Sozialamt der Stadt Mannheim sowie Agenturen für Arbeit und stellen dadurch ein Public-Private-Partnership-Modell für die Aus- und Weiterbildung von Experten im gesamten System Arbeit dar. Das Buch ist eine Pflichtlektüre für alle, die im Arbeitsmarktbereich lehren und studieren und die in der Arbeitsmarktpolitik sowie bei der Arbeitsvermittlung, der beruflichen Beratung, dem Fallmanagement und bei der Integration von Personen mit besonderen Vermittlungshemmnissen Verantwortung tragen und/oder dort unternehmerisch tätig sind. Von der Lektüre dieses Buches profitieren insbesondere:

- Mitarbeiter von Kommunen, Landkreisen, Arbeitsgemeinschaften (ARGEN), Rehabilitationsträgern, beruflichen Bildungsanbietern, Beschäftigungsträgern, Wohlfahrtsverbänden, Agenturen für Arbeit
- Private Arbeitsvermittler, Personalberater, Personaldisponenten von Zeitarbeitsfirmen
- Stadt- und Gemeinderäte, Führungspersonen in den Arbeits- und Sozialverwaltungen, Entscheidungsträger in Politik und Verwaltung
- Dozenten und Studierende von Universitäten und Fachhochschulen, insbesondere in den Studiengängen: Arbeitsförderung, Beratungswissenschaft, Personalwirtschaft, Sozialwesen und Verwaltungswissenschaften.

Die Autoren gehen davon aus, dass der Arbeitsmarktausgleich - trotz der gegenwärtig ungünstigen Lage - spürbar verbessert werden kann, wenn es gelingt, die Strukturprobleme am Arbeitsmarkt offensiv anzupacken und beschäftigungsfördernde Lösungen in Kommunen, Landkreisen und Bundesländern zu finden. Dazu gehören u.a.:

- neue (Finanzierungs-) Wege bei der Ausbildung von Jugendlichen und der Weiterbildung von Erwerbspersonen,
- eine konsequente „Fördern & Fordern Strategie" auf der Basis rechtlich abgesicherter Arbeitssuchverträge und Eingliederungsvereinbarungen,
- eine Vermittlungsstrategie, die auf den Stärken der Arbeitsuchenden und den Chancen des (über-)regionalen Arbeitsmarktes basiert sowie
- ein Fallmanagement, das sich zum Ziel setzt, Zielgruppen des Arbeitsmarktes und behinderte Menschen umfassend und mit persönlichem Engagement auf den Weg in den Ersten Arbeitsmarkt zu führen.

Die 2. Auflage wurde aktualisiert und durch die Kapitel Kombilohnmodelle und Potenzial der Zeitarbeit ergänzt.

Unseren Betreuerinnen Frau Ulrike Lörcher, Lektorin beim Gabler-Verlag, und Frau Katharina Harsdorf, freiberufliche Lektorin und Übersetzerin, möchten wir für die hilfreiche, angenehme und effiziente Zusammenarbeit danken.

Wir widmen das Buch den Arbeitsvermittlern und Fallmanagern bei Arbeitsagenturen, ARGEN, Kommunen und Landkreisen sowie bei (Zeitarbeits-)Unternehmen, die auf der Grundlage der umfassendsten Arbeitsmarktreform der neueren Geschichte der Bundesrepublik Deutschland mit persönlichem Einsatz und professionellem Know-how dazu beitragen, dass individuelle Arbeitslosigkeit in Deutschland verhindert und/oder in ihrer Dauer spürbar verkürzt wird.

Franz Egle / Michael Nagy

Inhaltsverzeichnis

Abbildungs- und Tabellenverzeichnis

Abkürzungsverzeichnis

AFBG	Aufstiegsfortbildungsförderungsgesetz
AfL	Programm „Arbeit für Langzeitarbeitslose“
Alg II	Arbeitslosengeld II
BBiG	Berufsbildungsgesetz
BDA	Bundesvereinigung der Deutschen Arbeitgeberverbände
BGBl	Bundesgesetzblatt
BIBB	Bundesinstitut für Berufsbildung
BIK	Beschäftigungsförderung in Kommunen
BMBF	Bundesministerium für Bildung und Forschung
BMFSFJ	Bundesministerium für Familie, Senioren, Frauen und Jugend
BMWA	Bundesministerium für Wirtschaft und Arbeit
BudgetVO	Budget-Verordnung
CM	Case Management
FM	Fallmanagement
FSJ	Freiwilliges Soziales Jahr
FSTJ	Freiwilliges Soziales Trainingsjahr
ECDL	European Computer Driving Licence (Europäischer Computerführerschein)
ECTS	European Credit Transfer and Accumulation System
EDV	Elektronische Datenverarbeitung
EEA	European Environment Agency
EU	Europäische Union
FernUSG	Fernunterrichtsschutzgesetz
HRG	Hochschulrahmengesetz
HWK	Handwerkskammer
HwO	Handwerksordnung

IAB	Institut für Arbeitsmarkt- und Berufsforschung
IAS	International Accounting Standards
ICC	Industrial Chamber of Commerce
IEB	Integrierte Erwerbsbiografien
IHK	Industrie- und Handelskammer
ILS	Institut für Lernsysteme
INFAS	Institut für angewandte Sozialforschung
IRU	Innerbetriebliche Rehabilitation und Umschulung
IT	Informationstechnologie
KJHG	Kinder- und Jugendhilfegesetz
KMK	Kultusministerkonferenz
MoZArT	Modellvorhaben zur Zusammenarbeit von Arbeitsämtern und Trägern der Sozialhilfe
OECD	Organisation for Economic Cooperation and Development
PAP	Persönlicher Ansprechpartner
PSA	Personalserviceagenturen
SOFI	Soziologisches Forschungsinstitut Göttingen
SRH	Stiftung Rehabilitation Heidelberg

Autorenverzeichnis

Prof. Dr. Franz Egle lehrt Volkswirtschaftslehre an der SRH Hochschule Heidelberg und hat dort die Stiftungsprofessur für Arbeitsmarktökonomie, Personalberatung/-vermittlung und Personaldienstleistung inne. Er leitet die beruflichen Weiterbildungsstudiengänge „Arbeitsmarktintegration" und „Personaldienstleistungsmanagement".

Prof. Dr. Michael Nagy verfügt über 25 Jahre Erfahrung aus Vorstands- und Geschäftsführungstätigkeiten von HR- und Sozialunternehmen. Aktuell ist er Projektleiter beim Malik Management Zentrum St. Gallen in der Schweiz und lehrt Personal- und Sozialmanagement an der SRH Hochschule Heidelberg.

Hermann Genz, Diplom-Sozialpädagoge, Jahrgang 1952, Leiter des Fachbereichs Soziale Sicherung, Arbeitshilfen und Senioren in der Stadt Mannheim, seit 2005 außerdem Geschäftsführer der Arbeitsgemeinschaft Job-Center Mannheim.

Walter Werner, Diplom-Soziologe, Jahrgang 1950, Sozialplaner bei der Stadt Mannheim seit 1978, ab 1984 Leiter der Stabsstelle Sozialplanung in der Sozialverwaltung, ab 2005 Leiter des Planungsbüros beim Fachbereich Soziale Sicherung, Arbeitshilfen und Senioren, 1991 – 1995 und 1997 – 1999 Bundesvorsitzender des Sozialplaner-Netzwerkes Verein für Sozialplanung e. V. (VSOP)

Christian Scheller ist Vermittler in der Arbeitsagentur Helmstedt in den Geschäftsstellen Wolfsburg und Gifhorn und wirkt an der FH der Bundesagentur für Arbeit, der SRH Hochschule Heidelberg und bei weiteren Einrichtungen konzeptionell und praktisch in der Ausbildung von Fachkräften im Bereich Personal und Arbeitsvermittlung mit. In Gifhorn, Wolfsburg, München und Heidelberg hat er Projekte zur Erprobung der Vermittlungsstrategie „Talentmarketing" initiiert und erfolgreich erprobt. Internet: www.christian-scheller.de

Michael Stops war mehrere Jahre als Arbeitsvermittler tätig. Zurzeit ist er im Institut für Arbeitsmarkt- und Berufsforschung der Bundesagentur für Arbeit im administrativen Bereich beschäftigt und arbeitet in einem empirischen Forschungsprojekt zur Darstellung der Nachfrageseite des Arbeitsmarktes mit. Daneben nimmt er Lehraufträge zu Themen der Personalvermittlung, Betriebswirtschaftslehre und Volkswirtschaftlehre an der Hochschule für Arbeitsmarktmanagement in Mannheim und an der SRH Hochschule Heidelberg wahr.

Prof. Dr. Gustav Rückemann hat nach seinem Studium der Erziehungswissenschaften und Psychologie als Dozent im Berufsförderungswerk Heidelberg gearbeitet und hat dort die Fachschule für Jugend- und Heimerziehung geleitet. Anschließend wurde er von der SRH Hochschule Heidelberg zum Professor für Sozialmanagement berufen. Derzeit ist Professor Rückemann Prorektor der Hochschule. Er ist Mitglied der European Platform for Rehabilitation und arbeitet mit an internationalen Projekten zu Problemstellung der beruflichen Rehabilitation im internationalen Vergleich.

Dr. Alexander Spermann ist Manager Market Innovation bei Randstad Deutschland, Privatdozent an der Universität Freiburg, Gastwissenschaftler am Zentrum für Europäische Wirtschaftsforschung (ZEW) in Mannheim und Research Fellow am Institut zur Zukunft der Arbeit (IZA) in Bonn.

Hans-Peter Brömser ist seit 2005 Geschäftsführender Vorstand der Randstad Stiftung (ehrenamtlich). Nach Führungspositionen im Vertrieb begann er seine Karriere bei Randstad 1991 als Gebietsleiter Rhein-Main. Nach der Leitung des Bereichs Personal und Organisation übernahm er im Jahr 2001 die Verantwortung für arbeitsmarktpolitische Projekte und Kontakte zu Politik, Verbänden und Behörden als Director Corporate Affairs.

Franz Egle

Arbeitsmarkt und Beschäftigung

Summary

Der Autor beschreibt in seinem Beitrag die grundlegenden Einflussfaktoren von Angebot und Nachfrage auf dem Arbeitsmarkt und ordnet diesen in das Gesamtsystem der sozialen Marktwirtschaft ein. Die Arbeitsmarktbilanz zeigt das anhaltende und tendenziell zunehmende Ungleichgewicht auf dem Arbeitsmarkt auf. Dieses kann zu einem nicht geringen Anteil durch strukturelle, klassische und friktionelle Ursachen erklärt werden.

Daraus werden Strategiebereiche und Instrumente der Wirtschafts-, Beschäftigungs- und Arbeitsmarktpolitik abgeleitet. Einen Bedeutungszuwachs erfahren dabei die Strategien der Bildung von Humankapital (zur Verringerung der strukturellen Arbeitslosigkeit), der Verbesserung der Wettbewerbsfähigkeit durch Senkung von Abgaben und Lohnnebenkosten (zur Reduzierung der klassischen Arbeitslosigkeit) sowie der Arbeitsvermittlung zur quantitativen und qualitativen Verbesserung des Arbeitsmarktausgleichs. Der Job-Search-Theorie fällt dabei die Rolle zu, die Grundlage der neuen, aktivierenden Arbeitsmarkt-Ausgleichspolitik aufzuzeigen, die dem Prinzip des „Förderns und Forderns" von Arbeitsuchenden folgen.

Einen breiten Raum nehmen die aktuellen Reformen des Arbeitsmarktes ein. Dabei blickt der Autor über die Grenzen hinaus und stellt als Benchmark das britische Jobcentreplus-Konzept dar, das es offensichtlich schafft, nicht nur die Langzeitarbeitslosigkeit mit einem smarten und schlanken Managementkonzept niedrig zu halten. „Credit Points" für die Steuerung der Arbeitsvermittlung, eine leistungsorientierte Bezahlung von Mitarbeitern, Budgets für die Persönlichen Berater der Arbeitsuchenden sind einige bemerkenswerte und nachahmenswerte Konzepte für die Akteure im deutschen System Arbeit.

1 Grundzusammenhänge des Arbeitsmarktes

1.1 Der Arbeitsmarkt im globalen und sozialen Kontext

1.1.1 Der Mensch im System der sozialen Marktwirtschaft

Der folgenden Abbildung kommt eine Schlüsselrolle für das Verständnis sowohl der "sozialen Marktwirtschaft" als auch des komplexen wechselseitigen Beziehungsgeflechtes von Wirtschaft, Währung und Arbeitsmarkt zu. Die etwas ungewöhnliche Form eines "Fünfsterns" als traditionelles Symbol des MENSCHEN wurde gewählt, um

- auf die wichtige Aufgabe hinzuweisen, die Menschen in Personaldienstleistungsunternehmen haben, nämlich für Arbeitsuchende und Arbeitgeber kundenorientiert und handlungskompetent in wirtschaftlicher und sozialer Hinsicht tätig zu werden,
- zu verdeutlichen, dass in der sozialen Marktwirtschaft der Mensch im Mittelpunkt steht, also nicht Objekt staatlicher oder unternehmensinterner Bürokratie ist, sondern das Subjekt wirtschaftlichen und sozialen Handelns darstellt, von dem folglich die wesentlichen Impulse für Chancen und Risiken des Erwerbslebens selbst ausgehen und
- den Arbeitsmarkt als "Kopf" des ganzen Systems zu beschreiben in seiner Abhängigkeit vom globalen Zentrum, dem Bruttoinlandsprodukt, von der Wirtschaftspolitik, die dieses Zentrum mit fiskal-, ordnungs- und geldpolitischen Instrumenten im Gleichgewicht hält ("Arme") sowie von den mikroökonomischen Gesetzen, die das "Standbein" der Marktwirtschaft darstellen und die damit auch dem Grundsatz "Mehr Markt am Arbeitsmarkt" Rechnung tragen.

Wirtschaftliches Handeln des Menschen heißt, sich dauernd aktiv entscheiden zu müssen, um seine Ziele verwirklichen zu können. Die Freiheit durch Selbstbestimmung und Selbstverantwortung ist der Schlüssel für die Verwirklichung individueller Berufs- und Lebenschancen. Dagegen führt die Fremdbestimmung durch staatliche Bürokratie meistens dazu, dass die kreativen Kräfte, die Menschen in sich tragen, nicht geweckt werden können, vergleichbar den Blumen, deren Knospen ohne das Lebenselixier Wasser unabwendbar dahinwelken, ohne je zu voller Pracht erblüht zu sein.

Abbildung 1: Wirtschaft, Währung und Arbeitsmarkt im Zusammenhang

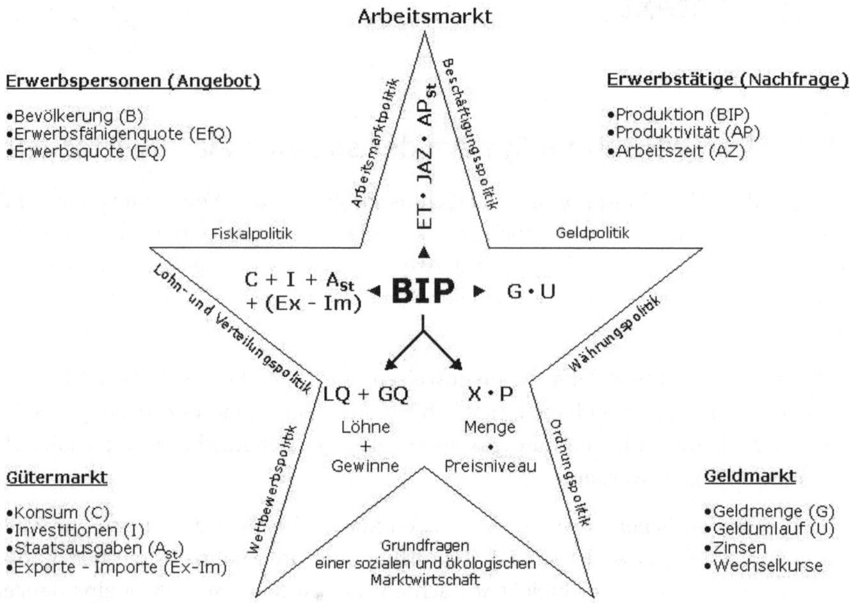

Nicht zu bestreiten ist jedoch, dass diese Freiheit auch einen Preis hat, z.B.: Egoismus, Prestigedenken, fehlende Solidarität, Isolation, Aggressivität. Diese unerwünschten Nebenwirkungen der Marktfreiheit können die Menschen jedoch um so eher begrenzen, je stärker es ihnen gelingt, sich auch für die sozialstaatlichen Aufgaben des Grundgesetzes zu engagieren, deren politische Umsetzung der "sozialen" Komponente der Marktwirtschaft obliegt. Sinn und Zweck des Wirtschaftens liegt in der Befriedigung (materieller, sozialer und geistiger) menschlicher Bedürfnisse. Ein allgemein anerkanntes wissenschaftliches Grundlagenmodell über die Bedürfnisstruktur der Menschen geht auf Maslow zurück. Nach seiner "Bedürfnispyramide" hat jeder Mensch die gleichen elementaren Bedürfnisse, die in folgenden fünf Stufen aufeinander aufbauen (Maslow, 1994):

- **Bedürfnis nach Selbstverwirklichung** (Nutzung und Entwicklung des eigenen Potentials)
- **Ichbezogene Bedürfnisse** (Status, Kompetenz, Achtung, Respekt)
- **Soziale Bedürfnisse** (Freundschaft, Gruppenzugehörigkeit, Anerkennung)
- **Sicherheit und Schutzbedürfnisse** (geordnete, beherrschbare Lebensumstände)
- **Physiologische Grundbedürfnisse** (Essen, Trinken, Schlafen)

Maslow geht erstens davon aus, dass die genannten Bedürfnisse nicht erlernt, sondern in der Natur des Menschen angelegt sind. Die ersten vier Bedürfnisklassen nennt er die sogenannten **Defizitbedürfnisse**. Sie sind darauf angelegt, einen Mangelzustand zu beheben. Bleibt die Befriedigung aus, so kann das die Ursache seelischer Störungen sein. Umgekehrt dient ihre Befriedigung bzw. Wiederbefriedigung der seelischen Gesundheit. Bei der letzten Bedürfnisstufe, dem Bedürfnis nach Selbstverwirklichung, handelt es sich um ein sogenanntes **Wachstumsbedürfnis**. Dieses ist nicht darauf ausgerichtet, durch Beseitigung eines Mangels einen zuvor gegebenen Zustand wieder herzustellen, sondern sein Ziel besteht im wesentlichen darin, den Menschen in seinen Möglichkeiten zu verwirklichen und damit über seinen momentanen Zustand hinauszuheben.

Maslow geht zweitens davon aus, dass die fünf Bedürfnisklassen zueinander in einem bestimmten **Über- bzw. Unterordnungsverhältnis** stehen: Das jeweils niedrigere Motiv ist solange das wichtigste und beherrscht das Verhalten, als es unbefriedigt ist. Ist es befriedigt, wird das zunächst höhere Motiv zum bedeutsamsten und damit handlungsbestimmend. Werden alle Bedürfnisse immer wieder neu befriedigt, fühlt sich der Mensch geistig, seelisch und körperlich ausgeglichen und verfügt dann über eine optimale Leistungsbereitschaft und Leistungsfähigkeit.

Für den **Arbeitsmarkt** lässt sich die Maslowsche Bedürfnispyramide nach Then wie folgt spezifizieren (Then, 1994):

- Selbständigkeit und Selbststeuerung
- Freude an der Arbeit, Prestige, Weiterentwicklung
- Information und Beteiligung bei Veränderungen und Entscheidungen, Rückhalt bei Vorgesetzten und Kollegen
- Sicherer Arbeitsplatz und Einkommensmehrung
- Befristetes Arbeitsverhältnis und Einkommenserhalt

1.1.2 Volkswirtschaftliche Grundfragen

Bereits die Befriedigung der primären physiologischen und arbeitsplatzbezogenen Bedürfnisse setzten ein Wirtschaftssystem voraus, das in der Lage ist, die drei **Grundfragen des Wirtschaftens**, also die **WAS-, WIE-** und **FÜR-WEN-**Fragen zu lösen: was soll in einer Volkswirtschaft in welchen Mengen, wie und für wen produziert werden? Die **makroökonomische Lösung** dieser drei Grundfragen kann mit Hilfe des in Abbildung 1-2 dargestellten volkswirtschaftlichen Kreislaufmodells verdeutlicht werden (Samuelson/Nordhaus, 1985, 44ff.). In diesem volkswirtschaftlichen Modell werden die Beziehungen zwischen zwei Akteuren betrachtet, nämlich die Haushalte und die Unternehmen. Die beiden Akteure begegnen sich auf zwei Märkten: dem Markt für Güter ("Gütermarkt") und dem Markt für Produktionsfaktoren ("Arbeit", "Kapital", "Boden"). Jeder der beiden Akteure ist sowohl Anbieter als auch Nachfrager. Haushalte fragen auf dem Gütermarkt Güter und Dienste nach und bieten ihre Produktionsfaktoren auf dem Faktormarkt an. Sie verwenden ihre aus dem Verkauf der Produktionsfaktoren erzielten Einkünfte zum Kauf von Gütern und Diensten, bestimmen also mit ihren "€--Stimmen" mit, die WAS-Frage auf dem Gütermarkt zu lösen.

Mit den Einnahmen, welche die Unternehmen aus dem Verkauf ihrer Produkte auf dem Gütermarkt erzielen, bezahlen sie auf den Faktormärkten die zur Herstellung der Güter nachgefragten Produktionsfaktoren Arbeit (Lohn), Kapital (Zins) und Boden (Pacht). Auf der Basis dieser Produktionskosten werden von den Unternehmen die Güterpreise kalkuliert. Ob sich diese Preise am Markt durchsetzen, d.h. Angebot und Nachfrage zum Ausgleich bringen, hängt sowohl von den "€-Stimmen" als auch von der Konkurrenz der Anbieter ab. In einem "trial-and-error"-Prozess bilden sich letztlich auf dem Gütermarkt die Gleichgewichtspreise (Gesetz von Angebot und Nachfrage).

Abbildung 2: Angebot und Nachfrage im volkswirtschaftlichen Kreislauf

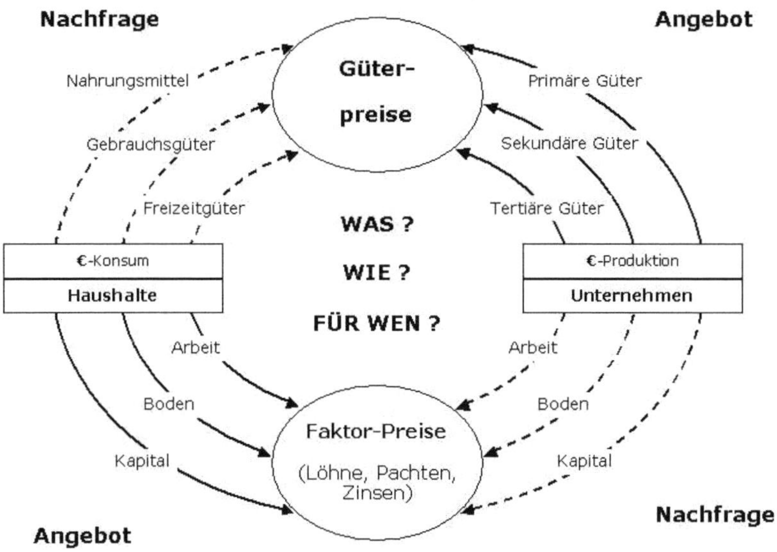

Da die Unternehmen aus Existenzgründen stets das Bestreben haben, eine positive Differenz zwischen den Einnahmen auf dem Gütermarkt und den Ausgaben auf den Faktormärkten zu erzielen, also einen Gewinn zu erwirtschaften, sind für sie permanente Anstrengungen auf beiden Märkten erforderlich:

Auf dem **Gütermarkt** geht es darum, solche Produkte auf den Markt zu bringen, die "gefragt" und folglich ihren (höheren) Preis wert sind. Dies erfordert eine ständige Anpassung der Produktion an die Kundenwünsche ("Customer Focus").

Auf den **Faktormärkten** geht es darum, durch eine "Minimalkostenkombination" der einzelnen Produktionsfaktoren möglichst niedrige Ausgaben zu haben, um damit gegenüber der Konkurrenz auf den Gütermärkten preislich wettbewerbsfähig zu sein. Die Konkurrenz der Unternehmen auf den Faktormärkten und ihr Bemühen, auf den Gütermärkten preisgünstige Produkte anzubieten, bestimmt darüber, mit welcher Faktorkombination die Güter hergestellt werden, also WIE produziert wird.

Am Beispiel der beiden Produktionsfaktoren Arbeit und Kapital ist diese Frage besonders aktuell: Wie viele Arbeitnehmer können von den Unternehmen beschäftigt werden? Aus Konkurrenzgründen auf Dauer sicherlich nur die Zahl an Erwerbstätigen, mit der die damit verbundenen Personalkosten auch erwirtschaftet werden können.

Dies hängt einerseits davon ab, welche Produktionsleistung ("Produktivität") von den Erwerbstätigen erbracht wird und zu welchen Preisen andererseits die Produkte am Markt verkauft werden können. Bei vorgegebenen Preisen und konstanter Produktivität bestimmt deshalb die Höhe der Personalkosten, wie viele Arbeitsverhältnisse rentabel sind.

Hieran erkennt man sehr deutlich die Wechselbeziehung zwischen Güter- und Faktormärkten: Einerseits stellen die Löhne die Quelle für die "€-Stimmen" und damit für die Güternachfrage dar; andererseits sind hohe Löhne aber "Gift" für die Wettbewerbsfähigkeit und damit für das Angebot auf dem Gütermarkt. WAS- und WIE-Fragen der Produktion können also nicht unabhängig voneinander gelöst werden, es sind stets Kompromisse einzugehen, z.B. durch eine produktivitätsorientierte Lohn- und Arbeitszeitpolitik.

Auch die "Für-Wen"-Frage hängt von der WAS-Frage ab: In der Marktwirtschaft kommt derjenige in den Genuss der produzierten Güter, der über eine kaufkräftige Nachfrage, also über viele "€-Stimmen" verfügt. Dies sind die Erwerbspersonen, die bei der Produktion derjenigen Güter beschäftigt sind, die besonders stark nachgefragt werden, sich also gut verkaufen lassen und damit zu höheren Preisen und Gewinnen bei den Unternehmen führen. Durch Arbeitsplatzwechsel zu den besser bezahlenden Unternehmen (berufliche und regionale Mobilität) lässt sich für die Arbeitnehmer in der Marktwirtschaft die "Für-Wen-Frage" positiv beeinflussen. Insofern fällt der Arbeitsvermittlung auch die Rolle zu, den Strukturwandel der Wirtschaft durch die Aktivierung des Flexibilitätspotentials der Arbeitnehmer zu beschleunigen.

Was "steuert" nun in einem marktwirtschaftlichen System Angebot und Nachfrage auf den jeweiligen Märkten so, dass sowohl die Interessen der Verkäufer als auch die der Käufer nicht zu kurz kommen? Wie werden die Märkte "geräumt", so dass es keine dauerhaften Ungleichgewichte weder in Form von Angebotsüberschüssen (unverkaufte Lagerbestände) noch in Form von Angebotsmangel (unbefriedigte Käufernachfrage) gibt? Es ist - im marktwirtschaftlichen Idealmodell - der **Preismechanismus**. Man bezeichnet diesen Mechanismus auch als **Gesetz von Angebot und Nachfrage**.

Die Funktionsweise des Preismechanismus in einem marktwirtschaftlichen System lässt sich darstellen und erläutern, wenn man vom vereinfachten **Modell des vollkommenen Marktes** ausgeht, das in quantitativer und qualitativer Hinsicht hohe Anforderungen an die Beschaffenheit der Märkte stellt. Märkte werden dabei - unabhängig von Orts- und Zeitvorstellungen - als Zusammentreffen von Angebot und Nachfrage zwecks Bestimmung von Produktionsmengen und Marktpreisen definiert.

Bei der **quantitativen** Beschaffenheit von Märkten wird auf die Charakterisierung der Märkte nach der Anzahl der Marktteilnehmer abgestellt. Die drei wichtigsten Unterscheidungsformen sind: das Monopol, das Oligopol und das Polypol (Konkurrenzmodell). Für die Ableitung des Preisbildungsvorganges ist die Marktform des Polypols maßgebend. **Vollständige Konkurrenz** liegt dann vor, wenn auf dem Markt sehr viele

Anbieter vorhanden sind - der Marktanteil also sehr gering ist -, so dass von einem einzelnen Anbieter kein entscheidender Einfluss auf die Preisgestaltung ausgeht.

- Bei der **qualitativen** Beschaffenheit von Märkten kommt es auf den Unterschied zwischen vollkommenem und "unvollkommenem Markt" an. Für die Ableitung des Preismechanismus wird von einem **vollkommenen Markt** ausgegangen. Bedingungen für das Vorliegen eines vollkommenen Marktes sind im einzelnen:

  1. die auf dem Markt getauschten Güter sind **homogen**, d.h. sachlich gleichartig. Es gibt danach keine Unterschiede in der Qualität ein und desselben Produktes,
  2. es darf **keine persönlichen Präferenzen** für ein bestimmtes Gut geben,
  3. zwischen Angebot und Nachfrage darf es **keine räumliche** und **zeitliche Differenzen** geben, d.h., der Marktvorgang vollzieht sich einerseits an einem festen Ort (z.B. der Frankfurter Börse); andererseits müssen zeitliche Verzögerungen, z.B. Lieferfristen, bei gleichen Gütern gleich sein,
  4. die Marktteilnehmer sind über die Verhältnisse am Markt vollkommen informiert (**Markttransparenz**),
  5. die Marktteilnehmer **reagieren** bei Änderung der Marktdaten ohne **zeitliche Verzögerung**.

- Bei der Beschreibung der Funktionsweise des Preismechanismus wird also ein idealtypischer Markt vorausgesetzt, der in quantitativer Hinsicht vollkommen ist. Mit dem folgenden Preis-Mengen-Diagramm lässt sich das Gesetz von Angebot und Nachfrage auf dem Gütermarkt verdeutlichen. Übertragungen auf den Geld- und Arbeitsmarkt werden in der klassischen mikroökonomischen Theorie vorgenommen.

- In Abbildung 3 wird das Angebot und die Nachfrage als lineare Funktion des Preises dargestellt. Die von links oben nach rechts unten verlaufende Nachfragekurve geht von der Vorstellung aus, dass von einem Gut x um so mehr (weniger) nachgefragt wird, je niedriger (teurer) der Kaufpreis ist. Für dieses "normale" **Nachfrageverhalten** gibt es zwei Begründungen:

  1. **Substitutionseffekt:** gibt es zwei oder mehr Güter, die denselben Zweck erfüllen, so wird man bei einer Preissenkung auf das billigere Produkt "umsteigen", d.h. das teurere durch das billigere ersetzen und folglich mit sinkendem Preis mehr nachfragen,
  2. **Einkommenseffekt:** jede Preissenkung führt - bei Konstanz aller übrigen Preise - dazu, dass das reale Einkommen steigt. Haushalte, die bisher das betreffende Gut (noch) nicht kaufen konnten, können jetzt zum ersten mal dieses Gut erwerben und erhöhen damit die Nachfrage.

Abbildung 3: Das Gesetz von Angebot und Nachfrage

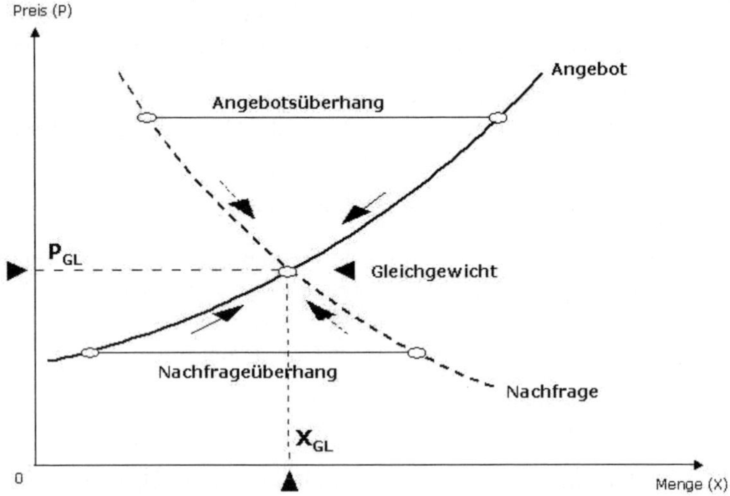

Umgekehrt verläuft die Angebotskurve von links unten nach rechts oben, d.h. mit zunehmendem (abnehmendem) Preis fällt die Angebotsmenge höher (niedriger) aus. Begründen kann man dieses **Angebotsverhalten** wie folgt:

- Unternehmen, die für die Zukunft einen höheren Preis für ein bestimmtes Gut erwarten, werden die Produktionskapazitäten für die Herstellung dieses Produktes erweitern (**Produktionsumstellung bzw. -erweiterung**), denn sie können bei höheren Preisen mit entsprechend höheren Gewinnen rechnen, was ihren eigenen Zielen entgegenkommt.
- Höhere Preiserwartungen lösen **Firmenneugründungen** aus, die in diesem Markt günstige Gewinnchancen sehen (Signalwirkung von Preisänderungen).

Sowohl die Angebots- als auch die Nachfragekurve geben zunächst nur an, wie viel von einem bestimmten Gut bei unterschiedlich hohen Preisen angeboten oder nachgefragt würde. Die Kurven informieren also über die **Pläne der Unternehmen** und der **Haushalte**. Die unterschiedlichen Pläne und Erwartungen werden in der Marktwirtschaft über die (flexiblen) Marktpreise zur Übereinstimmung gebracht. In der obigen Abbildung ist ein solcher Preis ersichtlich: der **Gleichgewichtspreis**. Es ist der dem

Schnittpunkt der beiden Kurven zugeordnete Preis. Da der Schnittpunkt als einziger Punkt sowohl auf der Angebots- als auch der Nachfragekurve liegt, stimmen bei diesem Preis folglich die Pläne der Nachfrager mit den Vorstellungen der Anbieter überein. Es herrscht Gleichgewicht. Der Gleichgewichtspreis bringt folglich Angebot und Nachfrage zum Ausgleich.

Was geschieht nun, wenn sich aus bestimmten Gründen (z.B. exogene "Schocks") der Markt im Ungleichgewicht befindet, d.h. die Pläne der Unternehmen und der Konsumenten nicht übereinstimmen, also entweder ein **Verkäufermarkt** (Nachfrageüberhang) oder ein **Käufermarkt** (Angebotsüberhang) vorliegt? Die entscheidende Frage ist: bleibt ein solches Ungleichgewicht bestehen oder gibt es Marktkräfte, welche die Tendenz haben, das Ungleichgewicht wieder zu beseitigen ("Selbstheilungskräfte")?

Es gibt solche Marktkräfte, vorausgesetzt, die Preise sind nach oben (beim Verkäufermarkt) und nach unten (beim Käufermarkt) flexibel. Ein Nachfrageüberhang löst im allgemeinen Preiserhöhungen aus. Diese lösen wiederum einen Mechanismus aus (Preismechanismus), der die Übernachfrage mit der Zeit abbaut, bis im Gleichgewicht Angebot und Nachfrage sich wieder entsprechen. Zwei Reaktionen bewirken dies: mit steigenden Preisen entsteht sowohl ein Anreiz, mit den vorhandenen Produktionskapazitäten mehr zu produzieren, als auch neu zu investieren. In beiden Fällen kommt es über Preiserhöhungen zu einer Ausweitung des Marktangebots. Umgekehrt führen im Falle eines Angebotsüberhangs Preissenkungen auf der Angebotsseite zu Produktionseinschränkungen und auf der Nachfrageseite zu Nachfragesteigerungen, so dass sich von beiden Seiten her eine Tendenz zum Gleichgewicht ergibt.

Eine **Übertragung** dieses Modells auf den **Arbeitsmarkt** würde bedeuten, dass Arbeitslosigkeit (= Angebotsüberhang) das Ergebnis von Lohnsätzen ist, die über dem Gleichgewichtslohn liegen und - durch tarifliche Vereinbarung oder staatliche Festlegung - nach unten nicht flexibel sind (**Mindestlohn**). Ob allerdings eine Flexibilisierung der Löhne und damit die Selbstheilungskräfte des Marktes auf dem Arbeitsmarkt dauerhaft die Arbeitslosigkeit reduzieren kann, ist aus mehreren Gründen unsicher:

- Die Ursachen der Arbeitslosigkeit sind vielfältig (z.B. konjunkturelle, strukturelle, friktionelle Arbeitslosigkeit) und nicht allein durch die Lohnkosten zu erklären,
- Eine Reduzierung der Lohnkosten führt möglicherweise auch zu einer Reduzierung der Kaufkraft und damit zu einer verringerten Güternachfrage, die sich am Arbeitsmarkt in einer Verschiebung der Nachfragekurve nach links auswirken kann. Das Ergebnis könnte dann nur eine Verlagerung von der lohnkostenbedingten "klassischen" Arbeitslosigkeit zu der nachfragebedingten "konjunkturellen" Arbeitslosigkeit sein.
- Lohnsenkungen können es erforderlich machen, dass mehr Menschen auf dem Arbeitsmarkt Arbeitsplätze nachfragen, d.h. das Angebot könnte zunehmen

(Rechtsverschiebung der Angebotskurve) und damit die durch Lohnsenkung eingetretene Verringerung der Arbeitslosigkeit wieder kompensieren.

Dennoch sollte der Zusammenhang zwischen Lohnkosten und Arbeitslosigkeit nicht außer Acht gelassen werden, wie man aus der aktuellen Diskussion um Mindestlöhne lernen kann. Ein zu hoher (also nachhaltig oberhalb der Produktivität der Erwerbstätigen angesetzter Mindestlohn) lässt die Beschäftigungschancen insbesondere von Langzeitarbeitslosen sinken. Die Langzeitarbeitslosigkeit und die Arbeitslosigkeit der gering Qualifizierten, die in Deutschland im internationalen Vergleich ohnehin schon überdurchschnittlich hoch ist, würden noch weiter steigen. Statt branchenbezogene, überhöhte Mindestlöhne zu vereinbaren, wäre ein Kombilohnmodell sinnvoll, das z.B. wie eine negative Einkommensteuer konzipiert ist. Zur Diskussion der unterschiedlichen Kombilohnvarianten siehe den Beitrag von Alexander Spermann in Kapitel 7.

1.1.3 Makroökonomische Zusammenhänge

Nachdem nun die Gesetze der Preisbildung auf der Mikroebene der Volkswirtschaft, also auf den einzelnen Gütermärkten, bekannt sind, sollen nun die **gesamtwirtschaftlichen Zusammenhänge** zwischen Wirtschaft, Währung und Arbeitsmarkt dargestellt werden (Makroebene). Im Vordergrund steht dabei die Verwendung, Finanzierung, Entstehung und Verteilung der gesamtwirtschaftlichen Gütererstellung.

Den Gesamtwert dieser volkswirtschaftlichen Leistung misst man mit den Größen Bruttosozialprodukt und Bruttoinlandsprodukt: als Bruttosozialprodukt versteht man dabei die Summe der Werte aller von Inländern innerhalb eines Jahres neu produzierten Güter und Dienstleistungen (Menge X • Preis P). Bezieht man diese Wertsumme auf die im Inland erzeugten Güter und Dienste, so spricht man vom **Bruttoinlandsprodukt**.

Je nachdem, ob man die Güter und Dienstleistungen mit aktuellen Marktpreisen oder mit Preisen eines bestimmten Basisjahres bewertet, spricht man vom **nominalen** bzw. vom **realen** Bruttosozial-/-inlandsprodukt. Inflationäre Entwicklungen führen zu einer "künstlichen" Steigerung des Bruttosozial-/-inlandsprodukts. Um ein realistisches Bild der Leistungsfähigkeit einer Volkswirtschaft zu erhalten, ist es daher notwendig, das nominale Produkt um die Inflationsrate zu bereinigen, also das reale Bruttosozial-/-inlandsprodukt zu ermitteln. Die positiven jährlichen Veränderungsraten des Bruttosozial-/-inlandsproduktes bezeichnet man als nominales bzw. reales **Wirtschaftswachstum**. Für die Arbeitsmarktanalyse spielt das Bruttoinlandsprodukt eine wichtigere Rolle als das Bruttosozialprodukt, da es meist darauf ankommt, die Auswirkungen der von In- und Ausländern in der Bundesrepublik Deutschland erwirtschafteten Leistung auf Beschäftigung und Arbeitsmarkt zu untersuchen. Im folgenden wird daher immer vom Bruttoinlandsprodukt ausgegangen.

Verwendungsseite des Bruttoinlandsprodukts. Das Bruttoinlandsprodukt wird von den privaten Haushalten, den Unternehmen, dem Staat und dem Ausland zu folgenden Zwecken verwendet: privater Konsum (C), private Investitionen (I), Staatsausgaben (A_{ST}) und Außenbeitrag (Ex-Im). Die drei ersten Komponenten werden einschließlich der Importe als **Binnennachfrage** bezeichnet, die Exporte stellen die **Auslandsnachfrage** dar. Die Beschreibung und Analyse der konjunkturellen Entwicklung einer Volkswirtschaft erfolgt zumeist über die Einzelkomponenten der gesamtwirtschaftlichen Nachfrage. Der Wirtschaftsentwicklung in der Bundesrepublik Deutschland seit 1983 lässt sich danach wie folgt charakterisieren:

1. **Phase (1983-1985): Exportkonjunktur.** Die positiven Auswirkungen der amerikanischen Wirtschaftspolitik zu Beginn der 80er Jahre führte zu verstärkten Importen aus Europa; ein steigender $-Kurs begünstigte deutsche Exporte nach den USA und führte zu einer spürbaren Verbesserung der Gewinnsituation deutscher Unternehmen.

2. **Phase (1986 - 1987): Konsumgüternachfrage.** Der 1985 beginnende Rückgang des $-Kurses und die dadurch verminderten Exportchancen führten aufgrund einer starken Belebung der Konsumgüternachfrage zu einer Fortsetzung des wirtschaftlichen Aufschwungs. Maßgeblich dazu beigetragen hat das spürbar gestiegene verfügbare Einkommen der privaten Haushalte. Gründe hierfür liegen in folgenden Faktoren: Reallohnsteigerungen aufgrund steigender Nominallöhne und stabilen Preisen. Diese hatten ihren Ursprung in stabilen Lohnkosten und - aufgrund des sinkenden $-Kurses sowie der Verbilligung der Rohstoff- und Ölpreise - sinkenden Importpreisen. Hinzu kam die positive Wirkung der 1. Stufe der Einkommenssteuerreform.

3. **Phase (1988 - 1989): Investitionsboom und Exportkonjunktur.** Die dritte Phase des Wirtschaftsaufschwungs ist gekennzeichnet durch ein sprunghaftes Ansteigen der Ausgaben für die Erneuerung und Modernisierung der Produktionsanlagen sowie durch ein erneutes "Exportwunder". Für eine **anhaltende** Zunahme der Investitionen sind sowohl die günstigen Nachfrage- und Angebotsbedingungen der Vergangenheit (z.B. hoher Auslastungsgrad der Produktionskapazitäten, steigende Kaufkraft, zunehmende Bevölkerung, günstige weltwirtschaftliche Entwicklung; hohe Gewinne, stabile Lohnstückkosten, rückläufige Staatsquote) als auch die überwiegend positiv eingeschätzte Wirtschaftsentwicklung für die Zukunft verantwortlich. Der **sprunghafte** Anstieg der Erweiterungs- und der Rationalisierungsinvestitionen ist jedoch eng mit dem EG-Projekt "Binnenmarkt 92" verbunden: Mit Produkt- und Prozessinnovationen reagierten die Unternehmen im Inland und im Ausland auf den kommenden gemeinsamen Markt. Der zunehmende Welthandel sowie die günstige Konjunktur in wichtigen Industrieländern ließ bei einem 1989 wieder leicht gestiegenen $-Kurs die Exporte wieder kräftig steigen, so dass Rekordüberschüsse in der Handels- und der Leistungsbilanz verbucht werden konnten.

4. **Phase (1990-1991): Wiedervereinigungsboom.** 1990 befand sich die westdeutsche Wirtschaft in einer "Traumkonstellation": Während die hohen Überschüsse in der Handels- und Leistungsbilanz durch den gesunkenen $-Kurs und der Abschwächung der Konjunktur in wichtigen Industrieländern (USA, Großbritannien) etwas abgebaut wurden, kam es durch die gestiegene Nachfrage aus den neuen Bundesländern sowie durch das erneut kräftig gestiegene verfügbare Einkommen der privaten Haushalte (Lohnerhöhungen, relativ stabile Preise, spürbare Steuerentlastung durch die 3. Stufe der Einkommensteuerreform zu einer Verlagerung der Wachstumskräfte auf die beiden wichtigsten Bereiche der Binnennachfrage: die privaten Konsum- und Investitionsausgaben. Die Impulse waren so stark, dass trotz weiterhin stark zunehmendem Angebotsdruck die Arbeitslosigkeit 1990 deutlich unter die 2-Millionen-Grenze sank.

5. **Phase (1992-1993): Stärkste Nachkriegs-Rezession.** Die Sonderkonjunktur der Jahre 1990 und 91 konnte sich angesichts der weltweiten Rezession (USA, Japan, Europäische Union) nicht fortsetzen. Da die deutsche Wirtschaft ca. 1/3 ihrer Produkte im Ausland verkauft, musste der weltweite Einbruch der Konjunktur sich auch in Deutschland auswirken. Die Nachfrageschwäche aus dem Ausland wurde jedoch noch dadurch verschärft, dass die Lohnstückkosten in Deutschland überdurchschnittlich hoch sind und in den vorangegangenen Jahren durch hohe Lohnabschlüsse stark angestiegen sind und die Wettbewerbsfähigkeit beeinträchtigt haben. Durch die Beseitigung der Zentralplanwirtschaft in Osteuropa sowie durch das Vordringen der "Tigerländer" Südostasiens veränderte sich die internationale Arbeitsteilung zu ungunsten der westlichen Industrieländer. Die Wettbewerbskrise erzwang Kostensenkungen ("Lean Management") und eine Neukonzipierung der Produktionsprozesse („Reengineering"). Beides ging mit Beschäftigungsabbau ("downsizing") und einer Zunahme der Arbeitslosigkeit einher.

6. **Phase (1994 - 2000): Aufschwung bei zunehmendem Mismatch am Arbeitsmarkt.** Vergleichbar dem Aufschwung der 80er Jahre zeigt sich auch jetzt, dass die ersten Triebkräfte durch die Auslandsnachfrage entstanden. Die Exporte stiegen, nicht zuletzt durch die deutlich nach unten angepassten Lohnstückkosten sowie durch Produktinnovationen. Das Nachziehen der Investitions- und Konsumgüternachfrage blieb jedoch weitgehend aus. Somit kam es nicht zu einer dauerhaften Verbesserung auf dem Arbeitsmarkt. Will man hier mehr erreichen, so müssen vor allem diejenigen Maßnahmen zum Einsatz kommen, welche die Ausgaben des Staates nicht erhöhen, aber dennoch eine positive Wirkung ergeben. Die Deregulierung und Verbesserung der Angebotsbedingungen gehört hier genau so hinzu wie die Flexibilisierung der Arbeits- und Betriebszeiten sowie die Intensivierung und qualitative Verbesserung des Arbeitsmarktausgleichs. Das lohn-, regional- und qualifikationsbedingte Auseinanderklaffen von Angebot und Nachfrage erfordert schnelle und unkonventionelle Maßnahmen des Arbeitsmarktausgleichs, wie sie z.B. in Form der neuen Job-Search- und Vermittlungskonzepte in Kapitel 2.3 vorgestellt werden.

7. **Phase (2001 - 2005): Stagnation der Wirtschaft und zunehmende Schuldproblematik.** Mit der Stagnation der Wirtschaft seit 2001, die dazu führte, dass Deutschland Schlusslicht aller Länder der Europäischen Union wurde, nahm die Arbeitslosigkeit beängstigende Ausmaße an. Gleichzeitig stieg die öffentliche Verschuldung derart stark an, dass Deutschland seit 2002 die Defizitgrenze des Europäischen Stabilitäts- und Wachstumspaktes (Begrenzung der Neuverschuldung des Staates auf maximal 3 % des Bruttoinlandsproduktes) nicht mehr einhalten konnte. Zur Krisenbewältigung werden tiefgreifende Reformen notwendig. Hans-Werner Sinn vom Ifo-Institut stellte vor kurzem sein viel beachtetes 6+1-Reformprogramm vor, das aus folgenden Strategiefeldern besteht (Sinn, 2004, 451ff.):

   1. Kehrtwende bei den Tarifvereinbarungen

   2. Weniger Macht für die Gewerkschaften

   3. Weniger Geld für das Nichtstun, mehr Geld für Jobs

   5. Eine wirklich radikale Steuerreform

   6. Mehr Kinder, mehr Rente, mehr Fortschritt

   7. Neuer Schwung in den neuen Ländern.

8. **Phase (seit 2006): Aufschwung, der am Arbeitsmarkt angekommen ist.** 2006 hat nun auch in Deutschland der Aufschwung eingesetzt. Die Zuwachsraten des Bruttoinlandsproduktes liegen nach den Economic Forecasts der EU zwischen 2,9 % (2006) und 2,2 % (2009)[1]. Der Aufschwung wird nicht nur vom Export, sondern auch von der Binnennachfrage getragen. Unerwartet erfreulich ist, dass nicht nur die Arbeitslosigkeit, sondern besonders die Langzeitarbeitslosigkeit signifikant zurückging. Ein Teil dieses Rückgangs ist sicherlich auf die Arbeitsmarktreformen und die Agenda 2010 zurück. Die Neuverschuldung des Staates nähert sich der Nullmarke.

Zusammenfassend soll festgehalten werden, dass mit den vier Komponenten der Verwendungsseite des Bruttoinlandsproduktes die gesamtwirtschaftliche Entwicklung beschrieben und analysiert wird. Aufbauend auf dieser Verwendungsgleichung werden die Instrumente der **Fiskalpolitik** (Steuern, Staatsausgaben, Kreditaufnahme) so eingesetzt, dass über die gleichmäßigere Entwicklung der vier Komponenten das gesamte Bruttoinlandsprodukt angemessen und stetig wachsen kann:

---

[1] EU: Autumn 2007 Economic Forecast:
http://ec.europa.eu/economy_finance/publications/publication9979_en.pdf

$$BIP = C + I + A_{St} + (Ex - Im)$$

Finanzierungsseite des Bruttoinlandsprodukts (Tauschgleichung)

Die Realisierung eines stetigen und stabilitätskonformen Wirtschaftswachstums ist nicht nur von der Fiskal-, sondern ganz entscheidend auch von der Geldpolitik abhängig. Dies wird deutlich, wenn man in rückschauender Betrachtung von der wertmäßigen Identität zwischen dem Güterangebot (X x P) und der monetären Nachfrage, also Geldmenge mal Umlaufgeschwindigkeit (G x U) ausgeht (Tauschgleichung):

$$X * P = G * U$$

In der Geldtheorie wird davon ausgegangen, dass Veränderungen auf der rechten Seite dieser Tauschgleichung Auswirkungen auf die linke, d.h. auf das nominale Bruttoinlandsprodukt haben. Unter der Nebenbedingung eines anzustrebenden konstanten Preisniveaus (P) und einer bei unveränderten Zahlungsgewohnheiten zu erwartenden konstanten Umlaufgeschwindigkeit des Geldes (U), hängt es somit von der Veränderung der Geldmenge (G) ab, ob das reale Bruttoinlandsprodukt (X) in der gewünschten Rate wachsen kann. Eine an der Wachstumsrate des realen Bruttoinlandsprodukts (genauer: Produktionspotentials) orientierte Geldmengenpolitik ist demnach eine entscheidende Voraussetzung für ein stetiges und stabilitätskonformes Wirtschaftswachstum. Die wichtigsten Instrumente der Bundesbank zur Steuerung der Geldmenge sind: Diskont- und Lombardpolitik, Offenmarktpolitik und Mindestreservenpolitik.

Das Hauptgewicht geldpolitischer Maßnahmen liegt in den Beziehungen der Bundesbank zu den Kreditinstituten (Banken und Sparkassen). Über die Banken versucht sie die Geldmenge und die Geldkosten (Zinsen) zu regulieren. Sie gewährt den Kreditinstituten Notenbankkredit und versorgt auf diesem Wege über die Banken die Wirtschaft mit Zahlungsmitteln. Zu diesem Zweck kauft die Bundesbank von den Kreditinstituten Wechsel oder Wertpapiere, also erst später fällige Forderungen, und bezahlt sie mit selbst geschaffenen Banknoten oder Guthaben, verwandelt sie also in Bargeld, wobei sie für die Kreditgewährung einen Zins (Diskont, Lombardsatz) selbständig festsetzt und erhebt. Je höher sie diesen Zins setzt, desto teurer werden die Kredite für die Banken und damit auch für die Wirtschaft. Unternehmen sollen durch die hohen Zinsen zur Einschränkung ihrer Kreditaufnahme und -nachfrage angehalten werden.

Außerdem kann die Zentralbank durch den Kauf oder Verkauf von Wertpapieren am "offenen Markt" (Geld- oder Kapitalmarkt) Einfluss auf Geldmenge und Zinsen nehmen. Bietet sie zu günstigen hohen Zinssätzen solche Papiere an, so zieht sie Geld aus dem Kreislauf ab und bewirkt tendenziell eine Einengung der Kreditspielräume. Umgekehrt wird sie zum Zweck der vermehrten Geldversorgung (z. B. in einer Rezession) die Papiere zu günstigen Bedingungen zurücknehmen und damit wieder Geld in den Verkehr bringen.

Es ist bekannt, dass jede Bank auch Bargeldreserven besitzt, um Abhebungen erfüllen zu können. Da aber der größte Teil des sogenannten Buch- bzw. Giralgeldes nur von Konto zu Konto überwiesen wird, kann die Bargeldreserve verhältnismäßig klein sein. Je mehr Bargeld die Banken zur Verfügung haben, desto größer können auch die Kredite sein, die sie ihren Kunden in Form von Buchgeldguthaben einräumen. Um auch diesen Teil der Geldmenge steuern zu können, ist die Zentralbank berechtigt von den Banken zu verlangen, dass diese bei ihr zinslose Bargeldguthaben unterhalten, die sogenannten Mindestreserven. Je höher der Mindestreservesatz von der Bundesbank festgelegt wird, desto mehr Gelder müssen die Banken bei der Bundesbank stilllegen, desto begrenzter ist also ihre Geldschöpfungsfähigkeit.

Entstehungsseite des Bruttoinlandsproduktes

Die Entstehungsseite des Bruttoinlandsprodukts beleuchtet das Zusammenwirken der unterschiedlichen Produktionsfaktoren und spiegelt damit den Zusammenhang zwischen Güter- und Arbeitsmarkt wider. In der Arbeitsmarkttheorie geht man von drei (arbeitsmarktbezogenen) Faktoren aus, die zusammen das Bruttoinlandsprodukt "entstehen" lassen: Die Zahl der Erwerbstätigen (ET), die jährliche Arbeitszeit pro Erwerbstätigen (JAZ) sowie die Arbeitsproduktivität je Erwerbstätigen-Stunde (AP). Die Entstehungsgleichung lautet demnach wie folgt:

$$BIP = ET * JAZ * AP$$

Fasst man die beiden letzten Faktoren JAZ und AP zur Erwerbstätigen-Produktivität (AP_{ET}) zusammen, so erkennt man im Gleichgewicht zwischen BIP-Wachstum und AP_{ET}-Wachstum die sog. "Beschäftigungsschwelle", also dasjenige Wirtschaftswachstum, bei dem sich weder ein Abbau noch ein Zuwachs der Beschäftigung einstellt. Aus der Entstehungsgleichung wird auch der enge Zusammenhang zwischen Güter- und Arbeitsmarkt deutlich: Das Bruttoinlandsprodukt ist um so höher, je mehr Erwerbspersonen arbeiten, je länger sie arbeiten und je produktiver sie arbeiten. Eine Verlängerung der Arbeitszeit führt daher – bei Konstanz der übrigen Faktoren – zu einem höheren Wirtschaftswachstum.

Neben dem offiziellen Bruttoinlandsprodukt entsteht in der sog. Schattenwirtschaft jährlich ein inoffizielles Bruttoinlandsprodukt durch Schwarzarbeit, welches das Institut der deutschen Wirtschaft mittlerweile auf 16.5 % des offiziellen BIP schätzt, was gegenüber dem Jahr 1990 einem Zuwachs um 4,5 Prozentpunkten entspricht (Enste 2003, 6). Empirische Ergebnisse einer Ursachenanalyse zeigen, dass die Hauptgründe für die zunehmende Schattenwirtschaft in der Steuer- und Abgabenbelastung, den Arbeitsmarktregulierungen sowie in der Qualität der staatlichen Institutionen und der

Verwaltung zu sehen sind. Diese können etwa 70 Prozent der Größenunterschiede zwischen den Schattenwirtschaften in den betrachteten OECD-Ländern erklären. So macht die Schattenwirtschaft z.B. in Italien und Griechenland 27 und 28 Prozent des BIP aus – zugleich ist dort die Steuer- und Abgabenbelastung mit 66 bzw. 62 Prozent besonders hoch. Umgekehrt haben die USA, die Schweiz und Japan kaum Probleme mit steuer- und abgabenfreier Beschäftigung, weil sich bei ihnen der Fiskus dezent zurückhält. In Deutschland weichen zudem auch deshalb viele Bundesbürger auf die Schwarzarbeit aus, weil sie von den zahlreichen Arbeitsmarktvorschriften eingeengt werden. Auch hier ist der Zusammenhang international belegt: Von den betrachteten 21 Industrieländern haben diejenigen die größten Schwierigkeiten mit dem illegalen Wirtschaftssektor, deren Arbeitsmarkt die OECD für besonders stark reguliert hält (Enste, 2003, 1 und 11f).

Abbildung 4: Umfang der Schattenwirtschaft in Prozent des Bruttoinlandsproduktes

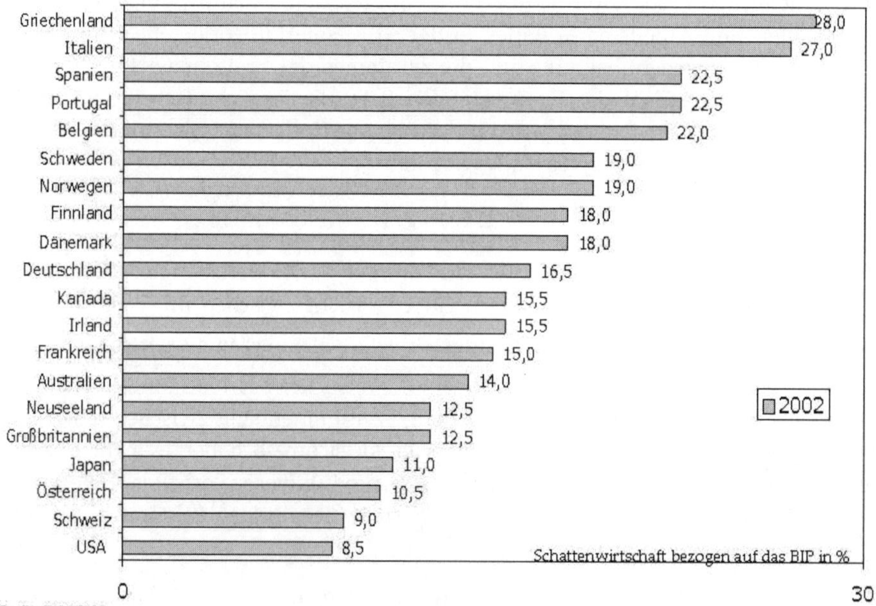

Quelle: IW 4/2003

Verteilungsseite des Bruttoinlandsprodukts

Die Theorie der Einkommensverteilung untersucht u.a., wie sich das bei der Herstellung des Bruttoinlandsproduktes entstandene Einkommen (Volkseinkommen) auf die beiden Produktionsfaktoren Arbeit und Kapital verteilt hat. Die sog. **funktionale Einkommensverteilung** wird dabei durch zwei Größen gemessen: die **Lohnquote** und die **Gewinnquote**. Die Lohnquote (LQ) wird dabei als Anteilswert der Einkommen aus unselbständiger Arbeit und die Gewinnquote (GQ) als Anteilswert der Einkommen aus Unternehmertätigkeit und Vermögen am gesamten Volkseinkommen (X •·P) definiert, so dass die Summe aus Lohn- und Gewinnquote gleich 1 bzw. 100 % ergibt: **LQ + GQ = 1**. Dabei ist

$$LQ = \frac{LS * JAZ * ET}{X * P}$$

Definiert man das Verhältnis X/JAZ x ET als Arbeitsproduktivität je Beschäftigten-Stunde, so lässt sich die funktionale Einkommensverteilung auch wie folgt darstellen:

$$LQ = \frac{LS}{AP * P}$$

Da das Verhältnis LS/AP die Lohnstückkosten (LSK) darstellen, kann man die funktionale Einkommensverteilung auch auf die folgende Beziehung reduzieren:

$$LQ * P = LSK = \frac{LS}{AP}$$

Eine Veränderung der Lohnquote hängt demnach sowohl von der Entwicklung der Lohnstückkosten (LSK) als auch von der Veränderung des Preisniveaus P (Inflationsrate) ab.

1.1.4 Von der sozialen zur globalen Marktwirtschaft

Die soziale Marktwirtschaft ist seit der Währungsreform 1948 Leitbild der wirtschaftspolitischen Entscheidungen in der alten und seit 1990 auch in der neuen Bundesrepublik Deutschland. Mit dem Systemwechsel in Osteuropa wird sie mehr und mehr auch ordnungspolitische Grundlage der dortigen Volkswirtschaften. Der Begriff geht auf Müller-Armack zurück, der unter "sozialer Marktwirtschaft" ein Wirtschaftssystem versteht, "dessen Ziel es ist, die **freie Initiative** mit **sozialem Fortschritt** zu verbinden. Die Idee der sozialen Marktwirtschaft beruht auf einem funktionierenden Wettbewerb; die sich auf den Märkten ergebende Güterverteilung wird dann, wenn es politisch notwendig erscheint, von Seiten des Staates korrigiert" (Müller-Armack, HdSW, 39). In die Politik umgesetzt wurde sie zuerst von Ludwig Erhard. Die soziale Marktwirtschaft basiert auf drei Elementen:

(1) **Freiheit des Marktes** (reine Marktwirtschaft),

(2) **Sozialer Ausgleich** (soziales Netz) und

(3) **Aktive Rolle des Staates.**

Die **Marktfreiheit** geht von folgenden Grundvoraussetzungen aus:

- **Leistungsprinzip**: Das Leistungsprinzip ist die Grundidee der reinen Marktwirtschaft. Antriebskraft der Wirtschaft ist nach Smith (Samuelson, S. 41) der Egoismus des Einzelnen. Jeder soll nach möglichst hohem Einkommen streben; um die Einkommen zu erhöhen, müssen die Produktionsfaktoren möglichst rationell eingesetzt werden. Hohe Einkommen erhalten diejenigen, die marktgerechte Leistungen erstellen. Das Leistungsprinzip entlohnt nach dem Beitrag des Einzelnen für das Wohl der Gesellschaft. Wenn jeder nach seinem Beitrag entlohnt wird, dann strengen sich alle zum eigenen Wohl an. Der Egoismus wird somit in den Dienst des Gemeinwohls gestellt.

- **Recht auf Privateigentum**. Das private Recht an den Produktionsmitteln sichert dem Unternehmer die uneingeschränkte Verfügungsmacht über sein Eigentum. Dies ist Voraussetzung für eine unabhängige Planung (z.B. freie Investitionsentscheidung) und ermöglicht erst eine optimale Kombination der eingesetzten Produktionsfaktoren.

- **Wettbewerbsfreiheit und freie Preisbildung**. Die reine Marktwirtschaft geht von quantitativ und qualitativ vollkommenen Märkten aus. Danach stehen die Anbieter auf allen Märkten in scharfem Wettbewerb und bieten im Idealfall homogene Produkte an. Die gegenseitige Konkurrenz sorgt dann bei freier Preisbildung (flexible Preise nach unten und nach oben) für die optimale Güterversorgung in der Volkswirtschaft.

- **Freie Berufs-, Arbeitsplatz- und Konsumwahl**. Nur wenn der Staat keinen Einfluss auf die persönlichen Entscheidungen der Individuen ausübt, sorgt die Freiheit des Marktes für eine optimale Faktorkombination und sichert damit eine optimale Güterversorgung.

Sozialer Ausgleich

Das Modell der reinen Marktwirtschaft ist nie vollkommen verwirklicht worden. Im 19. Jahrhundert wurden mit zunehmender Annäherung an dieses Modell die unerwünschten Nebenwirkungen dieses Systems immer größer und lösten soziale und gesellschaftliche Verwerfungen aus (z.B.: ungerechte Existenz-Minimumlöhne, "industrielle Reservearmee", soziale Krisen, Monopolisierungstendenzen). Staatliches Handeln, insbesondere im sozialen Bereich wurde mehr und mehr als notwendig anerkannt.

Heute besteht in der Bundesrepublik Deutschland ein weitverzweigtes System der sozialen Sicherung, deren finanzielles Volumen ca. ein Drittel des Bruttoinlandsproduktes ausmacht. Finanziert wird dieses System nach dem Fürsorge- und Versorgungsprinzip (Quelle: Allgemeine Steuermittel) und dem Versicherungsprinzip (Quelle: Beitragseinnahmen). Es wird jedoch immer deutlicher, dass dieses „Sozialbudget" die Leistungsfähigkeit der deutschen Volkswirtschaft auf Dauer überfordert und Reformen im Bereich der Renten-, Kranken- und Arbeitslosenversicherung sowie der Arbeitslosen- und Sozialhilfe überfällig sind. Die Reformen verfolgen dabei das Konzept des „Förderns und Forderns", also der staatlichen Unterstützung bei gleichzeitiger eigener Aktivität der geförderten Personen (Klös/Egle, 1999, 36ff.).

Aktive Rolle des Staates

Die aktive Rolle des Staates in der sozialen Marktwirtschaft wird zum einen in der klassischen **Dienstleistungsfunktion**, also der Bereitstellung kollektiver Dienste, sichtbar. Damit werden Bedürfnisse der Bürger befriedigt, für die entweder der private Sektor mangels Gewinnaussichten (z.B. Schulen, Kindergärten, Sozialeinrichtungen) nicht tätig wird oder die sinnvoller Weise nicht über den Markt befriedigt werden sollten (z.B. Rechtspflege, öffentliche Sicherheit, Gesundheitswesen). Ein gewisser Trend zur Privatisierung und Deregulierung ist gegenwärtig zu beobachten (z.B. Post, Arbeitsvermittlung). Zum anderen zeigt sich eine aktive Rolle des Staates in allen Bereichen der **Wirtschaftspolitik**, also sowohl der Ordnungs- als auch der Prozess- und Strukturpolitik.

In der **Ordnungspolitik** geht es vor allem darum, einen funktionierenden marktwirtschaftlichen Wettbewerb zu fördern und zu erhalten. Dabei setzt der Staat die Rahmenbedingungen und kontrolliert die Einhaltung der vereinbarten Wettbewerbsregeln (Bsp.: Kartellverbot, Fusionskontrolle, Unterstützung kleiner und mittelständischer Unternehmen). Gesetzliche Grundlage bildet das Gesetz gegen Wettbewerbsbeschränkungen (GWB).

In der **Prozesspolitik** wird versucht, durch den Einsatz fiskal- und geldpolitischer Instrumente (z.B. Veränderung von Steuer-, Abschreibungs- und Zinssätze, Investitionsanreize, Kreditaufnahme) stabilisierend auf den Wirtschaftsprozess einzuwirken, d.h. insbesondere dazu beizutragen, dass die Ziele des Gesetzes zur Stabilität und des Wachstums der Wirtschaft (StWG) erreicht werden: hoher Beschäftigungsstand, stetiges und angemessenes Wirtschaftswachstum, außenwirtschaftliches Gleichgewicht und Stabilität des Preisniveaus.

Mit der **Strukturpolitik** verfolgt der Staat das Ziel, eine gleichmäßige Entwicklung der Volkswirtschaft insbesondere in regionaler und sektoraler Hinsicht zu erreichen. Eine Verpflichtung hierzu ergibt sich hierfür bereits aus dem Grundgesetz. Nach Art. 72 Abs. 2 Nr. 3 GG hat der Staat dazu beizutragen, dass die Lebensverhältnisse in den verschiedenen Regionen und Ländern der Bundesrepublik Deutschland einheitlich werden. Hierzu stehen ihm verschiedene Instrumente zur Verfügung. Mit der Gemeinschaftsaufgabe „Verbesserung der regionalen Wirtschaftsstruktur" etwa werden Investitionsanreize für private Unternehmen in bestimmten Regionen gewährt, Hilfen für den montanen Sektor sollen den Strukturwandel in den alten Kohle- und Stahlrevieren sozial abfedern und Anreize für den Aufbau neuer Produktionslinien schaffen, schließlich investiert der Staat direkt in wirtschaftsnahe Infrastrukturen, z.B. in den Straßenbau oder durch Standortfestlegungen für seine eigenen Behörden. Auch der Länderfinanzausgleich ist ein wichtiges Instrument zur Finanzierung strukturpolitischer Maßnahmen.

Mit der **Umweltpolitik** versucht die Politik, mehr zur Erhaltung und Verbesserung der natürlichen Lebensgrundlagen des Menschen beizutragen. Die Umwelt wird durch Wirtschaft und Verkehr starken Belastungen ausgesetzt und die bisher eingesetzten Instrumente (Auflagen, Ge- und Verbote) reichen nicht aus, um das ökologische System vor dauerhaften Schäden zu bewahren. Mit marktwirtschaftlichen Steuerungselementen soll dem "Verursachungsprinzip" mehr Geltung verschafft werden und damit ein umweltverträglicheres Verhalten von Produzenten und Konsumenten herbeigeführt werden. Als Instrument hierfür dient derzeit die sog. Ökosteuer, mit der versucht wird, über die jährliche Erhöhung der Mineralölsteuer den Energieverbrauch zu drosseln und die zusätzlichen Einnahmen zunächst für die Entlastung der Lohnnebenkosten einzusetzen.

Eine konzeptionelle Erweiterung erfährt die soziale Marktwirtschaft gegenwärtig durch die übergeordnete Herausforderung an die Politik, die **Globalisierung der Wirtschaft** so zu gestalten, dass der daraus entstehende Wohlstand nicht nur bei den reichen Industriestaaten und den dort ansässigen multinationalen Firmen entsteht, sondern auch bei den benachteiligten Menschen, die es in jedem Wirtschaftssystem gibt. Der folgende Abschnitt fasst die aktuellen Probleme und Tendenzen der Globalisierung zusammen. Der Begriff „Globalisierung" tauchte erstmals Anfang der siebziger Jahre im Zusammenhang mit den Satellitenfotos vom „blauen Planeten" Erde auf. Danach wurde er auf die Weltwirtschaft übertragen. Heute bezeichnet er vorrangig die Entstehung weltweiter Märkte für Produkte, Kapital, Dienstleistungen sowie für den Arbeitsmarkt („green card"). Voraussetzungen für die Internationalisierung der bislang primär national bestimmten Volkswirtschaften sind zum einen neue Informations- und Kommunikationstechnologien (IuK-Tech) und zum anderen weltweite wirtschaftspolitische Liberalisierungs- und Deregulierungsmaßnahmen (Bundeszentrale für politische Bildung [Hg.], Informationen 263, 2.Quartal 1999).

Mit der Globalisierung verändert sich die weltwirtschaftliche Verflechtung entscheidend: Das traditionelle Muster war geprägt durch den Import von Rohstoffen und den Export von im Inland produzierten Fertigwaren. Die Anfänge gingen auf das 14. / 15. Jahrhundert zurück: Zur Sicherung von Rechtsschutz und Handelsfreiheit dienten die sog. Hanse-Städte. Der Handel mit den gewerblichen Produkten des Westens und den Naturschätzen des Ostens steigerte den Wohlstand der beteiligten Städte und Staaten. Ein vollkommen anderes Erscheinungsbild ergibt das moderne Muster der weltwirtschaftlichen Verflechtung am Ende des 20. Jahrhunderts mit weitreichenden Implikationen für Wirtschaft, Gesellschaft und Politik:

- Wirtschaftliche Verflechtung umfasst plötzlich die gesamte Wertschöpfungskette (von der Forschung über die Entwicklung zur Produktion und zum Absatz und Kundenservice rund um die Uhr und um die Welt).
- Unternehmen sind mehr und mehr transnational mit weltweiter Streuung der Produktion. Arbeitsteilung im globalisierten Wirtschaftsgeschehen bedeutet, dass auch hochentwickelte Produkte oder Teile von ihnen dort hergestellt werden, wo dies billiger ist.
- Der geografische Firmensitz spielt keine große Rolle mehr (statt „made in country x" heißt es jetzt: „made by company y"). Aus Unternehmen werden Firmengruppen, diese sind diversifiziert und „verschlankt"[2].

Die Einflussfaktoren für die Globalisierungsdynamik liegen in folgenden Ereignissen:

- Liberalisierung des Welthandels durch Abbau von Handelschranken für Waren, Dienstleistungen und Kapital (Bsp: Gatt (WTO), EU, Nafta, Mercosur, Asean) sowie Deregulierung und Privatisierung durch eine angebotsorientierte Wirtschaftspolitik
- Eingliederung der mittel- und osteuropäischen Reformstaaten in die weltwirtschaftliche Arbeitsteilung nach dem Fall des „Eisernen Vorhangs"
- Eingrenzung nationaler Abschottungsmöglichkeiten durch Internet-, Telekommunikations- und Satellitentechnologien

Weltweite Nutzung von Basisinnovationen durch neue Informations-Technologien (Info-Tech) und Bio-Technologien (Bio-Tech).

Die **betriebswirtschaftlichen Vorteile** der Globalisierung liegen auf der Hand. Globalisierung führt zur Zusammenführung von Kernkompetenzen, dem Anbieten kompletter Problemlösungen für die Kunden, einem weltweiten, flexiblen Zugriff auf dic erforderlichen Ressourcen sowie einer Risikoteilung und einer Degression der Fixkosten. Nach Zielerreichung wird das sog. „Virtuelle Unternehmen" wieder aufgelöst. Die gesamtwirtschaftlichen Auswirkungen sind dagegen nicht so eindeutig. Rifkin sieht z.B. einen massenhaften Verlust von Arbeitsplätzen in den Industrieländern heraufziehen und führt dazu folgende Gründe an (Rifkin, 1996):

- Die Diffusion der Informationstechnologie in (fast) alle Branchen hinein
- Die rasche Ausbreitungsgeschwindigkeit, die zu einem noch stärkeren Auseinanderklaffen von Qualifikationsanforderungen einerseits und den individuellen Leistungsprofilen der Erwerbspersonen andererseits führt mit der Folge

2 Beispiel: „Wir wachsen zwar auch weiterhin, gleichzeitig aber werden wir kleiner, weil wir uns in mehrere überschaubare und transparente Unternehmen organisieren" (Jürgen Weber, Lufthansa).

zunehmender struktureller Arbeitslosigkeit durch „qualifikatorischen Mismatch“

- Die Zunahme von transportfähigen Arbeitsplätzen, welche das Angebot am Arbeitsmarkt weltweit drastisch erhöht und eine Niveau-Arbeitslosigkeit zur Folge hat.

Als Gegenthese lassen sich folgende Argumente anführen:

- Beispiel USA: Das Land mit der höchsten Durchdringung von Informationstechnologie hat seit vielen Jahren Vollbeschäftigung
- Produktinnovationen im Zusammenhang mit Informationstechnologien erzeugen positive Auswirkungen auf Wachstum und Beschäftigung
- Prozessinnovationen durch neue Technologien ergeben mittelfristig positive Effekte auf Löhne, Preise und Gewinne

Die gesellschaftlichen Auswirkungen von Globalisierung und Informationstechnologie lassen sich durch Chancen und Risiken beschreiben. Chancen ergeben sich durch mehr Freiheit für Menschen und Begegnungen, Verbesserung der Entwicklungschancen für die Dritt-Welt-Länder, mehr Wohlstand für alle durch weltwirtschaftliche Effizienzsteigerung). Die Risiken liegen in der Konkurrenz der Standorte, der Sozial-, Steuer- und Arbeitsmarktsysteme um internationale Investitionen; in der schonungslosen Aufdeckung der nationalen Schwächen und hausgemachten Probleme wie z.B. strukturelle Arbeitslosigkeit, Staatsverschuldung, Überlastung der Sozialsysteme; im unkontrollierten Anstieg der Devisen- und Kapitalströme durch die global operierenden Finanzmärkte bei weitgehend konvertierbaren Währungen; in Systemrisiken mit regionalen und globalen Dimensionen durch Kapitalflucht; in der Abkehr vom Modell einer vollerwerbstätigen Beschäftigung mit entsprechenden negativen Auswirkungen auf Erwerbspersonen und die sozialen Sicherungssysteme.

Hier setzt die Herausforderung für die soziale Marktwirtschaft ein. Sie liegt darin, die Globalisierungsprozesse so zu steuern und zu unterstützen, dass sie von den Menschen bewältigt werden können und die Globalisierung am Ende zu einem „Win-Win“-Modell für alle wird. Renationalisierung und Protektionismus ist dabei mit Sicherheit keine sinnvolle Strategie zur Bewältigung dieses atemberaubenden Strukturwandels, denn für die wachsende Zahl multinational tätiger Unternehmen spielen Grenzen und nationale Regelwerke keine Rolle mehr. Es geht daher um die Durchsetzung folgender Politikfelder:

- Verstärkte internationale Zusammenarbeit (WTO, IWF, Finanzmarkt- und Bankenaufsicht)
- Entwicklung einer wertorientierten, ganzheitlich und globalen Wirtschafts- und Unternehmensethik

- Anpassung durch Verbesserung des Wirtschaftsstandortes (öffentliche Haushalte, Steuer- und Abgabensystem, Wirtschafts-, Lohn- und Arbeitszeitpolitik) mit dem Ziel, eine leistungsfähige, innovative und international wettbewerbsfähige Wirtschaft mit einer flexiblen Arbeitsmarktstruktur zu schaffen. Dies bedeutet für die Industrieländer, ihren Vorsprung an Wissen, Kapitalausstattung und Infrastruktur für die Entwicklung neuer, hochentwickelter Produkte zu nutzen.
- Förderung der Erkenntnis, dass lebenslanges Lernen existenziell wichtig wird im Hinblick auf die erforderlichen harten (Breiten- und Spezialwissen) und weichen Schlüsselqualifikationen (Pionier- und Teamgeist). Einen Bedeutungszuwachs erfahren auch persönlichen Arbeitstugenden, die nicht wegrationalisiert werden können (wie z.B. Intuition, Kreativität, Einfühlungsvermögen, gesunder Menschenverstand, Zuverlässigkeit). Sie helfen, die vorgefertigten und eindimensionalen Karrieremuster, die beamtenhaften Lebensstellen und die starren Berufsbilder zu überwinden, die in einer differenzierten und vernetzten Arbeitswelt von morgen ausgedient haben.
- Entwicklung des „Unternehmens Ich & Co": Wer seinen eigenen Kopf zu nutzen weiß, ein Informations- und Beziehungsnetzwerk aufzubauen im Stande ist, braucht in Zukunft nicht länger von seinem großen Boss Angst zu haben, der ihm sagt, was er zu tun und zu lassen hat und ihn dafür bezahlt, das er genau dies tut.

Die Globalisierung macht die Soziale Marktwirtschaft dann nicht zu einem Auslaufmodell, wenn es gelingt, die notwendigen Anpassungen an die veränderten Rahmenbedingungen zügig zu realisieren. Für Kleinhenz bedeutet dies eine „Rückbesinnung auf die ursprüngliche Konzeption einer Ausgewogenheit von liberalen und sozialen Werten, von persönlicher Freiheit und fairem Wettbewerb, von Chancengleichheit, Sicherheit und sozialem Ausgleich" (Kleinhenz, 2000, 3).

Ein wichtiger Aspekt bei der erforderlichen Anpassung ist die Stärkung der Eigenverantwortung der Bürger. Dies betrifft nicht nur den Kern der sozialen Sicherungssysteme, sondern auch die Schaffung eines Gleichgewichts zwischen „Fördern" und „Fordern" im Bereich der Arbeitsmarkt- und Sozialpolitik.

1.2 Schlüsselfaktoren der Beschäftigung

1.2.1 Beschäftigungsgrad und Arbeitslosenquote

Wie auf jedem Markt, so wirken auch auf dem Markt für Arbeitsleistungen eine Vielzahl von Faktoren auf die beiden Marktseiten und damit auf den Saldo zwischen Angebot und Nachfrage ein. Der Angebotsüberhang wird als Arbeitslosigkeit bezeichnet. Die Arbeitsmarkttheorie versucht, die wesentlichen Einflussgrößen für beide Marktseiten zu beschreiben und zu prognostizieren. In der Gegenüberstellung von Erwerbspersonen (=Angebot) und Erwerbstätigen (=Nachfrage) drückt sich die Arbeitskräftebilanz aus, die wiederum Aussagen macht über das Ungleichgewicht auf dem Arbeitsmarkt. Der wichtigste Indikator zur Beschreibung dieses Ungleichgewichtes ist die Arbeitslosenquote (AQ). Sie steht in komplementärer Beziehung zum Beschäftigungsgrad (b): Beträgt z.B. die Arbeitslosenquote 10 %, so sind folglich 90 von 100 Erwerbspersonen beschäftigt, der Beschäftigungsgrad beträgt 90 %. Liegt also der Beschäftigungsgrad fest, so ergibt sich automatisch auch die Höhe der Arbeitslosenquote. Es gelten folgende Definitionen:

$$b = \frac{\text{Erwerbstätige}}{\text{Erwerbspersonen}} = \frac{\text{Nachfrage}}{\text{Angebot}}$$

$$\text{Erwerbspersonen} = \text{Erwerbstätige} + \text{Arbeitslose}$$

$$AQ = \frac{\text{Arbeitslose}}{\text{Erwerbspersonen}}$$

$$AQ + b = 1 \text{ bzw. } 100\%$$

Im folgenden wird dargestellt, von welchen Einflußfaktoren die Zahl der Erwerbstätigen, also die Nachfrage nach Erwerbspersonen, einerseits und das Angebot an Erwerbspersonen andererseits bestimmt wird. Für die **Arbeitskräftenachfrage** sind dies:

- das reale Bruttoinlandsprodukt (BIP_{real})
- die Arbeitsproduktivität je Arbeitsstunde (AP_{Std}) und
- die jährliche Arbeitszeit je Erwerbstätigen (JAZ)

Beim **Arbeitskräfteangebot** kommt es auf folgende Größen an:

- räumliche Bevölkerungsentwicklung (Wanderungen, Pendlerströme)
- natürliche Bevölkerungsentwicklung (Demographische Komponente)
- Erwerbsneigung (Erwerbsquote)

Die Kenntnis und Analyse dieser Größen ist sowohl eine Voraussetzung für die Erstellung von Arbeitsmarktprojektionen als auch für die Durchführung von Wirkungsanalysen von beschäftigungs- und arbeitsmarktpolitischen Maßnahmen.

1.2.2 Einflussgrößen der Nachfrage

BIP: Nachfrage nach Gütern und Diensten. Die Gütermärkte werden durch die Produktmengen und ihre Preise bestimmt. In aggregierter volkswirtschaftlicher Betrachtung bilden die Produktsummen dieser beiden Größen das sog. nominale Bruttoinlandsprodukt. Dieses gibt den Wert aller im laufenden Jahr entstandenen Güter- und Dienstleistungen an, wobei die Bewertung dieser Mengen mit den Preisen des jeweils laufenden Jahres vorgenommen wird.. Die Höhe des nominalen Bruttoinlandsproduktes ist selbst wiederum abhängig von der gesamten Güternachfrage. Diese teilt sich auf in die Binnennachfrage

- der privaten Haushalte (Konsum: C_{priv}),
- der Unternehmen (Investitionen: I_{priv}),
- der Staatsausgaben (A_{St}) und in die
- die Auslandsnachfrage.

Zusammengefaßt können diese Komponenten der Gesamtnachfrage in der sog. Verwendungsgleichung des Bruttoinlandsproduktes (BIPnom) dargestellt werden:

$$BIP_{nom} = C_{priv} + I_{priv} + A_{St} + (Ex - Im)$$

Ex – Im = Saldo aus Ex- und Importen von Waren und Diensten

Für die Nachfrage nach Erwerbspersonen ist nun wesentlich, wieviel Güter und Dienstleistungen mengenmäßig, also real in einem Jahr produziert bzw. mehr produziert worden sind. Um auf dieses preis- bzw. inflationsbereinigte reale Bruttoinlandsprodukt zu kommen, dividiert man das nominale Bruttoinlandsprodukt durch den sog. Preisindex P:

$$BIP_{real} = \frac{BIP_{nom}}{P}$$

Für ein zugrundeliegendes Basisjahr hat der Preisindex den Wert 1, d.h. reales und nominales Bruttoinlandsprodukt stimmen hier überein. Liegt der Preisindex über dem Wert 1 (steigendes Preisniveau), so fällt das reale Bruttoinlandsprodukt entsprechend der Preissteigerungsrate zwischen dem laufenden Jahr und dem Basisjahr niedriger aus. Das reale Bruttoinlandsprodukt - und damit auch der Bedarf an Erwerbspersonen - ist demnach um so höher, je größer einerseits der Gesamtwert aller Güter und Dienstleistungen (BIP_{nom}) ist und je niedriger andererseits - bei gleichem BIP_{nom} - die Preissteigerungsrate, ist.

BIP: Preise- Kosten und Produktionsbedingungen. Die Höhe des Preisniveaus selbst hängt insbesondere von den Angebotsbedingungen der Wirtschaft ab: Also von der Preissetzung und Marktmacht der Anbieter von Gütern und Diensten, von der Höhe und Struktur der Produktionskosten, von der nationalen und internationalen Konkurrenz sowie von den verschiedenen Standortfaktoren. Für die Attraktivität eines Standortes sind sowohl "harte" (messbare) als auch "weiche" Faktoren entscheidend: Steuer- und Abgabenlast, staatliche Subventionen, Arbeitskosten, Soziallasten, Energiepreise, ökologische Vorschriften, Arbeitszeit, Wechselkurse, soziale Sicherung, politische Stabilität, Bildungswesen, Qualifikation der Arbeitskräfte, technische Infrastruktur und Marktnähe.

Nach der betriebswirtschaftlichen Aufschlagskalkulation bilden sich die Preise auf der Basis der Stückkosten zuzüglich eines Gewinnaufschlages. Für weite Bereiche der Wirtschaft sowie für den Arbeitsmarkt stellen die **Lohnstückkosten** den wichtigsten Kostenfaktor dar. Demzufolge fällt den Lohnstückkosten eine bedeutende Rolle für die Höhe des Preisniveaus, der internationalen Wettbewerbsfähigkeit, der Wachstumsrate des realen Bruttoinlandsprodukts sowie für Beschäftigung und Arbeitsmarkt zu. Allerdings darf der Zusammenhang der Lohnstückkosten mit der Produktion und der Beschäftigung nicht einseitig auf der Basis des Kostenarguments begründet sein, sondern es muß auch ihre Beziehung zur Arbeitsproduktivität sowie ihre Wechselwirkung zum Einkommen, zur Kaufkraft und damit zur Gesamtnachfrage gesehen werden. Was für das eine Unternehmen als Kosten erscheint, ist für das andere die Kaufkraft.

Die Lohnstückkosten (LSK) ergeben sich aus dem Verhältnis der gesamten Lohnkosten zum realen Bruttoinlandsprodukt:

$$LSK = \frac{LS * JAZ * ET}{BIP_{real}}$$

LS = Lohnsatz pro Stunde, JAZ = jährliche Arbeitszeit pro ET,

ET = Erwerbstätige

Dabei ist das Produkt JAZ x ET gleich dem Arbeitsvolumen (Avol), d.h. der Gesamtzahl der geleisteten Arbeitsstunden aller Erwerbstätigen im Jahr. Da nun das erwirtschaftete reale Bruttoinlandsprodukt in Relation zum geleisteten Arbeitsvolumen die gesamtwirtschaftliche Arbeitsproduktivität (AP) definiert:

$$AP = \frac{BIP_{real}}{Arbeitsvolumen} = \frac{BIP_{real}}{JAZ * ET}$$

können die Lohnstückkosten als einfaches Verhältnis von Stundenlohn und Stundenproduktivität dargestellt werden:

$$LSK = \frac{LS}{AP}$$

LSK = Lohnstückkosten, LS = Lohnsatz, AP = Arbeitsproduktivität

Die Veränderungsrate der Lohnstückkosten (Δ LSK %) ergibt sich dann näherungsweise als Differenz zwischen den Veränderungsraten der (Stunden)-Löhne und der (Stunden)-Produktivität:

$$\Delta LSK(\%) = \Delta LS(\%) - \Delta AP(\%)$$

Die zuletzt angegebene Gleichung besagt, daß die Lohnstückkosten zum einen mit zunehmenden Stundenlöhnen steigen, aber zum anderen bei steigender Arbeitsleistung pro Stunde fallen können. Sie gehen also so lange zurück wie die Steigerungsrate der Arbeitsproduktivität höher ist als die der Stundenlöhne. Falls mit einem Rückgang der Lohnstückkosten nicht gleichzeitig unerwünschte Nebenwirkungen auf die Gesamtnachfrage ausgehen, erhöht sich dadurch die internationale Wettbewerbsfähigkeit und verbessern sich - bei gleichbleibenden Wechselkursen - die Absatzchancen auf dem Weltmarkt.

Arbeitsproduktivität und technologische Entwicklung. Die Arbeitsproduktivität stellt das wichtige Bindeglied zwischen Gütermarkt und Arbeitsmarkt dar, wie aus folgender Begriffsdefinition hervorgeht: Unter Arbeitsproduktivität pro Stunde (Stundenproduktivität) versteht man die Leistung, die pro Arbeitsstunde von den Erwerbstätigen im Durchschnitt erbracht wurde. Die Gesamtleistung in Deutschland, gemessen am realen Bruttoinlandsprodukt, betrug im Jahr 1999 1906,2Mrd. € (in Preisen des Basisjahres 1995). Zur Erstellung dieser Gesamtleistung waren 56,382 Mrd. Arbeitsstunden (eingesetztes Arbeitsvolumen) erforderlich. Diese gesamten Arbeitstunden wurden von 36,103 Millionen Erwerbstätigen bei einer durchschnittlichen Jahresarbeitszeit von 1561,7 Stunden pro Erwerbstätigen erbracht. Somit ergibt sich für die gesamtwirtschaftliche Arbeitsproduktivität pro Erwerbstätigenstunde folgender Wert für die Arbeitsproduktivität im Jahr 1999 (IAB, 2000, 13):

$$AP_{Std} = \frac{1906{,}2\ \text{Mrd.}\ €}{1561{,}7\ \text{Std.} * 36{,}103\ \text{Mio. ET}} = 33{,}81\ €/\text{Std}$$

Gegenüber dem Vorjahr ist die Arbeitsproduktivität um rd. 1 % gestiegen. Die Bedeutung dieses "Produktivitätsgewinnes" liegt darin, daß damit entweder 1 % mehr Güter und Dienstleistungen ohne zusätzlichen Arbeitsstundeneinsatz produziert werden können oder aber ein gleichbleibendes Produktionsniveau (Nullwachstum) mit 1 % weniger Arbeitsvolumen, also 564 Millionen Stunden oder rd. 360.000 weniger Erwerbstätige, hätte hergestellt werden können. Im letzteren Falle könnte dann nur eine Verkürzung der Arbeitszeit um mehr als 1 % einen Rückgang der Erwerbstätigenzahl und damit einen Anstieg der Arbeitslosigkeit verhindern. Soll die Erwerbstätigkeit also nicht konstant an der "Beschäftigungsschwelle" verharren, muß das Bruttoinlandsprodukt stärker wachsen als die Arbeitsproduktivität je Erwerbstätigem.

Auf den ersten **(kurzfristigen)** Blick stellen folglich geringere Produktivitätszuwachsraten eine **Entlastung** des Arbeitsmarktes dar. Bei Berücksichtigung **mittel- bis längerfristiger** Überlegungen bedeutet aber eine - gegenüber Lohnzuwächsen und der Rate der Arbeitszeitverkürzung - zurückfallende Produktivitätsentwicklung steigende Lohnstückkosten, steigende Preise und damit letztlich Einbußen bei der internationalen Wettbewerbsfähigkeit. Geringere Produktivitätszuwachsraten haben also auf Dauer eher **negative Auswirkungen** auf dem Arbeitsmarkt, insbesondere im Falle einer exportorientierten Volkswirtschaft.

Die Arbeitsproduktivität ist selbst wiederum von einer Vielzahl von ökonomischen und anderen Einflußfaktoren abhängig, die danach zu unterscheiden sind, ob sie eher kurz- und mittelfristig oder längerfristig und trendmäßig die Arbeitsproduktivität verändern. Bei **kurz- und mittelfristiger** Betrachtung hängt die Produktivitätsentwicklung hauptsächlich vom **Konjunkturverlauf** und damit vom Auslastungsgrad der Produktionskapazitäten (Produktionspotential) ab. In Zeiten einer Konjukturabschwächung oder gar Rezession kann sich der Produktivitätszuwachs zusätzlich abschwächen, weil die Unternehmen insbesondere qualifizierte Arbeitskräfte "horten", also nicht voll ausgelastet weiterbeschäftigen. Sie wollen bei einem späteren Konjunkturaufschwung Zeit und Kosten der Wiedereinstellung und Einarbeitung vermeiden. Das Verhalten der Unternehmen, auf Auftragsmangel zuerst mit dem Abbau von Überstunden und der Einführung von Kurzarbeit und erst später mit Entlassungen zu reagieren, läßt im übrigen die Stundenproduktivität stärker steigen als die Erwerbstätigen-Produktivität (Leistung pro Erwerbstätigem). Bei einem Konjunkturaufschwung werden jedoch als Kehrseite dieser Medaille zuerst die Produktivitätsreserven ausgeschöpft, bevor zusätzliche Arbeitskräfte eingestellt werden. Dies ist ein Grund dafür, daß der Arbeitsmarkt stets verzögert auf die konjunkturelle Entwicklung reagiert.

Für die **längerfristige**, trendmäßige Entwicklung sind neben den beiden Produktionsfaktoren **Arbeit** und **Kapital** auch zahlreiche **Strukturfaktoren** maßgebend.

Beim Faktor **Arbeit** wirken z.B. produktivitätssteigernd:

- Investitionen in Humankapital durch verbesserte schulische oder betriebliche Berufsausbildung,
- Lernprozesse bei der beruflichen Tätigkeit ("learning by doing"),
- Förderung der beruflichen und sozialen Qualifikationen durch Fortbildung, Umschulung und Weiterbildung,
- Maßnahmen zur Verbesserung der Beschäftigungsstruktur (z.B. Wechsel von Arbeitnehmern aus schrumpfenden in hochproduktive Zukunftsbranchen),
- Effizienzsteigernde Entlohnung, Motivation und Beschäftigungssicherheit,
- Arbeitszeitverkürzung (induzierter Produktivitätszuwachs).

Der Faktor **Kapital** führt zu einer höheren Arbeitsproduktivität, wenn

- die Kapitalintensität steigt, beispielsweise dadurch, daß Maschinen und Anlagen verstärkt eingesetzt werden (Erweiterungsinvestitionen) oder daß Arbeit durch Kapital ersetzt wird (Rationalisierungsinvestitionen). Für die Zunahme der Erweiterungsinvestitionen können bessere Erwartungen bezüglich der zukünftigen Nachfrage sowie verbesserte Angebotsbedingungen ursächlich sein. Die Rationalisierungsinvestitionen können im technischen Fortschritt sowie in den unterschiedlichen Entwicklungen von Lohn- und Kapitalkosten begründet sein und/oder
- die Kapitalproduktivität steigt, d.h., dass pro Kapitalstunde mehr Produktion erreicht wird (z.B. durch höhere Auslastung bei längerer Maschinenlaufzeit, Schichtarbeit, technische Revolutionen).

Bei den **Strukturfaktoren** wäre insbesondere der Strukturwandel der Wirtschaft vom produktiveren sekundären (verarbeitenden Gewerbe) zum arbeitsintensiveren tertiären Sektor zu nennen. Des weiteren können Rationalisierungsschutzabkommen bei Tarifverträgen die Produktivitätsentwicklung beeinflussen ("soziale Abfederung" des technischen Fortschritts). Diese Entwicklungen bremsen zwar mittelbar den Produktivitätsanstieg, fördern andererseits aber unmittelbar die Zahl der Beschäftigten.

Arbeitszeit. Die geleistete Arbeitszeit pro Jahr ergibt sich durch Multiplikation der täglichen Arbeitszeit (AZ) mit der Zahl der effektiven Arbeitstage pro Jahr (AT). Vereinfacht und näherungsweise läßt sich die jährliche Arbeitszeit (JAZ) für das Jahr 1998 wie folgt ermitteln (IAB, 2000, 15):

1.	Potenzielle Arbeitstage:	252,0 (Tage)
2.	Urlaubsbereinigte Arbeitstage:	221,0 (Tage)
3.	Tarifliche Arbeitszeit/Tag:	7,56 (Std.)[3]
4.	Tarifliche Arbeitszeit/Jahr (3 x 4):	1670,5 (Std.)
	-Krankenstand:	-68,7 Std.
	+Mehrarbeitstd.:	+60,3 Std.
	-Sonstige Ausfälle (Kurzarbeit, Teilzeit, Erziehungsurlaub, Streik Schlechtwetter)	-136,4 Std.
5.	Tatsächliche Arbeitszeit/Jahr:	**1525,6** Std.

Führt man diese die Nachfrage nach Erwerbspersonen bestimmenden Faktoren zusammen, so läßt sich festhalten, daß der Bedarf an Erwerbspersonen - bei Konstanz aller übrigen die Arbeitskräftenachfrage beeinflussenden Größen - um so größer ist, je mehr Güter und Dienstleistungen real produziert werden (BIP_{real}), aber um so geringer ist, je produktiver die Erwerbstätigen pro Stunde (AP) und je länger sie pro Jahr (JAZ) arbeiten.

Zusammengefaßt ergibt sich also für die Nachfrage am Arbeitsmarkt:

$$ET = \frac{BIP_{real}}{AP * JAZ}$$

bzw. für deren Veränderungsraten:

$$\Delta ET(\%) = \Delta BIP_{real}(\%) - \Delta AP(\%) - \Delta JAZ(\%)$$

1.2.3 Einflussgrößen des Angebots

Will die Arbeitsmarkt- und Beschäftigungspolitik wirksam sein, so darf sie sich nicht nur an den Schlüsselgrößen der Arbeitskräftenachfrage orientieren, da ebenfalls Veränderungen der Erwerbsbevölkerung und des Erwerbspersonenangebots in unterschiedlicher Weise auf den Arbeitsmarkt einwirken. Es müssen daher auch die Schlüs-

3 Basis: Tarifliche Wochenarbeitszeit: 37,78 Std.

selgrößen bekannt sein, die das Angebotsverhalten der Bevölkerung bestimmen und die durch arbeitsmarktpolitische Maßnahmen beeinflußt werden können.

Bevölkerung. Grundlage für die Erwerbsbevölkerung sowie für das Erwerbspersonenangebot bzw. Erwerbspersonenpotential, stellt die Größe und der Altersaufbau der Bevölkerung dar. Dabei wird der Altersaufbau wie auch die Größe der Bevölkerung durch die Bevölkerungsbewegungen bestimmt. Diese umfassen zum einen den Saldo von Lebendgeborenen und Gestorbenen (natürliche Bevölkerungsbewegung) und zum anderen den Wanderungssaldo aus Zuzügen und Fortzügen (grenzüberschreitende räumliche Bevölkerungsbewegung).

Während die natürliche Bevölkerungsentwicklung kaum von ökonomischen Faktoren gesteuert wird und damit auch weniger politische Ansatzpunkte zu ihrer Beeinflussung bestehen (Ausnahme: Kindergeld, Anrecht auf einen Kindergartenplatz , Erziehungsurlaub), sind die Wanderungen dagegen sehr stark von politischen, ökonomischen und administrativen Faktoren abhängig.

Restriktive administrative und gesetzliche Regelungen bei Ausländern (z.B. Zuzugsbeschränkung durch Anwerbestopp, "erzwungene" Fortzüge durch die Arbeitserlaubnisverordnung, Rückkehrhilfegesetz) werden insbesondere in Phasen allgemein rückläufiger Beschäftigung ergriffen, offensive Regelungen dagegen bei einem drohenden Arbeitskräftemangel (z.B. „Green Card").

Erwerbspersonenpotenzial. Eine bestimmende Größe für das gegenwärtige Angebot an Erwerbspersonen ist die **Erwerbsbevölkerung** (Bevölkerung im erwerbsfähigen Alter). Statistisch wird sie auf die Alterjahrgänge der 15-65-Jährigen begrenzt. Ihren Anteil an der gesamten Wohnbevölkerung bezeichnet man als die sog. **Erwerbsfähigen--Quote** (EfQ):

$$EfQ = \frac{B_{15-65}}{B}$$

Wieviele Personen aktiv am Erwerbsleben beteiligen, hängt nicht nur von der Größe der Erwerbsbevölkerung, also der Personen im erwerbsfähigen Alter ab, sondern auch von der sog. **Erwerbsquote**. Die Erwerbsquote ist eine Verhältniszahl, mit der die Teilnahme der unterschiedlichen Bevölkerungsgruppen am Erwerbsleben gemessen werden kann. Sie bringt also zum Ausdruck, wie unterschiedlich ausgeprägt Neigungen und Chancen der erwerbsfähigen Bevölkerung verteilt sind, am Erwerbsleben teilzunehmen.

Nach dem Konzept des Statistischen Bundesamtes erhält man die tatsächliche Erwerbsquote aus dem Verhältnis der **effektiven Erwerbspersonen** (EP) - also der Summe aus den Erwerbstätigen (ET) und den registrierten Arbeitslosen (ALO) - zur gesamten Erwerbsbevölkerung (B_{15-65}). Teilnahme am Erwerbsleben erfaßt bei diesem (engeren) Konzept also nur die Erwerbstätigkeit und die registrierte Arbeitslosigkeit.

Im Unterschied zur potentiellen Erwerbsquote nennen wir diese Größe die **tatsächliche** Erwerbsquote:

$$EQ_{tats} = \frac{EP}{B_{15-65}} \quad \text{bzw.} \quad EQ_{tats} = \frac{ET + ALO}{B_{15-65}}$$

Von welchen Einflußfaktoren hängt nun die Erwerbsbeteiligung ab? Neben dem Alter, Geschlecht sowie Familienstand sind bei längerfristiger Betrachtung auch ausgeprägte Trends erkennbar. Hinzu kommt bei einigen Erwerbspersonengruppen eine (konjunktur)-zyklische Veränderung der Erwerbsbeteiligung. Die Erwerbsbeteiligung der **Männer** läßt sich folgendermaßen charakterisieren:

- Die Erwerbsquoten der Jüngeren (bis 30 Jahre) nehmen trendmäßig ab. Dies kann insbesondere auf die stärkere Beteiligung am Bildungswesen zurückgeführt werden. Verlängerungen der Bildungs- und Ausbildungszeiten trugen zusätzlich zu diesem Rückgang bei.
- Die Erwerbsquoten der Männer im voll leistungsfähigen Alter (30 - 50 Jahre) änderten sich im Zeitablauf praktisch nicht. Die Erwerbsquoten liegen durchweg über 95 %. Zu dieser hohen Erwerbsbeteiligung dürften beitragen: die aus ökonomischen Gründen geringen Alternativen zur Erwerbsarbeit, ein spürbarer sozialer Druck auf die Männer dieser Altersgruppen, aktiv am Erwerbsleben teilzunehmen sowie die noch nicht ins Gewicht fallenden Ausfälle durch Krankheit und Erwerbsunfähigkeit.
- Die Erwerbsquoten der über Fünfzigjährigen weisen wiederum einen beträchtlich sinkenden Trend auf. Gründe hierfür liegen in dem freiwilligen oder durch einen -bei hoher Arbeitslosigkeit vorhandenen sozialen Druck - erzwungenen frühzeitigen Rückzug aus dem Erwerbsleben. Administrative und gesetzliche Maßnahmen verstärken in Zeiten hoher Arbeitslosigkeit diesen Trend (Bsp.: Vorruhestandsregelungen). Auch hat die Erwerbs- und Arbeitsunfähigkeit bei den oberen Altersgruppen über die vergangenen Jahre zugenommen.

Für die **Frauen** läßt sich die Erwerbsbeteiligung wie folgt beschreiben:

- Hinter dem Merkmal Alter (sinkende Erwerbsquote der jüngeren und älteren Erwerbspersonen) verbergen sich dieselben Einflußfaktoren wie bei den Männern mit der Ausnahme, daß hier die flexible Altersgrenze bereits mit 60 Jahren beginnt.
- Die Erwerbsbeteiligung der Frauen im mittleren Lebensabschnitt unterscheidet sich von der der Männer insbesondere durch den Familienstand. Ledige Frauen weisen ein ähnliches Erwerbsverhalten auf wie die Männer, verheiratete Frauen haben eine deutlich geringere Erwerbsquote.

- Die starke trendmäßige Zunahme der Erwerbsbeteiligung, insbesondere der verheirateten Frauen im Alter zwischen 25 und 50 Jahren, wird von folgenden Faktoren beeinflusst: das gestiegene Bildungsniveau, emanzipatorische Bestrebungen, die geringer gewordene Kinderzahl pro Familie, Erleichterungen im Haushalt sowie insbesondere Möglichkeiten der Teilzeitbeschäftigung, die heute von über 20 % der erwerbstätigen Frauen in Anspruch genommen werden sowie den besseren Zugangsmöglichkeiten zu traditionellen "Männerberufen".

Die **zyklische** Veränderung der Erwerbsbeteiligung wird durch zwei Hypothesen beschrieben: Die **Zusatzarbeitshypothese** besagt, daß ein konjunkturbedingter Rückgang der gesamtwirtschaftlichen Nachfrage nach Arbeit das Erwerbspersonenangebot wider Erwarten steigen läßt, weil Arbeitslosigkeit und Kurzarbeit das Familieneinkommen vermindern und zu dessen Aufrechterhaltung zusätzliche Familienmitglieder neu auf dem Arbeitsmarkt auftreten. Dies würde also zu einer antizyklischen Veränderung der Erwerbsquote führen.

Die entgegengesetzte Reaktion wird in der sog. **Resignationshypothese** beschrieben. Danach reduziert ein gesamtwirtschaftlicher Rückgang der Nachfrage nach Arbeit auch das Erwerbspersonenangebot. Insbesondere die "sekundären" Erwerbspersonen, deren Arbeitsangebot weniger von finanziellen Faktoren sondern auch von der Existenz eines "günstigen" Arbeitsplatzes abhängt, ziehen sich bei nachlassender Wirtschaftstätigkeit vorübergehend aus dem Erwerbsleben zurück: Die tatsächliche Erwerbsquote verändert sich prozyklisch. Empirische Untersuchungen bestätigen, daß der Resignationseffekt den Zusatzarbeitseffekt überwiegt, so daß im Saldo eine prozyklische Veränderung der Erwerbsquote zu beobachten ist. In dieser Veränderung begründet sich letztlich die sog. Stille Reserve im engeren Sinn.

Stille Reserve. Das Erwerbspersonenangebot (Erwerbspersonenpotenzial) setzt sich nach Auffassung des IAB nicht nur aus den Erwerbstätigen und den registrierten Arbeitslosen zusammen, sondern enthält zusätzlich noch die "Stille Reserve". Zur Stillen Reserve werden alle nichterwerbstätigen Personen gezählt, die Arbeit suchen, ohne bei den Arbeitsagenturen als Arbeitslose registriert zu sein, oder die bei aufnahmefähigerem Arbeitsmarkt („Vollbeschäftigung“) ihre Arbeitskraft anbieten würden. Zum Teil handelt es sich bei der Stillen Reserve um beschäftigungslose Personen in arbeitsmarktpolitischen Maßnahmen, also insbesondere in Vollzeitmaßnahmen beruflicher Weiterbildung sowie im Vorruhestand. Bereinigt man die gesamte Stille Reserve um diese beschäftigungslosen Personen in arbeitsmarktpolitischen Maßnahmen, gelangt man zur (traditionellen) Stillen Reserve im engeren Sinn (BA 1999, 22 und IAB, 1987, 387). Strittig ist im allgemeinen nicht die Existenz der Stillen Reserve, wohl aber ihre quantitative Dimension und der damit verbundene beschäftigungspolitische Handlungsbedarf. Das **Berechnungskonzept des IAB** zur Ermittlung ihrer Größenordnung wird graphisch vereinfacht in der nachfolgenden Abbildung dargestellt.

Aus einer Zeitreihenbetrachtung kann man folglich feststellen, daß die tatsächliche Erwerbsquote die Schwankungen der Konjunktur (durch Überwiegen des Resignations- über den Zusatzarbeitseffekt) widerspiegelt:

- So steigt einerseits in einer **Rezessionsphase** die Zahl der Arbeitslosen nicht im gleichen Umfang an wie die Erwerbstätigenzahl zurückgeht, sondern schwächer. Der Quotient $(ET+ALO)/B_{15-65}$ - also die tatsächliche Erwerbsquote - wird folglich kleiner. Dahinter verbirgt sich der sog. "Resignationseffekt" insbesondere der "sekundären" Erwerbspersonen, deren Lebensunterhalt teilweise oder vollständig durch Eltern, Ehepartner oder andere Familienmitglieder/Personen gesichert ist.
- Andererseits geht die Arbeitslosigkeit in einer **Aufschwungphase** nicht so stark zurück, wie die Erwerbstätigenzahl zunimmt, die tatsächliche Erwerbsquote wird folglich größer, da aus der Stillen Reserve ebenso Menschen in Beschäftigung gelangen wie aus der Arbeitslosigkeit. Unter Vollbeschäftigungsbedingungen - also bei hohem Beschäftigungsstand - stimmen potentielle und tatsächliche Erwerbsquote überein, die Stille Reserve ist Null, die registrierte Arbeitslosigkeit niedrig (z.B. friktionelle Arbeitslosigkeit).

Abbildung 5: Ermittlung der Stillen Reserve

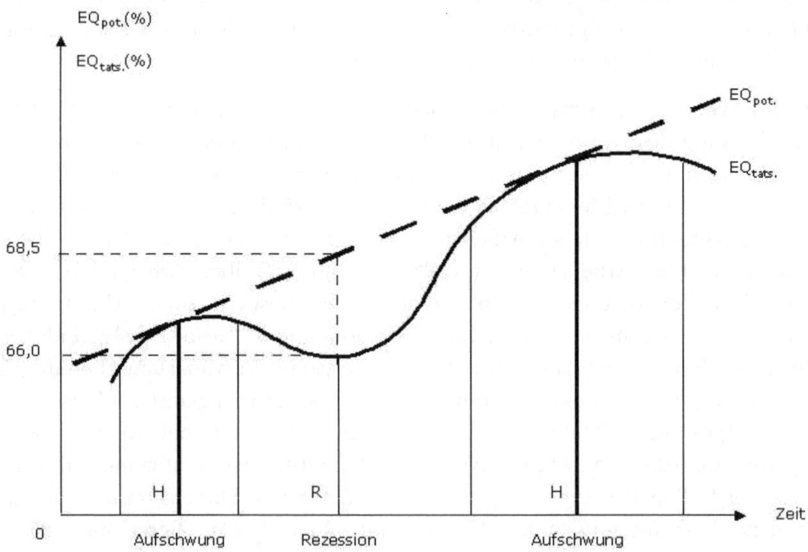

In Zeiten schwächerer Konjunktur- und Arbeitsmarktlage wird die potentielle Erwerbsquote danach "geschätzt", wie sich die tatsächliche Erwerbsquote ohne die Konjunkturabschwächung weiterentwikkelt hätte. Eine Möglichkeit zur "Überbrückung" von Konjunkturtälern ist in obiger Abbildung dargestellt: Man legt auf die in den beiden Hochkonjunkturjahren errichteten "Träger" eine "Brücke" und erhält damit für die Zwischenjahre eine sog. potentielle Erwerbsquote. Die Differenz zwischen EQ_{pot} und EQ_{tats} ist auf dem Tiefpunkt der Rezession am größten und die Stille Reserve folglich am höchsten. Beträgt die Differenz zwischen potentieller und tatsächlicher Erwerbsquote - wie im vorliegenden Beispiel - 2,5 %-Punkte, so hätte die Stille Reserve bei einer Erwerbsbevölkerung von 40 Millionen die Größenordnung von einer Million angenommen:

$$\text{STR} = (0{,}685 - 0{,}66) * 40\,\text{Mio.} = 1\,\text{Mio.}$$

Es ist klar, daß dieses angegebene Schätzverfahren nur so gut sein kann, wie die "Träger" die "Brücke" tragen können. Inzwischen ist durch langes Ausbleiben von wirklichen Vollbeschäftigungsphasen die Schätzung der Stillen Reserve sowohl schwieriger als auch unsicherer geworden. Das ändert jedoch nichts an der Tatsache, daß gegenwärtig eine Stille Reserve existiert, wohl aber kann die geschätzte Größenordnung umstritten sein.

Ein besonderer Einflussfaktor auf das Arbeitskräfteangebot stellt in Deutschland, aber auch mehr und mehr in der Europäischen Union die **Zuwanderung** dar. Die nachfolgende Tabelle zeigt die Entwicklung der Netto-Migration im Zeitraum von 1960 – 2000 auf. In der letzten Dekade des 20. Jahrhunderts wiesen alle Länder der Europäischen Union einen positiven Nettozuwachs an Migration auf.

- Traditionelle Emigrationsländer wie Finnland, Irland, Italien, Portugal, Spanien haben inzwischen ebenfalls einen positiven Zuwanderungssaldo
- Mit Ausnahme von Frankreich zeigen alle Länder eine beschleunigte Zunahme im Vergleich zu den vorangegangenen drei Jahrzehnten.

Im Hinblick auf die Motivation der Migranten kann man drei Typen unterscheiden (Bauer, Hausken-DeNew, Schmidt, RWI 20, S.9):

- Personen, die ökonomische Chancen im Bestimmungsland erkennen und dort einen dauerhaften Aufenthalt anstreben
- Personen, die nach ihrer Rückkehr aus dem Bestimmungsland mit ihrem angesparten Sach- und Humankapital im Heimatland eine Verbesserung ihrer Lebensverhältnisse anstreben und
- Personen, die aus politischen, ethnischen und religiösen Gründen Zuflucht im Bestimmungsland suchen.

Tabelle 1: Kumulierte Netto-Zuwanderung in Europa. 1960 – 2000 in Tausend

Land	1960 - 1990	1990 – 2000
Belgien	0.247	0.153
Dänemark	0.097	0.129
Deutschland	4.857	3.638
Finnland	-0.140	0.064
Frankreich	3.270	0.585
Griechenland	0.027	0.442
Großbritannien	0.114	0.827
Italien	-0.904	1.177
Irland	-0.285	0.091
Luxemburg	0.058	0.042
Niederlande	0.644	0.360
Österreich	0.308	0.294
Portugal	-1.197	0.035
Spanien	-0.286	0.358
Schweden	0.476	0.194
		Quelle: IOM 2003, 240

Der Angebotsdruck, der sich in den Nettozuwanderungszahlen widerspigelt, muss nicht zwangsläufig eine Belastung für den Arbeitsmarkt darstellen. Vielmehr belegen wissenschaftliche Untersuchen überwiegend positive ökonomische Wirkungen (Schmidt/RWI,05.07.2003). Trotz hoher Arbeitslosigkeit sieht auch die Zuwanderungskommission in Deutschland für 2005 einen begrenzten Bedarf an Zuwanderung. Dabei geht es aber primär um Fachkräfte und Spezialisten, die auf dem deutschen Arbeitsmarkt knapp sind.

Dennoch muss man zugestehen, dass sich die Erwerbschancen von Ausländern in Deutschland in den letzten Jahren spürbar verschlechtert haben. Ihre Arbeislosenquote übersteigt die der Einheimischen deutlich, wobei eine besonders brisante

Arbeitsmarktsituation für türkische Staatsbürger zu beobachten ist, deren Arbeitslosenquote doppelt so hoch ist wie die der Einheimischen[4]. Dahinter verbirgt sich jedoch keine Diskriminierung türkischer Erwerbspersonen, vielmehr spiegelt sich hier der Strukturwandel der deutschen Wirtschaft mit einem massenhaften Arbeitsplatzverlust für ungelernte Arbeitskräfte wider. Für Industrieregionen mit hohem Ausländeranteil dürfte dies zu einer überdurchschnittlichen Arbeitslosigkeit beigetragen haben.

1.2.4 Kennziffern des Arbeitsmarktes

Risikoindikatoren am Arbeitsmarkt. Will man sich als Erwerbsperson oder als Institution oder Unternehmen des Arbeitsmarktausgleichs über den Arbeitsmarkt informieren, sind Kennziffern zur Messung von Chancen und Risiken am Arbeitsmarkt unumgänglich. Dies geschieht mit einer Reihe von statistischen Messziffern, die wiederum nach verschiedenen Merkmalen differenziert werden (z.B. Region, Beruf, Wirtschaftszweig, Geschlecht, Alter, Qualifikation).

Die meist verwendete Kennziffer zur Beschreibung des Risikos am Arbeitsmarkt ist die Arbeitslosenquote. Sie wird in Deutschland in zwei Varianten angegeben:

- Arbeitslose in % aller **zivilen** Erwerbspersonen (beschäftigte Arbeitnehmer + Selbstständige und mithelfende Familienangehörige + Arbeitslose)
- Arbeitslose in % der **abhängigen** zivilen Erwerbspersonen (sozialversicherungspflichtig Beschäftigte + geringfügig Beschäftigte + Beamte + Arbeitslose)

Bei einem Arbeitslosenbestand von 4.099.209 betrugen die beiden Risikoindikatoren für das Jahr 1999 10,5 % bzw. 11,5 % (BA, 1999, 24). Bei dieser statischen Bestandsbetrachtung wird jedoch verkannt, dass sich hinter den oft nur wenig veränderten Bestandszahlen ganz erhebliche Bewegungen am Arbeitsmarkt (1999: 7,2 Mio. Zugänge in die und 7,3 Mio. Abgänge aus der Arbeitslosigkeit) verbergen. Es ist deshalb erforderlich, die **Dynamik der Arbeitslosigkeit** genauer zu untersuchen. Wir zerlegen daher die Arbeitslosenquote (AQ) in folgende drei Komponenten oder Teilrisiken:

- **Betroffenheit von Arbeitslosigkeit (BETR),**
  um herauszufinden, wie viele Personen in einem bestimmten Zeitraum von Arbeitslosigkeit betroffen sind.
- **Dauer der Arbeitslosigkeit (ADAU),**
  um herauszufinden, wie lange die einzelne Arbeitslosigkeitsperiode dauert.

4 Weiterführende Informationen hierzu: Bericht der Unabhängigen Kommission Zuwanderung, 2004 sowie U. Heinen: Zuwanderung und Integration in der Bundesrepublik Deutschland, Bundeszentrale für politische Bildung, Heft 267, 2000.

- **Häufigkeit des Auftretens von Arbeitslosigkeit (H)**,
  um herauszufinden, wie viele Personen wie oft in einem Jahreszeitraum Erfahrungen mit der Arbeitslosigkeit gemacht haben.

Die Berechnung der einzelnen Teilrisiken kann nach folgenden Formeln erfolgen (Egle, 1977):

$$BETR_{Personen} = \frac{\text{Jahressumme Zugänge Arbeitslose (Personen)}}{\text{Erwerbspersonen (EP)}}$$

$$ADAU = \frac{\text{Jahresdurchschnittsbestand Arbeitslose} * \text{(Zeiteinheit)}}{\text{Jahressumme Zugänge Arbeitslose (Fälle)}}$$

$$H = \frac{\text{Jahressumme Zugänge Arbeitslose (Fälle)}}{\text{Jahressumme Zugänge Arbeitslose (Personen)}}$$

Zusammengefasst ergibt sich die folgende „dynamische" Berechnungsformel der Arbeitslosenquote:

$$AQ = BETR_{Personen} * H * ADAU$$

Das Risiko, wiederholt arbeitslos zu werden, lässt sich jedoch aus den regelmäßig veröffentlichten Arbeitsmarktstatistiken nicht berechnen, da nur die aufgetretenen Arbeitslosigkeitsfälle, nicht jedoch die sich dahinter verbergende Personenzahl statistisch erfasst wird. Die Arbeitslosenquote kann daher faktisch nur in ein **Zugangsrisiko** und ein **Verbleibrisiko** zerlegt werden:

$$\text{Zugangsrisiko (ZR)} = \frac{\text{Jahressumme Zugänge Arbeitslose (Fälle)}}{\text{Erwerbspersonen (EP)}}$$

$$\text{Verbleibsrisiko (VR)} = \frac{\text{Jahresdurchschnittsbestand} * \text{(Zeiteinheit)}}{\text{Jahressumme Zugänge Arbeitslose (Fälle)}}$$

Die Arbeitslosenquote lässt sich daher vereinfacht wie folgt darstellen:

$$AQ = ZR * VR$$

Wie sich die Arbeitslosenquote und ihre beiden Teilrisiken zur Zeit darstellen, geht aus der folgenden Abbildung hervor.

Abbildung 6: Zugangs- und Verbleibrisiko am Arbeitsmarkt

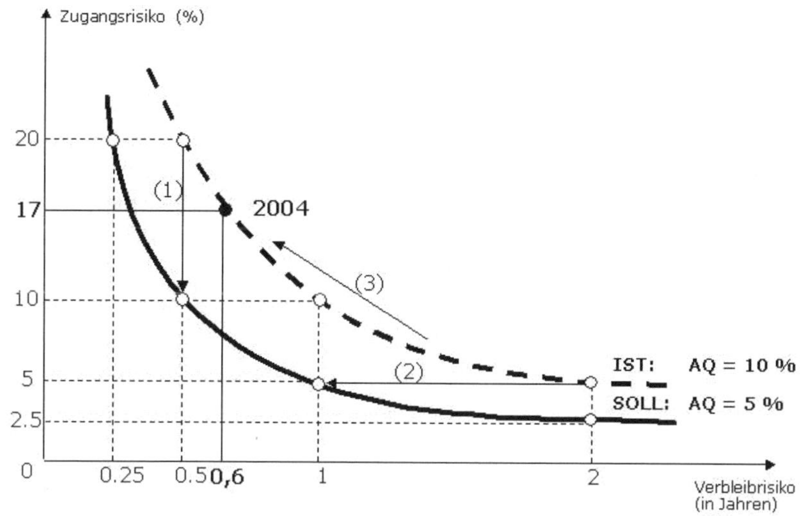

Die Zerlegung der Arbeitslosenquote in ihre beiden Teilrisikokomponenten ist unter anderem wichtig, um die Arbeitslosigkeit mit den geeigneten regionalen arbeitsmarktpolitischen Instrumenten gezielt verringern zu können. Bei hohem Zugangsrisiko bedeutet dies z.B. einen Bedeutungszuwachs für Outplacement-Beratung und -Vermittlung, Qualifizierung der von Arbeitslosigkeit betroffenen Personen, Einsatz des Instruments Kurzarbeitergeld. Bei hohem Verbleibrisiko geht es verstärkt um eine Vermittlungsoffensive für Arbeitslose sowie einer Förderung beruflicher Weiterbildung sowie einer verstärkten Selbstaktivität von Arbeitslosen bei der Jobsuche.

Chancenindikatoren am Arbeitsmarkt. Neben den Risikokennziffern ist es für berufliche und regionale Entscheidungsprozesse wichtig, sich ein Bild über die regionalen Chancen am Arbeitsmarkt machen zu können. Eine einfache Chancen-Risiko-Analyse des regionalen Arbeitsmarktes gelingt, wenn man insbesondere folgende zwei Kennziffern analysiert:

- Dauer der Arbeitslosigkeit (ADAU)
- Laufzeit von offenen Stellen (ODAU)

Die Kennziffern können wie folgt berechnet werden:

$$\text{ADAU} = \frac{\text{Jahresdurchschnittsbestand Arbeitslose} * \text{(Zeiteinheit)}}{\text{Jahressumme Zugänge Arbeitslose (Fälle)}}$$

$$\text{ODAU} = \frac{\text{Jahresdurchschnittsbestand Offene Stellen (OST)}}{\text{Jahressumme Zugänge Offene Stellen}}$$

Mit den ersten beiden Kennziffern lassen sich die regionalen Arbeitsmärkte wie folgt typisieren:

1. Überdurchschnittliche Dauer der Arbeitslosigkeit bei überdurchschnittlicher Laufzeit von offenen Stellen. Dies signalisiert einen Arbeitsmarkt, bei dem es schwierig ist, Angebot und Nachfrage zusammen zu führen. Die Arbeitsmarktexperten sprechen hier von einer Tendenz zu einer strukturellen oder Mismatch-Arbeitslosigkeit.
2. Unterdurchschnittliche Dauer der Arbeitslosigkeit bei überdurchschnittlicher Laufzeit von offenen Stellen. Dieser Arbeitsmarkt zeigt eine Tendenz zu Arbeitskräftemangel: Wenn offene Stellen gemeldet werden, dauert es lange, bis sie besetzt werden können; gemeldete Arbeitslose kommen aber relativ schnell wieder in Beschäftigung.
3. Unterdurchschnittliche Dauer der Arbeitslosigkeit bei unterdurchschnittlicher Laufzeit von offenen Stellen. Hier liegt ein bewegungsintensiver Arbeitsmarkt vor, der insbesondere die Arbeitsagenturen in ein gutes Licht rückt: Es gelingt nach kurzer Zeit sowohl Arbeitslose in Arbeit zu bringen als auch offene Stellen zu besetzen.
4. Überdurchschnittliche Dauer der Arbeitslosigkeit bei unterdurchschnittlicher Laufzeit von offenen Stellen. Arbeitslose bleiben überdurchschnittlich lange arbeitslos, offene Stellen werden schnell besetzt. Da es jedoch zu wenige davon gibt, erfahren die Arbeitslosen ein überdurchschnittlich hohes Verbleibrisiko. Es herrscht Arbeitsplatzmangel.

Eine aktuelle Typisierung von Bezirken der Arbeitsagenturen mit weitreichenden Auswirkungen für die dezentrale Steuerung der Arbeitsmarktpolitik und des Arbeitsmarktcontrollings hat das IAB vor kurzem vorgelegt (Blien, u.a. ZAF, 146 ff.).

1.3 Bilanzierung und Analyse des Arbeitsmarktes

1.3.1 Arbeitsmarktbilanz

In der Arbeitskräftebilanz wird das Angebot an und die Nachfrage nach Erwerbspersonen für einen Jahreszeitraum einander gegenübergestellt und der Saldo ermittelt. Betrachtet man als Angebot das gesamte Erwerbspersonenpotential, also einschließlich der Stillen Reserve, so erhält man als Saldo die Unterbeschäftigung, die sich wiederum aus den Arbeitslosen und der Stillen Reserve zusammensetzt. Arbeitskräftebilanzen sind notwendig, um das Ungleichgewicht am Arbeitsmarkt beschreiben, prognostizieren und analysieren zu können. Darüber hinaus bilden sie eine theoretische Grundlage für den Einsatz der arbeitsmarkt- und beschäftigungspolitischen Strategien und Instrumente. Die folgende Graphik stellt die Arbeitskräftebilanz in Form von registrierter Arbeitslosigkeit dar.

Abbildung 7: Arbeitslosigkeit in Deutschland 1950 bis 2007

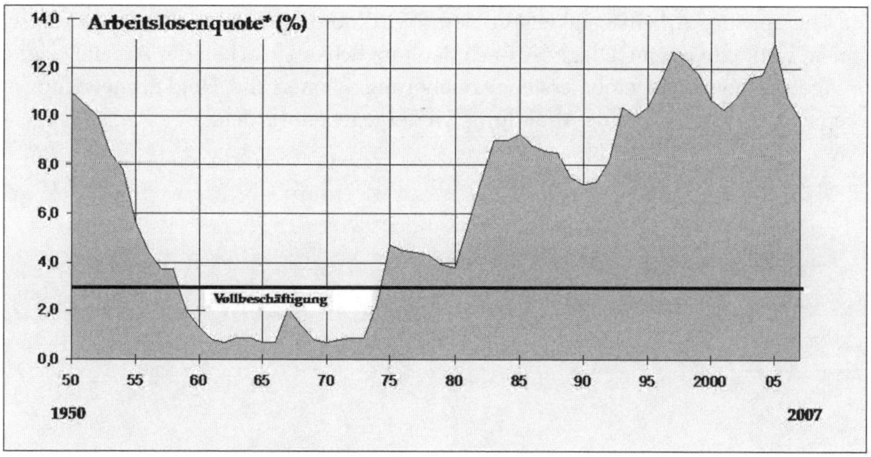

*) Arbeitslose in % der abhängigen Erwerbspersonen (Quelle: BA).
Wegen der Einführung des SGB II (2005) mit den Vorjahren nur bedingt vergleichbar

Dabei sind folgende Tendenzen auffällig und bemerkenswert:

- In den 55 Jahren seit dem Ende des 2. Weltkrieges gab es in Deutschland (West- Deutschland bis 1990) lediglich 15 Jahre (Ende der 50er bis Anfang der 70er Jahre) eine Arbeitslosenquote unterhalb von 3 % (also: Vollbeschäftigung).
- Sehr deutlich ist die Auswirkung der Nachkriegsrezessionen am Arbeitsmarkt zu erkennen: Die Mini-Rezession 1966/67, die 1. Ölkrise 1975, die 2. Ölkrise 1980 sowie die Kosten- und Wettbewerbskrise Anfang der 90er Jahre.
- Die Arbeitslosigkeit verharrte nach jeder Rezession auf einem höheren Niveau. Eine ursprünglich konjunkturelle Arbeitslosigkeit geht in eine langanhaltende strukturelle Arbeitslosigkeit über. Die Ausgleichsprozesse am Arbeitsmarkt funktionieren nicht mehr optimal. Das Arbeitsmarktsystem ist offensichtlich zu inflexibel geworden.
- Bemerkenswert ist der Rückgang der Arbeitslosigkeit seit 2005. Waren im Winter 2005 noch fünf Millionen Menschen arbeitslos gemeldet, so liegt der Wert drei Jahre später bei „nur" noch 3,5 Millionen. Offensichtlich haben die sog. „Hartz-Reformen", zusammen mit dem konjunkturellen Aufschwung seit 2006 auch den „harten Kern" der Arbeitslosigkeit schmelzen lassen.

1.3.2 Ungleichgewichtsanalyse

Eine Therapie des Arbeitslosigkeitsproblems wird nur dann effektiv und effizient sein können, wenn zuvor eine Diagnose nach den möglichen Ursachen der Arbeitslosigkeit durchgeführt wird. In einer ersten Annäherung können die Ungleichgewichte am Arbeitsmarkt durch folgende Abbildung wiedergegeben werden.

Abbildung 8: Das System von Angebot und Nachfrage am Arbeitsmarkt

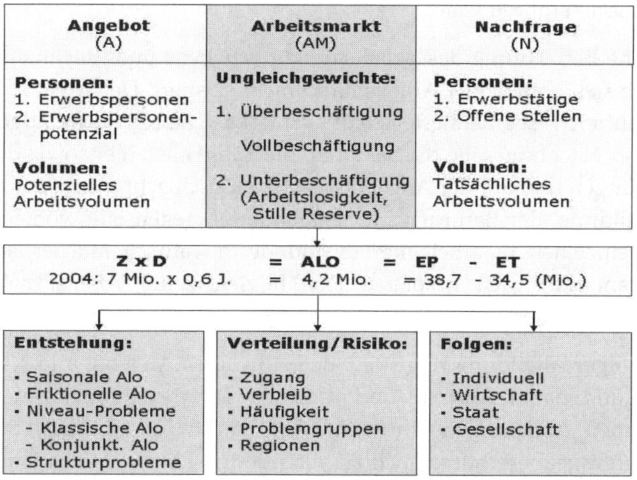

Die folgende Übersicht gibt hierzu einen Überblick sowie einen Leitfaden zu den Fragekomplexen Ausgleichsmechanismen am Arbeitsmarkt und Entstehungsursachen der Arbeitslosigkeit. Aus aktueller Sicht kommt dabei bei den aufgeführten Problemgruppen am Arbeitsmarkt den Alleinerziehenden und den Personen mit Überschuldung eine besondere Beachtung zu.

Ausgleichsmechanismen am Arbeitsmarkt. Im oberen Teil von Abbildung 1-9 sind die bekannten Schlüsselgrößen für das Niveau des Arbeitskräfteangebots und der Arbeitskräftenachfrage angegeben, die für den Saldo der Arbeitskräftebilanz und damit für das Ausmaß und die Richtung der Ungleichgewichte auf dem Arbeitsmarkt maßgebend sind.

Die **Angebotsseite** ist dabei geprägt von der demographischen Komponente, welche die Verschiebung der Altersstuktur mißt, der Verhaltenskomponente, die eine veränderte Erwerbsbeteiligung anzeigt, sowie dem Wanderungssaldo, der die Auswirkung von Wanderungsströmen quantifiziert. Für das Niveau der **Arbeitskräftenachfrage** sind die drei Schlüsselgrößen Produktion (Bruttoinlandsprodukt), Produktivität (Produktionsergebnis je Zeiteinheit) sowie effektive jährliche Arbeitszeit maßgebend.

Bei dieser globalen Betrachtung gibt es hinsichtlich der **Arbeitskräftebilanz** nur zwei denkbare Ungleichgewichte: Entweder ist das Angebot größer als die Nachfrage oder umgekehrt die Nachfrage größer als das Angebot. Im ersten Fall liegt eine Unterbeschäftigung vor, die sich in (registrierter) Arbeitslosigkeit oder in (verdeckter) Stiller

Reserve niederschlägt. Im zweiten Fall liegt eine "Überbeschäftigung" vor, die in Arbeitskräftemangelerscheinungen sichtbar wird und zu unerwünschten gesamtwirtschaftlichen Folgen wie z.B. Produktionsbehinderungen und Kostendruck- bzw. Nachfragesog-Inflationen führen kann.

Eine realistische Betrachtung des Arbeitsmarktgeschehens muß davon ausgehen, daß ein globaler, in sich homogener Arbeitsmarkt nicht existiert. Der Arbeitsmarkt zerfällt vielmehr in zahlreiche segmentierte Teilarbeitsmärkte. Dabei sind wichtige Strukturmerkmale auf der Nachfrageseite die Sektoren, die Tätigkeitsfelder sowie die Qualifikationsanforderungen und auf der Angebotsseite das Geschlecht, das Alter, die Nationalität, die Ausbildung, der Beruf usw. Je segmentierter, gegenseitig voneinander abgeschlossen die einzelnen Teilarbeitsmärkte sind, desto wahrscheinlicher ist es, daß der globale Arbeitsmarkt in sich "gespalten" ist, d.h. gleichzeitig Arbeitslosigkeit und Arbeitskräftemangel vorliegt.

Die Pfeile in obiger Abbildung zeigen an, daß zum einen Angebot und Nachfrage den Arbeitsmarkt und damit Ausmaß und Richtung des mengenmäßigen Ungleichgewichts bestimmen. Andererseits führen in einem marktwirtschaftlichen System Angebots- und Nachfrageüberschüsse auch zu veränderten Preisen bzw. Löhnen, die wiederum auf die Niveaugrößen des Angebots und der Nachfrage zurückwirken. Angebot und Nachfrage auf dem Arbeitsmarkt sind also keine starren Größen, sondern unterliegen einem ständigen Anpassungsprozeß.

Abbildung 9: Entstehung, Verteilung und Folgen von Arbeitslosigkeit

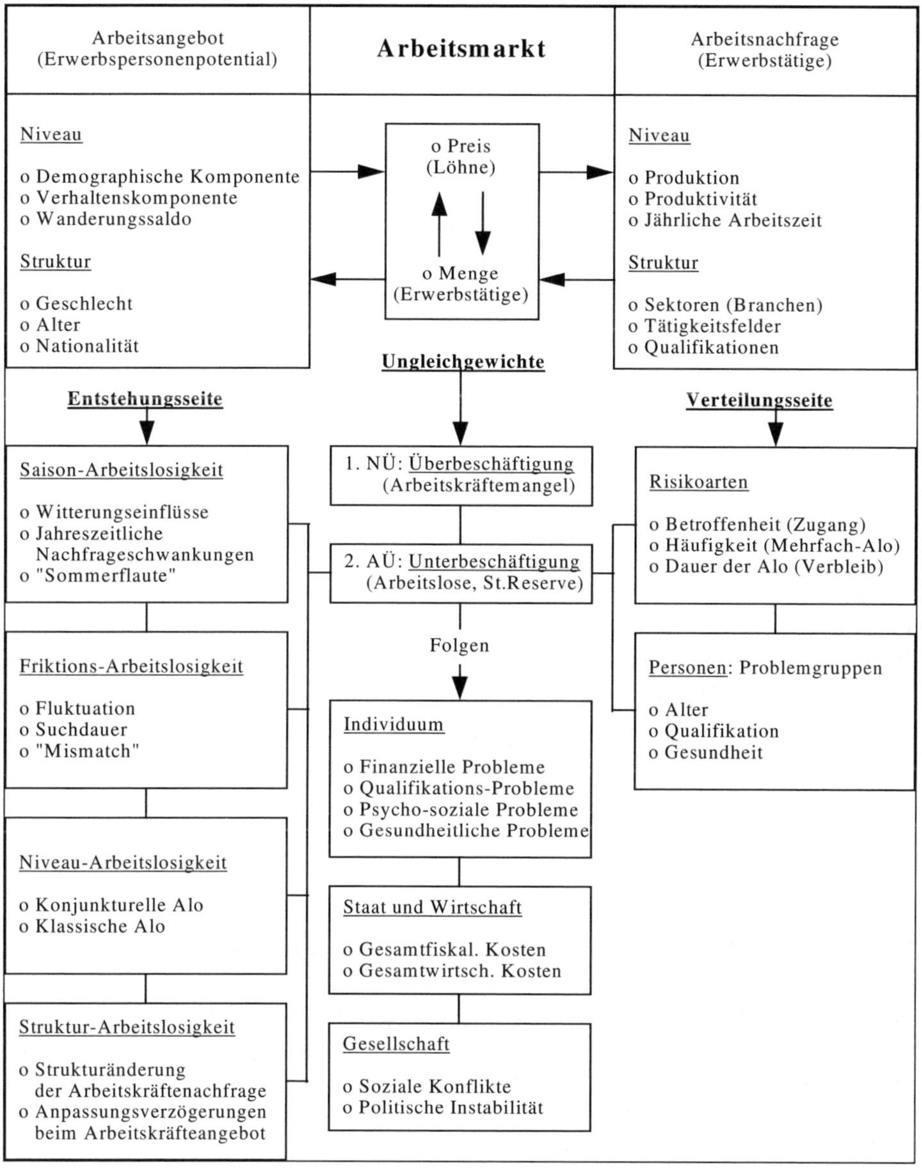

So ist z.B denkbar, daß bei einem gravierenden Angebotsüberhang, also hoher Arbeitslosigkeit, ein Teil des Arbeitskräfteangebots sich resigniert vom Arbeitsmarkt zurückzieht und vorübergehend in der Stillen Reserve auf eine konjunkturelle Verbesserung der Arbeitsmarktsituation wartet oder endgültig in das Nichterwerbspersonenpotential ausweicht mit dem Ergebnis eines Rückgangs des gesamten Arbeitskräfteangebots. Umgekehrt können natürlich bei einem beginnenden Nachfrageüberhang, also einem Arbeitskräftemangel, zusätzliche Erwerbspersonen aus der Stillen Reserve oder dem Nichterwerbspersonenpotential auf dem Arbeitsmarkt "auftauchen" und das Arbeitskräfteangebot erhöhen.

Die Anpassung an veränderte Bedingungen auf dem Arbeitsmarkt kann auch über die Preise (bzw. Löhne) erfolgen: Bei einem Angebots- überhang, also hoher Arbeitslosigkeit, ist die "Macht" der Gewerkschaften, bei Tarifverhandlungen ihre Lohn- und/oder Arbeitszeitforderungen durchzusetzen, geschwächt, so dass Lohnerhöhungen u.U. nicht einmal die Inflationsrate übersteigen. Sinkende Reallöhne können dann wiederum sowohl das Arbeitskräfteangebot als auch die Arbeitskräftenachfrage beeinflussen. Dasselbe gilt im Falle eines Nachfrageüberhangs, der den Gewerkschaften und letztlich den Erwerbstätigen im allgemeinen steigende Reallöhne beschert.

Die Wirkung von Reallohnänderungen auf den Arbeitsmarkt wird in der klassischen Arbeitsmarkttheorie dargestellt. Da der Arbeitsmarkt jedoch kaum mit den Bedingungen eines Gütermarktes vergleichbar ist, können die Anpassungsprozesse und ihre Auswirkungen auch nur schwer prognostiziert werden. Reallohnsenkungen beseitigen zwar einige Einstellungsbarrieren, sie können aber auch unter bestimmten Bedingungen die Nachfrage nach Gütern und Dienstleistungen verringern, so dass der Nettoeffekt auf die Arbeitskräftenachfrage zunächst ungewiß ist. Bei einem differenzierten Abwägen der beiden Effekte kommt allerdings Franz zu dem Schluss, dass Lohnsteigerungen unterhalb des Produktivitätszuwachses bei Vorliegen einer „klassischen" Arbeitslosigkeit beschäftigungssteigernd wirken (Franz, 1999, 466ff).

Unsicher ist auch die Wirkung von Reallohnsenkungen auf das Arbeitskräfteangebot: Zwar wird mit sinkenden Reallöhnen die Erwerbsneigung bei Personen mit realistischen Alternativen zur Erwerbstätigkeit u.U. beinträchtigt, bei anderen, insbesondere bei unteren Einkommensgruppen führen Reallohnsenkungen aber gerade zu dem Zwang, bisher nicht erwerbstätige Familienmitglieder zur Erwerbstätigkeit zu ermuntern oder selbst das Arbeitskräfteangebot in zeitlicher Hinsicht zu erhöhen.

Die Komplexität der Arbeitsmarktvorgänge wird schließlich dadurch noch erhöht, daß zwischen Angebot und Nachfrage selbst Wechselwirkungen bestehen: So wird z.B. in einer Hochkonjunktur über die steigende Arbeitskräftenachfrage auch das Arbeitskräfteangebot positiv beeinflußt und vice versa in einer Rezessionsphase. Aber auch vom Arbeitskräfteangebot können Effekte auf die Arbeitskräftenachfrage und damit auf die Arbeitskräftebilanz ausgehen, wie z.B. die Diskussion um ein Einwanderungsgesetz zeigt:

Zwar wird kurzfristig über das steigende Arbeitskräfteangebot und die Konkurrenz mit den "einheimischen" Arbeitslosen die Arbeitslosigkeit langsamer abgebaut. Auf wichtigen Teilarbeitsmärkten mit Nachfrageüberhang (Bsp.: IT-Branche, Hotel- und Gastronomie) und nicht besetzbaren offenen Stellen tragen Ausländer aber bereits kurzfristig zu einer beschleunigten Lösung der Ausgleichsprobleme am Arbeitsmarkt bei. Dadurch wird wiederum die reale Güterproduktion, die bislang durch Arbeitskräftemangel teilweise behindert wurde, verstärkt wachsen, wodurch wiederum eine zusätzliche Arbeitskräftenachfrage ausgelöst wird. Dieser Effekt wird unmittelbar noch verstärkt durch die Nachfrage nach Konsumgütern, Wohnungen und öffentlichen Dienstleistungen, von der auch die bislang benachteiligten (Langzeit-) Arbeitslosen profitieren.

Mittel- und längerfristig können zusätzliche dynamische Einkommens- und Nachfrageimpulse zu einer verstärkten Nachfrage nach dauerhaften Konsumgütern sowie Investitionsgütern führen, die wiederum den längerfristigen Wachstumspfad der Wirtschaft dauerhaft nach oben verschieben und damit die Gesamtnachfrage nach Arbeitskräften spürbar ansteigen lassen. Ein positiver Wanderungssaldo wirkt auch der demographisch bedingt stärker werdenden Arbeitskräfteverknappung entgegen. Ein elastischerer Arbeitsmarkt hilft wiederum, den Strukturwandel in der Wirtschaft eher zu bewältigen sowie die Ausgleichsprobleme in regionaler und beruflicher Hinsicht zu lösen. Insgesamt wird daher die Wirtschaft und der Arbeitsmarkt von einem wanderungsbedingten Anstieg des Arbeitskräfteangebots eher bereichert als belastet.

1.3.3 Entstehungsursachen von Arbeitslosigkeit

Betrachten wir nun im folgenden den Angebotsüberhang, also die Unterbeschäftigung hinsichtlich ihrer wichtigsten Entstehungsursachen. Denn die Kenntnis der Entstehungsursachen liefert wichtige Hinweise dafür, wie die Arbeitslosigkeit überwunden werden kann. Die wichtigsten Entstehungsursachen werden in der Arbeitsmarkttheorie nach folgenden fünf Arten der Arbeitslosigkeit geordnet: Saisonale, friktionelle, keynesianische, klassische und strukturelle Arbeitslosigkeit. Dabei wird in der neueren Literatur die keynesianische (konjunkturelle) Arbeitslosigkeit zusammen mit der klassischen Arbeitslosigkeit als Niveau-Arbeitslosigkeit bezeichnet. Im einzelnen können diese Arbeitslosigkeits-Arten wie folgt beschrieben werden:

Saisonale Arbeitslosigkeit. Saisonale Arbeitslosigkeit entsteht, wenn Produktion und Nachfrage stark von der Jahreszeit abhängen. Dabei können sowohl biologische, klimatische, verhaltens- und institutionell bedingte Faktoren Unstetigkeiten in der Produktion und der Nachfrage verursachen. Beispiele hierfür sind die Abhängigkeit der Land- und Forstwirtschaft von biologischen Faktoren, des Baugewerbes vom Wetter, bestimmter Dienstleistungen (z.B. Tourismus, Weihnachtsgeschäft) von verhaltensbedingten zeitlichen Nachfrageballungen sowie die Abhängigkeit von institutionellen Faktoren wie Quartalstermin, Schulentlasstermine und Betriebsferien. Das Ausmaß saisonaler Arbeitslosigkeit hängt somit zum einen vom Umfang der von ihr betroffenen Branchen, zum anderen aber auch davon ab, inwieweit es gelingt, durch den Einsatz arbeitsmarktpolitischer Instrumente (z.B. Produktive Winterbauförderung,

Schlechtwettergeld) das Entstehen saisonaler Arbeitslosigkeit zu verhindern oder bei eingetretener Arbeitslosigkeit durch Vermittlungsaktivitäten befristete Beschäftigungsmöglichkeiten in anderen Branchen zu erschließen. Insgesamt ist die saisonale Arbeitslosigkeit kurzzeitiger Natur, so dass ihr „Schweregrad" eher gering ist.

Friktionelle Arbeitslosigkeit. Die friktionelle Arbeitslosigkeit hängt im wesentlichen von zwei Faktoren ab:

- Zum einen ergibt sie sich aus den in entwickelten Industriegesellschaften häufigen **Arbeitsplatzwechselvorgängen** (Fluktuation), wenn Beendigung der alten und Beginn der neuen Tätigkeit zeitlich auseinander fallen. Die Beurteilung des "Schweregrades" der friktionellen Arbeitslosigkeit hängt davon ab, von welcher Seite des Arbeitsmarktes der Anstoß zum Arbeitsplatzwechsel ausging.
- Der zweite Faktor, der das Ausmaß der friktionellen Arbeitslosigkeit bestimmt, ist die **Suchdauer**. Informationen über den neuen Arbeitsplatz, Bewerbungen, Vorstellungen, Eignungstests, gegebenenfalls ein Wohnortwechsel erfordern Zeit und führen dadurch zu einer sog. "Sucharbeitslosigkeit". Diese kann u.U. noch durch eine sog. "Mismatch"-Arbeitslosigkeit verstärkt werden, wenn es aufgrund von organisatorischen oder personellen Vermittlungsengpässen in den Arbeitsagenturen nicht gelingt, Arbeitslose und Arbeitgeber in der kürzest möglichen Zeit mit dem Ziel zusammenzubringen, neue Beschäftigungsverhältnisse zu begründen.

Das Ausmaß der friktionellen Arbeitslosigkeit wird also insgesamt durch den Umfang der Fluktuation und den Zeitbedarf zwischen der Aufgabe des alten und der Annahme des neuen Arbeitsplatzes bestimmt. Würde man hypothetisch einmal davon ausgehen, daß für die Suche nach einem neuen Arbeitsplatz ein Zeitbedarf von einem Monat erforderlich ist, so ergäbe sich bei gegenwärtig rd. 6 Millionen Arbeitslosmeldungen im Jahr eine durchschnittliche friktionelle Arbeitslosigkeit von 7,2 Mio. x 1/12 = 0,6 Millionen. Dies würde bei einem Bestand von 4 Millionen Arbeitslosen einem Anteil von 15 % bzw. bei 40 Millionen Erwerbspersonen einer Arbeitslosenquote von 1,5 % entsprechen. Die tatsächliche Arbeitslosenquote liegt gegenwärtig jedoch bei rd. 9 % und ist damit um das 6-fache höher als die Friktions-Arbeitslosenquote.

Niveau-Arbeitslosigkeit. Unter Niveau-Arbeitslosigkeit versteht man mit Kromphardt diejenige Arbeitslosigkeit, die durch die Differenz im Niveau von Angebot und Nachfrage auf dem Arbeitsmarkt entsteht und auf einen Mangel an Beschäftigungsmöglichkeiten zurückzuführen ist (Kromphardt, 1987, 57ff.). Sie umfaßt damit die Arbeitslosigkeit, die nicht saisonaler, friktioneller und struktureller Natur ist. Sie verteilt sich weitgehend gleichmäßig auf die verschiedenen Sektoren, Regionen und Berufsgruppen. Zur Erklärung der niveaubedingten Arbeitslosigkeit stehen sich zwei Theorien kontrovers gegenüber:

- Auf der einen Seite befinden sich die **Keynesianer**, die die Ursache für diese Arbeitslosigkeit in einem allgemeinen Nachfragemangel auf den Gütermärkten sehen. Dieser kann wiederum zum einen in einem konjunkturellen Rückgang der einzelnen Komponenten der gesamtwirtschaftlichen Nachfrage, also des Bruttoinlandsproduktes ($C + I + A_{St}$ + Ex-Im), begründet und damit vorübergehend sein (**konjunkturelle Arbeitslosigkeit**).
- Auf der anderen Seite stehen die **Neoklassiker** (Monetaristen), die die niveaubedingte Arbeitslosigkeit allein darauf zurückführen, daß der bestehende Reallohn höher als der Vollbeschäftigungs-Reallohn ist mit der Folge eines Angebotsüberhanges auf dem Arbeitsmarkt. Die Ursachen für diese sog. **klassische Arbeitslosigkeit** liegen daher nach diesen Vorstellungen in einem zu hohen und zu inflexiblen Lohnniveau.

Nachfolgende Abbildung zeigt den Zusammenhang zwischen klassischer (lohnkostenbedingter) und konjunktureller (nachfragebedingter) Arbeitslosigkeit auf.

Abbildung 10: Niveau-Arbeitslosigkeit in klassischer und konjunktureller Form

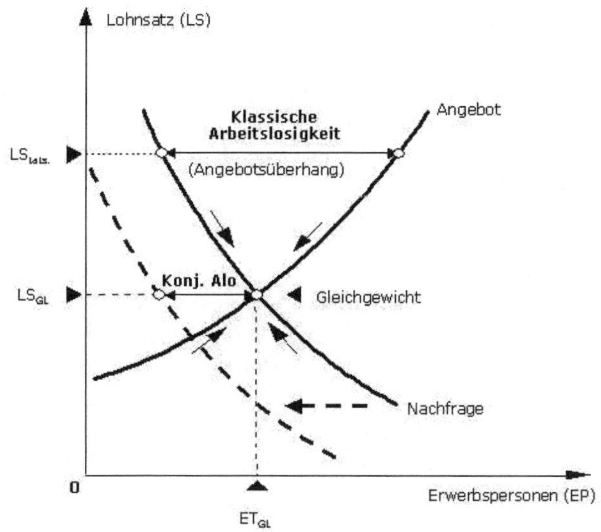

Der Schlüssel für die Bekämpfung der niveaubedingten Arbeitslosigkeit liegt nach keynesianischer Auffassung insbesondere bei der Regierung und der von ihr unabhängigen Bundesbank, die mit ihren fiskal- und geldpolitischen Instrumenten die Voraussetzungen für einen kurz- bzw. längerfristigen Anstieg von Produktion und Beschäftigung schaffen können. Nach Auffassung der Neoklassiker fällt dagegen den Tarifparteien die entscheidende Rolle bei der Realisierung eines vollbeschäftigungskonformen Reallohnniveaus zu.

Struktur-Arbeitslosigkeit. Strukturelle Arbeitslosigkeit liegt vor, wenn Angebot und Nachfrage auf dem Arbeitsmarkt deshalb nicht zusammenpassen, weil beide Seiten des Arbeitsmarktes bezüglich vermittlungsrelevanter Merkmale wie z.B. Alter, Qualifikation, Gesundheit unterschiedlich zusammengesetzt ("strukturiert") sind. Für die Höhe der strukturellen Arbeitslosigkeit ist demnach maßgebend, wodurch und in welchem Tempo sich die Struktur der Arbeitskräftenachfrage und des Arbeitskräfteangebots auseinanderentwickeln. Im folgenden wird dargestellt, von welchen Faktoren die Struktur der Arbeitskräftenachfrage abhängt und in welchem Ausmaß die Strukturen zwischen Angebot und Nachfrage auseinanderklaffen (Kromphardt, 1987, 45 ff.). Für die Veränderung der Struktur der Nachfrage nach Arbeitskräften sind insbesondere folgende Faktoren maßgebend:

- die Verschiebung der Struktur der Güternachfrage und
- der technische Fortschritt.

Die Struktur der Güternachfrage verändert sich insbesondere in sektoraler Hinsicht. In der sog. "**Drei-Sektoren-Hypothese**" wird der in der Vergangenheit beobachtete Strukturwandel dahingehend interpretiert, daß auch in Zukunft die Wertschöpfungs- und Beschäftigungsanteile des primären Sektors (Land- und Forstwirtschaft) sowie des sekundären Sektors (Verarbeitendes Gewerbe) abnehmen und die entsprechenden Anteile des tertiären Sektors zunehmen.

Hauptkomponenten für die **Güternachfrageänderung** sind der Konsum der privaten Haushalte sowie die Ausgaben des Staates. Ursachen für die Veränderung der staatlichen Ausgaben liegen im politischen Bereich: Beispiele hierfür sind Verlagerungen von Ausgaben vom Verteidigungs- und Verkehrsbereich in den Umweltschutz und den Wohnungsbau. Eine Ursache für die Veränderung der privaten Konsumausgaben liegt im Anstieg des verfügbaren Einkommens und den unterschiedlich hohen Einkommenselastizitäten der Konsumgüternachfrage. Eine unterdurchschnittliche Elastizität wird z.B. für Massenprodukte aus dem Nahrungsmittelbereich sowie dem Textilbereich angenommen; eine überdurchschnittliche Elastizität liegt dagegen bei neuen Produkten und Dienstleistungen vor.

Eine weitere Ursache für den Strukturwandel in der Güternachfrage resultiert aus der mit der Globalisierung zusammenhängenden Zunahme der **internationalen Arbeitsteilung**. Dieser führt zu einem ständig zunehmenden Warenaustausch zwischen den Industrie-, Schwellen- und Entwicklungsländern. Aufgrund der unterschiedlich hohen

Kosten für die Produktionsfaktoren Arbeit und Kapital kommt es zu einer Verlagerung der Produktion arbeitsintensiver Produkte in Länder mit niedrigem Lohnniveau, also den Entwicklungs- und Schwellenländern, während sich die Industrieländer verstärkt auf kapitalintensive Produkte konzentrieren, die wiederum einen verstärkten Einsatz von qualifizierten Arbeitskräften erforderlich machen. Mit dieser Strukturänderung der Güternachfrage ändert sich somit insbesondere in der Bundesrepublik Deutschland die Qualifikationsstruktur der Arbeitskräftenachfrage: Die Nachfrage nach un- und angelernten Arbeitskräften sinkt, die nach qualifizierten und hochqualifizierten steigt.

Der **technische Fortschritt** verändert die Nachfrage nach Arbeitskräften auf doppelte Weise: Zum einen führt er über **Produktinnovationen** zu neuen Gütern und steigender Güternachfrage. Zum anderen trägt er über **Prozessinnovationen** zu einer unterschiedlich starken Beschleunigung der Arbeitsproduktivität bei. Den Strukturwandel in der Arbeitskräftenachfrage gewinnen daher diejenigen Branchen, in denen die Nachfrage nach Gütern und Dienstleistungen aufgrund von Produktinnovationen und hoher Einkommenselastizität besonders rasch expandiert, Prozeßinnovationen aber relativ langsam durchgesetzt werden, so daß die Arbeitsproduktivität unterdurchschnittlich stark ansteigt.

Verzögerungen in der gegenseitigen Anpassung der Angebots- und der Nachfragestrukturen werden durch die Strukturanalysen der Arbeitslosen und offenen Stellen belegt. Die Streuung der Arbeitslosenquoten bei wichtigen Strukturmerkmalen (z.B. Region, Qualifikation, Beruf) ist ein Maß für die "Segmentierung" des Arbeitsmarktes und damit für die Höhe der strukturellen Arbeitslosigkeit. Eine besondere Art der strukturellen Arbeitslosigkeit tritt in Form des sog. „qualifikatorischen Mismatches" auf, wenn die Diskrepanzen zwischen Arbeitskräfteangebot und Arbeitskräftenachfrage auf der qualifikatorischen Ebene angesiedelt sind. Das Institut der deutschen Wirtschaft stellt jedoch in einer Studie fest, dass neben dem qualifikatorischen Mismatch noch zwei statistische Faktoren für das Auseinanderklaffen von Angebot und Nachfrage am Arbeitsmarkt verantwortlich sind (Klös, 1999, 7 ff.):

- Die Unterschätzung der effektiven Zahl der Erwerbstätigen im Niveau und in der Entwicklung
- Die Überschätzung der Arbeitslosigkeit von der Karteistatistik der Arbeitsagenturen.

Bei Vorliegen eines solchen statistischen Mismatches können offene Stellen deshalb nicht mit Arbeitslosen besetzt werden, weil die tatsächliche Beschäftigung merklich höher ist als die statistisch registrierte bzw. offene Stellen vermehrt mit nichtarbeitslosen Arbeitsuchenden besetzt werden. Hohe Arbeitslosigkeit und Überbeschäftigung existieren also auf den segmentierten Arbeitsmärkten gleichzeitig. Dies erfordert einen verstärkten und differenzierten Einsatz der arbeitsmarktpolitischen Instrumente. Der Handlungsbedarf der Arbeitsmarktpolitik besteht dabei zunächst darin, die Ursachen für die starke Segmentierung aufzuspüren. Diese können z.B. in einer zu geringen regionalen und/oder beruflichen Mobilität der Arbeitnehmer oder in einer zu geringen Substitutionsbereitschaft der Arbeitgeber liegen. Ein weiterer Grund könnten in zu wenig differenzierten Lohnstrukturen zwischen den Arbeitsmarktsegmenten bestehen.

In einer Zeitreihenanalyse zur Messung der strukturellen Arbeitslosigkeit in Deutschland kommen Eichhorst u.a. zu der Erkenntnis, dass der Großteil der Probleme des deutschen Arbeitsmarktes auf strukturelle Ursachen zurückzuführen ist, wenngleich auch die nachfragebedingte Arbeitslosigkeit durch die Wachstumsschwäche der letzten Jahre zugenommen hat (Eichhorst, 2001, 86f). Eine Nachfolgeuntersuchung bestätigt – auch im internationalen Vergleich – die anhaltenden Strukturprobleme auf dem deutschen Arbeitsmarkt: „Deutschland sticht als einziges Land hervor, in dem die NAIRU[5] seit Beginn der 80er Jahre kontinuierlich gestiegen ist, mittlerweile ein überdurchschnittliches Niveau erreicht hat und noch keine nachhaltige Tendenz zur Umkehr aufweist“ (Eichhorst, 2004, 111).

Die gravierendste Folge von Arbeitsmarktsegmentierung ist die **Langzeit-Arbeitslosigkeit**: Der Anteil der über ein Jahr Arbeitslosen an allen Arbeitslosen (4,207 Mio.) lag Ende September 2003 bei 1,544 Mio. oder 36,7 % (BA, 2003, 155). Ende September 1992 betrug dieser Anteil dageben erst 25,0 % und 1981 (Westdeutschland) nur 12,9 %. Die Bekämpfung der Langzeit-Arbeitslosigkeit ist daher eine besondere Herausforderung für die Arbeitsmarktpolitik. Die gegenwärtig eingesetzten Maßnahmen zur Wiedereingliederung von Langzeit-Arbeitslosen zeigen zwar Erfolge; dennoch müssen zur Verringerung der strukturellen, meist langanhaltenden Arbeitslosigkeit sowohl die Arbeitsuchenden, die Arbeitgeber als auch die Arbeitsvermittlung durch verstärkte Flexibilitätsbereitschaft und Vermittlungsanstrengungen dazu beitragen, die objektiven und subjektiven Vermittlungshemmnisse zu verringern. Konkrete Vorschläge hierzu wurden von der Hartz-Kommission erarbeitet (Hartz-Kommission, 2002).

1.3.4 Die Job-Search-Theorie

Als Grundlage für die Arbeitsmarkt-Ausgleichspolitik sowie für die neuen Job-Search- und Vermittlungsstrategien dient die sog. "Job-Search-Theorie". In dieser Theorie wird die Arbeitsplatzsuche als zentrale Ursache für das Niveau der Arbeitslosigkeit dargestellt und daraus weitreichende Konsequenzen für eine marktwirtschaftliche Lösung des Arbeitslosigkeitsproblems abgeleitet. In der Job-Search-Theorie wird die Höhe der

5 NAIRU ist das international verwendete Maß für die Messung der strukturell bedingten Arbeitslosigkeit. Sie gibt das Gleichgewichtsniveau an, bei dem es zu keinem Druck auf die Veränderungsprozesse des Preisniveaus kommt.

Arbeitslosigkeit mit den individuellen Erwartungen der Arbeitslosen hinsichtlich der Vor- und Nachteile einer verlängerten Suchzeit erklärt. Die Vorteile liegen dabei in dem zusätzlichen Informationsgewinn über offene Stellen und die dort gebotenen Verdienste und Arbeitsbedingungen. Die Nachteile bestehen aus dem entgangenen Einkommen, das durch die verlängerte Arbeitslosigkeitszeit entsteht (Opportunitätskosten).

Da mit zunehmender Arbeitslosigkeitsdauer die Nachteile größer und die Vorteile geringer werden, gibt es nach dieser Theorie einen "optimalen" Zeitpunkt, um die Suchzeit zu beenden. Arbeitslosigkeit ist aus dieser Sicht eine "freiwillige" Angelegenheit des Einzelnen. Arbeitsmarktpolitisch könnte man gegen die friktionelle Arbeitslosigkeit vorgehen, wenn einerseits

- der notwendige Informationsgewinn über offene Stellen und Arbeitsbedingungen durch mehr Arbeitsmarkttransparenz und effizientere Vermittlungs- und Beratungsdienste rascher befriedigt werden könnten, so daß die Vorteile einer längeren Arbeitsplatzsuche schnell zurückgehen, und andererseits
- die Nachteile mit zunehmender Zeitdauer dadurch zusätzlich erhöht werden, daß die Arbeitslosenunterstützungszahlungen nach Höhe und Anspruchsdauer gesenkt werden mit dem Ziel, den Anreiz zur schnellen Beendigung der Arbeitslosigkeit zu verstärken.

Die folgende Grafik zeigt den Wirkungszusammenhang einer Optimierung der Suchprozesse am Arbeitsmarkt auf und kann als ein wichtiges Umsetzungskonzept des neuen arbeitsmarktpolitischen Prinzips des „Förderns und Forderns" angesehen werden (Klös/Egle, 1999, 36 ff.). Die Job-Search-Theorie stellt daher auch eine Grundlage für die Steigerung der Wirkung einer offensiven (privaten und öffentlichen) Arbeitsvermittlung am Arbeitsmarkt dar.

Hauptkritikpunkte an dieser Theorie ist die Annahme, dass die Arbeitslosen selbst über den Zeitpunkt der Beendigung ihrer Arbeitslosigkeit bestimmen können, die Arbeitslosigkeit also im Prinzip "freiwillig" ist. Dahinter verbirgt sich die Vorstellung, daß genügend offene Stellen vorhanden sind, um alle Arbeitslosen beschäftigen zu können. Dass dies weder in der gegenwärtigen Hochkonjunkturphase und erst recht nicht in einer Rezession zutrifft, belegen die Statistiken der Bundesagentur für Arbeit über Arbeitslose und offene Stellen.

Abbildung 11: Die Job-Search-Theorie als Grundlage der Reformgesetze am Arbeitsmarkt

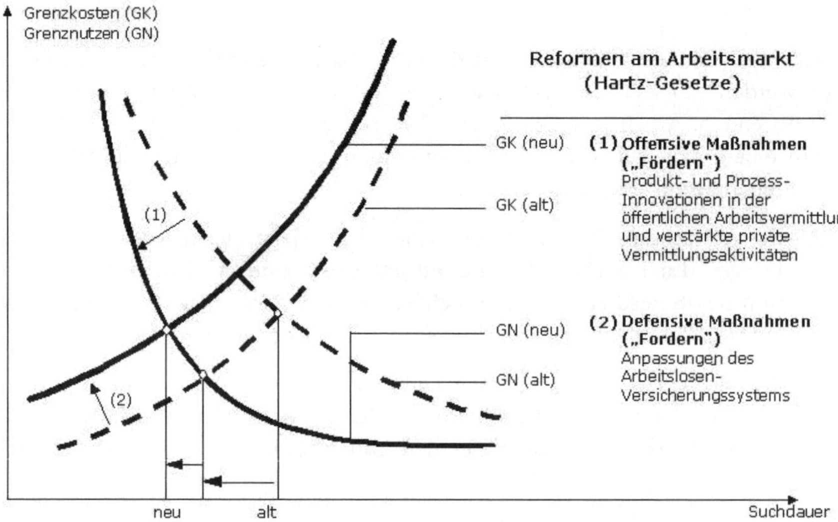

2 Strategiebereiche und Instrumente der Arbeitsmarktpolitik

2.1 Strategiebereiche

2.1.1 Ziele und Zielbegründungen

Im Gebot eines hohen Beschäftigungsstandes haben Arbeitsmarkt- und Beschäftigungspolitik gemeinsame, traditionelle Zielsetzungen:

- **Quantitatives Ziel**: Die Zahl der Erwerbstätigen soll im Verhältnis zum potenziellen Angebot an Erwerbspersonen (Erwerbspersonenpotential) hoch sein. Dieses umfasst neben den bereits Beschäftigten alle registrierten Arbeitslosen, die Teilnehmer an arbeitsmarktpolitischen Maßnahmen und die stille Reserve. Dabei dürfen bestimmte Personengruppen, wie z.B. Ausländer, Ältere, Behinderte usw. nicht ausgenommen werden. Die Erreichung dieses quantitativen Ziels bedeutet allerdings nicht, dass die Arbeitslosenquote gegen Null tendieren muss, da in einem marktwirtschaftlichen System ein gewisses Ausmaß an friktioneller Arbeitslosigkeit normal und für die Bewältigung des Strukturwandels auch notwendig ist.
- **Qualitatives Ziel**: Die Beschäftigungsstruktur soll verbessert werden, in dem z.B. folgende qualitativen Anforderungen erfüllt werden:
- Beschäftigungsmöglichkeiten in zeitlich gewünschtem Umfang auf Teilzeitarbeitsplätzen,
- Beschäftigungschancen in der vorhandenen Qualifikationsstufe (Vermeidung einer unterwertigen Beschäftigung),
- Verbesserung der Beschäftigungsstruktur nach Arbeitsbedingungen (Humanisierung des Arbeitslebens), Risiko am Arbeitsplatz (Verringerung der Gesundheitsgefährdung und der Unfallhäufigkeit), Sektoren (Abbau von Monostrukturen) und Regionen (Herstellung der Einheitlichkeit der Lebensverhältnisse in Deutschland).

Zur **Begründung** dieser Ziele werden u.a. folgende Argumente angeführt werden:

- Gesamtwirtschaftliche Gründe (Wohlfahrtsverluste bei Unterauslastung des vorhandenen Erwerbspersonenpotentials),
- Hohe fiskalische Kosten der Arbeitslosigkeit,
- Individuelle Gründe (Einkommensverluste, Dequalifizierung und Verlust an fachlicher und sozialer Kompetenz, Beeinträchtigung des Selbstwertgefühls, psycho-soziale Belastungen durch langanhaltende Arbeitslosigkeit) und
- Gesellschaftliche Gründe (Gefahr sozialer Unruhen, politische Polarisierung).

2.1.2 Gesetzliche Grundlagen und Träger

Im Gesetz zur Förderung der Stabilität und des Wachstums (StWG) von 1967 wird die Beschäftigungspolitik in die Erfordernisse des gesamtwirtschaftlichen Gleichgewichts eingebettet. Das zwei Jahre später verabschiedete Arbeitsförderungsgesetz (AFG) nimmt das quantitative Ziel eines hohen Beschäftigungsstandes auf und verbindet es mit einem qualitativen, strukturpolitischen Ziel (§1). So sind quantitative Niveau- und qualitative Strukturaspekte der Beschäftigung gleichrangige Kerne der Arbeitsmarktpolitik. In den Vordergrund der Arbeitsmarktpolitik trat schon 1998 mit der Reform der Arbeitsförderung der Arbeitsmarktausgleich. Die Leistungen der Arbeitsförderung haben nach § 1 I SGB III das Ziel, zu einem hohen Beschäftigungsstand beizutragen und die Beschäftigungsstruktur zu verbessern, d.h. konkret: Die Zeiten der Arbeitslosigkeit, des Bezugs von Arbeitslosengeld und Arbeitslosenhilfe zu vermeiden oder zu verkürzen. Die dazu erforderlichen Aufgaben lassen sich nach § 3 II SGB III folgende Bereiche unterteilen:

- Unterstützung des Ausgleichs von Angebot und Nachfrage auf dem Ausbildungs- und Arbeitsmarkt,
- Ermöglichung der zügigen Stellenbesetzung,
- Förderung der individuellen Beschäftigungsfähigkeit durch Erhalt und Ausbau von Kenntnissen, Fertigkeiten sowie Fähigkeiten,
- Entgegenwirkung von unterwertiger Beschäftigung
- Weiterentwicklung der regionalen Beschäftigungs- und Infrastruktur

Die Leistungen der Arbeitsförderung müssen neben den Zielsetzungen der Sozial-, Wirtschafts- und Beschäftigungspolitik auch mit den Zielen der Finanzpolitik der Bundesregierung im Einklang stehen. Die Leistungen der Arbeitsförderung dürfen die Erhaltung und Schaffung von wettbewerbsfähigen Arbeitsplätzen nicht gefährden. Besondere Verantwortung für den Ausgleich am Arbeitsmarkt kommt dabei nach § 2 SGB III den Arbeitgebern und Arbeitnehmern zu. Arbeitgeber werden wie folgt in die Verantwortung einbezogen:

- Sorge für die Entwicklung der beruflichen Leistungsfähigkeit der Arbeitnehmer zur Anpassung an sich verändernde Anforderungen,
- Vermeidung der Inanspruchnahme von Leistungen der Arbeitsförderung sowie Entlassungen von Arbeitnehmern durch eigene betriebliche Maßnahmen (optimales Human Ressource Management) und
- Unterstützung des Abbaus von Arbeitslosigkeit durch frühzeitige Meldung von freien Arbeitsplätzen und deren zügige Besetzung.

Von Arbeitnehmern wird folgendes Verhalten gefordert:

- Bereitschaft zur stärkeren Anpassung der beruflichen Leistungsfähigkeit an sich ändernde Anforderungen,
- Nutzung jeder zumutbaren Möglichkeit bei der Suche und Aufnahme einer Beschäftigung,
- Vermeidung einer Beendigung eines zumutbaren Beschäftigungsverhältnisses, bevor eine neue Beschäftigung konkret in Aussicht steht und

- Annahme jeder zumutbaren Beschäftigung.

Als verantwortliche **Akteure der Arbeitsmarktpolitik** kommen die zuständigen Bundes- und Landesressorts, die Kommunen, die Agenturen für Arbeit, die Tarifparteien und die Betriebe/Verwaltungen mit ihrer Personalpolitik und -planung in Frage. In Deutschland tragen Gesetzgeber und Bundesregierung die entscheidende Verantwortung für die Arbeitsmarktpolitik, geregelt vor allem im Sozialgesetzbuch III [Arbeitsförderung – SGB III] und II (Grundsicherung für Arbeitsuchende – SGB II). Federführend ist das Bundesministerium für Wirtschaft und Arbeit (BMWA), das seine Arbeitsmarktpolitik bundes- und landespolitisch, z.B. in der Struktur-, Regional- und Bildungspolitik sowie in der Ausbildungsförderung abstimmt und dazu Arbeitnehmer- und Arbeitgeberverbände, Interessenorganisationen und die Bundesagentur für Arbeit (BA) anhört. Die BA trägt den bei weitem größten Teil arbeitsmarktpolitischer Maßnahmen und Leistungen. Die Arbeitsmarktpolitik der BA ist Bestandteil der beitragsfinanzierten sozialen Sicherung, die zum einen auf die kooperative Sozialkultur zwischen Arbeitgebern, Arbeitnehmern und Staat in der Selbstverwaltung und zum anderen auf das Sozialstaatsgebot gegründet ist.

2.1.3 Instrumente der Arbeitsmarktpolitik

Mit der Arbeitsmarkt- und Beschäftigungspolitik wird das Angebot (Erwerbspersonen) und die Nachfrage (Arbeitsplätze) auf dem Arbeitsmarkt beeinflusst mit dem Ziel, Ungleichgewichte zwischen Angebot (Bsp.: Arbeitslose) und Nachfrage (Bsp.: Offene Stellen) zu verringern. Die drei Strategiebereiche umfassen die folgenden Instrumente (Auswahl):

Strategie I (Erhöhung der Nachfrage nach Erwerbspersonen):

1. Nachfrageorientierte Wirtschaftspolitik: Belebung der Gesamtnachfrage (z.B. Steuer- und Zinssenkungen, Erhöhung der Staatsnachfrage),
2. Angebotsorientierte Wirtschaftspolitik: Verbesserung der Produktions- und Investitionsbedingungen, marktwirtschaftliche Erneuerung und Förderung des Wettbewerbs durch Deregulierung (z.B. Liberalisierung des Arbeitsrechts),
3. Technologiepolitik: Verbesserung der internationalen Wettbewerbsfähigkeit durch Produkt- und Prozessinnovationen sowie der Förderung des Humankapitals der Erwerbspersonen,
4. Arbeitszeitvariation (Bsp.: Verkürzung der jährlichen Arbeitszeit bei gleichzeitiger Verlängerung der Betriebszeiten, Umwandlung von Voll- in Teilzeitarbeitsplätze sowie Einführung von Altersteilzeitmodellen),

5. Beschäftigungsorientierte Lohnpolitik: Abschluss von Tariflohnsteigerungen unterhalb des Produktivitätszuwachses, stärkere Lohnspreizung, Reduzierung der Lohnzusatzkosten, Schaffung eines Niedriglohnsektors zur Förderung des Strukturwandels hin zum Dienstleistungssektor.

Strategie II (Anpassung des Angebots an eine veränderte Nachfrage):

6. Veränderung der Erwerbslebensdauer (z.B. Erhöhung des Renteneintrittsalters, Erwerbsunterbrechung durch Mutterschafts- und Erziehungszeiten, Betreuung pflegebedürftiger Personen sowie zur beruflichen Weiterbildung),

7. Aussiedler- und Ausländerpolitik (Maßnahmen zur Integration, Anreize zur Reintegration im Herkunftsland, Import von Humankapital durch Green-Card-Regelungen).

8. Wanderungspolitik im europäischen Binnenmarkt: Förderung der Mobilität von Erwerbspersonen.

Strategie III (Arbeitsmarkt-Ausgleichspolitik):

9. Vermittlung und Beratung (Maßnahmen zur Beschleunigung des Arbeitsmarktausgleichs sowie zur qualitativen Verbesserung des Vermittlungserfolges, Kooperation von privater und öffentlicher Arbeitsvermittlung, Förderung der internationalen Berufs- und Arbeitsberatung),

10. Einsatz neuer Job-Search-Strategien (Arbeitsuchvertrag, inter*net*ionale Jobsuche, Talentmarketing, Selbstmarketing, Networking, Existenzgründung, Outplacement, Personal-Leasing),

11. Qualifizierung (Förderung der allgemeinen und der beruflichen Ausbildung sowie der beruflichen Weiterbildung mit dem Ziel des Erwerbs von Schlüssel- und Schnittstellenqualifikationen),

12. Arbeitsbeschaffungs- und Strukturanpassungsmaßnahmen (Verwirklichung struktur- und umweltpolitischer Ziele, Verbesserung der Vermittlungschancen für Langzeitarbeitslose).

Von all diesen Instrumenten der Arbeitsmarktpolitik sollten vor allem jene zum Einsatz kommen, die einerseits Entlastungswirkungen am Arbeitsmarkt erzielen und andererseits weder die Defizite der staatlichen Haushalte erhöhen noch die Wettbewerbsfähigkeit der Unternehmen beeinträchtigen (§§ 4 – 7 SGB III). Die Berücksichtigung dieser wichtigen Nebenbedingung führt gegenwärtig zu einem Bedeutungszuwachs sowohl für die angebotsorientierte Wirtschaftspolitik, die beschäftigungsorientierte Lohnpolitik, die flexible Arbeitszeitpolitik sowie die neuen Job-Search-Strategien in der Arbeitsmarkt-Ausgleichspolitik.

Eine geschickte Mischung von Instrumenten aus diesen Strategiebereichen hat das Institut für Arbeitsmarkt- und Berufsforschung der Bundesagentur für Arbeit in seinem

„**Strategiebündel zu mehr Beschäftigung**" zusammen gestellt. Dieses besteht u.a. aus folgenden Bausteinen:

- Beschäftigungsorientierte Lohnpolitik (zurückhaltende Tarifpolitik bei den Löhnen, deren jährliche Zuwachsrate auch längerfristig unterhalb der Arbeitsproduktivitätszuwachsrate liegen),
- Verringerung der durchschnittlichen Jahresarbeitszeit, vor allem über mehr Teilzeit und Verminderung der Überstunden, also in flexibler (Betriebserfordernissen und Arbeitnehmerinteressen genügend), reversibler (umkehrbar, z.B. bei branchenspezifischem Bedarf) und kostengünstiger Form (ohne Lohnausgleich),
- Senkung von Sozialversicherungsbeiträgen und Steuern bei gleichzeitiger Konsolidierung des Staatshaushaltes,
- Förderung eines offensiven und schnelleren Strukturwandels der Wirtschaft in Richtung Informations- , Kommunikations- und Dienstleistungsgesellschaft.

2.1.4 Wirkungsanalysen

Die anhaltend hohe Arbeitslosigkeit, verbunden mit dem Konsolidierungsdruck der öffentlichen Haushalte sowie dem internationalen Benchmarking erfolgreicher Politikfelder hat zu einem Bedeutungszuwachs für die Evaluation der arbeitsmarktpolitischen Instrumente geführt und Reformüberlegungen in der Arbeitsmarktpolitik gefördert. Die §§ 280 - 283 SGB III legen gesetzlich fest, dass die Bundesagentur für Arbeit nicht nur Lage und Entwicklung am Arbeitsmarkt, sondern auch „...die **Wirkungen der aktiven Arbeitsförderung** zu beobachten, zu untersuchen und auszuwerten" hat. Die **Eingliederungsbilanzen** nach § 11 SGB III erlauben den Agenturen für Arbeit ein verstärktes Benchmarking und Zielcontrolling der regionalen Arbeitsmarktpolitik. Der Wettbewerb zwischen den Arbeitsagenturen soll dadurch angeregt und die Qualität der regionalen Arbeitsmarktpolitik erhöht werden.

Kennziffern zur Messung des Eingliederungserfolgs sind u.a. die Eingliederungsquote und die Vermittlungsquote. Die Eingliederungsquote gibt das Verhältnis der Personen an, die 6 Monate nach Austritt aus einer Maßnahme der Arbeitsförderung eine Beschäftigung aufgenommen haben zur Gesamtheit aller Abgänge aus der betreffenden Fördermaßnahme. Die Vermittlungsquote misst das Verhältnis der Abgänge Arbeitsloser durch Vermittlung in nichtgeförderte Beschäftigung zur Gesamtheit aller Abgänge Arbeitsloser in nichtgeförderte Beschäftigung. Kritisch anzumerken ist, dass die Frage nicht beantwortet werden kann, welche Eingliederung sich auch ohne Arbeitsmarktförderung ergeben hätte. Die Eingliederungsquote spiegelt damit lediglich den sog. „Brutto-Effekt" und nicht den arbeitsmarktpolitisch wichtigeren „Netto-Effekt" wider.

Internationale Vergleiche zur Wirkung der Arbeitsmarktpolitik legen nahe, dass hohe Ausgaben in diesem Bereich alleine keinen Erfolg garantieren. Länder wie die U.S.A oder Großbritannien setzen weniger auf Subventionierung zur Beeinflussung der Nachfrage, sondern fördern mehr die Erwerbspersonen auf der Angebotsseite, bei gleichzeitiger Einforderung eigener Aktivitäten bei der Arbeitsuche (Prinzip des Förderns und Forderns). Die folgenden Abbildung verdeutlicht dieses Prinzip unter dem Aspekt von Beratung und Qualifizierung einerseits und der Eigeninitiative und dem Arbeiten am eigenen Profil andererseits.

Abbildung 12: Berufliche Flexibilität zur Erhöhung von Beschäftigungschancen

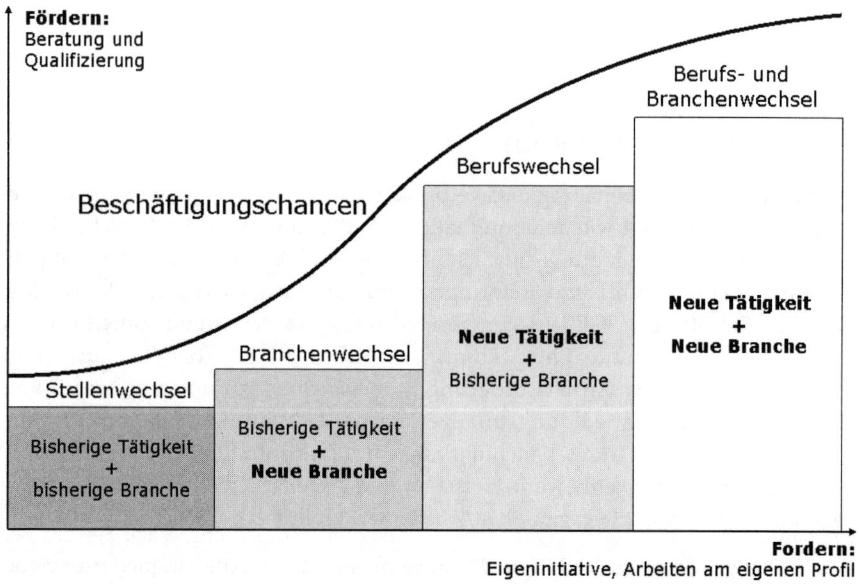

Wenn es in der globalen Marktwirtschaft in Deutschland so ist, dass Arbeitsplätze im technischen Sinn nur noch ca. 10 Jahre existieren, die Erwerbspersonen aber 40 Jahre arbeiten wollen, ist klar, dass die Beschäftigten sich durchschnittlich vier mal im Laufe ihres Berufslebens neu orientieren müssen. Dies bedeutet berufliche Flexibilität und regionale Mobilität, oft verbunden mit Berufs- und/oder Branchenwechsel. An diesen Übergängen ist eine professionelle Arbeitsvermittlung und berufliche Beratung äußerst wichtig, denn schließlich entscheidet ein richtiges Transfermanagement in nicht geringem Umfang über zukünftige Beschäftigungschancen von Erwerbspersonen.

Die Arbeitsvermittlung kann dieses Transferkonzept unterstützen, wenn sie z.B. in Form einer SWOT-Analyse[6] aus den Stärken des Bewerbers und den Chancen am (überregionalen) Arbeitsmarkt eine neue – engpasskonzentrierte - Vermittlungsstrategie entwickelt, wie nachfolgende Abbildung zeigt.

Abbildung 13: SWOT-Analyse der Arbeitsvermittlung

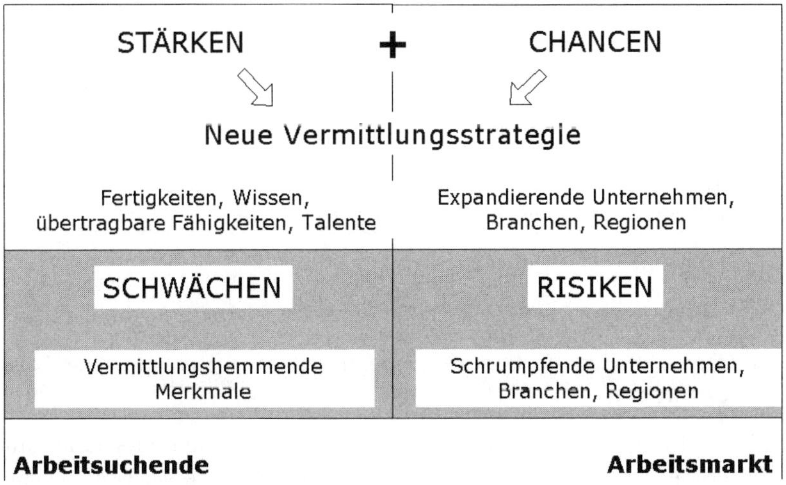

Die Wirkung einer solchen am Engpass von Unternehmen orientierten Stärken/Chancen-Strategie am Arbeitsmarkt ist beachtlich (Egle/Bens, 2004, 263 ff); setzt aber zum einen kompetente Vermittler und zum anderen motivierte Bewerber voraus. In der Summe können diese neuen Arbeitsuch- und Vermittlungsinstrumente die Risiken des Zugangs- und des Verbleibs in die bzw. in der Arbeitslosigkeit verringern.

[6] S = Strength (Stärken), W = Weakness (Schwächen), O = Opportunities (Chancen), T = Threats (Risiken)

2.2 Reformen am Arbeitsmarkt

2.2.1 Moderne Dienstleistungen am Arbeitsmarkt

Der Auftrag der Bundesregierung zur Erstellung eines „Masterplans" zur Reform des Arbeitsmarktes in Deutschland erging an die 15 Mitglieder starke Hartz-Kommission am 22. Februar 2002. Die Aufgabe und das Leitbild der Reform beschreibt die Kommission wie folgt (Hartz-Kommission, 2002, 12-16):

Für die schnelle und effiziente Eingliederung von Arbeitsuchenden in Arbeit braucht Deutschland eine flexible Dienstleistungseinrichtung mit einem verantwortlichen Management und strikter Erfolgskontrolle. Aus der bisherigen Bundesagentur für Arbeit wird in ein modernes und leistungsfähiges Dienstleistungsunternehmen, die Bundesagentur für Arbeit (BA). Die bisherigen Arbeitsämter werden zu Agenturen für Arbeit, die Landesarbeitsämter zu Regionaldirektionen umgestaltet. Die Gesamtreform orientiert sich an folgenden Grundsätzen:

- Dienstleistung im Wettbewerb,
- Konzentration auf Kernaufgaben mit der Arbeitsvermittlung im Zentrum
- modernes kundenorientiertes Unternehmensmanagement mit hoher Leistungsfähigkeit.

Die Arbeit der Kommission orientiert sich am Leitbild der Bundesregierung für eine Arbeitsförderung mit schlankem Aufgabenzuschnitt und moderner Unternehmensorganisation. Dessen vier **Kernelemente** sind:

- **Aufgabenkonzentration auf Kernbereiche**. Der Aufgabenzuschnitt des modernen Arbeitsmarktdienstleisters soll sich auf die Kernbereiche Arbeits- und Ausbildungsstellenvermittlung, Auszahlung von Lohnersatzleistungen und aktive Arbeitsmarktpolitik konzentrieren. Es muss geprüft werden, ob die Bundesagentur für Arbeit von der Kindergeldauszahlung und von der Bekämpfung von illegaler Beschäftigung entlastet werden kann.
- **Im Zentrum: Vermittlung und Beratung**. Die Gewichtung der Aufgaben untereinander muss zugunsten der operativen Dienstleistungen Vermittlung und Beratung verschoben werden. Es müssen moderne Managementkonzepte wie Zielsteuerung und Programmbudgets eingeführt werden. Zugleich sind das Verwaltungsverfahren und die Verwaltungspraxis durch einen wirksamen Einsatz moderner Informationstechnologien zu straffen und von Doppelarbeiten zu befreien. In den operativen Bereichen müssen die Ermessensspielräume vor Ort gesteigert werden, um der Kreativität der Mitarbeiter Raum zu geben.

Dazu gehört auch die Entwicklung einer Kultur der Verantwortungsfreude und Verantwortungsübernahme.

- **Organisatorischer Umbau**. Gesteigerte Verantwortlichkeit und Entscheidungsfreude vor Ort setzen einen strukturellen Umbau der bisherigen Behörde zu einem modernen Dienstleister voraus. Erforderlich sind neben einem professionellen Exekutivvorstand eine stärkere Regionalisierung und Dezentralisierung von Verantwortung und Entscheidung, unternehmerische Strukturen bis hin zu den lokalen Einheiten und ein Überdenken der Aufgaben von Zentrale und Mittelinstanzen. Aufgaben, Struktur und Zusammensetzung der Selbstverwaltung sind wirkungsvoller und unter Vermeidung grundlegender Interessenkonflikte neu zu gestalten.

- **Zusammenführung von Arbeitslosen- und Sozialhilfe**. Die Bundesregierung beabsichtigt in der nächsten Legislaturperiode, die Arbeitslosenhilfe und die Sozialhilfe für die erwerbsfähigen Sozialhilfebezieher zusammenzuführen. Die Kommission „Moderne Dienstleistungen am Arbeitsmarkt" soll dieser Reform nicht vorgreifen. Sie hat jedoch den Auftrag, schon jetzt Organisationsmodelle vorzulegen, die eine wirksame Zusammenführung in den Strukturen moderner Arbeitsmarktdienstleister ermöglichen. Dabei ist anzustreben, dass für alle arbeitsuchenden Menschen die erforderlichen Beratungs-, Vermittlungs- und Arbeitsförderungsleistungen sowie die Leistungen zur Sicherstellung des Lebensunterhalts im Rahmen eines „one-stop-center" gebündelt erbracht werden.

Die Reformen sind Teil einer völligen Neuausrichtung der Arbeitsmarktpolitik. Die „**Neue Arbeitsmarktpolitik**" beschreibt die Kommission wie folgt (Reform-Kommission, 2002, 19-21):

Die neue Leitidee lautet: „Eigenaktivitäten auslösen – Sicherheit einlösen". Die Arbeitsförderungspolitik wird im Sinne einer aktivierenden Arbeitsmarktpolitik umgebaut. Im Zentrum steht die eigene Integrationsleistung der Arbeitslosen, die durch das Dienstleistungs- und Förderangebot gestützt und abgesichert wird. Die angebotenen Dienstleistungen - von der Übernahme einer Zeitarbeit und der Teilnahme an einer Weiterqualifizierung bis hin zur Annahme einer Beschäftigung - setzen Arbeitslose in die Lage, selbst im Sinne des Integrationszieles tätig zu werden. Im Gegenzug hilft das integrierte System der Beratung, Betreuung und materiellen Absicherung, diese Handlungsoptionen zielgerichtet zu nutzen.

Aktivierende Maßnahmen der Integrationsförderung werden konsequent am Bedarf der Arbeitsuchenden und der Unternehmen der jeweiligen Region ausgerichtet. Grundlage dafür ist die Konzentration auf Personengruppen, deren Beschäftigungsfähigkeit beeinträchtigt ist, die Stärkung der Eigenverantwortung durch verhaltensstützende und -beeinflussende Maßnahmen, die Individualisierung des Instrumenteneinsatzes und die klare Ausrichtung der Instrumente auf den ersten Arbeitsmarkt. Die gesetzlichen Vorgaben und die Regelsteuerung für aktivierende Maßnahmen der Integrationsförderung werden stufenweise reduziert und vereinfacht. Mittelfristig wird vollständig auf die Beschreibung einzelner Instrumente verzichtet zugunsten der Orientierung an zentralen Wirkungsfeldern. Die Fachkräfte des Job Center erhalten Aktionsbudgets für Ermessensleistungen, über deren Mitteleinsatz sie nach Abklärung des konkreten, individuellen Integrationsbedarfs entscheiden.

Die stärkere Dezentralisierung und die Ausweitung der Budgetkompetenzen der neuen Arbeitsagenturen ermöglichen die regionale Ausrichtung der Förderung und die Bündelung der Aktivitäten aller wirtschafts- und arbeitsmarktpolitischen Akteure in „natürlichen Wirtschaftsräumen". Eine verbindliche, geschäftspolitische Zielsteuerung und ein wirksames Controlling und Benchmarking gewährleisten, dass die Dienstleistungen gezielt und effizient eingesetzt werden. Die Kommission hat ihr Konzept in **Innovationsmodule** untergliedert, deren Quintessenz im folgenden auszugsweise und zusammenfassend beschrieben werden (Reform-Kommission, 2002, 22-24):

- **Verbesserter Service für Kunden – Job Center**. Job Center werden künftig die lokalen Zentren für alle Dienstleistungen am Arbeitsmarkt sein. Neben den originären Dienstleistungen der [Agentur für Arbeit] integriert das Job Center arbeitsmarktrelevante Beratungs- und Betreuungsleistungen (Sozialamt, Jugendamt, Wohnungsamt, Sucht- und Schuldnerberatung, Schnittstelle PSA usw.). Die Prozesse im Job Center sind auf schnelle Klärung des Beratungs- und Betreuungsbedarfs und frühzeitige Einleitung erforderlicher Maßnahmen auch über die PersonalServiceAgentur (PSA) ausgelegt. Von einer Clearingstelle aus wird die Kundensteuerung organisiert und administrative Arbeiten zur Entlastung der Fachkräfte durchgeführt. Für Informationskunden [**Marktkunden**] werden mehr Selbstinformationseinrichtungen zur Verfügung gestellt. **Beratungskunden** erhalten passgenaue Angebote durch Vermittler. **Betreuungskunden** - Personen mit erheblichen Vermittlungshemmnissen - werden von speziell ausgebildeten Fallmanagern betreut. Vermittler werden von Verwaltungs- und Nebenaufgaben befreit. Sie konzentrieren sich auf die Pflege der Betriebskontakte und die Akquisition offener Stellen des zugewiesenen Branchensegments sowie auf die Beratung der Arbeitsuchenden. Ihr Handlungsspielraum wird durch eigene Aktionsbudgets und IT-Services [**Virtueller Arbeitsmarkt**] erweitert. Für die von ihnen betreuten Unternehmen entwickeln die Job Center und Vermittler ein angepasstes Serviceprofil. Kleine und mittlere Unternehmen werden branchenspezifisch durch die Job Center betreut. Große Unternehmen erhalten feste Ansprechpartner. Die Großkundenbetreuung erfolgt durch die KompetenzCenter [Regionaldirektionen der Bundesagentur für Arbeit]. Die Erreichbarkeit des Job Center durch Arbeitgeber wie Arbeitsuchende wird durch ServiceLines sichergestellt. Ein „Kodex guter Kundenpraktiken" garantiert die Service-Qualität gegenüber beiden Marktseiten.

- **Quick-Vermittlung und Erhöhung der Geschwindigkeit in der Vermittlung.** Die zeitliche Erweiterung der Aktionsmöglichkeiten des Job Center erhöht die Vermittlungsgeschwindigkeit [**Job-to-Job-Vermittlung**]. Arbeitnehmer sind zukünftig verpflichtet, das Job Center bereits zum Zeitpunkt der Kündigung über die drohende Arbeitslosigkeit zu informieren. Arbeitgeber unterstützen die frühzeitigen Vermittlungsbemühungen durch Freistellungen und Mitwirkung an der Profilerstellung. Arbeitnehmer, die das Job Center nicht rechtzeitig informieren, müssen für jeden Tag der verspäteten Meldung pauschale Abschläge beim Arbeitslosengeld in Kauf nehmen. Die Beschleunigung der Vermittlung wird durch ein Bündel von Maßnahmen erreicht: Vereinfachung der Prozesse und Instrumente, mehr Eigenverantwortung der Fachkräfte, mehr Selbstinformationseinrichtungen, Reduzierung der Betreuungsquote, Nutzung der PersonalServiceAgenturen, stärkere Einbindung der Arbeitgeber und konsequente Umsetzung der Neuen Zumutbarkeit. Vermittlung wird familienfreundlich. Arbeitslose, die besondere Verantwortung für abhängige betreuungsbedürftige Personen oder Familienangehörige tragen, erhalten besondere Priorität bei der Vermittlung. Zur besseren Vereinbarkeit von Familie und Beruf werden die bisherigen Mittel zur Kinderbetreuung gebündelt. Arbeitslosigkeit „bekommt ein Gesicht". Mit der intensiven Betreuung des Arbeitslosen durch den verantwortlichen **Fallmanager** rückt der einzelne Mensch und seine persönliche Lebenslage in den Mittelpunkt. Die Prioritätensetzung auf von Arbeitslosigkeit betroffenen Familien spiegelt sich auch in einem **Bonussystem für Vermittler**[7] und ihr Team wider. Ziel ist die Beschleunigung der Vermittlung, aber auch die Erreichung von Zielgruppen wie Jugendliche, Schwerbehinderte oder von Langzeitarbeitslosigkeit bedrohte Personen.
- **Neue Zumutbarkeit.** Die Zumutbarkeit wird nach geografischen, materiellen, funktionalen Kriterien und sozialen Kriterien neu formuliert und in Verbindung mit Freiwilligkeit und Pflichten konsequent umgesetzt. Die Zumutbarkeit ist auch in Abhängigkeit von der familiären Situation des Arbeitslosen zu bestimmen. Einem jungen, alleinstehenden Arbeitslosen kann, insbesondere was die Mobilität anbetrifft, mehr zugemutet werden, als einem Arbeitslosen mit Verantwortung für abhängige betreuungsbedürftige Personen und Familienangehörige. Durch das „**Job-Familien-Konzept**" wird transparent, dass auch unterqualifikatorische Tätigkeiten zumutbar sind. Lehnt die arbeitslose Person eine Beschäftigung ab, so muss sie beweisen, dass die abgelehnte Beschäftigung unzumutbar war. Dies gilt für alle Einwendungen, die den persönlichen Bereich des Arbeitslosen betreffen. Sperrzeiten können zukünftig „dosierter" eingesetzt werden. Hierfür werden nach verschiedenen Sperrzeittatbeständen differenzierte Regelungen geschaffen. Zum Beispiel wird die Weigerung der Teilnahme an einer Integrationsmaßnahme mit einer kürzeren

---

7 Ein solches Bonus- und Punktesystem kennt z.B. das britische Jobcentreplus.

Sperrzeit belegt, als die Ablehnung eines zumutbaren Arbeitsangebots. Durch die Eingliederungsvereinbarung [**Arbeitsuchvertrag**] wird das Leitprinzip „Eigenaktivitäten auslösen - Sicherheit einlösen" verwirklicht. Die vereinbarten Aktivitäten werden regelmäßig überprüft. Durch die differenzierte und flexibel handhabbare Sperrzeitenregelung kann die Ernsthaftigkeit der eigenständigen Integrationsbemühungen verstärkt werden.

- **Jugendliche Arbeitslose**. Job Center übernehmen die Verpflichtung dafür zu sorgen, dass kein Jugendlicher ohne eine aktive beiderseitige Suche nach einer Praktikums- oder Ausbildungsstelle zu Hause sitzt und Transferleistungen erhält. Zukünftig sollen Begabungspotenziale der Jugendlichen im allgemeinbildenden Schulsystem früher identifiziert und gezielt gefördert werden. Weniger theoriebegabten Schülerinnen und Schülern werden durchgängig Möglichkeiten angeboten, in stärker praxisorientierten Unterrichtsformen ihre Begabungspotenziale zu entwickeln. Um mehr Betriebe in die berufliche Ausbildung einzubeziehen und um den unterschiedlichen Begabungen der Jugendlichen besser gerecht zu werden, werden mehr differenzierte arbeitsmarktfähige Ausbildungsberufe entwickelt. Für jugendliche Arbeitslose werden verstärkt arbeitsmarktfähige Qualifizierungsbausteine aus bestehenden Ausbildungsberufen angeboten. Schwer integrierbare Jugendliche erhalten eine intensive Betreuung durch das enge Zusammenwirken von schul-, bildungs-, arbeitsmarkt- und jugendpolitischen Trägern im Job Center.

- **Förderung älterer Arbeitnehmer**. In Anbetracht der demografischen Entwicklung ist die Förderung der Erwerbsbeteiligung älterer Arbeitnehmer eine wichtige Aufgabe der Arbeitsmarkt- und Beschäftigungspolitik in Deutschland und in der Europäischen Union. Dazu ist der Verbleib in Beschäftigung zu sichern und zu fördern. Gleichzeitig gilt es, mit der nach wie vor hohen Arbeitslosigkeit Älterer ehrlich und verantwortungsvoll umzugehen und für diese Menschen Perspektiven aufzuzeigen. Daher werden zwei komplementäre Wege vorgeschlagen: Verbleib im Beschäftigungssystem durch die sog. „Lohnversicherung" oder Ausstieg aus dem Arbeitslosengeldbezug oder Ausstieg der Betreuung durch das Job Center durch das sog. „BridgeSystem".

- **Zusammenführung von Arbeitslosenhilfe und Sozialhilfe**. Das Nebeneinander zweier Sozialleistungssysteme führt zu erheblichem Verwaltungsaufwand und Intransparenz. Mangelnde Abstimmung und Verantwortlichkeit bei den Eingliederungsbemühungen können das Tempo der Vermittlung in Arbeit beeinträchtigen. Um diese Schnittstellen künftig weitgehend zu vermeiden, wird jeder, der Leistungen bezieht, nur noch von einer einzigen Stelle betreut und erhält eine einzige Leistung. Künftig gibt es drei Leistungen: Das **Arbeitslosengeld I** ist die beitragsfinanzierte originäre Versicherungsleistung. Die Ansprüche entsprechen in Höhe und Dauer im Grundsatz dem bisherigen Regelwerk. Die Verantwortung bleibt bei der [Bundesagentur für Arbeit]. Die

Betreuung erfolgt im Job Center. Das **Arbeitslosengeld II** ist eine steuerfinanzierte bedürftigkeitsabhängige Leistung zur Sicherung des Lebensunterhalts der arbeitslosen erwerbsfähigen Personen im Anschluss an den Bezug von oder bei Nichterfüllung der Anspruchsvoraussetzungen für Arbeitslosengeld I. Die Bezieher von Arbeitslosengeld II sind in die Sozialversicherung einbezogen Die Anspruchsdauer beim Arbeitslosengeld II ist nicht begrenzt. Die Verantwortung liegt bei der BA [Bundesagentur für Arbeit]. Die Betreuung erfolgt ebenso im Job Center. Das **Sozialgeld** entspricht der bisherigen Sozialhilfe für nicht erwerbsfähige Personen. Die Verantwortung bleibt bei den Sozialämtern.

- **Beschäftigungsbilanz - Bonussystem für Unternehmen**. Alle Unternehmen sind aufgefordert, ihrer Verantwortung für die Sicherung und Schaffung von Arbeitsplätzen gerecht zu werden und alle betrieblichen Atmungsinstrumente, z.B. flexible Arbeitszeitmodelle, zu nutzen, um Entlassungen soweit wie möglich zu vermeiden. Die Job Center und die [Regionaldirektionen] unterstützen Unternehmen hierbei und bieten die Dienstleistung einer „Beschäftigungsberatung" an. Die Beschäftigungsberatung erstreckt sich auf alle Handlungsfelder, die sich modernen Unternehmen heute im Bereich des Arbeitsrechts und der Gestaltung betrieblicher Arbeitsbedingungen eröffnen. Durch freiwillig erstellte Beschäftigungsbilanzen bringen Unternehmen ihre soziale Verantwortung zum Ausdruck. Soziale Verantwortung heißt hier: Beschäftigung schaffen und sichern. Die Beschäftigungsbilanz gibt Aufschluss über Struktur und Entwicklung der Belegschaft (Qualifikationsprofil, Anteil temporärer Beschäftigung, Mobilität und Flexibilitätskennziffern). Die Beschäftigungsbilanz wird als Ansatzpunkt für die Beschäftigungsberatung durch die Job Center oder die Regionaldirektionen genutzt. Unternehmen mit einer positiven Beschäftigungsentwicklung erhalten einen Bonus in der Arbeitslosenversicherung. Gleiches gilt für Unternehmen, die Arbeitsplätze aktiv sichern und ihre Beschäftigung halten. So werden Anreize zur Beschäftigungsförderung und –sicherung geschaffen. Bei der Umsetzung des Bonussystems ist neben einer einfachen, unbürokratischen Messung, die sich an der Entwicklung der Beitragssumme des Unternehmens zur Arbeitslosenversicherung ausrichtet, auf die Unterschiede von Klein- und Mittelunternehmen sowie Großunternehmen zu achten.

- **Aufbau von PersonalServiceAgenturen (PSA)**. Die PersonalServiceAgentur (PSA) ist ein wirkungsvolles Instrument zum Abbau der Arbeitslosigkeit. Ziel der PSA ist es, Einstellungsbarrieren zu überwinden und Arbeitslose mit einer neuen Form vermittlungsorientierter Arbeitnehmerüberlassung schnell wieder in den ersten Arbeitsmarkt zu integrieren („Klebeeffekt"). Als eigenständige Organisationseinheiten erbringen PSA Dienstleistungen für und im Auftrag der Agenturen für Arbeit. Sie sind in tarifliche Strukturen eingebunden. Je nach örtlichen Gegebenheiten kann die PSA entweder von anderen Dienstleister, in gemeinsamer Trägerschaft mit Privaten oder von der [Agentur für Arbeit] als Business Unit in privater Rechtsform betrieben werden. Wo immer möglich, streben [Arbeitsagenturen] eine Lösung durch Einschaltung Dritter an. PSA stehen im Wettbewerb mit privaten Dritten und kooperieren insbesondere dort, wo private Dienstleister über spezielle Marktkenntnisse verfügen. Der neue Aufgabenschwerpunkt der PSA ist die **vermittlungsorientierte Arbeitnehmerüberlassung**. Die Verpflichtung zur Aufnahme einer Beschäftigung in der PSA ergibt sich für den Arbeitslosen gemäß der Regelungen der Neuen Zumutbarkeit. Eine Ablehnung ist mit leistungsrechtlichen Konsequenzen verbunden. Die Entscheidung über die Einstellung von Arbeitslosen obliegt der PSA.

- **„Ich-AG", „Familien-AG" und Mini-Jobs**. Mit den beiden neuen Instrumenten Ich-AG und Mini-Job werden neue Wege zur Bewältigung des Problems der Schwarzarbeit aufgezeigt. Das Konzept der Ich-AG zielt auf die Reduzierung der Schwarzarbeit Arbeitsloser, die Mini-Jobs auf die Reduzierung der Schwarzarbeit bei Dienstleistungen in Privathaushalten. Bei der Ich-AG handelt es sich um eine Vorstufe zu einer vollwertigen Selbständigkeit. Arbeitslose erhalten als Anreiz für die Anmeldung einer Ich-AG für drei Jahre Zuschüsse von der [Agentur für Arbeit], die sich an der Höhe des Arbeitslosengeldes und der von der [Arbeitsagentur] entrichteten Sozialversicherungsbeiträge orientieren, zeitlich gestaffelt sind und von der Einkommenshöhe der Ich-AG abhängen. Alle Einnahmen der Ich-AG unterliegen einer Pauschalbesteuerung von 10%. Die Verdienstgrenze der Ich-AG liegt bei 25.000 Euro. Es besteht volle Sozialversicherungspflicht. Die Familien-AG ist eine Erweiterung auf mitarbeitende Familienmitglieder. Um auch solche Einkünfte aus Schwarzarbeit zu legalisieren, die sich nicht zu einer selbständigen Beschäftigung transferieren lassen, wird die Verdienstgrenze für Mini-Jobs für Dienstleistungen in privaten Haushalten auf 500 Euro angehoben und der Beitragseinzug für geringfügige Beschäftigungen vereinfacht. Die Einkünfte unterliegen einer Sozialversicherungspauschale von 10%. Sämtliche von einer Person angemeldeten Mini-Jobs dürfen 500 Euro nicht überschreiten. Die Regelung zu Mini-Jobs gilt für Arbeitslose und Nichterwerbstätige.

- **Personal - Controlling - Effiziente IT-Unterstützung - Organisation und Steuerung**. Der durch die Vision eingeleitete Wandel und die Neuorientierung der BA bedarf eines neuen Leitbildes als Handlungsleitfaden für jeden Mitarbeiter bei der täglichen Arbeit. Die strategische und organisatorische Ausrichtung der [Bundesagentur für Arbeit] muss ihre Entsprechung in einem neuen Personalkonzept finden. Innerhalb der BA werden die Beschäftigungsverhältnisse neu gestaltet. Es wird ein einheitliches Dienstrecht eingeführt. Der Umbau erfordert die Ausarbeitung von Übergangsregelungen für alle Mitarbeiter, die u.a. den Kriterien sozialverträglich, finanziell ausgleichend und fair genügen und in einem „BA-Reformgesetz" verankert werden. Zukünftig werden die [Arbeitsagenturen] nicht mehr über eine detaillierte Inputsteuerung (Mittelabfluss als Steuerungsprozess), sondern über vereinbarte oder vorgegebene Ergebnisse gesteuert (Outputsteuerung). Die Controllingaufgaben werden künftig ausschließlich von der Zentrale und den [Arbeitsagenturen] wahrgenommen. Während die Zentrale ihre Aufgaben auf das strategische Controlling fokussiert, wird in den [Arbeitsagenturen] vor dem Hintergrund der strategischen Zielsetzungen das operative Controlling durchgeführt. Die zukünftige IT wird alle Geschäftsprozesse durchgängig unterstützen, eine bundesweit verfügbare und einheitliche Datenhaltung für alle Fachanwendungen gewährleisten sowie einen öffentlichen Zugang zu Informationen und Dienstleistungen der Bundesagentur für Arbeit über Internet (e-government) und Selbstinformationseinrichtungen zur Verfügung stellen.

- **Umbau der Landesarbeitsämter**. Um das Ziel der Vollbeschäftigung zu erreichen, müssen arbeitsmarkt-, wirtschafts- und sozialpolitische Initiativen koordiniert werden. Daher wird ein neues Instrumentarium geschaffen, das einen wirksameren Beitrag zur Entstehung neuer Arbeitsplätze und zur Entwicklung neuer Beschäftigungsmöglichkeiten leistet. Die Landesarbeitsämter werden deshalb zu KompetenzCenter umgewandelt, deren beschäftigungspolitische Aufgaben steuerfinanziert sind. Sie sind Hauptansprechpartner für große Unternehmen (Key Account Management), unterstützen die Job Center bei der Beratung von Klein- und Mittelunternehmen (Beschäftigungsberatung, Unterstützung bei Neuansiedlungen, Wachstumsinitiativen und Existenzgründungsberatung), sind Verbindungsstelle zu Landesregierungen, koordinieren überregionale Qualifizierungsprogramme, betreiben Trend- und regionale Arbeitsmarktforschung.

- **Finanzierung der Maßnahmen zum Abbau der Arbeitslosigkeit**. Mit dem Konzept des JobFloaters [Kapital für Arbeit] wird die Finanzierung von Arbeitslosigkeit durch die Finanzierung von Arbeit ersetzt. Stellt ein Unternehmen einen Arbeitslosen nach Ablauf der Probezeit dauerhaft ein, erhält das Unternehmen die Option auf ein Finanzierungspaket in Form eines Darlehens. Dieses Angebot gilt für kleine und mittlere Unternehmen sowohl in den alten als auch in den neuen Ländern.

- **„Profis der Nation" – Masterplan Projektkoalition folgt Bündnis für Arbeit**. Es ist nicht damit getan, die Lösung des Problems alleine den Politikern, den Gewerkschaften, den Unternehmen oder gar den Arbeitslosen zu überlassen. Vielmehr ist jeder gefordert, sich auf sein spezifisches Können und auf seine Stärken zu konzentrieren und mit anzupacken, wo immer es geht. Es sind alle Profis der Nation mit unterschiedlichen Beiträgen gefordert. Mit der Allianz der Profis wird eine Koalition für ein flächendeckendes Netzwerk von konkreten Projekten gebildet. Die Arbeitslosigkeit wird durch ein Mosaik von Projekten in vielen Bausteinen in ganz Deutschland abgebaut.

2.2.2 Die „Hartz-Gesetze“ im Überblick

Die Umsetzung der Reformkonzepte der Hartz-Kommission erfolgt in vier Gesetzen für moderne Dienstleistungen am Arbeitsmarkt (Hartz-Gesetze I – IV):

Hartz I: Beschleunigung des Ausgleichs am Arbeitsmarkt. Im Vordergrund des ersten Hartz-Gesetzes steht die Beschleunigung des Ausgleichs am Arbeitsmarkt. Wichtige Inhalte des Förderns und Forderns sind u.a.:

- **Personal-Service-Agentur** (PSA). Mit dem PSA-Konzept soll die vermittlungsorientierte Zeitarbeit gestärkt werden. Zielgruppen für die Aufnahme in den privatwirtschaftlich organisierten Organisationen sind Arbeitslose mit individuellen Vermittlungshemmnissen. Die Beschäftigungsdauer in den PSA beträgt 9 – maximal 12 Monate. Verleihfreie Zeiten sollen für berufliche Qualifizierung genutzt werden. Der Anreiz für die Verleiher, Arbeitslose einzustellen, besteht sowohl in einer Fallpauschale als auch in einer Vermittlungsprämie, die jeweils von den Agenturen bezahlt werden.

- **Neuausrichtung der Weiterbildungsförderung**. Mit der Einführung von Bildungsgutscheinen soll sowohl der Wettbewerb zwischen den Weiterbildungsunternehmen als auch die Eigenverantwortung der Arbeitsuchenden gestärkt werden. Die Steigerung der Weiterbildungsangebotsqualität soll durch Einrichtung unabhängiger Zertifizierungsagenturen erfolgen.

- **Frühzeitige Meldung der Arbeitsuche**. Die Zeit zwischen dem Aussprechen der Kündigung und deren Wirksamwerden soll für Arbeitsuche, Vermittlung und/oder Weiterbildung genutzt werden. Eine verspätete Meldung führt zu einer Minderung des Arbeitslosengeldes. Arbeitgeber sollen Mitarbeiter über die Verpflichtung zur unverzüglichen Meldung bei der Agentur für Arbeit informieren und sie für Besuche bei der Agentur und gegebenenfalls für die Teilnahme an einer beruflichen Qualifizierung freistellen.

- **Änderung der Zumutbarkeitsregelungen**. Diese wird verschärft sowohl im Hinblick auf die Forderung von regionaler Mobilität als auch hinsichtlich der Sanktionsmöglichkeiten bei nicht-aktiver Arbeitsuche („Sperrzeit“). Danach ist z.B. ein Umzug zumutbar, wenn keine familiären Bindungen dagegen sprechen bzw. in den ersten drei Monaten der Arbeitslosigkeit eine Stellenvermittlung im Tagespendelbereich unwahrscheinlich ist. Die Sperrzeitregelung wird flexibler und differenzierter gestaltet und die Beweislast von der Agentur auf den Arbeitslosen verlagert.

Hartz II: Neue arbeitsmarktpolitische Instrumente Das zweite Hartz-Gesetz zielt darauf, die Existenzgründung sowie die Beschäftigung im Niedriglohnbereich zu fördern:

- **Ich-AG**. Zusätzlich zum Überbrückungsgeld bei Vorliegen eines geprüften Business Plans wird die Existenzgründung nunmehr großzügig bis zu einer Dauer von 36 Monaten gefördert, falls das Jahreseinkommen unter 25.000 € liegt.

- **Mini-Jobs**. Mit den sog. Mini-Jobs sollen Beschäftigungsmöglichkeiten im Niedriglohnbereich sowie in privaten Haushalten gefördert werden. Ein weiteres Ziel ist die Bekämpfung der illegalen Beschäftigung in Privathaushalten. Wesentliche Merkmale sind: Lohn < 400 €/Monat, 25 % Sozialversicherungsbeitrag für Arbeitgeber (12 % bei Beschäftigung in privaten Haushalten).

Hartz III: Reform der BA und Vereinfachung ihrer Instrumente. Das dritte Hartz-Gesetz regelt insbesondere den Umbau der BA zu einem leistungsfähigen und kundenorientierten Dienstleister am Arbeitsmarkt. Gleichzeitig soll die Arbeitsmarktpolitik wirksamer gesteuert und die arbeitsmarktpolitischen Instrumente vereinfacht werden.

- **Reform der Organisation**. Diese umfasst sowohl die Aufbau- als auch die Ablauforganisation. Der Aufbau der Bundesagentur besteht aus der Dreigliederung: Zentrale (vorher: Hauptstelle), Regionaldirektionen (vorher: Landesarbeitsämter) und Agenturen für Arbeit (vorher: Arbeitsämter). Die Optimierung der Prozesse erfolgt in sog. Kundenzentren und Job Centers, welche für die Öffentlichkeit der sichtbare Kern der BA-Reform darstellt (siehe hierzu Kapitel 2.4.4). Die neue BA vereinbart mit der Bundesregierung jährliche arbeitsmarktpolitische Ziele („**Kontraktmanagement**"), deren Erreichung durch ein Controllingsystem unterstützt wird.

- **Konzentration auf Kernaufgaben**. Kernaufgaben der BA sind die Vermittlung von Arbeits- und Ausbildungsplätzen sowie die Leistungsgewährung an Arbeitslose aus der Arbeitslosenversicherung. Die bisherige Aufgabe der Arbeitsmarktinspektion sowie die Außenermittlung im Zusammenhang mit der Ahndung von Leistungsmissbrauch wird zukünftig von der Zollverwaltung durchgeführt, was folglich zu einer Migration von Personal der BA zur Zollverwaltung führt.

- **Vereinfachung arbeitsmarktpolitischer Instrument**. Die Vereinfachung der Instrumente betrifft insbesondere die Eingliederungszuschüsse sowie die Arbeitsbeschaffungs- und Strukturanpassungsmaßnahmen (ABM bzw. SAM). Bei den Eingliederungszuschüssen werden nur noch zwei Zielgruppen unterschieden: Arbeitnehmer mit Vermittlungshemmnissen und Behinderte. ABM und SAM werden als ein Instrument zusammengefasst mit der Konsequenz, dass die Beschäftigung in einer ABM zukünftig versicherungsfrei ist. Damit sollen sachwidrige Anreize (z.B. Erwerb eines neuen Leistungsanspruches an die Arbeitslosenversicherung) für den Eintritt in eine ABM beseitigt werden.

Im Vordergrund des integrierten Instrumentes ABM/SAM steht die Erwerbstätigkeit sowie der damit verbundene Qualifikationserwerb.

Hartz IV: Zusammenlegung von Arbeitslosenhilfe und Sozialhilfe. Das ehrgeizigste Gesetzesvorhaben der Regierung ist die Zusammenführung von Arbeitslosen- und Sozialhilfe. Danach werden Empfänger von Arbeitslosenhilfe und erwerbsfähige Bezieher von Sozialhilfe gleichgestellt und erhalten ab 1.1.2005 das neue **Arbeitslosengeld II.** Die rechtliche Grundlage hierfür ist das Sozialgesetzbuch II:

- **Anspruchsberechtigte**. Der Kreis der Anspruchsberechtigten besteht aus den erwerbsfähigen Hilfebedürftigen (Alter zwischen 15 und 65 Jahre, nicht in Ausbildung, gewöhnlicher Aufenthalt in Deutschland, mindestens drei Stunden pro Tag erwerbsfähig) sowie den Mitgliedern der sog. Bedarfsgemeinschaften (Eltern, Partner, minderjährige Kinder)

- **Leistungen zur Eingliederung in Arbeit**. Die Leistungsbezieher ALG II können eine verbesserte Beratung und Unterstützung bei der Eingliederung ins Erwerbsleben durch sog. persönliche Berater („Fallmanager") in Anspruch nehmen. Mit ihnen wird eine Eingliederungsvereinbarung geschlossen, die sich nach den individuellen Bedürfnissen, den Anforderungen des regionalen Arbeitsmarktes sowie den betriebswirtschaftlichen Grundsätzen der Wirtschaftlichkeit richten (siehe hierzu Kapitel 2.4.3 (Großbritannien).

- **Zumutbarkeit**. Um die Belastung der Allgemeinheit zu mindern, ist die Zumutbarkeitsregelung noch strenger als im Versicherungssystem Arbeitslosengeld I gefasst. Alle legalen Arbeiten sind (mit wenigen Ausnahmen) zumutbar. Das Prinzip Fördern und Fordern wird hierbei durch finanzielle Anreize und Sanktionen eingeführt: Ein „Einstiegsgeld" als zeitlich befristeter Arbeitnehmerzuschuss soll zur Aufnahme einer Beschäftigung motivieren, im umgekehrten Fall werden Sanktionen in Form einer Absenkung und Wegfall des Arbeitslosengeldes II die Folge sein.

- **Träger der Leistungen**. Nach § 6 SGB II sind die Bundesagentur für Arbeit und die Kommunen für die Erbringung von Geld-, Sach- und Dienstleistungen verantwortlich. Auf die BA entfallen dabei die wesentlichen Leistungen zur Eingliederung in Arbeit sowie zur Sicherung des Lebensunterhaltes. Die Kommunen wiederum sind für die Beratung und Betreuung (Bsp.: Minderjährige Kinder, häusliche Pflege von Angehörigen, Sucht, Schulden, Psychosoziale Störungen) sowie für Sachleistungen (Bsp.: Unterkunft, Heizung) zuständig.

- **Kooperation der Träger**. Nach § 44 b SGB II soll die Zusammenarbeit von Kommune (Bsp.: Sozial-, Jugend- und Wohnungsamt) und örtliche Agentur für Arbeit (Bsp.: Vermittlung, Berufsberatung, Reha-Beratung, (Sozial-)Leistung, Fachdienste) mit dem Leitziel der Verringerung der Hilfebedürftigkeit erfolgen. Als Organisationseinheit werden rechtsfähige Arbeitsgemeinschaften (ARGE) in den Job-Centern präferiert.

2.2.3 Benchmark für Reformen: Jobcentreplus in Großbritannien

Die britische Regierung hat in den letzten Jahren ein ganzes Reformpaket in Angriff genommen. Die Liberalisierung und Deregulierung der Güter- und Arbeitsmärkte, die schon zu Zeiten der Thatcher-Regierung begann, wurde konsequent fortgesetzt. Des weiteren wurden im Rahmen des „Welfare to Work"-Programms der Labour Regierung und unter dem Motto „Make Work Pay" Steuer- und Abgabenlasten mit dem Ziel reduziert, insbesondere für Geringverdiener die Grenzbelastung zusätzlicher Einkommen zu verringern, um die Arbeitsanreize zu stärken. Mit dem Gesetz über die Reform des Wohlfahrtstaates und der Renten vom 11. November 1999 wurde u.a. auch die grundlegende Umstrukturierung der Arbeits- und Sozialverwaltung eingeleitet. Der ehemalige „Employment Service" und Teile der „Benefit Agencies" wurden zu einem einheitlichen Service in den sog. „JobcentrePlus" zusammengeführt, um eine einheitliche Anlaufstelle für alle Personen im erwerbsfähigen Alter zu schaffen (Bertelsmann Stiftung, 2003, 19).

Im Vergleich zu Deutschland konnte das Vereinigte Königreich (UK) seine Arbeitslosigkeit in den letzten 10 Jahren kontinuierlich senken. Die Arbeitslosenquote nach EU-Standard lag im Jahre 2003 bei 5,1 %. Wie man aus der nachfolgenden Tabelle sieht, hängt die gute Arbeitsmarktperformanz in Großbritannien seit Mitte der 90er Jahre deutlich mit dem höheren Wirtschaftswachstum und der Beschäftigungszunahme zusammen.

Tabelle 2: ***Arbeitsmarktperformanz in Großbritannien und Deutschland im Vergleich*)***

Zeitraum / Schlüsselgrößen	1991-95		1996-00		2001		2002		2003	
	UK	D	UK	D	UK	D	UK	D	UK	D
Δ BIP (%)	1,8	2,0	2,9	1,8	2,1	0,6	1,8	0,2	2,2	0,4
Δ ET (%)	-1,0	-0,1	1,4	0,7	0,6	0,5	0,7	-0,6	0,6	-0,9
AQ (%)	9,3	6,5	6,5	8,7	5,0	7,7	5,1	8,2	5,1	8,9
*) EUROPEAN COMMISSION, Spring 2003 Forecasts; * Prognose III 2003										

Mit der erfolgreichen Reform des Arbeitsmarktsystems ist Großbritannien damit auch für Deutschland ein Benchmark. Gelang doch, das ambitioniertes Vorhaben, zwei kulturell völlig unterschiedliche staatliche Verwaltungen, den klassischen „Employment Service" (Arbeitsagentur) und die traditionelle „Benefit Agency" (Sozialamt), in einer Art „Elefantenhochzeit" zu vereinen.

Der Startschuss für den Wandel fiel im April 2002. Der Roll Out erfolgt in vier Phasen und soll bis 2006 abgeschlossen sein. Folgende Erfolgsfaktoren zeichnen das britische JobcentrePlus-Konzept aus:

- **Beispiellose Kunden- und Dienstleistungsorientierung**. Das Maß allen Handelns ist eine stringente und konsequente Ausrichtung aller Geschäftsprozesse an den Kundenanliegen. So sind die Slogan „Helping you recruit the right people!" („Hilfe zur Rekrutierung des in Ihrem Sinne richtigen Personals!") und „The work you want, the help you need!" („Die Arbeit, die Sie wollen, die Hilfen, die Sie benötigen!") nicht nur eine vorgegebene Grundhaltung, sondern ein im Umgang mit den Kunden gelebter Verhaltenskodex.

- **Starke Fokussierung auf das Kerngeschäft „Vermittlung und Beratung".** Die Vermittlung in Arbeit hat absolute Priorität. Es erfolgt eine kontinuierliche Evaluation der aktiven Jobsuche durch das permanente Aktivieren der Arbeitsuchenden (Aktivierungsstrategie). Die Förderung durch arbeitsmarktpolitische Programme ist nachrangig.

- **Offensives Change-Programm**. Es wurde ein Programm zur „Verzahnung" der Mitarbeiter der unterschiedlichen Arbeitskulturen der beiden staatlichen Institutionen („pulling together") - verbunden mit dem Austausch von Mitarbeitern und Führungskräften - eingeführt.

- **Konsequente Kommunikation der Vision.** Die Ziele und die Richtung des Veränderungsprozesses mit verbindlicher Zeitplanung von 2002 bis 2006 werden allen Mitarbeitern offensiv kommuniziert.
- **Kommunikation gemeinsamer Organisationswerte.** Es gibt einfache Orientierungshilfen für die Mitarbeiter (Die beste Leistung erbringen, Menschen respektieren, „Making a difference", Ausrichtung nach außen).
- **Klare, strategische Ziele.** Es existieren fünf Strategieziele (Unterstützung der Regierung bei der Bekämpfung der Armut; offensiv das Prinzip vertreten, dass Arbeit die beste Sozialhilfe ist; Unternehmen zu ermutigen, mehr Jobs für Arbeitslose anzubieten; die korrekte Auszahlung von Leistungen; Schutz der Versichertengemeinschaft vor Missbrauch und Überzahlung).
- **Nachhaltige Verbesserung des Service für Arbeitnehmer, Arbeitgeber und Partner der Arbeitsverwaltung.** Neben dem flächendeckenden Angebot ca. 1000 „High Street"-Geschäftsstellen wurde ein landesweites Netzwerk von Call Centern (Employer Direct, Jobseeker Direct sowie eine Hotline zur Anzeige von Leistungsmissbrauch) geschaffen; die Arbeitslosmeldung wird telefonisch entgegengenommen. Kunden des Jobcentre Plus, die persönlich erscheinen, werden angehalten, selbst zum Hörer zu greifen und aktiv zu werden. Hierfür stehen Telefongeräte mit den jeweils gekennzeichneten Durchwahlnummern - z.B. zur Kontaktaufnahme mit Jobseeker Direct - zur Verfügung. Der Arbeitgeberservice erfolgt pro-aktiv und weitgehend telefonisch. Die hohe Serviceorientierung ist gekennzeichnet durch einen hohen Technisierungsgrad verbunden mit dem Aufbau eines virtuellen Netzwerkes für alle am Prozess beteiligten Organisationseinheiten. Der sehr ökonomische Einsatz von Berater- und Vermittlerkapazitäten geht einher mit einer gezielten Kundensegmentierung und -steuerung (Empfangsbereich; telefonische Terminierung, Vermittlung über CallCenter, kurze Interviews beim Vermittler/Berater) und einer konsequenten Aktivierung der Kunden auf der Basis von Arbeitsuchverträgen („Jobseekers Agreement).
- **Ansprechende, sehr farbige Großraumbüros mit vollständiger Transparenz für Kunden und Mitarbeiter und den „Job Points".** Die Jobcentre Plus sind als helle und freundliche Großraumbüros mit einer offenen Kundensteuerung und unterschiedlichen Funktionsbereichen gestaltet. Auffällig sind Fotos mit lächelnden Menschen, die über die Jobcentre Plus Arbeit gefunden haben und dies „mal witzig, mal stolz" verkünden. Beeindruckend sind die **Job Points**, ansprechend gestaltete Terminals mit Touch-Screen und leicht verständlichem Aufbau. Hier suchen Arbeitsuchende aktuelle Stellenangebote nach Branchen und Regionen.
- **Leistungsorientierte Bezahlung.** Die Mitarbeiter werden entsprechend ihrer Leistung in vier Kategorien eingeteilt: Very good performance (ca. 10%); Good

performance (ca. 40 %); Adequate Performance (ca. 50 %) und Performance unsatisfactory (< 5 %). Entsprechend der Leistungsdifferenz erhalten die Beschäftigten einen Bonus zwischen 0 und 500 € pro Jahr. Die Manager der 78 District Offices, welche die ca. 1000 JobcentrePlus führen, stehen gegenseitig hinsichtlich der folgenden vier Kennziffern im Wettbewerb: Vermittlung in Arbeit („Job-Entries"); Kundenzufriedenheit (ermittelt aufgrund von „Testkunden"); Besetzung von offenen Stellen und effiziente Dienstleistung auf der Basis eines Budgets. Erreichen die Manager bezüglich dieser Kennziffern eine Position unter den ersten 10 %, werden zusätzliche Prämien ausgezahlt.

- **Credit Points als Steuerungsinstrument der Arbeitsmarktpoltik**. Als Anreizsystem für effektive und zielgruppenorientierte Vermittlung dient ein Punktesystem. Danach gibt es für eine erfolgreiche Vermittlung folgende Punkte:
  - 12 Punkte: Alleinerziehende sowie behinderte Menschen
  - 8 Punkte: Langzeitarbeitslose > 50 Jahre
  - 4 Punkte: Arbeitslose mit > 6 Monate Dauer
  - 2 Punkte: Arbeitslose unter 6 Monate Dauer
  - 1 Punkt: Job-to-Job-Vermittlung.
- **Effektiver und überzeugender Marketingeinsatz**. Es erfolgt nach innen und außen ein gezielter Einsatz unterschiedlicher Marketinginstrumente zur Darstellung der Interessen der britischen Arbeitsverwaltung.
- **Größere Entscheidungsspielräume**. Die Persönlichen Berater für die Arbeitsuchenden verfügen über eigene „Budgets". Sie können beispielsweise auch unkonventionelle Dinge wie einen neuen Anzug oder einen Haarschnitt finanzieren, wenn es der schnelleren Integration des Bewerbers auf dem Arbeitsmarkt dient. Spezielle Programme des „New Deals" sind auf spezifische Zielgruppen ausgerichtet (z.B. Erstattung von Kinderbetreuungskosten im Rahmen des „New deal for lone parents"). Zu erwähnen bleibt, dass die Rahmenbedingungen für den Umbauprozess in England andere waren als die, die wir gegenwärtig in Deutschland vorfinden:
  - eine niedrigere Arbeitslosigkeit,
  - ein höheres Wirtschaftswachstum,
  - keine Selbstverwaltung,
  - eine größere Beschäftigungsintensität,
  - eine sehr konsequente Umsetzung von Fordern und Fördern, (Jobseeker Agreement = Arbeitsuchvertrag),
  - maximale Leistungsbezugsdauer von 26 Wochen,
  - niedrige Leistungssätze (ca. 80 € Basisbetrag pro Woche).

Für den hiesigen Reformprozess gilt es, alle Kräfte zu bündeln und die positiven britischen Impulse schnellstmöglich in die eigenen Reformüberlegungen einfließen zu lassen, die eigenen Ansätze weiterzudenken und neue Anregungen von außen aufzugreifen. Dazu gehört auch das sog. „Employment-Zone"-Konzept, welches bestimmte Regionen mit hoher Arbeitslosigkeit zeitweise aus der Zuständigkeit von Jobcentreplus herauslöst und in die Lösungskompetenz privater und/oder öffentlicher Systempartner überführt.

2.2.4 Kernreformen der Bundesagentur für Arbeit

Die strategische Neuausrichtung der BA wurde von der Hartz-Kommission 2002 wie folgt zusammengefasst (Hartz-Kommission, 2002, 20f.):

Die BA verfolgt vorrangig das Ziel der raschen und nachhaltigen (Wieder-) Beschäftigung am ersten Arbeitsmarkt und stellt Vermittlung und Integration ins Zentrum ihrer Aktivitäten. Dabei arbeitet sie präventiv und nutzt den Aktionszeitraum voll aus. Die Kernaufgaben der BA, Vermittlung, vermittlungsfördernde Leistungen und Existenzsicherung bei Arbeitslosigkeit bleiben im Sinne des „Förderns und Fordern" weiterhin integriert. Die Art der organisatorischen Integration dieser Aufgaben wird von den Ergebnissen eines konsequenten Prozessmanagement bestimmt und bleibt flexibel gestaltbar.

Aufgaben, die außerhalb der Kernaufgaben der BA liegen, werden künftig entweder ausgelagert, durch andere Finanzierungsquellen als die Beitragsfinanzierung bestritten oder im Sinne von Durchführungsaufträgen personell, organisatorisch und finanziell getrennt ausgewiesen. Da die Aufgaben der BA verstärkt den Charakter von Zukunftsinvestitionen oder auch sozialpolitischen Charakter besitzen, muss die Finanzierung auf eine breitere Basis gestellt werden. Beitragsmittel müssen durch einen geregelten Bundeszuschuss und durch angemessene Beteiligung von Ländern und Kommunen ergänzt werden. Öffentlich geförderte Beschäftigung wird mittelfristig wegen der fehlenden Aufnahmefähigkeit des ersten Arbeitsmarktes in strukturschwachen Regionen - vor allem in den neuen Bundesländern - unverzichtbar bleiben. Sie muss jedoch mit kommunalen Infrastrukturmaßnahmen verzahnt und über Steuern finanziert werden.

Die BA bedient sich in verstärktem Maße der Dienstleistungen privater Anbieter (Arbeitsvermittler, Zeitarbeit). Ziel ist ein ideologiefreies Neben- und Miteinander von öffentlichrechtlichen, gemeinnützigen und privaten Vermittlungseinrichtungen wie in anderen europäischen Ländern. Nach Auffassung der BA sind folgende Grundvoraussetzungen für den erfolgreichen Umbau der BA zu einem modernen Dienstleister entscheidend:

- Die neue BA wird eine neue **Führungsstruktur** mit drei schlanken Steuerungsebenen (Zentrale, Regionaldirektionen, Agenturen für Arbeit) aufweisen.

- Die **Steuerung** der BA wird neu gestaltet. Sie wird in Zukunft über ein abgestimmtes externes und internes Kontraktmanagement auf Grundlage transparenter Leistungsstandards nach Effektivität und Effizienz gesteuert. Neue Steuerungs- und Controllingsysteme werden die Leistungsfähigkeit der Organisation auf allen Ebenen transparent und vergleichbar machen.

- Die **Mitarbeiter** sind ein weiterer wichtiger Ansatzpunkt der Reform, um Leistungsreserven zu erschließen. Durch Unternehmergeist, Leistungs- und Entwicklungsdialoge zur gerechten Leistungsbeurteilung und an Leistung gekoppelte persönliche Entwicklungsperspektiven werden individuelle Beiträge zum Erfolg der BA sichtbar und können somit auch honoriert werden.

- Die BA stellt sich auf die Gestaltung der Aufgabenteilung mit den Kommunen im Rahmen des „Hartz-IV"-Gesetzes und des neuen Leistungsrechts "**Arbeitslosengeld II**" (Alg II) ein.

- **Geschäftssystem im Kundenzentrum.** Die Einführung der Kundenzentren erlaubt es der BA, zwei wesentliche Anforderungen mit einander in Einklang zu bringen, nämlich zum einen die bestmögliche Unterstützung ihrer Kunden und zum anderen den wirkungsorientierten, wirtschaftlichen Einsatz der finanziellen Mittel. Daran ausgerichtet umfasst das neue Geschäftssystem **vier Elemente**, die jeweils auf klar definierten operativen Standards basieren:

- Die Differenzierung nach vier handlungsorientiert definierten **Kundengruppen** führt zu einer bundesweit einheitlichen Klassifizierung des Unterstützungsbedarfs der Arbeitsuchenden. Damit wird ein Mittelweg zwischen der Fiktion von Einzelfallgerechtigkeit und dem undifferenzierten Verwalten von Fällen beschritten. Das operative Handeln vor Ort ist am Unterstützungsbedarf ausgerichtet und wird damit vergleichbar und steuerbar.

- Für jede Kundengruppe können erfolgreiche Wege aus der Arbeitslosigkeit beschrieben werden. Für das operative Handeln vor Ort stehen im Rahmen von **Handlungstools** erstmals operative Standards zur Verfügung, mit denen die BA sicherstellen kann, dass ihre gesamte Kompetenz in jedem Vermittlungsgespräch zum Einsatz kommt. Allerdings bilden die Differenzierung in Kundengruppen und die Handlungsprogramme lediglich den Rahmen, innerhalb dessen nach wie vor die differenzierte Würdigung jedes Einzelfalls durch die Vermittlung möglich ist.

- Die Handlungstools sind mit klar beschriebenen **operativen Prozessen** hinterlegt. Damit wird sichergestellt, dass die Dienstleistung der Agenturen für Arbeit flächendeckend Mindeststandards erfüllt. Zugleich definieren die operativen Prozesse nicht nur die Leistung, die die Agenturen für eine erfolgreiche Marktwirkung erbringen müssen, sondern auch den Eigenbeitrag der Arbeitsuchenden sowie der von privaten Systempartnern.

- Schließlich erhalten die Agenturen **Transparenz** über Aufwand und Wirkung anhand weniger, aber relevanter Daten. Die Unterscheidung von Kundengruppen und Handlungsprogrammen gewährleistet, dass Aufwands- und Wirkungsrelationen für aussagekräftige Einheiten gemessen werden. Effektivität und Effizienz werden vergleichbar und eröffnen die Möglichkeit zur Selbststeuerung der Agenturen. Das neu entwickelte Steuerungs- und Controllingsystem wird in Zukunft Richtgrößen liefern, mit denen das operative Handeln vor Ort effektiv gesteuert werden kann. Diese in **Zielvereinbarungsprozessen** über alle Ebenen vereinbarten Richtgrößen bilden gewissermaßen das "Mandat" der Vermittler vor Ort ab.

- **Neue Prozesse und Instrumente.** Die Umsetzung des neuen Geschäftssystems macht Verbesserungen in den operativen Prozessen und in der Ablauforganisation der Agenturen erforderlich. Nur wenn es gelingt, die Überlastung der Agenturen – die u.a. durch die mangelnde Trennung von Standardtätigkeiten und spezialisierten Aufgaben im Kontext ineffizienter Prozesse verursacht werden - zu verringern, können die Agenturen das oben skizzierte Geschäftssystem umsetzen. In drei wesentlichen Schritten werden die Agenturen zur Umsetzung des neuen Geschäftssystems befähigt:

  1. Erhöhung der produktiven Zeit und **Konzentration auf die Kerngeschäfte** Vermittlung und Leistungsgewährung. Heute sind die Spezialisten im "Kerngeschäft" mit Standardaufgaben, häufigen Störungen und ineffizienten Prozessen belastet, die in vielen Fällen ein wirksames Arbeiten erschweren. Im Kundenzentrum wird eine signifikante Erhöhung der "produktiven" Zeit angestrebt. In der neuen Ablauforganisation werden Standardtätigkeiten auf Empfang und Eingangszone verlagert und durch strikte Terminierung der Kundenkontakte ein abschlussorientiertes Arbeiten der Spezialisten ermöglicht. Zudem bringen neue Instrumente, wie das **ServiceCenter** und später auch das internetbasierte Matchingsystem „Virtueller Arbeitsmarkt“ (VAM), das in einer ersten Version unter **www.arbeitsagentur.de** bereits in Betrieb ist, weitere Entlastungen. Effizientere Prozesse in der Leistungsgewährung spielen zusätzliche Ressourcen frei, die ebenfalls zur Stärkung des Kerngeschäfts eingesetzt werden können. Von diesen Verbesserungen profitieren nicht nur die internen Abläufe der Agentur, sondern auch die Kunden: Bessere Prozesse führen zu **weniger Wartezeiten**, besseres Arbeiten zu **höherer Kundenzufriedenheit.**

  2. **Qualitätssteigerung** im Kerngeschäft. Das Mehr an produktiver Zeit muss auch effizienter eingesetzt werden. Hierzu wurden klare operative Standards definiert. Im Bereich der Vermittlung werden zum einen Mindeststandards bei der Bedienung von Arbeitgebern und der Betreuung von Arbeitsuchenden

umgesetzt. Zum anderen stellen die Handlungstools sicher, dass das gesamte Wissen der BA jederzeit und an jedem Ort verfügbar ist.

3. **Kontinuierliche Verbesserung.** Durch umfassende Transparenz über Effektivität und Effizienz wird ein Prozess kontinuierlicher Leistungsverbesserung ermöglicht. Die erbrachte Leistung der einzelnen Agenturen wird anhand bundeseinheitlicher Kategorien vergleichbar, in der Agentur selbst wie zwischen den verschiedenen Agenturen. Die Wirksamkeit von Produkten und Handlungstools steht auf dem Prüfstand, ebenso wie deren erfolgreiche Anwendung. Um diese Ziele zu erreichen, ist das Kundenzentrum in die funktionalen Bereiche Empfang, Eingangszone, ServiceCenter sowie Vermittlung/Beratung und (Sozial-)Leistungsgewährung gegliedert. Sie sorgen für höhere Transparenz und klarere Verantwortlichkeiten – sowohl vom Standpunkt der Kunden aus, als auch aus Sicht der Mitarbeiterinnen und Mitarbeiter –, für geringere und klarere Schnittstellen sowie für eine Verringerung von Reibungsverlusten.

Die folgenden aufbau- und ablauforganisatorischen Ansätze prägen die Grundkonzeption des Kundenzentrums:

- **Kurze Anfragen** von Kunden werden mithilfe auf- und ablauforganisatorischer Änderungen entweder von zu Hause aus per Telefon, am Empfang oder in den Eingangszonen schnell, abschließend und somit kundenfreundlich geklärt. Die Empfang und Eingangszone übernehmen dabei eine **Filterfunktion**.
- **Sachbearbeitende Tätigkeiten und telefonische Auskünfte** werden vorverlagert, also nicht mehr von Arbeitsvermittler/innen ausgeführt.
- Eine klare **Trennung von Vermittlung** einerseits und **Leistungsgewährung** andererseits sowie effizientere, qualitativ hochwertigere Prozessstandards sorgen für mehr Kernzeit in der Arbeitsvermittlung.
- Durch die konsequente **Terminierung** und die Ausgabe von „Arbeitspaketen“ können sich Kunden und Mitarbeiter/innen intensiver auf Gespräche vorbereiten. Der Kundenstrom wird durch die jeweilige Agentur gesteuert und nicht durch einen unkontrollierten „Massenandrang“.
- Ein weiteres übergreifendes Grundkonzept ist die effiziente und abschlussorientierte Bearbeitung von Anträgen im Bereich der Leistungsgewährung.

Die folgende Abbildung verdeutlicht die Konzeption von Standard- und spezialisierten Tätigkeitsbereichen in den jeweiligen Kernelementen des Kundenzentrums.

Abbildung 14: Kernelemente des neuen Kundenzentrums in den Agenturen für Arbeit

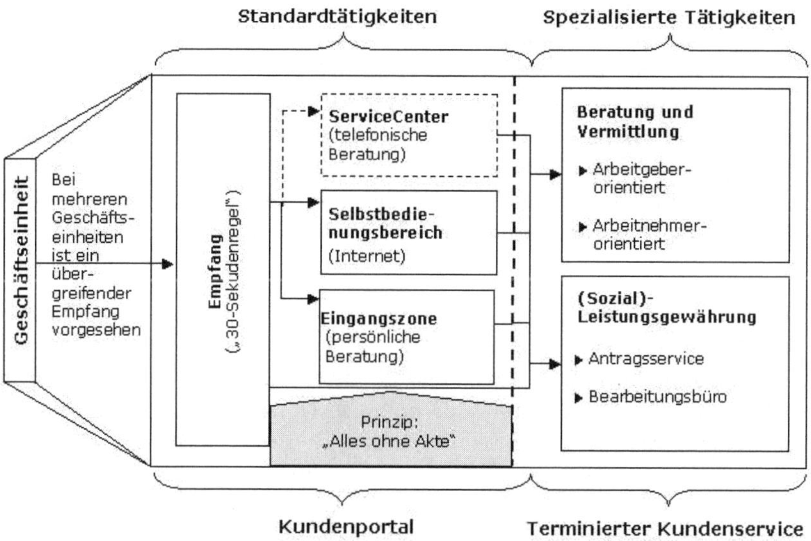

Die Kernelemente im neuen Kundenzentrum lassen sich wie folgt beschreiben:

Kundenportal. Das Kundenportal, das sich aus Empfang, Eingangszone, ServiceCenter und Self-Service-Bereich zusammensetzt, stellt im Rahmen der Neugestaltung der Ablauforganisation eine wichtige Veränderung dar. Aus Kundenperspektive bieten die neuen Agenturen für Arbeit **drei Zugangsmöglichkeiten.** Neben der persönlichen Vorsprache am **Empfang** kann der Kunde über das **ServiceCenter** telefonisch oder über das BA-Internetportal **www.arbeitsagentur.de** elektronisch mit der Agentur in Kontakt treten, um Informationen und Rat einzuholen.

Persönlich vorsprechende Kunden, deren Fragen nicht innerhalb von ca. 30 Sekunden am zentralen, für alle Geschäftseinheiten arbeitenden Empfang abschließend beantwortet werden können, werden über ein **Kundensteuerungstool** an die Eingangszone der jeweils zuständigen Geschäftseinheit weitergeleitet. Dort werden, analog zum Dienstleistungsangebot des ServiceCenters, allgemeine vermittlerische und leistungsrechtliche Auskünfte ohne Akte erteilt und Arbeitslos- oder Arbeitsuchendmeldungen einschließlich der Datenaufnahme bearbeitet.

Die Datenaufnahme im Rahmen der Arbeitslos- und Arbeitsuchendmeldung kann - alternativ zur Eingangszone - auch telefonisch durch das **ServiceCenter** erfolgen. Allerdings muss derzeit die Arbeitslosmeldung weiterhin persönlich (einschließlich Identitätsprüfung) am Empfang vorgenommen werden. Die Datenaufnahme erfolgt dann durch einen Rückruf des ServiceCenters beim Kunden.

Durch die gezielte **Kundenstromsteuerung**, die Vorverlagerung und die abschließende Bearbeitung administrativer Tätigkeiten **(Filterwirkung)** werden die spezialisierten Einheiten, die dem Kundenportal nachgelagert sind (Beratung/Vermittlung und Leistungsgewährung), **signifikant entlastet.** Denn von den Einheiten „Leistungsgewährung" und „Beratung/Vermittlung" werden lediglich Problemstellungen, die vom Kundenportal nicht gelöst werden können, abschließend bearbeitet. Hierzu vergeben die Eingangszonen und die ServiceCenter Termine. Ein freier Zugang zu den Vermittlungs- und Leistungsfachkräften ohne Termin ist im allgemeinen nicht mehr möglich.

Vermittlung und Beratung. Die Tätigkeit der arbeitnehmer- und arbeitgeberorientierten Vermittlung verfolgt ein doppeltes Ziel. Zum einen soll eine schnelle und nachhaltige, an den Kriterien von Effektivität und Effizienz orientierte Integration der Arbeitsuchenden erreicht, zum anderen eine optimale Unterstützung der Arbeitgeber im Stellenbesetzungsprozess gewährleistet werden. Dafür ist einerseits ein passgenaues und konsequentes Fördern und Fordern durch spezifische Arbeitnehmer-Handlungstools und andererseits eine systematische, stellenorientierte Vermittlung durch entsprechende Arbeitgeber-Handlungsprogramme erforderlich. Nach Auffassung der BA stellt erst ein **optimiertes Zusammenspiel** der Arbeitgeber- und Arbeitnehmer-orientierten Vermittlung eine adäquate Dienstleistung für Arbeitgeber- und Arbeitnehmerkunden sicher.

Die **Arbeitsuchenden** erwarten eine professionelle Beratung, die hohen Qualitätsstandards entsprechen und eine individuelle Strategie zur nachhaltigen Integration in den Arbeitsmarkt bereitstellen soll. Die arbeitnehmerorientierte Vermittlung bietet auf Basis der toolgestützten Kundendifferenzierung feste, terminierte Zeitfenster an, in deren Rahmen eine professionelle, nachvollziehbare Beratung erfolgt, die über die Auswahl von Handlungsprogrammen zur beruflichen Integration führen soll. Die arbeitnehmerorientierte Vermittler arbeiten in Teams zusammen. Spezielle, zielgruppenorientierte Teams sind für die Kundengruppen „Rehabilitation/schwerbehinderte Personen", „Jugendliche unter 25 Jahre" sowie „Akademische Berufe" vorgesehen.

Arbeitgeber erwarten ihrerseits professionelle Dienstleistungen von hoher Qualität, individuelle Beratung und eine optimale Stellenbesetzung mit hoher Wertschöpfung. Über die Arbeitgeberorientierte Vermittlung wird sichergestellt, dass feste Zeitbudgets bereitgestellt werden. Den Unternehmen werden im Rahmen der Beratung dezidiert vereinbarte und kontrollierte Leistungsstandards offeriert (z.B. hoher Matchinggrad, klar definierte Anzahl von Vermittlungsvorschlägen, Bewerberkontakt vor Erteilung von Vermittlungsvorschlägen).

Bei der Verfolgung des gemeinsamen Ziels, die Arbeitsuchenden bei ihrer Integration in den ersten Arbeitsmarkt zu unterstützen und zugleich die Bedürfnisse des Arbeitgeberinteresses in adäquater Form zu wahren, sind klare Prämissen der Zusammenarbeit zwischen arbeitgeber- und arbeitnehmerorientierten Vermittlern erforderlich. Generell gilt, dass Vermittlungsvorschläge ausschließlich unter Einhaltung folgender **Regeln** erfolgen:

- Im Rahmen des Matchingprozesses muss eine möglichst **hohe Passgenauigkeit** sichergestellt sein. Vor Erteilung eines Vermittlungsvorschlages berät sich der arbeitnehmerorientierte Vermittler mit dem arbeitgeberorientierten Vermittler. Vor Unterbreitung eines Vermittlungsvorschlages ist mit dem Bewerber die Passgenauigkeit zum Stellenprofil persönlich oder telefonisch abzuklären.
- Alle mit dem Arbeitgeber getroffenen Vereinbarungen im Rahmen eines **Stellenbesetzungsmanagements** werden eingehalten; insbesondere die vereinbarte maximale Anzahl von Vermittlungsvorschlägen.
- Abweichungen vom Stellenprofil, bzw. dessen Modifizierung, sowie Abweichungen von getroffenen Vereinbarungen können nur nach vorheriger **Rücksprache** des arbeitgeberorientierten Vermittlers mit dem Arbeitgeber erfolgen.

Diese Regeln der Zusammenarbeit dienen dem übergeordneten Ziel, unter der Maßgabe von Wirkung und Wirtschaftlichkeit, für eine hohe Anzahl von Arbeitsuchenden eine **schnelle** und **nachhaltige Integration** in den ersten Arbeitsmarkt zu erreichen. Durch Prozessverbesserungen und die Verlagerung vermittlungsferner Tätigkeiten wird mehr produktive Zeit für die arbeitnehmerorientierte Vermittlung gewonnen. Verbunden mit der Einführung von Handlungsprogrammen führt dieses anwachsende Zeitbudget zu einer gesteigerten Vermittlungsqualität.

Die Arbeit der arbeitgeberorientierten Vermittler verfolgt das übergeordnete Ziel, eine **optimale Unterstützung der Arbeitgeber im Stellenbesetzungsprozess** zu gewährleisten und eine signifikante Erhöhung des Einschaltungsgrades zu erreichen. Durch die Einführung von Prozessoptimierungen und die Verlagerung sachbearbeitender Tätigkeiten soll mehr produktive Zeit für die arbeitgeberorientierte Vermittlung zur Verfügung stehen. Mittels fest definierter Dienstleistungsangebote und der Einhaltung vereinbarter Qualitätsstandards wird zudem eine Erhöhung der Arbeitgeberzufriedenheit angestrebt. Mithilfe arbeitgeberorientierter Handlungsprogramme wird eine systematische Kundenentwicklung betrieben.

Kundendifferenzierungstool. Über die toolgestützte Differenzierung der Arbeitsuchenden in Kundengruppen mit jeweils klar zugeordneten, standardisierten Zeiten für das Vermittlungsgespräch wird gewährleistet, dass die Vermittlerzeit zielgerichtet eingesetzt werden kann. Die Kundengruppen unterscheiden sich hinsichtlich der Art und des Umfangs des Förderns und Forderns und bilden damit den Ausgangspunkt für den Integrationsprozess und die Durchführung von Handlungsprogrammen.

Das Profil der Arbeitsuchenden kann in Anlehnung an eine SWOT-Analyse hinsichtlich subjektiver und objektiver Integrationsfaktoren in zwei Dimensionen unterschieden werden:

- Persönliches Profil (Fähigkeiten, Qualifikationen, Engagement, Motivation) und
- Arbeitsmarktperformanz (objektive Arbeitsbedingungen im Zielberuf)

Hinsichtlich jedes der beiden Faktoren lassen sich wiederum günstige und ungünstige Ausprägungen unterscheiden. Die nachfolgende Abbildung verdeutlich das Konzept. Die Arbeitsvermittler können anhand vorgegebener, dimensionsspezifischer Merkmale den Handlungsbedarf bei den Arbeitsuchenden einschätzen. Ebenfalls ist von den Vermittlern zu beurteilen, inwieweit die Integrationschancen durch eines der vorgegebenen Handlungsprogramme deutlich verbessert werden können. Aus der Abschätzung des Handlungsbedarfs und den Integrationschancen leiten sich vier Kundengruppen ab:

- **Marktkunden:** Diese Arbeitsuchenden weisen sowohl ein überdurchschnittliches persönliches Profil auf und befinden sich mit ihrem Zielberuf in einem günstigen Arbeitsmarktsegment. Für sie besteht kein spezifischer Handlungsbedarf. Die Integration in den ersten Arbeitsmarkt sollte ohne finanzielle Unterstützung durch Selbst-, Sofort- oder Job-to-Job-Vermittlung erfolgen.
- **Beratungskunden (Fördern):** Arbeitsuchende in dieser Kundengruppe weisen einen Handlungsbedarf in mindestens einer der Dimensionen „Fähigkeiten/Qualifikation" oder „Hemmnisse" auf, die zugleich deutlich erhöhte Integrationschancen in den ersten Arbeitsmarkt durch die Handlungsprogramme „Qualifizierung" oder "Abbau von Beschäftigungshürden" haben.
- **Beratungskunden (Fordern):** Diese Arbeitsuchenden weisen einen Handlungsbedarf in mindestens einer der Dimensionen „Engagement/Motivation" oder „zu enges Zieltätigkeitsfeld" auf. Deutlich erhöhte Integrationschancen in den ersten Arbeitsmarkt können z.B. durch das Handlungsprogramm „Perspektivenänderung" erzielt werden.
- **Betreuungskunden**: Erwerbsfähige Arbeitsuchende in dieser Kundengruppe weisen einen Handlungsbedarf in mehreren Dimensionen auf und haben mittelfristig geringe Integrationschancen in den ersten Arbeitsmarkt. Eine ganzheitliche Beratung („Fallmanagement") sowie sinnvolle kommunale Beschäftigungsprogramme können hier als Instrumente zum Einsatz kommen.

Abbildung 15: Kundendifferenzierung im Kundenzentrum der Agenturen für Arbeit

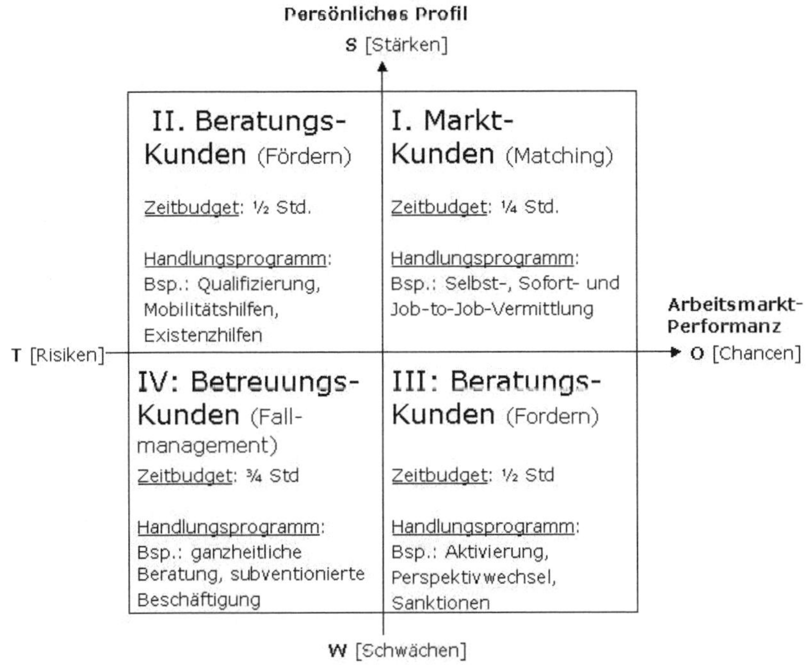

Die Zuordnung zu Kundengruppen erfolgt in einem zweistufigen Verfahren. Im ersten Schritt wird für einen Kunden auf der Grundlage seines Bewerberprofils eine Prognose seiner Kundengruppenzugehörigkeit durch statistische Verfahren hergestellt. Die Prognose stellt zunächst lediglich eine Entscheidungshilfe für den Vermittler dar und ist für ihn ohne bindende Konsequenz. In einem zweiten Schritt ist der Vermittler dazu angehalten, die Prognose im Erstgespräch entlang der oben genannten Dimensionen kritisch zu prüfen. Erst nach diesem Einzelgespräch legt der Vermittler die für den Arbeitslosen relevante Kundengruppe und das entsprechende Handlungsprogramm fest.

Leistungsgewährung. Die Trennung der Kundenbereiche „Beratung/Vermittlung“ und „Leistungsgewährung“ ermöglicht eine fachliche Spezialisierung auf leistungsrechtliche Aufgaben. Gerade bei dem fortwährend komplexer werdenden Leistungsrecht kann so eine Steigerung der Qualität erreicht werden. Eine weitergehende Aufgabenteilung erfolgt durch die Trennung von Antragsservice und Bearbeitungsbüro, bei sehr großen Einheiten in separaten Funktionen, in kleinen Einheiten bei personenscharfer Einplanung auch gebündelt. Die Verlagerung von Anfragen und Telefonaten auf das ServiceCenter bzw. auf die Eingangszone und die Kundenstromsteuerung erleichtern ein konzentriertes Arbeiten im Kerngeschäft der Leistungsgewährung.

Durch diese Verbesserungen in Verbindung mit der terminierten Antragsannahme und der durchgängigen Bearbeitung von Arbeitslosengeld-Anträgen werden die Kundenorientierung und die Prozesseffizienz gleichermaßen gesteigert.

Eine Alternative zu obiger Kundendifferenzierung, die eher von Kommunen und Landkreisen präferiert wird, ist aus der nachfolgenden Abbildung ersichtlich.

Abbildung 16: Alternative Kundendifferenzierung bei Arbeitslosengeld II-Kunden

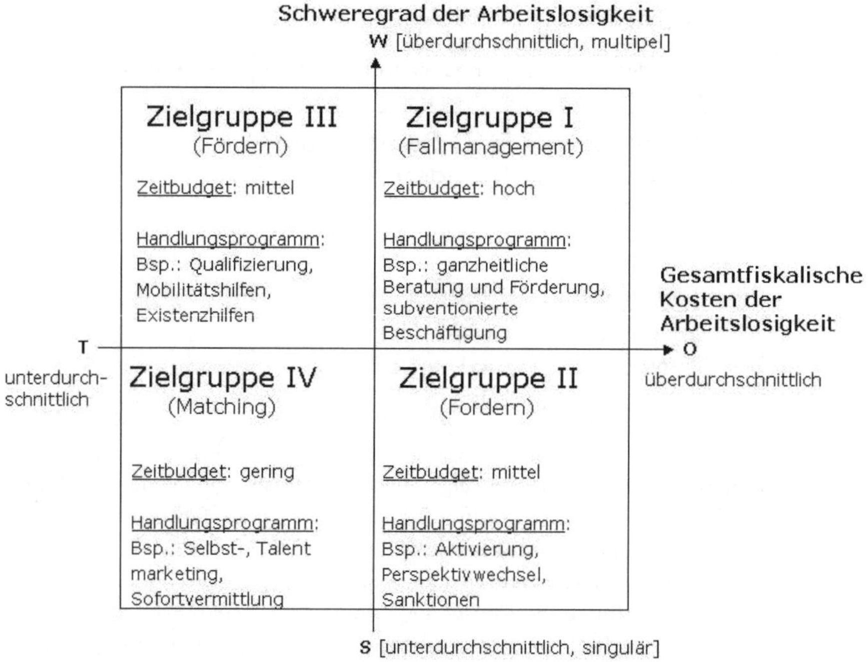

Danach werden auf der einen Seite der individuelle Schweregrad der Arbeitslosigkeit und damit ihre Beeinflussbarkeit (Bsp.: Migrationshintergrund, Bildungsfähigkeit, familiäre Situation, Persönlichkeitsstruktur) und auf der anderen Seite die gesamtfiskalischen Kosten der Arbeitslosigkeit (Ausgaben, Mindereinnahmen) gegenübergestellt. Die Steuerung der Problemlösung erfolgt danach entsprechend von Zielgruppen, die folgende Priorität erkennen lassen:

Zielgruppe I: Höchste Problemlösungsdringlichkeit (Multiple Vermittlungshemmnisse, hohe Kosten) erfordert umfassendes Fallmanagement

Zielgruppe II: Hohe Problemlösungsdringlichkeit (Singuläres Vermittlungshemmnis, hohe Kosten) erfordert konsequentes Einfordern von Eigenaktivitäten

Zielgruppe III: Mittlere Problemlösungsdringlichkeit (Multiple Vermittlungshemmnisse, unterdurchschnittliche Kostenbelastung) erfordert nachhaltige Arbeitsförderung

Zielgruppe IV: Geringe Problemlösungsdringlichkeit (Singuläres Vermittlungshemmnis, unterdurchschnittliche Kosten) erfordert Angebote für ein erfolgreiches Selbst- und Talentmarketing und/oder Sofortvermittlungsaktivitäten.

Ausblick und kritische Würdigung. Mehr Effektivität in der Vermittlung, erhöhte Effizienz in der Leistungsgewährung sowie eine insgesamt gesteigerte Kundenorientierung gegenüber Arbeitnehmer- und Arbeitgeberkunden sind das Ergebnis der umfassenden Neuausrichtung der Agenturen für Arbeit. Die Praxistauglichkeit des Kundenzentrums wurde in intensiven Konzept- und Modelltests nachgewiesen. Dabei sind zwei Aspekte hervorzuheben: Schon innerhalb der nur etwa viermonatigen Modellphase sind bereits **deutlich messbare Verbesserungen** der wesentlichen Erfolgskennzahlen erreicht worden. Diese ermutigenden Erfahrungen schaffen eine gute Basis für die erfolgreiche flächendeckende Umsetzung des Reformkonzepts. Die Fertigstellung des Konzeptes für das Kundenzentrum fällt zeitlich zusammen mit dem Auftrag an die BA, Arbeitslosen- und Sozialhilfe zum Arbeitslosengeld II zusammenzuschließen. Mit der erfolgreichen Umsetzung der Kernelemente des Kundenzentrums sind beste Voraussetzungen dafür geschaffen worden, die neuen Anforderungen nach dem Hartz IV-Gesetz – gemeinsam mit den Kommunen und Landkreisen – zu bewältigen.

2.2.5 Evaluation der Reformgesetze

Die Bundesregierung hat im Zuge der Reformgesetze unterschiedlichen Forschungsinstituten Aufträge zur systematischen Evaluation der Maßnahmen der aktiven Arbeitsmarktpolitik erteilt. Diese wurden auf der Basis mikro- und makroökonomischer Modellen analysiert. Dabei standen als Zielgrößen die

- Beendigung von Arbeitslosigkeit und der
- Übergang in Beschäftigung

im Vordergrund. Die wichtigsten Ergebnisse haben Eichhorn und Zimmermann (IZA) zusammengefasst (Eichhorst, W., Zimmermann, K.F. 2007, S. 2):

1. Nur für einen Teil der Instrumente der aktiven Arbeitsmarktpolitik liegt eine belastbare Wirkungsanalyse vor. Nicht evaluiert wurden bislang etwa die von ihren Kosten und Teilnehmerzahlen her bedeutenden Maßnahmen für Jugendliche und Behinderte. Systematisch untersucht wurden nur die „klassischen" Instrumente der Arbeitsmarktpolitik sowie die mit den Hartz-Reformen neu eingeführten Maßnahmen.

2. Von den evaluierten Instrumenten wirken die Eingliederungszuschüsse, d.h. befristete Lohnkostenzuschüsse für Arbeitgeber, aber auch Maßnahmen der öffentlich geförderten beruflichen Weiterbildung, die Vermittlungsgutscheine sowie die Förderung der selbstständigen Tätigkeit vergleichsweise positiv. Negative Wirkungen auf die Aufnahme einer Beschäftigung gehen von Arbeitsbeschaffungsmaßnahmen und Personal-Service-Agenturen aus. Auch bei den positiv zu bewertenden Maßnahmen ist auf starke Mitnahmeeffekte und unklare langfristige Wirkungen hinzuweisen.

3. Nach den jüngsten Evaluationsberichten können 28 Prozent der Mittel (die nur knapp ein Drittel der Ausgaben abdecken) als wirksam eingesetzt bezeichnet werden (Förderung der beruflichen Weiterbildung und der selbstständigen Tätigkeit sowie Eingliederungszuschüsse und Vermittlungsgutscheine), während der Anteil negativ einzuschätzender Maßnahmen mittlerweile auf wenig mehr als ein Prozent zurückgegangen ist (ABM, SAM und PSA). Unklare oder neutrale Befunde zeigen sich bei zwei Prozent der Ausgaben (Transferleistungen und Beauftragung Dritter). Ohne Evaluation sind nach wie vor insbesondere die großen Ausgabenblöcke der Maßnahmen für Behinderte und für Jugendliche mit 16,3 bzw. 11,2 Prozent (zusammen 4,1 Mrd. Euro). Nicht evaluiert sind bis dato auch die Instrumente des SGB II, welche 2006 Ausgaben von 3,8 Mrd. Euro bzw. ein Viertel der Aufwendungen darstellten.

4. Insgesamt ist der Katalog von Maßnahmen im Sozialgesetzbuch III deutlich zu lang und zu intransparent. Die über sechzig Maßnahmen können stark verkürzt werden. Dies lässt sich am besten durch einen gleichzeitigen Übergang zu einer klaren Ergebnis- und Budgetverantwortung der für die Implementation zuständigen Akteure erreichen. In einem solchen System werden sich die wirksamsten Maßnahmen durchsetzen. Das SGB II ist das flexiblere und zeitgemäßere Gesetz. Es kann mittelfristig das SGB III ablösen. Außerdem ist es an der Zeit, die bislang nicht evaluierten Maßnahmen einer systematischen Wirkungsanalyse zu unterziehen. Maßnahmen, die keine oder eine negative Wirkung haben, sollten abgeschafft werden.

Literaturverzeichnis

Autorengemeinschaft (IAB): Methodische und inhaltliche Aspekte der Stillen Reserve, in: MittAB, 1987

Bauer, T., Haisken-DeNew J., Schmidt, C.: International Labor Migration, Economic Growth and Labor Markets – The Current State of Affairs, RWI: Discussion Papers No. 20, 2004

Bertelsmann Stiftung: Kurzexpertise „Zielsteuerung in der Arbeitsmarktpolitik – vom Ausland lernen? Die Beispiele Österreich und das Vereinigte Königreich, Juni 2003

Bundesagentur für Arbeit: Arbeitsmarkt 1999, in: Amtliche Nachrichten der Bundesagentur für Arbeit

Bundesagentur für Arbeit: Arbeitsmarkt 2003, in: ANBA vom 15.07.2004

Blien, U., Hirschenauer et al.: Typisierung von Bezirken der Agenturen für Arbeit, Zeitschrift für ArbeitsmarktForschung, Heft 2/2004

Bundeszentrale für politische Bildung (Hrsg.): Globalisierung, in: Informationen zur politischen Bildung, 263, 2. Quartal 1999

Egle, F.: Zerlegung der Arbeitslosenquote in die Komponenten Dauer und Betroffenheit von Arbeitslosigkeit, in: MittAB 2/1977

Egle, F., Bens, W.: Talentmarketing, Strategien für Job_Search und Selbstvermarktung, und Fallmanagement, 2. Auflage, Gabler-Verlag, Wiesbaden 2004

Eichhorst, W., Profit, S., Thode, E.: Benchmarking Deutschland 2001: Arbeitsmarkt und Beschäftigung, Springer Verlag, 2001

Eichhorst, W., Thode, E., Winter, F.: Benchmarking Deutschland 2004: Arbeitsmarkt und Beschäftigung, Springer Verlag, 2004

Eichhorst, W., Zimmermann, K.F.: Dann waren's nur noch vier… IZA Discussion Pa Paper No. 2605, 2007

Enste, D.H.: Ursachen der Schattenwirtschaft in den OECD-Staaten, in: iw-trends 4/2003

EUROPEAN COMMISSION, Spring 2003 Forecasts

Franz, W.: Ein Plädoyer für eine beschäftigungsfreundliche Lohnpolitik, in: Wirtschaftsdienst, Heft 8/1999

IOM – International Organization for Migration (ed.) (2003), World Migration 2003 – Managing Migration: Challenges and Responses for People on the Move. Geneva., p. 240.

IAB: Daten zur kurzfristigen Entwicklung von Wirtschaft und Arbeitsmarkt vom 26.01.2000

Hartz-Kommission: „Moderne Dienstleistungen am Arbeitsmarkt", Kommissionsbericht 2002

Kleinhenz, G.: Soziale Marktwirtschaft – ein Auslaufmodell?, in: IAB-Materialien, Nr.1/2000

Klös, H.-P., Egle, F.: Stellenbesetzungsprobleme trotz hoher Arbeitslosigkeit...", in: Verlag Bertelsmann Stiftung, 1999

Klös, H.-P.: Die deutsche Arbeitsmarktstatistik, Aussagekraft und ihre Grenzen, in: IW-Trends, 1/1999

Kromphardt, J.: Arbeitslosigkeit und Inflation, Göttingen, 1987

Maslow, A.M.: Motivation and Personality, 1994

Müller-Armarck, A.: Soziale Marktwirtschaft, in: HdSW, Band 9

Rifkin, J.: „ Das Ende der Industriearbeit", in: Personalwirtschaft, Heft 2/1996

Samuelson, P.A., Nordhaus, W.D.: Economics, 1985

Sinn, H.-W.: Ist Deutschland noch zu retten?, Econ-Verlag, München, 5. Auflage, 2004

Then, W.: Die Evolution in der Arbeitswelt, in: InnoVatio Verlag, 1994

Michael Nagy

Qualifikationsspezifische Grundlagen der Arbeitsvermittlung

Summary

Der Autor weist auf die Wachstums-, Innovations- und Beschäftigungsschwächen in Deutschland hin. Er erläutert den offenkundigen - in vielen internationalen Studien festgestellten - Zusammenhang mit niedrigen Bildungsausgaben und relativ ineffizienten Systemen der beruflichen Qualifizierung in Deutschland. Er erläutert traditionelle und innovative Systeme der beruflichen Erstausbildung und des Studiums sowie der Fort- und Weiterbildungen. Dabei wird auf internationale Entwicklungen - etwa zur Einführung von Credit-Point-Systems - und ihre nationalen Auswirkungen eingegangen. Ausführlich werden Darbietungs- und Lernformen - vom klassischen Präsenzunterricht bis zu modernen Online-Formen via Internet - behandelt. Den dritten Hauptteil stellen Erläuterungen über staatliche, betriebliche und private Finanzierungsmöglichkeiten beruflicher Bildung dar. Ausführlich werden in den einzelnen Abschnitten die Beratungs-Notwendigkeiten und Möglichkeiten zur Auswahl geeigneter Bildungsgänge, Darbringungsformen und Finanzierungen erläutert.

1 Volkswirtschaftliche Aspekte von Qualifikation

Schwerpunkt dieses Abschnittes ist die individuelle Qualifizierungsplanung und Qualifizierungsdurchführung. Zentrale These ist, dass eine als Resultat dieser Qualifizierung erworbene aktuelle berufliche Qualifikation ein entscheidender Wettbewerbsvorteil für den Erhalt einer vorhandenen bzw. den Erwerb einer neuen Berufsposition ist. Vor dieser individuellen Betrachtung soll allerdings kurz - als notwendiger Bezugsrahmen - die volkswirtschaftliche Bedeutung von beruflicher Qualifikation erläutert werden.

1.1 Qualifikation als internationaler Wettbewerbsfaktor

Volkswirtschaften kämpfen im internationalen Wettbewerb um Aufträge. Die Qualifikation der erwerbsbereiten Bevölkerung ist hierbei ein entscheidender Faktor. "Bildung ist der ‚Rohstoff' der Wissensgesellschaft, der in der neuen neoklassischen Wachstumstheorie zentral ist, weil die Innovationsfähigkeit der Volkswirtschaften vom Humankapital abhängt. Es wird in den neueren Wachstumstheorien nicht nur das Niveau des Pro-Kopf-Einkommens von der Qualifikation beeinflusst, sondern auch die wirtschaftliche Dynamik."(Schettkat, 2002, 616; Nagy 2005, 15). OECD-Studien beschreiben entsprechend (kritisch) die jeweilige schulische und berufliche Qualifikation in einzelnen Ländern und die Auswirkungen auf Wirtschaftswachstum bzw. Wachstumspotenzial. Die konkreten Vorteile einer hohen beruflichen Qualifikation der Erwerbsbevölkerung werden im Folgenden beschrieben.

1.1.1 Innovationsfähigkeit

Die deutsche Volkswirtschaft verfügt, z.B. verglichen mit den Staaten, die 2004 der Europäischen Union beigetreten sind, über deutlich höhere Lohnkosten. Allein durch höhere Produktivität - etwa durch modernere Maschinen oder intelligentere Abläufe - lässt sich dieser Wettbewerbsnachteil nicht kompensieren. Vielmehr ist die Produktinnovation der wichtigste Faktor. Plakativ gesagt: Deutsche Autos oder Anlagen behaupten sich auf den Weltmärkten nicht durch den günstigsten Preis, sondern in aller Regel durch Innovationsvorsprünge. Die Entwicklung solcher Innovationen - von der

Grundlagenforschung über Erfindungen und Patentierung bis zur Produktionsplanung - setzt aber eine besonders gute berufliche Qualifikation aller Beteiligten voraus (vgl. Hujer u. Dubravco, 2002, 489 ff).

1.1.2 Zuverlässiges Herstellen von Produkten und Dienstleistungen

Beim arbeitsteiligen Herstellen von Gütern und Erbringen von Dienstleistungen ist eine aktuelle berufliche Qualifikation von entscheidender Bedeutung. In der Produktion ist die prozessintegrierte Qualitätssicherung von größter Bedeutung. Die Prozessdurchführenden selbst - also z.B. die Arbeiter an Maschinen - werden zum zentralen Qualitätsfaktor. Sie müssen Qualitätsabweichungen rechtzeitig erkennen und - etwa als ausgebildete Mechatroniker - auch möglichst selbst korrigieren können. In der Dienstleistung mit ihrem "uno-Acto-Prinzip" (vgl. Wegwert, 2003, 231 ff) fallen die Erstellung einer Leistung und deren Ausbringung unmittelbar zusammen. Außerdem ist der entscheidende Faktor bei Dienstleistungen - vom Friseur über den Trainer bis zum Chefarzt - die Orientierung auf den einzelnen Kunden und die Anpassung der Leistung an seine Wünsche. Dies setzt hohe fachliche und soziale Kompetenzen voraus.

1.1.3 Komplexe interkulturelle Arbeitsteiligkeit verstehen und erfolgreich nutzen

Märkte werden offener - etwa durch die Erweiterung der Europäischen Union. Unternehmen arbeiten immer internationaler - beim Einkauf und Verkauf von Waren und Dienstleistungen und in der Standortwahl.

Nur Menschen mit hoher Sozialkompetenz, interkulturellem Verständnis, guten Fremdsprachenkenntnissen und hoher persönlicher Mobilität nutzen die Chancen dieser Entwicklung für ihre berufliche Entwicklung und den Erfolg ihrer Firma.

1.1.4 Das Denkmodell der "idealen Elastizität" I

Ideal für den internationalen Erfolg einer Volkswirtschaft wäre folgende Situation: Alle arbeitsbereiten Menschen einer Volkswirtschaft sind so qualifiziert und mobil, dass sie zur Produktion von Waren und Dienstleistungen gebraucht werden. Gleichzeitig wären Arbeitszeitregelungen und Arbeitsvergütungen so flexibel, dass alle Menschen zu bezahlbaren - d.h. im internationalen Wettbewerb über die Endpreise durchsetzbaren Vergütungen - arbeiten könnten. Dann gingen die direkten Kosten für Arbeitslosigkeit (Lohnersatzleistungen) auf Null zurück. Die gleiche Reduzierung beträfe die indirekten Kosten von Arbeitslosigkeit - von Verwaltungsaufwendungen der Bundesagentur für Arbeit und Sozialämtern bis zu Krankheitskosten von Alkoholikern, deren Krankheit auf Arbeitslosigkeit zurückzuführen ist - und anderen Sekundärschäden. Die Volkswirtschaft hätte die Summe von Arbeitskosten und "Sozialkosten für Arbeitslosigkeit" minimiert und könnte im internationalen Wettbewerb noch erfolgreicher arbeiten, was - wegen der Vollbeschäftigung - zu höheren Löhnen führen könnte. Leider ist dieser Idealzustand in der Praxis nicht vollständig erreichbar: Nicht alle Menschen sind entsprechend qualifizierbar. Hierfür gibt es genetische, gesundheitliche, soziale und kulturelle Gründe. Als drastisches Beispiel seien die großen Gruppen von Menschen mit geistiger, psychischer oder mit Lernbehinderung genannt. Hinzu kommen natürlich motivationale Probleme: Nicht jeder ist bereit, die ihm prinzipiell mögliche Qualifikationshöhe zu erreichen. Tarifverträge und andere kollektive Regelungen verhindern die Elastizität der Einkommen der Beschäftigten. Sie werden bei Arbeitslosigkeit in aller Regel nicht nach unten korrigiert. Dennoch ist es wichtig, die Bedeutung von hoher Qualifizierung aller Beschäftigten für eine Volkswirtschaft zu verstehen und so weit wie möglich in praktische effektive Matchingprozesse umzusetzen, d.h. den Einzelnen durch Qualifizierung zu produktiver Tätigkeit zu befähigen.

1.1.5 Fazit

Je höher und passgenauer das Qualifikationsniveau in einer Volkswirtschaft ist, desto größer sind die Chancen, im internationalen Wettbewerb genügend Aufträge zu erhalten. Bei allen individuellen Interessenlagen auf dem Arbeitsmarkt wird dies doch regelmäßig dazu führen, dass eine aktuelle berufliche Qualifikation ein wichtiges "Job-Ticket" ist. Anderes gewendet: Fehlende oder unzureichende Qualifikation ist die wichtigste Eintrittsbarriere in den Arbeitsmarkt.

1.2 Qualifikation als Zugang zu Arbeit

Wichtig ist, innerhalb einer Volkswirtschaft auf die Beziehung zwischen Beschäftigung und Qualifizierungsgrad zu achten. Hierbei ist - bezüglich der Qualifikationsanforderungen - zwischen statischen und dynamischen Arbeitsmärkten zu unterscheiden.

1.2.1 Das Qualifizierungsparadigma statischer Arbeitsmärkte

Über Jahrhunderte sicherte bereits eine gute Erstausbildung die erfolgreiche dauerhafte berufliche Eingliederung. Handwerklich geprägte Strukturen in der frühen Neuzeit boten den Gesellen und Meistern oft für ein ganzes Berufsleben fast stabile Anforderungsprofile, da es nur einen äußerst langsamen technologischen Wandel der Arbeitswelt gab. Ständische Regelungen boten im - oft vom Vater "ererbten" Handwerk - Konkurrenzschutz gegen andere Anbieter. Selbst im 19. und im frühen 20. Jahrhundert bot eine umfassende Erstausbildung noch einen "Qualifizierungsvorrat", der, durch wenige Weiterbildungen ergänzt, ein ganzes Arbeitsleben Bestand hatte.

Qualifizierungsparadigma dieser statischen Arbeitsmärkte war logischer Weise eine nahezu komplette Erstausbildung, an deren Ende der Präsident der Industrie- und Handels- oder Handwerks-Kammer mit Recht sagen konnten: "Gesellen, ihr habt ausgelernt."

1.2.2 Das Qualifizierungsparadigma dynamischer Arbeitsmärkte

Spätestens seit der Einführung der computergestützten Informationstechnik und der Industrie-Automation in den 60er- und 70er Jahren des letzten Jahrtausends hat sich die Dynamik der Arbeitsmärkte ständig erhöht. Branchen wachsen und schrumpfen in einem rasanten Tempo. Neue System-Technologien wie der PC oder das Internet revolutionieren in einer Generation die gesamte Arbeitswelt (vgl. Dostal, 1982, 1 ff; Wingens u. Sackmann, 2002, 12 ff).

Neue Organisationsprinzipien und Arbeitsinhalte erreichen im Laufe weniger Jahre die Arbeitsplätze ganzer Branchen.

Auch in dynamischen Arbeitsmärkten ist eine gute Erstausbildung oder ein erfolgreich beendetes Erststudium wichtiges Erfolgskriterium für einen gelungenen Berufseinstieg. Jedoch kann eine solche Erstausbildung weder vollständig noch dauerhaft die Qualifikationsanforderungen einer Berufsposition vermitteln. Dazu sind heutige Berufspositionen zu komplex und die Anforderungen ändern sich binnen weniger Jahre massiv.

Drei Jahre nach Ende der Ausbildung arbeiten - je nach Ausbildungsberuf - zwischen 21% und 68% der Absolventen nicht mehr in ihrem Beruf (vgl. Wittwer, 1998, 145). Die höchstens 1.000 anerkannten Ausbildungsberufe, Fachschulausbildungen und Studiengänge können unmöglich komplett auf die rund 30.000 Positionen vorbereiten, für die es Berufs- und Tätigkeitsbezeichnungen gibt (vgl. ebd. sowie Wingens u. Sackmann, 2002).

Jede Erstausbildung wird damit - mit Bezug auf die Anforderungen des Berufslebens - zum exemplarischen Lernen. Neben der Vermittlung fachlicher Grundlagen wird das "Lernen lernen" immer wichtiger. Diese Kompetenz soll den Absolventen befähigen, sich zukünftige Arbeitsplatzanforderungen zumindest teilweise selbständig zu erschließen. Dazu gehört z.B. die Fähigkeit, sich ohne Trainer neue Technologien (etwa: neue Versionen von IT-Programmen) zu erschließen, Änderungen in der Ablauforganisation schnell zu verstehen und aktiv mit Verbesserungsvorschlägen die Organisation voranzubringen. Lebenslanges berufliches Weiterlernen einschließlich des immer häufiger notwendig werdenden Erschließens neuer Berufsrollen wird auf einem solchen dynamischen Arbeitsmarkt zur Überlebens- und Erfolgsstrategie (vgl. Nagy, 2000, 247 ff; ders. 2004, 36 f). Die Weiterbildung löst - zeitlich und finanziell - die Erstausbildung als wichtigsten ""Herstellungsprozess für berufliche Qualifikation" ab.

1.2.3 Exkurs: Die Länge deutsche Erstausbildungen als wirtschaftliches Problem

Deutsche Ausbildungsgänge mit IHK- bzw. HWK-Abschluss sind mit 3 bis 3 ½ Jahren im internationalen Vergleich außerordentlich lang (vgl. OECD, 2004, 57 ff). Dies beruht immer noch auf dem - in dynamischen Volkswirtschaften vergeblichen - Versuch der möglichst vollständigen "Vorratsqualifizierung". Auch deutsche Studiengänge sind - solange der Bologna-Prozess noch nicht zu kürzeren Studiendauern geführt hat - im internationalen Vergleich lang. Dies bindet sehr hohe finanzielle und personelle Ressourcen (vgl. Beicht, Walden u. Herget, 2004; BMBF, 2003b, 32 f) aber auch Zeit der zu Qualifizierenden, die besser in spätere Weiterbildungen investiert würde. Erfreulich ist, dass es eine Trendwende zu mehr Weiterbildung und zur Bereitschaft eigener zeitlicher und finanzieller Investitionen in Weiterbildung gibt (vgl. Beicht, Krekel, Walden, 2004; Scholz, 2004). Gleichzeitig werden auch kürzere Ausbildungsmöglichkeiten diskutiert.

1.2.4 Veränderung der beruflichen Anforderungsprofile

Die Veränderungen des Arbeitsmarktes zeigen sich nicht nur in der generellen Dynamik der technologischen und organisatorischen Innovationen; vielmehr gibt es auch klare Trends zu veränderten Beschäftigungsprofilen.

Einfache Tätigkeiten für Ungelernte fallen weg: Einfache Tätigkeiten im Anlernbereich sind - verglichen mit ihrer Produktivität - überproportional kostenaufwändig für die Unternehmen, auch wegen der vergleichsweise hohen Lohnnebenkosten. Moderne Automatisierungstechniken, wie z.B. Industrieroboter, ermöglichen den Ersatz dieser Tätigkeiten durch Maschinen. Besonders personalintensive Tätigkeiten, etwa in

Landwirtschaft und Bergbau, gehen zurück. Ergebnis dieser Entwicklungen ist ein prozentualer Rückgang einfacher Tätigkeiten. Damit wird es für An- und Ungelernte immer schwieriger, einen Arbeitsplatz zu behaupten oder zu erlangen (vgl. Reinberg u. Hummel, 2002, 581 ff). Dies belegt folgende Grafik eindrucksvoll (dies. 2007, 18):

Abbildung 17: Qualifikationsspezifische Arbeitslosenquoten

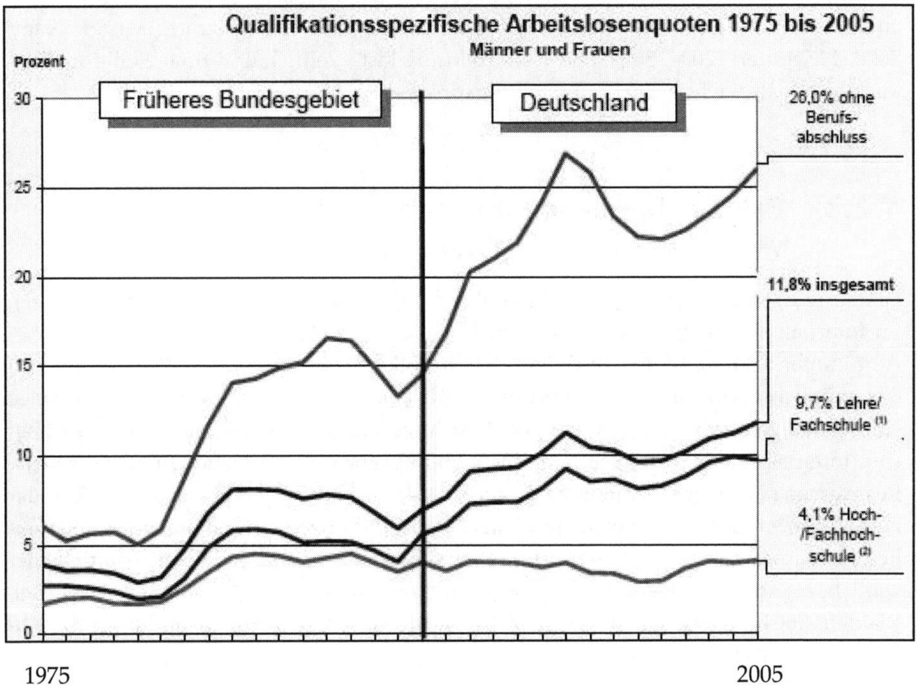

Trotz im Einzelfall sicher konträrer Entwicklungen lässt sich folgender Trend belegen: **Viele Tätigkeiten**, die klassischer Weise **mit Lehrabschluss** ausgeübt werden, **nehmen im Anspruch zu.** Dies zeigen folgende Beispiele:

- In vielen Branchen - vom Einzelhandel bis zum Handwerk - hat der Computer Einzug gehalten, z.B. zur Informationssammlung oder zur Auftragserfassung.
- In technischen Berufen kommt es zu einer Integration früher getrennter Technologien, so dass z.B. Elektriker bei der Gebäudesystemtechnik auch mechanische, pneumatische und IT-gesteuerte Systembestandteile beherrschen müssen.

- In kaufmännischen Berufen wird eine größere "Prozesstiefe" verlangt, d.h. ein Industriekaufmann muss von der Auftragsannahme über die Fertigungsplanung bis zur Fakturierung einen gesamten Verkaufsprozess steuern und dokumentieren können.

Aus dieser Entwicklung resultieren anspruchsvolle Stellenprofile; gerade für Wiedereinsteiger in den Beruf (nach Erziehungspause oder Arbeitslosigkeit) stellen sich erhebliche Qualifizierungsanforderungen.

Stellen mit **höherwertigen Anforderungen** (Studium, Fachschulen) **nehmen zu**:

In die gleiche Richtung wie der eben beschriebene Trend weist der Folgende: Immer mehr Berufspositionen erfordern einen Hochschul- oder Fachschulabschluss und zwar aus mehreren Gründen. Zum ersten erfordert die komplexer werdende Arbeitswelt immer mehr planende, steuernde und leitende Positionen. Zum zweiten nehmen die Positionen im "Wissensmanagement" (vgl. Egle, Stops und Nagy 2006, Holz und Schemme 2006) zu, etwa beratende, aus- und weiterbildende und dokumentierende Positionen. Schließlich sind solche Positionen weniger von Rationalisierung betroffen, da sie mehr kreative und damit weniger automatisierbare Inhalte aufweisen. Sie nehmen also auch prozentual, verglichen mit einfachen Positionen, zu.

Produktionsbranchen schrumpfen, während die Dienstleistung wächst:

Die Automatisierung bzw. der Rückbau von Landwirtschaft, Bergbau und Produktion setzt Arbeitskräfte für den "tertiären" Dienstleistungssektor frei. Die "Freizeitgesellschaft" schafft im großen Maße neue Arbeitsstellen in Hotellerie, Gastronomie, Touristik. Technische Arbeitsplätze verlagern sich von der Produktion zur technischen Dienstleistung (Montage, Wartung, Steuerung technischer Systeme). Informationstechnische Berufe sind heutige weniger an Produktion und Programmierung von IT-Systemen gebunden statt vielmehr an deren kundenorientiertem Verkaufen, Installieren, Warten und Anpassen. Kaufmännische Positionen finden sich immer stärker in kundenorientierten Bereichen (Verkauf, Marketing und Beratung) (vgl. BMBF, 2003b, 39 f).

Gerade viele Dienstleistungen sind "kundengebunden" und daher nicht in das lohnkostensenkende Ausland transferierbar.

Dienstleistungspositionen stellen gegenüber Produktionsberufen andere Anforderungen an den Stelleninhaber, etwa in der Kundenorientierung, im Sprachvermögen und in der Flexibilität. Gerade für Umsteiger von der Produktion in die Dienstleistung bedeutet dies erhebliche Umlern-Notwendigkeit (vgl. hierzu Nagy, 2004, 36 f).

1.2.5 Ideale Elastizität II

Ideal für eine dynamische Volkswirtschaft wäre also, wenn jeder Mensch sich im Arbeitsleben so weiterqualifizieren würde, dass er unmittelbar den Anforderungen eines solchen dynamischen Arbeitsmarktes folgt. Dies ist zum einen aus finanziellen, intellektuellen, sozialen, kulturellen, motivationalen Gründen nicht zu 100 Prozent möglich und zum anderen sind die Trends des Arbeitsmarktes oft schwer zu prognostizieren. Allgemein gilt jedoch: Je höher die Qualifikation, je größer die Dienstleistungskomponente, je größer die Aktualität der Qualifikation (auf der Basis von Weiterlernbereitschaft) desto größer die Chance auf Arbeit (vgl. BMBF, 2003b, 62-64).

1.2.6 Konsequenzen für effektive Personalberatung

Hieraus lassen sich unmittelbar Strategien für eine effektive Personalberatung/Arbeitsvermittlung ableiten: Es ist immer zu prüfen, ob fehlende/veraltete Qualifikationen und/oder angestrebte aber objektiv aussichtslose Zielpositionen, z.B. in schrumpfenden Branchen, einen erfolgreichen (Wieder)Eintritt in den Arbeitsmarkt verhindern. Falls dies der Fall ist, kann eine Qualifizierungsplanung eine wichtige Basis zur Verbesserung der Integrationschancen sein. Eine effektive Bildungsplanung setzt Kenntnisse der Qualifizierungssysteme, der Finanzierungsmöglichkeiten und die Fähigkeit zum individuellen Abschätzen der Leistungsfähigkeit und -bereitschaft des jeweiligen Kunden voraus. Deshalb werden diese Bereiche im Folgenden übersichtsartig referiert.

2 Berufliche Qualifizierungssysteme in unserer Volkswirtschaft

Im Folgenden beschreiben wir die wichtigsten Systeme der beruflichen Qualifizierung in Deutschland. Ziel ist es, einen kurzen Überblick über Zugangsvoraussetzungen, Qualifizierungswege und -abschlüsse zu geben.

2.1 Systeme der beruflichen Erstqualifikation

Diese Systeme stellen die "Eintrittskarte" in die Arbeitswelt dar. Ohne ein solches Ticket wird - wie oben erläutert - eine erfolgreiche Berufskarriere mit stabilen Beschäftigungs- und damit Einkommensverhältnisssen immer schwieriger.

2.1.1 Ausbildung im klassischen dualen System

Klassischer Einstieg in die Arbeitswelt unterhalb eines Studiums ist für Schulabsolventen nach wie vor die Ausbildung im dualen System. Der theoretische Teil der Ausbildung wird in der Berufsschule absolviert. Der Betrieb bietet praktische Tätigkeitsmöglichkeiten und zusätzliche theoretische firmenspezifische Unterweisungen (innerbetrieblicher Unterricht). Die Abschlussprüfung wird von der Industrie- und Handelskammer oder der Handwerkskammer abgenommen und führt - bei Bestehen - zum Gesellenbrief in einem anerkannten Ausbildungsberuf. Die Zahl der Auszubildenden in diesem dualen System betrug 2006 rund 1.55 (BMBF, 2007, 178). Erstmals wurde damit im Jahr 2006 - nach vielen Jahren des Rückgangs - mit 576.200 neu abgeschlossenen Ausbildungsverträgen wieder 4,7% mehr Verträge erreicht als im Vorjahr (BMBF: Berufsbildungbericht 2007, 72) - ein deutliches Indiz für die Trendwende auf dem Arbeits- und Ausbildungsmarkt

Das duale System weist erhebliche Qualitäts- und Effektivitätsprobleme auf, wie folgende Daten beispielhaft zeigen:

- In den alten Bundesländern bildet nur rund 1/3 der Betriebe aus (BMBF, 2003c, 112).
- In den neuen Bundesländern sind es nur 27% (ebd., 113).
- Die Relation zwischen Ausbildungsplätzen und Ausbildungswilligen hat sich in den letzten 10 Jahren massiv zu Ungunsten der Schulabsolventen verändert. (vgl. BMBF, 2003b, 29 u. ders., 2004e, 8-13).
- Gleichzeitig sind schätzungsweise 15 - 20% eines Schulabsolventenjahrganges ohne zusätzliche berufsvorbereitende Maßnahmen nicht im dualen System ausbildungsfähig oder nicht in der Lage, sich einen Ausbildungsplatz zu erschließen. Die Novellierung des Berufsbildungsgesetzes (BBiG) hat daher berufsvorbereitende Maßnahmen explizit aufgenommen und ihre Anerkennbarkeit auf jeweils nachfolgende Ausbildungen definiert. "So befanden sich im Schuljahr 2002/2003 rund 79.500 Jugendliche im schulischen Berufsvorbereitungsjahr, dessen Teilnehmerzahlen seit 1993 kontinuierlich gestiegen sind. Die berufsvorbereitenden Maßnahmen der Arbeitsverwaltung hatten 2003 im Jahresdurchschnitt 108.018 Teilnehmer, so dass sich 2003 etwa 187.000 Personen in berufsvorbereitenden Maßnahmen befanden." (Zielke, 2004, 44).
- Abiturienten und Realschüler verdrängen Hauptschüler aus Ausbildungsplätzen, rund 55% aller Auszubildenden verfügen über einen höheren Schulabschluss (ebd., 28).
- Im Jahr 2001 betrug der Anteil der Ausbildungsabbrüche 155.588, dies sind - gemessen an den Neuabschlüssen - 23, 7% (BMBF, 2003c, 93).

- Auszubildende sind nur zu 29,3% praktisch in ihren Firmen tätig, dagegen werden 57,6% der Ausbildungszeit - also das Doppelte - für Berufsschule, inner- und überbetriebliche Zusatzunterweisungen und Übungen verbraucht. Dies lässt auf eine mangelnde Praxisorientierung der Ausbildung, Probleme in der Berufsschule (die durch innerbetriebliche Unterweisungen kompensiert werden) und zu wenig "Return on Investment" der Ausbildungskosten durch praktische produktive Tätigkeiten von Auszubildenden schließen.
- Trotz dieser "Theorielastigkeit" fallen 14,7 % mindestens ein Mal bei der Abschlussprüfung durch (BMBF, 2007, 185).

Eine 2004 in 302 Unternehmen durchgeführte Befragung ergab eine hohe und sogar steigende Ausbildungsbereitschaft von Unternehmen, gleichzeitig aber eine hohe Unzufriedenheit mit der Bewerberqualität und der Berufsschule. 2/3 aller Unternehmen konnten sich auch eine Beteiligung an alternativen Ausbildungssystemen wie Berufsfachschulen und Berufsakademien vorstellen (e/t/s didactic media und SRH Learnlife AG, 2004, 25 ff).

In der Praxis ist die betriebliche Lehre heute bei weitem die verbreitetste Form beruflicher Erstqualifizierung. Knapp über 50% der Erwerbstätigen in Deutschland verfügten 1999 über eine abgeschlossene Lehre (BMBF, 2003b, 48). Allerdings ist der Anteil derjenigen Schulabsolventen, die im jeweiligen Jahrgang eine duale Berufsausbildung begonnen haben, von 1992 bis 2005 von 65% auf 58% gesunken (BMBF, Berufsbildungsbericht 2007, 70), ein deutliches Zeichen für die Zunahme alternativer Ausbildungsformen. Dies wird sich durch die - kurzen - Bachelorstudiengänge möglicher Weise im Trend verstärken.

Ein besonders wichtiger Maßstab für die Leistungsfähigkeit dieses größten Systems der beruflichen Erstqualifizierung wird seine Wirksamkeit mit Bezug auf Jugendliche/junge Erwachsene mit Migrationshintergrund sein:

„Unter den großen europäischen Ländern hat die Bundesrepublik Deutschland bei weitem den höchsten Anteil ausländischer Bevölkerung. Im Jahre 2002 lebten 7, 34 Mio. Personen nichtdeutscher Staatsangehörigkeit in Deutschland. Dies entsprach einem Anteil an der Wohnbevölkerung von 8,9% und lag erheblich über dem Durchschnitt der EU von knapp 5%. Hinzu kommen rund 928.000 (1999) eingebürgerte Deutsche mit zwei ausländischen Eltern, was einem Anteil von 1, 1% der Wohnbevölkerung entspricht. Weiterhin leben in Deutschland 3, 2 Mio. Spätaussiedler. Für die meisten der früher wie aktuell zugewanderten Menschen stellt sich angesichts mangelnder Sprachkenntnisse und anderer kultureller Erfahrungen die Aufgabe der wirtschaftlichen und gesellschaftlichen Integration. ... Anfang der 70er Jahre lag die Arbeitslosenquote der Zuwanderer unter der Quote der deutschen Erwerbspersonen. Dies kann nicht erstaunen, da nur arbeitsfähige und zumeist auch jüngere Ausländer angeworben wurden und die Familien noch nicht nachgezogen waren. In den folgenden Jahren änderte sich dies. ... Die Integrationshemmnisse für die Ausländer auf dem

Arbeitsmarkt drücken sich in ihren Beschäftigungs- und Arbeitslosenquoten sowie in ihrer Bildungsbeteiligung aus. Während die Beschäftigungsquote der Deutschen ... seit 1982 um rund 4 Prozentpunkte anstieg, nahm die der ausländischen Bevölkerung um fast 10 Prozentpunkte ab. Bei einzelnen Ausländergruppen war der Rückgang noch stärker. So nahm z.B. die Beschäftigungsquote der Türken um 12% ab. Heute sind weniger als die Hälfte der Türken im erwerbsfähigen Alter beschäftigt. " (Schlussbericht der unabhängigen Expertenkommission „Finanzierung Lebenslangen Lernens", 2004, 103 f).

„Die Ausbildungsquoten ausländischer Jugendlicher sind nach einem starken Anstieg während der 80er Jahre in der 90er Jahren wieder rückläufig gewesen. ... Die Gründe liegen in sprachlichen Defiziten, schlechteren Schulabschlüssen ..., der Zurückhaltung vieler Betriebe bei der Einstellung ausländischer Jugendlicher und unzureichenden Informationen der Familien über die Chancen einer Berufsausbildung..." (Schlussbericht der unabhängigen Expertenkommission „Finanzierung Lebenslangen Lernens, 2004, 109).

Gerade an dieser sozialpolitisch und wirtschaftlich so wichtigen Zielgruppe muß sich das duale System in seiner Effektivität beweisen, will es Standardsystem der Berufsausbildung bleiben.

Leider war auch im Jahr 2005 die Ausbildungsquote ausländischer Jugendlicher mit 23,7% nur etwa halb so hoch wie die deutscher Jugendlicher (BMBF, Berufsbildungsbericht 2007, 182).

Zugang zu einem Lehr-Abschluss kann man sich auch über eine sog. "Externen-Prüfung" verschaffen. "Neben der Abschlussprüfung nach Durchlaufen einer regulären Ausbildung ermöglichen die gesetzlichen Grundlagen auch den Abschluss durch die sog. Externenprüfung (§ 40 Abs. 2 und 3 BBiG/§ 37 Abs. 2 und 3 HwO). Voraussetzung für die Prüfungszulassung ist der Nachweis einer Tätigkeit in dem Beruf, in dem die Prüfung abgelegt werden soll. Die Tätigkeitsdauer muss mindestens das Zweifache der vorgeschriebenen Ausbildungszeit betragen. Davon kann abgesehen werden, wenn der Erwerb von Kenntnissen und Fertigkeiten belegt wird, die eine Zulassung zur Prüfung rechtfertigen oder wenn die Berufsausbildung in einer außerbetrieblichen Einrichtungen durchlaufen wurde und diese Ausbildung der Berufsausbildung in einem anerkannten Ausbildungsberuf entspricht. Bis auf das Handwerk weisen Ausbildungsbereiche die Zahl der externen Prüfungen nach. Ihr Anteil beträgt im Jahr 2002 im Durchschnitt knapp 4,2% aller Prüfungsteilnehmer/ Prüfungsteilnehmerinnen." (BMBF, 2004e, 88), 2005 lag er bei 29.631; dies entspricht bereits 7,4% aller Abschlussprüfungen (BMBF, Berufsbildungsbericht 2007, 188), ein klarer Trend zu flexibleren Prüfungsmöglichkeiten außerhalb des klassischen dualen Lehrsystemes.

2.1.2 Betriebliche Ausbildung im Verbund

Teilweise sind Unternehmen zu klein und/oder zu spezialisiert, um allein die Anforderungen an die praktische Ausbildung abdecken oder eine Ausbildung eigenständig organisieren zu können. Wollen solche Unternehmen dennoch ausbilden, so können sie sich mit anderen Unternehmen und/oder überbetrieblichen Bildungsanbietern zu einem Ausbildungsverbund zusammenschließen (vgl. Bundesinstitut für Berufsbildung, 2003a). Diese Unternehmen sind dann - etwa über eine Gesellschaft bürgerlichen Rechtes - gemeinsame Träger der Ausbildung und teilen sich gemäß eines individuell zu gestalteten Vertrages die Pflichten (z.B. Kosten) der Ausbildung. Solche Verbundsysteme sind auf dem Vormarsch, auch weil sie häufig öffentlich gefördert werden können, etwa durch die Bundesagentur für Arbeit gemäß Sozialgesetzbuch III. 73% aller Firmen können sich die Beteiligung an solchen Verbundausbildungen vorstellen (e/t/s didactic media und SRH Learnlife AG, 2004, 59).

2.1.3 Außerbetriebliche Ausbildungen mit Lehrabschluss

Rund 154.700 Auszubildende wurden im Jahr 2001 außerbetrieblich ausgebildet, das sind rund 9% aller Auszubildenden (BMBF, 2003c, 79); mit 152.063 ist diese Anzahl bis 2005 erstaunlich konstant geblieben (BMBF 2007, 198). Dies entspricht nun 9,8%.

Solche außerbetrieblichen Ausbildungsstätten sind z.B. die derzeit 47 Berufsbildungswerke mit ihren rund 14.500 Ausbildungsplätzen und ähnliche Einrichtungen, in denen körperlich oder psychisch behinderte Menschen oder leicht lernbehinderte Menschen in einer Institution (vgl. BDA, 2003, 104 ff) außerhalb von Unternehmen ausgebildet werden. Diese Institution ist häufig Trägerin einer privaten, staatlich anerkannten Berufsschule, bietet betriebsähnliche Übungsmöglichkeiten in Laboren, Werkstätten und Übungsfirmen und betriebliche Praktika in Unternehmen. Auch hier finden die Abschlussprüfungen vor der Industrie- und Handelskammer bzw. der Handwerkskammer statt.

Eine besondere Form der Ausbildung ist die Umschulung. "Im Rahmen der nach SGB III geförderten Weiterbildung kann ein Abschluss in einem anerkannten Ausbildungsberuf nach dem BBiG (§ 47) bzw. nach der HwO (§ 42) durch Umschulung ... erworben werden." (BMBF, 2003c, 193). Aufbauend auf der Berufserfahrung aus einem bereits vorhandenen Berufsabschluss oder einer bereits vorhandenen anderweitigen Berufserfahrungen wird - in der Regel in einer gegenüber der klassischen Ausbildungsdauer um etwa 1/3 verkürzten Form - eine Ausbildung in einem neuen Beruf absolviert. Rund 92.000 Menschen nahmen 2002 an solchen - häufig von der Bundesagentur für Arbeit finanzierten - Umschulung teil. Anlässe für eine Umschulung sind in der Regel drohende oder eingetretene Arbeitslosigkeit im bisherigen Beruf in Verbindung mit schlechten Berufsaussichten im bisherigen Beruf oder Gesundheitsprobleme bei der Ausübung des bisherigen Berufes.

Für Menschen, die behinderungsbedingt keinen klassischen Lehrabschluss erwerben können, weil z.B. die intellektuellen Leistungsmöglichkeiten nicht ausreichen, sind spezielle Berufsabschlüsse mit niedrigeren Anforderungen geschaffen und im Berufsbildungsgesetz - § 48 - und in der Handwerksordnung - § 2b - verankert worden (vgl. Knopp u. Kraegeloh, 1998; Leinemann und Taubert, 2002).

2.1.4 Innerbetriebliche Rehabilitation und Umschulung (IRU)

In den letzten Jahren ist eine weitere Form der Ausbildung im dualen System entstanden, die sog. innerbetriebliche Rehabilitation und Umschulung (IRU). Menschen, die aus gesundheitlichen Gründen ihren Beruf nicht mehr ausüben können oder mit ihrem Beruf keine Chance haben, die Arbeitslosigkeit zu beenden, werden wie folgt gefördert: Der zuständige Sozialleistungsträger - häufig die Bundesagentur für Arbeit - stellt einem Unternehmen die Mittel zur Verfügung, um einen zusätzlichen Ausbildungsplatz für den zu Fördernden zu schaffen (etwa die Ausbildungsvergütung, Personalkostenanteil Ausbilder, Ausbildungsmaterial usw.). Dieser absolviert dann die Ausbildung im klassischen dualen System. Die IRU kann auch - etwa bei psychisch Behinderten - unter Koordination, Steuerung und Zusatzförderung einer überbetrieblichen Ausbildungsinstitution - etwa eines Beruflichen Trainingszentrums – erfolgen. Besondere Bedeutung erlangen innerbetrieblich Qualifizierungsprojekte für Menschen mit Leistungseinschränkungen im Rahmen der neuen Disability Management Ansätze (vgl. hierzu das Kapitel "Integration behinderten Menschen in den Arbeitsmarkt" in diesem Buch)

2.1.5 Berufsfachschulen

Berufsfachschulen außerhalb des Berufsbildungsgesetzes und der Handwerksordnung sind eine Alternative zur Erstausbildung mit Lehr-Abschluss. Berufsfachschulen setzen eine abgeschlossene Schulausbildung, teilweise mittlere Reife oder Hauptschulabschluss mit mehrjähriger einschlägiger Berufstätigkeit voraus. Solche Berufsfachschulen finden ganz überwiegend in schulischer Vollzeitform unter Einschluss einschlägiger Betriebspraktika statt. "In das vom BIBB herausgegebene ‚Verzeichnis der anerkannten Ausbildungsberufe' wurden 2003 erstmals auch die schulischen Berufsausbildungen aufgenommen und mit den zugehörigen Rechtsverordnungen dokumentiert. Es werden insgesamt 171 Berufe aufgeführt." (Feller, 2004, 49; Bundesinstitut für Berufsbildung – BIBB – 2003b). Die Spanne reicht von Gesundheitsberufen wie Krankenschwester, Medizinisch-Technischer Assistent oder Logopäde über Fremdsprachenassistentin bis zu Informatiker und Marketingassistent.

Berufsfachschulen haben als kurze (2 - 3-jährige) effektive Alternative "aus einer Hand" in den letzten Jahren - obwohl sie häufig Schuldgeld verlangen - einen regelrechten Siegeszug angetreten und die Schülerzahl in 15 Jahren fast verdreifacht.

"Über 190.000 Schülerinnen und Schüler weist das Statistische Bundesamt für das Schuljahr 2002/2003 an den Berufsfachschulen aus, die den Kultusministerien unterstehen und nicht nach Berufsbildungsgesetz (BBiG) oder Handwerksordnung (HwO) in sog. anerkannten Ausbildungsberufen, sondern (überwiegend) zu ‚Schulberufen nach Landesrecht' qualifizieren. 1988 waren es noch unter 70.000. Der Frauenanteil liegt im Jahr 2002/03 bei rund 70%. Zusammen mit den Schulen und Fachschulen, die für das Gesundheits- und Sozialwesen im Schuljahr 2002/03 insgesamt rund 168.000 Schülerinnen und Schüler ausbilden, erreichen diese Bildungsgänge außerhalb des Geltungsbereiches von BBiG/HwO für das erste Ausbildungsjahr einen Anteil von 22% der Berufsbildung im Sekundarbereich..." (Feller, 2004, 48).

Im Jahr 2005 besuchten bereits 279.200 Berufsfachschüler ihre Schule mit dem Ziel eines beruflichen Abschlusses (BMBF 2007, 215). Dies zeigt die Fortsetzung des Trends zum Ausbau dieses Bereiches.

Seit der Novelle des Berufsbildungsgesetzes (vgl. BMBF 2005c) kann es Absolventen von Berufsfachschulen ermöglicht werden, ohne oder mit geringem zeitlichem Aufwand zusätzlich einen IHK- bzw. HWK-Lehrabschluss zu erwerben (vgl. bereits Schmidt, 2004, 3 f; Dybrowski u. Werner, 2004, 5-8 sowie BMBF, 2007, 220 f.) Durch diese Möglichkeit der Doppelqualifikation werden Berufsfachschulen noch attraktiver. 41% aller Unternehmen können sich bereits die Beteiligung an solchen Berufsfachschulen vorstellen (e/t/s didactic media und SRH Learnlife AG, 2004, 56).

2.1.6 Fachhochschulen

Die Quote der Studienanfänger an den 19- bis 21-Jährigen ist in Deutschland (alte Bundesländer) von 1960 auf 1990 unter Einbeziehung von Universitäten und Fachhochschulen von 7,9% auf 32,2% gestiegen und beträgt heute im vereinten Deutschland 36% (vgl. OECD 2005, 280). Dieses ist international immer noch ein unterdurchschnittlicher Wert (vgl. OECD, 2004, 67-82, dies, 2005, 280). Zu den klassischen wissenschaftlichen Universitäten und Pädagogischen Hochschulen für die Lehramtsstudien sind seit den 70er Jahren die Fachhochschulen für den praktisch orientierten akademischen Nachwuchs getreten. Universitäten wie Fachhochschulen sind in den letzten Jahrzehnten stark ausgebaut worden, die Fachhochschulen jedoch etwas stärker. Die Universitäten wiesen 1975 83.200 Abgänger auf, die Fachhochschulen 31.900. Im Jahr 1997 wiesen die Universitäten 182.700 Abgänger auf, die Fachhochschulen 83.500 (BMBF, 2003b, 33).

4,5% der deutschen Erwerbstätigen verfügten im Jahr 1999 über einen Fachhochschulabschluss (vgl. BMBF, 2003b, 48). Der Anteil dürfte auf Grund der Ausweitung der Fachhochschul-Studienmöglichkeiten inzwischen auf deutlich über 5% gestiegen sein.

Der Zugang zu Fachhochschulen setzt die allgemeine Hochschulzulassung (Abitur) oder die fachgebundene Hochschulreife voraus. In allen Bundesländern sind außerdem besondere Zugangswege für Menschen mit einschlägiger Berufsausbildung (z.B. Meisterbrief) und ausreichender Begabung (ggf. durch eine Begabtenprüfung nachzuweisen) geschaffen worden.

Fachhochschulen sind teilweise thematisch eng begrenzt - z.B. Fachhochschulen für Sozialpädagogik - und bieten dann nur wenige entsprechende Studiengänge an. Sie können aber auch sehr breit aufgestellt sein. So umfasst z.B. die staatlich anerkannte SRH Hochschule Heidelberg rund 20 Studiengänge aus dem Ingenieursbereich, der Architektur, der Informatik, der Betriebswirtschaft und aus sozialwissenschaftlichen Fächern (vgl. SRH, 2003, 12 ff).

Fachhochschulstudiengänge sind besonders effektiv:

- Die durchschnittliche Studiendauer in Semestern lag 1997 an Fachhochschulen nur bei 8,6 Semestern, bei Universitäten aber bei 11,9 Semestern, also rund 1,5 Jahre höher (BMBF, 2003b, 32),
- die Quote der - mit angestrebten Studienabschluss - erfolgreichen Absolventen lag 1997 bei den Fachhochschulen bei 90,6%, an Universitäten nur bei 75,4% (ebd. 33). Damit ist die Fachhochschule neben den Fachschulen die sicherste berufliche Erstqualifizierungsmöglichkeit, denn auch in der betrieblichen Ausbildung liegt die Erfolgsquote unter 80% (vgl. 2.1.1).

Die folgende Tabelle zeigt, dass Fachhochschulabschlüsse - noch etwas stärker als Universitätsabschlüsse - vor Arbeitslosigkeit schützen:

Tabelle 3: ***Arbeitslosenquoten nach beruflichen Ausbildungsabschlüssen 1999, alte Bundesländer, Angaben in Prozent***

Berufsabschlüsse / Geschlecht	ohne Berufsabschluss	IHK-, Berufsfachschulabschluss	Fachhochschulabschluss	Universitätsabschluss
Männer	21,5	7,2	3,5	3,7
Frauen	15,4	6,7	4,7	4,7

Quelle: BMBF, 2003 b , 51

Es gibt auch Ausbildungen auf Hochschulebene mit "dualen Strukturen":

- In einigen Bundesländern - sehr verbreitet in Baden Württemberg - haben Teilnehmer einen vergüteten Ausbildungsvertrag mit einer Firma und sind dort ca. 50% der Ausbildungszeit praktisch tätig; die restlichen 50% ihrer Zeit studieren sie an staatlichen und privaten Berufsakademien, deren Abschlüsse von Sozialarbeit über Betriebswirtschaft bis zum Ingenieur reichen. Abschluss ist jeweils das Diplom (BA).
- Manche Fachhochschulen verbinden in Kooperation mit Partnerbetrieben oder außerbetrieblichen Ausbildungsstellen ein Studium mit einem IHK-Lehrabschluss, bilden also Doppelqualifikationen; so kooperiert u.a. die SRH Fernfachhochschule Riedlingen mit dem Zentralverband des Einzelhandels: Begabte Auszubildende können nicht nur den Abschluss als Einzelhandelsfachverkäufer (IHK) sondern auch den Diplom-Betriebswirt (FH) erwerben. Diese Doppelqualifikation ist ein weiterer Beleg für die zunehmende Durchlässigkeit von Ausbildungsebenen (vgl. 2.3.1). 60% aller Unternehmen können sich die Beteiligung an solchen „dualen Hochschulsystemen" vorstellen (e/t/s didactic media und SRH Learnlife AG, 2004, 56).

2.1.7 Universitäten

Universitäten sollen den wissenschaftlich orientierten Nachwuchs für die Volkswirtschaft zur Verfügung stellen. Sie vergeben universitäre Abschlüsse - heute noch in der Regel das Diplom oder den Magister - und verfügen über das Promotionsrecht: Ihre Absolventen können prinzipiell promovieren und die Universitäten können den Doktor-Titel verleihen.

Zugangsvoraussetzung ist mit wenigen Ausnahmen die allgemeine Hochschulreife, dokumentiert durch das bestandene Abitur.

Rund 9,4% aller deutschen Erwerbstätigen verfügten im Jahr 1999 über einen Universitätsabschluss (BMBF, 2003b, 48). Dieser Anteil dürfte auf Grund der Zunahme der Hochschulabsolventen inzwischen auf über 10% gestiegen sein.

Universitäten und Fachhochschulen stehen aktuell im größten Veränderungsprozess der letzten Jahrzehnte, dem sog. Bologna-Prozess.

Auf ihrer Konferenz in Bologna haben die Bildungsminister der Europäischen Union beschlossen, bis zum Jahr 2010 das europäische Hochschulsystem zu vereinheitlichen (vgl. Berlinerklärung, 2003, 1) und zwar mit folgenden Rahmenbedingungen:

- Einführung von Bachelor- und Masterabschlüssen nach angelsächsischem Vorbild;

- schrittweise Abschaffung nationaler Studienabschlüsse, wie z.B. der deutschen Diplome;
- Einführung einheitlicher Akkreditierungsstandards für Hochschulen und für deren Studiengänge und Abschlüsse einschl. entsprechender Akkreditierungs- und Evaluierungsinstitutionen;
- Umstellung der Studienabläufe auf den Erwerb von Credit Points, die durch Präsenz- und Fernstudium sowie Projekte erworben werden und jeweils auch Zeitschätzungen für Literaturstudium/Eigenrecherche enthalten;
- Ausbau der Systematik, mit der Leistungen aus anderen Ausbildungen und Hochschulstudien als solche Credit Points anerkannt werden können, vor allem durch das ECTS (European Credit Transfer System), das im SOKRATES/ERASMUS-Programm der EU 1989 - 1996 entwickelt wurde (vgl. ECTS, 2004, 1 ff).

Dieser sog. Bologna-Prozess führt aktuell keineswegs nur zu einem Austausch der Studienabschlüsse, sondern vielmehr eine völlig neue, individualisierte Studienorganisation hervorbringen. Der Arbeitsmarkt stellt sich aktuell auf die neuen (Bachelor- und Master) Studiengänge ein - schneller als erwartet. Probleme gibt es besonders dort noch, wo es klassische Verbands- oder Kammerorganisationen gibt, etwa im Bereich der Architekten oder der Mediziner, ebenso bei der Umstellung juristischer Abschlüsse und deren Zulassung zu staatlichen Positionen - z. B. für das Richteramt (vgl. grundlegend: Sekretariat der ständigen Konferenz der Kultusminister der Länder in der Bundesrepublik Deutschland u. BMBF 2007). Bereits im Jahr 2007 machen Bachelor- und Masterstudiengänge 45% aller Studienangebote aus (ebd., 4).

Durch den Bologna-Prozess kommt es auch zu einem noch stärkeren internationalen Wettbewerb der Hochschulen um die besten - ggf. Studiengebühren zahlenden - Studenten, Sponsoren-Mittel, Forschungsaufträge und Professoren kommen. Andererseits werden die neuen Studienabschlüsse deutschen Absolventen voraussichtlich zusätzliche internationale Arbeitsmärkte erschließen (vgl. BMBF 2005 d, 17).

2.2 Systeme der beruflichen Weiterbildung

2.2.1 Einführung

Bereits in der Einleitung zu diesem Buchabschnitt wurde auf den Zusammenhang zwischen technisch und organisatorisch dynamischen "Arbeitswelten" und der daraus resultierenden Notwendigkeit zur lebenslangen beruflichen Weiterbildung hingewiesen. Nachdem wir im letzten Kapitel die möglichen Bildungs-"Eintrittskarten" in die Berufswelt dargestellt haben, werden im Folgenden die wichtigsten Formen der beruflichen Weiterbildung erläutert. Dabei beginnen wir mit formellen Weiterbildungen, die zu geregelten Abschlüssen führen, und gehen dann zu informelleren Formen über. Welche Bedeutung berufliche Weiterbildung inzwischen erlangt hat, zeigen folgende Kennzahlen: "Im Jahr 2002 nahmen 68% der deutschsprachigen erwerbsnahen Personen im Alter von 19 bis 64 Jahren an beruflicher Weiterbildung teil. Einbezogen waren dabei erwerbstätige, arbeitslose, arbeitsuchende sowie demnächst eine Erwerbstätigkeit planende Personen.

Befragt wurden insgesamt 5.058 repräsentativ ausgewählte Personen. 39% dieser Personengruppe nahmen an Lehrgängen insbesondere im eigenen Betrieb oder in Weiterbildungseinrichtungen teil, also an ‚klassischer' formalisierter Weiterbildung. Über ein Viertel (26%) besuchte Kongresse, Tagungen oder Fachmessen, um sich beruflich weiterzubilden. 23% der erwerbsnahen Personen bildeten sich in selbstorganisierten Lernprozessen weiter, vor allem mittels Lehrbüchern und Fachliteratur, aber auch computerunterstützt mit Lernsoftware oder über Internet. 17% nahmen arbeitsnahe Lernformen wahr, insbesondere organisierte Einarbeitung bzw. Unterweisung am Arbeitsplatz oder betriebliche Qualifikationsförderung.

Viele Personen nahmen an mehreren unterschiedlichen Weiterbildungen teil. Im Durchschnitt waren es 1,4 Weiterbildungen pro Person." (BIBB, 2004). Rund 128.000 Menschen haben im Jahr 2002 berufliche Weiterbildungsprüfungen absolviert (BMBF, 2004e, 174). Beicht, Krekel und Walden (2006, 26) berichten über folgende bundesweite Beteiligung an Formen der beruflichen Weiterbildung 2002:

Abbildung 18: Teilnahme an beruflicher Weiterbildung 2002

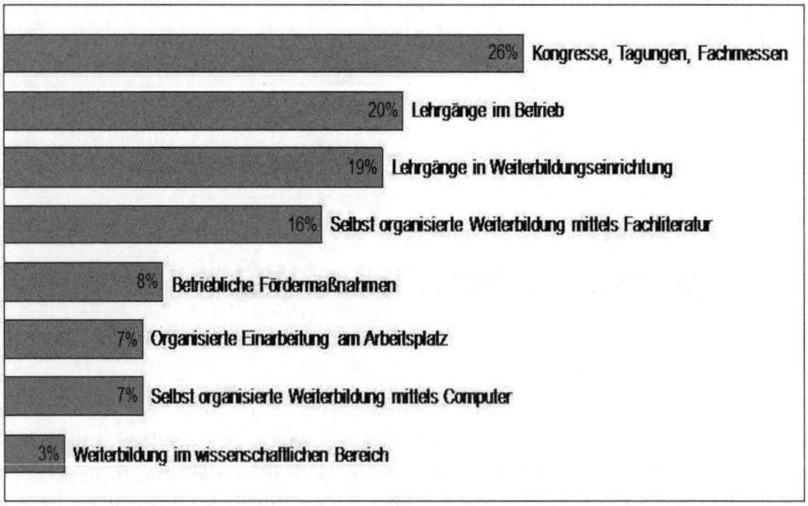

Damit ist Deutschland im internationalen Vergleich nach wie vor ein Land mit relativ wenig Beteiligung an formalisierter Weiterbildung (vgl. Eichhorst, Thode und Winter 2004, 335).

Die Bundesagentur für Arbeit hat die Datenbank "KURSNET" aufgebaut, um Transparenz in den Markt beruflicher Weiterbildungen zu bringen. Sie enthielt 2003 rund 600.000 Veranstaltungen von knapp 20.000 Anbietern (Stand Januar 2003) (BMBF, 2003c, 196); dieser Stand hat sich nach Eigendarstellung der Bundesagentur für Arbeit (vgl. www.arbeitsagentur.de) in 2007 leicht gesteigert.

2.2.2 Fachschulen der Aufstiegsqualifizierung

Bereits unter 2.1.5 wurden die Berufsfachschulen beschrieben, die in der Regel unmittelbar an die Schulausbildung anschließen. Von ihnen sind Fachschulen zu unterscheiden, die - als Aufstiegsfortbildung - bereits eine abgeschlossene IHK- oder HWK-Ausbildung und mehrjährige Berufserfahrung voraussetzen. Aufbauend auf diesen Kompetenzen vertiefen sie das Allgemeinwissen und das berufsspezifische Wissen. Beispiele für diese Art von Fachschulen sind

- Technikerschulen, die zum Abschluss als staatlich geprüfter Techniker und in den meisten Bundesländern auch zur fachgebundenen Hochschulreife führen.
- Fachschulen für Betriebswirtschaft, deren Absolventen staatliche geprüfte Betriebswirte sind.
- Fachschulen für Informatik, die zu staatlichen anerkannten Abschlüssen wie Wirtschafts-, Medien-, Kommunikations- oder Industrieinformatiker führen.
- Fachschulen für Logistik, die mit dem staatlich anerkannten Abschluss als Logistiker enden.

Anbieter solcher Fachschulen sind außerbetriebliche Bildungsträger wie z.B. die Deutsche Angestellten Akademie, die Dekra Akademie oder die SRH, aber auch staatliche Einrichtungen, z.B. Techniker-Schulen.

Insgesamt absolvieren rund 120.000 Menschen entsprechende Fachschulen (vgl. BMBF, 2003b, 45), die bei Vollzeitqualifizierungen in der Regel zwei Jahre dauern. Da bei ihnen Berufserfahrung, einschlägiger Lehrabschluss und aktuelle Fachschulbildung zusammen kommen, sind die Berufsaussichten - bei branchen- und regionstypischen Unterschieden - insgesamt sehr gut.

2.2.3 Meisterqualifikationen

Um einen eigenen Betrieb eröffnen oder einen Handwerksbetrieb führen und ausbilden zu dürfen, ist auch nach den Liberalisierungen der letzten Jahre in vielen Berufen der Meisterbrief weiter notwendig. Im industriellen Bereich ist die Meisterqualifikation - neben der Technikerausbildung - die zweite Möglichkeit für Mitarbeiter mit abgeschlossener technischer IHK-Ausbildung eine höherwertige Position zu erreichen. Die Meisterqualifizierung integriert die Vertiefung fachlicher Inhalte, betriebswirtschaftliche Grundlagen, Grundlagen der Personalführung und des Ausbildungsrechts und erläutert Führungstechniken. Sie dauert berufsbegleitend in der Regel ein bis zwei Jahre. Im Jahr 2001 nahmen rund 40.000 Menschen an Meisterqualifizierungen teil - im Jahr 1992 waren es allerdings noch rund 75.000 (BMBF, 2003c, 196). Der Rückgang ist vermutlich auf die Zunahme alternativer Weiterbildungsmöglichkeiten und das rückläufige Interesse der Industrie an Produktionsmeistern zurück zu führen.

2.2.4 Fachkaufleute (IHK) bzw. Professionals (ICC)

Im Bereich von Industrie und Handel ist seit Jahrzehnten der Fachkaufmann als funktionale Weiterqualifizierung für bestimmte betriebliche Funktionsbereiche entwickelt worden, die ebenfalls auf vorhandenem Lehrabschluss und einschlägiger Praxis aufbaut. In dieser Weiterbildung werden intensiv die theoretischen Grundlagen und praktischen betriebswirtschaftlichen Anwendungen für jeweils einen Funktionsbereich vermittelt und abgeprüft. So ist der

- Fachkaufmann Personalwesen umfassend in personalwirtschaftlichen Themen weitergebildet;
- Fachkaufmann Rechnungswesen der Spezialist für die Aufgaben des betrieblichen Rechnungswesens;
- Fachkaufmann Einkauf/Materialwirtschaft der Beschaffungs-Profi des Unternehmens.

Die Qualifizierung dauert in der Regel berufsbegleitend ein bis 1 ½ Jahre. Im Jahre 2001 nahmen rund 17.000 Menschen an einer entsprechenden Qualifizierung teil, die von den Bildungszentren der Industrie- und Handelskammern aber auch von anderen Bildungsunternehmen angeboten werden.

Um diesen Weiterbildungsgang international aufzuwerten und zum Bestandteil umfangreicherer Qualifizierungsketten zu machen, wird er seit wenigen Jahren zusätzlich mit dem englischen Titel "Professional (Industrial Chamber of Commerce)" bzw. "Professional (ICC)" unter Hinzufügung des jeweiligen Funktionsbereiches belegt (vgl. BMBF, 2003c, 206 f).

2.2.5 Fachwirte (IHK) bzw. Bachelor (ICC)

Der Fachwirt (IHK) stellt im Gegensatz zum Fachkaufmann eine umfassendere Qualifizierung dar, die - bei Unterschieden im Einzelfall - doch in der Regel nicht nur einen betrieblichen Funktionsbereich, sondern größere Zusammenhänge qualifiziert. Auch der Fachwirt setzt auf dem vorhandenen Lehrabschluss und mehrjähriger einschlägiger Berufserfahrung auf und dauert - berufsbegleitend - bis zur Abschlussprüfung ein bis zwei Jahre. Bereits absolvierte Fortbildungen - vor allem der Fachkaufmann - können angerechnet werden und zu einer Verkürzung der Qualifizierungsdauer führen. Im Jahr 2001 befanden sich rund 17.000 Menschen in entsprechenden Qualifizierungen (vgl. BMBF, 2003c, 196).

Viele Industrie- und Handelskammern versehen auch diesen Abschluss mit einem zweiten - englischen - Titel, dem "Bachelor (Industrial Chamber of Commerce)" bzw." Bachelor (ICC)", um ihn international aufzuwerten und um Bildungsketten vom Lehrabschluss bis zu Bachelor zeigen und vermarkten zu konnen. Der Titel "Bachelor" ist allerdings in diesem Kontext nicht unproblematisch. Es handelt sich um den gleichen Titel, der im Rahmen des Bologna-Prozesses als akademischer Erst-Abschluss die Regel an allen Hochschulen darstellen wird, hier jedoch als nicht-akademischer Titel vergeben wird. Damit sind Verwechslungen leicht möglich.

Neben diesen mit relativ großen Teilnehmerzahlen besetzen Fortbildungsprogrammen gibt es diverse weitere. Beispielhaft seien die Weiterbildung zum Bilanzbuchhalter, Zusatzprüfungen für freie Berufe (Rechtsanwälte, Ärzte usw.) und die sehr ausgebauten Weiterbildungen für Sekretärinnen genannt. Die Weiterbildungsdatenbank "KURSNET" der Bundesagentur für Arbeit gibt auch hierüber einen sehr guten Überblick.

2.2.6 Prüfungen in Lizenz von Firmen und Verbänden

In den letzten Jahren hat eine neue Form beruflicher Weiterqualifizierung stark an Bedeutung gewonnen, die von Firmen bzw. Firmenkonsortien und internationalen Gremien rund um neue Technologien und Qualitätsstandards entwickelt worden sind. Einige Beispiele sollen dies erläutern:

- Computerfirmen haben eigene Qualifizierungsreihen entwickelt. Nur Absolventen dieser Qualifizierungen dürfen für diese Firmen bestimmte Installationen bzw. Wartungen oder Reparaturen vornehmen. Wichtige Beispiele sind die Microsoft-Qualifizierung bis zum "Microsoft Certified Network Engineer" oder die entsprechende Qualifizierungsreihe von Novel.
- Die SAP AG hat rund um ihre weltweit führende administrative Software SAP R/3 Weiterbildungen entwickelt und bietet sie - über die eigene Akademie und

über Bildungspartner wie die SRH Business Academy an - etwa den SAP Professional.

- Ein anderes Beispiel sind die in vielen Europäischen Ländern parallel gleichartig angebotenen und von lizenzierten Prüfungsstellen abgenommenen Prüfungen zum "Europäischen Computer-Führerschein" (European Computer Driving Licence - ECDL", der weitgehend auf den Modulen des Microsoft-Office-Paketes aufbaut.

- Die moderne Gebäudesystemtechnik ermöglicht es, Gebäudebestandteile über zentrale Computer zu steuern, etwa Beleuchtungs-, Heizungs- und Sicherheitselemente wie Jalousien etc. Für die Gebäudesystemtechnik ist ein internationaler technischer Standard - der Europäische Installations-Bus - festgelegt worden. Mit diesem ist eine Weiterbildungsreihe - etwa für Elektroinstallateure sowie Heizungs- und Klimatechniker - verbunden, die von großen Firma wie der Siemens AG entwickelt worden ist und über entsprechende Akademien angeboten wird.

- Für die Weiterbildung im Qualitätsbereich sind durch internationale Normen wie die DIN EN ISO 9000er-Reihe Standards für interne Qualitätsauditoren, Qualitätsmanager, externe Auditoren und andere betriebliche Qualitätsmanagement-Rollen definiert worden. Zugelassene Anbieter wie die Deutsche Gesellschaft für Qualität schulen hier in einem sehr großem Umfang betriebliches Personal und nehmen die international anerkannten Abschlussprüfungen ab.

Viele Verbände von therapeutischen Berufen haben eigene Fach-Weiterbildungen entwickelt, etwa in Bereichen wie Familien- und Physio-Therapie.

2.2.7 Einzelne Seminare / Kurzzeitweiterbildungen

Trotz der respektablen Teilnehmerzahlen in den beschriebenen Weiterbildungen mit formellem Abschluss nehmen die meisten Kunden berufsbezogener Weiterbildungen an kürzeren (Tages-, Abend- oder Wochen-) Seminaren zu einzelnen Themen teil. Hierbei dominieren EDV-Weiterbildungen mit rund 35% aller Veranstaltungen, gefolgt von Sozial- und Methodenkompetenz-Qualifizierungen zu Themen wie Mitarbeiterführung, Arbeits- und Kommunikationstechnik und Rhetorik (vgl. BMBF, 2003c, 198; Lünendonk, 2004, 5 ff), gefolgt von einer Fülle unterschiedlichster anderer Themen. Sprachtrainings - oft sowohl mit der Zielsetzung beruflicher wie privater Nutzung - sind ebenfalls auf dem Vormarsch.

Es gibt mehr als 10.000 gewerblicher Anbieter solcher Weiterbildungen, von großen Veranstaltern wie den Volkshochschulen und Bildungsunternehmen mit mehr als 1.000 Mitarbeitern (u.a. Deutsche Angestellten Akademie, Dekra Akademie, SRH) bis zur Gesellschaft Bürgerlichen Rechts von zwei Trainern (vgl. Lünendonk, 2004, 3 ff).

2.2.8 Aufbaustudiengänge

Die bisher dargestellten Weiterbildungen bewegen sich - trotz teilweise sehr anspruchsvollen Inhalten - formal unterhalb der akademischen Ebene. Inzwischen gibt es aber einen massiven Trend zum Zweit- und Dritt-Studium. Viele Akademiker vertiefen oder verbreitern ihre berufliche Kompetenz durch - häufig berufsbegleitende - weitere Studiengänge und entsprechende Abschlüsse.

Auf der Ebene von Studiengängen lassen sich folgende Formen abgrenzen:

- Konsekutive Master-Studiengänge: Sie vertiefen den Erststudiengang (Diplom, Bachelor) im selben Gebiet: Der Bachelor der Betriebswirtschaftslehre erwirbt also den vertiefenden Grad des Master der Betriebswirtschaftslehre.
- Nicht-konsekutive Master-Studiengänge: Sie verbreitern das Wissen aus dem Erststudiengang durch seine Ergänzung in einem anderen Feld: Der Bachelor der Informatik erwirbt zum Beispiel den Abschluss eines Masters des Wirtschaftsingenieurwesen oder in Management
- Kontaktstudiengänge: Sie führen nicht zu einem weiteren staatlich anerkannten Abschluss, sondern vertiefen - verantwortet und dargebracht von einer Hochschule - das vorhandene Wissen. Da sie nicht zu einem neuen Abschluss führen, können auch Menschen ohne Hochschulzugangsberechtigung an ihnen teilnehmen und das Abschlusszertifikat erwerben. So führt z.B. die SRH Fernfachhochschule Riedlingen einen Kontaktstudiengang "Praxenmanagement" durch, der Ärzte aber auch Arzthelferinnen ohne Abitur in die Lage versetzt, große Arztpraxen organisatorisch, personell und betriebswirtschaftlich effektiv zu leiten. Die SRH Hochschule Heidelberg bietet u.a. den Kontaktstudiengang "Management von Arbeitsmarktintegration" an, der weitgehend auf den Inhalten dieses Buches aufbaut.
- Die Promotion, z.B. vom Mediziner zum "Dr. med." oder vom Ingenieur zum "Dr. Ing."

2.2.9 Training on the Job

Eine wichtige Form des beruflichen Weiterlernens darf - bei allen Problemen, sie quantitativ zu erfassen - nicht vergessen werden: Das Lernen am eigenen Arbeitsplatz - "Training on the Job".

Viele neue berufliche Kompetenzen werden am Arbeitsplatz während der praktischen Aufgabenerledigung erworben; als Beispiele seien genannt:

- Einüben der Bedienung von Maschinen durch eigene Tätigkeit nach kurzer Unterweisung durch den Meister und ggf. durch Unterstützung erfahrener Kollegen;
- "Anlernen" als Verkäuferin, dabei "Lernen am Modell" erfahrener Kollegen;
- Erlernen neuer Versionen von Computerprogrammen mit Hilfe des Handbuchs oder von mitgelieferter Lernsoftware;
- Einüben und Vertiefen von Arbeitstechniken (Projektplanung, Moderationstechniken) bei der Leitung von ambitionierten Projekten.

Ohne solches praktisches Weiterlernen und Herstellen des Praxis-Transfers ist jede der oben beschriebenen "Train-for-the-Job"- Formen der Aus- und Weiterbildung nicht wirksam genug. Außerdem können Berufstätige nicht ständig "fern vom Arbeitsplatz" lernen, sondern müssen sich aus ökonomischen Gründen zumindest größere Teile beruflicher Neuentwicklungen als "Training on the Job" erschließen. Eine wichtige Aufgabe beruflicher Aus- und Weiterbildung ist daher heute, entsprechende Selbstlernkompetenzen zu vermitteln und einzuüben (vgl. Nagy, 2004, 36 f). Wir werden hierauf bei den Darbringungsformen beruflicher Qualifizierung zurückkommen.

Bei Menschen, die aus sozialen oder intellektuellen Gründen keine Berufsausbildung absolvieren wollen oder können, kann "Training on the Job" die einzige lebenslange Form beruflicher Qualifizierung sein - wird dann aber in aller Regel nur zu einfachen Berufsrollen qualifizieren können.

2.3 Veränderungen des Qualifizierungssystems

Es gibt wesentliche Veränderungen im ordnungspolitischen Rahmen des Bildungssystems. Diese führen aktuell zu einer revolutionären Veränderung beruflicher Qualifizierung.

2.3.1 Beginnende Durchlässigkeit der Ebenen durch Credit Point Systeme - Europäische Vision und praktische Ansätze

Die Mitgliedsstaaten und Beitrittskandidaten der Europäischen Union wollen in den nächsten 5 - 10 Jahren große Fortschritte in der vereinheitlichten Einstufung und gegenseitigen Anerkennung von beruflichen Bildungsabschlüssen erreichen. Ebenso sollen international vereinheitlichte Durchstiegsmöglichkeiten für die beruflichen Qualifizierungsebenen geschaffen werden. Das folgende Zitat verdeutlicht diesen ambitionierten Plan an einem entscheidenden Ausgangspunkt:

"Bruges Process: ... At their conference in Bruges in October 2001, the Directors-General for vocational training initiated a cooperation process in the field of vocational education and training. The European Council affirmed this idea in Barcelona (15 and 16 March 2002). As an initial response, the European Commission invited representatives of 29 European countries (EU member states, future members of the EU and EEA countries) and social partners to a meeting in order to discuss concrete initiatives and measures to improve vocational education and training in Europe. The transparency of qualifications and skills is to be improved through an new, universal instrument, integrating existing tools such as the EUROPASS Training, the European curriculum and the certificate supplement. In addition, strong support was given to a credit transfer system in vocational education and training at the European level, complementing ECTS (European Credit Transfer System) in higher education. These measures are to be implemented within a voluntary cooperation process which will be top priority for the Danish presidency. A European framework for vocational education is to be developed by 2010 in order to enable the citizens to move freely between jobs, business sectors and countries. According to Viviane Reding, EU Commissioner for Education and Culture, the transfer of qualifications and skills is the precondition of lifelong learning and increasing mobility." (Berlinerklärung, 2003, 1).

Die wesentlichen deutschen Gremien - Bundesministerium für Bildung und Forschung, Ständige Konferenz der Kultusminister der Länder und Hochschulrektorenkonferenz - haben in der "Empfehlung zur Vergabe von Leistungspunkten in der beruflichen Fortbildung und Anrechnung auf ein Hochschulstudium" im Jahr 2003 eine bemerkenswerte gemeinsame Zielrichtung für die Umsetzung dieser Vision ausgegeben. Sie wird daher im Folgenden ausführlich zitiert:

"Länder, Bund, Sozialpartner und Bildungsorganisationen halten eine größere Durchlässigkeit und eine bessere Verzahnung zwischen den verschiedenen Bildungswegen und Lernorten für erforderlich, weil angesichts der demographischen Entwicklung nur so die Begabungs- und Leistungsreserven ausgeschöpft und Chancengleichheit für die auszubildende Generation erreicht werden kann. Die Bundesrepublik Deutschland ist auf eine bessere Verknüpfung der Lernorte, eine Optimierung der verschiedenen Bildungswege und eine effiziente Organisation des lebenslangen Lernens angewiesen, wie verschiedene Studien und Empfehlungen aus jüngster Zeit ... feststellen.

Mit der 4.Novelle zum Hochschulrahmengesetz vom 20.August 1998 wurden rahmenrechtlich die Voraussetzungen für ein Leistungspunktesystem an Hochschulen zur Akkumulation und zum Transfer von Studien- und Prüfungsleistungen geregelt (§ 15 Abs. 3 HRG); die Hochschulen betreiben zur Zeit die schrittweise Einführung eines Leistungspunktesystems.

In der von Bund und Ländern am 19.Juni 1999 unterzeichneten Bologna-Erklärung bekräftigen sie folgende Zielsetzung:...Einführung eines Leistungspunktesystems - ähnlich dem ECTS - als geeignetes Mittel größtmöglicher Mobilität der Studierenden. Punkte sollten auch außerhalb der Hochschulen, beispielsweise durch lebenslanges

Lernen, erworben werden können, vorausgesetzt, sie werden durch die jeweiligen aufzunehmenden Hochschulen anerkannt....

Mit Beschluss vom 28.06.2002 hat die Kultusministerkonferenz die Möglichkeit eröffnet, außerhalb des Hochschulwesens erworbene Kenntnisse und Fähigkeiten im Rahmen einer - ggf. auch pauschalierten - Einstufung in ein Hochschulstudium anzurechnen. Weiterhin wurden die Voraussetzungen präzisiert, unter denen eine solche Anrechnung erfolgen kann.

Anspruchsvolle Qualifizierungen im Fortbildungsbereich sind in besonderer Weise geeignet, die angestrebte stärkere Verknüpfung zwischen Hochschulen und verschiedenen Qualifizierungswegen und Lernorten außerhalb der Hochschulen zu erproben. Dazu zählen insbesondere die am 03.05.2002 vom Bund in Abstimmung mit den Sozialpartnern erlassenen neuen IT-Fortbildungsberufe und –abschlüsse (veröffentlicht im BGBL. I, 1547) ebenso wie die Abschlüsse der Fachschulen nach der Rahmenvereinbarung der Kultusministerkonferenz. Hierzu sollen im Rahmen der beruflichen Fortbildung für durch Prüfung nachgewiesene Qualifikationen ECTS-Leistungspunkte vergeben werden, die bei der Aufnahme eines Studiums von der jeweiligen Hochschule angerechnet werden können. Dabei bleibt die Autonomie der Hochschulen, insbesondere für die Festlegung der Studienanforderungen und der Äquivalenzprüfung unberührt. Im Interesse der gebotenen Qualitätssicherung sind die Anerkennungs- und Anrechnungsregelungen für in der beruflichen Bildung erworbene Leistungspunkte in die Akkreditierung der jeweiligen Studienangebote einzubeziehen. Die Hochschulen werden aufgerufen, unter Berücksichtigung der Vorgaben des Beschlusses der KMK vom 28.06.2002 Leistungspunkte, die für gleichwertige Studien- und Prüfungsleistungen in der beruflichen Bildung erbracht wurden, in einer Höhe anzurechnen, die den Leistungsanforderungen des jeweiligen Studienganges entspricht." (BMBF, 2003a, 1 f)

2.3.2 Stand der europaweiten Anerkennungsfähigkeit

Betrachtet man im Jahr 2007 die Umsetzung der oben zitierten Programmatik, so werden große Fortschritte, aber auch weiterhin bestehende Hemmnisse deutlich:

- Das System der gegenseitigen Anerkennungsfähigkeit von Studienleistungen und deren Wertigkeit (European Credit Transfer System - ECTS) ist weitgehend installiert und führt zu einer europaweiten Flexibilisierung möglicher Studier-Kombinationen.
- Der europäische Qualifikationsrahmen (European Qualification Framework-EQF), der eine Harmonisierung der Anerkennbarkeiten über berufsbildungsebenen Hinweg anstrebt, ist dagegen noch keine Realität. Er wird wegen seiner Kompliziertheit, aber auch wegen seiner Benachteiligung bestimmter Bildungssysteme kritisiert (vgl. Zedler, 2006, 12 und Rauner und Grollmann,

2006, 377 ff.), aber auch als wichtiger Impuls für Bildungsinnovationen betrachtet (Meyer, 2006, 1 - 21).

- In vielen Bundesländern wird eine Anrechnung von unterhalb der Hochschul ebene erworbenen beruflichen Kompetenzen auf ein Studium noch verhindert, so dass kein durchlässiger Qualifikationsrahmen gegeben ist.
- Auch wenn Manches also noch nicht gelebte Praxis ist, so zeichnet sich also doch bereits ein faszinierendes neues Aus- und Weiterbildungssystem mit folgenden Merkmalen ab:
- Die Durchgängigkeit zwischen den verschiedenen Ausbildungsebenen (Lehrabschluss, Fachschulabschluss, Studienabschluss) wird deutlich erhöht.
- Aus- und Weiterbildungen werden in ein gemeinsames System der Leistungspunkte eingegliedert.
- Neue Abschlüsse werden leichter erreichbar, da bereits erworbene und durch Prüfungen nachgewiesene Kompetenzen zeitsparend angerechnet werden und nicht mehr erneut erbracht werden müssen.
- Qualifikationen, die durch anspruchsvolle berufliche Praxis erworben werden (Training on the Job) werden deutlich aufgewertet und ebenfalls anerkannt (BMBF, 2003a).
- Die Steuerungsfunktion des ersten Schulabschlusses (z.B. Abitur) wird zu Gunsten der Chancen lebenslangen Lernens deutlich reduziert.

Dies bietet erhebliche Aufgaben für Qualifizierungsberater.

2.3.3 Lotsenfunktion für Personalberater

Das im Überblick referierte Aus- und Weiterbildungssystem bietet für Schulabsolventen, sowie für Menschen mit Berufserfahrungen außerordentliche Chancen zur Sicherung der Berufsposition, zur Unterstützung des nächsten Karriereschrittes oder zur Erschließung eines neuen Arbeitsplatzes. Allerdings handelt es sich um ein sehr komplexes System. Optimale Chancen kann nur erkennen und Bildungswege entsprechend planen, wer dieses System exzellent kennt. Das gilt ganz besonders für die Möglichkeiten aus den neuen Leistungspunktesystemen, den entsprechenden Anerkennungschancen bereits erworbener Abschlüsse und Erfahrungen und den damit gegeben Möglichkeiten, zügig weitere berufliche Abschlüsse zu erwerben.

Die entsprechende Lotsenfunktion wird heute nur noch ansatzweise von Beratern der Bundesagentur für Arbeit wahrgenommen.

In Zukunft werden entsprechende Bildungslotsen als Mitarbeiter von Bildungsunternehmen, vor allem aber als neutrale unabhängige Personalberater und Arbeitsvermittler, eine für die Volkswirtschaft und für den einzelnen Kunden äußerst wichtige, immer weniger verzichtbare Funktion ausüben.

Wir werden im Folgenden, bevor wir diese Lotsenfunktion beleuchten, aber zunächst noch die zweite wichtige Dimension des beruflichen Bildungsprozesses beleuchten, die Darbringungs- und Lernformen.

2.4 Darbringungs- und Lernformen

Die eben beschriebenen Qualifizierungen können in sehr unterschiedlichen Darbringungsformen durchgeführt werden, womit auch unterschiedliche Lernformen verbunden sind. Gerade für eine individuell passende Bildungsplanung ist die Kenntnis dieser verschiedenen Möglichkeiten sehr wichtig. Die KURSNET-Datenbank der Bundesagentur für Arbeit weist folgende Darbringunsformen und Häufigkeiten auf (zitiert nach der Internetseite der BIBB - Bundesinstitutes für Berufliche Bildung: www.bibb.de).

- Vollzeitweiterbildungen 49,2 %
- Teilzeitweiterbildungen 15,2 %
- Inhouse-Seminare 23,9 %
- Wochenendveranstaltungen 8,2 %
- Sonstige Formen wie Multimediales Lernen und Fernunterricht 3, 5 %
- Summe: 100,0 %

2.4.1 Vollzeit- und Teilzeitqualifizierungen

Der ganz überwiegende Teil der Berufsausbildungen und ca. 50% der Weiterbildungsveranstaltungen, die in der Datenbank "KURSNET" der Bundesagentur für Arbeit enthalten sind, finden also in Vollzeit statt (vgl. auch BMBF, 2003c, 198). Vorteile dieser Darbringungsform sind:

- Die Inhalte können kompakt und in relativ kurzer Zeit vermittelt werden.
- Der Lernende kann sich während der Qualifizierung ganz auf die Inhalte konzentrieren.

- Es ist in der Regel ein Gruppenverband vorhanden, in dem gegenseitige Unterstützungsprozesse verwirklicht werden können.
- Nachteil ist, dass bei Vollzeitqualifizierungen größeren zeitlichen Umfangs keine Zeit für andere - ggf. notwendige - Tätigkeiten bleibt, wie folgende Beispiele zeigen:
- Aus finanziellen Gründen oder zur Sicherung des vorhandenen Arbeitsplatzes muss häufig die Chance bestehen, parallel zur Qualifizierung (wenigstens Teilzeit) arbeiten zu können; dies ist z.B. bei einer Techniker-Qualifizierung in Vollzeitform nicht möglich.
- Ebenso können familiäre Aufgaben gegeben sein (Kindererziehung gerade bei Alleinerziehenden, Pflege behinderter Angehöriger), die eine Vollzeitqualifizierung unmöglich machen.
- Ohne parallele Berufstätigkeit kann der Transfer des Erlernten auf die eigene berufliche Praxis nicht zeitnah genug stattfinden.

Um die genannten Nachteile zu verringern, sind daher sowohl für einzelne Ausbildungsgänge wie für Weiterbildungen Teilzeitangebote entwickelt worden. Sie finden häufig am späten Nachmittag, abends und am Wochenende statt. Die KURSNET-Datenbank enthält inklusive Wochenendveranstaltungen rund 23% solcher Angebote. Teilzeitqualifizierungen weisen einige Nachteile auf:

- Um die notwendigen, bei formellen Abschlüssen erforderlichen Stunden aufzuweisen, verlängert sich bei ihnen die Gesamt-Durchführungszeit um 30 - 100%. Diese lange Dauer kann zu erheblichen Motivationsproblemen führen.
- Gerade bei längeren Teilzeitqualifizierungen bedarf es einer sehr disziplinierten Planung, um Arbeit, Familie und Qualifizierung "unter einen Hut" zu bringen.

Dennoch wird diese Form ständig ausgebaut, gerade wegen der Vereinbarkeit mit dem vorhandenen Arbeitsplatz (vgl. Nagy, 2004, 57).

2.4.2 Outhouse- versus Inhouse-Kurse

Klassischer Weise werden solche Vollzeit- oder Teilzeitkurse bei Bildungsveranstaltern durchgeführt, also außerhalb des eigenen Unternehmens (Outhouse-Kurse).

Viele Unternehmen sind aber dazu übergegangen, Inhouse-Seminare zu organisieren, die - meistens durch externe Trainer geleitet - für geschlossene Gruppen aus dem Unternehmen im Unternehmen selbst durchgeführt werden. Gerade dann, wenn es um arbeitsplatzbezogene Anpassungsqualifizierungen (Erlernen neuer Technologien, neue

Vertriebsstrategien usw.) geht, werden häufig Inhouse-Seminare bevorzugt. Diese haben sich seit 2001 prozentual mehr als verdoppelt (KURSNET-Datenbank).

Dafür gibt es wichtige Gründe:

- Kostenaspekt: Reisekosten und Reisezeiten für die Teilnehmer fallen weg; die Nutzung betrieblicher Ressourcen (z.B. von PC-Studios) reduziert ebenfalls Kosten;
- Transferaspekt: Mit der Durchführung im eigenen Unternehmen (z.B. mit dessen Software) und in "natürlichen Gruppen" aus einer Abteilung oder einer Hierarchieebene kann viel konkreter an den tatsächlichen Unternehmenssituationen angesetzt werden; der Transfer auf die betriebliche Praxis verbessert sich;
- Controllingaspekt: Die Lehr-Leistung des Trainers und die Lern-Leistung der Teilnehmer (beginnend mit regelmäßiger Kursteilnahme) können bei dieser Qualifizierungsform besonders einfach - z.B. durch den betrieblichen Personalentwickler - überprüft werden.

Nachteile der Inhouse-Kurse können sein:

- Die Teilnehmer erhalten keine Impulse von Teilnehmern aus anderen Unternehmen, es besteht die Gefahr des "Nicht über den Tellerrand Sehens".
- Formelle und informelle Hierachien unter den Teilnehmern können neue kreative Denkansätze behindern.

Immerhin wird aber inzwischen fast jede sechste berufliche Weiterbildungsveranstaltung als Inhouse-Kurs durchführt (BMBF, 2004e, 177).

2.4.3 Fernunterricht

Alle referierten Aus- und Weiterbildungsinhalte - von der Vorbereitung auf die Externenprüfung für einen Beruf mit IHK- oder HWK-Abschluss (vgl. 2.1.2) über komplette Studiengänge bis zu umfangreichen Fortbildungen und einzelnen Seminar-Inhalten - können auch über Fernunterricht durchgeführt werden.

Hierzu erhält der Bildungsteilnehmer Lehrbriefe nach Hause geschickt (oder per E-Mail übersandt), die er durcharbeitet. Er muss abschnittsweise "Hausaufgaben" durchführen und an die Fern-Lehrer einsenden, die seinen Lernfortschritt beurteilen.

Obligatorische oder fakultative Präsenztage ergänzen den Fernunterricht. Zwischen- und Abschlussprüfungen finden praktisch immer als Präsenzveranstaltungen statt.

Damit ist der Fernunterricht eine sehr effektive Möglichkeit, zeitlich und räumlich flexibel neben einer Berufstätigkeit (neben familiärer Bindung, neben dem Leistungssport) berufliche Qualifikationen zu erwerben. Gleichzeitig erfordert das Durchhalten längerer Bildungsgänge hohe Selbst-Organisations- und -Motivations-Fähigkeiten.

Der Berufsbildungsbericht 2004 nennt die Zahl von 252 Fernlehrinstituten, bei denen 2002 etwa 166.000 Teilnehmer Qualifizierungen durchführten. Davon verfolgten etwa 36% das Ziel, sich auf öffentlich-rechtliche oder staatliche Aus-, Fortbildungs- oder Studienprüfungen vorzubereiten (BMBF, 2004e, 180).

In Deutschland ist der Verbraucherschutz für Fernkurse sehr streng geregelt. Das Fernunterrichtsschutzgesetz - FernUSG - zwingt Anbieter von Fernlehrgängen, sich vor der Kursdurchführung von der Staatlichen Zentralstelle für Fernunterricht, Köln, jeden einzelnen Kurs einschließlich sonstiger Regelungen (z.B. die Fernlehr-Verträge) genehmigen zu lassen

Große Fernlehrinstitute sind u.a. die AKAD und das Institut für Lernsysteme (ILS). Die staatlich Fernuniversität Hagen ist die einzige komplett auf Fernstudiengänge ausgerichtete Universität Deutschlands. Auf Fachhochschulebene gibt es einige private Anbieter, u.a. die SRH Fernfachhochschule Riedlingen. Durch die im Bologna-Prozess entstandenen Credit-Point-Systeme ist gerade auf Hochschulebene die Durchlässigkeit von Präsenz- und Fernlehrgängen gestiegen und den Studierenden mehr (zeitliche und räumliche) Flexibilität bieten.

2.4.4 E-Learning und Blended Learning

Mit dem Siegeszug des Internets ist eine neue Darbringungform beruflicher Qualifizierungen entstanden. Immer mehr Bildungsanbieter stellen ihren Kunden via Internet (also: "webbasiert") multimedial aufbereitete Lerninhalte zur Verfügung. Der Kursteilnehmer kann direkt am Bildschirm lernen, seine Übungsaufgaben erledigen, mit seinem Teletutor die Aufgaben (über e-mail oder über internetgestützte Video-Konferenzen) besprechen und mit anderen Kursteilnehmern in Chatting-Rooms (d.h. über abgeschottete Internet-Verbindungen) kommunizieren.

Solche E-Learning-Anwendungen reichen von einfachen Seminar- bis zu kompletten Studienangeboten (vgl. Sauter, Sauter u. Bender, 2003). Für den Hochschulbereich geben Peitz u. Stübig, 2004, einen ausgezeichneten Überblick. Die gesamte E-Learning-Entwicklung seit 1992 ist sehr gut in den jährlichen Dokumentationen über die Fachtagungen der e/t/s didactic media , Halblech, nachzulesen. Das Bundesinstitut für Berufsbildung hat im Rahmen eines Forschungsprojektes das E-Learning-Dokumentationssystem ELDOC entwickeln lassen (http://www.eldoc.info). Es enthält (Stand August 2007) mehr als 1.150 Einzelangebote von 116 Bildungs-Institutionen.

E-Learning ist in einer Welt, die von Internet und PC beherrscht wird, eine sehr wichtige Lernform. Dennoch sind nur 1-3% aller Qualifizierungen tatsächlich auf E-

Learning aufgebaute, multimedial aufbereitete Qualifizierungen (vgl. BMBF, 2003c, 198). Dies liegt im Wesentlichen an folgenden Faktoren:

- Der Aufbau (Drehbuch, Programmierung, Aktualisierung) von solchen multimedialen Qualifizierungen ist entweder sehr kostenaufwändig oder führt zu einer schlechten didaktischen Qualität.
- Besonders ineffizient wird E-Learning, wenn die über Internet dargebotenen Qualifizierungen zum überwiegenden Teil "gescannte Textseiten" sind, die weit besser über ein schriftliches Script les- und bearbeitbar wären.
- Viele Trainer aber auch Lernende sind noch auf klassische Präsenzsysteme eingestellt und nehmen daher E-Learning-Angebote (noch) nicht an.
- Viele Bildungskunden glauben, nur mit der sozialen Unterstützung einer Präsenz-Gruppe die Motivation in einer längeren Qualifizierung aufrecht zu halten oder wollen schlicht nicht auch noch am PC lernen, der bereits ihren Arbeitsplatz dominiert.
- Es gab lange Zeit eine Fülle von technischen (Kompatibilitäts-, Netz-, Antwortzeit-)Problemen, die nur langsam überwunden wurden.

E-Learning erhält aber zunehmend strategische Bedeutung. Gerade die Umstellung vieler Fortbildungen auf berufsbegleitende Möglichkeiten, um sie mit weiterer Berufstätigkeit vereinbar zu machen (vgl. Nagy, 2004, 56 f), ist am effektivsten mit einer Kombination aus (wenig) Präsenz, definierten Praxisprojekten und (viel) E-Learning darstellbar. Nur durch solche Kombinationen erhält der Lernende die notwendige zeitliche und räumliche Flexibilität.

Solche für den einzelnen Bildungsgang definierten Mischungen aus verschiedenen Darbringungsformen werden "Blended Learning" genannt (vgl. Sauter, Sauer u. Bender, 2003). Für einzelne - vor allem längere - Qualifizierungen wird dabei festgelegt, welche Inhalte in welcher Form dargeboten werden. Soweit möglich erhält der Bildungskunde dabei ein Wahlrecht zwischen verschiedenen Darbringungsformen. Dabei werden Blended-Learning-Ansätze massiv von der Flexibilisierung der Anrechenbarkeiten von Bildungsleistungen unterstützt (vgl. 2.3.1 f.).

2.4.5 Auswahl effektiver Darbringungs- und Lernformen

Es gibt nicht "die" richtige Darbringungs- und Lernform. Vielmehr müssen bei der Auswahl bestimmte Fragen beantwortet werden, um die effektivste Form zu finden:

- Soll die Qualifizierung neben der Berufstätigkeit (häuslicher Gebundenheit) erfolgen - auch unter Akzeptierung einer längeren Dauer - oder soll sie - zügig - in Vollzeit erfolgen, etwa um eine Arbeitslosigkeit zu beenden?

- Ist die Finanzierung gesichert?
- Welche (positiven, negativen) Erfahrungen hat der Bildungskunde bisher mit verschiedenen Darbringungs- und Lernformen gesammelt? Wird er z.B. die Disziplin für das Durchhalten eines Fernlehrganges aufbringen?
- Welcher Lerntyp ist der Bildungskunde? Kann er besser in Gemeinschaft lernen, sich die Inhalte sozial erschließen, eher praktisch (über betriebliche Projekte) lernen oder "in Ruhe und konzentriert" in Kommunikation mit seinem Computer und entsprechenden multimedialen Selbstlernprogrammen?

Die notwendige Lotsenfunktion beinhaltet auch die Auswahl der Lernwege:
Auch hier gilt, was bereits bezüglich der Qualifizierungsinhalte ausgeführt wurde. Die Möglichkeiten der individuellen Darbringungs- und Lernformen sind immens. Für den einzelnen Bildungskunden sind die Möglichkeiten praktisch nicht überschaubar, es drohen suboptimale Planungsprozesse, die zu teueren, persönlich tragischen, Fehlentscheidungen führen können.

Hier ergeben sich große Chancen für "Qualifikations-Professionals", die - ohne Abhängigkeit von Bildungsunternehmen - einen solchen Planungsprozess effektiv begleiten können. Dies kann ein wichtiges Rollensegment für Personalberater, Arbeitsvermittler und ähnliche Professionen werden.

Dritte wichtige Dimension des beruflichen Bildungsprozesses ist seine Finanzierung. Im Folgenden werden die verschiedenen Möglichkeiten referiert, Ausbildungs- bzw. Weiterbildungsprozesse stabil zu finanzieren.

3 Finanzierungmöglichkeiten beruflicher Qualifizierungen

Die mögliche Finanzierung beruflicher Qualifizierungen ist ein äußerst wichtiger Planungs- und Entscheidungsfaktor über arbeitsmarktrelevante Qualifizierungsentscheidungen. Daher werden die möglichen Finanzierungswege ausführlich beschrieben und bewertet.

3.1 Einleitung

Während einer beruflichen Qualifizierung stellen sich prinzipiell immer zwei finanzielle Aufgaben:

- die Bezahlung der beruflichen Qualifizierung - soweit kostenpflichtig - zu sichern;
- die Sicherung des Lebensunterhaltes (für sich, ggf. den Partner und/oder Kinder), soweit während der Maßnahme Einkünfte aus Berufstätigkeit nicht (nicht mehr, nicht in voller Höhe) zur Verfügung stehen.
- Über Jahrzehnte gab es zwei große "Kostenträger", die diese Aufgabe ganz überwiegend übernahmen:
- Unternehmen für ihre Mitarbeiter;
- die damalige "Bundesanstalt für Arbeit" - jetzt Bundesagentur für Arbeit - im Rahmen des früheren Arbeitsförderungsgesetzes.

Inzwischen ist ein deutlich differenzierteres System mit sehr unterschiedlichen Förderungsmöglichkeiten entstanden, die im Folgenden dargestellt werden.

3.2 Erstausbildungen

Wir beginnen mit den Finanzierungsmöglichkeiten während der beruflichen Erstausbildung.

3.2.1 Betriebe und Staat im dualen Ausbildungs-System

Klassischer Weise erhält der Auszubildende vom Betrieb eine Ausbildungsvergütung. Sie ist in vielen Branchen tariflich geregelt. Die Brutto-Ausbildungsvergütungen betragen - einschl. Sozialleistungen - durchschnittlich rund 6.042 EUR jährlich (Stand 2003; vgl. Beicht, Walden u. Herget, 2004, 35). Der Auszubildende hat außerdem gemäß des Berufsbildungsgesetzes Anspruch auf kostenlose Überlassung aller notwendigen Ausbildungsmittel - von Lernmaterialen bis zur Arbeitskleidung (vgl. Braun, Mühlhausen, Munk u. Stück, 2004).

Die Unternehmen haben im Jahr 2000 etwa 27,68 Milliarden EUR brutto - d.h. ohne Gegenrechnung geldlich zu bewertender Produktivleistung von Auszubildenden - für die Ausbildung im dualen System ausgegeben.

Die Länder sind für die Einrichtung und das Betreiben der im dualen System benötigten Berufsschulen zuständig. Im Jahr 2003 haben sie 2,873 Milliarden EUR für entsprechende Teilzeit-Berufsschulen aufgewendet (vgl. BMBF, 2004e, 110).

3.2.2 Steuerliche Absetzbarkeit für Eltern

Liegt die Ausbildungsvergütung - ggf. unter Absetzung anerkennbarer Aufwendungen - unter bestimmten Höchstgrenzen und hat der Auszubildende das 27. Lebensjahr noch nicht vollendet, können Eltern weiterhin Kindergeld erhalten bzw. den Kinderfreibetrag geltend machen.

Eltern können ebenso, soweit sie diese tatsächlich tragen, 30% der Schulgelder von der Steuer absetzen, falls es sich um staatliche oder staatlich anerkannte allgemeinbildende Schulen oder Berufsfachschulen handelt.

3.2.3 BAföG

Wichtigste Fördermöglichkeit für das Studium und - weitgehend unbekannt - für praktisch alle staatlich anerkannten Berufsfachschulen (vgl. 2.1.5) und einige Aufstiegsfortbildungs-Fachschulen (vgl. 2.2.2.) ist das sog. "BAföG". Gültig ist aktuell die folgende Fassung: "Zwanzigstes Gesetz zur Änderung des Berufsausbildungsförderungsgesetzes (20. BAföGÄndG) aus 1999 zusammen mit den Änderungen des "Gesetzes zur Reform und Verbesserung der Ausbildungsförderung - Ausbildungsförderungsreformgesetz (AföRG) aus 2001. Bis zu bestimmten Einkommensgrenzen (die sie selbst, ihren Ehepartner und ihre Eltern betreffen), bis zu einer bestimmten Vermögenshöhe und bis zu einer bestimmten zeitlichen Dauer erhalten Teilnehmer an staatlichen und staatlich anerkannten Hochschulen sowie an Fachschulen, die bereits eine abgeschlossene Berufsausbildung voraussetzen (Aufstiegsfortbildungen) folgende Leistungen:

- 333 EUR pro Monat als Lebensunterhalt (§ 13 der aktuellen BAföG-Fassung) sowie zusätzlich
- für bei den Eltern Wohnende 44 EUR pro Monat,
- auswärts Wohnende 133 EUR monatlich sowie einen
- Zuschuss zur Kranken- und Pflegeversicherung.
- Schüler an Berufsfachschulen erhalten
  - 192 EUR pro Monat als Lebensunterhalt sowie zusätzlich
  - auswärts Wohnende bis zu 64 EUR monatlich sowie einen
  - Zuschuss zur Kranken- und Pflegeversicherung.

"Schüler erhalten Förderung durch einen Zuschuss, den sie nicht zurückzahlen müssen. Studenten erhalten die Förderung zur einen Hälfte als Zuschuss, zur anderen durch ein unverzinsliches Darlehen. Für Förderungsleistungen, die über die ‚Grundausstattung' der Förderung hinausgehen, also für die Förderung weiterer berufsqualifizierender Ausbildungen ..., für die Förderung nach Studienabbruch oder Fachrichtungswechsel, wenn durch den Wechsel Zeit verloren wurde ... erfolgt die Förderung durch ein verzinsliches Darlehen..." (BAföG. Bildungsförderung 2002, XVIII; dieses Buch enthält exzellente Kommentare zur Bildungsförderung).

„Die BAföG-Ausgaben sind seit 1998 um 74% von 1,2 Mrd. Euro auf 2,1 Mrd. Euro gestiegen." (Gemeinsame Presseerklärung von BMBF und KMK, 2004, 1).

Eine Finanzierung von Studiengebühren und Schulgeldern, wie sie von praktisch allen privaten staatlich anerkannten Hochschulen und Berufsfachschulen (und mit Wahrscheinlichkeit auch zunehmend von staatlichen Anbietern) verlangt werden, ist durch das BAföG nicht vorgesehen. Es gibt aber auch hierfür zusätzliche Finanzierungsmöglichkeiten.

3.2.4 Eigene steuerliche Absetzbarkeit

Mit einer durch die Kommission "Finanzierung Lebenslanges Lernen" angeregten Änderung des Einkommenssteuergesetzes" sind Aufwendungen für eine Berufsausbildung mit bis zu 4.000 Euro im Jahr als Sonderausgaben abzugsfähig. Steuerzahler werden so um jährlich fast 350 Millionen Euro entlastet." (Schlussbericht der unabhängigen Expertenkommission, 2004, 256 ff; BMBF, 2004c, 1 f).

Diese Regelung erleichtert deutlich die Finanzierung berufsbegleitend durchgeführter Erstausbildungen.

3.2.5 Stipendien

Eine ganze Reihe, z.B. mit politischen Parteien verbundener Stiftungen, bietet für Studenten, die begabt aber mit wenig Mitteln ausgestattet sind, Stipendien. Diese werden häufig komplementär zum BAföG gewährt.

3.2.6 Bildungssparen und Bankdarlehen

Nicht aufgegriffen wurde bisher eine Idee der Expertenkommission "Finanzierung Lebenslangen Lernens" (Schlussbericht der unabhängigen Expertenkommission, 2004, 226 f). Diese schlug ein staatlich gefördertes Bildungssparen - analog zum Bausparen - vor, mit dem Menschen für sich und/oder ihre Kinder Mittel für Qualifizierungen ansammeln könnten. Es gibt jedoch bereits private Initiativen, die in eine ähnliche Richtung gehen.

Einige große Bildungsunternehmen bzw. private Hochschulen haben mit Banken eigene Kreditprogramme für Bildungskunden aufgelegt. Hintergrund ist die Überlegung, dass Fachschul- und Studienabschlüsse mit hoher Wahrscheinlichkeit zu sicheren, guten Einkommensverhältnissen, also einer guten Bildungsrendite (vgl. BMBF, 2003b, 73 ff) führen. Damit sind Kredite an diese Personengruppe statistisch gesehen gut gesicherte Kredite.

So hat die SRH Hochschule Heidelberg mit der SEB-Bank spezielle Bildungskredite entwickelt. Sie werden niedrig verzinst und sind erst nach Ende des Studiums bzw. der Fachschulausbildung ratierlich zurückzuzahlen (vgl. www.srh.de).

Besonders günstige Kreditprogramme hat die Bundesregierung über die KfW - Förderbank aufgelegt.

3.2.7 Förderung der Ausbildung nach den Sozialgesetzbüchern II und III

Das im Rahmen der Ergebnisse der Hartz-Kommission (vgl. Hartz u.a., 2002) neu geordnete Sozialgesetzbuch III enthält im 5.Abschnitt "Förderung der Berufsausbildung" umfangreiche Festlegungen für die finanzielle Unterstützung von Menschen während berufsvorbereitenden Bildungsmaßnahmen (§ 61) und während der Ausbildung (§ 60). Träger der Unterstützung ist jeweils die Bundesagentur für Arbeit. Ausbildungen können nur gefördert werden, wenn sie nach dem Berufsbildungsgesetz, der Handwerksordnung oder dem Seemannsgesetz zu staatlich anerkannten Ausbildungsberufen - betrieblich oder außerbetrieblich - führen. Weitere Voraussetzung ist, dass der dafür vorgeschriebene Berufsausbildungsvertrag abgeschlossen wird. Berufsfachschulen können also nicht gefördert werden. Hier ist auf das BAföG zurückzugreifen (vgl. 3.2.3).

Gefördert wird eine Ausbildung außerdem nur, wenn weder der Fördernde noch sein Ehegatte noch seine Eltern die Einkommensgrenzen des Bundesausbildungsförderungsgesetzes überschreiten. Bei beruflichen Vorbereitungsmaßnahmen wird von einer Einkommensanrechnung abgesehen (§ 71).

Gefördert werden können bei Berufsausbildungen:

- der Lebensunterhalt bei beruflicher Ausbildung (§ 65) in gleicher Höhe wie beim BAföG für Studierende;
- die Werte der sog. Sachbezugsverordnung für Verpflegung und Unterbringung zuzüglich 80 EUR "Taschengeld" (§ 65, 2. Abschnitt).
- Bei berufsvorbereitenden Bildungsmaßnahmen (§ 66) werden die Sätze wie bei Schülern im BAföG benutzt.

- Die Fahrtkosten können erstattet werden (§ 67);
- ebenso Lehrgangskosten (§ 69), aber nur für berufsvorbereitende Maßnahmen und
- sonstige Aufwendungen für Lernmittel in geringer Höhe (§ 68) sowie
- Kinderbetreuungskosten (§ 68) bis 130 EUR pro Monat.

Hat jedoch ein Arbeitsloser zu Beginn einer solchen Maßnahme Anspruch auf höheres Arbeitslosengeld oder höhere Arbeitslosenhilfe, als in den eben erläuterten Sätzen geregelt, so steht ihm Berufsausbildungshilfe in Höhe des Arbeitslosengeldes bzw. der Arbeitslosenhilfe zu (vgl. § 74).

Es handelt sich um Zuschüsse, die nicht zurückgezahlt werden müssen.

Diese Förderungen sind vor allem für weitgehend mittellose Jugendliche bzw. junge Erwachsene von Bedeutung, die noch nicht über eine abgeschlossene Berufsausbildung verfügen. Es handelt sich aber um komplementär angelegte Förderungen für die berufsvorbereitenden Maßnahmen und für Zusatzkosten während der Ausbildung (vgl. auch § 235 des SGB III). Dabei wird also angenommen, dass die Ausbildung selbst dem Bildungsteilnehmer in der Regel eine Ausbildungsvergütung einbringt (zumindestens aber für ihn keine Kosten verursacht). Das schränkt die Nutzbarkeit dieser Förderung ein.

Auch das Sozialgesetzbuch II regelt im Kapitel 3 „Leistungen" entsprechende Fördermöglichkeiten für Arbeitssuchende (vgl. Marburger, 2004, 53 ff). Dabei wird im Paragraphen 16 ausdrücklich auf das SGB III verwiesen; darüber hinaus können aber auch noch ergänzende Leistungen, etwa zur Kindernbetreuung, erbracht werden (vgl. Marburger, 2004, 54). Besonders wichtig ist der Paragraph 15 „Eingliederungsvereinbarung", der explizit Regelungen zu Bildungsmaßnahmen enthält:

„(3) Wird in der Eingliederungsvereinbarung eine Bildungsmaßnahme vereinbart, ist auch zu regeln, in welchem Umfang und unter welchen Voraussetzungen der erwerbsfähige Hilfebedürftige schadensersatzpflichtig ist, wenn er die Maßnahme aus einem von ihm zu vertretenden Grund nicht zu Ende führt." (Marburger, 2004, 54).

Ausdrücklich wird hier als der Erwerbsfähige über die schriftliche Eingliederungsvereinbarung für den Fall in die finanzielle Erstattungspflicht genommen, dass er die Bildungsmaßnahme selbstverschuldet abbricht. Diese Bestimmung gewinnt noch an Gewicht durch die in § 31 „Absenkung und Wegfall des Arbeitslosengeldes II" bereits explizit dargestellten finanziellen Sanktionsmöglichkeiten (Marburger, 2004, 65).

Ergänzend sei darauf verwiesen, dass auch gemäß SGB XIII - dem Kinder- und Jugend-Hilfe-Gesetz (KJHG) - § 40 Abs. 2 Ausbildungen gefördert werden können, soweit dies nicht durch andere Sozialleistungsträger erfolgt. Dies kann vor allem für Jugendliche, deren Familien sich in längerer sozialarbeiterischer Betreuung (Familienhilfe) der Kommunen befinden, ein wichtiger Weg in die Ausbildung sein.

3.2.8 Förderung der Ausbildung im Rahmen der Leistungen zur Teilhabe am Arbeitsleben (SGB IX) für behinderte Menschen

Das Sozialgesetzbuch IX regelt im Zusammenwirken mit dem Dritten Unterabschnitt "Besondere Leistungen" des SGB III die ausbildungs- und weiterbildungsbezogenen Fördermöglichkeiten für behinderte Menschen. Diese Fördermöglichkeiten gehen über die für nicht behinderte Menschen deutlich hinaus.

„ ‚Behindert' sind nach § 2 Abs. 1 SGB IX Menschen, wenn ihre körperliche Funktion, geistige Fähigkeit oder seelische Gesundheit mit hoher Wahrscheinlichkeit länger als sechs Monate von dem für das Lebensalter typischen Zustand abweichen und daher ihre Teilhabe am Leben in der Gesellschaft beeinträchtigt ist. Diese an Vorschläge der Weltgesundheitsorganisation angelehnte grundlegende Begriffsbestimmung orientiert sich nicht an wirklichen oder vermeintlichen Defiziten. Im Vordergrund steht das Ziel der Teilhabe (Partizipation) an den verschiedenen Lebensbereichen. Als Abweichung vom ‚typischen Zustand' ist der Verlust oder die Beeinträchtigung von - im jeweiligen Lebensalter normalerweise vorhandenen - körperlichen, geistigen oder seelischen Strukturen zu verstehen. Folgt aus dieser Schädigung eine Teilhabebeeinträchtigung, die sich in einem oder mehreren Lebensbereichen auswirkt, liegt eine Behinderung vor. Das Erfordernis einer voraussichtlichen Dauer der Beeinträchtigung von sechs Monaten schließt zwar vorübergehende Störungen nicht aus, nicht jedoch Interventionen so früh wie im Einzelfall geboten; dies gilt insbesondere, wenn bei Kindern Behinderungen eingetreten oder zu erwarten sind." (Bundesministerium für Gesundheit und Soziale Sicherung, 2004, 6 ff).

Sogar einen Rechtsanspruch auf Leistungen zur Teilhabe am Arbeitsleben haben schwerbehinderte Menschen. "Schwerbehinderte Menschen sind behinderte Menschen, deren Grad der Behinderung mindestens 50 beträgt ....(§ 2 Abs. 2 SGB IX). Ende 2001 waren in Deutschland 6,7 Millionen Menschen schwerbehindert; dies entspricht einem Bevölkerungsanteil von rund 8%." (ebd., 8).

Es können praktisch alle Kosten, die mit der Vorbereitung (Berufsfindung, Ausbildungsvorbereitungs-Lehrgänge) und Durchführung von Ausbildungen (Lehrgangskosten, Fahrtkosten, Sicherung des persönlichen Unterhaltes, Kinderbetreuungskosten) in Zusammenhang stehen, von den Sozialleistungsträgern übernommen werden. Bei der Erstausbildung ist das in aller Regel die Bundesagentur für Arbeit. Die folgenden Zahlen verdeutlichen die Bedeutung dieser besonderen Förderung:

"Ende Dezember 2002 befanden sich 147.254 von der Bundesagentur für Arbeit im Rahmen der Leistungen zur Teilhabe am Arbeitsleben geförderte behinderte Menschen in einer berufsvorbereitenden oder berufsfördernden Bildungsmaßnahme... Davon absolvierten 59.651 eine Berufsausbildung, 33.917 eine Weiterbildung, 24.356 nahmen an Förderlehrgängen und 18.049 an Maßnahmen in Eingangsverfahren und im Berufsbildungsbereich einer Werkstatt für behinderte Menschen teil." (ebd., 62).

Anlaufstelle für eine qualifizierte Berufsberatung für behinderte junge Menschen ist die Bundesagentur für Arbeit, die gemäß der Grundsätze nach den §§ 29 ff SGB III eine solche Dienstleistung kostenlos vorzuhalten hat. Pro Jahr nehmen mehr als 200.000 behinderte Jugendliche und junge Erwachsene diesen Service in Anspruch (BMBF, 2003c, 158).

Zu weiteren Einzelheiten und speziell der Darstellung des Rechtsanspruches auf das "Persönliche Budget" sei auf den Beitrag von Zahn und Rückemann in diesem Buch verwiesen.

3.3 Finanzierung von Weiterbildungen

Im Folgenden werden die finanziellen Fördermöglichkeiten für berufliche Weiterbildungen dargestellt.

3.3.1 Betriebe finanzieren Qualifizierungen für ihre Mitarbeiter

Besonders wichtig als Finanziers beruflicher Weiterbildungen sind nach wie vor die Unternehmen. Diese können Mitarbeiter durch bezahlte Freistellung von der Arbeit - in einigen Bundesländern mit Bildungsurlaubsregelungen bis zu eine Woche Rechtsanspruch ! - und durch Übernahme von Lehrgangs- und ggf. Reisekosten fördern. Die Schätzungen, wieviel deutsche Unternehmen hierfür pro Jahr aufwenden, betrug 2001 etwa 17 Milliarden EUR (vgl. Obermeier, 2004, 1 f) und sinkt seitdem. Das fortgeschriebene Bildungsbudget (vgl. www.bildungsbericht.de) nennt für 2003 ein Volument von 10 Milliarden EUR (S. 5) - allerdings bei nicht vollständig vergleichbaren Erhebungsmethoden.

Sehr deutlich zeichnet sich jedoch ein sehr wichtiger Trend ab:

Unternehmen stehen in einem harten Preis-Wettbewerb. Zeiten, in denen berufliche Weiterbildung als eine Art zusätzliche Sozialleistung verstanden wurde, sind in den meisten Unternehmen vorbei (vgl. Scholz, 2004). Vielmehr fördern Unternehmen nur noch solche Qualifizierungen, die der jeweilige Mitarbeiter an seinem Arbeitsplatz zügig (produktivitätserhöhend) einsetzen kann. So überlassen nur noch 4,4% der Unternehmen ihren Mitarbeitern selbst die Auswahl des Weiterbildungsunternehmens (vgl. BMBF, 2003c, 213). Das Thema Bildungscontrolling - die Ermittlung der Effizienz beruflicher Bildungsmaßnahmen - gehört zu den am stärksten nachgefragten aktuellen Kongressthemen, etwa auf der Fachmesse für Personalwesen "Zukunft Personal" in Köln mit dem Deutschen Fachkongress für Bildungscontrolling (vgl. Söhner u. Nagy, 2004).

Viele Unternehmen verlangen auch von Mitarbeitern eine Selbstbeteiligung von Weiterbildungen, etwa das Einbringen von Freizeit, die Übernahme eines Teils der Kosten oder den Abschluss einer Rückzahlungsvereinbarung, falls der Mitarbeiter nach einer kostenintensiven Weiterbildung das Unternehmen schnell verlässt.

Trotz dieser Umstellung in der Weiterbildungsbetrachtung bei Unternehmen ist die Zahl der eindeutig beruflichen Weiterbildung in den letzten Jahren praktisch konstant geblieben, dagegen sind allgemeinere Weiterbildungen deutlich zurückgegangen (vgl. BMBF, 2003c, 198). Für diese konstante Entwicklung beruflicher Weiterbildungen sind die folgenden beiden - sehr ausgeweiteten - Finanzierungsquellen verantwortlich:

Menschen sind zunehmend bereit, in eigene Weiterbildung selbst zu investieren.

Die Förderung von Aufstiegsqualifizierungen - das sog. "Meister-BAföG - ist ein großer Erfolg.

3.3.2 Menschen finanzieren ihre Weiterbildung selbst

Offensichtlich bemerken immer mehr Menschen Folgendes:

- Berufliche Weiterbildung ist unbedingt notwendig, um den heutigen Arbeitsplatz erhalten oder sich zügig einen neuen erschließen zu können.
- Die "Groß-Finanziers" - eigenes Unternehmen und Bundesagentur für Arbeit - sind nicht mehr bereit bzw. finanziell in der Lage, diese Weiterbildungen (komplett) zu finanzieren.
- Es ist daher notwendig und sinnvoll, eigene Mittel in die berufliche Weiterbildung zu investieren (unter Nutzung entsprechender steuerlicher Abzugsmöglichkeiten und sonstiger Förderungen).
- So berichtet das Bundesinstitut für Berufsbildung unter dem Titel "Privatpersonen übernehmen hohe Verantwortung für ihre berufliche Weiterbildung" (BIBB, 2004, 1 ff):
- Privatpersonen geben im Durchschnitt 520 EUR pro Jahr für ihre berufliche Weiterbildung aus;
- 13% geben sogar mehr als 1.000 EUR und 2% mehr als 5.000 EUR aus.
- Im Durchschnitt wenden die Teilnehmer 138 Stunden pro Jahr - also rund 18 Tage - für berufliche Weiterbildung auf, davon mehr als die Hälfte außerhalb der Arbeitszeit.
- Insgesamt wenden damit Privatpersonen in Deutschland für ihre berufliche Weiterbildung pro Jahr 13,9 Milliarden EUR auf - also bereits fast so viel wie die Unternehmen!

Dies ist ein sehr wichtiger Trend. Genau wie immer mehr Menschen bereit sind, für eine qualitativ hochwertige Erst-Ausbildung (z.B. an privaten Hochschulen und Berufsfachschulen) eigene Mittel zu investieren, so steigt auch die Bereitschaft, in eigene Weiterbildung zu investieren. Dies bestätigen Beicht, Krekel und Walden (2006 152 - 171) unter Verweis auf die individuellen Nutzenannahmen der Weiterbildungsteilnehmer.

Damit können Defizite in der Finanzierung durch Unternehmen teilweise ausgeglichen werden:

„Deutsche Unternehmen konzentrieren ihre betriebliche Weiterbildung vor allem auf kurzfristige Maßnahmen für einen relativ kleinen Teil ihrer Beschäftigten."(Schlussbericht der unabhängigen Expertenkommission „Finanzierung Lebenslangen Lernens", 2004, 24; vgl. auch Dohmen, Klemm und Weiß, 2004, 172ff.).

Die Bundesregierung hat mit dem im Folgenden darzustellenden Förderinstrument eine wichtige ergänzende Finanzierungsmöglichkeit für aufwendigere Weiterbildungen geschaffen.

3.3.3 Das "Meister-BAföG"

Das Gesetz zur Förderung der beruflichen Aufstiegsfortbildung (Aufstiegsfortbildungsförderungsgesetz - AFBG) regelt nicht nur - wie der landläufige Name "Meister-BAföG" suggeriert - Meister-Fortbildungen, sondern generell Maßnahmen der beruflichen Aufstiegsfortbildung (§ 2), also z.B. auch die Fachschulen (vgl. 2.2.1.) und die Aufstiegsqualifikationen Meister, Techniker, Fachwirt usw. (vgl. 2.2.2 ff)

Unter der Bedingung, dass bestimmte Einkommens- und Vermögensgrenzen - analog zum BAföG - nicht überschritten werden, können gefördert werden:

- Lehrgangs- und Prüfungsgebühren - auch für Fernkurse - bis 10.226 EUR;
- persönlicher Unterhaltsbedarf und Kinderbetreuungskosten analog zum BAföG.

Die Förderung der Lehrgangs- und Prüfungsgebühren wird zu 35% als Zuschuss geleistet, der Rest über einen sehr tilgungs- und zinsfreundlichen Kredit mit der Deutschen Ausgleichsbank abgesichert (§ 12). Der Unterhaltsbetrag wird je nach Höhe ganz über einen Darlehensvertrag oder teilweise als Zuschuss gewährt.

Diese neue Form der Förderung findet regen Zuspruch, wie folgende Pressemitteilung des Bundesministeriums für Bildung und Forschung erläutert:

"Das ‚Meister-BAföG' bleibt auf Erfolgskurs. Die ehemalige Bundesbildungsministerin Edelgard Buhlman begrüßte den starken Anstieg der Förderzahlen als Bestätigung der

Bundesregierung. Nach den am heutigen Freitag vom Statistischen Bundesamt veröffentlichten Zahlen erhielten im vergangenen Jahr rund 122.000 Teilnehmerinnen und Teilnehmer an Fortbildungen Leistungen nach dem Aufstiegsfortbildungsgesetz (ABFG). Dies entspricht einer Steigerung um 39 Prozent gegenüber 2002. ... Die Zahl der geförderten Frauen erhöhte sich gegenüber dem Vorjahr um rund 57 Prozent, die der geförderten Männer um rund 32 Prozent. Erneut wurde ein steigendes Interesse an der Förderung der Fortbildungen in Teilzeit registriert. Die Zahl der so Geförderten stieg von 2002 auf 2003 um 54 Prozent.

Die Förderzusagen im vergangenen Jahr umfassten insgesamt rund 388 Millionen Euro. Davon entfielen etwa 51 Millionen Euro auf Zuschüsse für den Lebensunterhalt, rund 77 Millionen Euro auf Zuschüsse bei den Lehrgangs- und Prüfungsgebühren und auf die Kinderbetreuung sowie rund 260 Millionen Euro auf die Darlehen der Deutschen Ausgleichsbank..." (BMBF, 2004d, 1 f).

Das "Meister BAföG" kann damit ein sehr effektiver Bestandteil einer Finanzierung für eine - z.B. halbtags absolvierte - umfangreiche berufliche Qualifizierung sein.

3.3.4 Begabtenförderung berufliche Bildung

Das Bundesministerium für Bildung und Forschung fördert die Weiterbildung begabter Absolventen, die eine Lehre nach dem BBiG oder nach der HwO oder eine Berufsfachschulausbildung im Gesundheitsbereich besonders erfolgreich absolviert haben. Sie sollen bei Förderungsbeginn unter 25 Jahren alt sein. Im Jahr 2002 befanden sich 14.642 Stipendiaten in entsprechenden Weiterbildungen. Das Fördervolumen betrug 2002 und 2003 je 14, 6 Millionen EUR, also durchschnittlich rund 1.000 EUR pro Jahr und Stipendiat (vgl. Richtlinien, 2002; BMBF, 2003c, 228 f).

3.3.5 Steuerliche Absetzbarkeit

Von besonderer Bedeutung ist die steuerliche Absetzbarkeit beruflicher Weiterbildungen. Aufwendungen für eine Weiterbildung, die das berufliche Weiterkommen zum Ziel hat, können als Werbungskosten ohne Beschränkung in der Höhe abgesetzt werden. Aufwendungen sind u.a. Kursgebühren, Fahrtkosten zu Kursen und zu Lern-Arbeitsgemeinschaften, notwendige PC-Beschaffungen für E-Learning-Kurse, das notwendige Büromaterial usw.

Richtlinien des Bundesfinanzministeriums und Urteile der Finanzgerichte haben dazu geführt, dass sich die Regelungen zur Absetzbarkeit ständig verbessert haben. So sind Aufbaustudiengänge, die der beruflichen Kompetenzerweiterung dienen, jetzt praktisch immer absetzbar.

Entsprechende Aufwendungen ab einer gewissen Höhe können direkt steuermindernd auf der Lohnsteuerkarte als Freibetrag eingetragen werden und führen dann unmittelbar zur Senkung der Einkommens- bzw. Lohnsteuer.

Die Kombination dieser steuerlichen Absetzbarkeit z.B. mit Zuschüssen des Unternehmens und/oder mit dem "MeisterBAföG" stellt eine sehr wichtige Möglichkeit der Finanzierung beruflicher Weiterbildungen dar.

3.3.6 Förderung der beruflichen Weiterbildung nach den Sozialgesetzbüchern II und III

Im Rahmen der Hartz-Reformen (vgl. Hartz u.a., 2002) ist es zu einer deutlichen Perspektivverschiebung im Sozialgesetzbuch III (Arbeitsförderung) gekommen. Am 1.Januar 2003 sind das "Erste und Zweite Gesetz für moderne Dienstleistungen am Arbeitsmarkt" in Kraft getreten (vgl. Steck u. Kossens, 2003). Bis dahin war die Arbeit der Bundesagentur für Arbeit durchaus mit der Zielsetzung verbunden, durch umfassende Weiterbildungsförderung den Strukturwandel der Wirtschaft sehr umfassend zu fördern:

- durch rechtzeitige Weiterbildungen sollten Menschen auf neue Tätigkeiten in neuen Positionen oder sogar Branchen vorbereitet werden;
- gleichzeitige sollten neuen und wachsenden Branchen das notwendige Fachpersonal - zusätzlich zur betrieblichen Ausbildung im dualen System - zügig zugeführt werden.

So hat die Bundesagentur für Arbeit in einem hohen Maße den Boom der IT-Branche durch die Unterstützung entsprechender Weiterbildungen und Umschulungen erst ermöglicht. So erreichte die Industrie erst im Jahr 2003 60.000 Ausbildungsplätze für IT- und Medienberufe und nur 19.000 Neuverträge für Ausbildungen im dualen System in 2002. Die Bundesagentur für Arbeit hatte 2002 52.000 Teilnehmer und 2003 47.000 Teilnehmer in entsprechend nach dem SGB III geförderten Weiterbildungen - eine für die Branche unverzichtbare Zahl an Fachkräften (vgl. BMBF. 2003c, 184).

Eindeutiger Schwerpunkt des SGB III war daher die Vermeidung bzw. Beendigung von Arbeitslosigkeit durch die Schaffung neuer Qualifikationen und flankierende Hilfen wie Eingliederungszuschüsse etc.

Mit den gesetzlichen Veränderungen zum 1.1.2003 weist das SGB III eine deutlich veränderte Handschrift auf:

- Die Förderung der Selbstständigkeit wurde ausgebaut. Im neuen § 421 l ist die Förderung der volkstümlich genannten "ICH-AG" durch einen Arbeitslosen geregelt;

- Flächendeckend wurden Personalserviceagenturen (PSA) gemäß § 37c SGB III eingeführt. Vermittelbare Arbeitslose sollen durch Personalserviceagenturen möglichst schnell in Leiharbeits-Strukturen integriert und durch "Klebeeffekte" von den Entleihfirmen übernommen werden;
- die schnelle Vermittlung von Arbeitslosen in den Arbeitsmarkt soll durch Ausbau der Vermittlungsinstrumente verstärkt werden. So "wurde die Erlaubnispflicht für private Arbeitsvermittler abgeschafft und in § 421 SGB III der Vermittlungsgutschein befristet als neues Instrumentarium in das Arbeitsförderungsrecht übernommen. Nach § 421 Abs. 1 SGB III haben Arbeitslosengeld- oder Arbeitslosenhilfeempfänger bis Ende 2004 Anspruch auf einen Vermittlungsgutschein, wenn sie nach einer Arbeitslosigkeit von drei Monaten noch nicht vermittelt sind." (Steck u. Kossens, 2003, 1). Der Vermittlungsgutschein war in der Höhe - je nach Dauer der Arbeitslosigkeit - mit 1.500 bis 2.500 EUR dotiert und konnte vom privaten Arbeitsvermittler eingelöst werden, wenn er dem Arbeitslosen erfolgreich eine neue Stelle vermittelt hatte.

Damit werden neue oder ausgebaute Instrumentarien wesentlich ausführlicher als bisher neben die Förderung durch berufliche Weiterbildung gestellt.

Dagegen sind im sechsten Abschnitt "Förderung der beruflichen Weiterbildung" des SGB III die Förderkriterien deutlich verschärft worden:

Arbeitslose haben keinen Rechtsanspruch auf die Ausstellung eines Bildungsgutscheins, den sie bei einem Bildungsträger gegen eine Teilnahme an der Qualifizierung eintauschen können. Es handelt sich vielmehr - vgl. § 3 SGB III - nur um Ermessensleistungen, deren Freigabe u.a. von der finanziellen Lage der Bundesagentur für Arbeit, der individuellen Einschätzung des Arbeitsmarktes und des Ratsuchenden abhängig gemacht werden darf.

Diese Ermessensleistung wiederum ist an eindeutige Voraussetzung geknüpft, die sich auf den Ratsuchenden, den Bildungsträger und die einzelne Qualifizierung beziehen; für den Ratsuchenden gilt:

"Für den Erhalt eines Bildungsgutscheins müssen die gesetzlichen Voraussetzungen der Förderfähigkeit des einzelnen Arbeitslosen ... vom Arbeitsamt anerkannt und bescheinigt sein. Es hat also nicht generell jeder Arbeitslose Anspruch auf Erteilung eines Bildungsgutscheins, sondern nur, wer die in § 77 Abs. 1 SGB III festgelegten Voraussetzungen erfüllt.

Förderfähigkeit liegt danach vor, wenn die Weiterbildung notwendig ist,

- um Arbeitnehmer bei Arbeitslosigkeit beruflich einzugliedern,
- eine konkret drohende Arbeitslosigkeit abzuwenden,
- bei Teilzeitbeschäftigung eine Vollzeitbeschäftigung zu erlangen oder

- weil die Notwendigkeit einer Weiterbildung wegen fehlendem Berufsabschlusses anerkannt ist.

Die gesetzlichen Vorgaben sind abschließend. Der Erhalt eines Bildungsgutscheins aus anderen Gründen ist damit ausgeschlossen.

Das Arbeitsamt darf die Förderfähigkeit zudem nur bescheinigen, wenn der Bewerber geeignet ist und davon ausgegangen werden kann, dass dieser nach Abschluss der Maßnahme eine Beschäftigung in dem gelernten Bereich finden wird." (Steck u. Kossens, 2003, 92; vgl. auch Marburger, 2003).

Zudem muss der Bildungsträger seine Qualität über ein Qualitätssicherungssystem nachweisen (vgl. § 84 SGB III).

Die Bildungsmaßnahme selbst muss wirtschaftlich und sparsam durchgeführt werden. Hierzu gehört, dass sie (vgl. § 85b SGB III) mindestens 1/3 kürzer sein muss, als z.B. eine gleiche, im klassischen dualen System durchgeführte Ausbildung. Ist dies nicht möglich, so kann nur gefördert werden, wenn mindestens 1/3 der Maßnahme anderweitig finanziert wird und diese Finanzierung nachgewiesen wird.

Der Weiterbildungsgutschein beruht weiterhin auf der Idee, dass sein Inhaber sich seinen Bildungsträger dann - ggf. von der Bundesagentur für Arbeit auf eine bestimmte Region eingeschränkt - selbst sucht. In der Praxis hat dieser prinzipiell richtige Ansatz zu mehr persönlicher Autonomie jedoch dazu geführt

- dass eine Vielzahl solcher Bildungsgutscheine nicht eingelöst (und damit den Ratsuchenden keine neuen berufliche Perspektiven eröffnet) wurden;
- dass viele Bildungsträger viele Qualifizierungen mangels wirtschaftlicher Basis (zu wenig Teilnehmer) absagen mussten.

Die Bundesagentur für Arbeit stellte 2003 rund 5 Milliarden EUR für berufliche Weiterbildung (einschl. Unterhaltsleistungen) zur Verfügung, 25% weniger als im Vorjahr (vgl. Obermeier, 2004).

Inzwischen ist es zu einem massiven Rückgang des Bestandes an Teilnehmern in der Fort- und Weiterbildung gekommen, wie folgende Grafik zeigt:

Abbildung 19: Entwicklung von Fort- und Weiterbildungsmaßnahmen

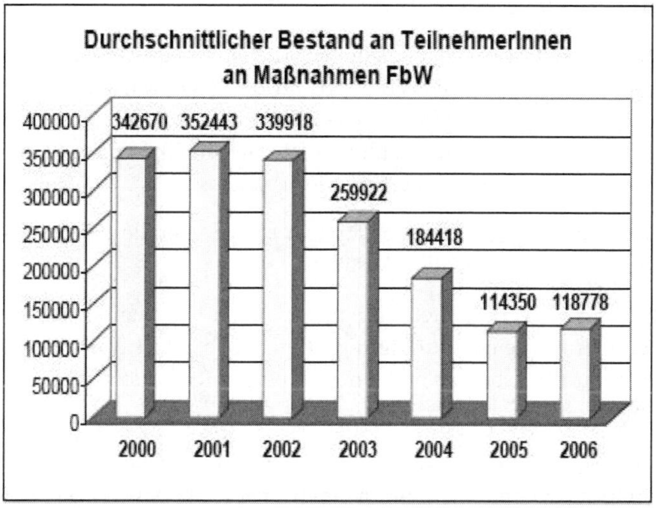

Quelle:www.netzwerk-weiterbildung.de

Die folgende Tabelle zeigt dabei, dass sich weniger die Eintritte als vielmehr die Dauer der Förderung - und damit die Bestandszahlen - gravierend verkürzt haben.

Tabelle 4: Eintritte und Bestand an Teilnehmern von FbW-Maßnahmen

	Bestand	**Neueintritte**	**Neueintritte in %**	**Bestand**	**Neueintritte**	**Neueintritte in %**
	2003	***2003***	***2003***	***2003***	***2007***	***2007***
Januar	307.806	24.215	7, 87	114.731	18.965	16, 53
Februar	296.023	27.149	9, 17	117.120	27.623	23, 59
März	283.811	22.188	7, 82	119.938	30.415	25, 36

Quelle: www.netzwerk-weiterbildung.de.

Bildungsträger, die sich auf Zielgruppen nach SGB III fokussiert haben, nahmen in den Umstellungsjahren 2003 bis 2006 bis zu 80% Umsatzrückgänge hin, fast alle großen Bildungsunternehmen Umsatzrückgänge zwischen 10 und 30% (vgl. Lünendonk, 2004). Inzwischen ist eine weitgehende Stabilisierung eingetreten (vgl. Lünendonk 2007).

Die unabhängigen Expertenkommission „Finanzierung Lebenslangen Lernens" kritisiert diese Kehrtwendung in der Betrachtung von Qualifizierung als Integrationsinstrument und den daraus folgenden Förderungsrückgang deutlich:

„Das verbreitete öffentliche Mißtrauen gegen jede Form der arbeitsmarktpolitisch geförderten Weiterbildung erscheint vor dem Hintergrund der gegenwärtigen Reformen und angesichts der notwendigen, auch mit diesem Instrumentarium zu bewältigenden Herausforderungen nicht vertretbar."(Schlußbericht der unabhängigen Expertenkommission „Finanzierung Lebenslangen Lernens, 2004, 64).

Gerade der neu eingeführte Bildungsgutschein bietet aber einige - gerade für Qualifizierungsplanungen - sehr wichtige und richtige Ansätze:

- Der Arbeitslose selbst ist verpflichtet - möglichst schon vor Beginn der Arbeitslosigkeit, beim Drohen einer Kündigung - (vgl. § 37b Satz 1 SGB III) sich bei der Bundesagentur für Arbeit zu melden, sich persönlich beraten zu lassen und seine Vorschläge einzubringen;
- Er kann bei Bildungsgutscheinen aufzahlen, d.h. wenn er seine Qualifizierung bei einem besonders guten Bildungsunternehmen absolvieren möchte, kann er aus persönlichen Mitteln die Dotierung des Bildungsgutscheins aufstocken;
- Er kann an der Finanzierung des "letzten Drittels" bei Qualifizierungen mitwirken, die nicht um 1/3 verkürzbar sind, wie es der § 85b verlangt. Möchte er z.B. eine Fachschulausbildung absolvieren, die aus gesetzlichen Gründen nicht verkürzbar ist, so kann er die Förderung nach SGB III der ersten 2/3 durch eine rechtzeitig beantragte und bewilligte Förderung nach dem AFGB (vgl. 3.2.3) und/oder aus eigenen Rücklagen ergänzen.

Die letztgenannten beiden Vorschläge mögen gerade für langjährig im Bereich SGB III tätige Fachleute immer noch wenig realistisch erscheinen. Aus drei Gründen halten wir sie aber für zukünftig realisierbar:

- Die gesamte Gesetzgebung, die den Ergebnissen der Hartz-Kommission folgt, setzt vermehrt darauf, dass Menschen vorrangig geholfen werden soll, die entsprechende Eigeninitiative zeigen und sich z.B. eigenständig um Selbständigkeit ("ICH-AG") oder ihre Vermittlung kümmern; für solche Eigeninitiative kann ein Einbringen eigenen Geldes und eigener Initiative zur Beantragung von BAföG oder "Meister-BAföG" ein wichtiges Indiz sein, dass Ermessensentscheidungen positiv beeinflusst.
- Mit der Zusammenlegung von Arbeitslosen- und Sozialhilfe für Beschäftigungsfähige zum 1.1.2005 kommt es wesentlich schneller als bisher bei der Arbeitslosenhilfe zur Anrechnung von Vermögen auf die Zahlung der Grundsicherung (vgl. Marburger, 2004, 50 f). Damit entsteht - pointiert formuliert - eine neue Situation: Mancher Arbeitslose wird sich überlegen, ob er die möglicherweise vorhandenen Mittel in die eigene Weiterbildung einbringt und da-

mit in die Zukunft investiert oder sie sich auf die neue Grundsicherung anrechnen lassen will.

- Für das neue SGB II gilt das bereits bei der Ausbildungsfinanzierung Dargestellte: Es regelt im Kapitel 3 „Leistungen" entsprechende Fördermöglichkeiten für Arbeitssuchende (vgl. Marburger, 2004, 53 ff). Dabei wird im Paragraphen 16 ausdrücklich auf das SGB III verwiesen; darüber hinaus können aber auch noch ergänzende Leistungen, etwa zur Kinderbetreuung, erbracht werden (vgl. Marburger, 2004, 54). Besonders wichtig ist der Paragraph 15
- „Eingliederungsvereinbarung", der explizit Regelungen zu Bildungsmaßnahmen enthält:
- „(3) Wird in der Eingliederungsvereinbarung eine Bildungsmaßnahme vereinbart, ist auch zu regeln, in welchem Umfang und unter welchen Voraussetzungen der erwerbsfähige Hilfebedürftige schadensersatzpflichtig ist, wenn er die Maßnahme aus einem von ihm zu vertretenden Grund nicht zu Ende führt." (Marburger, 2004, 54).
- Ausdrücklich wird hier als der Erwerbsfähige über die schriftliche Eingliederungsvereinbarung für den Fall in die finanzielle Erstattungspflicht genommen, dass er die Bildungsmaßnahme selbstverschuldet abbricht. Diese Bestimmung gewinnt noch an Gewicht durch die in § 31 „Absenkung und Wegfall des Arbeitslosengeldes II" bereits explizit dargestellten finanziellen Sanktionsmöglichkeiten (Marburger, 2004, 65).

Damit ist jetzt tatsächlich die Notwendigkeit - aber auch die Chance - gegeben, durch intensive Beratungen mit Bezug auf SGB II und III Einstellungsveränderungen gerade bei Arbeitslosen herbeizuführen.

Abschließend sei noch auf drei wichtige Förderungsmöglichkeiten des SGB III verwiesen:

- Die §§ 254 und 255 SGB III regeln, dass sich die Bundesagentur für Arbeit an Maßnahmen zur Eingliederung in den Arbeitsmarkt durch Zuschüsse beteiligen kann, wenn in einem Sozialplan auch betriebliche Mittel für eine solche Maßnahme vorgesehen sind. Damit besteht folgende Chance:
- Als Ergebnis von Sozialplanverhandlungen stellt das Unternehmen für zu kündigende Mitarbeiter finanzielle Mittel für Weiterbildungen zur Verfügung, die deren Chancen auf eine neue Stelle erheblich verbessern. Die Bundesagentur stockt diese Mittel auf und zusätzlich können die bisherigen Mitarbeiter beispielsweise aus ihren persönlichen Abfindungen ebenfalls noch Mittel einbringen. Ein solches System dürfte gerade für Arbeitnehmer unter 50 Jahren, die im Rahmen von Sozialauswahlen von Kündigungen besonders häufig betroffen sind (vgl. Bauer u. Krieger, 2004), wesentlich bessere Zu-

kunftsaussichten bieten als höhere persönliche Abfindungen, die später auf Sozialhilfe angerechnet werden.

- Bis zum 31.12.2005 (Maßnahmebeginn) konnten schließlich Arbeitnehmer, die das 50. Lebensjahr vollendet haben, in Betrieben mit nicht mehr als 100 Arbeitnehmern, durch die Übernahme von Weiterbildungskosten gefördert werden. Die Weiterbildung muss berufsbegleitend (bzw. bei Weiterzahlung des Arbeitsentgeltes) außerhalb des eigenen Betriebes durchgeführt werden (vgl. § 417 SGB III). Inzwischen hat die Bundesagentur für Arbeit das sogenannte WeGebAU - Programm zur Förderungen älterer und ungelernter bzw. qualifikationsfremd eingesetzter Arbeitnehmer aufgelegt, das erhebliche Fördermöglichkeiten für Unternehmen bietet.

3.3.7 Berufliche Rehabilitation (SGB IX, SGB III, 7. Abschnitt)

Menschen, die behindert oder sogar als schwerbehindert anerkannt sind (vgl. 3.2.8), haben einen Anspruch auf Leistungen, die geeignet sind, ihre Teilhabe am Arbeitsleben möglichst dauerhaft zu erhalten (§ 33 SGB IX). Im Gegensatz zu den oben beschriebenen allgemeinen Leistungen nach SGB III können behinderte Menschen - soweit behinderungsbedingt notwendig - auch weitere Hilfen erhalten; dies umfasst u.a.:

- Aufwendungen auch für Unterkunft, Verpflegung, medizinische und therapeutische Betreuung in speziellen behindertengerechten Einrichtungen, vor allem den 27 Berufsförderungswerken mit rund 15.000 Plätzen und den Einrichtungen der medizinisch-beruflichen Rehabilitation mit rund 3.900 Plätzen (vgl. Bundesministerium für Gesundheit und Soziale Sicherung, 2004, 64).
- Es können auch Berufe außerhalb BBiG und HwO gefördert werden (vgl. § 37 SGB IX), soweit dies für die Integration notwendig ist, z.B. Berufsfachschulen.
- Die SRH Hochschule Heidelberg ist als einzige in Deutschland als Rehabilitationseinrichtung anerkannt; hier kann damit auch ein Fachhochschulstudium als Rehabilitationsmaßnahme durchgeführt werden und zwar in Förderung aller Rehabilitationsträger.

Rund 34.000 Menschen nahmen im Rahmen einer beruflichen Rehabilitation im Dezember 2002 an einer entsprechenden Weiterbildung teil (vgl. ebd.).

Zu weiteren Einzelheiten sei auf das Kapitel von "Integration behinderter Menschen in den Arbeitsmarkt" in diesem Buch verwiesen.

3.3.8 Finanzierungsberatung als Teil der Lotsenfunktion

Es gibt inzwischen eine Vielzahl - auch kombinierbarer - Finanzierungsmöglichkeiten für die Aus- und Weiterbildung. Wichtiger Teil der "Lotsenfunktion" privater und öffentlicher Bildungs-, Arbeits- und Personalberater wird daher in Zukunft sein, die Möglichkeiten exzellent zu kennen und für den einzelnen zu einem sinnvollen Gesamtkonzept zu verbinden.

4 Komponenten einer effizienten individuellen Qualifizierungsplanung

Die dargestellten Grundlagen zur beruflichen Qualifizierung sind nun als handlungsleitende Basis im Rahmen von Unterstützungen zur Arbeitsmarktintegration nutzbar zu machen.

4.1 Einführung

Nachdem wir die drei Dimensionen der beruflichen Bildung

Bildungsgänge und -ziele;

Darbringungs- und Lernformen und

Finanzierungsmöglichkeiten

beschrieben haben, können wir nun darstellen, wie eine effiziente Qualifizierungsplanung im Zusammenwirken des Ratsuchenden und seines/seiner Berater ablaufen sollte.

Wie wichtig eine solche kompetente Beratung ist, zeigen Untersuchungen der Stiftung Warentest bei unternehmensneutralen Bildungsberatungsstellen. Obermeier fasst die Ergebnisse wie folgt zusammen:

" Besonders schlecht schnitten dabei die Arbeitsagenturen ab. Wer nicht arbeitslos oder -suchend gemeldet ist, tut sich schwer, überhaupt einen Termin zu bekommen. Angesichts Umstrukturierung und Rekordarbeitslosigkeit noch verständlich, so die Tester. Doch auch die Beratung selbst lässt zu wünschen übrig - sowohl an Individualität wie auch an Tiefe. Konkrete Angebote dürfen die Berater zwar nicht machen. Geeignete Kurse sollten aber zumindest erörtert werden, so die Tester. Die Bundesagentur für Arbeit wiederum verweist auf ihre Weiterbildungsdatenbank und fordert mehr

Eigeninitiative. Zur persönlichen Beratung sollte erst kommen, wer konkrete Fragen zu einem Angebot oder dessen Finanzierung hat. Mit einem zentralen Kundenzentrum will sie Anfragen in Zukunft besser steuern.

Gute Beratung ist rar gesät!

Wer mit einer Weiterbildung seine Aufstiegschancen erhöhen will, ist bei den Industrie- und Handelskammern sowie den Handwerkskammern am besten bedient, so die Tester. Allerdings: Von Neutralität könne dort keine Rede sein. Kammerfremde Kurse schlugen die Berater oft gar nicht erst vor.

Kommunale Stellen wiederum beraten zwar neutral und gut, sind angesichts leerer Kassen aber rar gesät. Dies gilt insbesondere für die Frauenberatungsstellen, die als Testsieger hervorbringen. Sie berücksichtigen in hohem Maß die persönlichen Voraussetzungen der Ratsuchenden und helfen bei der Orientierung, lobt die Stiftung Warentest.

Insgesamt aber zieht sie das ernüchternde Fazit: ‚Es ist derzeit einfach schwierig, eine hilfreiche, neutrale Beratung in Sachen Weiterbildung zu bekommen.' " (Obermeier, 2004, 1 f).

Diese Einschätzung belegt, wie wichtig die Professionalisierung einer beruflichen Bildungsberatung ist. Dabei gibt es natürlich gravierende Unterschiede, ob es sich um eine innerbetriebliche Bildungsbedarfsplanung, Planung beruflicher Bildung mit Bezug auf die Eingliederung eines einzelnen Arbeitslosen oder berufliche Bildung als Baustein bei der Sanierung eines sozialen Brennpunktes (vgl. Nagy, 1996) handelt. Dennoch gibt es viele übereinstimmende Elemente. Im Folgenden soll dazu ein Qualifizierungsplanungs-Modell gezeigt werden, das die oben beschriebenen 3 Dimensionen des Bildungsprozesses berücksichtigt.

Als grundlegendes Modell dieser Aufgabe bietet sich das "Systemische Case Management" an (vgl. Kleve, Haye, Hampe-Grosser und Müller, 2006). In diesem modernen sozialwissenschaftlich fundierten Anwendungsmodell wird ressourcenorientiert und unter Verknüpfung aller persönlichen und öffentlichen Unterstützungsinstanzen am Erreichen von gesellschaftliche Teilhabe gearbeitet. Wir übertragen das Modell auf die Qualifizierungsplanung und -realisierung.

Die Schrittfolge dabei lautet:

- Festlegen der individuell anzustrebenden beruflichen Zielpositionen unter Berücksichtigung der verfügbaren persönlichen Ressourcen (Begabung, Finanzen, ...), und der mobilisierbaren privaten und öffentlichen Unterstützungsinstanzen;
- Finden der (dafür) sinnvollen Zielqualifikationen und -abschlüsse;
- Auswahl der passenden Darbringungs- und Lernform;

- Finanzierungsplanung;
- Auswahl des geeigneten Bildungsunternehmens
- Überprüfung der gefundenen Lösung: Lohnt sich die Investition?

4.2 Festlegen der anzustrebendenden Zielpositionen

Trotz aller begrifflichen Wechsel, die in den letzen Jahren eingetreten sind (Assessment statt Berufsfindung und Arbeitserprobung, Profiling statt Eignungsfeststellung usw.), ist die erste Aufgabe eines Personal- oder Arbeitsberaters bzw. Arbeitsvermittlers oder Fallamanagers der Arbeitsmarktintegration weitgehend die gleiche geblieben (vgl. Rudolph 2003 und Brattig 2003 sowie bereits Fischer 1987).

Er muss sich ein möglichst profundes "Systembild" darüber konstruieren, welche berufliche Zielposition für den Ratsuchenden (möglichst) realistisch erreichbar ist. Dabei müssen verschiedene Aspekte beachtet werden.

Klärung der Ausgangssituation und generellen Zielsetzung:

- Liegt Arbeitslosigkeit vor?
- Wenn ja, wie lange? Wie ist sie entstanden?
- Geht es um einen Wiedereinstieg nach der Kindererziehungsphase?
- Droht die Arbeitslosigkeit realistisch?
- Wenn ja, welche Kündigungsschutzsituation gibt es (z.B. erhöhter Kündigungsschutz durch anerkannte Schwerbehinderung oder Alter)?
- Geht es um eine Sicherung des heutigen Arbeitsplatzes durch eine Qualifizierung für diesen Arbeitsplatz (z.B. Erschließung neuer Technologien, neue Vertriebsmöglichkeiten usw.) - also um eine arbeitsplatzbezogene Anpassungsqualifizierung?
- Liegt ein gesichertes Arbeitsverhältnis vor und es geht um den nächsten Karriereschritt?
- Wenn ja, soll dieser ausschließlich die jetzige Firma betreffen oder auch (oder nur) andere Beschäftigungsträger?
- Geht es um die Erhöhung (Senkung) der Arbeitszeit und ist dies auf der heutigen Position möglich?

- Wird eine Selbständigkeit angestrebt oder als Zielposition nicht ausgeschlossen?
- Geht es um eine berufliche Ersteingliederung?

4.2.1 Eignung, Neigung und Motivation

Die folgenden Fragen sind zu beantworten, soweit es sich nicht lediglich um eine Anpassungsqualifizierung auf dem vorhandenen Arbeitsplatz handeln wird.

- Welche Zielpositionen werden angestrebt und warum?
- Welche Tätigkeiten und Positionen werden generell vom Betroffenen ausgeschlossen, z.B. auf Grund schlechter Erfahrungen?
- Welche unterstützenden bzw. hemmenden Einflüsse sind aus dem Familien-, Verwandtschafts- und Freundes-System sowie auch aus dem "Helfer-System" (Ärzte, Selbsthilfegruppen usw.) zu erwarten, wenn Veränderungen der heutigen Situation eintreten und neue berufliche Ziele angestrebt werden? (Vgl. hierzu Landeswohlfahrtsverband Baden, 1991)
- Es schließt sich die Klärung der Eignung des Ratsuchenden für berufliche Zielpositionen an:
- Welche Schulen wurden besucht? Mit welchem Abschluss und welchen Zensuren? Wie erfolgt die Beschreibung der Erfahrungen aus der Schulzeit (leistungsmäßig, sozial)?
- Wurden bereits Ausbildungen absolviert? Mit welchem Abschluss, welchen Zensuren, welchen Arbeitszeugnissen? Wie wurden die Erfahrungen aus den Ausbildungen beschrieben (leistungsmäßig, sozial)?
- Welche Berufstätigkeiten wurden bereits ausgeübt? Welche Inhalte, welche Arbeitszeugnisse? Wie wurden die Tätigkeiten erlebt? Warum kam es zu Beendigungen?
- Welche intellektuellen Fähigkeiten wurden festgestellt? Liegen bereits Leistungstests vor oder können sie angefertigt werden (etwa im Rahmen einer Förderung des SGBIII) durch Arbeitsamtspsychologen? Welche Begabungsschwerpunkte und -schwächen zeigen sich?
- Deckt sich dies mit der persönlichen Einschätzung des Ratsuchenden?
- Gibt es gesundheitliche Einschränkungen und liegen entsprechende ärztliche Befunde vor oder können sie - etwa von Ärzten der Sozialleistungsträger - erhoben werden?

- Deckt sich das Gesundheitsbild mit der persönlichen Einschätzung des Ratsuchenden?
- Sind bereits ausführliche diagnostische Maßnahmen wie medizinische Belastungserprobungen, Berufsfindungen, Arbeitserprobungen oder Profilingmaßnahmen durchgeführt worden? Wenn ja, mit welchem Ergebnis? Wenn nein, sind sie wünschenswert und können sie - z.B. nach SGB III oder IX - finanziert werden?
- Nun folgt die Klärung des Motivationsaspektes:
- Welches Durchhaltevermögen bei Anstrengungen, bei kritischen Phasen - z.B. mit Chefs oder Lehrern - hat der Ratsuchende bisher (nicht) gezeigt?
- Wodurch könnte sich dies positiv (u.a. finanzieller Leidensdruck, psychische Stabilisierung oder fördernde neue Beziehungen) verändert haben ?
- Wodurch könnte sich dies negativ (progressive Krankheit, Alkoholsucht usw.) verändert haben?
- Was erlebt der Berater an Zuverlässigkeit des Ratssuchenden (Termintreue, Mithilfe bei der Unterlagen-Beschaffung, Einbringen eigener Ideen)?
- Ist der Ratsuchende bereit, bei sich Ursachen für bisherige berufliche Probleme zu suchen oder sieht er sie grundsätzlich nur bei anderen oder "übergeordneten Strukturen" wie Alter, seiner Schwerbehinderung, der Arbeitswelt'? (vgl. hierzu bereits Nagy u. Wöhrl, 1990, 1991)
- Welche räumliche Mobilität bietet der Ratsuchende für die Erreichung seiner Zielposition (und ggf. vorhergehende Qualifizierungen) an?
- Welche zeitliche Mobilität bietet der Ratsuchende an? Ist er z.B. so häuslich gebunden, dass jede Arbeits- (oder Ausbildungs-) Zeit, die über 4 Stunden hinausgeht, unrealistisch wird ? Wie groß sind Veränderungschancen ?
- Ist er bereit, eigene Mittel in die Planung einzubringen und sich aktiv um Förderungen von anderer Seite zu kümmern?

4.2.2 Vorläufige Festlegung von Zielpositionen

Auf der Basis dieser Informationen und von Kenntnissen des Beraters über den Arbeitsmarkt (vgl. hierzu die Kapitel von Egle und von Scheller in diesem Buch) ist - möglichst übereinstimmend zwischen Berater(n) und Ratsuchenden - eine vorläufige Festlegung darüber zu treffen

- welche beruflichen Zielpositionen angestrebt werden sollen;

- ob es sich um selbständige oder abhängige Beschäftigungen handelt;
- welche räumlichen Bereiche hierfür in Frage kommen (Mobilitätsgrenzen);
- was der Ratsuchende bereit ist, zur Zielerreichung selbst einzubringen (finanziell, zeitlich, bezüglich seiner Mobilität, ggf. flankierende Maßnahmen z.B. der Gesundheitsverbesserung).

4.3 Welche Qualifikationen und Abschlüsse ermöglichen das Erreichen der Zielposition?

Im nächsten Schritt ist zu bestimmen, welche Qualifizierung die Chance auf das Erreichen und das gute Ausfüllen angestrebter Zielpositionen deutlich verbessern kann. Allerdings ist dazu eine Vorbemerkung notwendig:

4.3.1 Vermeiden der Qualifizierungsfalle

Wie dargestellt, korrelieren Ausbildungshöhe und beruflicher Erfolg stark miteinander. Die Gefahr, arbeitslos zu werden bzw. zu bleiben, ist bei Ungelernten 3 bis 5 Mal höher als bei Facharbeitern oder Fachschul- bzw. Hochschulabsolventen (vgl. 2.1.6). Auch Führungskräftepositionen sind heute fast ausschließlich an höhere berufliche Bildungsabschlüsse gebunden (vgl. BMBF, 2003b, 74 ff). Dennoch ist es ein Denkfehler, zusätzliche Qualifizierungen - insbesondere das Erreichen neuer Ebenen der beruflichen Qualifikation - im Einzelfall automatisch mit der Verbesserung der Berufschancen gleichzusetzen, wie folgende Beispiele erläutern:

- Liegen praktisch für jede Stelle gültige Ausschlusskriterien wie Suchtverhalten, schwere Verhaltensprobleme oder psychische Krankheiten vor, so sind diese anzugehen (und die Probleme zumindest einzudämmen), bevor an eine Qualifizierung gedacht werden sollte (vgl. Landeswohlfahrtsverband Baden, 1991).

- Es gibt Menschen, die intellektuell in der Lage sind, hochwertige Ausbildungen (z.B. im IT-Bereich) oder Studiengänge zu absolvieren. Sie scheitern dann aber im Beruf an mangelnder emotionaler Intelligenz und/oder an fehlenden sozialen Fähigkeiten (Einordnungsfähigkeit, Kritikfähigkeit, Kommunikationsvermögen) und/oder an mangelnder Einsatzbereitschaft. Sie können die Erwartungen, die Unternehmen mit ihrem hohen - oft zensurenmäßig guten - Abschluss verbinden, nicht einlösen. In diesem Fall wäre es geradezu schädlich, die Qualifikationen und damit die Lücke zwischen Abschluss und tatsächlichen Fähigkeiten weiter zu erhöhen. Hier geht es häufig eher um das Finden eines einfacheren Arbeitsplatzes und ein begleitetes "Training-on-the-Job" zum Abbau von Defiziten (vgl. Gann u. Nagy, 2004). Analoges gilt natürlich auch für die Weiterqualifizierung eines bereits vorhandenen Mitarbeiters, dem man z.B. nicht zutraut, Führungsaufgaben zu übernehmen. Auch hier wäre eine dennoch unterstützte entsprechende Weiterbildung möglicher Weise die "Eintrittskarte zum Scheitern".

- Unternehmen setzen häufig - zumindestens implizit - bei Bewerbern eine ausgewogene Mischung aus Qualifikationen formaler Art und Berufserfahrung voraus; ist ein Bewerber über 30 und verfügt noch nicht (oder kaum) über Berufserfahrungen, so wird die Eintrittsbarriere in Firmen immer höher. Auch hier schaden weitere Qualifikationen mehr, als sie nützen. Häufig wird hier zum sofortigen Berufseintritt - auch auf einer weniger gut bezahlten Position - zu raten sein. Diese kann dann, unterstützt durch berufsbegleitende Weiterbildung, ausgebaut werden.

- Schließlich machen häufig weitere Qualifizierungen nur Sinn, wenn eine größere (räumliche, arbeitszeitliche) Mobilität und somit die Bereitschaft vorhanden sind, sich weitgehend mit seinem Lebensort und seinem Lebensrhythmus auf neue Stellen einzulassen. Ist diese Mobilität nicht gegeben, dann sollten auch in diesem Fall eher Suchprozesse nach verfügbaren - wenn auch einfacheren Stellen - im Vordergrund stehen.

4.3.2 Welche Qualifikationen sind notwendig?

Qualifikationen, vor allem formale mit anerkanntem Abschluss, haben zwei Funktionen:

- Sie können als notwendige "Eintrittskarten" für angestrebte neue Positionen notwendig sein oder zumindest die Chance auf das Erreichen einer solchen Stelle sehr erhöhen (ohne einen Abschluss als "externen Auditor" wird man heute kein Qualitätsleiter in einer größeren Firma werden);

- Sie stellen - wurden sie richtig ausgewählt - wesentliche Kompetenzen zur Verfügung, die man für die erfolgreiche Ausfüllung der Position benötigt, gleich ob es sich um eine neue oder die bisherige Position handelt.

Daher ist immer dann, wenn eine neue Position angestrebt wird, zu fragen - egal ob in der eigenen Firma, einer neuen oder in Selbständigkeit:

Welche formalen Qualifikationen sind als "Eintrittskarte" für diese Position unverzichtbar oder zumindest sehr hilfreich ?

Dann ist zu klären, welche Qualifikation im Job die notwendige Kompetenzbasis liefert.

Diese Frage kann nur beantwortet werden, wenn die inhaltlichen Anforderungen der angestrebten Berufspositionen bekannt oder erschließbar sind (vgl. hierzu das Kapitel von Scheller in diesem Buch). Außerdem müssen die Inhalte der jeweiligen Qualifizierung bekannt sein, etwa durch

- Rahmenlehrpläne und Curricula,
- Gespräche mit Absolventen der Qualifizierung,
- Informationen (mündlich, schriftlich) der qualifizierenden Institution.

4.3.3 Bestehen alle Voraussetzungen für die Qualifizierung?

Auch eine Qualifizierung selbst verlangt häufig Zugangsvoraussetzungen, etwa bestimmte

- Schulabschlüsse (z.B. für den Hochschulzugang),
- Berufserfahrungen (z.B. für bestimmte Weiterbildungen wie den Qualitäts-Manager),
- schon vorhandene berufliche Abschlüsse (z.B. bei Aufstiegsfortbildungen).

Es ist also jeweils zu prüfen, ob diese Voraussetzungen erfüllt sind, mit vertretbarem Aufwand erreicht werden können, oder ob es Ersatzmöglichkeiten gibt (z.B. Hochschulzulassung ohne Abitur). Ist keines der Fall, so erweist sich das Qualifizierungsziel als nicht erreichbar, und der Planungsprozess muss - vgl. 4.1. - von vorn beginnen.

4.3.4 Liegen anrechenbare Qualifikationen vor?

Gerade bei der wachsenden Bedeutung flexibler - auf Credit-Point-Systeme gestützter - Weiterbildungssysteme gewinnt dieser Punkt an Bedeutung. Es ist genau zu prüfen, ob gerade bei formalen Abschlüssen bestimmte Qualifikationen schon vorhanden und dokumentiert sind und so den Lernweg verkürzen oder - durch Wegfall bestimmter Inhalte - verschlanken können.

Besonders wichtig ist auch, vorhandene Praxiserfahrungen darauf zu prüfen, ob sie nicht ausbildungsinterne Praktika ersetzen und so die Ausbildung verkürzen können.

4.3.5 Vorläufige Festlegung der angestrebten Qualifizierung

Ergebnis der bisher durchgeführten Klärungen ist nun die Festlegung der angestrebten Qualifizierung. Diese Festlegung ist zunächst noch vorläufig, da in den nächsten Schritten noch die (Realisierbarkeit einer) Darbringungsform und die Finanzierbarkeit geklärt werden müssen.

4.4 Auswahl der passenden Darbringungs- und Lernform

Zunächst ist zu klären, welche Darbringungs- und Lernform am besten zum Ratsuchenden passt. Dabei sind folgende Fragen zu beantworten:

- Steht die gesuchte Qualifizierung überhaupt in verschiedenen Darbringungsformen zur Verfügung? Hierzu empfiehlt sich eine Analyse von Weiterbildungsdatenbanken, von denen die Stiftung Warentest 30 untersucht hat (Stiftung Warentest online, 2003) und der bereits dargestellten Datenbank "KURS" der Bundesagentur für Arbeit.
- Welche Darbringungs- und Lernform würde am besten zum Lebensrhythmus passen - ist z.B. eine Ganztagsschulung möglich, oder läßt sich etwa die häusliche oder arbeitsmäßige Gebundenheit besser mit einem Blended-Learning-Ansatz oder einem Fernstudium verbinden?
- Welche (positiven oder negativen Erfahrungen) hat der Ratsuchende mit verschiedenen Lernformen gemacht? Beherrscht er z.B. die Fähigkeit, selbständig am PC zu lernen ?
- Welcher Lerntyp ist er (vgl.2.5.7)?
- Welche Darbringungs- und Lernform verspricht damit insgesamt die größte Erfolgsaussicht?

Steht eine Qualifizierung nicht in einer der für den Ratsuchenden möglichen Darbringungsform zur Verfügung, so muss auch an dieser Stelle der Planungsprozess neu begonnen werden.

4.5 Finanzierungsplanung

Die Finanzierungsplanung beginnt mit der Aufwandsschätzung:

- Wie hoch werden die direkten Qualifizierungskosten (Kursgebühren) sein?
- Wie hoch sind die Nebenkosten (Fahrten, Büromaterial, Internet-Anschluss, notwendige Kinderbetreuungskosten usw.)?
- Wie hoch ist der Ausfall an Einkommen (etwa durch Wechsel auf Halbtagstätigkeit, Wegfall eines Nebenjobs usw.)?

Danach stellt sich die Frage, welche der Finanzierungsmöglichkeiten, die im Kapitel 3 ausführlich referiert worden sind, in Frage kommen und wie sie möglicher Weise kombiniert werden können.

Erstes Ergebnis der Finanzierungsplanung muss einer klare Antwort auf die Frage sein, ob die Qualifizierung sicher finanzierbar ist. Wenn nicht, muss der Planungsprozess erneut begonnen werden.

Es stellt sich jedoch eine zweite wichtige Frage:

Lohnt sich der finanzielle (zeitliche) Aufwand dieser Qualifizierung - stellt er einen guten "Return on Investment" in Aussicht. Dieser Punkt soll aus dem Blickwinkel verschiedener "Finanziers" einer beruflichen Qualifizierung betrachtet werden.

4.5.1 Der Bildungsteilnehmer

Natürlich gibt es berufliche Qualifizierungen, bei denen der potenzielle Teilnehmer keine oder geringe Mitspracherechte hat:

- der Betrieb setzt eine Anpassungsqualifizierung verbindlich an;
- ein Sozialleistungsträger verpflichtet mit Hinweis auf sonstige Leistungskürzung einen Versicherten zur Teilnahme an einer Qualifizierung.

Schon aus motivationalen Gründen sollte aber, wann immer möglich, eine ähnliche Einschätzung aller Beteiligten (Bildungsteilnehmer, Finanziers) über den voraussichtlichen Nutzen einer geplanten Qualifizierung erzielt werden.

In vielen Fällen kann der potenzielle Bildungsteilnehmer entsprechend selbst eine subjektive, aber möglichst weitgehend Fakten gestützte Betrachtung vornehmen und folgende Fragen beantworten:

- Welche "Bildungsrendite" (vgl. BMBF, 2000b, 72 ff; OECD, 2003) werde ich voraussichtlich erzielen; d.h.
- wie wird sich mein Einkommen voraussichtlich durch die Qualifizierung erhöhen lassen (vgl. Wolter u. Weber, 1999) und
- welche Verzinsung bringt also mein eingesetztes Geld (Büeler, 2004)?

- Wie lange dauert es, bis ich den Eigenanteil an der Qualifizierungs-Finanzierung damit "zurückverdient" habe? und
- Gibt es für mich weitere Nutzenaspekte, wird etwa mein Arbeitsplatz sicherer oder
- habe ich die Aussicht auf abwechslungsreichere sinnvollere Arbeitsinhalte oder
- steigere ich meine berufliche Flexibilität?

Umfangreiche Untersuchungen (vgl. BMBF, 2000b, 72 ff; OECD, 2004, 174-194; vgl. auch Jagoda, 1999) sprechen dafür, dass gerade höherwertige Ausbildungsabschlüsse (Fachschulen) und Studiengänge aber auch anspruchsvolle Weiterbildungen eine gute und wahrscheinliche Bildungsrendite versprechen.

Besonders sei auf die aktuellen Ergebnisse von Beicht, Krekel und Walden (2006, 131 - 153) verwiesen.

4.5.2 Unternehmen

Finanziert ein Unternehmen Mitarbeiterqualifikationen ganz oder teilweise, so ist es Teil einer rationalen Unternehmensführung, Fragen wie die folgenden - durch Bildungsplanung und -controlling - zu beantworten:

- Welche positiven Effekte (Steigerung Qualität und/oder Umsatz) kann ich durch diese Qualifizierung erreichen?
- Welche negativen Effekte (Fehlerkosten, Unzufriedenheit bei Kunden) kann ich reduzieren?
- Trägt die Qualifizierung dazu bei, einen leistungsfähigen Mitarbeiterstamm zu schaffen und zu erhalten?
- Und schließlich:
- Führen solche Qualifizierungen - trotz des mit ihnen verbundenen Aufwandes - dazu, langfristig den Wert meines Unternehmens zu steigern? (Vgl. zur wertorientierten Führung: Bötzel u. Schwilling, 1998).
- Kann ich die erworbenen Qualifikationen meiner Mitarbeiter oder - ersatzweise - den investierten Bildungsaufwand sogar bilanzieren (Erpenbeck und Rosenstiel, 2003)?

Diese Überlegungen werden möglicher Weise bei einer Weiterentwicklung der International Accounting Standards (IAS), der international vereinheitlichten Bilanzierungsregeln (vgl. BDO, 1998) noch deutlich an Bedeutung gewinnen, wenn die Bilanzierung des "Humankapitals", also des im Unternehmen vorhandenen Qualifikationspotenzials eingeführt werden sollte. Auch bei den neuen Bewertungsregeln der Unternehmen durch die Banken bezüglich der Kreditwürdigkeit ("Basel II") wird das "Humankapital" eine zunehmend größere Rolle spielen (vgl. Gleißner u. Füser, 2002, 353 ff).

4.5.3 Sozialleistungsträger

Sozialleistungsträger haben in der Verwaltung von Versichertenmitteln und öffentlichen (Steuer-)Geldern gleich zwei wichtige Fragen zur "Bildungsrendite" zu beantworten:

- Lohnt sich im konkreten Einzelfall der Einsatz von finanziellen Mitteln voraussichtlich?
- Oder ist es - pointiert gesagt - günstiger, im Einzelfall nicht in Bildung zu investieren.

Nun sind die Ergebnisse der Eingliederung nach Weiterbildungen, die nach dem SGB III durch die Bundesagentur für Arbeit gefördert werden, kein Anlass zu Euphorie. "Nur knapp die Hälfte der westdeutschen und sogar nur ein Drittel der ostdeutschen Weiterbildungsteilnehmer, deren Förderung im Zeitraum Juli 2000 bis Juni 2001 endete, waren sechs Monate später auf dem ersten Arbeitsmarkt sozialversicherungspflichtig beschäftigt." (Hirschenauer, 2003, 1 f; vgl. auch Bundesanstalt für Arbeit (Hrsg.): Daten zu den Eingliederungsbilanzen 2001 – Ergänzung: Eingliederungsquote, Nürnberg, 2003)

Natürlich belegen diese Zahlen die Notwendigkeit von Verbesserungen. So war im Jahr 2002 die Beschäftigungs- und Kunsttherapeutin der von der Bundesagentur am sechsthäufigsten gewählte Umschulungsberuf; die Floristin lag auf Platz 7. Die hinter diesen Planungen liegenden Arbeitsmarkteinschätzungen wären sehr interessant. Bei besseren Berufswahlen und einer Erhöhung der Mobilität sind ganz andere Werte erreichbar.

So erreicht z.B. das Berufsförderungswerk Heidelberg im SGB III- und IX-Bereich Eingliederungsquoten von 73% - allerdings mit einer konsequent auf die Dienstleistungs- und Informationsgesellschaft ausgelegten Berufspalette (SRH, 2004, 49).

Jedoch ist selbst bei niedrigeren Quoten - trotz aller Verbesserungsnotwendigkeiten und -möglichkeiten - zu fragen, ob sich selbst bei solchen Quoten die Bildungskosten nicht mittelfristig amortisieren und zwar durch Erzielung von Versicherungsbeiträgen und Wegfall konsumptiver Kosten für Arbeitslosengeld und Sozialhilfe.

Gerade die Bundesagentur für Arbeit hat sich aber auch eine weitere Frage zu stellen:

Können bisher für Weiterbildung eingesetzte Mittel nicht effektiver für andere Formen der Eingliederung (Personalserviceagenturen, Ich-AGs, direkte Vermittlungszuschüsse, Vermittlungsgutscheine) eingesetzt werden?

Konkrete statistisch verwertbare Ergebnisse stehen noch weitgehend aus. Jedoch können nach den bisherigen Erfahrungen mit den "neuen Instrumenten" zwei Thesen formuliert werden:

- Für viele Arbeitslose / von Arbeitslosigkeit Bedrohte wird berufliche Qualifizierung weiterhin das effektivste Integrationsmittel bleiben und die Unternehmen mit Fachkräften ausstatten helfen; so stellt auch Hirschenauer (2003, 2f) z.B. bei Arbeitsbeschaffungsmaßnahmen deutlich niedrigere Integrationsquoten fest als bei der Weiterbildung.
- Gerade die als ein wichtiger Teil der Hartz-Reformen angesehenen Personalserviceagenturen erwiesen sich nicht als nachweisbar effektiver als Bildungsmaßnahmen.
- Für eine große Gruppe von Arbeitslosen können Kombinationen (Weiterbildung und Zeitarbeit, Weiterbildung als Vorbereitung auf Selbständigkeit usw.) deutlich effektiver sein als getrennte Instrumente. Daher ist die flexible Kombinierbarkeit der Bildungs- und Integrationsinstrumente auszubauen. Das neue SGB II bietet hier durch die flexiblen Fördermöglichkeiten wichtige Chancen (vgl. Marburger, 2004, 54 ff).

Im günstigsten Fall kommt es auch hinsichtlich der Bildungsrendite und der möglichen Risiken (etwa Rückzahlungsverpflichtung der Maßnahmekosten im SGB II) zu einer übereinstimmenden Ansicht zwischen dem Ratsuchenden und dem Finanzier. In diesem Fall bleibt noch ein Thema:

4.6 Auswahl des geeigneten Bildungspartners

Schließlich ist noch die wichtige Frage zu beantworten, welcher Bildungspartner für die jeweilige Qualifizierung als der erfolgversprechendste erscheint.

4.6.1 Aufwandsbetrachtung

Die ersten Themen zur Auswahl eines Bildungspartners (z.B. -unternehmens) sind praktischer Art:

- gute Erreichbarkeit (auch mit öffentlichen Verkehrsmitteln);

- Preis für die Qualifizierung passt zur Finanzierungsplanung (und ggf. z.B. zur Dotierung des Gutscheines)
- begleitende Services sind vorhanden (Bibliothek, evtl. Kinderbetreuung, usw.).

4.6.2 Qualität

Die zweiten Themen betreffen die Qualität des Bildungspartners:

- Wie groß sind seine Erfahrungen mit beruflicher Bildung insgesamt?
- Wie groß mit der speziellen Qualifizierung?
- Wie gut informiert / berät er über sie?
- Stehen Referenzkunden aus früheren Lehrgängen für Auskünfte zur Verfügung?
- Verfügt das Unternehmen über ein Qualitätsmanagementsystem und über die notwendigen öffentlichen Bildungs-anerkennungen (Ausbildungserlaubnis, staatliche Zulassungen usw.)?
- Wie modern ist die Ausstattung?
- Welche Erfahrungen bringen die Dozenten mit? Wie sicher sind sie an das Unternehmen gebunden (oder werden sie alle drei Monate ausgetauscht)?
- Wie steht der Bildungspartner finanziell da? Veröffentlicht er seine Geschäftsergebnisse? Besteht die Sicherheit, dass er die Qualifizierung auch bei weniger Anmeldungen beginnt und bis zum Schluss durchführt?

4.6.3 Image

Das Image des Bildungsträgers bestimmt auch die öffentliche Wertigkeit des Abschlusses bei ihm. Also ist zu fragen:

- Welchen Ruf hat der Bildungspartner? Wie schneidet er in den Medien ab?
- Hat er sich an öffentlichen Rankings beteiligt, wenn ja mit welchem Erfolg?
- Verfügt er über internationale Netzwerke, die für die Qualifizierung (Praktika im Ausland, Dozenten aus anderen Ländern, Internetpartnerschaften usw.) nutzbar und imagefördernd für den Absolventen sind?

4.7 Abschluss der Planung: Bildungskontrakt Kunde - Finanzier(s) - Qualifizierungsinstitution

Im Idealfall gelingt es, aus entsprechenden Bewertungen den geeigneten Bildungspartner auszuwählen. Am Abschluss der Planung - und am Start der Qualifizierung - steht dann der (häufig implizit aber gerade bei der Förderung durch Unternehmen und/oder Sozialleistungsträger auch explizit) geschlossene Bildungskontrakt.

5 Schlussbemerkung: Lebenslanges berufliches Lernen als Karrierebasis

Die extreme - durch den globalen Wettbewerb und schnelle technologische Innovationen getriebene - Veränderung der Arbeitswelt kann von Menschen nur erfolgreich bewältigt werden, die sich durch ständiges berufliches Weiterlernen die Chancen dieser Veränderung erschließen. Ein Abkoppeln von dieser Weiterlern-Notwendigkeit und -Chance gefährdet individuell den eigenen Arbeitsplatz und makroökonomisch den Erfolg der eigenen Volkswirtschaft.

Dabei werden Menschen und Organisationen im "Dschungel der diversen Qualifizierungen, Darbringungs- und Lernformen sowie Finanzierungsmöglichkeiten" kompetente und verlässliche Lotsen" benötigen.

Dies wird ein wichtiges Rollensegment für Personalberater und Arbeitsvermittler sein können; möglicherweise ergeben sich hieraus sogar komplett neue Qualifizierungen, etwa Aufbaustudiengänge, für diese Zielgruppen:

Ein weiterer Beleg für die Chancen lebenslangen beruflichen Lernens.

6 Literaturverzeichnis

BAföG Bildungsförderung. Beck-Texte. 27. Auflage, München 2002.

Bauer, J.-H.; Krieger, S.: Kündigungsrecht Reformen 2004. Köln 2004.

Beer, D.; Wagner, A.: Keine Aussichten, kein Interesse, keine Zeit? Weiterbildung von an- und ungelernten Beschäftigten im Betrieb. In: Institut Arbeit und Technik: Jahrbuch 1996/97. Gelsenkirchen. S. 70-87. 1997.

Beicht, U.; Krekel, E.M.; Walden, G.: Berufliche Weiterbildung - welche Kosten tragen die Teilnehmer? In: BWP - Berufsbildung in Wissenschaft und Praxis. Heft 2, S. 39 - 43. 2004.

Beicht, U.; Schiel, S.; Timmermann, D.: Berufliche Weiterbildung - wie unterscheiden sich Teilnehmer und Nicht-Teilnehmer? In: BWP - Berufsbildung in Wissenschaft und Praxis. Heft 1, S. 5 - 7. 2004.

Beicht, U.; Walden, G.; Herget, H.: Kosten und Nutzen der betrieblichen Berufsausbildung in Deutschland. Berichte zur beruflichen Bildung, Heft 264, hrsg. vom Bundesinstitut für Berufsbildung. Bonn 2004.

Beicht, U.; Krekel, E.; Walder, G.: Berufliche Weiterbildung - Welche Kosten und welchen Nutzen haben die Teilnehmenden. Hrsg.: Bundesinstitut für Berufsbildung. Bonn 2006.

Berger, K.: Der Beitrag der öffentlichen Hand zur Finanzierung beruflicher Bildung. Forschung Spezial - Heft 9. Hrsg. Bundesinstitut für Berufliche Bildung (BIBB). Bielefeld 2004.

Berry, L.L.: Top-Service - Im Dienst am Kunden, Stuttgart 1996.

Berlinerklärung 2003: Bologna Declaration of the European Ministers of Education of 19 June 1999 - "The European Higher Education Area" at: http://www.bologna-berlin2003.de/en/glossary/

Bihr, D.; Fuchs, H.; Krauskopf, D.; Lewering, E.: Sozialgesetzbuch - Neuntes Buch - (SGB IX), Rehabilitation und Teilhabe behinderter Menschen. Kommentar. München 2003.

Blaschke, D.; Nagel, E.: Statistische Explorationen im Vorfeld der Eingliederungsbilanz - Monitoring der Verbleibsquote. In: Mitteilungen aus der Arbeitsmarkt- und Berufsforschung 2. S. 185 - 202. 1999.

Bötzel, S.; Schwilling, A.: Erfolgsfaktor Wertmanagement. Unternehmen wert- und wachstumsorientiert steuern. München, Wien 1998.

Brattig, V.: Berufsabklärende und -vorbereitende Maßnahmen in Berufsbildungswerken vor dem Hintergrund aktueller Entwicklungen. Originalbeitrag zum Onlinereader Berufsorientierung, hrsg. von der Bundesarbeitsgemeinschaft der Berufsbildungswerke. Im Internet unter: www.sowi-online.de/reader/berufsorientierung/ akteure-bag-bbw.htm. 2003.

Braun, M.; Mühlhausen, P.; Munk, U.; Stück, V.: Berufsbildungsgesetz. Kommentar. Köln 2004.

Brödel, R. (Hrsg.): Lebenslanges Lernen - lebensbegleitende Bildung. Neuwied 1998.

Brosi, W.; Troltsch, K.: Ausbildungsbeteiligung von Jugendlichen und Fachkräftebedarf der Wirtschaft. Zukunftstrends der Berufsbildung bis zum Jahr 2015. Forschung Spezial - Heft 8, Hrsg. Bundesinstitut für Berufliche Bildung (BIBB). Bielefeld 2004.

Büeler, X.: Vom Kosten und Nutzen der Weiterbildung. Investitionen in Humankapital erzielen positive Renditen bis zu 15 Prozent. In: Neue Züricher Zeitung. 20. April 2004.

Bundesanstalt für Arbeit (Hrsg.): Daten zu den Eingliederungsbilanzen 2001 - Ergänzung: Eingliederungsquote. Sondernummer der amtlichen Nachrichten der BA vom 31.01.2003. Nürnberg 2003.

Bundesagentur für Arbeit (Hrsg.): SGB II. Kompendium Aktive Arbeitsmarktpolitik nach dem SGB II. 1. Auflage. September 2004.

Bundesarbeitsgemeinschaft der Integrationsämter und Hauptfürsorgestellen (Hrsg.).: Sozialgesetzbuch IX - Rehabilitation und Teilhabe behinderter Menschen. Karlsruhe 2004.

Bundesinstitut für Berufliche Bildung (Hrsg.): Rechtsratgeber für die Verbundausbildung. Bonn 2003a.

dass. (Hrsg.): Verzeichnis der anerkannten Ausbildungsberufe. Bielefeld 2003b

dass. (Hrsg.): Online-Dokumente. Privatpersonen übernehmen hohe Verantwortung für ihre berufliche Weiterbildung. http://www.bibb.de/de/print/11605.htm . 2004.

Bundesministerium für Bildung und Forschung - BMBF - (Hrsg.): IT-Weiterbildung mit System. Bonn 2002.

ders. (Hrsg.): Empfehlung des Bundesministeriums für Bildung und Forschung, der Konferenz der Kultusminister der Länder und der Hochschulrektorenkonferenz an die Hochschulen zur Vergabe von Leistungspunkten in der beruflichen Fortbildung und Anrechnung auf ein Hochschulstudium. Bonn 2003a.

ders. (Hrsg.): Gutachten zur Bildung in Deutschland. Bonn 2003b.

ders. (Hrsg.): Berufsbildungsbericht 2003. Bonn 2003c.

ders. (Hrsg.): Deutsche Weiterbildungsanbeiter auf internationalen Märkten.

ders. (Hrsg.): Bericht der Expertenkommission: Finanzierung lebenslanges Lernen. Im Internet unter. www.bmbf.de/pub/schlussbericht kommission III.pdf . 2004a

ders. (Hrsg.): Eckwerte Reform berufliche Bildung. Stand: 09.02.2004. 2004b.

ders.: Pressemitteilung 171/2004: Expertenkommission Finanzierung lebenslanges

Lernen legt Bericht vor. 2004c.

ders.: Pressemitteilung 158/2004: Buhlman: "Meister-BAföG ist eine dauerhafte Erfolgsgeschichte". http://www.bmbf.de/press/1207.php. 2004d.

ders.: Berufsbildungsbericht 2004, Bonn. 2004e

ders.: Bachelor- und Master-Studiengänge in ausgewählten Ländern Europas im Vergleich zu Deutschland. Fortschritte im Bolognaprozess. Bonn, Berlin 2005a.

ders.: Berufsbildungsbericht 2005. Bonn 2005b.

ders. Die Reform der beruflichen Bildung. Berufsbildungsgesetz 2005. Bonn 2005c.

ders.: Bachelor- und Masterstudiengänge in ausgewählten Ländern Europas im Vergleich zu Deutschland. Fortschritte im Bolognaprozess. 2005. Berlin 2005d.

ders. Berufsbildungsbericht 2006. Bonn 2006.

ders. Berufsbildungsbericht 2007. Bonn 2007.

Bundesministerium für Gesundheit und Soziale Sicherung (Hrsg.): Rehabilitation und Teilhabe behinderter Menschen. Bonn 2004.

Bundesvereinigung Deutscher Arbeitgeberverbände (BDA) (Hrsg.): Das neue Sozialgesetzbuch III. 2. Aufl. Berlin 2003.

Cognos GmbH (Hrsg.): "Akzeptanz von E-Learning". Eine empirische Studie in Zusammenarbeit von Cognos und dem Institut für Innovationsforschung, Technologiemanagement und Entrepreneurship der Ludwig-Maximilian-Universität München. Frankfurt am Main 2002.

Dohmen, D., Klemm, K., Weiß, M.: Bildngsfinanzierung in Deutschland. Grundbegriffe, Rahmendaten und Verteilungsmuster. Frankfurt a. M., 2004.

Dostal, W.: Bildung und Beschäftigung im technischen Wandel. Bildungsökonomische und arbeitsmarktpolitische Rahmenbedingungen des technischen Wandels am Beispiel der elektronischen Datenverarbeitung und der Mikroelektronik. Beiträge zur Arbeitsmarkt- und Berufsforschung. Bd. 65. Nürnberg 1982.

ders.: Innovation und Qualifikation. Skizze der Forschungslandschaft in Deutschland seit Bestehen des IAB. In: Mitteilungen aus der Arbeitsmarkt- und Berufsforschung. 35.Jg. 2002, S.492 - 505.

Dybwoski, G.; Werner, U.: Das Berufsbildungsreformgesetz schafft bessere Perspektiven für alle Auszubildenden. Interview mit Veronika Pahl, BMBF. In: Berufsbildung in Wissenschaft und Praxis.33. Jg. 2004, Heft 4, S. 5 - 8.

ECTS 2004 (European Credit Transfer System): http://europa.eu.int/comm/ education/programmes/socrates/ect en.html

Egle, F.; Nagy, M. (Hg.): Reform der Reformen. Was brauchen wir zur Vitalisierung des deutschen Arbeitsmarktes wirklich ? Dokumentation zur 13. Heidelberger Fachtagung der SRH Hochschule Heidelberg. Hrsg. von der RANDSTADSTIFTUNG. Zu beziehen über den Verfasser.

Egle, F.; Stops, M.; Nagy, M.: Wissensmanagement als Ansatz zur Lösung von Personalproblemen bei Unternehmen mit eigenen Konzernarbeitsmärkten - Das Beispiel PPP-Projekt Masterstudiengang "Management von Personaldienstleistungen" . In: Lück-Schneider, D.; Maninger, S. (Hg.): Wissensmanagement. Eine interdisziplinäre Betrachtung. Brühl/Rheinland 2006.

Eichhorst, W.; Thode, E.; Winter, F.: Benchmarking Deutschland 2004. Arbeitsmarkt und Beschäftigung. Berlin, Heidelberg, New York 2004.

Erpenbeck, J; Rosenstiel, L.von (Hrsg.): Handbuch Kompetenzmessung. Pöschl Verlag, Stuttgart 2003.

e/t/s didactic media (Hrsg.): Dokumentationen über die E-Learning-Fachtagungen, Halblech 1992 - 2004. Zu bestellen unter www.ets-online.de

dies. und SRH Learnlife AG (Hrsg.): Berufsausbildung in Deutschland. Duale Alternativen als Perspektiven. Oktober 2004. Zu beziehen über den Verfasser.

Feller, G.: Ausbildung an Berufsfachschulen - Entwicklungen, Defizite und Chancen. In: Berufsbildung in Wissenschaft und Praxis. 33. Jg. 2004, Heft 4, S. 48 - 52

Fernunterrichtsschutzgesetz - FernUSG - in der Fassung der Bekanntmachung vom 4. Dezember 2000. Bundesgesetzblatt I, S. 1670. 2000.

Fischer, H.-P., Nagy, M.: Die neuen Medien der Bürokommunikation. Eine Herausforderung für den Ausbilder. In: Berufsbildung in Wissenschaft und Praxis. Heft 5. 1985. S. 171 - 173.

Fischer, T.: Berufsfindung und Arbeitserprobung. Berufliche Rehabilitation Behinderter. Freiburg 1987.

Gagel, A.: Sozialgesetzbuch III - Arbeitsförderung - . Kommentar. 2. Bände. München 2003.

Gehring, W.: Ein Rahmenwerk zur Einführung von Leistungspunkte-Systemen. Ulm 2002.

Gemeinsame Presseerklärung von BMBF und KMK, 2004: Bildung im internationalen Vergleich. OECD-Veröffentlichung „Bildung auf einen Blick 2004. BMBF-Pressedienst.

SMTP.Pressedienst@BMBF.BUND:DE; http://www.bmbf.de/press/index.php. 2004

Gesetz zur Förderung der beruflichen Aufstiegsfortbildung (Aufstiegsfortbildungsförderungsgesetz - AFBG) in der Fassung der Bekanntmachung vom 17. Januar 2002. Bundesgesetzblatt I S. 402; geändert durch Gesetz vom 20.6.2002. Bundesgesetzblatt I, S. 1946.

Gesetz zur Reform und Verbesserung der Ausbildungsförderung - Ausbildungsförderungsreformgesetz (AföRG) vom 19.3.2001. Bundesgesetzblatt I, 2001, S. 390.

Gleißner, W.; Füser, K.: Leitfaden Rating. Basel II: Rating-Strategien für den Mittelstand. München 2002.

Hartz, P. u.a. (Hrsg.): Moderne Dienstleistungen am Arbeitsmarkt. Vorschläge der Kommission zum Abbau der Arbeitslosigkeit und zur Umstrukturierung der Bundesanstalt für Arbeit. Bericht der Kommission. Berlin 2002.

Hirschenauer, F.: Die Förderung der Arbeitslosen unter der Lupe. In: IAB-Materialien 1. 2001, S. 3 - 6.

dies.: Regionale Arbeitsförderung: Eingliederungsquoten sprechen eine deutliche Sprache. IAB Kurzbericht. Ausgabe Nr. 17,. 15.9.2003.

Hujer, R.; Dubravco, R.: Zur Interdependenz von Innovationen und Qualifikationen: Eine Einführung. In: Mitteilungen aus der Arbeitsmarkt- und Berufsforschung. 35. Jg., 2002, S. 489 - 491.

Jagoda, B.: Bildung zahlt sich aus. Der Arbeitsmarkt für Akademiker. Im Internet unter http://www.forschung-und-lehre.de/archiv/01-99/jagoda.htm. 1999.

Kade, J., Seitter, W.: Lebenslanges Lernen. Mögliche Bildungswelten. Opladen 1996.

Kinder- und Jugend-Hilfe-Gesetz, KJHG, Sozialgesetzbuch VIII, Artikel 1 des Gesetzes vom 26.6.1990. Veröffentlicht im Bundesgesetzblatt I, S. 1163. 1990.

Kleve,H.; Haye, B.; Hampe-Grosser, A. und Müller, M.: Systemisches Case Management. Falleinschätzung und Hilfeplanung in der Sozialen Arbeit. Carl-Auer-Systeme Verlag , Heidelberg 2006.

Knopp, A.; Kraegeloh, W.; Berufsbildungsgesetz. Kommentar. 4. Auflage, Köln, Berlin, Bonn, München 1998.

Königes, H.: Trainingsanbieter kämpfen ums überleben. In: Computerwoche online. 11.6.2004.

Künzel, K; Böse, G.: Werbung für Weiterbildung. Motivationsstrategien für ein lebenslanges Lernen. Neuwied 1995.

Kurs - Datenbank der Bundesagentur für Arbeit . Internetadresse: http://infobub.arbeitsagentur.de/kurs/index.jsp

Landeswohlfahrtsverband Baden (Hrsg.): Vernetzt oder verstrickt. Der psychisch Kranke im System beruflicher Hilfen. Karlsruhe 1991.

Leinemann, W.; Taubert, T.: Berufsbildungsgesetz. Kommentar. München 2002.

Littich, P.: Berufe mit Zukunft. Karriere in der IT-Branche. Berufseinstieg - Tätigkeitsprofile - Zukunftschancen. Frankfurt 2000.

Lünendonk, T. (Hrsg.): Führende Anbieter beruflicher Weiterbildung in Deutschland. Umsätze, Themen, Strukturen und Tendenzen. Studie 2003. Bad Wörishofen. erschienen 2004.

Ders. (Hrsg.): Führende Anbieter beruflicher Weiterbildung in Deutschland. Bad Wörishofen. Studie 2006. Erschienen 2007.

Marburger, H.: Das neue Arbeitsförderungsrecht. Regensburg 2003.

ders.: SGB II. Umsetzung von Hartz IV. Grundsicherung für Arbeitssuchende. Regensburg, Berlin 2004.

Meier, A.: Das Berufliche Trainingszentrum Wiesloch. In: Bungard, W.; Reihl, D.; Schubert, A.: Psychisch Kranke in der Arbeitswelt. Neue Ansätze zur beruflichen Rehabilitation und Integration. München, Weinheim 1987. S. 138 - 172.

Meyer, R.: Besiegelt der Europäische Qualifikationsrahmen den Niedergang des deutschen Bildungssystems? Online unter: www.bwpat.de/ausgabe 11/meyer_bwpat11. pdf. 2006.

Miller, T.: Sozialarbeitsorientierte Erwachsenenbildung. München, Neuwied 2003.

Nagy, M.; Qualitätsmanagement. In: Logos, Zeitschrift für Logopäden, 3. Jg., 1996, S. 30 - 35.

ders.: Qualifizierung und Arbeitsförderung als Beitrag zum Gemeinwesenprojekt "Sanierung Mörgelgewann". In: Ders. (Hrsg.): Konzeptstudie Mörgelgewann. Innere und äußere Sanierung eines sozialen Brennpunktes. Heidelberg 1997. S. 93 - 100. Zu beziehen über den Herausgeber.

ders.: Berufliche Fortbildung und "lebenslanges Lernen" gerade für Menschen mit Behinderungen: Welche Möglichkeiten gibt es? Was brauchen berufstätige Behinderte? In: Rische, H.; Blumental, W. (Hrsg.): Selbstbestimmung in der Rehabilitation - Chancen und Grenzen, Ulm 2000. S. 247 - 249.

ders. : Hilfeplanung als Instrument von Qualitätsmanagement. In: Greving, H. (Hrsg.): Hilfeplanung und Controlling in der Heilpädagogik, Freiburg im Breisgau 2002a, S. 193 - 208.

ders. : Hilfeplanung und Controlling. In: Greving, H. (Hrsg.): Hilfeplanung und Controlling in der Heilpädagogik, Freiburg im Breisgau 2002b, S. 255 - 271.

ders. : Lebenslanges berufliches Lernen. Beschäftigungssicherung durch effektive persönliche Lernstrategien. In: MM Das IndustrieMagazin, Heft 27, 2004, S. 36 f.

ders.: Die Bedeutung von Bildung in einer globalisierten Welt. In: Wirtschaft und Berufserziehung, 57. Jg., Heft 12, 2005, S. 15 - 18.

ders. mit Wöhrl, H.-G.: Verbesserung der Eingliederungschancen von älteren langzeitarbeitslosen Schwerbehinderten. Hrsg. von der Stiftung Rehabilitation Heidelberg. Dokumentation des Modellversuches GZ VI b 1 - 58 330/74 des Bundesministers für Arbeit und Sozialordnung. Heidelberg 1990.

ders. mit Wöhrl, H.-G.: Eingliederungschancen von älteren langzeitarbeitslosen Schwerbehinderten. In: Die Wirtschaft, Heft 4, 1991, S. 226 f.

ders. mit Schulz, A.: Integrative Bildungsgänge mit Studiengeldzahlern in der Rehabilitation. In: Stach, M.; Kipp, M. (Hrsg): Rehabilitationsberufe der Zukunft - Situation und Perspektiven, Neusäß 1998a, S. 107 - 109.

ders. mit Schulz, A.: Kunden- und arbeitsmarktorientierte Innovationsprojekte zur Verbesserung der Bildungs- und Berufspalette. In: Stach, M.; Kipp, M. (Hrsg): Rehabilitationsberufe der Zukunft - Situation und Perspektiven, Neusäß 1998b, S. 110 - 112.

ders.: mit Sutter, C.: Serviceverbesserungen durch Outsourcing. In: Wißkirchen, F. (Hrsg.) Outsourcing-Projekte erfolgreich realisieren, Stuttgart 1999, S. 377 - 396.

Obermeier, B.: Weiterbildung: Hilf Dir selbst. In: FAZ.Net. 23.April 2004.

OECD: Knowledge and Skills for Life. First Results from the OECD Programm for International Students Assessment (PISA) 2000. Paris 2001.

dies.: Beyond rhetoric: adult learning policies and practices. Paris 2002.

dies.: Education at a Glance. OECD Indicators 2003. Paris 2003.

dies.: Bildung auf einen Blick. OECD-Indikatoren 2004. Paris 2004.

dies.: Bildung auf einen Blick. OECD-Indikatoren 2005.

Peitz, B.; Stübig, J. (Hrsg.): Internet- und multimedial gestützte Lehre an Hochschulen. Beispiele und Transfer. Hrsg. Bundesinstitut für Berufliche Bildung (BIBB). Bielefeld 2004.

Rauner, F.; Grollmann, P.: Berufliche Kompetenz als Maßgabe für einen europäischen Bildungsrau. Anmerkungen zu einem europäischen Qualifikationsrahmen EQR. In:

Grollmann, P; Spöttl, G.; Rauner, F. (Hrsg.): Europäisierung Beruflicher Bildung - eine Gestaltungsaufgabe. S. 115 - 126. Münster 2006.

Reinberg, A.; Hummel, M.: Zur langfristigen Entwicklung des qualifikationsspezifischen Arbeitskräfteangebots und -bedarfs in Deutschland. In: Mitteilungen aus der Arbeitsmarkt- und Berufsforschung. Heft 4, 2002. S. 580 - 600.

dies.: Qualifikationsspezifische Arbeitslosigkeit im Jahr 2005 und die Einführung der Hartz-IV-Reform. Empirische Befunde und methodische Probleme. IAB Forschungsbericht. Nr. 9/2007.

Richtlinien und besondere Nebenbestimmungen des Bundesministeriums für Bildung und Forschung über die Begabtenförderung berufliche Bildung für junge Absolventinnen und Absolventen einer Berufsausbildung vom 15. August 1991, in der Fassung vom 1. Januar 2002. Erhältlich beim BMBF. 2002.

Rudolph, H.: "Profiling und Case Management im Kontext von Aktivierungsstrategien", Diagnose und Fallsteuerung - Coaching, Vermittlung. Hrsg. vom Institut für Arbeitsmarkt-und Berufsforschung (IAB). Im Internet unter: www.iab.de 2003.

Sauter, A.M.; Sauter, W.; Bender, H.: Blended Learning. Effiziente Integration von E-Learning und Präsenztraining. 2. Aufl. Wiesbaden 2003.

Schettkat, R.: Bildung und Wirtschaftswachstum. In: Mitteilungen aus der Arbeitsmarkt- und Berufsforschung. 35. Jg., 2002, S. 616 - 627.

Schlussbericht der unabhängigen Expertenkommission „Finanzierung Lebenslangen Lernens. Der Weg in die Zukunft. 28. Juli 2004. Berlin 2004.

Schmidt, H.: Initiativen und Eckwerte. Zum Start einer Berufsbildungsreform. In: Berufsbildung in Wissenschaft und Praxis. 33. Jg., 2004, Heft 4, S. 3f.

Scholz, C.: Spieler ohne Stammplatzgarantie - Darwiportunismus in der neuen Arbeitswelt. Weinheim 2004.

Sekretariat der ständigen Konferenz der Kultusminister in der Bundesrepublik Deutschland und Bundesministerium für Bildung und Forschung: Zweiter Bericht zur Realisierung der Ziele des Bologna-Prozesses von KMK und BMBF. Ohne Ort 2007.

Sozialgesetzbuch VIII, Kinder- und Jugend-Hilfe-Gesetz, KJHG. Artikel 1 des Gesetzes vom 26.6.1990. Veröffentlicht im Bundesgesetzblatt I, S. 1163. 1990.

Söhner, D.; Nagy, M.: Ausbildungsassessment - ein praxisrelevanter Ansatz zu Effektivitätssteigerungen von betrieblichen Bildungssystemen in wirtschaftlicher und qualitativer Hinsicht. Vortrag auf dem 2. deutschen Fachkongress für Bildungscontrolling. Köln 22.9.2004. Erscheint in der Kongressdokumentation. Kann beim Verfasser angefordert werden.

SRH Holding (Hrsg.): Geschäftsbericht 2003. Heidelberg 2004. Internet: http//:www.srh.de

Steck, B; Kossens, M.: Einführung zur Hartz-Reform. München 2003.

Vaill, P.B.: Lernen als Lebensform. Ein Manifest wider die Hüter der richtigen Anworten. Stuttgart 1998.

Walden, G.; Herget, H.: Nutzen der betrieblichen Ausbildung für Betriebe - erste Ergebnisse einer empirischen Untersuchung. In: Berufsbildung in Wissenschaft und Praxis. Heft 6/2002. S. 32 - 37.

Wegwert, D.: Dienen, eine ständige Herausforderung - Kundenorientierung in der Dienstleistungsgesellschaft. In: Masing, W.; Ketting, M.; König, W.; Wessel, K.-F. (Hrsg.): Qualitätsmanagement - Tradition und Zukunft.. München, Wien 2003. S. 313 - 338.

Weiß, R.: Wettbewerbsfaktor Weiterbildung. Beiträge zur Gesellschafts- und Bildungspolitik. Nr. 242, hrsg. von IDW. Köln 2000.

ders.: Weiterbildung in Eigenverantwortung. Beiträge zur Gesellschafts- und Bildungspolitik., Nr. 249, hrsg. vom IDW. Köln 2001.

Wingens, M.; Sackmann, R. (Hrsg.): Bildung und Beruf: Ausbildung und berufsstruktureller Wandel in der Informationsgesellschaft. Weinheim 2002.

Wittwer, W.: Wechsel und Veränderungen im Lebenslauf - Leitideen beruflicher Aus- und Weiterbildung. In.: Brödel, R. (Hrsg.): Lebenslanges Lernen - lebensbegleitende Bildung. Neuwied 1998. S. 145 - 153.

Wolter, S.C.; Weber, B.A.: A new lool at private return to education in Switzerland. Education and Training 41, S. 366 - 372. 1999.

Zedler, R.: Berufliche Bildung in der Europäischen Union. In: Bundesarbeitsbaltt: Arbeitsmarkt- und Arbeitsrecht. Heft 5. S. 12 - 16. 2006.

Zielke, D.: Berufsausbildungsvorbereitung. Ein neues Konzept für die Berufsvorbereitung lernbeeinträchtigter und sozial benachteiligter Jugendlicher. In: Berufsbildung in Wissenschaft und Praxis. 33. Jg., 2004, Heft 4, S. 43 - 47.

Zwanzigstes Gesetz zur Änderung des Berufsausbildungsförderungsgesetzes (20. BAföGÄndG) vom 7.5.1999. Bundesgesetzblatt I., 1999, S. 850.

Verzeichnis der benutzten Internetadressen

www.arbeitsagentur.de

www.bibb.de

www.bildungsbericht.de

www.bmbf.de/press/index.php.

www.bologna-berlin2003.de/en/glossary

www.eldoc.info

www.ets-online.de

www.forschung-und-lehre.de/archiv/01-99/jagoda.htm

www.iab.de

www.infobub.arbeitsagentur.de/kurs/index.jsp

www.netzwerk-weiterbildung.de

www.forschung-und-lehre.de/archiv/01-99/jagoda.htm

www.sowi-online.de/reader/berufsorientierung/akteure-bag-bbw.htm

Hermann Genz, Walter Werner

Job-Center und Fallmanagement

Herzstücke der Arbeitsmarktreformen

Summary

Die weit reichenden Arbeitsmarkt- und Sozialreformen haben zu einem grundlegenden Paradigmenwechsel geführt, der komplexe rechtliche, organisatorische und fachliche Veränderungen in der Arbeitsförderung und Sozialpolitik mit sich gebracht hat.

Nach anfänglichem Chaos bei der Reformumsetzung, die zum Einstieg von politisch-ideologischen Auseinandersetzungen, organisatorischen, personalwirtschaftlichen und IT-technischen Umsetzungsfragen, ungeklärten juristischen Detailregelungen und Kompetenzstreitigkeiten zwischen der Bundes- und der lokalen Ebene geprägt war, ist nach der Implementation der neuen Aufbau- und Ablaufstrukturen des SGB II eine gewisse Ruhe eingetreten. Der Aufbauphase folgt jetzt eine Konsolidierungs- und Professionalisierungsphase, bei denen es gilt, eine Reihe nach wie vor bestehender struktureller Probleme im weiteren Umsetzungsprozess zu lösen.

Job-Center, Fallmanagement und Eingliederungsvereinbarungen sind die drei Schlüsselbegriffe, die das Kernstück der Arbeitsmarktreform nach dem ab Januar 2005 in Kraft tretenden SGB II „Grundsicherung für Arbeitsuchende" beschreiben, und die bisherige Aufbau- und Ablaufstruktur in „Moderne Dienstleistungen am Arbeitsmarkt" verwandeln, wie es die Hartz-Kommission programmatisch beschrieben hat. Die vom Gesetzgeber gewollte Kooperation zwischen den Agenturen für Arbeit und Kommunen soll sich im Regelfall in den „ARGEn" vollziehen; daneben haben „Optionskommunen" die Möglichkeit zur eigenständigen Umsetzung des SGB II. Aufgrund der Klage mehrere Landkreise wird das Bundesverfassungsgericht im Herbst 2007 über die Verfassungsmäßigkeit des ARGE-Modells entscheiden.

Der Beitrag macht aus Sicht langjähriger Praxis deutlich, wie Job-Center als „Zentren für Arbeit und Einkommen" ihre Arbeit wirkungsvoll organisieren können, besonders auch für junge Menschen. Eine zentrale Rolle nimmt die Ausgestaltung des Fallmanagement als Mix aus Einzelfallsteuerung und Systemsteuerung in Netzwerken ein mit dem Generalziel nachhaltiger beruflicher und sozialer Integration durch Mobilisierung aller verfügbaren Ressourcen. Für diesen Steuerungsprozess sind Sozialplanung, Arbeitsmarktmonitoring, Controlling und Evaluation unverzichtbare Steuerungsinstrumente. Bei der Umsetzung dieser Arbeitsmarktreform ist es aus Sicht der Autoren erforderlich, dass örtlichen Erfordernissen Rechnung getragen und auf gewachsenen und leistungsfähigen lokalen und regionalen Infrastrukturen aufgebaut wird – partnerschaftlich, auf gleicher Augenhöhe, pragmatisch und in einem offenen gemeinsamen Lernprozess.

1 Sozialpolitische Herausforderungen im Reformprozess

Die Einführung des Sozialgesetzbuches II „Grundsicherung für Arbeitssuchende" (SGB II) zum 1. Januar 2005 war der vorläufige Höhepunkt einer tief greifenden Krise am Arbeitsmarkt. Auch nach über zwei Jahren praktischer Umsetzung des SGB II bleibt abzuwarten, ob das neue Arbeitsförderungsrecht eine Lösung des strukturellen Chaos in der Arbeitsförderung bewirken kann, hängt vor allem davon ab, inwieweit es gelingt, trotz schwieriger Rahmenbedingungen praktische Lösungen für die Arbeitsmarktpolitik vor Ort zu entwickeln.

1.1 Lebenslagen werden diffiziler

Noch immer und wohl auch auf absehbare Zeit wird die Erwerbsarbeit für die meisten Bürger den elementaren Zugang zu eigener Lebensvorsorge und zur Teilhabe am gesellschaftlichen Leben schaffen. Dass Erwerbsarbeit aber für immer weniger Menschen eine individuell planbare Linie im Lebensentwurf jedes Einzelnen wird, führt zu ständigen Brüchen in den Erwerbsbiographien und in den Lebensverläufen.

Diese Unberechenbarkeit verunsichert die Menschen in ihren Zukunftsentwürfen und forciert insgesamt ein Klima von Bindungslosigkeit und brüchigen Solidargemeinschaften. Zeiten der Erwerbslosigkeit gehen häufiger einher mit familiären Zerwürfnissen und Spannungen, die am Selbstvertrauen nagen. Für immerhin schon 16 Prozent der Erwerbstätigen ist die Wochenendbeziehung Normalzustand (BMFSFJ 2001). Sie sind darauf angewiesen eine Arbeit weit entfernt von ihrem Lebensmittelpunkt auszuüben. Flexibilität und Mobilität überfordern familiäre Strukturen.

Überforderung und Unterforderung sind wesentliche Merkmale erwerbstätiger und erwerbsloser Menschen geworden. Überfordert sind jene, die einen Job haben und immer höhere berufliche Anforderungen erfüllen müssen. Unterfordert sind jene, die sich ständig qualifizieren und dennoch keine Chance finden, ihrer Qualifikation entsprechend arbeiten zu können.

Die materiellen Grundlagen, mit denen wir zu recht kommen müssen, verschieben sich ständig und für immer mehr Menschen wird die materielle Existenz zur Achterbahn. Brüche im Erwerbsleben erzwingen das Leben von der Substanz bis hin zur Überschuldung. Im Kölner Job-Center waren 40 Prozent der arbeitslosen Sozialhilfeempfänger derart überschuldet, dass sie mit einem zu erwartenden Nettojahreseinkommen den Schuldenberg nicht zu tilgen vermochten. In der Stadt Mannheim hatten mehr als ein Viertel aller Sozialhilfebezieher nicht einmal mehr ein eigenes Konto und waren auf Barzahlungen durch das Sozialamt angewiesen. Ohne professionelle Hilfe kommen nur wenige mit ihrer Überschuldungssituation zurecht.

Traditionell folgten die Erwerbsbiographien einem Muster mit drei Sequenzen. Nämlich zunächst der Schule/Ausbildung, dann der Erwerbstätigkeit und schließlich dem „wohlverdienten Ruhestand". In immer mehr Erwerbsbiographien funktioniert dieses Muster, das wir als gradlinigen Lebensweg internalisiert haben, nicht mehr. In dem schulischen Teil werden immer mehr Phasen der praktischen Tätigkeit aufgenommen bzw. müssen Jobs die Ausbildung finanzieren. Die Erwerbstätigkeit wird häufig durch Phasen der Aus- und Weiterbildung, Erziehungszeiten oder aber auch durch erzwungenes Nichtstun durchbrochen. Und auch die Rentenphase ist für immer mehr Menschen von der Notwendigkeit des Zuverdienstes geprägt, weil nur so ein angemessener Lebensunterhalt gesichert werden kann.

Unter diesen Bedingungen lässt sich für viele Menschen eine Familienplanung und Karriereplanung kaum noch realisieren. „Der Berufseinstieg als normaler, ganz gewöhnlicher Schritt zum Erwachsenwerden hat inzwischen Seltenheitswert: Ihn ersetzen berufsvorbereitende Maßnahmen des Arbeitsamtes, ABM-Stellen, Jobs als Tankwart, Teilzeit-Softwareentwickler und Zigarettenpromoterin, Praktika, Hospitanzen, bezahlte freie Mitarbeit, das Endlosstudium" (Zitat Susanne Gaschke: Alles besetzt. In: Die Zeit Nr. 23 vom 30.5.1997, S. 62).

Das „Normalarbeitsverhältnis", definiert als vollzeitbeschäftigte Erwerbsarbeit (also abhängig beschäftigt), hat an Bedeutung erheblich abgenommen und macht nur noch gut die Hälfte aller realisierten Arbeitsverhältnisse aus. Dabei gibt es geschlechtsspezifische Unterschiede: Noch knapp 60 Prozent der Männer sind „normal" beschäftigt, bei den Frauen sind es nur noch 40 Prozent (Schmid, 2001, 9).

Migranten oder Personen mit Migrationshintergrund – zu denen auch Aussiedler oder eingebürgerte Migranten gehören – sind überproportional von Arbeitslosigkeit und Langzeitarbeitslosigkeit betroffen, haben in der Mehrzahl ein niedriges Qualifikationsniveau und eine geringe Ausbildungsbeteiligung. In den Transferleistungssystemen, insbesondere im SGB II sind sie in westdeutschen Großstädten vielfach mit einem Anteil von 30-40 Prozent vertreten. Gerade in Städten mit hohem Ausländeranteil gehören die Verbesserung ihres Zugangs zu Ausbildung und Arbeitsmarkt und soziale und kulturelle Integrationsangebote zum Standardrepertoire, wenn auch in aller Regel bei weitem nicht hinreichend.

Die Zunahme sozialer Problemlagen verstärkt in den Städten auch die Tendenz zu sozialräumlichen Segregationsprozessen, wie namhafte Stadtsoziologen in Deutschland feststellen (Häußermann u.a., 2004). Soziale Beziehungen in der Stadt verändern sich durch die Zunahme von Arbeitslosigkeit. Aus sozialen Distanzen werden räumliche Distanzen. Unterschiedliche Einkommens-, Lebensstil- und ethnische Gruppen rücken in den Städten noch weiter auseinander. Soziale Ungleichheit in den Städten hat sich zwar seit jeher in einer ungleichen Verteilung von Bevölkerungsgruppen auf Quartiere mit unterschiedlichen Wohn- und Lebensverhältnissen gespiegelt, die räumliche Konzentration von Haushalten mit materiellen und sozialen Problemen nimmt im Gefolge zunehmender Arbeitslosigkeit und unzureichender Erwerbseinkommen oder Transferleistungen weiter zu. Häußermann spricht hier – auf Berlin bezogen – von „Sammlungsräumen der Diskriminierten und Marginalisierten bzw. Armutsvierteln" (Häußermann 2004, 212), wo sich die soziale Lage der Bevölkerung einem „Fahrstuhleffekt" gleich kollektiv verschlechtert. In vielen Großstädten finden wir heute solche Quartiere, wo 30 % bis 40 % Arbeitslosigkeit keine Seltenheit mehr sind und Absenkungen von Sozialleistungen die Bevölkerung und die Infrastruktur insgesamt treffen, weil die Kaufkraft und die Mobilität sinken.

Soziale Ausgrenzung ist ein mehrdimensionaler Prozess – auf dem Arbeitsmarkt, Wohnungsmarkt, im Bildungs- und Gesundheitssystem, wo sich auch die Probleme kumulieren, wenn die Arbeitsmöglichkeiten begrenzt sind, allein die Wohnadresse bereits ein Makel ist, Bildung, Luxus und Gesundheitsvorsorge Fremdwörter sind. Stabilisierungsstrategien in solchen Quartieren erfordern arbeitsmarkt- und sozialpolitische Maßnahmen im Nahraum, weniger bauliche Sanierungsmaßnahmen. Das Bund-Länder-Programm „Förderung von Stadtteilen mit besonderem Entwicklungsbedarf – die soziale Stadt" hat zwar einen solchen Ansatz zur Unterstützung „überforderter Nachbarschaften", ist vom Programmvolumen her allerdings mit 100 Mio. Euro Bundeszuschuss viel zu bescheiden ausgelegt und wird vielerorts als bauliches Sanierungs- oder Wohnungsmodernisierungsprogramm zweckentfremdet. Die Zwischenbilanz des Soziale Stadt-Programms nach fünfjähriger Laufzeit fällt Ende 2004 ernüchternd aus, viele Programmziele wurden nicht erreicht: Senkung der Zahl von Transferleistungsbezieher/innen, Einbeziehung von Migranten, ressortübergreifende Kooperation (lediglich projektorientierte Zusammenarbeit), beliebige Gebietsauswahl und fehlende Ausrichtung auf gesamtstädtische Ziele, unzureichende Nutzung von

Potenzialen der Wirtschaft, kein „roter Faden" zwischen Arbeitsschwerpunkten, unbefriedigendes Monitoring und Controlling (IfS, 2004). Für die Weiterführung dieses Programms ist deshalb ab dem Jahr 2007 folgerichtig die Akzentsetzung des Programms Soziale Stadt neu ausgerichtet worden – hin zu einer stringenteren Verknüpfung städtebaulich-investiver Maßnahmen mit Arbeitsmarkt-, Bildungs- und sozialen Integrationsmaßnahmen. Die Diagnose der Zwischenevaluation „in der Regel bislang keine positive Veränderung der ökonomischen und sozialen Probleme" (IfS, 2004, S. 10) wird damit durch einen richtungsweisenden Weg gegen eine Verfestigung von Armutsstrukturen und für die Mobilisierung sozialer Ressourcen in solchen Quartieren abgelöst.

Bislang empirisch und nicht erforscht sind die Wanderungsbewegungen, die sowohl innerhalb der Städte als auch zwischen den Trägern der Grundsicherung, die auf der Ebene der Kreise organisiert sind, ausgelöst werden. Durch die Festlegung örtlich völlig unterschiedlicher Werte für die Übernahme der angemessenen Unterkunftskosten bzw. daraus resultierender Wohnungsverluste von Alg II-Beziehern stellen insbesondere die Städte vermehrt eine Zuzugswelle von Hilfebeziehern fest, die in ihren Herkunftsgemeinden keine angemessene Wohnung finden. In Mannheim hatten wir im zweiten Halbjahr 2006 eine Zunahme der Neuantragsteller, die bis dahin noch anderenorts gemeldet waren, in Höhe von fast 20 Prozent an allen Neuzugängen verzeichnen können. Aber nicht nur die unterschiedlichen Wertgrenzen der Unterkunftskosten lösen solche Wanderungsbewegungen aus, sondern auch die örtlich sehr unterschiedliche Handhabung des "Förderns und Forderns". Wir haben in der Praxis durchaus feststellbare Hinweise daraus, dass die restriktive Handhabung des SGB II durch örtliche Grundsicherungsträger dazu führt, dass Hilfebezieher dorthin ausweichen, wo sie vermeintlich besser behandelt werden oder ungestörter bleiben. Nach unseren Beobachtungen handelt es sich hier um beachtliche Effekte, die in der Evaluationsforschung zum SGB II bislang noch keine Berücksichtigung finden.

Die komplexer werdenden Lebenslagen führen dazu, dass immer häufiger ein professionelles Management zur Gestaltung individueller Wege erforderlich ist. Es ist deshalb nicht verwunderlich, dass inzwischen in vielen Branchen „Fallmanagement" notwendig ist. Im Gesundheitswesen ist dies längst gängig und kürzlich inserierte eine namhafte Versicherungsgesellschaft in einer Tageszeitung: „Fallmanager gesucht".

1.2 Sozialrecht wird komplexer

Eine große Zahl von Gesetzen ist kein Ausdruck für die Weisheit des Gesetzgebers. Die Normenflut in Deutschland hat bis zum Jahr 2004 zu 2.066 Gesetzen mit 4.308 Paragrafen, 3.051 Rechtsverordnungen mit 38.776 Einzelbestimmungen geführt, die in einer dynamischen politischen Landschaft immer kürzere Verfallsdaten haben (Zahlen zit. nach Kerstin Witte-Petit, Vom Geist der Gesetze, in Rheinpfalz vom 09.10.2004).

Es ist gemein hin bekannt, dass die Bundesrepublik Deutschland über das weltweit komplizierteste Steuersystem verfügt. Nicht weniger komplex ist unser Sozialrecht.

Ein Beispiel dafür ist unser Rechtssystem zur Förderung bzw. Unterstützung für Erwerbstätige und Erwerbslose.

Bislang existierten noch immer drei Unterstützungsleistungen für Erwerbslose und Personen/Bedarfsgemeinschaften, deren Einkommen zu gering ist, den Lebensunterhalt zu sichern:

- das beitragsfinanzierte Arbeitslosengeld I, geregelt im SGB III,
- das durch den Bund und die Kommunen steuerfinanzierte Arbeitslosengeld II (SGB II),
- die kommunal finanzierte Sozialhilfe, inzwischen im SGB XII verrechtlicht.

Neben diesen Leistungsgesetzen gibt es eine Fülle von Fördergesetzen, die Menschen mit und ohne Erwerbsarbeit in Anspruch nehmen können: Wohngeld, Kindergeld, BAFöG, MeisterBaFöG, Rehabilitationshilfen, etc.

Nur wer sich in diesem Dschungel auskennt, kann halbwegs alle Fördermöglichkeiten ausschöpfen, die er in seiner Lebenslage berechtigt beanspruchen kann. Selbst Fachleuten ist es aber kaum möglich, alle Leistungen im Einzelfall zu überblicken.

Eine wesentliche Hoffnung und Zielsetzung, die mit der Reform der Arbeitslosenhilfe und Sozialhilfe verbunden wurde, war die Vereinfachung der Gesetzgebung und klare Abgrenzungen zwischen den Leistungen. Das neue SGB II wird aber in vielfacher Hinsicht dieser Zielsetzung nicht gerecht, weil es nach wie vor Leistungen enthält, die auch nach anderen Gesetzen gewährt werden können. Hierzu einige Beispiele:

- Die Übernahme von Mietrückständen kann sowohl nach SGB II als auch nach SGB XII erfolgen.

- Auszubildende können in besonderen Lebenslagen Geldleistungen nach dem SGB II und SGB III (BAB) erhalten.
- Die Gewährung bestimmter einmaliger Beihilfen (Wohnungserstausstattung; Schülerfahrten) findet sich ebenfalls in beiden Gesetzen wieder.
- Auch die Zuständigkeit für arbeitslose Jugendliche kann zwischen dem SGB II, dem SGB III und dem SGB VIII liegen. Die Interpretation der jeweiligen Lebenslage der jungen Menschen, die Förderleistungen benötigen, kann dabei willkürlich erfolgen.

Auch nach der Reform der Arbeitslosen- und Sozialhilfe bleiben somit viele Schnittstellen in dem nach wie vor dreistufigen System offen, wenngleich positiv feststellbar ist, dass der Gesetzgeber bei seinen zahlreichen Nachbesserungen des SGB II bereits einige Schnittstellen minimiert hat. Wohlwollende Kommentatoren bewerten dies als „lernende Gesetzgebung".

Kritisch zu bewerten ist aber, dass der Gesetzgeber das neue Arbeitsförderungsrecht in Pauschal- und Individualleistungen unterteilt hat. Die Regelleistung ist einheitlich pauschaliert und die Unterkunftskosten sind individuelle Leistungen.

Kein anderes Land in Europa leistet sich eine Gesetzgebung, mit der versucht wird, die Fiktion einer individuellen Bedarfsgerechtigkeit herzustellen.

Die gegenwärtige Diskussion um die Zusammenlegung von Arbeitslosen- und Sozialhilfe ist geprägt davon, dass für einen Teil der Betroffenen sich individuelle Härten ergeben und die Politik sieht die Proteste gegen die Zusammenlegung als ein Problem der Vermittelbarkeit ihrer Absichten. Individuelle Bedarfsgerechtigkeit lässt sich aber nur schwer vermitteln, weil sie real nicht einlösbar ist.

Rechtsnormen, mit denen der Gesetzgeber versucht individuelle Bedarfsgerechtigkeit herzustellen, sind für die ausführende Verwaltung stets eine Überforderung. Sie weisen Verwaltungsmitarbeitern die Rolle eines Haushaltungsvorstandes zu, der darüber entscheidet, ob und wann neue Einrichtungsgegenstände angeschafft werden, ob die Wohnung angemessen ist. Dies sind private Entscheidungen, die normalerweise in einer Haushaltsgemeinschaft ohne Einmischung des Staates erfolgen. Die Verwaltung behilft sich in diesen Konfliktlagen mit einem umfangreichen Richtlinienwerk, das dem jeweiligen Sachbearbeiter als zusätzliche Norm an die Hand gegeben wird und eben dies wiederum empfinden die Betroffenen als zutiefst ungerecht. Daraus wiederum erwächst ein unendlicher Urteilsbedarf für die zuständigen Gerichte.

Schon das frühere BSHG hat Stilblüten von Verwaltungsgerichtsurteilen hervorgebracht, die bis zur individuellen Festlegung von Tragezeiten für Unterwäsche führten. Es zeigt sich inzwischen, dass auch das neue SGB II ähnliche Auswüchse in der Rechtssprechung nach sich zieht.

Obwohl das neue SGB II, insbesondere im Bereich der Unterkunftskosten an der Fiktion der individuellen Bedarfsgerechtigkeit festhält, so enthält es doch Rechtsnormen, die darauf ausgelegt sind, mit den Anspruchsberechtigten „auf gleicher Augenhöhe" in Aushandlungsprozessen zu verhandeln, was individuell zumutbar und dennoch für die Solidargemeinschaft tragbar ist. Dies ist insbesondere mit dem neuen Instrument der Eingliederungsvereinbarung nach § 15 SGB II möglich, die mit jedem Erwerbslosen zweimal jährlich zu vereinbaren ist. Hierin liegen Chancen, die es zu nutzen gilt.

1.3 Soziale Dienstleistungen werden unübersichtlicher

Das gesetzliche Wirrwarr findet sich auch auf der institutionellen Ebene wieder. Immer mehr Behörden und staatliche Stellen sind mit Dienstleistungen für Erwerbslose befasst. Die Programme und Fördermaßnahmen, die sie verwalten, sind auch für erfahrene Experten kaum noch zu durchschauen.

Beschäftigungsförderung betreiben inzwischen alle staatlichen Ebenen:

- Die Europäische Union schreibt inzwischen Jahr für Jahr Programme zur Beschäftigungsförderung (ESF) im Umfang von mehreren hundert Millionen Euro aus. Neben der Erfüllung von Kriterien der Transnationalität müssen auch die spezifischen Kriterien des jeweiligen Zielgebietes erfüllt werden. Der bürokratische Aufwand dieser Programme bei der Antragstellung, Durchführung und Abrechnung ist enorm und nicht selten lassen sich diese Programme kaum mit den nationalen Normen vereinbaren. Kenner behaupten berechtigt, dass diese Förderprogramme nur noch von den landwirtschaftlichen Subventionsprogrammen der EU in ihrem bürokratischen Aufwand übertroffen werden. Es ist nicht selten, dass speziell für die Abschöpfung dieser Programme Zielgruppen passend gemacht werden müssen, weil man diese Fördermittel nicht zurückgeben möchte. Hier werden dann schon mal aus normalen arbeitslosen Jugendlichen besondere Problemgruppen des Arbeitsmarktes, die ohne transnationalen Bezug nicht integrierbar sind.

- Auch der Bund ist in den letzten Jahren vermehrt dazu übergegangen eigene Förderprogramme aufzulegen. In jüngster Zeit sind dies die Programme „Jobperspektive“ oder „Perspektive 50plus“. Diese Bundesprogramme werden ergänzend zu den Aktivitäten der Bundesagentur für Arbeit aufgelegt, die sich deshalb auch kaum mit der Durchführung identifiziert.

- Die Bundesländer haben in den vergangenen Jahren sehr spezifische Beschäftigungsprogramme durchgeführt, die meist zielgruppenbezogen waren. In jüngster Zeit und unter dem Konsolidierungsdruck der Länderhaushalte werden diese Finanzierungen erheblich zurückgefahren. Dennoch behalten sich alle Bundesländer eine Steuerung über Programme vor. Gelegentlich machen sie dies auch bei EU-Programmen, die sie selbst verteilen und damit den Anschein erwecken, als handele es sich um Landesmittel.

- Die Bundesagentur für Arbeit führt ihre Beschäftigungs- und Förderprogramme auf der Basis des SGB III durch. Grundsätzlich steuert die BA ihre Aktivitäten über zentrale Richtlinien und Ausführungsvorgaben, die im betriebsinternen Jargon "ermessenslenkende Weisungen" heißen. In der Praxis gewinnt man deshalb schnell den Eindruck, dass es bei den Nürnberger Vorgaben eher darauf ankommt die Lücken in den Handlungsanweisungen zu finden, als sie Satz für Satz zu befolgen. Nur so lassen sich örtlich umsetzbare Programme gestalten, die auch noch einen lokalen Bezug zur jeweiligen Situation ermöglichen. Die Arbeitsanweisungen zum „Mainzer Modell“, die mehr als 60 Seiten umfassten, waren hier beispielhaft.

- Nur noch wenige Kommunen engagieren sich vor Ort mit ihren eigenen Programmen der Hilfe zur Arbeit, bzw. kommunalen Beschäftigungsförderung. Da die Vorgaben des Bundessozialhilfegesetzes in der Vergangenheit nur sehr gering waren (§§ 18 – 25 BSHG), ist hier eine örtliche Vielfalt entstanden, die kaum systematisiert werden kann. Der Nachteil dieses Modellierens bestand aber auch darin, dass viele Kommunen ständig „das Rad neu erfunden“ haben und ein gegenseitiges Lernen aus best-practice-Projekten nur selten stattfand. Erst in dem Projekt der Bertelsmann-Stiftung „Beschäftigungsförderung in Kommunen (BIK)“ wurde der Versuch unternommen zu systematisieren und allgemein zugängliche Erfahrungen miteinander abzugleichen.

- Hinzu kommen noch diverse Programme von Wohlfahrtsverbänden, Stiftungen, Kirchen etc., die zum Teil mit erheblichen Eigenmitten Hilfen für Erwerbslose finanzieren und durchführen.

Das BIBB (Bundesinstitut für berufliche Bildung) sieht in seinem Programm Star-Regio den Übergang Schule und Beruf als förderfähig an. Hinzu kommen die Aktivitäten der Kammern und das Freiwillige Soziale Trainingsjahr (FSTJ), das Freiwillige Soziale Jahr (FSJ), Kompetenzagenturen, die das Bundesfamilienministerium finanziert, normale „Quali-ABM" der Arbeitsverwaltung, BVJ-Maßnahmen nach SGB III. Und wenn diese Fördermöglichkeiten immer noch nicht reichen, können auch kommunale Fördermaßnahmen, insbesondere der offenen Jugendhilfe (z.B. Jugendcafe, Mädchen-Treff), oder AbH-Maßnahmen, TIP-Lehrgänge (Testen, Informieren, Probieren) der Bundesagentur gewährt werden.

Ein besonderes Durcheinander haben die oben erwähnten Institutionen bei den Fördermöglichkeiten für junge Menschen geschaffen. Es gibt die Entwicklungspartnerschaft EQUAL, die das „Übergangsmanagement" von Schule/Ausbildung/Beruf für die 16 bis 27-Jährigen fördert. Der Bund hatte zunächst mit dem Programm Jump und dann mit Jump Plus die 15 bis 24-Jährigen als Zielgruppe ausgemacht. Die Landesregierung Rheinland Pfalz finanziert flankierend dazu noch den „Jugend-Scout" für die 15 bis 25-Jährigen und den „Job-Fuchs", der ebenfalls im Übergangsmanagement von Schule und Beruf eingesetzt werden soll. Fast alle Länder haben ähnliche Programme aufgelegt.

Nicht vergessen werden dürfen in diesem Zusammenhang auch noch die Berufsschulen oder Berufskollegs, die den gesetzlichen Auftrag der berufsbezogenen Bildung junger Menschen haben. Es soll allerdings nicht wenige Berufsschulen geben, die nicht sonderlich ärgerlich darüber sind, dass mit den o.g. Maßnahmen die Schulpflicht umgangen werden kann.

Die angesprochenen Zielgruppen variieren manchmal in der geringfügigen Abweichung bezogen auf Alter oder Geschlechteranteil. Meist richtet sich dies alles an Benachteiligte und „Gender Mainstreaming" ist grundsätzlich zu beachten. Besondere Förderung erhalten auch junge Berufsrückkehrerinnen.

All dieses geschieht ganzheitlich, vernetzt, prozessorientiert und ist innovativ, modellhaft, strukturell-dynamisch und insgesamt von „strukturellem Optimismus" durchdrungen.

Rein rechnerisch übersteigen in vielen Kommunen die Summe aller Plätze häufig die Anzahl unversorgter junger Menschen. Aber trotz alledem – so die Berichte – bleiben viele junge Menschen unversorgt.

Offensichtlich besteht kein Mangel an Geld um Maßnahmen zu finanzieren, sondern der Mangel besteht in Transparenz und Abstimmung. Die Professionalität von Leistungserbringern erweist sich in der Cleverness diese Programme mit immer neuen Konzepten auszuschöpfen. Nur so kann die eigene Infrastruktur von Förderperiode zu Förderperiode gesichert werden. Für eine passgenaue Förderung der Betroffenen, die nachhaltig wirkt, bleibt da nur wenig Zeit.

Wie sollen junge Menschen, die Arbeit und Beruf suchen, sich in diesem Dschungel zurechtfinden? Wie kann verhindert werden, dass junge Menschen wie in einem Hamsterrad Maßnahme für Maßnahme durchlaufen, ohne je beruflich einen Einstieg mit Perspektive zu erhalten und ohne dass sie nicht nur schulmüde, sondern auch noch fördermüde werden?

Die Antwort darauf können Job-Center sein, die zwar ordnungspolitisch den Wirrwarr nicht ordnen können, aber dennoch pragmatisch alle Dienstleistungen unter möglichst einem Dach vereinigen können. Die örtliche Konzentration verschiedener Dienstleister in einem Job-Center erzwingt ganz praktische Zuständigkeitsabgrenzungen und Absprachen um Doppelarbeit und damit auch Doppelförderung zu vermeiden. Solange der Gesetzgeber nicht den Mut hat ein einstufiges Fördermodell mit eindeutiger Verantwortung auf einer Ebene zu schaffen, sind Job-Center geeignet Dienstleistungen halbwegs transparent für die Bürger zu organisieren.

2 Zur Kooperation von Agenturen und Kommunen

Das neue SGB II setzt auf die Kooperation aller Akteure, im Regelfall auf die Zusammenarbeit von Agenturen und Kommunen. Trotz unterschiedlicher „Amtskulturen" und Vorgehensweisen ist es vielerorts gelungen, die neuen Arbeitsgemeinschaften nach § 44b SGB II zum Kern einer neuen gemeinsamen Strategie zum Abbau der Arbeitslosigkeit zu machen, wenn die gemeinsamen Aufgaben in den Vordergrund der Bemühungen gestellt wurden.

2.1 Zusammenarbeit zwischen Arbeits- und Sozialämtern

Durch die Einführung des SGB II zum 01.01.2005 musste nun zusammengeführt werden, was scheinbar nicht zusammen ging: die Arbeitsämter, die aus der Tradition einer Versicherungsanstalt kommen und deren Steuerungssystem sich traditionell am „Schadensfall" ausgerichtet hat, und die Sozialämter, die in einer Wohlfahrtstradition stärker auf Versorgung ausgerichtet waren.

Zwei Behörden, zwei unterschiedliche Leistungen aber eine gemeinsame Aufgabe: die Integration der Langzeitarbeitslosen. Künftig sollen nach dem Prinzip „Hilfen aus einer Hand" die bisherigen Disparitäten beseitigt werden.

Konkurrenz statt Kooperation hat das Zusammenwirken beider Behörden über fast drei Jahrzehnte hinweg geprägt, durchaus auch mit positiven Effekten. Viele innovative Ansätze der Beschäftigungsförderung sind aus der Motivation entstanden der anderen Seite vorzuführen, dass man es besser machen kann. Die negativen Seiten waren allerdings davon geprägt, dass es häufig auch um Verschiebebahnhöfe ging, die den Betroffenen nur wenige Vorteile brachten.

Auf die wachsende Konkurrenz beider Behörden, die einherging mit einem enormen Legitimitätsdruck auf die Arbeitsämter, denen zunehmend ineffiziente Arbeitsweise unterstellt wurde, hat der Gesetzgeber bereits 2000 mit dem „Gesetz zur Verbesserung der Zusammenarbeit von Arbeitsämtern und Trägern der Sozialhilfe" (BGBl. I S. 1590 ff.) reagiert. Zentrales Anliegen dieses Gesetzes war die Kooperation zwischen beiden Behörden zu fördern. Der neu entstandene § 371 a SGB III begründete die Verpflichtung der Arbeitsämter, mit den örtlichen Sozialhilfeträgern Kooperationsvereinbarungen abzuschießen und durchzuführen. § 18 II a BSHG verpflichtete die Sozialämter in entsprechender Weise. Die Verbesserung der Vermittlung in Arbeit, eine Optimierung der Wirksamkeit von Hilfen, gemeinsame Anlaufstellen sollten zu einer Vernetzung beider Behörden beitragen.

Dieser Gesetzesinitiative vorausgegangen waren verschiedene Appelle, die beide Behörden zu mehr Kooperation animieren wollten, insbesondere der gemeinsam von den kommunalen Spitzenverbänden und der Bundesanstalt für Arbeit 1998 herausgegebene Leitfaden zur Zusammenarbeit. Getragen wurde die Forderung nach mehr Kooperation von dem wachsenden Problemdruck durch die rapide angestiegenen Arbeitslosenzahlen und der Reformnotwendigkeit, der aus den enorm wachsenden Ausgaben der Kommunen und des Bundes entstand. Bereits vor Inkrafttreten des o.g.

Gesetzes zur Zusammenarbeit entstanden vielerorts Kooperationen, die eindrucksvoll in einer Studie der Bertelsmann-Stiftung dargestellt sind (Bertelsmann-Stiftung 2000). Die Ergebnisse dieser repräsentativen Studie: Die Führungskräfte der Arbeitsämter bewerteten die Zusammenarbeit wesentlich positiver als ihre kommunalen Kollegen, die sich mehr Aufgeschlossenheit gegenüber der kommunalen Selbstverwaltung wünschten (A. a. O., 115). Bemerkenswert war die Einschätzung von nur einem Viertel der Arbeitsämter, die einen gesetzlichen Änderungsbedarf sahen. Deutlich höher wurde der Reformbedarf bei den kommunalen Führungskräften mit 36 % eingeschätzt. (A. a. O., 121).

Bei aller Kritik an der Zusammenlegung von Arbeitslosenhilfe und Sozialhilfe ist festzustellen, dass sie notwendig und überfällig war. Den Beleg für die Effektivität dieser Zusammenarbeit hatten vor Umsetzung des SGB II bereits die „Modellvorhaben zur Verbesserung der Zusammenarbeit von Arbeitsämtern und Trägern der Sozialhilfe" (MoZArT) erbracht, bei der bundesweit 30 Modellprojekte von 2001 bis 2003 im Rahmen einer Experimentierklausel die Möglichkeit hatten in besonderer Weise zu kooperieren.

Die Ergebnisse der Modellvorhaben (INFAS 2003) haben gezeigt, dass

- die Eingliederung von Sozialhilfebezieher/innen und Doppelbezieher/innen sich nahezu verdoppelt, wenn der Grad der Zusammenarbeit zwischen Kommune und Agentur für Arbeit besonders hoch ist,
- die Erfolgsrate beruflicher Eingliederungsmaßnahmen signifikant höher liegt als bei der traditionell getrennten Aufgabenwahrnehmung durch beide Institutionen, wie ein Vergleich der Eingliederungsquoten mit Vergleichsämtern ergeben hat (Eingliederungsquote von Sozialhilfebeziehern mit MoZArT-Projekten bei 46 %, bei Vergleichsämtern bei 34 %),
- die Vermittlungskompetenz von Arbeitsagenturen mit der „Fürsorgekompetenz" von Sozialämtern wirkungsvoll verknüpft werden konnte – mit wesentlich besseren Vermittlungserfolgen als im „Zwei-Säulen-Modell",
- Vermittlungserfolge auch schwieriger Kunden dann eintreten, wenn „unter einem Dach" in einer gemeinsamen Anlaufstelle die Kunden nach dem Prinzip „Fördern und Fordern" mit Profiling, Fallmanagement und Hilfeplanung bedient werden.

Eine Befragung von über 2000 Mitarbeiter/innen in den MoZArT-Projekten und in den Vergleichsarbeitsämtern / Vergleichssozialämtern hat ergeben, dass sich letztlich alle

Befragten für eine intensive Zusammenarbeit beider Ämter einsetzen, obwohl in MoZArT zwei unterschiedliche Organisationskulturen krass aufeinander getroffen sind. Die Mitarbeiter/innen beider Seiten hatten bis dahin ihre gemeinsamen Erfahrungen im Wesentlichen aus den „Drehtüreffekten" beider Systeme. Gerade durch die unmittelbare Zusammenarbeit auf der operativen Ebene ist es gelungen, die Arbeitslogik des jeweiligen Partners besser zu verstehen und damit auch dessen Kompetenzen schätzen zu lernen. „Leistung aus einer Hand" verbindet folgerichtig die Stärken bzw. Vorteile beider Systeme.

Die Erfahrungen der MoZArT-Vorhaben ließen keinen Zweifel zu, dass die Zusammenführung von Sozialhilfe und Arbeitslosenhilfe für Erwerbsfähige in einem Leistungssystem der richtige Weg war. Das geht sowohl aus dem Urteil der beiden Leitungsebenen, der Mitarbeiter/innen als auch der Kunden hervor. Für den Erfolg der Zusammenarbeit spielt es dabei keine Rolle, welches Amt die Federführung im Modell hatte. Entscheidend waren der Grad der Verzahnung und die Struktur der eingesetzten Maßnahmen. Den größten Effekt auf die Eingliederungschancen schwer vermittelbarer Personen hatte eine aktive Stellenakquisition.

2.2 Geteilte Trägerschaft - gemeinsame Aufgaben

Seit Beginn der Diskussionen um die Reform der Arbeitslosenhilfe und Sozialhilfe wird die Auseinandersetzung immer noch stärker durch finanzielle und organisatorische Fragen geprägt und zu wenig durch inhaltliche Aspekte. Dabei gibt es reichlich Gründe sich gewichtiger den Inhalten zuzuwenden: einer effizienten Vermittlung, neuen Verschiebebahnhöfen, zweifelhaften Fördermaßnahmen, wirksamen Kombi-Lohn-Modellen, Neuausrichtung von Selbsthilfe und Eigenverantwortung etc.

Im Jahre 2003 hatten die Kommunen rund 9,5 Mrd. Euro für die erwerbsfähigen Hilfebedürftigen aufgewendet und der Bund für die Arbeitslosenhilfe nochmals 16,5 Mrd. Euro. Dieser enorme steuerfinanzierte Aufwand hat aber nicht dazu beigetragen, die Hilfebedürftigkeit rasch zu überwinden. Im Gegenteil, die durchschnittliche Verweildauer in der Sozialhilfe lag bundesweit bei 28 Monaten und in der Arbeitslosenhilfe bei immerhin 26 Monaten. Zur Verweildauer in der Arbeitslosenhilfe sind allerdings im Regelfall noch die Bezugszeiten des Arbeitslosengeldes hinzuzurechnen, so dass deutlich wird, dass Langzeitarbeitslose mehrere Jahre benötigen, um aus den Fürsorgesystemen wieder auszusteigen.

Bundesweit erhielten mindestens 1,2 Mio. Haushalte Sozialhilfe und 1,5 Mio. Erwerbslose erhalten Arbeitslosenhilfe. Die Schnittmenge zwischen beiden Systemen wurde auf ca. 300.000 Menschen geschätzt. Genau lässt es sich nicht ermitteln, weil die statistischen Angaben unterschiedliche Personengruppen erfassen und zudem ungenau waren. In der Praxis sind Doppelstrukturen entstanden, die angesichts dieser enormen Zahlen unvermeidbar waren. Die Sozialämter, die vorrangig für soziale Eingliederungsleistungen nach dem BSHG zuständig sind, waren gezwungen, Erwerbslose zu qualifizieren und zu vermitteln, weil die Arbeitsämter sich auf ihre Leistungsempfänger beschränkt haben. Die Arbeitsämter ihrerseits haben zunehmend mit sozialen Problemen ihres Klientels zu tun und mussten zur Erreichung der Vermittlungsfähigkeit immer häufiger soziale Grundkompetenzen vermitteln.

Die Integration Langzeitarbeitsloser gelingt am wirkungsvollsten in der Kooperation beider Ämter, ganz abgesehen von der unwirtschaftlichen Doppelarbeit. Demzufolge nutzt das neue SGB II die Kernkompetenzen beider Träger und versucht sie zu bündeln. Dies führte zwar beim Aufbau der Job-Center zu vielen Problemen, aber: Weder die Bundesanstalt noch die Kommunen wären in der Lage gewesen, die Integrationsverantwortung für fast drei Millionen Arbeitslose alleine zu tragen. Daran ändern auch nichts jene 69 Sozialhilfeträger, die die Experimentierklausel nutzen. Es ist jedenfalls bezeichnend, dass die Kommunen, die hohe Arbeitslosenquoten hatten, von der Option keinen Gebrauch gemacht haben, sondern mehrheitlich Landkreise mit geringen Fallzahlen.

Es wird sich zeigen, ob die optierenden Sozialhilfeträger in den kommenden Jahren ein belebendes Element in der Arbeitsmarktpolitik sein werden, weil sie als „Stachel im Fleisch" der Bundesagentur einen Wettbewerb um die besten Eingliederungsstrategien austragen werden. Bislang mangelt es noch an vergleichbaren Zahlen, die aussagekräftig sind. Solche Angaben werden erst nach Abschluss der vom BMAS im Jahr 2006 in Auftrag gegebenen bundesweiten Evaluation der unterschiedlichen Organisationsmodelle und ihrer Geschäftspraxis Ende 2008 vorliegen. Es wächst aber zunehmend die Vermutung, dass weniger das gewählte Organisationsmodell als vielmehr das Engagement und die Kompetenz der örtlichen Akteure für Integrationserfolge ausschlaggebend sind, sofern örtlich ausreichend Handlungsfreiheit in der Umsetzung gegeben ist.

Die Kommunen haben im Wesentlichen die Kosten der Unterkunft zu tragen, der Bund finanziert die Eingliederungsleistungen und die Regelleistung. Diese grundsätzliche Trennung der Kosten darf in der Praxis aber nicht dazu führen, dass in den künftigen Job-Centern ein neues System von Zweifachzuständigkeit entsteht. Der gesetzliche Anspruch, die Hilfen aus einer Hand zu gewähren, muss die Handlungsmaxime sein. Lange Zeit wurde im Gesetzgebungsverfahren das Modell einer Interessenquote beraten, wegen der nicht klar abgrenzbaren Zahlungsströme aber wieder verworfen. Die jetzt gefundene Finanzbeteiligung der Kommunen stellt aber genau diese Interessenbeteiligung her, sofern die neue Aufgabe von beiden Trägern als ganzheitlich verstanden wird und nicht in kleinlichen Abgrenzungsritualen endet.

Erschwerend in diesem Prozess des Zusammenwachsens beider Träger hat sich auch der seit Jahren andauernde Legitimationsdruck erwiesen, dem die Bundesagentur ausgesetzt ist. Wer ständig von Abschaffung oder Auflösung bedroht ist, kann seine ganze Kraft kaum auf die Optimierung seiner Organisation richten. Es ist nur allzu verständlich, dass dieser permanente Druck Abgrenzungs- und Profilierungsstrategien erzeugt, die eine Zusammenarbeit mit den Kommunen erschweren.

Es wird in den Job-Centern darauf ankommen, „win-win-Strategien" zu entwickeln, die beiden Trägern trotz getrennter Kassen gemeinsame Verantwortung und Erfolge bringen. Existentiell bedrohende Einmischung durch die Politik kann den Prozess des Zusammenwachsens nur stören.

Einen erheblichen Mangel weist das neue SGB II auf, weil es die Kapitalisierung von Transferleistungen nicht ermöglicht. Für die Kommunen war es bislang möglich eingesparte Sozialhilfe für den Ausbau der Hilfen zur Arbeit zu verwenden. Es waren häufig die Kämmerer, die kommunal darauf gedrängt haben, dass Langzeitarbeitlosen mit gezielten Förderprogrammen der Ausstieg aus der Sozialhilfe ermöglicht wurde. Das System sozialer und beruflicher Förderung hat sich amortisiert. Diese Möglichkeit besteht im neuen SGB II nicht. Die Förderbudgets orientieren sich im Wesentlichen an den Fallzahlen.

In den künftigen Novellierungen des SGB II sollte der Gesetzgeber einen Weg finden, dass eingesparte Transferleistungen jedenfalls teilweise zur Verbesserung der Förderleistungen und der personellen Ausstattung in den Arbeitsgemeinschaften verbleiben. Dies würde kreative Leistungen vor Ort bewirken, wie dies früher in engagierten Kommunen praktiziert wurde.

2.3 Kommunale Selbstverwaltung und zentrale Vorgaben der Bundesagentur für Arbeit

Für die weitere Zusammenarbeit beider Behörden ist es von entscheidender Bedeutung, dass sie gegenseitig das Wesen der jeweils anderen Organisation verstehen.

In der Bundesagentur für Arbeit ist das Versicherungssystem tief verankert. Kunden werden als Beitragszahler wahrgenommen und der Eintritt des Versicherungsfalles (also der Eintritt der Erwerbslosigkeit) lässt ein umfangreiches Überprüfen der Pflichten des Versicherungsnehmers aus, ist gleichsam eine systemwidrige Störung im Versicherungsleben des Beitragszahlers. Meldepflichten, Vorversicherungszeiten, Ausschlusskriterien und umfangreiche Belege zur Selbstbeseitigung des Schadens werden dezidiert beurteilt. Dabei wirkt sich das Spannungsfeld, dass sowohl Arbeitgeber als auch Arbeitnehmer Beitragszahler sind und folglich divergierende Erwartungen an die Bundesagentur für Arbeit haben, auf die Verwaltungspraxis aus. Dienstleistungen der Agenturen sind stets auf die Befriedigung beider Seiten ausgerichtet und machen damit einen Spagat, der den kommunalen Sozialämtern fremd war.

Diese kommen aus einer Fürsorgetradition, die wesentlich parteiischer die Hilfebedürftigen begünstigt. Sozialhilfe ist tief verankert in der kommunalen Selbstverwaltung, die sich grundlegend von einer zentralistischen Bundesverwaltung unterscheidet.

Artikel 28 des Grundgesetzes garantiert den Kommunen, dass sie in ihren örtlichen Angelegenheiten „allzuständig" sind. Die Organisations-, Personal-, Aufgaben- und Satzungshoheit üben die Gemeinden im Rahmen der Rechtmäßigkeit selbst aus.

Im Kern handelt es sich um eine bürgerschaftliche Selbstverwaltung, die Exekutive – also die staatliche Vollzugsgewalt- und Legislative – also die normgebundene Staatsgewalt – in sich vereint. Dies entspricht eben nicht dem Prinzip der klassischen Gewaltenteilung von Regierung und Parlament, sondern beinhaltet eine gemeinsame Verwaltung von ehrenamtlichen Gemeinderäten und hauptamtlicher Verwaltung. Verwaltungsorgane der Gemeinde sind demzufolge sowohl der Gemeinderat als auch der Oberbürgermeister (als Chef der Verwaltung).

Diese Form einer unmittelbaren Zusammenfassung von bürgerschaftlicher Vertretung und hauptamtlicher Verwaltung hat Vorteile:

- sachliche Nähe,
- soziale und politisch-personelle Nähe,

- emotionale Nähe
- zu den Angelegenheiten der örtlichen Gemeinschaft.

Entsprechend diesem Wesen kommunaler Selbstverwaltung erheben die Gemeinderäte in der Zusammenführung von Arbeitslosen- und Sozialhilfe berechtigt den Anspruch auf Mitwirkung und die Entscheidung über die örtliche Ausgestaltung der Kooperation, insbesondere in der lokalen Ausrichtung/Einrichtung der Job-Center. Die Bundesagentur für Arbeit ist gut beraten, wenn sie diesen Gestaltungswillen nicht nur akzeptiert, sondern gezielt fördert und auch einfordert. Ehrenamtliche Gemeinderäte sind in den Stadtteilen und Gemeinden „Profis der Nation" (vgl. Hartz-Kommission, 2002, S. 285).

Eine besondere Schwierigkeit im Zusammenführen der Bundesagentur und der Sozialämter ergab sich aus der Überfrachtung der Reform durch die gleichzeitig damit verbundene Gemeindefinanzierungsreform. Die äußerst kritische Finanzlage der Kommunen wurde hier und wird weiterhin durch die wechselseitige Beteiligung von Sozialhilfeträgern (finanziert die Unterkunftskosten, abzüglich einer Bundesbeteiligung) und Bund (finanziert Regelleistungen und Eingliederungsleistungen) versucht zu regulieren. Die ursprüngliche Absicht mit einer Revisionsklausel einen Mechanismus der Ent-/Belastung festzulegen, scheiterte an den unterschiedlichen Berechnungen zur Ausgangsbasis und uneinheitlichen Datenerhebungen. Dies ist ein dauerhaftes Konfliktfeld, das schon in naher Zukunft Stoff für Auseinandersetzungen auf Bundesebene und auch auf örtlicher Ebene bieten wird.

Trotz unterschiedlicher Tradition und Wesen beider Partner können die Job-Center nur Erfolg haben, wenn Kooperation statt Konkurrenz zur Grundlage wird.

3 Job-Center - Zentren für Arbeit und Einkommen

Der Gesetzgeber hatte in Deutschland mit dem novellierten Arbeitsförderungsrecht in § 9 Abs. 1 SGB III erstmals die Institution Job-Center eingeführt.

„Von den Agenturen für Arbeit werden Job-Center als einheitliche Anlaufstellen für alle eingerichtet, die einen Arbeitsplatz oder Ausbildungsplatz suchen. Im Job-Center werden diese Personen informiert, der Beratungs- und Betreuungsbedarf geklärt und der erste Integrationsschritt verbindlich vereinbart."

... und damit einen Schritt vollzogen, den man in einer ganzen Reihe europäischer Nachbarländer mit der Einführung von Job-Centern und Fallmanagement bereits seit Jahren erfolgreich gegangen ist.

3.1 ARGE-Modelle

Für die organisatorische Ausgestaltung der Umsetzung des SGB II hat der Gesetzgeber drei Varianten zugelassen:

- Variante 1 – Arbeitsgemeinschaft mit (teilweise) integrierter Zuständigkeit nach § 44 b: Agentur für Arbeit und Kommune bilden eine neue Organisationseinheit in öffentlich-rechtlicher oder privatrechtlicher Form, die (alle) Aufgaben der Agentur für Arbeit und der Kommunen nach SGB II übernimmt,
- Variante 2 – Kommunale Option (Experimentierklausel) nach § 6a SGB II: der Sozialhilfeträger übernimmt alle Aufgaben nach SGB II,
- Variante 3 – Getrennte Aufgabenwahrnehmung nach § 6 SGB II: Agentur für Arbeit und Sozialhilfeträger erbringen in eigener Verantwortung nur jeweils den Teil der Eingliederungsleistungen, für die sie gesetzlich zuständig sind.

Die überwiegende Mehrheit der Sozialhilfeträger (Landkreise und kreisfreie Städte) nutzt die Chancen der Kooperation in Arbeitsgemeinschaften. 362 Arbeitsgemeinschaften stehen heute 69 „Options"-Kommunen gegenüber, in 19 Kreisen blieb es bei einer getrennten Aufgabenwahrnehmung. Unter ordnungspolitischen und Management-Gesichtspunkten hat die Optionslösung unbestritten eine straffere und einheitlichere Struktur, aber auch sie kommt nicht ohne Schnittstellen zur Agentur für Arbeit aus. Sie ist insbesondere in den Großstädten personell, finanziell und organisatorisch in der geforderten Zeit kaum umsetzbar.

Die getrennte Aufgabenwahrnehmung, bei der die Agentur für Arbeit die Regelleistung und die Leistungen zur beruflichen Integration bearbeitet und die Kommune die Unterkunftskosten bewilligt, ist unter dem Aspekt Bürgerfreundlichkeit keine ernsthafte Alternative. Sie ist allenfalls denkbar als vorübergehender Zustand, wenn die „örtliche Chemie" zwischen den Akteuren noch nicht stimmt.

Die Vorteile der Arbeitsgemeinschaften bestehen darin, dass die Kompetenzen beider Partner zusammengeführt werden. Die Agenturen für Arbeit bringen ihre Erfahrungen und ihr Können im Bereich der beruflichen Förderung und Vermittlung in die Arbeitsgemeinschaften ein. Die Sozialämter haben ihre Stärken in der individuellen Hilfeplanung und der Gestaltung sozialer Fördermaßnahmen bzw. Strukturen.

Die Wirksamkeit dieser Verzahnung, wenn sie als einheitliche Organisation gestaltet wird, konnte in den MoZArT-Modellprojekten (INFAS, 2003) erfolgreich nachgewiesen werden. Erwerbslose Menschen, die in integrierten Job-Centern gefördert wurden, hatten deutlich höhere Integrationschancen (+ 23,8 %) als in den Vergleichsämtern. Zudem war die Vermittlung auch noch wesentlich nachhaltiger. All diese Erfahrungen sprachen für eine rasche Zusammenführung der Systeme unter einem Dach. Die Organisationsformen der Arbeitsgemeinschaften konnten örtlich ausgestaltet werden. Grob lassen sich zwei Organisationstypen feststellen:

- privatrechtliche Organisationen

  Agenturen für Arbeit und Sozialhilfeträger gründen zur Durchführung der Leistungen nach dem SGB II eine gemeinnützige Gesellschaft mit beschränkter Haftung (gGmbH). Die Gesellschaftsversammlung wird paritätisch von beiden Trägern besetzt und sie bestellt einen Geschäftsführer. Die bisherigen Mitarbeiterinnen und Mitarbeiter der Sozialämter bzw. Agenturen für Arbeit werden in die gGmbH überführt. Die Steuerung und Verantwortung obliegt der Gesellschafterversammlung, die in der Regel aus der Leitung der örtlichen Agenturen für Arbeit und der Verwaltungsspitze der Kommunalverwaltungen besteht.

  Zur fachlichen Begleitung, allerdings ohne Entscheidungsbefugnisse, können Beiräte gebildet werden, in denen alle gesellschaftlich bzw. arbeitsmarktlich relevanten Gruppierungen vertreten sind.

  Neben dem gGmbH-Modell ist auch die Organisation als Gesellschaft bürgerlichen Rechts (GbR) privatrechtlich möglich. Diese Rechtsform hat keine Haftungsbeschränkungen und damit ein höheres Risiko für beide Träger.

  Die privatrechtliche Organisation der ARGE wird nicht in allen Bundesländern, die entsprechende Ausführungsgesetze zum SGB II erlassen, gestattet. Das Land Nordrhein-Westfalen lässt privatrechtliche Formen zu, das Land Baden-Württemberg erlaubt nur öffentlich-rechtliche Formen.

- öffentlich-rechtliche Zusammenarbeit

  Die Mehrheit aller Arbeitsgemeinschaften bildet sich in öffentlich-rechtlichen Kooperationsformen. Der Gesetzgeber hat diese Form – obwohl rechtlich durchaus umstritten – nachträglich in § 44 b Abs. 1 geregelt. Er hat damit den Bedenken vieler Sozialhilfeträger, die der Auffassung sind, das die öffentlich-rechtliche Fürsorgeleistung des SGB II auch einer öffentlich-rechtlichen Organisationsform bedarf, Rechnung getragen.

  Die öffentlich-rechtliche Organisationsform, die in Teilen einer Gesellschaft bürgerlichen Rechts entspricht, hat ebenfalls einen oder mehrere Geschäftsführer und meist auch einen Lenkungsausschuss, der analog der Gesellschafterversammlung der gGmbH gebildet wird.

  Die Mitarbeiterinnen und Mitarbeiter bleiben bei ihren bisherigen Dienstherren beschäftigt. Die Aufgaben des SGB II werden ihnen zur Erledigung übertragen.

- Die Ausgestaltung der Organisation hat der Gesetzgeber bewusst der örtlichen Ebene überlassen, die nach ihren Besonderheiten Gestaltungsfreiheit erhält (§ 44 b SGB II). Der Gesetzgeber betonte aber deutlich, dass die zu gründenden Arbeitsgemeinschaften ihre Aufgaben einheitlich in gemeinsamen Job-Center wahrnehmen sollen.

Wie ein Organisationsmodell einer örtlichen Arbeitsgemeinschaft aussieht, zeigt das Beispiel der ARGE Mannheim:

Abbildung 20: Struktur der Arbeitsgemeinschaft / Job-Center Mannheim

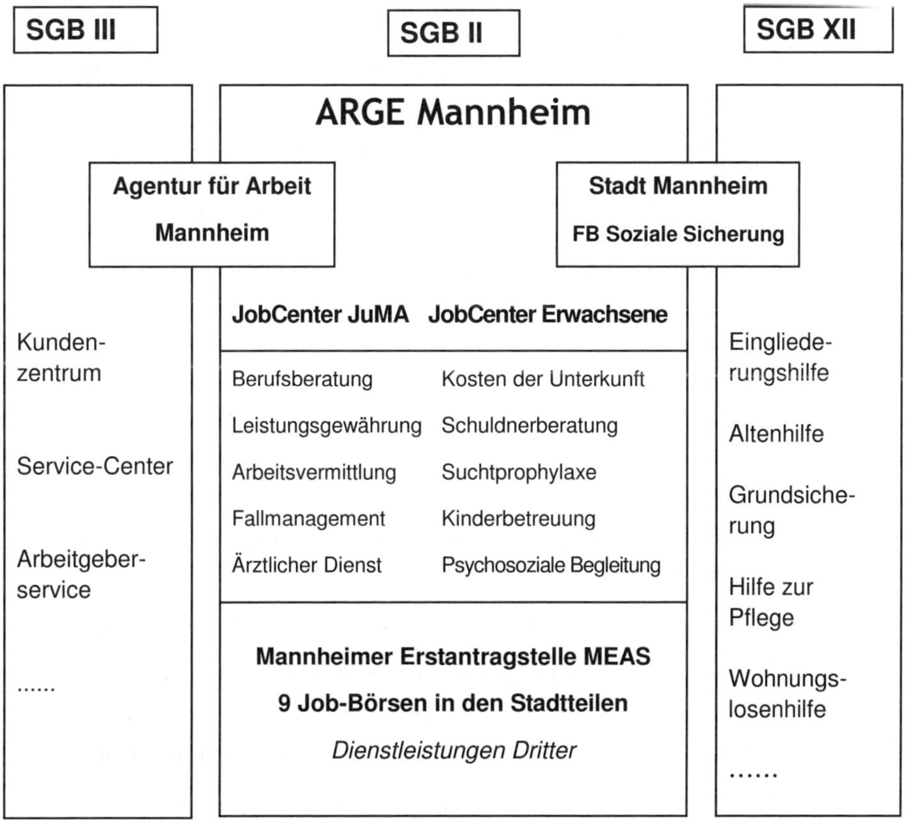

Zusammengefasst werden im Job-Center alle Dienstleistungen möglichst unter einem Dach, die erwerbslose Menschen benötigen. Dies geht weit über die vielerorts bereits bestehenden gemeinsamen Anlaufstellen zwischen Agenturen für Arbeit und Sozialämtern hinaus.

Mancherorts wurden Job-Center gleichsam „virtuell" organisiert, d. h. es wurden dezentrale Dienststellen der bestehenden Ämter erhalten. Die Leistungen sollten dort koordiniert, aber nicht unter einem Dach erbracht werden. Es ist unwahrscheinlich, dass „virtuelle“ Job-Center erfolgreiche Dienstleister zur Integration von Erwerbslosen sind.

In der Regel bündeln Job-Center alle Dienste und bieten integrierte Leistungen an. Im „Modellvorhaben zur Verbesserung der Zusammenarbeit von Arbeitsämtern und Trägern der Sozialhilfe“ (MoZArT), das von 2001 bis 2003 durchgeführt wurde, sind unterschiedliche Formen ausgiebig erprobt worden (INFAS, 2003).

Die Modelltypen, die alle Prozesse und ein vollständiges Angebot aller passiven und aktiven Hilfen unter einem Dach vereinten, haben dabei deutlich bessere Erfolge erzielt als Modelle, die nur Teilprozesse verzahnt haben. Auf diese Erfahrungen, die beispielhaft in Pirmasens und Köln umgesetzt wurden, konnte beim Aufbau der Job-Center zurückgegriffen werden.

Die Bündelung aller erforderlichen Dienstleistungen hatte in der Regel folgende Bereiche umfasst:

- die Sicherstellung aller wirtschaftlichen Hilfen (Lebensunterhalt, Wohnkosten, einmalige Beihilfen etc.),
- die passgenaue Vermittlung in Arbeit,
- erforderliche begleitende Dienstleistungen (z.B. Schuldnerberatung, gesundheitliche Beratung),
- die Gewährung und Steuerung von beruflichen Eingliederungsleistungen,
- die Vermittlung in Beschäftigung, dort wo eine Eingliederung in den allgemeinen Arbeitsmarkt (noch) nicht möglich ist,
- die Fallsteuerung über individuelle Eingliederungsvereinbarungen und
- die Vernetzung mit Betrieben, sozialen Organisationen und Diensten.

Job-Center haben sich darüber hinaus auch für Dienstleistungen Dritter geöffnet, u. a. für

- Personal-Service-Agenturen,
- Leiharbeitsfirmen und Personaldienstleister,
- Dienste der Kammern und Innungen,
- Bildungsträger und
- soziale Beratungsstellen der freien Wohlfahrtspflege.

Entscheidend für den Erfolg beruflicher Eingliederungen – dies zeigen auch internationale Erfahrungen, ist die Zielgenauigkeit und Dichte der Betreuung und weniger die Anzahl der Beschäftigungsangebote.

Welche Organisationsmodelle der Arbeitsgemeinschaften bzw. der optierenden Kommunen erfolgreicher sind, will der Bund mit einer vergleichenden Wirkungsforschung herausfinden, deren Ergebnisse Ende 2008 vorliegen sollen.

3.2 Aspekte der Organisationsgestaltung

Die neuen Job-Center stellen an alle Beteiligten immer noch besondere organisatorische Anforderungen.

Wie bei allen Fusionen ist die Bedeutung von Kooperation und Mitwirkung der Mitarbeiterinnen und Mitarbeiter ein entscheidender Faktor des Gelingens. Dies setzt strukturierte Kommunikationsprozesse und eine sprachliche Verständigung untereinander voraus.

In unserer Praxis stellen wir fortlaufend fest, dass Sozialamt und Agentur für Arbeit enorme Verständigungsprobleme haben, weil für dieselben Begriffe unterschiedliche Deutungen vorhanden sind oder für das Gleiche andere Bezeichnungen. Noch sind beide Institutionen zu sehr in ihrer „Einsprachigkeit" verhaftet und haben den Weg zur „Zweisprachigkeit" und zur gemeinsamen „Neusprachlichkeit" noch nicht gefunden. Es ist eine wesentliche Führungsaufgabe in den Job-Centern, für die eindeutige Sprachregelungen Sorge zu tragen.

Ebenso entscheidend für den organisatorischen Aufbau der Job-Center ist die bewusste Einbeziehung der Kunden. Kunden sind Experten in eigener Sache und auf die Interaktion mit ihnen ist besonderes Augenmerk zu legen. Die „Produktion der Dienstleistungen" im Job-Center muss für die Kunden transparent sein. Es muss durchschaubar sein, welche Leistungen erbracht oder eben nicht erbracht werden. Job-Center sind keine hoheitlichen Behörden, deren Kunden Objekt des Handelns sind, sondern engagierte Dienstleister, die eine aktive Mitwirkung der Kunden benötigen.

Dementsprechend müssen die Abläufe und Verfahrensschritte methodisch systematisch organisiert sein. Damit werden sie unabhängiger von den Fähigkeiten einzelner Mitarbeiter/innen und verlässlicher für das System, auch wenn die persönliche Kompetenz des Personals nach wie vor ein wesentlicher Faktor in der Gestaltung der Hilfe bleibt.

Die Struktur des Dienstleistungssystems im Job-Center veranschaulicht nachstehende Grafik:

Abbildung 21: Leistungssystem im Job-Center

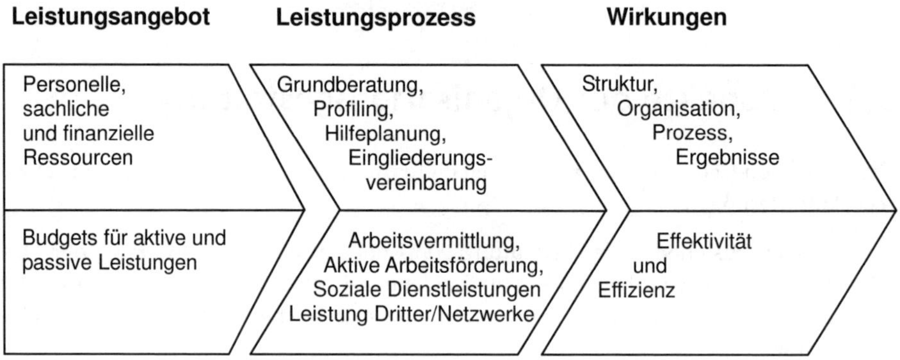

Kunden des Job-Centers durchlaufen von der „Auftragslage" her folgende Prozesse:

- Potenzialanalyse, Abklärung der Situation,
- Aushandlung von Zielen und Abschluss einer Eingliederungsvereinbarung,
- Durchführung entsprechender Eigenaktivitäten und Hilfen (Intervention),
- Kontrolle der Zielerreichung und Einhaltung der Vereinbarungen,
- gemeinsame Evaluation des Prozesses.

Diese Verfahrensschritte sind zu dokumentieren und damit überprüfbar zu gestalten. Über ein Qualitätsmanagement kann das System fortlaufend verbessert werden. Job-Center müssen „lernende Organisationen" sein, die ihre Dienstleistungsprozesse als „gemeinsame Lernarrangements" organisieren. Dementsprechend sollten sie Störungen und Beschwerden systematisch auswerfen und neue Lösungen in der Gestaltung der Abläufe suchen und erproben. Gute Erfahrungen haben die Kommunalverwaltungen mit einem unabhängigen Beschwerdemanagement gemacht, die auch hierarchische Führungsstrukturen kritisch hinterfragen können.

Die beruflichen und sozialen Eingliederungsleistungen im Job-Center müssen für die Kunden transparent dargestellt werden. Die einzelnen Hilfsangebote und Förderinstrumente sind wirksamer, wenn sie gleichsam reissverschlussartig mit dem individuellen Ressourcensystem des Kunden (Fähigkeiten, Fertigkeiten, Leistungsvermögen, Engagement) verbunden werden. Was lerne ich in einer Stützmaßnahme? Welche Leistung erbringt die Schuldnerberatung genau? Wann schalte ich die Suchtberatung ein? Was kann die Arbeitsvermittlung wirklich anbieten? Solche Themen müssen präzise dargestellt sein. Es ist notwendig, den Sinn und die Aufwendungen deutlich zu machen sowie die Leistungsstandards offen zu legen. Je differenzierter und individueller die Dienstleister des Job-Centers dies können, desto geringer die Wahrscheinlichkeit von Fehlsteuerungen und Fehlinvestitionen.

Job-Center müssen nicht in den mühsamen und manchmal auch fragwürdigen Prozess einer Zertifizierung einsteigen. Die Qualitätsdimensionen bezogen auf die Struktur (Personal, Räumlichkeiten, technische Ausstattung etc.), den Prozess (Kundenfreundlichkeit, Einbeziehung externer Dienste, interne Abläufe etc.) und die Ergebnisse (Wirkungsmessungen, Integrationserfolge etc.) sind aber klar und deutlich zu beschreiben.

Die Leistungen eines Job-Centers müssen über die Interaktion zwischen Personal und Kunden hinaus gehen und systematisch Netzwerkarbeit betreiben und pflegen. Die Differenzierung der Hilfelandschaft und die Zergliederung sozialer Dienste erfordert es, dass über die Kerndienstleistungen hinaus, die das Job-Center selbst erbringt, Kooperationen auf der Einzelfall- und Strukturebene mit anderen Systemen aufgebaut werden. Dies betrifft beispielsweise Wohnversorgung und Wohnhilfen, arbeitsmarktliche Organisationen, allgemeine Sozialdienste und Jugendhilfe, Gesundheitsdienste, Bewährungs- und Straffälligenhilfen, Frauenberatungsstellen und Frauenhäuser, Bildungseinrichtungen und Hochschulen. Die Intensität der Netzwerkarbeit ist einerseits abhängig vom Klientel des Job-Centers und andererseits von konkreten Leistungen, die diese Systeme für das Job-Center nützlich erbringen können. Hospitationen von Mitarbeiter/innen des Job-Centers bei seinen Partnern sind dabei ausgesprochen hilfreich, die Arbeitslogik und Arbeitsweise der Stellen unmittelbar kennen zu lernen, die vom Job-Center mit flankierenden Dienstleistungen zur Arbeitsmarktintegration beauftragt werden. Die Netzwerkarbeit ist dabei aber nicht Selbstzweck, sondern bedarf kontinuierlich einer Überprüfung auf Wirkung und Nutzen. Netzwerkarbeit hat darüber hinaus einen kulturprägenden Charakter auf die Organisation des Job-Centers.

Job-Center sind lebendige Organisationen, in denen Leitung, Mitarbeiterinnen und Mitarbeiter, externe Dienstleister mit ihren Kunden den effektivsten Weg zur sozialen und beruflichen Integration suchen. Sie sind dann gut organisiert, wenn sie stets die

Selbsthilfe in den Vordergrund ihrer Bemühungen stellen und die erforderlichen Dienstleistungen begleitend und unterstützend gestalten und trotzdem verbindlich bleiben.

3.3 Job-Center für junge Menschen

Für junge Menschen hat der Gesetzgeber im SGB II den Grundsatz „Fördern und Fordern" umgesetzt. In § 3 Abs. 2 SGB II ist festgelegt, dass erwerbsfähige Hilfebedürftige unter 25 Jahren unverzüglich nach Antragstellung auf Leistungen nach SGB II in eine Arbeit, Ausbildung oder Arbeitsgelegenheiten zu vermitteln sind. Der Gesetzgeber empfiehlt die Einrichtung besonderer Job-Center für junge Menschen unter 25 Jahren, um ihren besonderen Unterstützungsbedarfen mit rasch einsetzenden, intensiven und umfassenden Betreuungsangeboten Rechnung zu tragen (vgl. den Leitfaden zu Job-Centern des NRW-Arbeitsministeriums, MWA, 2003). Das dort angesiedelte Fallmanagement soll eine individuelle Beratung, Betreuung und Förderung der beruflichen Integration junger Menschen gewährleisten. Dem Jugendlichen soll – bei aller unterschiedlichen Ausgangslage individueller Förderbedarfe – die Möglichkeit zu einem selbständigen, möglichst konfliktfreien Leben mit Schaffung von Ausbildungs-, Arbeitsplätzen oder Arbeitsgelegenheiten gegeben werden. Das ist ein fachlich und pädagogisch schwieriger Eingliederungsprozess „zwischen Diagnose und Aushandlung, zwischen Entscheidung mit Bescheidcharakter, zwischen sich einlassender Fachlichkeit und öffentlichem Anspruch mit extrem hohen Anforderungen an die Fachkräfte, die diese Arbeit erledigen sollen" (Loheide 2004).

In größeren Städten ist es zweckmäßig, ein Job-Center für junge Menschen als eigenständige Organisationseinheit zu bilden, weil erwerbsfähige junge Menschen vom Gesetzgeber als besondere Vorranggruppe für die Arbeitsmarktintegration definiert sind. Hilfe aus einer Hand, kurze Wege, vernetzte Dienstleistungen der Arbeitsförderung, Jugendhilfe und des Bildungsbereiches und auf den individuellen Bedarf abgestimmte „Förderketten" sind wichtige Voraussetzungen für eine wirksame Organisation des Eingliederungsprozesses junger Menschen. Zu den Kernbereichen eines Job-Centers U 25 gehören:

- eine Clearingstelle für die Erstantragsteller/innen,
- eine aktivierende Leistungssachbearbeitung mit dem „Persönlichen Ansprechpartner" (PAP) bzw. dem Fallmanager für die Regie des Eingliede-

rungsprozesses von der Anamnese bis zur Umsetzung der Eingliederungsvereinbarung als kontinuierliche Integrationsbegleitung,

- Berufsberatung und Bildungsberatung,
- Vermittlung.

Es ist außerdem ratsam, in einem solchen Job-Center besondere Räume für die flankierenden Dienstleistungen nach § 16 Abs. 2 SGB II vorzuhalten, insbesondere für Schuldnerberatung und Suchtprophylaxe. Die Sicherstellung dieser Angebote erfolgt in der Regel über die Beauftragung kompetenter Dienstleistungsanbieter vor Ort. Wichtig ist, dass hierauf im Bedarfsfall unmittelbar zurückgegriffen werden kann.

Nach Schätzungen des BMWA und der BA ist davon auszugehen, dass ab 01.01.2005 ca. 330.000 junge Menschen zum Kundenkreis der Job-Center gehören. Warum der Bund lediglich eine „Aktivierungsquote" von 52 % vorgesehen hat, obwohl vom „Rechtsanspruch" her diese Förderung allen Jugendlichen zugute kommen soll, bleibt offen. Unbestritten sind große Teile junger Menschen in Lebenslagen, die einen unmittelbaren beruflichen Einstieg noch nicht ermöglichen, z B. schulische Ausbildung oder Schwangerschaft. Ob dies allerdings fast die Hälfte der „nicht aktivierbaren" Jugendlichen ausmacht, ist empirisch nicht belegt. Die regierungsamtlichen Kalkulationen zum SGB II haben hier deutlich den Bedarf für aktive berufliche Eingliederungsmaßnahmen junger Menschen unterschätzt.

Völlig offen ist in vielen Kommunen auch die Frage, wie die Jugendhilfe mit ihrer sozialpädagogisch ausgerichteten Funktion in die vermittlungs- und beschäftigungsorientierte Arbeit der Job-Center einbezogen werden soll. Die arbeitsmarktpolitische Neuformierung ist politisch, rechtlich und fachlich ziemlich an der Jugendhilfe vorbei gelaufen. Die Jugendämter stehen im Schatten der Reform und die Jugendsozialarbeit und Jugendberufshilfe mit ihrer Angebotsstruktur auf dem Prüfstand. Die Jugendhilfe bzw. das Jugendamt ist in der Kooperation zwischen Sozialhilfeträger und Agentur für Arbeit bislang nachrangiger Partner, wo es um gemeinsame Planung und Programmentwicklung geht, obwohl sie nach wie vor Auftragslagen in der Jugendberufshilfe nach § 13 Abs. 4 SGB VIII zu gewährleisten hat (vgl. BAG LJÄ 2004). Der Jugendhilfe wird eine aktive Mitwirkungsrolle nur dann gelingen, wenn sie sich im Umsetzungsprozess des SGB II im Spannungsfeld von „Freiwilligkeit" und der neuen Verbindlichkeit von „Fördern und Fordern" strategisch neu positioniert. Die Kompetenzen für Hilfeplanung und Case Management, die sie mit der Hilfeplanung nach § 36 SGB VIII gesammelt hat, stoßen im Reformprozess nur dann auf Akzeptanz, wenn sie den

Nachweis erbringt, dass ihre pädagogischen Bemühungen wirksam sind für den Prozess nachhaltiger beruflicher Eingliederung.

Das „Sonderprogramm des Bundes zum Einstieg arbeitsloser Jugendlicher in Beschäftigung und Qualifizierung – Jump Plus" vom Juni 2003 (vormals „Kampagne für mehr Ausbildung und Beschäftigung von jungen Menschen") hatte zum Ziel, 100.000 jungen Beziehern von Sozialhilfe oder Arbeitslosenhilfe im Alter von 15 bis 24 Jahren eine Beschäftigungschance zu bieten. Vom Bund wurde dieses Programm bewusst als „Vorgriff auf die Systemreform" ausgestaltet, wie es im Referentenentwurf zu diesem Programm im Mai 2003 hieß. Über Fallpauschalen und die Förderung zusätzlicher Sachbearbeiter sollten niedrigschwellige Beschäftigungsangebote und Angebote zur Berufsorientierung geschaffen werden. Für die verschiedenen beruflichen Integrationspfade junger Menschen sollen Fallmanager zuständig sein, die im Einzelfall mit dem Jugendlichen die passenden schulisch-beruflichen, arbeitsmarktbezogenen und sozialen Dienstleistungen zusammenstellen.

Mit der Fortführung des Programms Jump Plus hatte das Anfang 2005 neu eingerichtete Job-Center Junges Mannheim ein Sofortangebot mit rund 700 Praktikumsplätzen in 40 verschiedenen Arbeitsfeldern und fast allen nachgefragten Berufen überwiegend in externen Betrieben für mehr als 1.000 Jugendliche. Damit konnte mit Inkrafttreten des SGB II übergangslos der Rechtsanspruch nach § 3 SGB II auf sofortige Vermittlung in Arbeit, Ausbildung oder Arbeitsgelegenheiten für junge Menschen eingelöst werden.

In einer Erstantragstelle sorgen die persönlichen Ansprechpartner heute durch eine qualifizierte Erstberatung dafür, dass zunächst vorrangige Ansprüche wie BAFöG, BAB, Unterhalt, Alg I geklärt und Selbsthilfepotenziale genutzt werden, bevor es zum Leistungsbezug kommt. Die Jugendlichen haben eine Wahl- und Wechselmöglichkeit unter den verschiedenen Beschäftigungsträgern. „Präsenzvermittler" konzentrieren sich bei Jugendliche mit einem qualifizierten Berufsabschluss auf die sofortige Vermittlung in Arbeit. Transferleistungen gibt es nur dann, wenn die Gegenleistung durch eine Arbeitsaufnahme oder die Aufnahme einer Ausbildung erfolgt. Ausnahmen gelten bei Krankheit, Behinderung oder Mutterschutz bzw. Elternzeit. Es gilt: ohne Eigenleistung kein Geld. Aufgrund dieses Systems sofortiger Aktivierung kann das Job-Center Junges Mannheim mittlerweile eine beachtliche Bilanz an Integrationen in Arbeit, Ausbildung oder Schule bzw. Studium vorzeigen.

In regelmäßigen Planungsgesprächen hat das Job-Center Junges Mannheim mit dem Konsortium der Beschäftigungsträger die Eckpunkte der Kooperation vereinbart und eine Leistungsbeschreibung für die Träger aufgesetzt, die heute die Standards für eine best mögliche Integration junger Menschen ausmachen. Dazu zählen

- Aufnahme-/Zielgespräche mit Profiling innerhalb der ersten Woche,
- die Erstellung einer Bewerbungsmappe innerhalb der ersten beiden Wochen,
- ein individueller, auf den Jugendlichen abgestimmter Hilfeplanvorschlag,
- die kontinuierliche Dokumentation des Betreuungsverlaufs mit schriftlichen Berichten an den persönlichen Ansprechpartner,
- die sozialpädagogische Begleitung des Jugendlichen mit mindestens einem Kontakt pro Woche und
- regelmäßige Rücksprachen zwischen dem PAP und dem Betreuer beim Beschäftigungsträger zum Entwicklungsverlauf des Jugendlichen.

3.4 Exkurs: Pilotprojekt 1000 x Jump Plus in Mannheim

In Mannheim wurde das Förderprogramm Jump Plus beispielhaft für die eigene Organisationsentwicklung künftiger Strukturen für junge Arbeitsuchende genutzt.

Im Anschluss an die Durchführung des regulären Sonderprogramms Jump Plus vom September 2003 bis Juni 2004 hat das Bundesministerium für Wirtschaft und Arbeit (BMWA) in Mannheim ein Pilotprojekt für ein örtliches Kooperationsmodell zur beruflichen und sozialen Integration junger Menschen unter 25 Jahren gefördert. Die Stadt Mannheim und die örtliche Agentur für Arbeit haben sich gemeinsam mit einem Netzwerk der örtlichen Beschäftigungsträger zum Ziel gesetzt, das Nebeneinander konkurrierender Angebote zur Integration junger Menschen in Arbeit, Ausbildung oder Arbeitsgelegenheiten vor Ort aufzuheben. Das Pilotprojekt war deklariert als Vorwegnahme der gesetzlichen Verpflichtung zur Eingliederung junger Menschen in Arbeit nach § 3 Abs. 2 SGB II: sofortiger Aufbau einer durchgängigen Alternative „Arbeit und Ausbildung statt Transferleistungsbezug" für junge Menschen, konsequente Umsetzung des Prinzips „Fördern und Fordern". Für das BMWA sollte dieses Pilotprojekt eine „Blaupause für ein künftiges Job-Center U 25" werden mit leistungsfähigen Kooperations- und Netzwerkstrukturen als Orientierung für andere Kommunen. Zielgruppen für das Pilotprojekt waren alle Neuantragsteller/innen unter 25 Jahren auf die Transferleistungen Sozialhilfe und Arbeitslosenhilfe, Doppelbezieher/innen und junge erwerbsfähige Sozialhilfe- und Arbeitslosenhilfebezieher/innen im Bestand.

Das Pilotprojekt war aus sechs Bausteinen konzipiert:

- Profiling zur Eingangsanalyse (konzipiert als 15-tägige Feststellungsmaßnahme),
- Einsatz eines aufsuchenden Dienstes zur Verbleibrecherche nach Abbrechern und Verweigerern mit der Motivierung zur Annahme von Förderangeboten,
- Ausbau einer gemeinsamen Anlaufstelle „Junges Mannheim" der Stadt und der Agentur für Arbeit,
- Qualifizierungs- und Beschäftigungsmaßnahmen bei acht Beschäftigungsträgern, die sich zu einem Konsortium zusammengeschlossen hatten,
- Lohnkostenzuschuss an private Arbeitgeber (Fallpauschale zur Schaffung zusätzlicher Ausbildungs- und Arbeitsplätze),
- Controlling, Evaluation und Dokumentation zur biografieorientierten, zielgruppen- und programmspezifischen Auswertung, Planung und Steuerung.

Zum Programmstart gab es insgesamt ca. 1.250 junge Menschen im Sozialhilfe- und Arbeitslosenhilfebezug (incl. ca. 150 Doppelbezieher/innen). Sie alle wurden zu einem einleitenden Profiling eingeladen. Erklärtes Programmziel waren individuelle Fördermaßnahmen für 1.000 junge Menschen.

Das Profiling hatte insbesondere folgende Ziele zur weiteren Fallsteuerung:

- Ermittlung der fachlichen und persönlichen Stärken und Schwächen in Bezug auf die Aufnahme einer Arbeit oder Ausbildung,
- Grundlage für die Selbstreflexion und Selbstpositionierung junger Menschen mit einem realistischen Bild der eigenen Chancen,
- Ermittlung des Bedarfs und Unterstützung- und Eingliederungsleistung für die „Jumper",
- Festlegung von Handlungsschritten für den individuellen Eingliederungsprozess,
- Differenzierung von Kundengruppen nach Förderbedarf und
- Zuordnung von Förderinstrumenten, Personalkapazitäten und Budgets.

Das Profilingverfahren (vgl. GSUB 2003, Rudolph 2003) wurde gemeinsam mit den Beschäftigungsträgern entwickelt und von diesen auch durchgeführt. Es hatte folgende Struktur:

Tabelle 5: Kategorien und Erhebungsmerkmale des Profiling im Rahmen des Pilotprojektes Jump Plus in Mannheim

Kategorien	Erhebungsmerkmale
Personenbezogene Angaben	Adresse, Geschlecht, Alter, Nationalität, Familienstand, Kinder, Aufenthaltsstatus, Arbeitserlaubnis, Kunden-Nr. AA, Sozialversicherungs-Nr., Ansprechpartner AA
Fachliche Fähigkeiten	
Schule	Schulabschluss/Notendurchschnitt, Zeugnisse, Sprachkenntnisse, zuletzt besuchte Schule, Abbrüche, Bildungsmaßnahmen.
Beruf	Berufsausbildung, Praktika, zuletzt ausgeübte Tätigkeit, Anstellung in Betrieben, Praktikumsbeurteilung, Arbeitszeugnisse, Zusatzqualifikationen, Zertifikate, Führerschein,
	Einschätzung des Profilers
Rahmenbedingungen	
Finanzielle Situation	Lohn / Gehalt, Transferleistungen, Schulden, Pfändungen, Wohnsituation / Mietschulden, Konto
Gesundheit	Körperliche Fitness, Behinderungsart und –grad, Sucht, Medikamentengebrauch, Therapien, Gesundheitspass.
Soziales Netz	Kontaktdichte, Freunde, Familie, persönliche Ansprechpartner
Perspektiven	
Persönliche Interessen	Freizeitbeschäftigung, Hobbies.
Berufliche Interessen	Berufswünsche, Eigenbemühungen, Unterstützer, Hinderungsgründe
Wunschberufe	3 Alternativen
Nächste 3 Schritte	„Vereinbarung“ mit dem Profiler
Jeweils Selbsteinschätzung des Jugendlichen und Einschätzung des Profilers	

Die Einladung ist an 1.250 junge Menschen mit Hinweis auf ihre Mitwirkungspflicht und Rechtsfolgenbelehrung erfolgt. Nach den ersten Zwischenergebnissen des Pilotprojektes Ende 2004 wurden ca. 500 Jugendliche „profilt", die anschließend gezielt in ein Beschäftigungsangebot mit Qualifizierungsmöglichkeiten bei den Beschäftigungsträgern vermittelt wurden. Die Träger haben eine breite Beschäftigungspalette mit vielen Wahlmöglichkeiten als „Sprungbrett" in Arbeit oder Ausbildung vorgehalten.

Für den Teil junger Menschen, die auf dem Weg zwischen Antragstellung und Aufnahme einer Beschäftigung bei den Trägern „verloren gehen", wurde ein aufsuchender Dienst beauftragt, der als Einrichtung der Jugendberufshilfe langjährig in der benachteiligten Förderung tätig ist. Er sucht die schwer erreichbaren Jugendlichen im privaten Umfeld auf und motiviert sie, die Anlaufstelle aufzusuchen und ein Qualifizierungsangebot anzunehmen.

In der Modellphase bis Ende 2004 ist der aufsuchenden Dienst zu einer beeindruckenden Bilanz gekommen. Von 506 Jugendlichen wurden 361 erreicht; das entspricht einer Aufklärungsrate von 71 % zum Verbleib der Jugendlichen. Mit der Hälfte wurden ausführliche Einzelinterviews geführt, die sich in der Systematik an die Profilingverfahren anlehnen, und zunächst etwa ein Viertel zur Rückkehr in das System beruflicher Eingliederung bewegt haben. Zur Positivbilanz gehört sicherlich auch, dass ein Teil der Jugendlichen zur Aufnahme eines Studiums oder zum Antritt des Wehrdienstes in andere Städte umgezogen ist. Bei einem erheblichen Teil von Jugendlichen endet die intensive Recherche allerdings auch mit dem Ergebnis „unbekannt verzogen". Etwa 10 % der Jugendlichen haben eine Zusammenarbeit grundsätzlich abgelehnt, entweder weil sie grundsätzlich keine Arbeit aufnehmen wollen, vom Programm Jump Plus nichts halten oder mit Behörden nichts zu tun haben wollen.

Die Bilanz des Modellprojektes macht eines deutlich: ausschließlich arbeitsmarktbezogene Integrationsstrategien greifen zu kurz. Ohne flankierende Angebote zur persönlichen und sozialen Stabilisierung (wie z.B. die Einrichtung eines Kontos zur Herstellung von Geschäftsfähigkeit) fehlt die Basis für wirkungsvolle berufliche Integrationsmaßnahmen.

Die Erfahrungen von Kommunen, die in der Vergangenheit gezielt komplexe soziale und berufliche Integrationsprogramme für junge Menschen entwickelt haben – wie Wiesbaden, Köln oder Offenbach – und auch das Mannheimer „Pilotprojekt 1000 x Jump Plus" zeigen, dass für diese Zielgruppe ein fachlich abgestimmtes und aufeinander aufbauendes Jugendintegrationskonzept mit einem Set an Eingliederungsmaßnahmen erforderlich ist mit

- sozialem und beruflichem Training und entsprechender Motivationsarbeit zur Stärkung beruflicher Orientierung,
- beruflicher Ausbildung oder Teilqualifizierung,
- schulischer Berufs(grund)bildung und Übergangshilfen für Hauptschüler in Ausbildung oder Arbeit,
- verbindlicher Begleitung durch Fallmanager, persönliche Ansprechpartner, Lotsen oder Coaches und
- aufsuchenden Hilfen für Abbrecher und Aussteiger.

Das SGB II in seiner jetzigen Struktur lässt ein solches systematisch angelegtes Konzept für die beruflich-soziale Integration bislang weitgehend vermissen. Damit bietet es aber zugleich den örtlichen Akteuren die Möglichkeit, ein solches System ineinander greifender Eingliederungsmaßnahmen für junge Menschen zu entwickeln. Das Job-Center Junges Mannheim hat hier aus der Praxis heraus ein beispielhaftes System der beruflichen und sozialen Integration aufgebaut, das in einigen anderen ARGEn in den letzten beiden Jahren Nachahmer gefunden hat.

3.5 Regionale Vielfalt von Organisationslösungen

Das bisherige Arbeitsförderungsrecht (AFG/SGB III) hatte grundsätzlich das Ziel, bundesweit eine einheitliche Rechtsanwendung und einheitliche Organisationsstrukturen sicherzustellen. Die kommunalen Sozialhilfeträger hatten als gesetzliche Vorgabe mit dem Bundessozialhilfegesetz zwar auch immer ein Bundesgesetz, konnten ihre Beschäftigungsförderung bzw. Hilfe zur Arbeit aber in kommunaler Selbstverwaltung organisieren. Das hat in den Städten und Kreisen in der Vergangenheit zu vielfältigen Organisationsstrukturen und Förderlandschaften geführt, die vor Ort mit der Arbeitsmarktpolitik der Arbeitsämter mehr oder weniger gut abgestimmt waren.

Das SGB II lässt viel Handlungsspielraum für die Organisation der Job-Center. Es enthält nur wenige Vorgaben zur Arbeitsorganisation (Handlungszusammenhang von Personen im Leistungsprozess) und zur Unternehmensorganisation (Verwaltungsaufbau). Die bundesweit zu beobachtende Vielfalt der ARGEn ist ein eindeutiger Beleg für dezentrale Gestaltungsmöglichkeiten. Die Durchführung der Grundsicherung für Arbeitsuchende soll nur soweit wie erforderlich zentral und soweit wie möglich dezentral erfolgen. Die ARGE lebt dabei vom konstruktiven Zusammenwirken ihrer Mitglieder, deren Aufgaben sie wahrnimmt.

Die Agenturen für Arbeit sind für die Leistungen zum Lebensunterhalt (Alg II, Sozialgeld) und die Leistungen zur Eingliederung in Arbeit (z. B. Beratung und Vermittlung, Markt und Integration) verantwortlich. Die BA führt über die Regionaldirektionen den Zielvereinbarungsprozess des Bundes mit den ARGEn durch und gibt der Praxis mit ihren Handlungsempfehlungen einen Rahmen vor.

Die Kreise und kreisfreien Städte tragen als kommunale Träger die Verantwortung für die Leistungen für Unterkunft und Heizung und die besonderen sozialintegrativen Leistungen für die Eingliederung ins Erwerbsleben, die Schuldner- und Suchtberatung, psychosoziale Betreuung, Betreuung minderjähriger oder behinderter Kinder oder die häusliche Pflege von Angehörigen.

Die BA steht dabei im Rahmen ihrer „Gewährleistungsverantwortung" für eine rechtmäßige, einheitliche Entscheidungspraxis und eine wirtschaftliche Mittelverwendung, die Leistungsträger der ARGEn vor Ort haben die gemeinsame „Umsetzungsverantwortung". Die Rahmenvereinbarung zur „Weiterentwicklung der Grundsätze der Zusammenarbeit der Träger der Grundsicherung in den Arbeitsgemeinschaften gemäß § 44 b SGB II" vom 1. August 2005, die vom BMAS, der BA, dem Deutschen Städtetag und dem Deutschen Städte- und Gemeindebund unterzeichnet wurde – der Deutsche Landkreistag hat hier nicht zugestimmt, trägt dem Wunsch nach Dezentralisierung der Umsetzungsverantwortung Rechnung mit dem Verzicht der BA auf ein Weisungsrecht für die operative Umsetzung vor Ort. Die BA beschränkt sich vielmehr darauf, die Einhaltung der von den ARGEn anerkannten Mindeststandards bei der Leistungserbringung, der Controlling-Berichterstattung einschließlich des Benchmarking und der jährlich abzuschließenden Zielvereinbarung sicherzustellen.

Werden die Aufgaben der Grundsicherungsträger durch ARGEn wahrgenommen, ist zu unterscheiden zwischen der Aufsicht über die ARGE als Organisation und der Aufsicht über die Aufgaben aufgrund des gesetzlichen und rechtsgeschäftlichen Auftrags für die beiden Leistungsträger. Die Rechtsaufsicht über die organisationsrechtliche Aufgabenwahrnehmung (z. B. Gründung, Änderung, Beendigung von ARGEn oder Rechtsnormen zum kollektiven Personalrecht) haben die zuständigen Landesbehörden im Benehmen mit dem BMAS. Soweit Leistungen der BA nach dem SGB II erbracht werden, führt das BMAS die Rechts- und Fachaufsicht über die BA. Das BMAS kann der BA Weisungen erteilen und sie an seine Auffassung binden (§ 47 Abs. 1 SGB II). Es kann die BA anweisen, durch die örtliche Agentur für Arbeit die Befugnisse als Auftraggeber eines gesetzlichen Auftrags gegenüber der ARGE umzusetzen. Soweit kommunale Träger Leistungen nach dem SGB II erbringen, obliegt die Aufsicht nach Landesrecht den zuständigen Landesbehörden. In Baden-Württemberg hat das dortige Sozialministerium demgegenüber seine Aufsichtsfunktion im Vertrauen auf die lokale Umsetzungsverantwortung als „konstruktive Nichteinmischung" beschrieben.

Lokale Gestaltungschancen, Bürgernähe und Effektivität stehen bei den Aufbau- und Ablaufprozessen der ARGEn im Vordergrund, auch wenn sie in der laufenden Reformdiskussion zulasten finanzieller Verteilungsfragen in den Hintergrund gerückt sind. Der Gesetzgeber hat sich in dieser Diskussion auf die Festlegung von ordnungspolitischen und finanziellen Rahmenbedingungen zurückgezogen und sich aus der inhaltlichen Diskussion der Gestaltung von Leistungsprozessen weitgehend herausgehalten (Brülle/Reis 2004). Je nach grundlegender Entscheidung der Kommunen für eine der drei in Frage kommenden gesetzlichen Varianten – Arbeitsgemeinschaft, Option oder getrennte Aufgabenwahrnehmung – gibt es in der Praxis unterschiedliche organisatorische Lösungen für die Job-Center und die Kooperation zwischen Kommune und Agentur für Arbeit. Das „lokale Zentrum für alle Dienstleistungen am Arbeitsmarkt" bzw. die „einheitliche Anlaufstelle für alle Arbeitslosen und Arbeitssuchenden", wie sie von der „Hartz-Kommission" vorgeschlagen wurde (Kommission 2002), mit Clearingstelle im Front Office, Back Office für materielle Leistungen, Vermittlung und Fallmanagement, ist nach unserer Auffassung nur in der vom Gesetzgeber als Regelfall vorgegebenen Arbeitsgemeinschaft oder bei Nutzung der Experimentierklausel optimal umzusetzen.

Mit der Verabschiedung des kommunalen Optionsgesetzes haben die optierenden Kommunen die Chance zu einer eigenständigen Arbeitsmarkt- und Strukturpolitik bei der Umsetzung des SGB II mit Organisationslösungen für ihre Job-Center, die in ihre örtliche Dienstleistungsstruktur passen. Mit dem zugewiesenen Eingliederungs- und Verwaltungsbudget haben sie die Möglichkeit zum Zuschnitt örtlich angemessener Beschäftigungs- und Eingliederungsmaßnahmen für die Arbeitslosengeld II-Bezieher und ihre Familien und können leistungsfähige örtliche Netzwerke der Beschäftigungsförderung und flankierende soziale Dienstleister in ihrer Struktur erhalten. Sie sind zwar nicht an die Direktiven einer zentralen Ausschreibungspraxis von beruflichen Bildungs- und Eingliederungsmaßnahmen gebunden, werden in der Praxis aber erhebliche Schnittstellenprobleme zum Kundenkreis der Arbeitslosengeld I-Bezieher haben, die sie – trotz Wettbewerb mit den Agenturen für Arbeit – nur in einer angemessenen Form der Zusammenarbeit ihrer „Konkurrenzorganisation" lösen können.

Die vom Gesetzgeber als Regelfall vorgesehenen Arbeitsgemeinschaften bieten auch die Möglichkeit, ihre Job-Center auf die örtliche Situation angemessen zu organisieren oder haben dies in ihren bilateralen Vertragsverhandlungen zur Kooperation bereits festgelegt. In vielen Fällen kam es hier zu örtlichen Abweichungen von den ARGE-Mustervereinbarungen oder den von der Bundesagentur präferierten Standardlösungen für Job-Center. Gut beraten waren die Kommunen, die von Anfang an stringent ihre eigenen Positionen in die Verhandlungen mit der Agentur eingebracht haben und sich jetzt nicht im Vertrauen auf eine höhere Arbeitsmarktkompetenz der Agenturen für Arbeit in der Rolle des Juniorpartners wieder finden.

Die Wahl der jeweiligen örtlichen Lösung der Job-Center-Organisation war unter dem zeitlichen Reformdruck häufig pragmatisch bestimmt. Zum einen gibt die Kundendifferenzierung der Bundesagentur für Arbeit in Marktkunden, Beratungskunden (Aktivierung), Beratungskunden (Förderung) und Betreuungskunden gewisse organisatorische Strukturen vor. Zum anderen haben die Kommunen ein Interesse, dass ihre Infrastruktur (zielgruppen- und sozialräumlich orientiert) und die von ihr beauftragten Beschäftigungs- und Bildungsträger und sozialen Dienstleister angemessen zum Zuge kommen. Tragfähige Lösungen kommen dann zustande, wenn die „Hilfen aus einer Hand“ nach den jeweiligen lokalen Erfordernissen bürgernah und effektiv durch eine gemeinsame Zugangssteuerung und individuell angemessene Förderung organisiert werden. Das erfordert ein hohes Maß an Flexibilität für lokale und regionale Lösungen, die zudem in Einklang mit der örtlichen Stadt-/Kreisentwicklungsplanung und Regionalplanung, Wirtschaftsförderung und Wohnungsmarktentwicklung in Einklang zu bringen ist. Intelligente zentrale Vorgaben sollten den Freiraum für lokale und regionale Sonderlösungen nicht beschränken. Die Kommunen sind über ihre Spitzenverbände ununterbrochen damit beschäftigt, dass diese Einsicht zum Regelfall wird.

In München sind so die Job-Center in die bestehenden Sozialrathäuser integriert. In Mannheim gibt es ein Job-Center für die Erwachsenen und ein Job-Center Junges Mannheim, eine gemeinsame Erstantragsstelle ist in das Job-Center integriert und dezentrale Job-Börsen in den Stadtteilen sind im Aufbau. In Bielefeld wird die Gemeinnützige Regionale Personalentwicklungsgesellschaft mbH (REGE) als „Tochter“ der Stadt Bielefeld, die in ihrem Auftrag die gesamte arbeitsmarktpolitische Steuerung übernimmt und selbst keine Maßnahmen durchführt, in das Job-Center integriert. In Kiel wird bei der organisatorischen Umsetzung des SGB II auf die bestehende Organisation der Sozial- und Jugendhilfe auf sechs dezentrale Sozialzentren in den Stadtteilen aufgebaut (Möller/Bornholm/Stöcken 2004, 14).

3.6 Zwischenbilanz zur Umsetzung des SGB II

Die Zusammenlegung von Arbeitslosenhilfe und Sozialhilfe war fachlich richtig, das Nebeneinander zweier Fürsorgesysteme auf Dauer nicht mehr tragbar. Unproduktive Doppelarbeiten gehören der Vergangenheit an, insbesondere bei überbrückenden Zahlfällen oder Aufstockern. Die Interessen lagen früher auf beiden Seiten in der Verschiebung des eigenen Kundenstamms in das jeweils andere System. Das ist vorbei.

Verdeckte Armut ist offen gelegt worden, Hemmschwellen zur Inanspruchnahme von Leistungen sind gesenkt worden, die Beratungs- und Betreuungssituation hat sich verbessert, Förderstrukturen sind ausgebaut worden und trotz aller Kritik an einer chaotischen SGB II-Einführung hat sich die Dienstleistungsqualität und das Management der Arbeitsmarktintegration verbessert. Und die Gewinner von Hartz IV überwiegen – kinderreiche Familien, Alleinerziehende und Geringverdiener, von denen viele zuvor in verdeckter Armut gelebt haben – die Hartz IV-Verlierer, die ehemaligen Arbeitslosenhilfebezieher mit einem hohen Einkommen vor der Arbeitslosigkeit (Becker/Hauser 2005).

Aus Sicht der Autoren ist das Modell ARGE „die" Chance für eine gelingende Arbeitsmarktreform. Die ARGEn sind mittlerweile vielerorts leistungsfähige Provisorien mit einer hohen Flexibilität, großen Experimentierfreude und starken Innovationsfähigkeit. Fast keine große Stadt hat in Deutschland optiert, weil sich sowohl die BA als auch die Kommunen alleine übernommen hätten. Die Synergie der ARGEn liegt darin, dass hier die Potenziale beider Grundsicherungsträger bei einer konstruktiven und kooperativen Zusammenarbeit voll ausgeschöpft werden können (vgl. BA, SGB II. Zahlen, Daten, Fakten, 2007). Bereits jetzt gibt es eine Vielfalt kreativer Kooperationsmodelle, die aus dem Erfahrungsreichtum beider Träger profitieren und auf die lokalen Verhältnisse zugeschnitten sind. Es geht nicht um „Systemführerschaft" und Machtgerangel. Diese Debatten sind nicht hilfreich, zeitraubend und lenken von den eigentlichen Aufgaben ab. Es geht um Kooperation und dies gleichberechtigt, aber auch gleichermaßen engagiert und verantwortungsvoll.

Die Reform braucht Zeit. Die Zusammenlegung von Arbeitslosenhilfe und Sozialhilfe ist in einem Tempo durchgeführt worden, das keine ausreichende und sorgfältige politische, fachliche und rechtliche Vorabstimmung dieser bislang größten Arbeitsmarktreform in Deutschland ermöglicht hat. Die Einführung der Reform und der vielen Rechtsänderungen in kürzester Zeit – vor allem das Freibetragsneuregelungsgesetz vom 14. August 2005, das Erste und Zweite SGB II-Änderungsgesetz vom 22. Dezember 2005 bzw. 24. März 2006 und das SGB II-Fortentwicklungsgesetz vom 20.

Juli 2006 mit ihren einschneidenden Neuregelungen zum SGB II – haben dazu geführt, dass selbst Fachleute Mühe haben die Einzelheiten und Auswirkungen dieser Reform zu überblicken. In der öffentlichen Darstellung und Vermarktung gab es erhebliche Vermittlungsprobleme und Kritik, insbesondere bei den Leistungsbeziehern selbst. Eine wichtige Erkenntnis daraus lautet, dass Politik begreifen muss, dass eine Akzeptanz der Reform nur zu erreichen ist, wenn hierfür auch ausreichend Zeit eingeräumt wird. In den Niederlanden, Großbritannien und den skandinavischen Ländern hat dieser Umsetzungsprozess mindestens fünf Jahre gedauert. Das Personal in den Job-Centern muss diesen Umsetzungsprozess auch kompetent mitgehen können. Hier läuft die tägliche Arbeit seit Reformbeginn bereits am Limit. Der Fortbildungsbedarf ist riesig, um der rechtlichen, fachlichen und informationstechnischen Dynamik des Reformprozesses angemessen folgen zu können.

Strategisch wird die Reform zu wenig mit guten Beispielen transportiert. Durch einzelne Negativbeispiele vor allem in der Einstiegsphase stand die Reform ständig unter Legitimationsdruck. Das hat ein Klima des Misstrauens geschaffen und wird der tatsächlichen Aufbauleistung der ARGEn und der Optionskommunen nicht gerecht. Die positiven Seiten der Reform – Hilfe aus einer Hand, Zugang der Leistungsbezieher zu allen Eingliederungsleistungen, Einbezug in die Kranken- und Rentenversicherung, faktischer Rechtsanspruch Jugendlicher auf Arbeit, Kostenerstattungsregelungen für Frauen in Frauenhäusern u.a.m. – bleiben demgegenüber unterbelichtet. Hier braucht die Reform neben der fachlichen Konsolidierung in der Praxis mehr kompetente und engagierte Repräsentanten und weniger Bedenkenträger.

Dazu gehört auch, dass den SGB II-Kunden die ständige Furcht vor materieller Absicherung genommen wird. Die aufgeladene politische Diskussion und viele Leistungskürzungen – bei gleichzeitiger Mutlosigkeit der Regierung zur Einführung von Mindestlöhnen – verunsichern die Leistungsbezieher/innen und führen zu einer resignativen Grundhaltung. Die Entwicklung der ersten zweieinhalb Jahre nach der SGB II-Einführung, dass die Erfolge vor Ort bei der Integration durch gegenläufige Effekte z. B. im Niedriglohnbereich weitgehend aufgezehrt werden. Zur Jahresmitte 2007 sind 7,4 Millionen Menschen auf SGB II-Leistungen angewiesen, darunter 1,9 Millionen kinder. Der Anteil der Arbeitslosen unter ihnen nimmt zwar ständig ab. Dieser positiven Entwicklung steht jedoch eine ständig steigende Zahl von Erwerbstätigen gegenüber, die nicht existenzsichernde Löhne erhalten und daher aufstockend vor allem auf Leistung für Unterkunft und Heizung angewiesen sind. Mittlerweile sind bereits 440.000 Personen vollzeiterwerbstätig und brauchen als „working poor" aufstockende Leistungen nach SGB II. Da sich mit der Neuregelung der Freibeträge zum 1. Oktober 2005 die Betroffenen mit ergänzendem Alg II-Bezug vielfach besser stellen als mit dem

Bezug von Wohngeld, sollte man das SGB II hier entlasten und das Wohngeld für diese Gruppe der Erwerbstätigen wieder zur zentralen Leistung für die Unterkunftskosten machen.

Auf der materiellen Ebene belasten die inszenierten Diskussionen um weitere Niveauabsenkungen der SGB II-Leistungen das gesellschaftliche Klima und stellen damit einerseits die wesentliche Funktion des SGB II als existenzielle Grundsicherung für Arbeitsuchende in Frage und verhindern andererseits, dass sich die ARGEn endlich auf die aktivierenden und integrierenden Leistungen konzentrieren können, die eigentlichen Kernziele der SGB II-Reform. Die Bemessung des steuerfrei zu stellenden Existenzminimums ist der sozialhilferechtliche Mindestbedarf. Nach dem Sechsten Existenzminimumbericht der Bundesregierung (BR 2006) liegt das Existenzminimum für Alleinstehende im Jahr 2008 bei 595 Euro, zusammen gesetzt aus 345 Euro Regelsatz, 197 Euro für Bruttokaltmiete und 53 Euro für Heizkosten; für Ehepaare wurde das Existenzminimum auf 1.023 Euro angesetzt, davon 622 Euro Regelsatz, 335 Euro für die Bruttokaltmiete und 66 Euro für Heizkosten.

Der strategische Ansatzpunkt der Reform, bislang auf ein Versorgungssystem eingestellte Hilfebezieher/innen zur Stärkung der Eigenverantwortung und Selbstorganisation zu motivieren, muss mehr ins Zentrum rücken. Ganz wichtig für eine effektive Umsetzung des SGB II ist es deshalb, Fallmanagement systematisch und systemisch zu entwickeln und zum entscheidenden Maßstab im unmittelbaren Dienstleistungsprozess durch die persönlichen Ansprechpartner/innen im Job-Center zu machen. Denn nicht die Art und Anzahl von Maßnahmen führt zum Erfolg, sondern vielmehr die Dichte der Betreuung und die Steuerung und Eingliederungsvereinbarung im Einzelfall, wenn sie professionell und kompetent durchgeführt wird.

4 Integrierte Fallsteuerung – Case Management, Fallmanagement

Case Management hat im letzten Jahrzehnt in vielen Feldern der Gesellschaftspolitik als Steuerungsinstrument Einzug gehalten, insbesondere in der sozialen Arbeit, der Gesundheitspolitik/Medizin, der Altenhilfe/Pflege, der sozialen Arbeit und schließlich in der Arbeitsmarktpolitik.

4.1 Case Management als integrierter Handlungsansatz

Der Begriff Case Management ist Mitte der 70er Jahre im Sozial- und Gesundheitswesen der USA im Zusammenhang mit der Entlassung vieler psychisch kranker, geistig behinderter und pflegebedürftiger Menschen eingeführt worden. Nach der Definition der "Case Management Society of America" ist Case Management
„ein kooperativer Prozess, in dem Versorgungsangelegenheiten und Dienstleistungen erhoben, geplant, koordiniert, überwacht und evaluiert werden, um so den individuellen Versorgungsbedarf eines Patienten mittels Kommunikation und verfügbaren Ressourcen abzudecken" (CMSA 1995).

Hauptaufgabe des Case Managers ist es, für einen Hilfesuchenden, Klienten, Patienten bzw. Kunden zur richtigen Zeit die passenden Hilfeleistungen zu organisieren und die zur Verfügung stehenden Mittel wirkungsvoll einzusetzen. Der Case Manager organisiert die richtigen Hilfen zum rechten Zeitpunkt als „Dienstleistungspaket" aus dem Netzwerk der in Frage kommenden Dienstleister. Dabei muss er unter aktiver Beteiligung des Betroffenen die Balance zwischen der am individuellen Bedarf orientierten „Fallsteuerung" und der an spezifischen Umweltbedingungen orientierten „Systemsteuerung" finden. Bei der individuellen Fallsteuerung sind die Wünsche, Bedürfnisse und Interessen des Betroffenen der Maßstab, bei der Systemsteuerung geht es um die Aktivierung des Umfeldes, Netzwerkes und eines bedarfsgerechten Leistungsangebotes für den Betroffenen. Ziel ist einerseits die Schaffung von mehr Kundenzufriedenheit durch ein verbessertes Angebot und andererseits die Sicherung der Dienstleistungsqualität und Kontrolle der Kosten.

Case Management wird in Deutschland zunehmend in politische Programme integriert, die mit der Erbringung sozialer, gesundheitlicher, pflegerischer und arbeitsmarktbezogener Dienstleistungen zu tun haben. Hierfür gibt es verschiedene Gründe:

- die mit der demographischen Entwicklung verbundene Alterung und die mit der gestiegenen Lebenserwartung einher gehende Zunahme an chronischen Erkrankungen mit hohen Kosten,
- die Diskontinuität im Betreuungs- und Versorgungsablauf, da die Unterstützungsleistungen häufig nur auf einzelne Episoden oder aktuelle Notlagen konzentriert werden und damit Brüche in der Betreuung auftreten,
- die Unübersichtlichkeit der Dienstleistungslandschaft für die Betroffenen und ihre Angehörigen, die professionelle Wegführung (pathway) erfordern,

- die Desintegration von Versorgungsbereichen und Dienstleistungsangeboten, die von der sektoralen Gliederung herrühren, z. B. zwischen ambulant und stationär, Pflege und Medizin oder Arbeitslosenhilfe und Sozialhilfe für Erwerbsfähige,
- die Ökonomisierung von Versorgungsabläufen auf Grund geringerer Ressourcen und der Notwendigkeit, begrenzte Mittel effizienter und effektiver einzusetzen,
- der Legitimationsdruck auf Politik, Verwaltungsspitzen, Leistungs- und Kostenträger.

Das immer stärker ausdifferenzierte und komplexe System sozialer, gesundheitlicher, pflegerischer und arbeitsmarktbezogener Dienste und Dienstleistungen erfordert auch in unserem Land für hilfesuchende und hilfebedürftige Menschen professionelle Unterstützung. Zunehmende Komplexität verlangt stärkere Koordination.

Der ordnungspolitische Richtungswechsel mit der Agenda 2010 in Deutschland zu mehr Wettbewerb und weniger Staat, zu mehr Eigenverantwortung und Selbstbeteiligung erfordert ein integriertes, kontinuierliches, ergebnisorientiertes und effizientes Case Management vor allem für Menschen mit komplexen und langfristigen Betreuungs- und Versorgungsbedarfen.

Case Management ist ein Verfahren, bei dem eine spezialisierte Fachkraft passende Dienstleistungen für einen Klienten zusammenstellt, organisiert, fachlich begleitet und die Umsetzung überprüft. Koordination, Kooperation und Vernetzung sind neben der Einzelfallförderung zwar Grundforderungen im gesamten Sozialrecht (etwa mit der Einrichtung trägerübergreifender Servicestellen im SGB IX), aber die Integration des Case Management als Regelleistung in den sozialen Dienstleistungssektor ist in Deutschland noch lange nicht die Regel.

Case Management in Deutschland wird zudem noch höchst unterschiedlich ausgeformt, je nachdem in welchen Feldern, von welchen Trägern, mit welchem Auftrag oder welchen Zielsetzungen, mit welchem Leistungsspektrum, in welcher Qualität und mit welcher Qualifikation Case Management zum Einsatz kommt. Grundsätzlich ist Case Management überall einsetzbar, wenn Menschen Wege durch eine unübersichtliche bzw. komplexe Dienstleistungs- und Trägerlandschaft finden müssen.

Case Management zeichnet sich im Gegensatz zu Case Work (Einzelfallhilfe) dadurch aus, dass Hilfe nicht direkt erbracht, sondern vermittelt wird.

"Case Management als einzelfallbezogene Handlungsform impliziert die Erhebung, Koordination, Planung, Steuerung und Evaluierung von Versorgungsgelegenheiten, Sach- und Dienstleistungen. Der Prozess orientiert sich am individuellen Bedarf. Zentrales Element ist die persönliche Interaktion, die auf der Beziehung zwischen dem Case Manager und dem Klienten (-system) beruht" (Reis 2002).

Löcherbach unterscheidet beim Case Management zwischen Fallmanagement und Systemmanagement:
„Mit Fallmanagement ist die konkrete Unterstützungsarbeit zur Verbesserung der persönlichen Netzwerke gemeint. Es antwortet auf die Frage, wie Case Manager am besten (effektiv und effizient) einen hilfsbedürftigen Menschen begleiten und stützen können und wie dieser Prozess zu steuern ist. Systemmanagement bezieht sich auf die Nutzung, Heranziehung und Initiierung von Netzwerken und beantwortet die Frage, wie Case Manager am besten die Versorgung im Gebiet ihrer Zuständigkeit managen und das System der Vorsorgung optimieren können ... In der konkreten Praxis fließen beide Aspekte zusammen" (Löcherbach 2002, 202/203).

Case Management handelt dabei in einem doppelten Spannungsverhältnis:

- „erstens (im) Spannungsverhältnis zwischen Kommunikation (als Element z. B. von intensiver Beratung) und Management (Planung – Implementation – Koordination – Überwachung – Evaluation: der klassische `Management-Zyklus´),
- zweitens (im) Spannungsverhältnis zwischen der Orientierung am individuellen Bedarf einerseits, der Planung und Steuerung eines Versorgungsangebots andererseits" (MWA, Case Management, 2003).

Case Management ist ein offenes Konzept, das für viele Anwendungsfelder und Zielgruppen in Frage kommt. Entscheidend ist nur, dass ein professionell gestalteter Prozess organisiert wird, um auf einer gemeinsamen Vertrauensbasis zwischen Case Manager und Klient verbindliche Absprachen treffen und einen passgenauen Vermittlungsprozess in Gang setzen zu können.

Ein Handlungskonzept Case Management, das diesem Anspruch genügt, hat folgende Essentials:

- Ganzheitlichkeit: umfassende Sicht auf Problemlagen der Klienten bzw. Kunden mit einer bedarfsgerechten individuellen Betreuung/Versorgung,
- Versorgungskontinuität: kontinuierliche Begleitung von Klienten durch den gesamten Dienstleistungsprozess,

- Leistungsintegration: ein auf Kooperation angelegter dynamischer Prozess,
- Dienstleistungsqualität: durch Prozess- und Ergebnisoptimierung – effektiv und wirtschaftlich.

Die wesentlichen Elemente des Case Management-Prozesses macht die folgende Abbildung deutlich:

Abbildung 22: Grundstruktur des Case Management-Prozesses

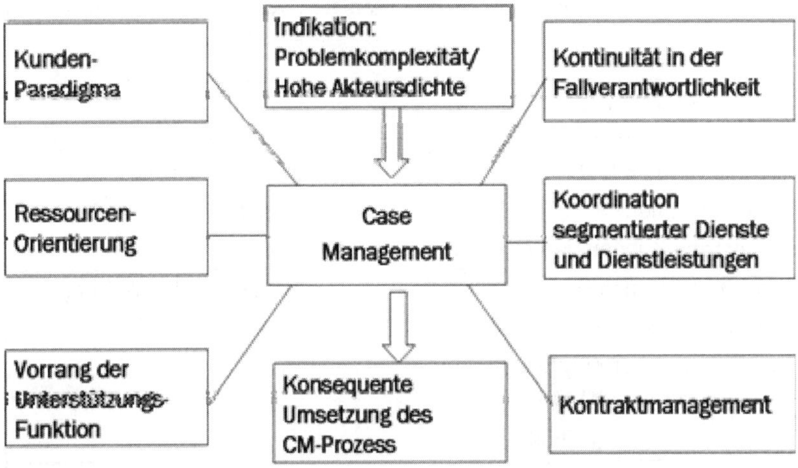

4.1.1 Anforderungen an professionelles Case Management

Historisch gesehen lassen sich für das Case Management drei Kernfunktionen identifizieren, die mehr oder weniger Bestandteil aller heutigen Case Management-Konzepte sind:

- Advocacy-Funktion: anwaltliche Durchsetzung von Klienteninteressen,

- Broker-Funktion: Makler-/Vermittlerfunktion für koordinierte Dienstleistungen,
- Gate Keeper-Funktion: Selektion und Zugangssteuerung zum Leistungssystem.

Es gibt nicht nur ein oder das Case Management-Konzept, in der Praxis verbinden die Case Management-Konzepte diese Kernfunktionen und gewichten sie auch unterschiedlich, z. B. in der Sozialarbeit eher zugunsten der Anwaltsfunktion, in einer Seniorenberatungsstelle eher zugunsten der Vermittlerfunktion und in der Krankenversicherung eher zugunsten der Zugangssteuerung. Die Kundenperspektive ist Maßstab für den Case Manager. Dementsprechend organisiert den Case Management-Prozess:

Tabelle 6: ***Prozess des Case Management***[8]

Was will der Kunde/Klient/Patient? Was kann der Kunde? Was hindert den Kunden daran, Arbeit zu finden?	Situationsanalyse (persönlich und beruflich)
Was braucht der Kunde? Welches Ziel will der Kunde erreichen? Welches Ziel kann der Kunde erreichen? Was kann ich für den Kunden tun? Wer legt die Integrationsschritte fest?	Ziel- und Bedarfsklärung
Wie treffe ich verbindliche Vereinbarungen?	Hilfeplanung
Welche Teilschritte sind erforderlich? Welche Akteure können helfen? Wie organisiere ich die Akteure? Wie erfolgt die Umsetzung? Wie setze ich die Schritte um?	Steuerung des Unterstützungsprozesses
Wie erfolgreich war meine Hilfe? Wie sieht die Soll-Ist-Bilanz aus?	Wirkungskontrolle

[8] nach Bohrke-Petrovic 2004

Case Management umfasst mehrere Prozessschritte:

- Erstberatung (Klärung, ob es überhaupt zu einem komplexen Case Management kommt),
- Anamnese/Assessment/Diagnose (Feststellung der Ressourcen, Potenziale und Probleme, Stärken-Schwächen-Analyse durch Profiling),
- Hilfeplanung (Vereinbarung über Ziele und Mittel, Eingliederungsvereinbarung),
- Leistungssteuerung (Vermittlung konkreter Hilfeangebote),
- Durchführungs- und Wirkungskontrolle (vgl. MWA NRW 2003).

In den Standards für eine zertifizierte Case-Manager-Fortbildung der Deutschen Gesellschaft für Sozialarbeit (DGS 2003) werden folgende Voraussetzungen für den kompetenten Auftritt als Case Manager formuliert:

- Rollenklarheit als Case Managerin bzw. Manager,
- Vertiefte Kenntnisse in Case Management,
- Verfahrenssicherheit in der Fallsteuerung,
- Befähigung zur ressourcen- und netzwerkorientierten Arbeit,
- Grundkenntnisse auf dem Gebiet der Systemsteuerung und Anwendungsbezüge.

Case Manager brauchen für ihren anspruchsvollen Job vielfältige Kompetenzen, die sie in besonderen Qualifizierungskursen unterschiedlicher Anbieter erwerben können:

Tabelle 7: Kompetenzprofil Case Manager

Berufliches Selbstverständnis
Positive Grundeinstellung gegenüber den Kunden/Klienten Klarheit über Funktion als CM Ressourcenorientierung Patienten-/Klientenorientierung als ethische Grundlage
Sach- und Systemkompetenz
Wissen über Lebenslagen von Zielgruppen und soziale Zusammenhänge Erklärungs- und Handlungswissen Organisationswissen, Wissen über Organisationsentwicklung Rechts- und Verwaltungskenntnisse,
Methoden- und Verfahrenskompetenz
Networking Verfahrenskompetenz in Assessment, Profiling, Monitoring, Coaching Wissensmanagement Methodenkenntnis (Moderation, Interview, Befragung, Gruppendynamik ...) Dokumentationskompetenz/Medienkompetenz (Präsentationstechnik) Evaluationskompetenz
Soziale Kompetenz
Einfühlungs-, Wahrnehmungs- und Differenzierungsvermögen Kommunikationskompetenz Kooperative Handlungskompetenz Koordinationskompetenz Kritik- und Konfliktfähigkeit Fähigkeit zur multidisziplinären Zusammenarbeit
Selbstkompetenz
Offenheit, Kontaktfähigkeit, Belastbarkeit Selbstsicherheit und Selbst-Bewusstsein Reflexionskompetenz

4.1.2 Exkurs: Case Management in anderen Berufsfeldern - Medizin, Pflege, Behindertenhilfe, Rehabilitation

Case Management wurde Anfang der 90er Jahre in der deutschen Alten-, Sozial- und Gesundheitspolitik aufgegriffen und in vielen Modellprojekten eingeführt, so z. B. bei der Neuordnung ambulanter Dienste, der ambulanten Rehabilitation, der hausärztlichen Versorgung, in der Überleitungspflege im Krankenhaussozialdienst u.a.m.

Zentraler Baustein der Modernisierung des Gesundheitswesens - mit dem Gesundheitsmodernisierungsgesetz (GMG) ab 2004 - ist die integrierte Versorgung: die Umsetzung von Leistung-, Qualitäts- und Kostenvergaben durch Gesundheitsmanager und die Versorgungssteuerung mit Fallpauschalen.

Case Management in der integrierten gesundheitlichen Versorgung (§140 a-d SGB V) heißt, Versorgungslücken zwischen ambulanter und stationärer Hilfe, Reha und Pflege schließen, Case Management ist hier die individualisierte, patientenbezogene Koordination von Gesundheitsdienstleistungen; Case Management koordiniert den konkreten Behandlungsfall (Koordinationsfunktion), Fallsteuerung wird delegiert, Behandlungsverläufe werden analysiert und Problemfälle identifiziert (Monitoringfunktion).

Internationale Erfahrungen mit vernetzten Versorgungsstrukturen und einer interdisziplinär ausgerichteten Organisation der pflegerischen, rehabilitativen und medizinischen Patientenversorgung belegen, dass durch die Integration der Leistungssektoren neue Wirtschaftlichkeitspotenziale erschlossen und die Versorgungsqualität insgesamt auf ein höheres Niveau angehoben wird.

Zielgruppen für Case Management im Gesundheitsbereich sind insbesondere komplizierte, teure Einzelfälle (Patienten mit chronischen Erkrankungen, überlangen Liegezeiten, häufigen Krankenhaus-Einweisungen). Viele Krankenkassen entwickeln sich „vom Payer zum Player" und übernehmen neben ihrer Funktion als Kostenträger gemeinsam mit Leistungserbringern zunehmend Verantwortung für eine bessere Versorgung: z.B. das AOK-Modell „Virtuelles Budget für ein Praxisnetz" (Koordinationsarzt zusammen mit Fachpflegekraft als Case Manager für ein „hospital at home"), der „Patientenberater" der BKK für teure Leistungsfälle, unspezifische Diagnosen und häufige Krankenhausaufenthalte sowie der „Reha-Berater" der Techniker-Krankenkasse für Schlaganfallpatienten.

Neuerdings hält Case Management auch verstärkt Einzug in die Pflege. So hat z. B. der Koalitionsausschuss der Bundesregierung am 19. Juni 2007 mit dem Eckpunktepapier „Reform zur nachhaltigen Weiterentwicklung der Pflege" wohnortnahe Pflegestützpunkte mit Fallmanager/innen für bis zu 100 pflegebedürftige Menschen vorgeschlagen, um die ambulante Versorgung nach persönlichem Bedarf weiter zu stärken. Ältere Menschen sind bei der Wahl passender Betreuungs- und Pflegeleistungen häufig überfordert. Das Angebot ist ohne Wegweiser kaum zu überschauen. Case Management kann in der Situation dafür sorgen, den konkreten Hilfe- und Pflegebedarf des älteren Menschen zu ermitteln und ein passendes Dienstleistungsangebot zusammenzustellen.

Ein richtungsweisendes Beispiel ist die Einführung des „Persönlichen Pflegebudgets" durch die Spitzenverbände der Pflegekassen. Der Leiter des gleichnamigen Modellprojekts (nach § 8(3) SGB XI) charakterisiert es so:
„Das persönliche Pflegebudget verspricht mehr Flexibilität, es soll eine bedarfsgerechte Versorgung möglich machen und kompetente Begleitung und Beratung bieten ... Case Manager müssen die Beratung organisieren und garantieren, dass Qualität und Betreuung stimmen ... Wir gehen davon aus, dass das Pflegebudget die Nachfragemacht und Selbstständigkeit der Pflegebedürftigen ganz wesentlich stärken wird" (Klie 2004).

Das „Persönliche Pflegebudget" entspricht in der Höhe den Sachleistungen nach § 36 SGB XI (in Pflegestufe I 384 Euro, in Stufe II 921 Euro, in Stufe III 1.532 Euro monatlich) und wird direkt an den Pflegebedürftigen überwiesen, der individuell die notwendigen Hilfen einkaufen kann. Dabei steht ihm ein Case Manager zur Seite, der ihn bei der Zusammenstellung des passenden Leistungspakets und erforderlichen Vertragsabschlüssen unterstützt und auf die Qualität der Versorgung achtet.

Anstellungsträger für dieses Case Management sind Verbraucherzentralen, Betreuungsbehörden oder der Medizinische Dienst der Krankenversicherung (MDK). Als Effekt erwarten die Pflegekassen eine Vermeidung von Heimaufenthalten, die Stärkung alternativer Wohnformen und Anreiz zur Übernahme von Pflege. Der Case Manager agiert als Koordinator im Pflegenetzwerk mit passenden, abgestimmten, problemangemessenen Pflegearrangements, vor allem für demenzkranke und chronisch psychisch Kranke. Die Finanzierung kommt aus einer Hand, nicht mehr über unterschiedliche Kostenträger.

Auch in der Behindertenhilfe wird mit Einführung des SGB XII (und Änderung des § 17 SGB IX) Case Management eingeführt. Das „Trägerübergreifende Persönliche Budget" als Teil des neuen Sozialhilferechts stellt die Behindertenhilfe auf neue Füße.

2004 wurde eine BudgetVO verabschiedet, die regelt, wie Behinderte künftig ihr Budget erhalten, zu dem alle Rehaträger ihren Beitrag leisten können:

- die Rentenversicherung mit Gewährung einer Arbeitsassistenz,
- die Integrationsämter mit Hilfe zur Gestaltung des Arbeitsplatzes,
- die Bundesagentur mit Erstattung von Reisekosten zum Arbeitsplatz,
- die Kassenärztliche Vereinigung mit der Finanzierung von Hilfsmitteln und häuslicher Krankenpflege und
- die Sozialhilfe durch Gewährung der persönlichen Assistenz.

Ein nahezu klassisches Feld für den Einsatz von Case Management ist die Rehabilitation. Die Berufsgenossenschaften steuern hier die Wiedereingliederung in das Erwerbsleben und die dafür erforderliche medizinische Behandlung. Als zentrale Ansprechpartner setzen sie „Berufshelfer/innen" ein, die aktiv werden, wenn Verletzte oder Erkrankte nicht mehr problemlos an ihre alten Arbeitsplätze zurückkehren können. Der Berufshelfer besucht z.B. nach einer Unfallanzeige bei einem schweren Fall den Versicherten am Krankenbett, klärt mit ihm und dem Arzt die Umstände des Einzelfalls, kontaktiert die Angehörigen und den Arbeitgeber und begleitet den weiteren Gang des Heilverfahrens. Seine Aufgabe ist es, dem Kranken medizinisch optimal zu helfen und die erforderlichen Therapien und psychosoziale Betreuung in die Wege zu leiten. Je nach Schwere der Unfallfolgen handelt er mit dem Arbeitgeber einen Eingliederungsplan am alten Arbeitsplatz aus und regelt die Höhe und Dauer der Eingliederungsleistungen mit der Berufsgenossenschaft oder sucht ggf. einen neuen behindertengerechten Arbeitsplatz. Anschließend begleitet er den Rehabilitanden bis zur erfolgreichen Wiedereingliederung in das Arbeitsleben. Wenn Berufskrankheiten die Aufgabe der bisherigen Tätigkeit erfordern, ist der Berufshelfer in ähnlicher Weise gefordert als kompetenter und zuverlässiger Partner des Versicherten für die gesetzliche Unfallversicherung.

Case Management wird heute in Deutschland zunehmend als Lösungsansatz für die Koordination und Steuerung komplexer Versorgungsprobleme in einem hochgradig sektoralen Sozial- und Gesundheitssystem verstanden, das unübersichtlich, unkoordiniert, kundenfeindlich und ineffizient ist. Case Management hat an Popularität gewonnen, weil vor allem die Politiker und die Kosten- und Leistungsträger einen erheblichen Legitimationsdruck zur Reform der sozialen Sicherungssysteme erfahren haben. Die langjährigen positiven Erfahrungen mit dem Einsatz von Case Management in den Nachbarländern werden mittlerweile auch verstärkt in Deutschland aufgenommen.

4.2 Fallmanagement in den Job-Centern

Vor und nach Inkrafttreten der Hartz-Reformen kamen eine ganze Reihe von Konzepten und Curricula zum Einsatz von Fallmanagern in Job-Centern auf den Markt. Die Einen sehen den Fallmanager als kundenorientierten Vermittler und Andere wiederum als Leistungs-Betreuer. Viele versuchten dabei das Rad neu zu erfinden.

Es ist der Hartz-Kommission zu verdanken, dass das Fallmanagement Einzug gefunden hat in die Neugestaltung des SGB II. Der Gesetzgeber hat es bedauerlicherweise versäumt ein klares Bild des künftigen Fallmanagers vorzugeben, dabei wären die klaren Aussagen der Kommission in ihrem Bericht „Moderne Dienstleistungen am Arbeitsmarkt" hinreichend gewesen um die Richtung vorzugeben. „Kunden mit weitgehendem Beratungs- und Betreuungsbedarf (Betreuungskunden) werden einem Fallmanager zugeordnet. Er steuert die Gesamtheit des im individuellen Falle erforderlichen Dienstleistungsangebotes des Job-Center" (Kommission , 2002, 74).

Die Kommission stellt weiterhin klar, dass Fallmanager weitgehende Entscheidungsbefugnisse haben, das Tiefenprofiling veranlassen und die Eingliederungsvereinbarung verbindlich abschließen. Sie organisieren Maßnahmen in Abstimmung mit Vermittlern und anderen Fachkräften des Job-Centers. Noch deutlicher wird die Kommission in der Definition der Rolle: „Der Fallmanager konzentriert sich ausschließlich auf die Arbeitslosen. Er übernimmt somit einen Teil der Aufgaben früherer Vermittler." (A. a. O., 74).

Die Kommission hat unter Einbeziehung der Erfahrungen in anderen Ländern ein deutliches Bild: Einerseits betreuen und steuern Fallmanager den Einzelfall und anderseits konzentrieren sich Vermittler auf den Matchingprozess (A. a. O., 72).

Die bislang vorhandenen Erfahrungen mit Job-Centern, in denen Fallmanager eingesetzt wurden, bestätigen diese grundsätzliche Ausrichtung der Trennung von Vermittlung und Fallmanagement. Insbesondere das Job-Center Köln hat diese klare Funktionstrennung mit Erfolg praktiziert (vgl. INFAS 2003).

4.2.1 Fallsteuerung mit Kompetenz und Ressourcen

Theorie und Praxis der Beratung haben zahlreiche Konzepte und Untersuchungen hervorgebracht, die häufig ideologisch vorgeben, was Beratung sei und wann und wie Beratung stattzufinden habe. Insbesondere die Rolle des Beraters, der institutionell eingebunden ist, wird häufig problematisiert und in Frage gestellt. Jenseits dieser Auseinandersetzungen sollte Beratung pragmatisch in einem Job-Center gehandhabt werden, wie dies beispielhaft in den Niederlanden seit Jahren praktiziert wird. Deshalb werden nachfolgend die aus der Praxis erforderlichen Komponenten dargestellt, auch wenn dies manchen Beratungsfundamentalisten Zorn bereiten wird.

Fallmanager in Job-Centern müssen eine fundierte methodische Beratungskompetenz besitzen. Vorausgesetzt werden vertiefte Kenntnisse über Kommunikationsprozesse, sowohl verbal als auch nonverbal. Grundfähigkeiten einer klientenzentrierten Kommunikation müssen erlernt sein und es muss Klarheit über das Rollenselbstverständnis des Fallmanagers bestehen.

Vielfach wird aber in der Weiterbildung und Ausbildung zum Fallmanager ein zu großes Gewicht auf die Einübung dieser Fähigkeiten gelegt, häufig sogar mit dem Anspruch gesprächstherapeutischer Kompetenzen. In der Praxis machen wir immer wieder die Erfahrung, dass Mitarbeiter, die sich zum Fallmanager fortbilden lassen wollen die Erwartungshaltung haben, dass sie am Ende ihrer Fortbildung therapeutische Methoden erlernt haben, die sie befähigen sollen auch schwierigste Fälle erfolgreich zu behandeln.

Die Bedeutung der Empathie in der Beratung wird dabei meist vernachlässigt, obwohl sie nach unseren Erfahrungen im Beratungsprozess die entscheidende Komponente ist. Auch mit einer perfektionierten Gesprächstechnik kann Zugewandtheit und Echtheit nicht kompensiert werden.

Eine versprechende Beratung setzt fundierte Kenntnisse der Materie voraus. Fallmanager müssen die rechtlichen und institutionellen Voraussetzungen detailliert kennen und präzise Informationen über Sachverhalte geben können. Es kommt darauf an, dass Fallmanager klar und umfassend über Normen, Ansprüche, Rechtsfolgen, Anspruchsvoraussetzungen für Leistungen etc. beraten können. Ohne dieses umfassende Handwerkszeug bleiben Beratungen diffus und unverbindlich. Eine Fallsteuerung kann sich darauf nicht aufbauen und dürfte auch kaum erfolgreich verlaufen.

Neben der kommunikativen und Wissenskompetenz benötigen Fallmanager den unmittelbaren Zugriff auf Ressourcen, um verbindliche Eingliederungsschritte vereinbaren zu können. Zur Mindestausstattung eines Fallmanagers gehören vor allem folgende Ressourcen:

- Entscheidung und Zuweisung in Stellen des zweiten Arbeitsmarktes,
- verbindliche Vermittlung in berufliche Qualifizierungsmaßnahmen,
- Entscheidung über Lohnkostenzuschüsse und Eingliederungsgelder zur Unterstützung eigenständiger Arbeitssuche,
- Entscheidung über Feststellungsmaßnahmen und diagnostische Verfahren,
- Zugriff auf Sprachförderangebote,
- Beauftragung von Schuldnerberatungsstellen mit klar definierter Leistungsanforderung,
- Entscheidung zur Einholung gutachterlicher Stellungnahmen, insbesondere im gesundheitlichen Bereich.

Der unmittelbare Zugriff auf diese Ressourcen wird am effektivsten gestaltet, wenn der Fallmanager diese Leistungen auch selbst vergütet und damit unmittelbarer Auftraggeber wird. In diesem Zusammenhang sollten die Träger der Job-Center den Mut aufbringen, ihren Fallmanagern freie Budgets für Förderleistungen zur Verfügung zu stellen.

Dies setzt aber voraus, dass die Zuschusspraxis an zu beauftragende Träger, die spezielle Leistungen zur beruflichen und sozialen Eingliederung erbringen, in ein einzelfallbezogenes Fördersystem umgewandelt wird. Die Sozialämter haben hier in den letzten Jahren vielfach unter dem Druck von Einsparungen gute Vorarbeiten erbracht, z. B. in der Finanzierung der Schuldnerberatung. Entsprechende Modelle in den arbeitsmarktlichen Programmen der Bundesagentur verlaufen bislang weniger erfolgreich (z.B.: Bildungsgutschein), weil sie nur halbherzig gesteuert werden und insbesondere die Qualitätsanforderungen an die zu erbringende Dienstleistung unzureichend beschrieben ist. Dabei liegen die Vorteile der Finanzierung von einzelfallbezogenen Leistungen gegenüber der bisherigen institutionellen Förderung auf der Hand.

Die Gewährung von (gesetzlich vorgeschriebenen) Hilfen im Einzelfall sichert ein Höchstmaß an bedarfsgerechter Förderung. Es werden nicht mehr Teilnehmer für Maßnahmen gesucht, sondern individuelle Leistungen für Bedürftige. Dies bietet aber auch den Vorteil einer bedarfsgerechten Steuerung des Hilfesystems in Zeiten knapper finanzieller Ressourcen. Es entsteht unmittelbar ein Zusammenhang zwischen individueller Bedürftigkeit, Leistungserbringung und Refinanzierung und damit eine hohe Sicherheit nicht am wirklichen Bedarf vorbei zu wirtschaften.

Ein solches Fördersystem kann darüber hinaus die gegenwärtig praktizierten fragwürdigen zentralen Ausschreibungsprozesse ersetzen, weil die Hilfegewährung im Einzelfall keiner Pflicht zur Ausschreibung unterliegt.

Während das bisherige institutionelle Fördersystem die Sektorisierung der Problemlagen der Hilfebezieher begünstigt (mit dem Problem der Überschuldung befassen sich Schuldnerberatungsstellen, für soziale Probleme allein stehender Wohnungsloser ist die ambulante Wohnungslosenhilfe zuständig, Erwerbslose werden bei Beschäftigungsträgern gefördert, etc.) und damit häufig Doppel- oder Dreifachhilfe geleistet wird, sind mit individuellen Pflichtleistungsfinanzierungen die Möglichkeiten gegeben, dem Einzelfall angepasste Leistungen integrativ zu erbringen.

Als Orientierung über die Höhe der individuellen Eingliederungsbudgets, die den Fallmanagern in den neuen Job-Centern zur Verfügung gestellt werden sollten, können die vom BMWA vorgesehenen Förderpauschalen herangezogen werden Sie liegen bei jugendlichen Hilfebezieher/innen bei 7.862 Euro pro Maßnahmenteilnehmer und bei den über 25-jährigen Maßnahmeteilnehmer/innen bei 8.448 Euro pro Person (BMWA, 2004).

4.2.2 Fallkonferenzen zur Organisation von Dienstleistungen

In vielen sozialen Dienstleistungen ist es üblicherweise so, dass häufiger über den Kunden gesprochen wird als mit diesem. Dies gilt besonders, wenn Dritte einbezogen werden sollen oder müssen. Aushandlungsprozesse, an denen der Kunde aber nicht beteiligt ist, bergen die Gefahr, dass sie von den Betroffenen nicht nachvollziehbar sind und von ihnen auch nicht akzeptiert werden können. Das gut gemeinte Angebot von Betreuern, die Dinge mit Dritten im Interesse der Betroffenen regeln zu wollen, führt im Regelfall nicht zu der gewünschten Eigenaktivität und zu verbindlichen Ergebnissen.

Es hat ebenso Tradition in Sozialverwaltungen, dass die Hilfebedürftigen zu notwendigen weiteren Diensten geschickt werden, um dort weitere Unterstützung zu erhalten. Häufig müssen sie dann Wartezeiten in Kauf nehmen und erneut ihre Problemlage erklären. Missverständnisse, Zeitverlust und Unverbindlichkeit sind vorprogrammiert.

Deshalb sollten auch in sozialen Dienstleistungen neue Formen der Kooperation eingeführt werden, wie sie beispielsweise im Baubereich üblich sind: die Konferenz mit allen Diensten, die zur Lösung der anstehenden Probleme erforderlich sind.

Abbildung 23: Fallkonferenz für das Fallmanagement

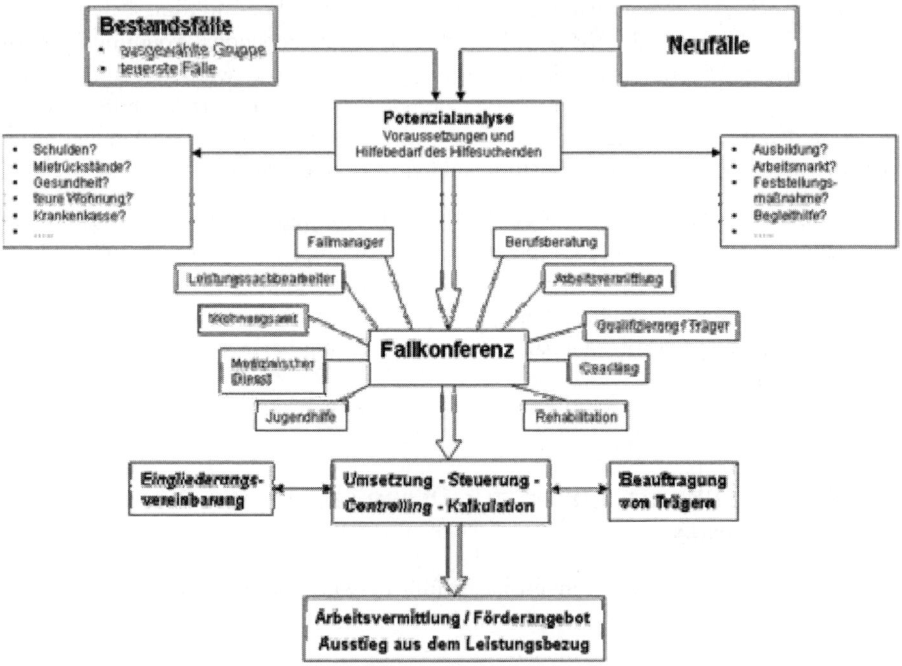

Langzeitarbeitslose haben in der Regel mehrere Eingliederungshemmnisse, die oft gleichzeitig bearbeitet werden müssen. Sie sind beispielsweise überschuldet, benötigen ein Konto, wohnen zu teuer, müssen berufliche Qualifizierungen nachholen und gesundheitliche Störungen beseitigen. Es ist effizienter zur Lösung dieser individuellen Problemlagen alle erforderlichen Dienstleister zu einer Fallkonferenz zu bitten und aufeinander verbindlich abgestimmt die Dienstleistungen zu verabreden.

Regelmäßig sollten – stets unter Beteiligung der Betroffenen – Fallkonferenzen zwischen Arbeitsvermittler, Fallmanager erfolgen, wenn die Vermittlung in den allgemeinen Arbeitsmarkt ansteht. Ist dies noch nicht möglich sind die übrigen Dienste/Betreuer zu Fallkonferenzen zusammenzuholen. Dies können beispielsweise folgende Dienste sein: Familienbetreuer, Schuldnerberater, Arbeitsmediziner, Bewährungshelfer, Wohnungsvermittler, Maßnahmebetreuer und Anleiter.

Die Leitung von Fallkonferenzen obliegt den Fallmanagern, die dafür besonders in Moderationstechnik geschult sein müssen. Am Ende jeder Fallkonferenz sollte der Fallmanager in einem Protokoll, dass alle Anwesenden unterschreiben, verbindlich Vereinbarungen und Zeitpläne festhalten. Diese Niederschriften sind Bestandteil der Eingliederungsvereinbarung.

Unsere Erfahrungen mit dem Instrument der Fallkonferenz sind durchweg positiv, sofern die Moderation kompetent durchgeführt wird. Insbesondere wirkt die abgestimmte Hilfeplanung verbindlicher und verkürzt erheblich den Zeitraum der Durchführung von Maßnahmen, d. h. die Vermittlungsreife wird wesentlich schneller erreicht.

4.2.3 Eingliederungsvereinbarung

Für jeden erwerbsfähigen Hilfebedürftigen und seine Bedarfsgemeinschaft sieht der Gesetzgeber mit § 15 SGB II einen „Persönlichen Ansprechpartner" für die Gesamtdauer der Eingliederung vor, zu dessen Aufgabenfeld auch der Abschluss einer Eingliederungsvereinbarung zählt. Die Eingliederungsvereinbarung ist für den persönlichen Ansprechpartner bzw. den Fallmanager das zentrale Steuerungsinstrument für die individuelle Eingliederung und sie ist, was leicht übersehen wird, dem Grunde nach ein Vertrag auf Gegenseitigkeit. Die Hilfeplanung ist demnach ein gemeinsamer Prozess:

Abbildung 24: Typischer Ablauf der individuellen Hilfeplanung

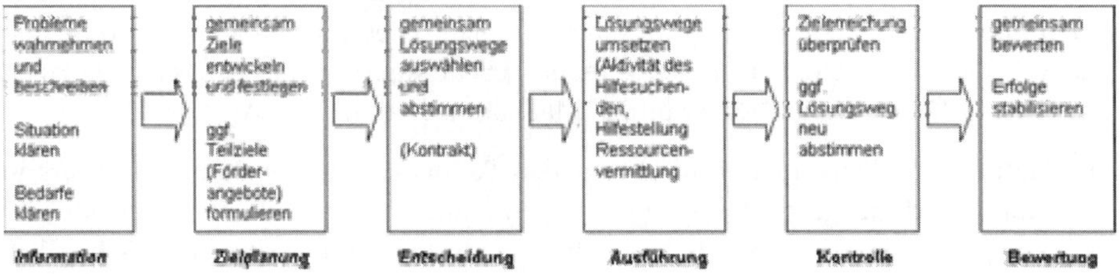

In § 2 Abs. 1 SGB II ist geregelt, dass der erwerbsfähige Hilfebedürftige zum Abschluss einer Eingliederungsvereinbarung verpflichtet ist. Die Ausführungen in § 15 SGB II regeln die Gestaltungsdimension,

„erstens welche Leistungen der Erwerbsfähige zur Eingliederung in Arbeit erhält, zweitens welche Bemühungen der erwerbsfähige Hilfebedürftige in welcher Häufigkeit zur Eingliederung in Arbeit mindestens unternehmen muss, und in welcher Form er die Bemühungen nachzuweisen hat. Die Eingliederungsvereinbarung soll für sechs Monate geschlossen werden."

Zu den Inhalten der Eingliederungsvereinbarung gehört zum einen das Leistungsspektrum der aktiven Arbeitsförderung (nach dem Leistungskatalog des SGB II und der über § 16 Abs. 1 SGB II eingebundenen Leistungen des SGB III) und zum anderen soziale Unterstützungsleistungen, die für die Eingliederung des erwerbsfähigen Hilfebedürftigen in das Erwerbsleben erforderlich sind (§ 16 Abs. 2 SGB II) (BA-Kompendium 2004, 3).

Darüber hinaus ist in § 15 SGB II festgelegt,

- dass bei fehlender Zustimmung des erwerbsfähigen Hilfebedürftigen zur Eingliederungsvereinbarung ein Verwaltungsakt erlassen werden soll,
- dass Leistungen für die Mitglieder der Bedarfsgemeinschaft mit vereinbart werden können,
- welche Schadensersatzpflicht für den erwerbsfähigen Hilfebedürftigen entsteht, wenn er schuldhaft eine vereinbarte Bildungsmaßnahme abbricht.

Die Formulierung räumt dem zuständigen Mitarbeiter ein gebundenes Ermessen zum Abschluss der Eingliederungsvereinbarung ein. Die Vorschrift ist für den zuständigen Mitarbeiter grundsätzlich verbindlich, wie eine Muss-Vorschrift, lässt aber ausnahmsweise beim Vorliegen besonders atypischer Umstände ein Abweichen von der angeordneten Regel zu (BA-Kompendium 2004, 11). Die Eingliederungsvereinbarung im SGB II hat damit einen wesentlich verbindlicheren Charakter als die in § 35 Abs. 4 SGB III geregelte Eingliederungsvereinbarung, die kein besonderes Rechtsverhältnis zwischen den Agenturen und ihren Kunden schafft. Dort ist lediglich die gemeinsame Erstellung, der festgelegte Zeitraum, die Eigenbemühungen des Arbeitslosen, die Leistung der aktiven Arbeitsförderung geregelt, ohne dass leistungsrechtliche Konsequenzen bei Nichteinhaltung vorgesehen sind.

Die Eingliederungsvereinbarung ist ein verbindlicher Vertrag zwischen der Arbeitsgemeinschaft (oder Agentur für Arbeit oder der Kommune) und dem Arbeitssuchenden. In ihr ist festgelegt, welche Hilfen die Behörde für den Hilfesuchenden anbietet, gewährleistet und einkauft und welche Pflichten er im Gegenzug zu übernehmen hat. Das Prinzip „Fördern und Fordern" ist hier gesetzgeberisch umgesetzt. Hilfeleistungen, die in einer Eingliederungsvereinbarung geregelt sind, begründen für die Betroffenen auch einen Rechtsanspruch – stringenter als das bisher bei Hilfeplänen und Gesamtplänen in anderen Gesetzen der Fall ist (z. B. im BSHG nach § 18 Abs.4 oder im SGB VIII nach § 36). Das gilt sowohl für die aktiven Arbeitsmarktleistungen wie auch die flankierenden sozialen Dienstleistungen:

„Die im SGB II genannten sozialen Dienstleistungen (Schuldnerberatung, Suchtberatung, psychosoziale Betreuung, Kinderbetreuung), die die Kommune zu erbringen hat, werden für die Betroffenen ... nur einklagbar im Sinne von Pflichtleistungen, wenn sie durch Fallmanagement und Eingliederungsvereinbarungen als erforderlich bzw. unverzichtbar festgestellt werden" (Genz/Schwendy 2004, 11).

Problematisch ist allerdings der im Gesetz geregelte Vertragscharakter der Eingliederungsvereinbarung, die bei fehlender Mitwirkung durch einen einseitigen Verwaltungsakt ersetzt werden kann. Bei einem gegenseitigen Vertrag, wie er in §§ 320 ff. BGB geregelt ist, sind die Vertragspartner in ihren Verpflichtungen voneinander abhängig. Rechte und Pflichten der Vertragsparteien werden durch übereinstimmende Willenserklärungen festgelegt. Ein solcher „Konsensualvertrag" unterscheidet sich vom einseitigen Rechtsgeschäft (z. B. Kündigung) und trifft im Allgemeinen auch Regelungen für die Nichterfüllung von Vertragspflichten beider Seiten. Die vertragliche Verpflichtung der Arbeitssuchenden lässt sich verhältnismäßig einfach überprüfen, aber völlig offen ist, wie die vertragliche Verpflichtung auf Seiten der Behörde bemessen wird und wer dies nach welchen Maßstäben vornimmt. Ein einklagbarer

Rechtsanspruch im Sinne des Rechts auf Arbeit steht dem Arbeitssuchenden nach der Regelung in § 15 nicht zu. Geregelt ist lediglich, dass beide Seiten sich verpflichten, alles zu tun, damit die Integration in den Arbeitsmarkt gelingt.

Für verbindliche Eingliederungsvereinbarungen müssen auch Eingliederungsmaßnahmen und Geld in ausreichendem Umfang bereitgestellt werden. Die vom Bund aus fiskalischen Gründen vorgegebenen „Aktivierungsquoten" von 23 % für erwachsene und 52 % für junge Arbeitssuchende bedürfen auf diesem Hintergrund dringend einer Revision. Die Investition in aktivierende berufliche Integrationshilfen und in flankierende soziale Dienstleistungen zahlt sich nämlich aus, wenn man mittelfristig Transferleistungen senken will. Das zeigen kommunale Pionierbeispiele, wo solche Strukturen der Beschäftigungsförderung frühzeitig systematisch aufgebaut und vom Kommunalparlament trotz akuter Finanznot politisch und fachlich auf den Weg gebracht wurden: Köln, Stuttgart, Offenbach, Wiesbaden, Bielefeld, Kiel, Braunschweig, Pirmasens u. a. m. – fast durchgängig Städte, die auch konsequent Modellprogramme (vor allem MoZArT) zur Weiterentwicklung lokaler Strukturen genutzt haben. In Köln und Mannheim wurde sogar das Haushaltskonsolidierungskonzept der Stadt auf der Strategie des verstärkten Mitteleinsatzes für die beruflich-soziale Eingliederung arbeitsloser Sozialhilfebezieher aufgebaut.

Nach zweieinhalb Jahren Erfahrung mit dem Einsatz des Instrumentes Eingliederungsvereinbarung ist allerdings kritisch zu bilanzieren, dass es bislang noch nicht wirklich gelungen ist, das System bilateraler Aushandlungsprozesse zwischen PAP und Kunden so wirkungsvoll aufzubauen, dass es auch zur gelebten Praxis im Job-Center-Alltag geworden ist. Nach der öffentlichen Kritik des Bundesrechnungshofes am Einsatz verschiedener Eingliederungsinstrumente in den ARGEn Mitte 2006 (Bundesrechnungshof 2006), bei dem auch die Vollzugsdefizite bei den Eingliederungsvereinbarungen deutlich benannt wurden – in der Hälfte aller untersuchten Fälle gab es keine Eingliederungsvereinbarungen und im Schnitt warteten die erwerbsfähigen Hilfebedürftigen drei Monate auf ein qualifiziertes Erstgespräch und vier monate auf eine Eingliederungsvereinbarung – ging bundesweit ein Ruck durch die ARGEn, dieses zentrale Element des beruflichen Eingliederungsprozesses über einen formalen Verwaltungsakt hinaus endlich auch mit der notwendigen Sorgfalt und Qualität für die Praxis auszugestalten. Entscheidend ist, dass das fachlich erforderliche System von Aushandlungen und gegenseitigen Verbindlichkeiten auch in den Köpfen der Beteiligten ankommt. Auf Seiten des Personals bei den Grundsicherungsträgern besteht hier zweifelsohne noch erheblicher Qualifizierungsbedarf.

4.2.4 Bedarf an Fallmanagement

Sowohl beim Gesetzgeber als auch in den Sozialverwaltungen und bei der Bundesagentur besteht Konsens darüber, dass speziell ausgebildete Fallmanager benötigt werden, um komplexe Integrationsprozesse kompetent steuern zu können.

Über die Quantität des Fallmanagements gibt es aber kaum Angaben. Bundesagentur und BMAS haben sich darauf verständigt, dass mit Start des SGB II zunächst bundesweit 2.000 Fallmanager ausgebildet werden sollen. Demnach sollten je Grundsicherungsträger fünf Fallmanager einsatzbereit zur Verfügung stehen. Jeder Fallmanager soll – nach den Vorstellungen des Gesetzgebers – jeweils 75 Kunden betreuen. Diese Kunden sollen besonders „schwierige“ sein. Es war die Rede von Drogenabhängigen oder Langzeitarbeitslosen mit „multiplen Vermittlungshemmnissen“. Von den Fallmanagern wird erwartet, dass sie diese möglichst rasch in den allgemeinen Arbeitsmarkt eingliedern.

Diese Vorgaben zeigen, wie diffus Bedarf und Leistungsvermögen des Fallmanagements zu Anfang waren und wie wenig fundierte Erkenntnisse über den tatsächlichen Unterstützungsbedarf von Langzeitarbeitslosen es gab. Die ganze Diskussion wurde auch noch mit der Stellenbewertung der Fallmanager nach Vergütungsgruppe A 11 (BAT IVa), also als Aufstiegstelle überlagert. Daraus ergab sich konsequenterweise eine Begrenzung des Fallmanagements, den der Stellenkegel zwingend erfordert. Nicht der tatsächliche Bedarf hat Einfluss auf die Anzahl der benötigten Fallmanager, sondern die Zahl der zu finanzierenden Aufstiegsstellen.

Job-Center benötigen Fallmanagement als Grundleistung insbesondere um

- Milieus aufzubrechen (sog. soziale Brennpunkte),, in denen sich Langzeitarbeitslosigkeit über Generationen verfestigt hat,
- besonders teure Hilfefälle, denen unterstellt werden kann, dass sie auch den höchsten Hilfebedarf haben, möglichst nachhaltig zu integrieren,
- junge Menschen möglichst nahtlos in die Arbeitswelt einzugliedern und Brüche in ihren Biografien zu verhindern,
- Menschen zu unterstützen, die eine abgestimmte Hilfeleistung benötigen, die von mehreren externen Diensten möglichst gleichzeitig zu erbringen sind,
- komplexe Familiensysteme mit mehreren erwerbslosen Erwachsenen gesteuerte Integrationshilfen zu gewähren.

Schon diese Aufzählung zeigt deutlich, dass die Dienstleistung Fallmanagement für weitaus mehr Menschen erbracht werden muss als bislang diskutiert. Im Grunde bedarf jeder Erwerbslose, der es in 12 Monaten (Bezugszeit ALG I) nicht geschafft hat, sich selbst zu integrieren einer solchen Unterstützung. 12 Monate Arbeitslosigkeit zehren an den materiellen Grundlagen und noch mehr am Selbstbewusstsein der betroffenen Menschen.

Die Entscheidung zum Einsatz und Umfang von intensiver Fallsteuerung ist letztlich immer eine Managemententscheidung, die die Leitung des Job-Centers örtlich verantworten muss. Zentralistische Vorgaben können dies nicht.

4.2.5 Qualifizierung zum Fallmanagement

Die Qualifizierung – oder besser die Personalentwicklung – zum Fallmanagement hat die Entwicklung von Kenntnissen, Fähigkeiten und Kompetenzen zum Ziel, um die beruflichen und sozialen Eingliederungsprozesse professionell zu steuern und zu begleiten. Der Bedarf ist unbestritten, Fortbildungsträger unterschiedlicher Couleur standen zum Start des SGB II in den Startlöchern.

Fallmanagement in der Arbeitsförderung zeigt seine Qualitäten im Einsatz, in der unmittelbaren Praxis. Zum Jahresende 2004 hat sich die Auftragslage zur individuellen Fallsteuerung und Systemsteuerung zur besseren beruflichen und sozialen Integration verdichtet, aber noch fehlten oder fehlen immer noch die Personen, die kompetent Fallmanagement in der Arbeitsförderung betreiben können und dies auf der Basis verbindlicher Standards für eine einheitliche Ausrichtung des Fallmanagement in der Praxis.

Dem Engagement der Bertelsmann Stiftung ist es zu verdanken, dass seit September 2003 ein „Curriculum für die Gemeinsame Fortbildung von Fachkräften der Arbeitsämter, der Sozialverwaltung und Dritten" (Bertelsmann Stiftung, 2003 b; Hackenberg 2003) vorliegt, das im Rahmen des Projektes „BiK – Beschäftigungsförderung in Kommunen" entwickelt wurde. Die dabei entwickelten Anforderungen für eine „gemeinsame, interinstitutionelle und zukunftsorientierte Personalentwicklungsmaßnahme für Mitarbeiter im Handlungsfeld Arbeitsämter, Sozialämter und Dritte" (Bertelsmann Stiftung, 2003 b, S. 9)

Das Grundkonzept des Curriculums wurde zunächst von den Projektfeldbeteiligten der Mannheimer Arbeitsvermittlungsagentur, der Job-Börse Pirmasens und der Maßarbeit Osnabrück unter Regie einer Expertin der Fachochschule des Bundes/Fachbereich Arbeitsverwaltung entwickelt, wobei anerkannte Standards der Beraterqualifizierung, des „Lebenslangen Lernens" und des „Kompetenzansatzes" berücksichtigt wurden.

Für das Curriculum wurden fünf Module entwickelt:

- Modul 1: Vermittlung der Rechtsgrundlagen und Rahmenbedingungen der beteiligten Institutionen,
- Modul 2: Prozess- und Informationsmanagement (Aufbau von Netzwerken, Kooperation mit Dritten, grundlegende Methodik bei Berufsfindungsprozessen),
- Modul 3: Förderung von Kompetenzen in der Individualberatung (Beratungsgrundlagen, Profiling, Gesprächstechniken),
- Modul 4: Matching als Zuordnung zwischen ressourcenorientierten Bewerberprofilen und passenden Arbeitsplätzen (incl. Rekrutierungsstrategien der Betriebe),
- Modul 5: Information und Beratung in Gruppen.

Schon die Entwicklung des Curriculums und die ersten exemplarischen Fortbildungen zum Fallmanagement haben deutlich gemacht, dass die Qualifizierung zum Fallmanagement nur im Rahmen eines prozessorientierten und modularen Handlungsansatzes Erfolg verspricht. Die ständige Praxisreflexion über eine neue Arbeitsmethode ist dabei genauso wichtig wie das Aufsetzen auf den bisherigen beruflichen Erfahrungen und Kenntnissen der Mitarbeiter/innen aus den unterschiedlichen Berufsfeldern von Kommunen, Arbeitsämtern und Dritten (Arbeitsvermittler, Berufsberater, Leistungssachbearbeiter, Sozialarbeiter/Sozialpädagogen). Die Qualifizierung in Modulen bietet hier den Vorteil, auf vorhandenen Kompetenzprofilen der Mitarbeiter/innen aufzubauen und die fehlenden Kenntnisse und Kompetenzen über die Wahl fehlender Module zu erwerben.

Fallmanager in der Arbeitsförderung brauchen die Grundqualifikationen für ihr Case Management (vgl. Abschnitt 4.1.1, Tabelle 7):

Tabelle 8: Anforderungsprofile für Fallmanagement

Kompetenzen
Sach- und Systemkompetenz
- Grundlagen der beruflichen, sozialen und medizinisch-rehabilitativen Leistungen und Diagnostik
- Kenntnis und Nutzung der Ressourcen anderer Leistungsträger zur Sicherung der Versorgungs- und Leistungsqualität bei gleichzeitiger Erhöhung der Wirtschaftlichkeit
- Kenntnisse und Kompetenzen in der Planung und Durchführung von Ablaufprozessen und Organisationsentwicklung
- Kenntnis der EDV-Systeme der beteiligten Institutionen
- Fundierte Rechts- und Verwaltungskenntnisse
Methodenkompetenz
- Fähigkeiten in der Verhandlungsführung (Diplomatie)
- Profunde betriebswirtschaftliche und sozialwirtschaftliche Kenntnisse für haushaltsökonomische Rechnungen, Kosten-Nutzen-Analysen, Risikoberechnungen für den Einzelfall
- Kreative Strategien der Einzelfallförderung zur Kompensation von Mängeln an Ressourcen/Kompetenzen der Hilfesysteme/-personen
- Umgang mit unterschiedlichen Netzwerken und Verknüpfung mit anderen Systemen im Einzelfall
- Fähigkeiten in Assessment, Profiling und Coaching
- Entwicklung, Umsetzung und Überprüfung von Eingliederungsvereinbarungen
- Grundlagen des Marketing für den Einzelfall (insbesondere Präsentation) und für kooperierende Organisationen
Sozialkompetenz
- Vertrauensbeziehung zu Kunden
- Klientenzentrierte Gesprächsführung in Kombination mit Leistungsgewährung
- Motivation der Kunden zur Selbsthilfe/Mitarbeit
- Erkennen von Konflikten und Entwicklung konstruktiver Lösungsstrategien
Entscheidungskompetenz
- Verantwortung für aktive und passive Budgets
- Entscheidungsverantwortung für schwierige und diffuse Problemlagen und Zusammenhänge
- Optimale Nutzung von Ermessensspielräumen

Die Nachhaltigkeit und Wirksamkeit des beruflichen und sozialen Eingliederungsprozesses hängt entscheidend von der Vertrauensbeziehung zwischen dem Kunden und

Fallmanager ab. Wo diese Vertrauensbeziehung grundlegend gestört ist oder wird, muss der Kunde auch die Wahlmöglichkeit für einen anderen Fallmanager haben.

Im Jahr 2004 hat sich ein „Arbeitskreis Beschäftigungsorientiertes Fallmanagement" aus Vertreter/innen von Arbeitsagenturen, Kommunen und Wissenschaftlern zusammen gefunden, um das BiK-Curriculum weiterzuentwickeln, und hat hierzu ein Fachkonzept vorgelegt, das dem BA-Vorstand zum Jahresende 2004 zur Abstimmung vorliegt (Arbeitskreis 2004). Fallmanagement wird danach als „teure Ressource" begriffen, die man sinnvoll und wirtschaftlich einsetzen soll. Die gewählten Kriterien für die Zugangssteuerung bzw. die Übernahme in ein beschäftigungsorientiertes Fallmanagement sind dabei allerdings nicht unproblematisch: „drei abgrenzbare schwere Vermittlungshemmnisse, die in der Person und/oder Bedarfsgemeinschaft begründet sind". Das begrenzt den Einsatz von Fallmanagern ausschließlich auf die sog. „Betreuungskunden" in der segmentierten Kundentypologie der Bundesagentur für Arbeit.

Es kommt bei der Qualifizierung von Mitarbeiter/innen im Fallmanagement weniger darauf an, eine neue soziale Profession zu schaffen, als vielmehr darauf, dass möglichst vielen Mitarbeiter/innen Kenntnisse und Fähigkeiten der Steuerung im Einzelfall und der Nutzung von Netzwerken erwerben. Fallmanagement ist in erster Linie eine Methode für einzelfallorientierte und systemische Handlungsabläufe in den Job-Centern. Deshalb ist es wichtig, dass die Qualifizierung zum Fallmanagement in ein System der Personalentwicklung aller Mitarbeiter/innen eingebettet wird. In diese Richtung gehen auch die „Qualitätsstandards für das Fallmanagement", die der Deutsche Verein für öffentliche und private Fürsorge empfiehlt (Deutscher Verein, 2004). Danach wird Fallmanagement als Prozesskette begriffen, bei der die Standards für die einzelnen Prozessschritte definiert werden und wo der Fallmanager mit dem Klienten ein „Arbeitsbündnis" eingeht, um für individuelle Bedarfslagen passende Dienstleistungen und Ressourcen zu organisieren.

Wenn dem beruflichen und sozialen Eingliederungsprozess des Einzelnen und der Aktivierung aller hierzu erforderlichen Unterstützungsleistungen die Schlüsselrolle in Geschäftspraxis zufällt, ist es eigentlich erforderlich, dass alle Mitarbeiter/innen des Job-Centers auf diese Unternehmens- und Arbeitsphilosophie eingestimmt werden. Deshalb hat sich die ARGE in Mannheim z. B. dafür entschieden, eine verpflichtende Grundqualifizierung im Fallmanagement für alle durchzuführen. Ende 2005/Anfang 2006 wurden allen persönlichen Ansprechpartner/innen in einer einwöchigen Schulung die Orientierungsgrundsätze und Schlüsselqualifikationen für die Hilfeplanung und Fallsteuerung vermittelt, angefangen von der Beratungs- und Gesprächsführungskompetenz, über die individuelle Fallsteuerung und Aktivierung erforderlicher

Netzwerke bis zum Abschluss von Eingliederungsvereinbarungen und dem Controlling des Hilfeprozesses. Aufbauend auf dieser Grundschulung sollte dann für besonders geeignete persönliche Ansprechpartner/innen eine berufsbegleitende Weiterbildung zum Fallmanagement anschließen. Hier hat die ARGE Mannheim in der SRH-Hochschule Heidelberg einen Bildungspartner in der Region gefunden, der für die Qualifizierung von Fallmanager/innen einen eigenen Studiengang "Management von Arbeitsmarktintegration" für Mitarbeiter/innen von Arbeitsmarktintegrations- und Zeitarbeitsunternehmen sowie von Unternehmen mit einem eigenen Konzernarbeitsmarkt eingerichtet hat. Das bietet den Studierenden die Chance, gemeinsam zu lernen und wirtschaftliche und soziale Perspektiven mit Blick auf den Arbeitsmarkt und Personalwirtschaft zu verbinden. Seit Oktober 2006 schickt die ARGE Mannheim ausgewählte Mitarbeiter/innen in aufeinander folgenden Tranchen in diesen Studiengang.

Entscheidend bei jedem Qualifizierungsprogramm für das Fallmanagement ist nicht die Schaffung eines neuen Berufsbildes, sondern die Vermittlung methodischer Fähigkeiten für eine kompetente Fall- und Systemsteuerung nach standardisierten Verfahren. Maßstab für Fallmanagement ist eine (berufsfeldübergreifende) Kompetenz, nicht nur Qualifikation oder die Zugehörigkeit zu einer Berufsgruppe, die sich als kompetent für das Fallmanagement erklärt.

5 Anforderungen an Planung, Controlling und Evaluation

Die zunehmende Problemkomplexität, die Geschwindigkeit des Reformprozesses und geringere finanzielle Ressourcen fordern gezielte Planung, Steuerung, Controlling und Evaluation. Hartz IV leitet einen bislang einmaligen Systembruch ein, der auch für die kommunale Sozialplanung den Kontext entscheidend verändert: die klassische sektorale Fachplanung wird zum Auslaufmodell, gefragt sind querschnittsorientierte, ressortübergreifende Planung und ein professionelles Planungs- und Projektmanagement.

5.1 Integration arbeitsmarktbezogener und sozialer Planung auf lokaler Ebene

Die Planung arbeitsmarktbezogener und sozialer Dienstleistungen in der Kommune spielt sich vor einem gesellschaftlichen Hintergrund ab, wo die Komplexität sozialer Problemlagen und damit die Gestaltungsaufgaben zunehmen und gleichzeitig die finanziellen Ressourcen vor Ort abnehmen. Dieses Spannungsfeld zwingt die Kommunen immer mehr, sich auf ihre Kernaufgaben zu konzentrieren, Aufgaben nach außen zu verlagern und örtliche Potenziale insbesondere durch Stärkung der Zivilgesellschaft bzw. bürgerschaftlichen Engagements zu mobilisieren. Kosten- und Wirtschaftlichkeitskriterien spielen dabei für die Planung und Steuerung der Arbeitsmarkt- und Sozialpolitik auf kommunaler Ebene eine immer stärkere Rolle.

Mit Einführung des „New Public Management" bzw. der „Neuen Steuerung" entwickelt sich zunehmend eine neue Arbeitsteilung zwischen Politik und Verwaltung: Politik bestimmt die Ziele und den Finanzierungsrahmen für die Aufgabenerledigung, die Verwaltung verantwortet und gestaltet die Form der Umsetzung.

Der kommunalen Sozialplanung kommt dabei die Aufgabe zu, gesellschaftliche Veränderungsprozesse zu analysieren – wie die Individualisierung von Lebensstilen und Lebensrisiken oder Prozesse sozialer Ausgrenzung und sozialräumlicher Spaltung – und gesetzliche Vorgaben strategisch in Handlungskonzepte und operativ in konkrete Handlungsprogramme umzusetzen (Werner 2007).

Zu den zentralen Aufgaben der Sozialplanung in der Kommune gehört es dabei,

- die Lebensräume und Lebensverhältnisse einzelner Bevölkerungsgruppen systematisch zu untersuchen,
- Defizite aufzuzeigen und Vorschläge zu ihrer Vermeidung oder Beseitigung aufzuzeigen,
- die Umsetzung von Planungsvorschlägen und Maßnahmen zu organisieren ,
- ihre Wirkungen zu bewerten und die Planungsfolgen zu beobachten und
- die sozialplanerischen Anliegen in die allgemeine Stadtentwicklung zu integrieren.

Die Grundlage hierfür ist eine laufende örtliche Sozialberichterstattung mit einem integrierten, kleinräumigen und aktuellen Planungsinformationssystem.

Neue gesetzliche Vorgaben wie die Umsetzung des SGB II erfordern ein neues Planungsverständnis. Die klassische fachplanerische Sozialplanungsmethodik mit der Abfolge „Zielbestimmung – Bestandsaufnahme – Bedarfsermittlung – Umsetzung" stößt bei der Neuorientierung der Arbeitsmarktpolitik an ihre Grenzen. Sozialplanung wird bei der Entwicklung einer lokalen Beschäftigungsstrategie nur dann eine substanzielle Rolle spielen, wenn sie arbeitsmarkt-, wirtschafts- und sozialpolitische Ziele in einen kohärenten Bezugsrahmen bringt.

Eine so verstandene Umsetzung des SGB II geht über einen bloß gesetztechnischen Vollzug hinaus und erfordert im Zusammenwirken der Kommunen und Agentur für Arbeit einen umfassenden Planungs- und Gestaltungsprozess. Das jeweils örtlich ausgehandelte Spektrum an Eingliederungsmaßnahmen hat dann am meisten Erfolg, wenn

- es systematisch an den individuellen Förderbedarfen verschiedener Gruppen ansetzt,
- diese Förderbedarfe in Förderketten zur Entwicklung kontinuierlicher Erwerbsbiografien umgesetzt werden,
- gruppenbezogen und sozialräumlich Prioritäten gesetzt werden und
- ein ausreichendes Angebot an Arbeit, Ausbildung, Arbeitsgelegenheiten und Qualifizierung organisiert wird.

Ein solches koordiniertes Vorgehen ist auch Ziel der von der EU formulierten „Europäischen Beschäftigungsstrategie" (Europäische Kommission 2004). Vorrangige Ziele dieser Strategie sind die Erhöhung der Beschäftigungsquote und der Ausbau einer aktivierenden und präventiven Arbeitsmarktpolitik insbesondere für jugendliche Arbeitslose. Sozialplanung kann analog zur europäischen Beschäftigungsstrategie (und der Verpflichtung für alle EU-Staaten zu Nationalen Aktionsplänen) dazu beitragen, lokale Aktionspläne für Beschäftigung zu entwickeln und implementieren.

Die Sozialplanung kann hier besondere Kompetenzen in die Gestaltung lokaler Arbeitsmarktpolitik einbringen, die sie mit Erfolg in anderen Planungsfeldern zur Anwendung gebracht hat, insbesondere:

- die konzeptionelle Entwicklung eines integrierten Politikmodells (Systembildung),
- die Entwicklung von Indikatorensystemen zur Messung von Integrationserfolgen (Wirkungsanalyse),

- die Organisation offener Lernprozesse als Diskurs im Netzwerk der lokalen Akteure (Lernendes System),
- die Einführung von best practice-Beispielen (Benchmarking),
- die kleinräumige Sozialberichterstattung zur Beobachtung sozialräumlicher Segregationsprozesse (Monitoring).

Sozialplanung hat als Steuerungsinstrument in der Arbeitsmarktpolitik eine strategische Funktion: neben der Optimierung von Job-Centern, Fallmanagement, Profiling und Eingliederungsvereinbarungen ist ein Gesamtkonzept aktiver Arbeitsförderung erforderlich, das die Schaffung und Sicherung von Arbeitsplätzen ins Zentrum rückt.

Sozialplanung stärkt die kommunale Steuerungsfähigkeit in der Arbeitsförderung und bietet ein Gegengewicht zu einer zentral gelenkten Arbeitsverwaltung, um die lokalen gruppenbezogenen und sozialräumlichen Interessen der Kommune in der ARGE angemessen auszutarieren.

Um eine solche steuerungsunterstützende Rolle wahrzunehmen, braucht die kommunale Sozialplanung insgesamt aber noch einen erheblichen professionellen Entwicklungsschub, weil sie sich bundesweit in ihrer Arbeitsfeld- und Organisationsstruktur recht heterogen darstellt und noch unzureichend strategisch und operativ auf das Management der „Grundsicherung für Arbeitssuchende" eingestellt ist.

Sozialplanung muss sich für den SGB II-Umsetzungsprozess neu positionieren, insbesondere für die Leitbildentwicklung, Zielsetzungen, Analyse fachlicher, gruppen- und raumbezogener Entwicklungen und die Umsetzung der geforderten Eingliederungsleistungen in nachhaltige Fachprogramme und Projekte. Im Job-Center Mannheim hat die Geschäftsführung der ARGE das Planungsbüro der Sozialverwaltung von Beginn mit der Wahrnehmung dieser sozialplanerischen Aufgaben betraut.

Sozialplanung kann mit ihrem Erfahrungshintergrund wirkungsvoll zur Systembildung der neuen SGB II-Strukturen beitragen (Job-Center für Erwachsene, Job-Center U25, dezentrale Job-Börsen, Fallmanagement, Eingliederungsvereinbarungen, Monitoring, Evaluation) und dazu, dass sie wie ein „Räderwerk" ineinander greifen.

Sozialplanung kann dabei – neben der Sicht auf die Erwerbsbiografien der SGB II-Kunden und das Eingliederungsspektrum – entscheidende Weichenstellungen in der Organisations- und Personalentwicklung beeinflussen und die notwendige Qualifizierung der neuen Mitarbeitergruppen (PAP, FM) unterstützen.

So ausgerichtet kann Sozialplanung diesen Veränderungsprozess am Arbeitsmarkt weg von der Angebotsplanung hin zu nachfrageorientierter individueller Förderung in Leistungs- und Prozessketten wirkungsvoll unterstützen, wenn es ihr gelingt, zwischen der Einzelfallsteuerung und Systemsteuerung in Netzwerken zu vermitteln und offene Lernprozesse von Verwaltung, Politik, Trägern und Betroffenen zur SGB II-Umsetzung interdisziplinär zu organisieren.

Eine zukunftsfähige und selbstbewusste kommunale Sozialpolitik bringt ihre Sozialplanung in die Umsetzungsverantwortung bei den lokal-regionalen Gestaltungsfragen der Arbeitsmarktpolitik und sorgt damit für eine professionelle Bearbeitung der Schnittstellen zu sozialräumlicher Planung, sozialer Infrastrukturplanung, Wirtschaftsförderung, Stadtplanung, Wohnungspolitik, Gesundheitsförderung und Jugendhilfe in der Kommune. In den zentralen Vorgaben der Bundesagentur für Arbeit für die Umsetzung des SGB II finden solche elementaren Planungsüberlegungen für die lokale Ebene bislang nur einen geringen Niederschlag.

Die Erkenntnis, dass nur eine dezentrale Planung der arbeitsmarktbezogenen und sozialen Integration in den Kommunen zum Erfolg führt, erfordert auch auf Seiten der Bundesagentur für Arbeit den Mut zur Dezentralisierung.

Für eine gemeinsame Integrationsstrategie „auf gleicher Augenhöhe" brauchen die lokalen Arbeitsagenturen die Flexibilität und Handlungsfähigkeit für örtliche Lösungen.

Eine richtungsweisende Entscheidung für mehr lokale Planungskompetenz in den Arbeitsgemeinschaften wäre es, auf der Steuerungsebene jeder ARGE mindestens eine/n Sozialplaner/in anzusiedeln und lokale bzw. regionale Planungskonferenzen einzurichten. Das bisherige zentral organisierte und finanzwirtschaftlich ausgerichtete Controlling der Bundesagentur für Arbeit ersetzt eine solche Planung nicht.

5.2 Arbeitsmarktmonitoring und Wirkungsforschung

Die Arbeitsmarktgesetze Hartz I - IV haben die Arbeitsmarktpolitik und die beschäftigungsorientierte Sozialpolitik völlig neu strukturiert – sowohl für die steuernden Organisationseinheiten, die Beschäftigungsträger und die Kunden. Arbeitsmarktmonitoring und örtliche Eingliederungsbilanzen umfassen nun alle Arbeitssuchenden und alle beruflichen Eingliederungsleistungen. Im Fokus stehen jetzt individuelle Erwerbsbiografien. Fallmanagement und Eingliederungsvereinbarungen richten den Blick auf die individuelle Förderung. Die Übernahme der „Fürsorgelogik“ in das SGB II fördert diesen Prozess der Neugestaltung zu einer biographieorientierten Arbeitsmarktstatistik.

Die neue Arbeitsmarktstatistik nach dem SGB II setzt die systematische Zusammenführung der Informationen zu den einzelnen betreuten Arbeitslosen, erwerbsfähigen Hilfebedürftigen und Bedarfsgemeinschaften voraus. Die notwendigen Rechtsgrundlagen zur Datenerhebung und Datenübermittlung an die Bundesagentur für Arbeit wurden mit den §§ 51 a („Kundennummer“) und 51 b SGB II geschaffen.

Zur Sicherung der Kontinuität, Vollständigkeit, Vergleichbarkeit und Aussagekraft der Arbeitsmarktstatistik unter den veränderten Bedingungen wurde die Bundesagentur für Arbeit in § 53 SGB II beauftragt, die bisherige Arbeitsmarktstatistik nach §§ 280 ff. SGB III unter Einschluss der Grundsicherung für Arbeitsuchende weiter zu führen. Auch die Regelungen des § 11 SGB III zur „Eingliederungsbilanz“ wurden durch § 54 SGB II analog erweitert. In § 55 SGB II wird das Institut für Arbeitsmarkt- und Berufsforschung mit der „Wirkungsforschung“ zum Eingliederungserfolg beauftragt.

Ein leistungsfähiges Monitoring ist für eine systematische Erfassung der Dienstleistungen am Arbeitsmarkt und zur Beobachtung, Analyse und Steuerung der Arbeitsmarktpolitik unabdingbar. Ohne Arbeitsmarktmonitoring ist die Evaluation der Job-Center und Eingliederungsmaßnahmen nach SGB II und SGB III nicht möglich. Der Weg „von der Arbeitsverwaltung zum Beschäftigungsdienstleister“ (Mosley/Schütz/Schmid, 17) erfordert zwingend die Messung der Effizienz und Effektivität von Arbeitsmarktdienstleistungen.

Bei der Arbeitsverwaltung resultiert dies einerseits aus dem eigenen Anspruch als modernes Dienstleistungsunternehmen, anderseits aus der öffentlichen Kritik an der Ineffizienz des eigenen Kerngeschäfts, der Vermittlungstätigkeit. Im Oktober 2001 hatte der Bundesrechnungshof mit der Überprüfung der Vermittlungsstatistik festgestellt, dass ein erheblicher Teil der statistisch registrierten Vermittlungen fehlerhaft war und nur ein geringer Teil der Vermittlungen in reguläre Beschäftigung führt. Dieser „Vermittlungsskandal“ traf die Arbeitsverwaltung ins Mark, deren originäre Aufgabe die effektive und effiziente Integration von Arbeitssuchenden in Arbeit und die transparente Information über ihre Arbeitsmarktpolitik ist.

Effizienz beschreibt dabei das Verhältnis von Inputs wie Personal und Ausgaben zu den Dienstleistungen (Outputs) wie Beratung und Vermittlung. Effektivität bezieht sich auf das Verhältnis von Arbeitsmarktaktivitäten (Outputs) zu Zielen der Organisation und Ergebnissen (Outcome) und beschreibt Wirkungen.

Arbeitsmarktmonitoring ist laufende Erfolgskontrolle mit Bewertung von Zielerreichungsgraden. Für die Steuerung der Arbeitsverwaltung, Arbeitsgemeinschaften und optierenden Kommunen ist dieses Monitoring eine grundlegende Managementaufgabe, in der Praxis ein Beitrag zur Qualitätsverbesserung der Arbeitsmarktstatistik.

Allerdings stößt das zentrale Controlling der BA, das von der Nürnberger Zentrale als „Führungsinformationssystem" zur Kontrolle des Zielerreichungsgrades der geschäftspolitischen Ziele der BA mit wenigen Kennzahlen (Summe der passiven Leistungen, Integrationen, Integrationen U 25, Kosten je Integration) geführt und nach Vorgaben der Zentrale durch die Regionaldirektionen überwacht wird, auf viel Unverständnis und Kritik der ARGEn, weil der unmittelbare Gebrauchswert zur Steuerung in Frage gestellt wird. Die auf diesem mechanistischen zahlenfixierten Steuerungsmodus aufgebauten Zielvereinbarungen haben dann in der Praxis auch nur begrenzten Wert und werden als nivellierend und innovationshemmend für lokale Initiativen und die Selbststeuerung vor Ort wahrgenommen. Oft haben die ARGEn eigene Steuerungssysteme aufgebaut, wo es keine zentralen Vorgaben gibt oder lokale Sonderwege mit viel Kreativität entwickelt wurden. So hat die ARGE Mannheim z. B. für die Zugangssteuerung der Erstantragstelle, das Job-Center Junges Mannheim und ihr dezentrales Job-Börsen-Programm eigene Geschäftsmodelle und ein eigenes Berichtswesen aufgebaut, um bessere Erfolge bei der Arbeitsmarktintegration zu erreichen. Die faktische Erfolgsbilanz auch im interkommunalen Vergleich ist allerdings bis heute im zentralen Controlling der BA nicht angemessen abzubilden.

Das IT-Fachverfahren zur Berechnung und Auszahlung der Leistungen zur Grundsicherung für Arbeitsuchende ist das von BA zentral gesteuerte Programm A2LL (Abkürzung für Arbeitslosengeld II Leistungen zum Lebensunterhalt). Dieses Verfahren liefert die wichtigsten Informationen für die Statistik der Grundsicherung für Arbeitsuchende, im Einzelnen soziodemografische Informationen über die Personen und Bedarfsgemeinschaften, Angaben zu Erwerbssituation/Arbeitslosigkeit, Einkommen, Wohnsituation/Unterkunftskosten, Schul- und Berufsabschlüssen (allerdings mit eingeschränkter Validität), Sanktionen, Leistungen und Dauer des Leistungsbezugs. A2LL war allerdings von Beginn an hoch störanfällig. Zur Aufrechterhaltung des Betriebs mussten oft aufwendige Umgehungslösungen gewählt werden, die erhebliche Arbeitskapazität der Mitarbeiter/innen in den ARGEn gebunden haben. Die Probleme mit der Instabilität der zentralen Software halten bis heute an. Neben A2LL ist für den Beratungs- und Vermittlungsprozess in den Job-Centern und Agenturen für Arbeit das „Vermittlungs-, Beratungs- und Informationssystem" (VerBIS) im Einsatz. Die ARGEn haben kein Wahlrecht zur Anwendung anderer IT-Verfahren, die zugelassenen kommunalen Träger greifen auf Softwareangebote privater Anbieter zurück.

Für Analyse- und Steuerungszwecke stellt die BA seit Anfang 2007den ARGEn monatlich einen sogenannten „operativen Datensatz" mit genauen Personenidentifikatoren als nicht anonymisierten Datensatz zur Verfügung, der allerdings nicht für Statistikzwecke und Veröffentlichungen nutzbar ist und von der BA aus Datenschutzgründen mit einer zeitnahen Löschungspflicht verbunden wird. Die Kommunen erhalten über ihre abgeschotteten Statistikstellen auf Antrag und gegen Bezahlung individuelle Sonderauswertungen, Daten über Arbeitslose, Beschäftigte und Leistungsempfänger in kleinräumiger Gliederung für Städte, ab 2007 einen sogenannten „pseudonymisierten statistischen Einzeldatensatz" gemäß § 53 (6) SGB II und Zugriff auf die sogenannten „Datenwürfel" der BA (Daten und Tabellen für Zwecke der Planungsunterstützung und Sozialberichterstattung).

Mit den neu eingeführten „Integrierten Erwerbsbiographien (IEB)" des Instituts für Arbeitsmarkt- und Berufsforschung (IAB) lassen sich Erwerbsverläufe lückenlos darstellen: Beschäftigungszeiten, Leistungsbezugszeiten, Arbeitslosen- und Arbeitssuchendenzeiten sowie Maßnahmeteilnahmen. Die vier zugrunde liegenden Datenquellen werden hierbei über die BA-Kundennummer und die Versicherungsnummer verknüpft. Das Arbeitsmarktmonitoring erhält damit eine völlig neue Qualität gegenüber der bisherigen Statistik, die sich überwiegend auf Bestandsdaten gestützt hat. Die neue Qualität besteht in der Verfügbarkeit von biografieorientierten Daten. Hinzu kommen Mikrodaten, die sich aus einer systematischen Anwendung des Fallmanagements und der Eingliederungsvereinbarungen ergeben, womit auch Aspekte der Betroffenenbeteiligung in die Berichterstattung einfließen. Die neuen Indikatoren- und Datensatzstrukturen bringen auf alle Fälle Bewegung in die bisherige Arbeitsmarktstatistik.

Eine ausgezeichnete Geschäftsgrundlage für die arbeitsmarktpolitische Steuerung und die vom Gesetzgeber im SGB II eingeführte Wirkungsforschung – für die es noch keine richtige Gebrauchsanweisung gibt – sind auch die „Indikatoren zur Erwerbsbeteiligung", die im Rahmen der sozioökonomischen Berichterstattung entwickelt wurden und einen Beobachtungszeitraum von fünf Jahren umfassen (SOFI u. a., 2004).

Tabelle 9: ***Indikatoren der Erwerbsbeteiligung sozialversicherungspflichtig Beschäftigter nach Geschlecht und Altersgruppen***

Indikator	Definition
Beschäftigungszeit	Gesamte Beschäftigungszeit in 5 Jahren in % (Gruppenmittelwert nach Geschlecht und Altersgruppen)
Betriebswechsel pro Person	Gruppenmittelwert der Betriebswechsel für Personen mit Wechsel
Beschäftigungsverhältnis über 4,5 Jahre	Anteil der Beschäftigungsverhältnisse mit einer Mindestdauer von 4,5 Jahren
Nicht gemeldete Zeiten	Anteil nicht gemeldeter Zeiten an den erfassten Zeiten (Beschäftigung oder Leistungsbezug)
Anteil stabiles Segment	Anteil der 5 Jahre kontinuierlich Beschäftigten
Wechselprobe	Anzahl der Wechsel von Beschäftigung in Leistungsbezug (und umgekehrt)
Vollzeit- / Teilzeitwechsel	Anteil der Personen mit Wechsel von Vollzeit in Teilzeit
Teilzeit- / Vollzeitwechsel	Anteil der Personen mit Wechsel von Teilzeit in Vollzeit

Quelle: SOFI u. a. 2004

Aus Sicht der Kommunen ist hierbei entscheidend, dass sie für die (gemeinsame) Steuerung von Arbeitsmarktdienstleistungen in der ARGE (oder auch bei Nutzung der Option oder getrennter Aufgabenwahrnehmung) vollen Zugriff auf alle bei der BA zentral geführten Daten für ihren örtlichen Zuständigkeitsbereich erhält. Für diesen uneingeschränkten Datenzugang haben sich die Kommunen, die kommunalen Spitzenverbänden und die organisierten Sozialplaner und Statistiker seit dem Start des SGB II eingesetzt, weil ihnen nach Auslaufen des Bundessozialhilfegesetzes zum Jahresende 2004 die zentrale Datenbasis für die kommunale Sozialberichterstattung weggebrochen ist.

Sozialplanung hat für ein qualifiziertes Arbeitsmarktmonitoring mit Gebrauchswert für die Kommune zu sorgen, d. h. für Daten und Indikatoren für eine biographieorientierte, fall-, gruppen- und raumbezogene Analyse und Steuerung der Förderung von Arbeitssuchenden. Aus kommunaler Sicht ist es daher ein gewaltiger Fortschritt, dass das zentrale Verfahren A2LL jetzt auch den Kommunen zur Auswertung zur Verfügung steht und mit dem bundeseinheitlichen Straßenregister hinterlegt wird. Nur so ist die Kontinuität kommunaler Sozialberichterstattung als Geschäftsgrundlage für kommunale Sozialpolitik zu gewährleisten.

Kein anderer Reformprozess wurde in Deutschland bisher so umfassend wissenschaftlich begleitet wie die Arbeitsmarktreformen. Speziell für die Umsetzung des SGB II ist für die Jahre 2006 bis 2008 ein umfassendes Evaluierungsprogramm (Wirkungsforschung zur Experimentierklausel nach § 6 c SGB II aufgelegt worden, das bis Ende 2008 einen systematischen Vergleich der ARGEn und der Optionskommunen liefern soll, welches Modell erfolgreicher ist, u. zw. in Bezug auf vier Untersuchungsfelder:

- Leistungsprozesse und Matching (Heterogenität von Fallmanagement-Typen),
- Governance-Analyse und Leistungsstrukturen (Vergleich der Organisationsmodelle),
- Wirkungs- und Effizienzanalyse der Leistungsprozesse (mikroökonomisch in Bezug auf das Individuum, die Kunden),
- Makroanalyse und regionale Vergleiche (in Bezug auf Arbeitsmarktentwicklung).

Dabei sollen nach Maßgabe des BMAS die drei wesentlichen Ziele des SGB II von der Evaluation berücksichtigt werden: Integration in Erwerbstätigkeit, Erhalt bzw. Verbesserung der Beschäftigungsfähigkeit und soziale Stabilisierung.

Eine aussagefähige Wirkungsforschung in der Arbeitsmarktpolitik ist aus Sicht der Autoren letztlich nur möglich im reibungslosen Zusammenwirken der staatlichen und kommunalen Ebene. Wenn Konsens über die Marschroute der Wirkungsforschung vorhanden ist, lassen sich auch die langfristigen Wirkungen von Eingliederungsmaßnahmen, die Nachhaltigkeit von Integrationen und die dafür erforderliche Qualität von Beratung und Vermittlung besser operationalisieren und messen. Die Interpretation der Ergebnisse dieser Wirkungsforschung gehört dann in einen breiten arbeitsmarktpolitischen Dialog in Politik, Verwaltung und Öffentlichkeit.

5.3 Benchmarking in der Arbeitsförderung

Benchmarking ist „Lernen vom Besten". Als betriebswirtschaftliche Methode hat sie einen systematischen Leistungsvergleich zum Ziel und analysiert die Erfolgsfaktoren für eine „gute Praxis", die eine nachhaltige Verbesserung der Lern- und Leistungsfähigkeit von Institutionen gewährleisten.

Benchmarking hat in der Beschäftigungsförderung in den letzten Jahren Einzug gehalten, besonders befördert durch das von der Bertelsmann Stiftung initiierte Netzwerkprojekt „Beschäftigungsförderung in Kommunen (BiK)" (Hackenberg 2003; Bertelsmann Stiftung 2001) und die internationale Standortbestimmung zum Wirtschafts-

und Sozialstandort Deutschland, zu der die Bertelsmann Stiftung bereits den zweiten Bericht vorgelegt hat (Eichhorst u.a. 2004)

Inhalt des Benchmarking ist ein „Vergleich der Ergebnisse, Strukturen und Prozesse zwischen Organisationen auf der Basis von Kennzahlen, mit dem Ziel des „Lernen vom Besten" und langfristig der Optimierung der eigenen Aufbau- und Ablauforganisationen" (Hackenberg 2003, 49). Benchmarking ist ein dynamischer Prozess, ein stetiger Lernprozess und damit mehr als ein bloßer Vergleich von Kennzahlen. Das BiK-Projekt, das Ende 2001 begann und Mitte 2003 abgeschlossen wurde, hatte mehrere Ziele:

- den Aufbau eines praxisrelevanten Kennzahlen- und Indikatorenzahlen-Kataloges für die Beschäftigungsförderung,
- eine Prozessanalyse zu den Geschäftsfeldern der Beschäftigungsförderung, insbesondere zur Zugangssteuerung (qualitatives Benchmarking),
- Entwicklung eines Leitfadens für das qualitative und quantitative Benchmarking und
- Aufbau eines institutionalisierten Vergleichsrings.

Das BiK-Projekt, an dem 11 Kommunen (u. a. Mannheim) beteiligt waren, hat deutlich gemacht, dass eine entwickelte Benchmarking-Praxis Zeit braucht, weil zunächst überhaupt erst die Voraussetzungen für eine Vergleichbarkeit von Kennzahlen und die Identifizierung von „Benchmarks" geklärt sein müssen. Am Anfang stehen notwendige Begriffsklärungen, was unter Integration, Beratung, Vermittlung, Qualifizierung oder Nachhaltigkeit zu verstehen ist.

„Die Vergleichbarkeit der Daten ist nur über einen längeren Prozess der Datenerhebung, Plausibilitätsprüfung, Modifikation und Präzisierung von Definitionen mit anschließender erneuter Datenerhebung zu erreichen" (Hackenberg 2003, 52). Im BiK-Projekt hat man sich auf folgende Ziele verständigt, die durch einen Katalog steuerungsrelevanter Kennzahlen abgedeckt werden: Integration, Senkung der Transferausgaben, Effizienz der Arbeitsmarktintegration, Herstellung von Beschäftigungsfähigkeit, Amortisation und soziale Integration.

Die folgende Tabelle gibt die Struktur dieses Kennzahlenkataloges wieder:

Tabelle 10: Ziele und Kennzahlen der Beschäftigungsförderung

Ziele	Kennzahlen
Integrationsquote Gesamt	Prozentualer Anteil aller in den allgemeinen Arbeitsmarkt integrierten Personen von allen Personen bzw. mit vorherigem HLU-Bezug
Integrationsquote der Maßnahmen	Prozentualer Anteil aller in den allgemeinen Arbeitsmarkt integrierten Personen aus Maßnahme „x" von allen Personen, die aus der Maßnahme „x" des Berichtsjahres herausgegangen sind
Effizienz der Integration - gesamt	Gesamtkosten (kommunaler Anteil der Gesamtkosten) der im Vergleich erfassten Maßnahmen pro integrierter Person
Effizienz der Integration der Maßnahmen	Gesamtkosten (kommunaler Anteil der Gesamtkosten) der Maßnahme „x" pro integrierter Person aus Maßnahme „x"
Gesamtaufwand der Beschäftigungsförderung	Gesamtausgaben für die kommunale Beschäftigungsförderung pro Sozialhilfeempfänger im erwerbsfähigen Alter bzw. pro Arbeitslosen.

Zur Abbildung der lokalen Rahmenbedingungen wurden so genannte Kontextindikatoren wie die Arbeitslosenquote, Sozialhilfedichte und Bevölkerungsstrukturentwicklung herangezogen. Die eigentlich entscheidende Frage ist hier, mit welchen Mitteln und Methoden, bei welchen Kundengruppen die Beschäftigungsförderung bzw. Arbeitsmarktintegration effektiver und effizienter zu organisieren ist.

Beim qualitativen Benchmarking standen im Vordergrund

- Stärken- und Schwächenprofile der beteiligten Kommunen,
- thematische Schwerpunkte für die Prozessanalyse (z.B. Zugangssteuerung und Hilfeplanung),
- die Entwicklung von Qualitätskennzahlen und ein Leitfaden mit Handlungsempfehlungen für eine „Best practice".

Allein die Teilnahme am Benchmarking-Vergleichsring hat für die beteiligten Kommunen schon dazu geführt, dass sie ihr Controlling für die Beschäftigungsförderung verbessert und mit Wirkungskontrollen hinterlegt haben, die letztlich auch zu einer besseren Legimitation gegenüber der Politik geführt haben.

Die Bertelsmann Stiftung hat dann später die Moderation beim Leistungsvergleich der Optionskommunen übernommen und einen einheitlichen Kennzahlenset für deren

SGB II-Umsetzung entwickelt (Bertelsmann Stiftung 2007). Sie kommt zu dem Schluss, dass die Eingliederungsquoten, Aktivierungsquoten und Sanktionsquoten bei den Optionskommunen relativ niedrig liegen, aber auch dass „ein Vergleich mit den ARGen nicht möglich und auch nicht beabsichtigt" (a.a.O., S. 7) ist.

Mittlerweile haben sich in verschiedenen Ländern oder unter dem Dach von Beratungsunternehmen wie der Kommunalen Gemeinschaftsstelle (KGSt) oder der Fa. Con_sens eine ganze Reihe von SGB II-Benchmarkingkreisen aufgestellt, die neben den Kennzahlenvergleichen vor allem auch ihre unterschiedliche Geschäftspraxis in den Vergleich einbringen.

Ein gut entwickeltes Benchmarking in der Beschäftigungsförderung bzw. Arbeitsmarktpolitik liefert Antworten auf die entscheidenden Fragen: welchen Erfolg haben bestimmte Integrationsstrategien, wie lassen sich Integrationsquoten steigern und Kosten senken, welche Maßnahmen-Portfolios bringen welche Erfolge? Manchmal dient ein solches Benchmarking aber nicht nur der kritischen Reflexion der eigenen Strukturen und Prozesse, sondern löst auch Angst und Verunsicherung im Hinblick auf allzu viel Transparenz für eine hochgradig entwicklungsbedürftige Praxis aus (die Angst vor dem großen „Best practice"-Bruder). Als Steuerungsinstrument ist Benchmarking im Zuge der Reform der Arbeitsmarktpolitik allerdings nicht mehr wegzudenken, sondern wird zunehmend an Bedeutung gewinnen.

Die BA bildet im Steuerungssystem SGB II heute laufend Leistungen der ARGEn ab und vergleicht sie miteinander. Dazu hat das IAB in Analogie zur Typisierung der Arbeitsagenturen mit einer Typenbildung von SGB II-Trägern nach Faktoren, die Einfluss auf die Integrationsquote haben, ein Werkzeug zur Steuerungsunterstützung entwickelt. Ziel war es, Gruppen von SGB II-Trägern mit ähnlichen Arbeitsmarktbedingungen zu identifizieren. Im Jahr 2005 hat das IAB eine erste Typisierung mit 18 Trägertypen erarbeitet, im Jahr 2006 wurde die Typisierung aktualisiert und auf 12 Typen begrenzt (Rüb/Werner 2007). Sie ist Grundlage für den Planungsprozess 2007. Die Klassifikationsmerkmale für die Typisierung sind Arbeitslosenquote, Bevölkerungsdichte, Anteil ausländischer SGB II-Kunden, Saisondynamik, Bruttoinlandsprodukt der Bevölkerung, SGB II-Kundenquote und Pendlerverflechtungen als Umgebungsvariable. „Die sieben ausgewählten Merkmale erklären zusammen 63 % der Unterschiede in den Integrationsquoten der SGB II-Träger" (BA 2007, Seite 71). Diese Regionaltypisierung ist methodisch auf heftige Kritik gestoßen, zum Teil weil wichtige Merkmale wie die Wohn- oder Bildungssituation nicht in die Auswahlkriterien aufgenommen wurden, zum Teil weil die virtuelle Konstruktion der statistischen „nächsten Nachbarn" nichts mit den tatsächlichen Vergleichsmaßstäben der einzelnen ARGEn zu tun hat. Die vergleichen sich in der Praxis viel eher mit ihren tatsächlichen, geografisch benachbarten ARGEn.

Arbeitsämter brauchen mehr Gestaltungsspielraum bei der Budget- und Personalsteuerung. Sie brauchen eine Erweiterung dezentraler Handlungsspielräume – das ist das Ergebnis eines von der Hans-Böckler-Stiftung in den Jahren 2001 bis 2004 durchgeführten Forschungsprojektes mit dem Titel „Effizienzmobilisierung der Arbeitsverwaltung" (vgl. hierzu den Zwischenbericht: Mosley/Schütz/Schmid, 2003) und gilt heute gleichermaßen für die Job-Center. In dem Projekt wurden erhebliche Unterschiede zwischen Arbeitsbelastung der Mitarbeiter/innen und der Effizienz ihrer Arbeit festgestellt, was die Fallzahl, Aktivitäten und Ergebnisse betrifft:

- Im Arbeitslosenbestand gibt es pro Vermittler eine Spanne zwischen 267 in Freising und 580 in Kassel,
- die Spanne bei den Arbeitsberater/innen reicht von 47 pro Teilnehmer/in in Heidelberg bis 145 in Korbach,
- die Übergänge von Arbeitslosen in reguläre Beschäftigung pro Berater und Vermittler reichen von 160 in Bochum bis 371 Personen in Ansbach.

Diese Spannweiten weisen auf erhebliche Unterschiede in der Effizienz der einzelnen Arbeitsämter hin. Die Messung zwischen Personalbestand im Vermittlungsgeschäft und vier Aktivitätskennziffern (Eintritt in subventionierte Beschäftigung, in Weiterbildung, in andere Maßnahmen, Akquise und Bearbeitung offener Stellen) hat ergeben, dass zahlreiche Arbeitsämter nur 60 bis 70% des möglichen Effizienzniveaus erreichen, wenn man sich an den „Benchmarks" orientiert. Die Autoren vermuten, dass die eingeschränkten Spielräume der örtlichen Arbeitsämter für die eigene Arbeitsorganisation und Arbeitsmarktpolitik aufgrund zu vieler einengender Rechts- und Verfahrensvorschriften seitens der Zentrale ausschlaggebend sind. Die Umsetzungsvorschriften für das Organisationsmodell „Arbeitsamt 2000", mit dem die Wirksamkeit, Wirtschaftlichkeit, Kunden- und Mitarbeiterzufriedenheit verbessert werden sollte, haben wohl auch entscheidend dazu beigetragen, dass dieses Ziel bis zur Einsetzung der Hartz-Kommission nicht erreicht wurde.

Kooperation lässt sich nicht verordnen, so lautet ein zentraler Befund aus den MoZArT-Modellprojekten für die Zusammenarbeit der Agenturen für Arbeit und der Kommunen. Die „Chemie" zwischen den verantwortlichen Akteuren auf beiden Seiten muss stimmen, wenn sie auf „gleicher Augenhöhe" zu einer wirkungsvollen Kooperation finden wollen. Verständnis und Respekt gegenüber der „Arbeitsphilosophie" des anderen sind dabei die tragenden Prinzipien und ein offener Lernprozess auf beiden Seiten das maßgebliche Motiv für eine gemeinsame Praxis.

6 Literaturverzeichnis

ARBEITSKREIS BESCHÄFTIGUNGSORIENTIERTES FALLMANAGEMENT, 2004: Beschäftigungsorientiertes Fallmanagement im SGB II – vorläufige Grundkonzeption, Mannheim 2004.

BARTELHEIMER, P./HOBUSCH, T./REIS, C., 2003: Case Management in der Sozialhilfe - Anspruch und Realität, in: Dahm, H. J./Otto, H.-U./Trube, A./Wohlfahrt, N. (Hrsg.): Soziale Arbeit für den aktivierenden Staat, Opladen, S. 309-332.

BECKER, I./HAUSER, R., 2005: Dunkelziffer der Armut. Ausmaß und Ursachen der Nichtinanspruchnahme zustehender Sozialhilfeleistungen, Berlin.

BERTELSMANN STIFTUNG (Hrsg.), 2000: Kooperation statt Konkurrenz. Gütersloh.

BERTELSMANN STIFTUNG (Hrsg.), 2003a: Handbuch Beratung und Integration. Gütersloh.

BERTELSMANN STIFTUNG (Hrsg.), 2003b: Fallmanagement. Curriculum für die gemeinsame Fortbildung von Fachkräften der Arbeitsämter, der Sozialverwaltungen und Dritten. Ein Modellprojekt im Rahmen des Gesamtprojektes "BIK-Beschäftigungsförderung in Kommunen" der Bertelsmann Stiftung, Gütersloh.

BERTELSMANN STIFTUNG (Hrsg.), 2007: Jahresbericht 2006 für das SGB II-Benchmarking der Optionskommunen, Gütersloh.

BERTELSMANN STIFTUNG/BUNDESANSTALT FÜR ARBEIT/DEUTSCHER LANDKREISTAG/DEUTSCHER STÄDTETAG/DEUTSCHER STÄDTE- UND GEMEINDEBUND (Hrsg.), 2003: Steuerung der Arbeitsmarktpolitik: Prinzipien, Methoden, Instrumente, Gütersloh.

BERTELSMANN STIFTUNG/BUNDESANSTALT FÜR ARBEIT/DEUTSCHER LANDKREISTAG/DEUTSCHER STÄDTETAG/ DEUTSCHER STÄDTE- UND GEMEINDEBUND (Hrsg.), 2002: Handbuch Beratung und Integration. Fördern und Fordern. Eingliederungsstrategien in der Beschäftigungsförderung, Gütersloh.

BERTELSMANN STIFTUNG/HANS-BÖCKLER-STIFTUNG/VERBAND FÜR KOMMUNALES MANAGEMENT-KGST (Hg.), 2001: Benchmarking in der lokalen Beschäftigungsförderung. Recherche und Assessment bestehender Benchmarking-Ansätze, Gütersloh.

BERTELSMANN STIFTUNG/HANS-BÖCKLER-STIFTUNG/KOMMUNALE GEMEINSCHAFTSSTELLE (Hrsg.), 2002: Fallmanagement, Produkte der Netzwerkarbeit „Kommunen und lokale Beschäftigungsförderung", Bausteine guter Praxis. Band 14-2, Offenbach.

BOHRKE-PETROVIC, S., 2004: Case Management in der Arbeitsförderung. Redemanuskript auf der Tagung des Diakonischen Werkes Westfalen und Rheinland am 29.01.2004 in Münster "Zukunft des Case Management - Case Management der Zukunft".

BMWA, 2004: Zur Festlegung zur Höhe der Eingliederungsleistungen für Bezieher von Leistungen nach dem SGB II. Endbericht der Arbeitsgruppe „Arbeitslosenhilfe und Sozialhilfe, Berlin.

BRÜLLE, H./REIS, C., 2004: Arbeitsorganisation im Job-Center – Plädoyer für einen Perspektivenwechsel in einer verfahrenen Debatte, Manuskript (download www.verdi.de).

BUNDESAGENTUR FÜR ARBEIT, 2004: Kompendium Aktive Arbeitsmarktpolitik nach dem SGB II, Nürnberg.

BUNDESAGENTUR FÜR ARBEIT, 2007: SGB II. Sozialgesetzbuch Zweites Buch Grundsicherung für Arbeitsuchende. Zahlen, Daten, Fakten. Jahresbericht 2006, Nürnberg.

BUNDESARBEITSGEMEINSCHAFT DER LANDESJUGENDÄMTER (BAG LJÄ), 2004: Job-Center U 25 – Jugendberufshilfe in der Umsetzung der „Hartzgesetze", Stellungnahme vom 16.07.2004, Köln.

BUNDESMINISTERIUM FÜR FAMILIE, SENIOREN, FRAUEN UND JUGEND (BMFSFJ), 2001: Berufsmobilität und Lebensform – Sind berufliche Mobilitätserfordernisse in Zeiten der Globalisierung noch mit Familie vereinbar? Berlin.

BUNDESRECHNUNGSHOF, 2006: Bericht an den Haushaltsausschuss an den Ausschuss für Arbeit und Soziales des Deutschen Bundestages nach § 88 Abs. 2 BHO. Durchführung der Grundsicherung für Arbeitsuchende – Wesentliche Ergebnisse der Prüfungen im Rechtskreis des Zweiten Buches Sozialgesetzbuch, Bonn, 19.05.2006.

BUNDESREGIERUNG, 2007: Bericht über die Höhe des Existenzminimums von Erwachsenen und Kindern für das Jahr 2008 (Sechster Existenzminimumbericht, Berlin.

CMSA – CASE MANAGEMENT SOCIETY OF AMERICA, 1995: Standards of Practice for Case Management, Little Rock.

DEUTSCHE GESELLSCHAFT FÜR EVALUATION (DeGEval) (Hrsg.), 2002: Standards für Evaluation, Köln.

DEUTSCHER VEREIN FÜR ÖFFENTLICHE UND PRIVATE FÜRSORGE (Hrsg.), 2004: Empfehlungen des Deutschen Vereins zu dem Qualitätsstandards für das Fallmanagement, Frankfurt (download www.deutscher-verein.de/stellungnahmen).

EICHHORST, W./THODE, E./WINTER, F., 2004: Benchmarking Deutschland 2004. Arbeitsmarkt und Beschäftigung. Berichte der Bertelsmann Stiftung, Berlin/Heidelberg/New York.

EUROPÄISCHE KOMMISSION, 2004: Europäische Beschäftigungsstrategie, Brüssel.

EVERS, A./SCHULZ, A., 2003: Fallmanagement in der lokalen Arbeitsmarktpolitik - Aufgaben, Potenziale und Probleme. Theorie und Praxis der sozialen Arbeit Nr. 6., S. 23-30.

EWERS, M./SCHAEFFER, D. (Hrsg.), 2000: Case Management in Theorie und Praxis. Bern/Göttingen/Toronto/Seattle.

GENZ, H,/SCHWENDY, A,, 2004: Herzstück der Hartz-Reform: Das Fallmanagement – Werden die Chancen der Arbeitslosen verspielt?, in: Theorie und Praxis der Sozialen Arbeit, Nr 4/2004, 8 – 13.

GESELLSCHAFT EQUAL IN OWL /BERTELSMANN STIFTUNG (Hrsg.), 2004: Fallmanagement in der Beschäftigungsförderung. Qualitätsstandards und Anforderungen an Arbeitsberatung und Arbeitsvermittlung. Dokumentation des Innovationsforums der Entwicklungspartnerschaft EQUAL IN OWL am 12. Mai 2004 in der Stadthalle Bielefeld, 2004.

GESELLSCHAFT FÜR SOZIALE UNTERNEHMENSBERATUNG (GSUB), 2003: Profiling. Neue Eingliederungsstrategien in der Arbeitsvermittlung, Berlin.

HACKENBERG, H. (Hrsg.), 2003: Lokale Arbeitsmarktpolitik-Stand und Perspektiven. Gesamtbericht des Netzwerkprojektes BiK – Beschäftigungsförderung in Kommunen der Bertelsmann Stiftung, Gütersloh: Verlag der Bertelsmann Stiftung.

HÄUSSERMANN, H./KRONAUER, M./SIEBEL, W. (Hrsg.), 2004: An den Rändern der Städte. Armut und Ausgrenzung, Frankfurt am Main.

INFAS-INSTITUT FÜR ANGEWANDTE SOZIALWISSENSCHAFT, 2003: MoZArT-Evaluation. Endbericht, Köln.

INSTITUT FÜR STADTFORSCHUNG UND STRUKTURPOLITIK (IfS), 2004: Zwischenevaluierung des Bund-Länder-Programms „Förderung von Stadtteilen mit besonderem Entwicklungsbedarf – die soziale Stadt", Berlin.

KLIE, T., 2004: Modellprojekt Persönliches Pflegebudget, in: pflegebudget – Meilensteine, Nr. 1/2004 (download www.pflegebudget.de).

KOMMISSION MODERNE DIENSTLEISTUNGEN AM ARBEITSMARKT, 2002: Moderne Dienstleistungen am Arbeitsmarkt. Vorschläge zum Abbau der Arbeitslosigkeit und zur Umstrukturierung der Bundesanstalt für Arbeit, Berlin.

LÖCHERBACH, P., 2002: Qualifizierung im Case Management – Bedarf und Angebote, in: Löcherbach, P./Klug, W./Remmel-Faßbender, R./Wendt, W.-R. (Hrsg.), Case Management: Fall- und Systemsteuerung in Theorie und Praxis, München 2002, 201-226.

LOHEIDE, M., 2004: Dialog Diakonie und Wissenschaft. Zukunft des Case Management – Case Management der Zukunft. Tagung des Diakonischen Werkes Westfalen und Rheinland am 29.01.2004 in Münster.

MINISTERIUM FÜR WIRTSCHAFT UND ARBEIT DES LANDES NORDRHEIN-WESTFALEN (Hrsg.), 2003: Case Management. Theorie und Praxis. Frankfurt/M.

MINISTERIUM FÜR WIRTSCHAFT UND ARBEIT DES LANDES NORDRHEIN-WESTFALEN (Hrsg.), 2003: Job-Center. Organisation und Methodik, Düsseldorf.

MÖLLER, A.-M./BORNHOLM, A./STÖCKEN, G., 2004: Nur Zusammenarbeit zwischen Arbeits- und Sozialverwaltung sichert den Erfolg – Kieler Modell, in: Theorie und Praxis der Sozialen Arbeit, Nr. 4/2004, 13-19.

MOSLEY, H./SCHÜTZ, H./SCHMID, G., 2003: Effizienz der Arbeitsämter. Leistungsvergleich und Reformpraxis, Berlin.

REIS, C., 2002: Case Management in der Sozialhilfe – Grundlagen und Rahmenbedingungen, Typoskript.

RUDOLPH, H., 2003: Profiling – ein neuer Weg zur Vermittlung. Theorie und Praxis der sozialen Arbeit Nr. 6/2003, S. 14-21.

RÜB, F./WERNER, D., 2007: Typisierung von SGB II-Trägern, IAB-Forschungsbericht Nr. 1/2007, Nürnberg.

SCHMID, G., 2001: Die Zukunft der Erwerbsarbeit, WZB Juni 2001.

SOFI/IAB/INIFES/ISF (Hrsg.), 2004 : Berichterstattung zur sozio-ökonomischen Entwicklung in Deutschland – Arbeit und Lebensweisen, Erster Bericht, Göttingen (im Erscheinen).

WENDT, W.-R., 2001: Case Management im Sozial- und Gesundheitswesen. Eine Einführung, Freiburg.

WERNER, W., 2007: Sozialplanung, in: Deutscher Verein für öffentliche und private Fürsorge (Hg.); Fachlexikon Soziale Arbeit, Baden-Baden.

Christian Scheller

Arbeitsvermittlung, Profiling und Matching

Summary

Im vierten Abschnitt „Arbeitsvermittlung, Profiling und Matching" werden zunächst der Vermittlungsbegriff und damit verbundene Prozesse allgemein dargestellt. Danach erfolgt die Betrachtung der Arbeitsvermittlung aus dem Blickwinkel der verschiedenen Akteure am Markt für Vermittlung und Beschäftigung. Dazu zählen die staatlichen Einrichtungen, die im Auftrag von staatlichen Einrichtungen tätigen, gemeinnützige sowie private Arbeitsvermittler. Dabei wird auch auf rechtliche Rahmenbedingungen nach dem dritten und zweiten Sozialgesetzbuch eingegangen.
Dem Profiling als eines der wichtigsten Instrumente bei Beratung und Vermittlung gilt dabei ein besonderes Augenmerk. Es ist der Ausgangspunkt für alle weiteren Aktivitäten und Vereinbarungen zwischen dem Vermittler und seinen Kunden.

Aufgrund der hohen Erwartungshaltung von Wirtschaft, Gesellschaft und Politik an die Erfolge der Vermittlung wurde in der zweiten Auflage des Buches noch ein Kapitel hinzugefügt, das sich insbesondere den Vermittlern bzw. ihrem Berufsbild annimmt. Für den erfolgreichen Arbeitsmarktausgleich bedarf es gut qualifizierten Personals. Eine einheitliche und vor allen hochwertige Aus- und Weiterbildung kann nur aus einem allgemein anerkannten und vor allen Dingen verbindlichen Berufsprofil abgeleitet werden. Zudem erscheint eine intensive Zusammenarbeit aller Vermittlungsakteure eine weitere Grundlage für den Vermittlungserfolg zu sein. Berufsbild, Qualifizierung und Networking bestimmen daher das Kapitel 6 dieses Abschnitts.

1 Grundlagen der Arbeitsvermittlung

1.1 Überblick über den Arbeitsvermittlungsmarkt in Deutschland

Lange Zeit war Arbeitsvermittlung nur durch die damalige Bundesanstalt für Arbeit möglich[9]. Private Vermittler benötigten später die Erteilung einer Erlaubnis durch die jeweils zuständigen Aufsichtsbehörden in Gestalt der Landesarbeitsämter, die mit umfangreichen Prüfungen und Auflagen verbunden war. Seit dem 23. April 2002 bedarf die private Arbeitsvermittlung nicht mehr einer behördlichen Erlaubnis (Mayer, 2004). Eine einfache Gewerbeanmeldung ist ausreichend, um als privater Vermittler tätig werden zu können. Die Liberalisierung dieses Marktes ist mittlerweile soweit fortgeschritten, dass die Bundesagentur für Arbeit private Vermittler in ihrem Auftrag arbeiten lässt (sog. Vermittlung durch Dritte) oder gar den Vermittlungserfolg bei der Integration bestimmter Personengruppen durch private Arbeitsvermittler in Form einer Prämie honoriert. Auch in ihrem klassischen Aufgabenfeld - der Vermittlung arbeitsloser Leistungsbezieher - teilt sie sich mittlerweile das Feld mit den kommunalen Trägern, mit denen sie entweder gemeinschaftlich Vermittlungsdienstleistungen zu erbringen hat oder völlig von den 69 sogen. Optionskommunen abgelöst wurde.

Die kontinuierlich steigende Zahl derer, die in ihrer Erwerbsbiographie von Arbeitslosigkeit betroffen sind, die im europäischen Vergleich überdurchschnittlich hohe Zahl von Personen, die länger als 12 Monate arbeitslos sind und natürlich die ständig steigenden Kosten der Arbeitslosigkeit werden dazu beigetragen haben, die staatliche Monopolstellung aufzugeben und auf eine Vielzahl von Akteuren zu setzen, die gemeinsam, aber mit unterschiedlichen Sichtweisen und Vermittlungskonzepten an das Problem der Arbeitslosigkeit herangehen.

Will man sich einen Überblick über den Vermittlungsmarkt in Deutschland verschaffen, so wird man überrascht sein, wie facettenreich sich die Vermittlerlandschaft nach etwas mehr als zehn Jahren nach dem Fall des Vermittlungsmonopols der Bundesagentur darstellt. Eine Systematisierung soll trotzdem versucht werden.

Neben einer allgemeinen Betrachtung des Vermittlungsbegriffs und mit der Vermittlung verbundener Prozesse im ersten Kapitel dieses Abschnitts werden in den darauf

9 http://www.bpv-info.de/bpv/main.php; 23.10.2004

folgenden diese Begriffe und damit verbundene Aufgaben aus der Perspektive der einzelnen Akteure am Markt für Vermittlung und Personaldienstleistungen betrachtet.

Abbildung 25: Akteure am Markt für Arbeitsvermittlung in Deutschland

Staatliche Einrichtungen	Für staatliche Einrichtungen tätig	Nicht-kommerziell / gemeinnützig	Privatwirt-schaftlich orientiert
Bundesagentur für Arbeit (BA)	Systempartner der BA (Dritte)	Kammern / Verbände	Private Vermittler
Arbeitsgemein-schaften	Personal-serviceagen-turen (PSA)	Hochschulen	Personalberater / Headhunter
Kommunale Einrichtungen	Bildungs- und Maßnahme-träger	Kirchen / gemeinnützige Träger	Zeitarbeit
Berufsför-derungsdienst der Bundeswehr	Integrations-fachdienste		Online-Jobbörsen
Integrations-ämter			

Zur Differenzierung werden nachfolgend staatliche Einrichtungen, die im Rahmen eines gesetzlichen Auftrages Vermittlung als soziale Leistung betreiben und dabei hoheitlich handeln von gemeinnützigen nicht-staatlichen sowie privatwirtschaftlichen Vermittlungseinrichtungen unterschieden. Die einzelnen Akteure sind in der zuvor abgebildeten Graphik dargestellt.

Neben einer größeren Vielfalt an Konzepten und entsprechenden Methoden ergeben sich aus der steigenden Zahl der Anbieter von Vermittlungsdienstleistungen aber auch neue Herausforderungen. Da alle Akteure am gemeinsamen Ziel eines rascheren Arbeitsmarktausgleichs arbeiten, sind neue Formen der Kooperation einzelner Einrichtung erforderlich. Die dafür notwendigen Voraussetzungen sind Schwerpunkt des letzten Kapitels dieses Abschnitts.

1.2 Begriff

Der Vermittlungs- oder Maklerbegriff findet sich in vielen Branchen und ist oft stark reglementiert. So beispielsweise auch im Wohnungsgewerbe, wie der nachfolgende Ausschnitt aus dem Gesetz zur Regelung der Wohnungsvermittlung (WoVermittG) verdeutlicht:

- *§ 1 (1) Wohnungsvermittler im Sinne dieses Gesetzes ist, wer den Abschluss von Mietverträgen über Wohnräume vermittelt oder die Gelegenheit zum Abschluss von Mietverträgen über Wohnräume nachweist.*
- *§ 1 (3) Die Vorschriften dieses Gesetzes gelten nicht für die Vermittlung oder den Nachweis der Gelegenheit zum Abschluss von Mietverträgen über Wohnräume im Fremdenverkehr.*
- *§ 2 (1) Ein Anspruch auf Entgelt für die Vermittlung oder den Nachweis der Gelegenheit zum Abschluss von Mietverträgen über Wohnräume steht dem Wohnungsvermittler nur zu, wenn infolge seiner Vermittlung oder infolge seines Nachweises ein Mietvertrag zustande kommt.*

Allgemein lässt sich feststellen, dass immer, wenn Angebot und Nachfrage nicht von allein oder nur sehr langsam zueinander finden und ein Dritter den Ausgleich zwischen diesen herstellt oder zumindest zur Beschleunigung dieses Prozesses beiträgt, von Vermittlung gesprochen werden kann. Der Versicherungsmakler, der Wohnungsmakler oder der klassische Handelsvertreter sind nichts weiter als (Ver)Mittler zwischen Angebot und Nachfrage. Ihre Tätigkeit wird letztendlich aufgrund des unvollkommenen Marktausgleichs erforderlich.

Vermittlung bietet daher Lösungen zur Überwindung von Hemmnissen, die für den unvollkommenen bzw. zu langsamen Ausgleich zwischen den Marktpolen verantwortlich sind. Allgemein können diese Hemmnisse für alle Märkte wie folgt klassifiziert werden:

- Unvollständige Kenntnisse über die jeweils andere Marktseite,
- Unvollständige Kenntnisse über das eigene Angebot und die damit verbundenen Erwartungen an die andere Marktseite,
- Mangelnde Flexibilität einer oder beider Marktseiten,
- Fehlerhafte oder zu langsame Ausgleichsprozesse,
- Rahmenbedingungen, die den Ausgleichsprozess erschweren,

- Eine Markseite verändert sich schneller als die andere sich anzupassen vermag.

Die nachfolgende Abbildung verdeutlicht das Marktausgleichsproblem.

Abbildung 26: Vermittlung als Ausgleich zwischen den Marktpolen

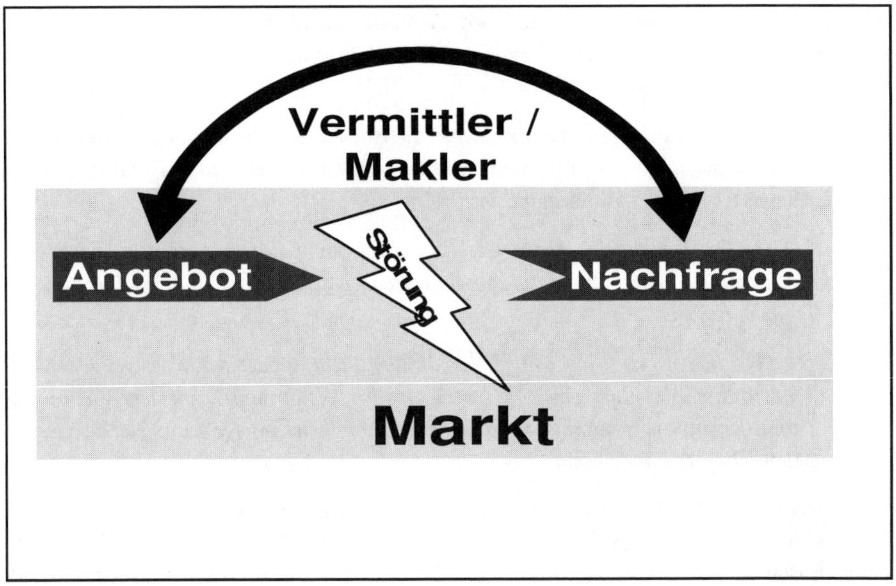

Die Arbeitsvermittlung trägt folglich dazu bei, die beiden Pole auf dem Markt für Arbeit und Beschäftigung, nämlich das Angebot an Arbeitskräften und die Nachfrage nach diesen zu verbinden.

Diese sehr allgemeine Definition soll nachfolgend weiter konkretisiert werden, indem der Vermittlungsbegriff aus dem Blickwinkel der unterschiedlichen Akteure betrachtet wird.

1.3 Arbeitsvermittlung als Prozess

Das Ergebnis des Vermittlungsprozesses ist die erfolgreiche Zusammenführung von Bewerbern- und Stellen- bzw. Arbeitgeberseite, die Vermittlung. Folglich sind auf beiden Seiten bestimmte Arbeitsschritte systematisch auszuführen. Diese Prozesse finden sowohl auf der Bewerber- als auch auf der Stellenseite statt.

➔ *Bewerberseite*

Bei der Aufnahme eines neuen Vermittlungsfalls benötigt der Arbeitsvermittler zuerst Informationen, um die weitere Vorgehensweise festlegen zu können. Diese Informationen beziehen sich auf die Person des Bewerbers, den Arbeitsmarkt und natürlich auf die angestrebte Vorgehensweise bzw. die zum Einsatz kommenden Methoden.

Bei der Analyse des Bewerbers sind im **ersten** Schritt folgende Grundfragen zu klären:

- **Wer ist der Bewerber?** An dieser Stelle geht es insbesondere um soziale und soziokulturelle Betrachtungsweisen, die die Persönlichkeit eines Bewerbers prägen. Sie haben Einfluss auf die Werthaltung, die Einstellung gegenüber bestimmten Dingen, Personen und Situationen sowie auf das Verhalten. Dieser Aspekt hat unmittelbare Auswirkungen auf das Wollen und das Können des Bewerbers.
- **Was kann der Bewerber?** Die Frage des Könnens bezieht sich sowohl auf fachlich nachweisbare Qualifikationen, wie Zeugnisse, Diplome und Bescheinigungen – aber auch auf nicht nachweislich im Verlauf der Erwerbsbiographie erworbene Fertigkeiten, Kenntnisse, Fähigkeiten und Talente. Auch schwerer zu messende soziale und emotionale Faktoren sind an dieser Stelle zu ermitteln.
- **Was will der Bewerber?** Nicht alles, was der Bewerber kann, will er auch. Eine Vermittlungsstrategie, die die Ziele und Wünsche eines Bewerbers unberücksichtigt lässt, wird langfristig scheitern, da der Bewerber bewusst oder unbewusst die Mitarbeit an einem Ziel, das er ablehnt, nicht mit vollem Einsatz unterstützen wird.

Diese drei Aspekte schränken die für den Bewerber in Frage kommenden Möglichkeiten natürlich ein. Die Kenntnis um diese erleichtert dem Vermittler die Arbeit allerdings ungemein, indem er die am besten zum Bewerber passenden Strategien und Instrumente auswählen kann.

Die festgestellten Merkmale des Bewerbers müssen zu den Möglichkeiten des in Frage kommenden Stellenmarktes ins Verhältnis gesetzt werden. Der Arbeitsvermittler sollte nicht nur die Anzahl freier Positionen und deren regionale Verteilung kennen, sondern im Rahmen der qualitativen Analyse auch Anforderungen von Stellen, Arbeitgebern und Branchen untersuchen.

Im Hinblick auf die Methodik sollte der Vermittler in der Lage sein, die für ihn und den Bewerber erforderlichen Informationen zu ermitteln – die im Einzelfall dazu erforderlichen Instrumente und Hilfsmittel kennen und beherrschen (sogen. Methodenkompetenz). Bei der Erhebung der erforderlichen Daten kann er diese selber recherchieren, z.B. im persönlichen Gespräch, der Auswertung von Zeugnissen und anderen

Nachweisen etc. Nicht alle erforderlichen Informationen wird er aus Zeit- und Kostengründen selber erheben können und muss sich auf Daten von Dritten berufen, z.B. bei der bundesweiten Analyse des Stellenmarktes.

Neben der Datenerhebung, muss er geeignete Methoden zur Vermarktung seines Bewerbers zum Einsatz bringen, mit geeigneten Partnern kooperieren und entsprechende Vermittlungstools beherrschen, wie z.B. „eSurf-Telefonbesuch®" (Egle/Bens, 2004, 145ff). Der Vermittlungserfolg ist daher weitgehend abhängig von der Methodenkompetenz des Vermittlers. Wendet dieser falsche oder unvollständige Methoden an, wird die Bewerberseite verfälscht dargestellt so dass Fehl- oder Nichtvermittlung häufig die Folge sind.

Das nachfolgende Schaubild soll dies verdeutlichen. Nur dort, wo Arbeitsmarktnachfrage und die Möglichkeiten des Bewerbers übereinstimmen, kann eine erfolgreiche Vermittlungsstrategie ansetzen (links). Im rechten Teil der Abbildung entspricht die gewählte Vermittlungsstrategie nicht den Möglichkeiten des Bewerbers und trifft auf eine nicht-passende Nachfrage. Ursachen dafür können u.a. eine fehlerhafte bzw. unvollständige Datenerhebung, aber auch die Anwendung einer fehlerhaften Vermittlungsstrategie sein.

Abbildung 27: Zusammenhang Datenerhebung und Vermittlungserfolg

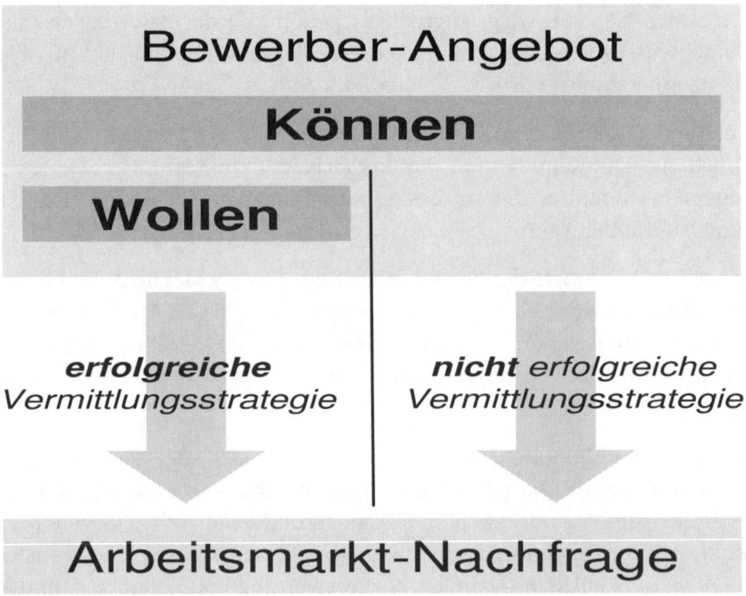

Im **zweiten** Schritt müssen zwischen Vermittler und Bewerber entsprechende Ziele vereinbart werden. Nach ihrem Zielinhalt werden Formal- und Sachziele unterschieden. Sachziele legen fest, was mit der Vermittlung insgesamt erreicht werden soll, z.B. die Vermittlung in einen bestimmten Beruf in einer festgelegten Region. Formalziele konkretisieren die Sachziele, indem sie bestimmen, wie die Sachziele angestrebt und erreicht werden sollen. Dazu setzen sie Rahmenbedingungen und Restriktionen. Beispiele dafür sind:

- Anzahl und Art der Vermittlungsvorschläge durch den Vermittler,
- Anzahl und Art der eigenen Bemühungen des Bewerbers,
- Nutzung bestimmter Quellen bei der Stellensuche durch den Bewerber,
- Mindestanzahl von zu versendenden Bewerbungsunterlagen durch den Bewerber,
- Eintrag in bestimmte Bewerberbörsen,
- Erstellung und Check von Bewerbungsunterlagen,
- Rückmeldung nach bestimmten Aktivitäten oder zu festen Gesprächsterminen,
- Training von Test- und Bewerbungssituationen,
- Sanktionen bei Nichteinhaltung der vereinbarten Ziele.

Solche Ziele müssen um ihrer Wirksamkeit willen neben dem Zielinhalt noch Informationen zum Zielerfüllungsgrad und dem jeweiligen Zeitbezug enthalten. Der Zielerfüllungsgrad unterscheidet das Punktziel, bei dem ein ganz bestimmter Zustand ohne Abweichungen nach oben oder unten erreicht werden muss, das Intervallziel, das einen Zielbereich innerhalb eines begrenzende Minimal- und Maximalpunktes vorgibt und das Richtungsziel ohne Begrenzung durch bestimmte Werte. Beispiele hierfür sind:

- ***Richtungsziel:*** „Steigern Sie die Zahl Ihrer Bewerbungen"
- ***Intervallziel:*** „Sie müssen zwischen 10 und 15 Bewerbungen schreiben"
- ***Punktziel:*** „Legen Sie beim nächsten Gespräch 10 Bewerbungsschreiben vor".

Allerdings sind Ziele ohne Zeitbezug wenig wirksam. So macht es einen Unterschied, ob der Vermittler sich verpflichtet, innerhalb eines Monats eine bestimmte Anzahl an Vermittlungsvorschlägen zuzusenden oder dafür theoretisch unbegrenzt Zeit hat. Daher sind Zeitpunktziele mit einem festen Termin von Zeitraumzielen zu unterscheiden.

Nur durch die genaue Vereinbarung von Zielen zwischen Vermittler und Bewerber kann Vermittlung effizient und wirtschaftlich erfolgen. Grundlage für solche Zielfestschreibungen ist in der privaten Arbeitsvermittlung der Vermittlungsvertrag auf privatrechtlicher Basis und in der öffentlichen Arbeitsvermittlung die so genannte Eingliederungsvereinbarung. Diese Thematik wird noch in den folgenden Kapiteln konkretisiert.

Daneben sind bei der Vereinbarung von Zielen weitere Aspekte zu berücksichtigen. So müssen die vereinbarten Ziele von beiden Seiten akzeptiert und mit Nachdruck verfolgt werden. Dies ist allerdings nur möglich, wenn die Ziele für beide Seiten auch operabel und nicht „zu hoch gesteckt" sind. Daneben sollten Ziele so formuliert sein, dass beide Seiten diese nachvollziehen können und es zu keinen Missverständnissen bei der späteren Interpretation kommt.

Im **dritten** Schritt müssen geeignete Strategien entwickelt werden, mit deren Hilfe Ziele umgesetzt werden. Solche Strategien sind insbesondere im Hinblick bei der Suche nach freien Stellen und potentiellen Arbeitgebern erforderlich (Stellensuchstrategien), aber auch bei der Vermarktung des Bewerbers und seinen Talenten gegenüber dem Arbeitgeber, wie z.B. Talentmarketing-; Bewerbermarketing- und Selbstvermarktungsstrategien (Egle/Bens, 2004, 185ff, 249ff).

In der Arbeitsvermittlung wird an dieser Stelle zwischen aktiven und passiven Strategien unterschieden. Passive Vermittlungsstrategien setzen ihren Schwerpunkt bei Stellensuche und Vermarktung auf die Reaktion auf offiziell ausgeschriebene Stellen; d.h. der Vermittler bzw. der Bewerber reagieren lediglich auf das Handeln von Arbeitgebern, wie z.B. Stellenausschreibungen. Aktive Strategien hingegen setzen auf die Aktivität der Bewerberseite, die sich Arbeitgebern offensiv auch ohne das Vorhandensein offiziell ausgeschriebener Stellen anbietet, um auch das latente Beschäftigungspotential der Unternehmen abzuschöpfen.

Kann für einen Bewerber trotz aller Bemühungen keine entsprechende Nachfrage am Arbeitsmarkt gefunden werden, gilt es, das Angebot auf der Bewerberseite entsprechend zu optimieren, d.h. die Marktchancen zu verbessern und erst nach der erfolgreichen Optimierung Vermittlungsbemühungen einzuleiten. Dazu gehören beispielsweise die Auswahl geeigneter Weiterbildungsangebote oder die Initiierung von Praktika zur Erlangung von Berufserfahrung etc.

In der Realisierungsphase sind die entwickelten Strategien in die Praxis umzusetzen. Wird ein hoher Grad an Eigenaktivität vom Bewerber eingefordert, muss an dieser Stelle auch beachtet werden, dass für diesen entsprechende Unterstützungsangebote und Hilfsangebote bereitstehen. So können beispielsweise eigene Bemühungen in Form von versendeten Bewerbungsmappen nur eingefordert werden, wenn auch sichergestellt ist, dass dem Bewerber bekannt ist, wie eine Bewerbung fehlerfrei zu verfassen ist oder bei der Initiierung von Vorstellungsgesprächen der Bewerber auch hier weiß, wie er sich zu verhalten hat. Auch sind Störungen bei der Umsetzung der Strategie zu beseitigen.

Nach Abschluss der Maßnahmen erfolgt eine Kontrolle, bei der Abweichungen von der der ursprünglichen Zielplanung festgestellt und ggf. durch weitere Maßnahmen korrigiert wird. Neben dieser müssen alle Phasen des Vermittlungprozesses laufend überprüft und sich ändernden Rahmenbedingungen angepasst werden.

Mit der erfolgreichen Vermittlung des Bewerbers in Arbeit ist der Fall abgeschlossen. Bei einigen Zielgruppen gilt es allerdings, den Integrationserfolg langfristig zu sichern. Dies kann durch Integrationsbegleitung bzw. Coaching erfolgen.

Abbildung 28: Arbeitsschritte der Vermittlung auf der Bewerberseite

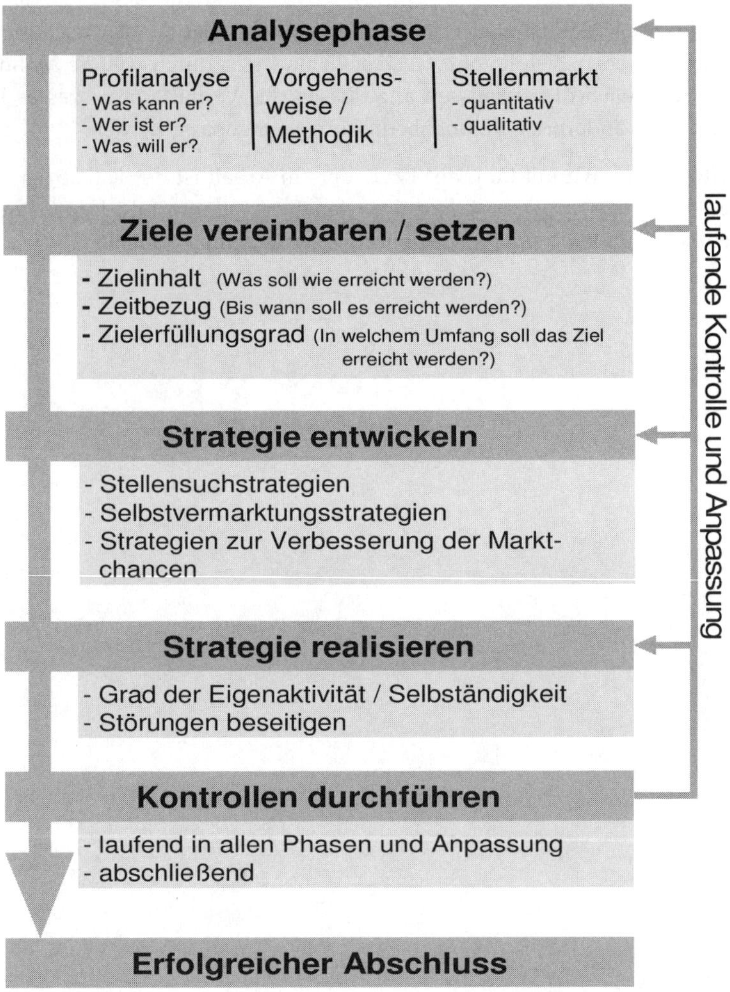

➔ *Arbeitgeberseite*

Der Vermittlungsprozess auf der Arbeitgeberseite ist dem auf der Bewerberseite sehr ähnlich. Im ersten Schritt, der Analysephase, gilt es auch hier, alle für die Bearbeitung der Arbeitgeberseite erforderlichen Informationen zu ermitteln. Dazu zählen ebenfalls Informationen zur methodischen Vorgehensweise und zum Arbeitsmarkt; in diesem Fall wird allerdings die Bewerberseite unter der Fragestellung, ob und wo eine ausreichende Zahl den Anforderungen entsprechender Bewerber zu finden ist, betrachtet. Zu den wichtigsten Teilaufgaben zählt an dieser Stelle die Profilanalyse auf der Unternehmensseite. Folgende Informationen müssen zusammengetragen werden:

- **Informationen über das Unternehmen** (als Ganzes)

  Unternehmen und die mit ihnen verbundenen Beschäftigungsbedingungen, Anforderungen an das Personal sowie damit an die zu vermittelnden Bewerber sind niemals identisch. Betriebliche Eigenheiten, die sich aus der historischen Entwicklung, der Unternehmensphilosophie, Unternehmensgröße, der Markstellung, der Branchenzugehörigkeit und der wirtschaftlichen Lage entwickelt haben, prägen das jeweilige Unternehmensbild. Eine individuell auf das Unternehmen zugeschnittene Vermittlungsarbeit hat solche Strukturen zu berücksichtigen.

- **Informationen über die zu besetzende Stelle**

  Ziel ist die Besetzung einer oder mehrerer Stellen mit den passenden Personen. Dazu werden für jede Stelle detaillierte Informationen unter anderem über Aufgabengebiet / Zuständigkeit, Tätigkeiten, Arbeits- und Hilfsmittel, Verantwortungsbereich und die Stellung in der Hierarchie benötigt. Sie können oft aus dem Stellenplan, bereits vorhandener Stellenausschreibungen, Informationen aus Tarif- und Arbeitsverträgen sowie aus der Befragung von Vorgesetzen und Kollegen gewonnen werden.

- **Anforderungen an den Stelleninhaber**

  Aus den Unternehmens- und Stelleninformationen sowie weitere durch den Arbeitgeber definierte Forderungen lassen sich die Anforderungen an die Bewerber ableiten. Dazu gehören beispielsweise Ausbildung und Berufserfahrung, fachliche Kenntnisse, soziale Kompetenzen, Verhaltens- und Charaktereigenschaften, motivationsbezogene Faktoren, Mobilität und Flexibilität bezogen auf die Lage und Verteilung der Arbeitszeit so wie die regionale und aufgabenbezogene Flexibilität.

- **Leistungen des Unternehmens**

  An dieser Stelle werden die Rahmenbedingungen ermittelt, die den Bewerber und späteren Arbeitnehmer dazu bewegen sollen, für den Arbeitgeber tätig zu werden, wie z.B. Lohn- und finanzielles Anreizsystem, Statussymbole (z.B.

Dienstwagen), Aufstiegs- und Weiterbildungsmöglichkeiten, Führungsstil und Arbeitsklima, Modernität des Produktionsprozesses und der Arbeitsmittel, weitere nichtmonetäre Anreize (z.B. Arbeitszeit, -bedingungen). Aus vermittlerischer Sicht, stellt sich hier die Frage, ob monetäre und nichtmonetäre Anreize ausreichen, um die materielle Zufriedenheit und die aktive Einbringung des Bewerbers in den Betrieb zu erreichen.

Im **zweiten** Schritt sind mit dem Unternehmen Vermittlungsziele zu vereinbaren. Sachziel ist die Besetzung einer bestimmten Stelle mit einer geeigneten Person innerhalb eines bestimmten Zeitraumes. Daneben ist über das Wie, also die damit verbundenen Maßnahmen und das Dienstleistungsangebot des Vermittlers zu verhandeln.

Im **nächsten** Schritt müssen zur Erreichung der angestrebten Ziele geeignete Strategien entwickelt werden. Mit der Hilfe von Rekrutierungsstrategien sollen geeignete Kandidaten aufgespürt, auf das Stellenangebot aufmerksam gemacht und schließlich zur Bewerbung bzw. Meldung beim Arbeitsvermittler animiert werden. Schließlich erfolgen Vorschläge an den Arbeitgeber durch den Vermittler. Das anschließende Auswahlverfahren kann selbständig durch die Personalabteilung des Unternehmens mit oder ohne Beteiligung des Vermittlers erfolgen oder ihm ganz überlassen werden. Auch bei der späteren Personalbindung, in der ein ausgewählter Kandidat arbeitsvertraglich an das Unternehmen gebunden werden soll, kann der Vermittler bei der Aushandlung der Konditionen beteiligt werden. Gleiches gilt für die Phase der Personalintegration, indem der Vermittler beispielsweise am Einarbeitungsplan mitwirkt oder als Coach fungiert.

Bei der **Umsetzung** müssen wie bei der Betreuung von Bewerbern Störungen beseitigt und der Arbeitgeber bei eigenen Aktivitäten ausreichend unterstützt werden.

Die laufende Kontrolle aller Aktivitäten in den einzelnen Phasen stellt sicher, dass rechtzeitig auf sich ändernde Rahmenbedingungen reagiert und bei Fehlentwicklungen gegengesteuert werden kann. So muss bei einer nicht ausreichenden Bewerberzahl über Modifikationen (z.B. Bezahlung und Arbeitsbedingungen) oder über alternative Formen der Personalbeschaffung nachgedacht werden, wie z.B.

- Erweiterung der Beschaffungsmärkte,
- Qualifizierung von Mitarbeitern oder Ausbildung von Nachwuchskräften,
- Neuverteilung der Arbeit innerhalb des Unternehmens,
- Einsatz von Leihkräften,
- Vergabe von Aufträgen nach außen.

Nach Abschluss des Verfahrens erfolgt die **Endkontrolle**. Bei erfolgreicher Vermittlung kann der Fall als abgeschlossen angesehen werden. Waren alle Maßnahmen bis zum Stichtag erfolglos, müssen Ursachen evaluiert werden über ein neues Verfahren nachgedacht werden (sofern der Vermittler den Auftrag erneut erhält).

Abbildung 29: Arbeitsschritte der Vermittlung auf der Arbeitgeberseite

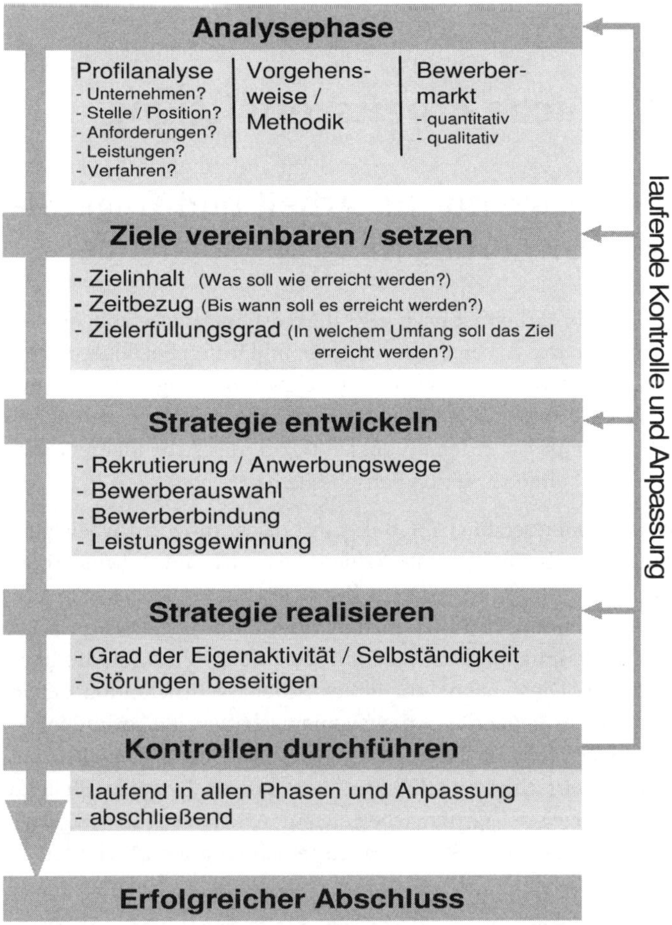

Vergleicht man die vorangegangenen Abbildungen und Texte, so wird deutlich, dass sich die Vermittlungsprozesse auf Bewerber- und Stellenseite stark ähneln. Diese Ähnlichkeit erscheint im Hinblick auf das Ziel, beide Seiten zusammenzuführen als Vorteil und ermöglicht die Zusammenarbeit von Vermittlern, die ihre Schwerpunkte an unterschiedlichen Polen des Arbeitsmarktes gebildet haben, wie z.B. den Personalberatern, die sich verstärkt auf die Arbeitgeberseite konzentrieren und Karriereberatern, die ihren Fokus auf der Bewerberseite haben. Auch die überregionale Vermittlung durch regional ansässige Vermittler wird durch ähnliche Vorgehensweisen und Prozesse vereinfacht, da die Teilergebnisse unterschiedlicher Vermittler zusammengeführt und miteinander verglichen werden können.

2 Staatliche Arbeitsvermittlung

2.1 Bundesagentur für Arbeit und Träger der Grundsicherung für Arbeitsuchende

Die Bundesagentur für Arbeit ist nach § 19 II Erstes Sozialgesetzbuch (SGB I) zuständig für die Leistungen der Arbeitsförderung, die im Dritten Sozialgesetzbuch (SGB III) geregelt sind. Zu diesen zählt auch die Arbeitsvermittlung für Arbeitnehmer und Arbeitgeber[10]. Wollen diese Vermittlungsleistungen in Anspruch nehmen, müssen sie sich an die Arbeitsagentur wenden, in dessen Bezirk der Arbeitnehmer seinen Hauptwohnsitz bzw. der Arbeitgeber seinen Betriebssitz hat[11].

Auch das Zweite Sozialgesetzbuch (SGB II - Grundsicherung für Arbeitsuchende) sieht für erwerbsfähige Hilfebedürftige, die keinen Anspruch auf Arbeitslosengeld haben, Arbeitsvermittlung vor. In § 16 I S. 1 SGB II werden zu den Leistungen zur Eingliederung erwerbsfähiger Hilfebedürftiger auch die Vermittlung nach den Grundsätzen des SGB III gezählt. Zuständig sind die Agentur für Arbeit selbst, Städte und Kreise als kommunale Träger[12]. Diese haben zur einheitlichen Wahrnehmung der ihnen zugedachten Aufgaben so genannte Arbeitsgemeinschaften zu gründen, welche die Betreuung der erwerbsfähigen Hilfeempfänger übernehmen. Daneben hat das Bundesministerium für Wirtschaft und Arbeit 69 kommunale Träger an Stelle der Agenturen für Arbeit als Träger der Grundsicherung für Arbeitsuchende zugelassen; d.h. in diesen Regionen werden vorerst keine Arbeitsgemeinschaften gegründet, da die Kommunen allein zuständig sind[13].

Folgende kommunale Träger haben von dieser Option Gebrauch gemacht und bleiben die nächsten Jahre allein zuständig[14]:

10 § 3 I Nr. 1 und II Nr. 1 SGB III
11 § 327 I u. IV SGB III
12 § 6 SGB II
13 § 6a SGB II
14 Bundesministerium für Wirtschaft und Arbeit: Pressemitteilung vom 27.9.2004

Baden-Württemberg:

- Landkreis Biberach
- Landkreis Bodenseekreis
- Landkreis Ortenaukreis
- Landkreis Tuttlingen
- Landkreis Waldshut

Bayern:

- Stadt Erlangen
- Landkreis Miesbach
- Stadt Schweinfurt
- Landkreis Würzburg

Brandenburg:

- Landkreis Spree-Neiße
- Landkreis Uckermark
- Landkreis Oberhavel
- Landkreis Ostprignitz-Ruppin
- Landkreis Oder-Spree

Hessen:

- Landkreis Main-Kinzig-Kreis
- Stadt Wiesbaden
- Landkreis Main-Taunus-Kreis
- Landkreis Fulda
- Landkreis Odenwaldkreis
- Landkreis Marburg-Biedenkopf
- Landkreis Hochtaunuskreis
- Landkreis Vogelsbergkreis
- Landkreis Hersfeld-Rotenburg
- Landkreis Offenbach

- Landkreis Darmstadt-Dieburg
- Landkreis Bergstraße
- Landkreis Rheingau-Taunus- Kreis

Mecklenburg-Vorpommern:

- Landkreis Ostvorpommern

Niedersachsen:

- Landkreis Osnabrück
- Landkreis Peine
- Landkreis Emsland
- Landkreis Osterode am Harz
- Landkreis Osterholz
- Landkreis Grafschaft Bentheim
- Landkreis Leer
- Landkreis Verden
- Landkreis Oldenburg
- Landkreis Göttingen
- Landkreis Rotenburg
- Landkreis Soltau-Fallingbostel
- Landkreis Ammerland

Nordrhein-Westfalen:

- Stadt Hamm
- Stadt Mülheim a.d. Ruhr
- Landkreis Steinfurt
- Landkreis Coesfeld
- Landkreis Düren
- Landkreis Ennepe-Ruhr-Kreis
- Landkreis Minden-Lübbecke
- Landkreis Hochsauerlandkreis

- Landkreis Kleve
- Landkreis Borken

Rheinland-Pfalz:

- Landkreis Daun
- Landkreis Südwestpfalz

Saarland:

- Landkreis St. Wendel

Sachsen:

- Landkreis Bautzen
- Landkreis Kamenz
- Landkreis Döbeln
- Landkreis Meißen
- Landkreis Muldentalkreis
- Landkreis Löbau-Zittau

Sachsen-Anhalt:

- Landkreis Schönebeck
- Landkreis Wernigerode
- Landkreis Anhalt-Zerbst
- Landkreis Merseburg-Querfurt
- Landkreis Bernburg

Schleswig-Holstein:

- Landkreis Nordfriesland
- Landkreis Schleswig-Flensburg

Thüringen:

- Stadt Jena
- Landkreis Eichsfeld

Arbeitsvermittlung zählt zu den Leistungen der aktiven Arbeitsförderung[15], die grundsätzlich Vorrang vor allen anderen Leistungen der Arbeitsförderung hat[16]; d.h. kann dauerhaft vermittelt werden, kommen andere Leistungen nicht mehr in Frage. Das Vermittlungsangebot darf nicht pauschaliert bzw. undifferenziert bereitgehalten werden[17]. In jedem dem Vermittler vorliegenden Fall sind die Leistungen entsprechend ihrem Zweck und den Erfordernissen des Einzelfalles anzubieten.

2.2 Vermittlungsbegriffe im Rahmen der Arbeitsförderung

Das SGB III versteht unter dem Begriff der Arbeitsvermittlung alle Tätigkeiten, die darauf gerichtet sind, Arbeitssuchende mit Arbeitgebern zur Begründung von Beschäftigungsverhältnissen zusammen zu führen[18].

Auf den ersten Blick erscheint dieses Definition unproblematisch. Die Interpretation, was unter einer Vermittlung zu verstehen ist und wie Vermittlungen nach dieser zu zählen sind, wurden allerdings Anlass für den Vermittlungsskandal im Jahr 2002, der letztendlich ausschlaggebend für zahlreiche weitere Reformen der Arbeitsverwaltung und der Arbeitsförderung war. So wurde der Vermittlungsbegriff von der damaligen Bundesanstalt sehr viel weiter ausgelegt, als von den Prüfern des Bundesrechnungshofes.

Dabei ist diese Definition nicht nur für die Bundesagentur für Arbeit als statistisches Mittel zur Messung des Erfolgs bei der Integration der Kunden relevant – auch Dritte, die im Auftrag der BA tätig werden oder gar Vermittler, die im Rahmen des Gutscheinverfahrens an der Auszahlung einer Erfolgsprämie interessiert sind, müssen bei der Interpretation sehr genau sein, damit sie ihre Ansprüche geltend machen können.

Bei der Auslegung des Vermittlungsbegriffs werden verschiedene Formen der Vermittlung unterschieden.

Die **Ausbildungsvermittlung** ist in ihrer Funktion und ihren Abläufen grundsätzlich dem Begriff der Arbeitsvermittlung zuzuordnen, wird aber in § 35 I S. 2 SGB III begrifflich klar von der Arbeitsvermittlung getrennt und als eigene Aufgabe angesehen. Begründet wird dies mit dem besonderen Personenkreis auf der Arbeitnehmerseite, den Ausbildungssuchenden und dem Ziel, das in der Begründung eines besonderen Beschäftigungsverhältnisses in Form eines Ausbildungsverhältnisses liegt.

15 § 3 IV SGB III
16 § 4 SGB III
17 § 35 II SGB III
18 § 35 I S. 2 SGB III

Unter der **originären Arbeitsvermittlung** wird die Vermittlung in reguläre sozialversicherungspflichtige Beschäftigungsverhältnisse mit einer Dauer von über drei Monaten verstanden. Die Vermittlung in Beschäftigung unter drei Monaten Dauer und/oder in nicht-versicherungspflichtige Beschäftigungsverhältnisse wird als **Jobvermittlung** bezeichnet. Dazu zählt insbesondere die Vermittlung von studentischen Nebenjobs, die Vermittlung von Messekräften, Hafenarbeitern und Hilfskräften auf Märkten sowie von Saisonarbeitnehmern.

Auch die Art und Intensität des Tätigwerdens des Arbeitsvermittlers dienen als Kriterien zur Unterscheidung verschiedener Formen der Vermittlung. So ist der Vermittlungsvorschlag bei der originären Vermittlung unabdingbar. In ihm wird entweder ein bestimmter Arbeitgeber über einen bestimmten Bewerber oder umgekehrt ein festgelegter Bewerber über einen bestimmten Arbeitgeber informiert. Die originäre Vermittlung verlangt ein gezieltes Tätigwerden des Vermittlers auf der Angebots- und Nachfrageseite.

Der Vermittlungsvorschlag sollte, sofern er an den Arbeitsuchenden gerichtet ist, alle wesentlichen Informationen zum Stellenangebot des Arbeitgebers enthalten; ist er an den Arbeitgeber gerichtet, sollte er alle wichtigen Informationen zum Bewerber enthalten. Der Vorschlag erfolgt entweder persönlich im Vermittlungsgespräch, per Telefon, brieflich, per Fax oder auch via E-Mail, neuerdings auch als Kombination von Internet und Telefon[19] (Egle/Bens, 2004, 145ff.). Die jeweils andere Seite erhält im Regelfall eine Information über den an die andere Seite übersandten Vorschlag. Häufig werden beide Seiten gebeten, über die Ergebnisse des Vorschlages Rückmeldung zu geben. Empfänger von Entgeltersatzleistungen sind verpflichtet, die Ergebnisse und ggf. die Gründe für ein Scheitern zu erläutern.

Die allgemeine Bereitstellung von Informationen über freie Stellen oder über entsprechende Bewerber wird nicht dem originären Vermittlungsbegriff zugeordnet, sondern als **allgemeine Unterrichtung** nach § 41 I SGB III verstanden. Der Vermittler wird hier nämlich ausschließlich an einem Pol des Arbeitsmarktes gezielt tätig; in diesem Fall handelt es sich folglich nicht um eine Zusammenführung beider Seiten. Eine Seite informiert sich im Regelfall selbständig anhand der bereitgestellten Informationen und setzt eigene Schwerpunkte. Der allgemeinen Unterrichtung werden beispielsweise folgende Aktivitäten zugeordnet:

- Herausgabe oder Aushang von Listen mit Firmenanschriften oder die Aussprache von Empfehlungen für Initiativbewerbungen an Arbeitsuchende oder die Weitergabe von Listen mit Bewerbern an Arbeitgeber,
- die Empfehlung zur Nutzung bestimmter Quellen für die Stellensuche,

19 Siehe: www.avoi.de

- Bereitstellung von Selbstinformationseinrichtungen, wie z.B. das Berufsinformationszentrum (BIZ) oder das Internetangebot unter www.arbeitsagentur.de mit Stellen- und Bewerberangeboten etc.

Der Erfolg der allgemeinen Unterrichtung lässt sich nur sehr schwer messen, so dass diese Leistung der Arbeitsagenturen nur sehr selten öffentlich wahrgenommen oder honoriert wird.

Daneben unterscheidet die Bundesagentur noch die **offene Vermittlung**, bei der in den Profilen bzw. Vorschlägen die Kontakt- sowie die persönlichen Daten ersichtlich sind und die **halboffene** oder anonyme **Vermittlung** ohne persönliche Informationen im Vermittlungsvorschlag, bei der die Kontaktaufnahme ausschließlich über den Vermittler erfolgt.

2.3 Grundsätze der Arbeitsvermittlung

Die Bundesagentur kann bei der Ausgestaltung der Aufgabe Arbeitsvermittlung viele Freiräume nutzen. Bei der Aufgabenerfüllung ist sie aber an bestimmte Grundsätze gebunden. Diese finden sich unter der Überschrift „Grundsätze der Vermittlung" in § 36 SGB III, aber auch in weiteren Vorschriften des Dritten Sozialgesetzbuches.

➔ *Achtung der Gesetze und der guten Sitten*

Grundsätzlich erfolgt die Vermittlung nur in Beschäftigungsverhältnisse, die nicht gegen gesetzliche Bestimmungen (z.B. im Arbeitsrecht oder Strafrecht etc.) oder die guten Sitten verstoßen[20]. Diese Regelung umfasst auch die Einhaltung tariflicher Regelungen bei Vermittlung an tarifgebundene Arbeitgeber oder bei Tarifverträgen, die als allgemeinverbindlich erklärt wurden. Die Vermittlung hat folglich alle Aufträge vor der Weitergabe zu überprüfen und Stellenangebote, aber auch Vermittlungswünsche, die zur Begründung solcher Beschäftigungsverhältnisse führen würden, abzulehnen.

➔ *Achtung arbeitsrechtlicher Grundsätze*

Ebenso dürfen nach § 36 II S. 1 SGB III bestimmte Anforderungen des Arbeitgebers nicht berücksichtigt werden, die nach allgemeinen arbeitsrechtlichen Grundsätzen keine zulässigen Einstellungskriterien darstellen und/oder zur Diskriminierung bestimmter Personengruppen beitragen würden. Dazu sind insbesondere folgende Einschränkungen zu zählen:

- Einschränkungen des Geschlechts, die das allgemeine Diskriminierungsverbot nach § 611a BGB verletzen würden.
- Einschränkungen hinsichtlich des Alters mit Ausnahme des Rentenalters.

---

20 § 36 I SGB III

- Einschränkungen in Bezug auf den Gesundheitszustand. Hier ist auch das Diskriminierungsverbot behinderter Menschen im Grundgesetz zu beachten[21]
- Auch ausländische Staatsbürger dürfen bei der Vermittlung nicht benachteiligt werden, sofern sie bereits zum deutschen Arbeitsmarkt zugelassen sind (z.B. EU-Arbeitnehmer und Inhaber von Arbeitserlaubnissen). Ansonsten haben deutsche Arbeitnehmer und EU-Arbeitnehmer grundsätzlich Vorrang vor ausländischen Arbeitskräften; d.h. eine Vermittlung ist nicht möglich, sofern vorrangig zu berücksichtigende Arbeitnehmer vermittelt werden können[22].
- Einschränkungen hinschlich des Glaubens[23] - es sei denn, der Arbeitgeber ist eine Religionsgemeinschaft oder eine einer Religionsgemeinschaft zugehörige Einrichtung.
- Einschränkung der Zugehörigkeit zu einer Partei oder Gewerkschaft. Ausnahmen gelten nur, sofern der Arbeitsplatz in einem Tendenzunternehmen oder einem Unternehmen im Sinne des § 118 I S. 1 Betriebsverfassungsgesetz ist und die Art der auszuübenden Tätigkeit eine solche Einschränkung rechtfertigt.

Sind bestimmte Merkmale allerdings für die Ausübung einer bestimmten Tätigkeit unerlässlich, so müssen diese bei der Vermittlung berücksichtig werden. Leitfragen hierzu könnten sein:

- Besteht bei Nicht-Berücksichtigung Gefahr für Arbeitnehmer, Kollegen, Kunden oder andere?
- Können die Arbeitsaufgaben nicht ausgeführt werden, wenn das Merkmal nicht berücksichtigt wird?

➔ *Neutralität und Unparteilichkeit*

Vermittlung in Betriebe, die von Arbeitskämpfen betroffen sind, ist nur möglich, wenn sowohl der betroffene Arbeitgeber als auch der Arbeitnehmer trotz Hinweis auf den Arbeitskampf zugestimmt haben[24].

➔ *Pflicht zur Beratung und Vermittlung*

Vermittlung ist eine Pflichtleistung[25], die niemandem verwehrt werden kann. Jeder darf sich an die für ihn zuständige Arbeitsagentur bzw. als erwerbsfähiger Hilfeemp-

---

21 Art. 3 II GG
22 § 38 Zuwanderungsgesetz
23 Umkehrschluss aus § 36 II S. 2 SGB III
24 § 36 III SGB III
25 § 35 I S. 1 SGB III

fänger an die nach SGB II tätigen Stellen wenden und Vermittlungsleistungen für sich in Anspruch nehmen. Personen, deren berufliche Eingliederung voraussichtlich durch bestimmte individuelle Merkmale oder Umstände erschwert ist, sollen sogar verstärkte vermittlerische Betreuung erhalten[26].

➔ ***Unentgeltlichkeit der Vermittlung***

Vermittlung erfolgt durch die Arbeitsagenturen grundsätzlich für Ratsuchende und Arbeitgeber unentgeltlich[27]. Ausnahmen gelten nur, wenn der Arbeitgeber von der Agentur einen Aufwand verlangt, der den gewöhnlichen Umfang der ansonsten üblichen Vermittlungsbemühungen übersteigt und dieser vorher über die Erstattungspflicht informiert worden ist[28]. Der Arbeitgeber darf sich diese Kosten nicht vom Ratsuchenden ersetzen lassen[29]. Ähnliches gilt für einige Fälle der Auslandsvermittlung[30].

➔ ***Individuelle Beratung und Vermittlung***

Bei der Vermittlung hat die Arbeitsagentur Neigung, Eignung und Leistungsfähigkeit des Stellensuchenden sowie die Anforderungen der angebotenen Stellen zu berücksichtigen[31]. Möglichkeiten und Wünsche des einzelnen Ratsuchenden und die Möglichkeiten des Arbeitsmarktes sind dabei gegeneinander abzuwägen und Vermittlungsbemühungen auf möglichst realistische Eingliederungsziele auszurichten.

➔ ***Beachtung des Datenschutzes***

Die Arbeitsvermittlung hat die Bestimmungen zum Schutz der Sozialdaten im Zweiten Kapitel des Zehnten Sozialgesetzbuches zu beachten. Besondere Regelungen finden sich nochmals im fünften Abschnitt des Dritten Sozialgesetzbuches. Die Bundesagentur darf nach § 394 SGB III Daten nur dann erheben, verarbeiten und nutzen, soweit dies zur Erfüllung ihrer gesetzlich vorgeschriebenen oder zugelassenen Aufgaben erforderlich ist. Sie kann diese im Rahmen ihrer Aufgabenerfüllung in notwendigem Umfang an Dritte übermitteln[32].

Das Dritte Sozialgesetzbuch konkretisiert diese allgemeinen Regelungen im Dritten Kapitel nochmals im Hinblick auf die Vermittlungsaufgabe. So dürfen lediglich nur solche Daten erhoben werden, die ein Arbeitgeber vor Begründung eines Beschäftigungsverhältnisses ebenfalls erfragen darf[33]. Die für die Vermittlung erforderlichen Auskünfte sind durch den Ratsuchenden zu erteilen und ggf. erforderlichen Unterla-

---

26 § 35 I S. 3
27 § 43 I SGB III
28 § 43 II SGB III
29 § 43 IV SGB III
30 § 43 III SGB III
31 § 35 II S. 2 SGB III
32 vgl. § 395 SGB III
33 § 42 I S. 1 SGB III

gen vorzulegen[34]. Im Rahmen der regulären Vermittlungstätigkeit können Arbeitnehmer die Weitergabe ihrer Daten an von ihnen namentlich benannte Arbeitgeber ausschließen. Gleiches gilt entsprechend für Arbeitgeber[35].

Ähnlich wird bei der Einstellung von Daten in Selbstinformationseinrichtungen vorgegangen[36]. Dabei können Stellensuchende die Veröffentlichung ihrer Daten ausschließen oder eine Anonymisierung (s. halboffene Vermittlung) verlangen[37]. Leistungsempfänger hingegen können lediglich auf die Anonymisierung ihrer Daten bei Einstellung in die Selbstinformationseinrichtungen bestehen[38]. Zur Überprüfung der aufgenommenen Daten können die Betroffenen die Zusendung eines Ausdrucks ihrer Daten verlangen[39].

➔ ***Mitwirkung aller Beteiligten***

Der Vermittlungserfolg kann nur durch das Zusammenwirken aller am Vermittlungsprozess beteiligten Akteure erreicht werden. Neben dem Kooperationswillen aus eigenem Antrieb fordert das Dritte Sozialgesetz bestimmte Aktivitäten bzw. Handlungen ein.

Während es vor einigen Jahren noch ausreichte, sich am ersten Tag der Arbeitslosigkeit persönlich bei der Arbeitsagentur zu melden, haben sich Arbeitnehmer gem. § 37 b SGB III so früh wie möglich, d.h. ohne schuldhaftes Zögern, nach Kenntnis über die Beendigung ihres Beschäftigungsverhältnisses bei der zuständigen Arbeitsagentur arbeitsuchend zu melden. Bei befristeten Beschäftigungen muss dies drei Monate vor dem Ende der Beschäftigung erfolgen. Dadurch soll bereits vor Eintritt der Arbeitslosigkeit eine Vermittlungsstrategie erarbeitet und umgesetzt werden können und Arbeitslosigkeit bzw. der Bezug von Entgeltersatzleistungen vermieden werden. Das Unterlassen der rechtzeitigen Meldung, ohne dafür einen ausreichenden wichtigen Grund zu haben, führt bei tatsächlichem Eintritt der Arbeitslosigkeit zu massiven Kürzungen des Arbeitslosengeldes[40]. Das Vermittlungsgesuch wird bis zum angegebenen Ende der Beschäftigung aufrecht erhalten[41]. Danach muss die persönliche Arbeitslosmeldung erfolgen.

Auf die bereits im Punkt „Beachtung des Datenschutzes" beschriebenen Auskunftspflichten soll an dieser Stelle nicht nochmals eingegangen werden. Kommt der Arbeitsuchende seinen Mitwirkungspflichten nicht nach oder bricht er die in der Eingliederungsvereinbarung nach § 35 IV SGB III getroffenen Vereinbarungen, so kann die Arbeitsagentur die Vermittlung einstellen.

---

34 § 38 I S. 1 SGB III
35 § 38 I S. 2 SGB III und § 39 I SGB III
36 § 41 III SGB III
37 § 41 III S. 2 und S. 3 SGB III
38 § 41 III S. 4 SGB III
39 § 41 III S. 5 SGB III
40 § 140 SGB III
41 § 38 IV S. 1 Nr. 4 SGB III

Allgemein ist die Arbeitsvermittlung gem. § 38 IV S. 1 Nr. 1 - 3 SGB III durchzuführen:

- so lange der Arbeitsuchende Entgeltersatzleistungen bei Arbeitslosigkeit beansprucht,
- so lange die Teilnahme an einer Arbeitsbeschaffungsmaßnahme erfolgt,
- sofern der Arbeitssuchende eine ihm nicht zumutbare Beschäftigung aufnimmt, kann das Vermittlungsgesuch bis zu sechs Monaten weitergeführt werden.

In allen anderen Fällen ist sie nach drei Monaten einzustellen, sofern der Arbeitssuchende sein Gesuch nicht erneuert[42].

Auch Arbeitgeber unterliegen Mitwirkungspflichten. Auf die Auskunftspflicht und die Überlassung von Unterlagen wurde bereits im Punkt „Beachtung des Datenschutzes" eingegangen; daher an dieser Stelle dazu keine weiteren Zeilen.

Bietet der Arbeitgeber trotz Hinweis durch die Arbeitsagentur im Vergleich zu anderen Arbeitsplätzen Stellen mit schlechteren, den Ratsuchenden unzumutbaren Arbeitsbedingungen an, so kann die Vermittlung ebenfalls eingestellt werden[43].

Außerdem kann die Arbeitsagentur die Vermittlungstätigkeit einstellen, wenn der Arbeitgeber keine oder unzutreffende Mitteilungen darüber macht, aus welchen Gründen ein vorgeschlagener Bewerber nicht eingestellt wurde und die Vermittlung dadurch erschwert wird[44]. Diese „Rückmeldepflicht" ist nicht nur erforderlich, um vermittlungsunwillige Leistungsempfänger zu sanktionieren, sie dient auch zur Präzisierung weiterer Vermittlungsvorschläge, indem bisherige Ursachen für das Scheitern erfragt und bei den weiteren Bemühungen berücksichtigt werden können. Diesem Zweck entsprechend soll die Arbeitsagentur, dem Arbeitgeber nach spätestens drei Monaten erfolgloser Vermittlungsbemühungen Arbeitsberatung nach § 34 SGB III anbieten, um den Vermittlungs- und Stellenbesetzungsprozess zu optimieren. Wird früher erkennbar, dass es zu Schwierigkeiten bei der Besetzung der Stelle kommt, kann dies auch eher geschehen[45].

Ansonsten können die Vermittlungsbemühungen nach sechs Monaten eingestellt werden, sofern der Arbeitgeber sein Gesuch nicht erneuert[46].

---

42 § 38 IV u. III SGB III
43 § 39 II S. 1 SGB III
44 § 39 II S. 2 SGB III
45 § 40 SGB III
46 § 39 II S. 2 u. 3 SGB III

2.4 Instrumente der Arbeitsvermittlung

Die staatliche Arbeitsvermittlung der Arbeitsagenturen kann jeder Arbeitsuchende und Arbeitgeber in Anspruch nehmen[47]. Für einige Zielgruppen ist die Inanspruchnahme und aktive Mitwirkung am Vermittlungsprozess erforderliche Voraussetzung, um andere Leistungen wie z.B. das Arbeitslosengeld zu beziehen[48].

Das Dritte Sozialgesetzbuch unterscheidet die Zielgruppen bestimmter Leistungen in Arbeitgeber, Arbeitnehmer und Träger. Die Kunden der Arbeitsagentur können gemäß § 3 SGB III und weiterer Vorschriften folgende Leistungen beanspruchen:

➔ ***Arbeitnehmer***

- Berufsberatung sowie Ausbildungs- und Arbeitsvermittlung,
- Leistungen zur Unterstützung von Beratung und Vermittlung,
    - Erstattung von Bewerbungskosten,
    - Erstattung von Reisekosten zu Fahrten zu Vorstellungsgesprächen oder im Rahmen der Vermittlung,
- Ausstellung eines Gutscheins zur Inanspruchnahme eines privaten Arbeitsvermittlers (Vermittlungsgutschein),
- Maßnahmen der Eignungsfeststellung, Trainingsmaßnahmen zur Verbesserung der Eingliederungsaussichten (u.a. betriebliche Praktika),
- Mobilitätshilfen zur Aufnahme einer Beschäftigung,
    - Darlehen zur Überbrückung bis zur ersten Entgeltzahlung (Übergangsbeihilfe),
    - Hilfen zur Beschaffung von Arbeitskleidung und -gerät (Ausrüstungsbeihilfe),
    - bei auswärtiger Arbeitsaufnahme Übernahme der Fahrtkosten bei erstem Arbeitsantritt (Reisekostenbeihilfe),
    - bei auswärtiger Arbeitsaufnahme, die Erstattung erforderlicher Pendelkosten (Fahrtkostenbeihilfe),
    - bei auswärtiger Arbeitsaufnahme die erforderlichen Kosten, sofern am Arbeitsort ein zweiter Haushalt zu führen ist (Trennungskostenbeihilfe),
- Gründungszuschuss zur Aufnahme einer selbständigen Tätigkeit,
- Berufsausbildungsbeihilfe während einer beruflichen Ausbildung oder einer berufsvorbereitenden Bildungsmaßnahme,
- Übernahme der Weiterbildungskosten während der Teilnahme an einer beruflichen Weiterbildung,

---

47 § 35 I SGB III

48 § 119 I u. II SGB III

- als behinderte Menschen allgemeine und zusätzlich besondere Leistungen zur Teilhabe am Arbeitsleben nach diesem und dem Neunten Buch, insbesondere Ausbildungsgeld, Übernahme der Teilnahmekosten und Übergangsgeld,
- Arbeitslosengeld während Arbeitslosigkeit, Teilarbeitslosengeld während Teilarbeitslosigkeit sowie Arbeitslosengeld bei beruflicher Weiterbildung,
- Kurzarbeitergeld bei Arbeitsausfall,
- Insolvenzgeld bei Zahlungsunfähigkeit des Arbeitgebers,
- Wintergeld und Winterausfallgeld in der Bauwirtschaft,
- Transferleistungen.

➔ *Arbeitgeber*

- Arbeitsmarktberatung, die Arbeitgeber bei der Besetzung von Ausbildungs-Arbeitsstellen durch die Erteilung von Auskunft und Rat zu folgenden Themenbereichen unterstützen soll:[49]:
  - Lage und Entwicklung des Arbeitsmarktes und der Berufe,
  - zur Besetzung von Ausbildungs- und Arbeitsplätzen,
  - zur Gestaltung von Arbeitsplätzen, Arbeitsbedingungen und der Arbeitszeit,
  - zur betrieblichen Aus- und Weiterbildung,
  - zur Eingliederung förderungsbedürftiger Auszubildender und Arbeitnehmer,
  - zu Leistungen der Arbeitsförderung,
- Ausbildungs- und Arbeitsvermittlung,
- Zuschüsse zu den Arbeitsentgelten bei Eingliederung von leistungsgeminderten Arbeitnehmern, bei Neugründungen, bei der Förderung der beruflichen Weiterbildung durch Vertretung sowie im Rahmen der Förderung der beruflichen Weiterbildung beschäftigter Arbeitnehmer,
- Zuschüsse zur Ausbildungsvergütung bei Durchführung von Maßnahmen während der betrieblichen Ausbildungszeit sowie weitere Zuschüsse bei behinderten Menschen,
- Erstattung der Praktikumsvergütung.

➔ *Träger von Arbeitsförderungsmaßnahmen*

- Zuschüsse zu zusätzlichen Maßnahmen der betrieblichen Ausbildung,

[49] § 34 SGB III

- Übernahme der Kosten für die Ausbildung in einer außerbetrieblichen Einrichtung und die Beschäftigung begleitenden Eingliederungshilfen sowie Zuschüsse zu den Aktivierungshilfen,
- Darlehen und Zuschüsse für Einrichtungen der beruflichen Aus- oder Weiterbildung oder der beruflichen Rehabilitation sowie für Jugendwohnheime,
- Zuschüsse zu Arbeitsbeschaffungsmaßnahmen,
- Zuschüsse zu Maßnahmen im Rahmen der Förderung der beruflichen Weiterbildung durch Vertretung,
- Zuschüsse zu Arbeiten zur Verbesserung der Infrastruktur.

Diese Instrumente zählen mit Ausnahme von Arbeitslosegeld, Teilarbeitslosengeld und Insolvenzgeld zu den aktiven Leistungen der Arbeitsförderung[50], die Vorrang vor Leistungen zum Ersatz des Arbeitsentgelts haben und den Bezug dieser dauerhaft verkürzen oder vermeiden helfen sollen. Dies gilt insbesondere für das Entstehen von Langzeitarbeitslosigkeit[51].
Mit Ausnahme des Anspruchs auf Beauftragung von Dritten mit der Vermittlung nach sechs Monaten, Überbrückungsgeld, Berufsausbildungsbeihilfe, besondere Leistungen zur Teilhabe am Arbeitsleben, Arbeitslosengeld bei beruflicher Weiterbildung, Kurzarbeitergeld, Wintergeld, Winterausfallgeld und Leistungen zur Förderung der Teilnahme an Transfermaßnahmen sind alle Leistungen der aktiven Arbeitsförderung zugleich auch Ermessensleistungen[52]. Dies bedeutet, dass bei der Entscheidung über Umfang, Höhe und Art der Leistung sowie bei der Festlegung erforderlicher Auflagen der Vermittler innerhalb des von der Norm vorgegebenen Rahmens und der Ziele der Norm unter Beachtung der Erfordernisse des Einzelfalls zu entscheiden hat. Im Zweifelsfall muss er daher auch begründen können, aus welchen Gründen bestimmte Leistungen der aktiven Arbeitsförderung für den einzelnen nicht, nicht in voller Höhe oder in besonderer Form gewährt werden[53].

Auch Empfänger des so genannten Arbeitslosengeld II, für die nicht die Arbeitsagentur, sondern die Arbeitsgemeinschaften bzw. die zugelassenen kommunalen Träger zuständig sind, können Leistungen nach dem SGB III erhalten. Der § 16 I S. 1 SGB II verweist auf die meisten Leistungen der aktiven Arbeitsförderung des Dritten Sozialgesetzbuches. Allerdings hat der Gesetzgeber auch klargestellt, dass die dort aufgeführten Leistungen Ermessensleistungen sind, auch wenn sie im SGB III als Pflichtleistungen geregelt sind[54]. Arbeitsvermittlung gilt allerdings auch hier als Pflichtleistung,

50 § 3 IV SGB III
51 § 5 SGB III
52 § 3 V SGB III
53 § 39 SGB I
54 Bundesagentur für Arbeit [Hrsg]: Kompendium – Aktive Arbeitsmarktpolitik nach dem SGB II; Seite 26; 1. Auflage; Stand September 2004;

die durch die Träger der Grundsicherung anzubieten ist.[55] Eine weitere Ausnahme bilden die Leistungen zur Teilhabe behinderter Menschen. Sie sind Pflichtleistungen, sofern dies auch im SGB III vorgesehen ist[56]. Soweit im SGB II keine abweichenden Regelungen getroffen sind, gelten ansonsten für die Leistungen die Festlegungen des SGB III[57].

Zu den Leistungen des SGB III, die im Rahmen des § 16 I SGB II gewährt werden können, gehören:

- Beratung und Vermittlung als Pflichtleistung (§§ 29 – 40 SGB III),
- Unterstützung der Beratung und Vermittlung (§§ 45 – 47 SGB III),
- Maßnahmen der Eignungsfeststellung und Trainingsmaßnahmen (§§ 48 – 52 SGB III),
- Mobilitätshilfen (§§ 53 – 56 SGB III),
- Förderung der beruflichen Weiterbildung (§§ 77 – 87 SGB III),
- Leistungen zur Teilhabe behinderter Menschen (§§ 97 – 115 SGB III),
- Eingliederungszuschüsse, Einstellungszuschüsse, Förderung der beruflichen Weiterbildung durch Vertretung (§§ 217 ff. SGB III),
- Förderung der Berufsausbildung und beschäftigungsbegleitende Eingliederungshilfen (§ 240 ff. SGB III),
- Arbeitsbeschaffungsmaßnahmen ABM (§ 260 – 271 SGB III) und SAM (§ 279a SGB III),
- Förderung der Weiterbildungskosten beschäftigter Arbeitnehmer (§ 417 SGB III),
- Vermittlungsgutschein (§ 421g SGB III),
- Beauftragung von Trägern mit Eingliederungsmaßnahmen (§ 421i SGB III),
- Sozialversicherungsbeiträge bei Beschäftigung Älterer (§ 421 SGB III),
- Sozialpädagogische Begleitung bei Berufsvorbereitung (§ 421m SGB III)

Daneben sieht das SGB II noch eigene Leistungen vor, die zur Integration von erwerbsfähigen Hilfebedürftigen beitragen sollen, wie die Betreuung minderjähriger oder behinderter Kinder oder die häusliche Pflege von Angehörigen, die Schuldnerberatung, die psychosoziale Betreuung, die Suchtberatung, das Einstiegsgeld nach § 29

[55] § 16 I S. 1 SGB II
[56] § 16 I S. 2 SGB II
[57] § 16 I S. 3 SGB II

SGB II und Leistungen nach dem Altersteilzeitgesetz[58]. Daneben können noch unterschiedliche Formen von Arbeitsgelegenheiten geschaffen werden (z.B. die sozialen 1-€ Plus-Jobs), in denen Hilfeempfänger beschäftigt werden können[59].

2.5 Strukturmerkmale der Arbeitsvermittlung durch die Arbeitsagentur, ARGEN und zugelassene kommunale Träger

Die staatliche Arbeitsvermittlung, wahrgenommen durch die Bundesagentur für Arbeit, Arbeitsgemeinschaften und die zugelassenen kommunalen Träger, können aufgrund der vorangegangenen Ausführungen wie folgt charakterisiert werden[60]. Die Geschäftspolitik der Bundesagentur ist nicht nur von der Gesetzeslage abhängig. Sie wird von Politik, Wirtschaft und Verwaltung durch den Drittelparitätischen Verwaltungsrat beeinflusst und steht im Einfluss der jeweiligen Politik der Bundesregierung[61].

Grundlage ist nicht wie bei privaten Vermittlern ein privatrechtlicher Vertrag, in welchem Dienste und Leistungen vereinbart werden. Diese sind genau durch Gesetz geregelt und werden im Regelfall auf Antrag erbracht. Von dortigen Vorgaben und Rahmenbedingungen kann nur abgewichen werden, wenn dies die jeweilige Norm auch zulässt.

Die Bundesagentur hat allen Arbeitsuchenden Arbeitsvermittlungsdienstleistungen anzubieten und kann sich ihr Klientel selbst nicht auswählen oder Kundengruppen ablehnen, wenn deren Vermittlungsaussichten ungünstig zu beurteilen sind oder ein Engagement für diese Personen wenig lukrativ erscheint. Regional hat sie daher ein dichtes Betreuungsnetz bereit zu stellen. Sie hat jeden in die Arbeitsvermittlung einzubeziehen und Leistungen um die Vermittlung herum zu erbringen, sobald die gesetzlichen Voraussetzungen vorliegen. Dies soll aber nicht dazu führen, dass ein undifferenziertes Angebot bereitgehalten wird. Arbeitsvermittlung muss dem Einzelfall bzw. der jeweiligen Zielgruppe angemessen angeboten werden. Für die einzelnen Zielgruppen hat die Bundesagentur besondere Dienste eingerichtet, die bei den Vermittlungsbemühungen unterstützend tätig werden.

Auf der Bewerberseite besteht wiederum bei bestimmten Personengruppen eine Pflicht zur Inanspruchnahme der Leistungen der Arbeitsförderung, da dies z.B. Voraussetzung für die Zahlung von Entgeltersatzleistungen darstellt. Bei regelwidrigem Verhalten kann die staatliche Arbeitsverwaltung gar zu Sanktionen, wie Sperr- oder Säumniszeiten greifen.

---

58 § 16 II SGB II

59 § 16 III SGB II

60 Andere Stellen, die staatliche Arbeitsvermittlung durchführen wurden hier nicht berücksichtigt.

61 § 1 I SGB III

Die Arbeitsverwaltung kann Alternativen schaffen, wenn Vermittlung in den ersten Arbeitsmarkt nicht möglich ist oder durch bestimmte Maßnahmen die Vermittlungsfähigkeit des einzelnen verbessern. Sie übernimmt dabei oft die Kosten oder gleicht entstehende Nachteile bzw. Aufwendungen finanziell aus. Arbeitsvermittlung durch die Bundesagentur, die Arbeitsgemeinschaften und die zugelassenen kommunalen Träger erfolgt im Regelfall kostenlos und finanziert sich hauptsächlich aus den Beiträgen zu Arbeitslosenversicherung, Umlagen und Zuschüssen. Eine Einzelabgeltung der Leistungen erfolgt daher nicht. Dadurch ist der Zusammenhang zwischen Leistungen und Kosten nur sehr schwer zu ermitteln.

2.6 Der Berufsförderungsdienst der Bundeswehr

Mit der im Soldatenversorgungsgesetz (SVG) verankerten Berufsförderung wurde für aus dem Militärdienst ausscheidende Zeitsoldaten eine umfangreiche Vorsorge getroffen, die ein differenziertes System zur Förderung der zivilberuflichen Bildung und Eingliederung bereithält. Verantwortlicher Träger ist der Berufsförderungsdienst der Bundeswehr mit über 1000 Mitarbeitern an 22 Standorten. Im Rahmen des Soldatenversorgungsgesetzes erbringt er folgende Leistungen[62]:

- Beratung der Soldaten in Fragen der beruflichen Bildung und Eingliederung,
- Berufliche Bildung während der Wehrdienstzeit,
- Schulische und berufliche Bildung am Ende und nach der Wehrdienstzeit und
- Hilfen zur Eingliederung in das zivile Berufsleben

Zu den Leistungen der Eingliederung zählt auch die Arbeitsvermittlung und die Einrichtung besonderer Stellenbörsen. Die Vermittlung kann durch weitere Hilfen, z.B. Lohnkostenzuschüsse für Arbeitgeber; Fahrtkostenbeihilfen etc. unterstützt werden[63]. Leistungen rund um die Arbeitsvermittlung und zur Verbesserung der Integrations- und Vermittlungschancen werden als besondere Leistungen zur Eingliederung in das zivile Erwerbsleben bezeichnet und können durch den BFD an die ausscheidenden Soldaten gewährt werden[64]:

- Arbeitsvermittlung über die Stellenbörsen des Berufsförderungsdienstes in Kooperation mit der Bundesagentur,

62 BFD [Hrsg.]: Berufsförderung – Leistungsbilanz des Berufsförderungsdienstes 2003; Broschur

63 S. 7 ebenda

64 Bundesamt für Wehrverwaltung [Hrsg]: Berufsförderung für Soldaten auf Zeit und BO41; Bonn 01.08.2004

- Zuschuss zu den Kosten für Vorstellungsreisen (Vorstellungsgespräche und Einstellungstests), sofern diese vom Arbeitgeber nicht übernommen werden,
- Zahlung eines Einarbeitungszuschusses für das erste Arbeitsverhältnis nach Ende der Dienstzeit an den Arbeitgeber, sofern beim Widereinstieg in das zivile Erwerbsleben die volle Leistungsfähigkeit noch nicht erreicht werden kann,
- Bescheinigung über die berufsnahe Verwendung, in der auf Antrag der BFD die militärische Verwendung auf zivilberufliche Vergleichbarkeit prüft, damit an Prüfungen der IHK und anderen Stellen, die solche voraussetzen, teilgenommen werden kann und
- ganz oder teilweise Erstattung der Kosten für die Umschreibung militärischer Berechtigungen in zivile Erlaubnisse, die bei der Berufsausübung benötigt werden.

Zwischen dem Bundesministerium für Verteidigung und der Bundesagentur wurde 1987 folgende Kooperationsvereinbarung geschlossen, welche die Zusammenarbeit zwischen beiden Einrichtungen als gleichberechtigte Partner im Rahmen der Vermittlung verbessern soll[65]:

Rahmenvereinbarung zwischen dem Bundesminister der Verteidigung und der Bundesanstalt für Arbeit über die Zusammenarbeit bei der Eingliederung von Soldaten auf Zeit in das zivile Berufsleben

Die Eingliederung von Soldaten auf Zeit nach mehrjähriger Verpflichtungszeit in das zivile Berufsleben ist eine wichtige gesellschaftspolitische Aufgabe. Sie ist Ausdruck der Verantwortung für den einzelnen Soldaten. Gleichzeitig ist sie eine entscheidende Voraussetzung für die Erhaltung der Attraktivität des Dienstes in den Streitkräften und damit für die Bereitschaft, sich als Soldat auf Zeit zu verpflichten. Übergangsproblemen muss daher mit allen verfügbaren Hilfen begegnet werden. Zu diesem Zweck schließen der Bundesminister der Verteidigung und die Bundesanstalt für Arbeit folgende Rahmenvereinbarung:

1. Zur besseren Vermittlung ausscheidender Soldaten auf Zeit in Arbeit kooperieren die Bundesanstalt für Arbeit und der Berufsförderungsdienst der Bundeswehr künftig noch enger. Es gilt, diesen Soldaten die Möglichkeit des Arbeitsmarktes besser zu erschließen und sie entsprechend den im Truppendienst und über den Berufsförderungsdienst erworbenen Qualifikationen, Kenntnissen und Fähigkeiten in Wirtschaft und Verwaltung einzugliedern.
2. Bei den sechs Wehrbereichsverwaltungen - Dezernat Berufsförderungsdienst - werden die organisatorischen Voraussetzungen für eine unmittelbare umfassende vermittlerische Betreuung ausscheidender Soldaten auf Zeit geschaffen.

65 http://www.bfd.bundeswehr.de/bfd/viewinfo.jsp?idx=0; 09. Oktober 2004; 19.04 Uhr

3. Der Berufsförderungsdienst nimmt Bewerbungen und ihm zugehende Stellenangebote nach den für die Durchführung der Arbeitsvermittlung maßgeblichen Kriterien entgegen. In diesen Aufgaben werden die Mitarbeiter der Berufsförderungsdienste durch die Bundesanstalt für Arbeit besonders eingewiesen.
4. Die Bundesanstalt für Arbeit nimmt den umfassenden Vermittlungsausgleich vor. Ein Arbeitsvermittler der Bundesanstalt führt in bestimmten Zeitabständen die Vermittlung unmittelbar in den Wehrbereichsverwaltungen durch.
5. Einzelheiten regeln der Bundesminister der Verteidigung und die Bundesanstalt für Arbeit im gegenseitigen Einvernehmen.

Nürnberg, den 30. Juni 1987

2.7 Integrationsämter als Auftraggeber für Vermittlungsdienstleistungen

Die **Begleitende Hilfe** im Arbeitsleben ist Aufgabe der Integrationsämter[66]. Sie sollen dahin wirken, dass schwerbehinderte Menschen in ihrer sozialen Stellung nicht absinken, auf Arbeitsplätzen beschäftigt werden, auf denen sie ihre Fähigkeiten und Kenntnisse voll verwerten und weiterentwickeln können, durch Leistungen der Rehabilitationsträger und Maßnahmen der Arbeitgeber befähigt werden, sich am Arbeitsplatz und im Wettbewerb mit nicht behinderten Menschen zu behaupten. Die Finanzierung erfolgt aus den Mitteln der Ausgleichsabgabe.

Unabhängig davon, ob Maßnahmen der medizinischen und beruflichen Rehabilitation vorausgegangen sind, umfasst die Begleitende Hilfe im Arbeitsleben alle Maßnahmen und Leistungen, die erforderlich sind, um dem schwerbehinderten Menschen die Teilhabe im Arbeitsleben und damit in der Gesellschaft zu sichern und Kündigungen zu vermeiden[67]. Der Schwerpunkt der Integrationsämter liegt aber weitgehend in der Beratung und der Zahlung finanzieller Hilfen. Die reine Arbeitsvermittlung wurde weitgehend an Dritte, die sogenannten Integrationsfachdienste übergeben.

66 § 102 Abs. 1 SGB IX
67 http://www.integrationsaemter.de/webcom/show_article.php?wc_c=519&wc_id=1&wc_lkm=686; 9. Oktober 2004; 21.33 Uhr

3 Halbstaatliche Arbeitsvermittlung bzw. Auftragsvermittlung

3.1 Überblick

Nach dem Fall des Vermittlungsmonopols der Bundesagentur haben sich nicht nur zahlreiche unabhängige Vermittler etabliert, sondern noch weitere, die in völliger oder teilweiser zumindest finanzieller Abhängigkeit von der Bundesagentur und anderer öffentlicher Auftraggeber operieren. Dazu zählen insbesondere:

- die Vermittlung von Schwerbehinderten durch die Integrationsfachdienste,
- die so genannte Vermittlung durch Dritte, in deren Rahmen die Aufgaben der Vermittlung ganz oder teilweise von der Arbeitsagentur auf private Vermittler delegiert wird,
- die Vermittlung von Teilnehmern an Bildungsmaßnahmen oder von Maßnahmen auf dem zweiten Arbeitsmarkt durch die Träger der Maßnahmen und
- die vermittlungsorientierte Arbeitnehmerüberlassung, in der PersonalServiceAgeturen (PSA) im Auftrag der Arbeitsagenturen Arbeitslose in Zeitarbeitsverhältnissen an Unternehmen verleihen und auf eine Übernahme im Betrieb hoffen (sog. „Klebeeffekt").

3.2 Vermittlung Schwerbehinderter durch die Integrationsfachdienste

Bei den Integrationsfachdiensten handelt es sich um die Dienste Dritter, die im Rahmen von Ausschreibungsverfahren, Leistungen zur Eingliederung Schwerbehinderter in das Berufsleben im Auftrag der Integrationsämter und der Rehabilitationsträger erbringen. Diese bleiben allerdings als Auftraggeber für die korrekte und fachgerechte Ausführung der Leistungen verantwortlich[68]. Die Integrationsfachdienste wurden im gesamten Bundesgebiet eingerichtet, so dass in jedem Bezirk der Bundesagentur für Arbeit mindestens ein solcher Dienst vorhanden ist[69].

68 §§ 109 I i.V.m. 111 I SGB IX

69 http://www.integrationsaemter.de/webcom/show_article.php?wc_c=518&wc_id=4; 10. Oktober 2004; 14.28 Uhr

Zu den Hauptaufgaben der Integrationsfachdienste gehören auf der Bewerberseite die berufliche Beratung und Unterstützung schwerbehinderter Menschen sowie die Vermittlung in Arbeit. Information, Beratung und Hilfestellung in Fragen der Einstellung und Beschäftigung Schwerbehinderter werden für die Arbeitgeberseite geleistet[70]. Diese Aufgaben werden in § 110 II SGB IX konkretisiert. Die Integrationsfachdienste sollen:

- die Fähigkeiten der zugewiesenen schwerbehinderten Menschen bewerten und einschätzen und dabei ein individuelles Fähigkeits-, Leistungs- und Interessenprofil zur Vorbereitung auf den allgemeinen Arbeitsmarkt in enger Kooperation mit den schwerbehinderten Menschen, dem Auftraggeber und der abgebenden Einrichtung der schulischen oder beruflichen Bildung oder Rehabilitation erarbeiten,
- die Bundesagentur für Arbeit auf deren Anforderung bei der Berufsorientierung und Berufsberatung in den Schulen einschließlich der auf jeden einzelnen Jugendlichen bezogenen Dokumentation der Ergebnisse unterstützen,
- die betriebliche Ausbildung schwerbehinderter, insbesondere seelisch und lernbehinderter Jugendlicher begleiten,
- geeignete Arbeitsplätze auf dem allgemeinen Arbeitsmarkt erschließen,
- die schwerbehinderten Menschen auf die vorgesehenen Arbeitsplätze vorbereiten,
- die schwerbehinderten Menschen, solange erforderlich, am Arbeitsplatz oder beim Training der berufspraktischen Fähigkeiten am konkreten Arbeitsplatz begleiten,
- mit Zustimmung des schwerbehinderten Menschen die Mitarbeiter im Betrieb oder in der Dienststelle über Art und Auswirkungen der Behinderung und über entsprechende Verhaltensregeln informieren und beraten,
- eine Nachbetreuung, Krisenintervention oder psychosoziale Betreuung durchführen und
- als Ansprechpartner für die Arbeitgeber zur Verfügung zu stehen, über die Leistungen für die Arbeitgeber informieren und für die Arbeitgeber diese Leistungen abklären sowie
- in Zusammenarbeit mit den Rehabilitationsträgern und den Integrationsämtern die für den schwerbehinderten Menschen benötigten Leistungen klären und diese bei der Beantragung unterstützen.

70 § 110 I SGB IX

3.3 Vermittlung durch Dritte

Grundsätzlich können die Arbeitsagenturen und für Leistungen nach dem SGB II verantwortliche Stellen zu ihrer Unterstützung Dritte mit der kompletten Vermittlung oder mit Teilaufgaben der Vermittlung beauftragen[71]. Sechs Monate nach Eintritt der Arbeitslosigkeit haben Arbeitslose sogar das Recht, dass sich ein Dritter um sie kümmert[72].

Mit dieser Leistung sollten die Arbeitsvermittler der Agentur, die mancherorts bis zu 800 Personen zu betreuen hatten, entlastet und mehr Zeit für den Einzelfall gewonnen werden. Auch das externe Know-how der Vermittler steht nun für die Vermittlung zur Verfügung – insbesondere Arbeitslose mit mehrfachen Vermittlungshemmnissen, die für private Vermittler ansonsten als unlukrativ gelten, sollten von dieser Regelung profitieren.

Die Leistung darf nicht mit den Vermittlungsgutscheinen nach § 421g SGB III verwechselt werden. Diese werden vom Arbeitslosen bei einem Vermittler seiner Wahl eingelöst. Der private Vermittler seinerseits kann selber entscheiden, ob er gewillt ist, für den Gutscheininhaber tätig zu werden. Im Erfolgsfall erhält der private Vermittler für den Gutschein eine Prämie.

Der Dritte hingegen ist ebenfalls als privater Vermittler tätig, kann sich sein Klientel allerdings nicht aussuchen, da Zuweisungen von Personen durch die jeweilige Arbeitsagentur bzw. den SGB-II-Träger erfolgen. Auch Personen, die einen Rechtsanspruch auf die Einschaltung eines Dritten haben, da sie seit über sechs Monaten arbeitslos sind, können sich `ihren` Dritten nicht beliebig auswählen – auch hier erfolgt die Zuweisung durch die Arbeitsagentur; er hat lediglich das Recht auf die Zuweisung!

Die Arbeitsagentur hat die Leistungen des Vermittlers zuvor im Rahmen eines Ausschreibungsverfahrens eingekauft und der Dritte kann vom vereinbarten Leistungskatalog im Regelfall nicht mehr abweichen.

Folglich kann der private Vermittler, der als Dritter tätig wird, nicht mehr selbst über sein Klientel und sein Dienstleistungsangebot für dieses entscheiden – ein wenig erinnert diese Konstruktion an den BGB-Erfüllungsgehilfen. Diese vermeintlichen Nachteile werden allerdings durch ein etwas höheres Maß an Sicherheit aufgehoben. Während der private Vermittler, der auf Vermittlungsgutscheine setzt, lediglich im Erfolgsfall sein Honorar erhält, bekommt der Dritte für jeden zugewiesene Klienten im Regelfall eine Fallpauschale in Kombination mit einer Erfolgsprämie im Vermittlungsfall. Durch die Aufwandspauschale verbindet sich ein regelmäßiges und vorhersehbares Einkommen. Aus Sicht der Arbeitsagentur ist damit auch die Betreuung arbeitsin-

71 § 37 I S. 1 SGB III
72 § 37 IV SGB III

tensiver „schwieriger Fälle" sichergestellt, da sich diese trotz des höheren Vermittlungsrisikos für den Dritten rentieren.

Insgesamt sind für die Ausgestaltung des § 37 SGB III drei Varianten der Übernahme von Vermittlungstätigkeiten durch Dritte möglich:

- Der Dritte übernimmt **alle** Vermittlungsaufgaben für die ihm zugewiesenen Kunden. Es ist eine Fallpauschale und eine Erfolgsprämie denkbar.
- Der Dritte übernimmt nur einzelne **Teilaufgaben** der Vermittlung. Es ist eine Fallpauschale und dort, wo sich Vermittlungserfolg messen lässt auch eine Erfolgsprämie möglich.
- Der Dritte übernimmt die **Akquisition** von freien Stellen als Teilaufgabe und leitet diese an die Arbeitsvermittlung der Agentur weiter, ohne dass er namentlich benannte Personen betreut. Es ist eine Erfolgsprämie für jede der Arbeitsagentur noch nicht bekannte gemeldete Stelle möglich; ggf. auch eine Aufwandspauschale.

Die geschilderten Möglichkeiten, die zwischen Drittem und Arbeitsagentur verwirklicht werden könnten, sind in folgendem Schaubild nochmals verdeutlicht:

Abbildung 30: Formen der Vermittlung durch Dritte

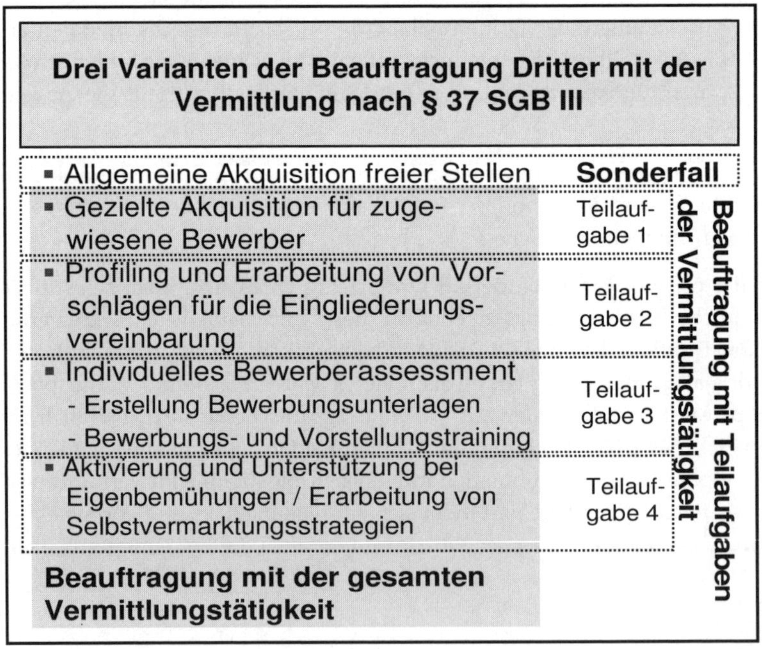

Der durch die Agentur beauftragte Dritte ist allerdings kein Ersatz für die Leistungen der Arbeitsagentur und alle Pflichten arbeitslos gemeldeter Bewerber gegenüber dieser bleiben bestehen. Dies gilt insbesondere für die Gewährung weiterer Leistungen der aktiven (z.B. Erstattung von Bewerbungskosten) und passiven Arbeitsförderung (Arbeitslosengeld). Diese werden grundsätzlich nur auf Antrag gewährt – bei einer Entscheidung über Anträge oder die Festsetzung leistungsrechtlicher Konsequenzen (z.B. Sperrzeiten) müsste der Dritte über hoheitliche Befugnisse verfügen.

Bei der Erfüllung der Vermittlungstätigkeiten als Auftragsleistung hat er allerdings die Grundsätze der Vermittlung nach dem Dritten Sozialgesetzbuch sowie die Regelungen des Datenschutzes zu beachten.

Im Rahmen von Transfermaßnahmen können Arbeitnehmer, die aufgrund von Betriebsänderungen oder nach Ende der Berufsausbildung von Arbeitslosigkeit bedroht sind, ebenfalls bei ihren Vermittlungsbemühungen durch Dritte betreut werden[73]. In diesem Fall ist der Dritte zwar im Auftrag des Arbeitgebers tätig. Dieser erhält allerdings 50% der pro Teilnehmer erforderlichen Maßnahmekosten bis maximal 2.500 Euro erstattet[74].

3.4 Vermittlung von Teilnehmern an Bildungsmaßnahmen

Oft scheitern die Vermittlungsbemühungen daran, dass Arbeitslose nicht über die erforderlichen Qualifikationen verfügen und diese angepasst bzw. aufgefrischt werden müssen. Zur langfristigen Verbesserung beruflicher Qualifikationen kommt ein umfangreiches Angebot an beruflichen Weiterbildungsmaßnahmen in Frage, die von der staatlichen Arbeitsverwaltung gefördert werden können[75]. Erfolgreich sind solche Maßnahmen nur, wenn durch die Veränderung des Qualifikationsprofils auch eine langfristige Integration in Arbeit und Beruf möglich wird.

Daher können nur solche Anbieter als Bildungsträger zugelassen werden, die für die erfolgreiche Durchführung der Maßnahme die die erforderliche Leistungsfähigkeit besitzen, ein System zur Sicherung der Qualität angewendet wird, Lehrkräfte und Leiter über entsprechende Aus- und Fortbildungskenntnisse sowie Berufskenntnisse verfügen und die Teilnehmer durch geeignete Vermittlungsbemühungen bei ihren Eingliederungsbemühungen unterstützen[76].

---

73 § 216a I Nr. 1 SGB III

74 § 216a II SGB III

75 § 16 I Satz 1 SGB II i.V.m § 77 ff. SGB III

76 § 84 SGB III

Arbeitsvermittlung ist folglich Aufgabe eines jeden Bildungsträgers, der anerkannte Maßnahmen nach dem SGB III durchführt. Eine Tätigkeit als Dritter oder gar die Einlösung von Vermittlungsgutscheinen für den gleichen Personenkreis kommen für solche Träger nicht mehr in Frage, da diese Aufgabe bereits dem originären Aufgabenkatalog zuzuordnen ist.

3.5 Vermittlung durch Personal-Service-Agenturen

Durch das „Erste Gesetz für moderne Dienstleistungen am Arbeitsmarkt" wurde die Rechtsgrundlage für die Einrichtung sogenannter Personalserviceagenturen (PSA) geschaffen. Arbeitnehmerüberlassung wurde dadurch für die öffentliche Arbeitsvermittlung instrumentalisiert und soll zum Abbau der Arbeitslosigkeit beitragen.

Unter der Arbeitnehmerüberlassung versteht man die gewerbsmäßige Überlassung von Arbeitnehmern durch ihren Arbeitgeber (Verleiher) an einen Dritten (Entleiher), damit diese in dessen Betrieb tätig werden[77]. Dieses Dreiecksverhältnis lässt sich wie folgt darstellen:

Abbildung 31: Die rechtliche Konstruktion der Arbeitnehmerüberlassung

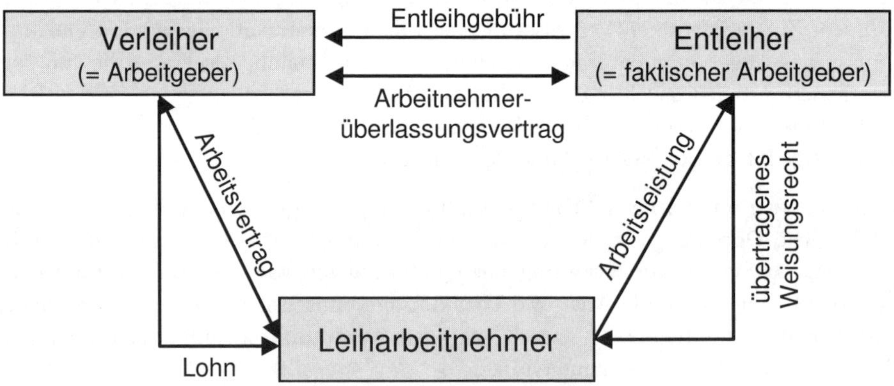

Demnach schließt der Arbeitnehmer mit dem Verleiher einen Arbeitsvertrag, der dadurch zum Arbeitgeber wird. Dieser ist verpflichtet, ihm für die Erbringung seiner

77 § 1 I Satz 1 AÜG

Arbeitsleistung einen entsprechenden Lohn zu zahlen. Allerdings erbringt der Arbeitnehmer die geschuldete Arbeitsleistung nicht im Betrieb seines Arbeitgebers, sondern bei einem Dritten (Entleiher). Der Leiharbeitnehmer wird nahezu völlig in die betrieblichen Abläufe des Entleihers eingebunden und erhält auch Weisungen von diesem. Zwischen Verleiher und Entleiher besteht ein Leihvertrag, der die Zahlung einer Entleihgebühr an den Verleiher vorsieht.

Oft werden Leiharbeitnehmer nach Ende des Leiharbeitsvertrages vom Entleihbetrieb übernommen, da dieser deren Arbeit zu schätzen gelernt hat. Diesen Effekt will man sich mit Hilfe der Personal-Service-Agenturen zu Nutze machen. Dazu ist in jedem Bezirk der Agentur für Arbeit mindestens eine Personal-Service-Agentur einzurichten, die Arbeitslose durch den Verleih an Dritte und Qualifizierung in den verleihfreien Zeiten wieder in den Arbeitsmarkt integriert[78]. Durch die Arbeitnehmerüberlassung sollen Arbeitslose wieder an die Arbeit herangeführt, ihre berufliche Kenntnisse in der Praxis erweitern und auffrischen können sowie Arbeitgeber von der Leistungsfähigkeit ehemals Arbeitsloser überzeugt werden. Ziel ist daher nicht der Verbleib in der Leiharbeit, sondern der Übergang von der Leiharbeit in reguläre Beschäftigungsverhältnisse; Leiharbeit ist damit nicht Selbstzweck, sondern Instrument der Vermittlung. In diesem Zusammenhang wird daher häufig von vermittlungsorientierter Arbeitnehmerüberlassung gesprochen. Neben dem Verleihgeschäft hat die PSA auch die Weiterbildung der Leiharbeitnehmer in verleihfreien Zeiten zu organisieren, wodurch ein zusätzlicher Qualifizierungseffekt und damit eine Verbesserung der Marktchancen der Leiharbeitnehmer erreicht werden soll.

Jeder Arbeitnehmerüberlasser, der im Besitz einer gültigen Erlaubnis zur Überlassung von Arbeitnehmern ist, kann eine PSA im Auftrag der jeweiligen Arbeitsagentur betreiben, sofern er das Ausschreibungsverfahren gewonnen hat. In Agenturbezirken, in denen sich die Ausschreibung als schwierig erweist, kann sich die Arbeitsagentur bzw. der zuständige SGB-II-Träger an Personalserviceagenturen beteiligen[79]. In Fällen, in denen kein Überlasser für diese Aufgabe gefunden wird, kann die Arbeitsagentur die PSA auch in eigener Regie betreiben[80]. Allerdings ist in den letzten beiden Fällen jährlich in einem neuen Ausschreibungsverfahren zu überprüfen, ob sich nicht doch ein Träger finden lässt, der die Errichtung und Führung der PSA übernehmen kann[81].

Für Ihre Tätigkeit erhalten die PSAen eine Vermittlungs- bzw. Integrationsprämie für jede langfristige Einmündung eines PSA-Arbeitnehmers in reguläre Beschäftigung sowie eine Fallpauschale, die mit der Dauer der Zugehörigkeit des Arbeitnehmers zur PSA abnimmt; d.h. mit Zunehmender Dauer der Zugehörigkeit zur PSA sinken die entsprechenden Zahlungen der Bundesagentur an die PSA. Durch diese degressive

78 § 37c I SGB III
79 § 37c III SGB III
80 §37c I, II u. III SGB III
81 § 37c IV SGB III

Ausgestaltung soll der Anreiz für die PSAen erhöht werden, die ihnen zugewiesenen Arbeitnehmer möglichst rasch zu vermitteln (Deutscher Bundestag , 28).

Grundlage für das Honorar ist der Grundbetrag, der im Rahmen des Ausschreibungsverfahrens unter Beachtung der zu integrierenden Zielgruppen und den regionalen Gegebenheiten des jeweiligen Arbeitsmarktes mit der PSA ausgehandelt wurde.

Die monatliche Fallpauschale beträgt für den ersten bis dritten Monat der PSA-Beschäftigung 100% des Grundbetrages, für den vierten bis sechsten Monat 75% und für den siebten bis neunten Monat 50%. Ausgeschlossen ist die Fallpauschale, wenn die PSA den betreffenden Arbeitnehmer an einen Arbeitgeber verleiht, bei dem dieser während der letzten vier Jahre mehr als drei Monate versicherungspflichtig beschäftigt war (Heusch/Kutzera 2003, Kap.5/2.4.4).

Die Vermittlungs- bzw. Integrationsprämie wird nach erfolgreichem Überwechsel des Leiharbeitnehmers zum Entleihbetrieb fällig oder, sofern er zu einem anderen durch die PSA vermittelten Arbeitnehmer überwechselt. Erfolgt der Wechsel während der ersten drei Monate der PSA-Beschäftigung, beträgt die Prämie 200% des Grundbetrages, während des vierten bis sechsten Monats beträgt sie noch 150% und bei einem Wechsel nach dem 6 Monat 100%. Die erste Hälfte der Prämie wird mit Aufnahme der auf mindestens drei Monate befristeten sozialversicherungspflichtigen Beschäftigung gezahlt. Die zweite Hälfte erst nach einer Beschäftigungsdauer von zwölf Monaten (Heusch/Kutzera, 2004, Kap. 5/2.4.4).

Den in der PSA beschäftigten Leiharbeitnehmern wird gem. § 434g V SGB III ein Lohn gezahlt, der sich nach einem Tarifvertrag für die Arbeitnehmerüberlassung richtet. Dies gilt auch für alle anderen Arbeitsbedingungen.

3.6 Nicht-kommerzielle und gemeinnützige Arbeitsvermittlung

Unzufriedenheit mit der Arbeit staatlicher Stellen, soziales Verantwortungsgefühl, Selbsthilfeaspekte aber auch Imagegründe könnten der Grund für die Gründung einiger Vermittlungsdienstleister sein, die ohne staatlichen Auftrag oder gar Gewinnerzielungsabsicht arbeiten. Nachfolgend werden einige Beispiele vorgestellt.

➔ ***Studentische Arbeitsvermittlung***

Der Erfolg von Universitäten, Fachhochschulen und anderen Einrichtungen auf Hochschulniveau kann schon lange nicht mehr ausschließlich am akademischen Erfolg der Absolventen gemessen werden. Die Entscheidung für einen Studiengang oder den Besuch einer bestimmten Hochschule wird von vielen Studieninteressenten auch im Hinblick auf spätere berufliche Perspektiven bzw. beruflichen Erfolg getroffen. Daher liegt es im Interesse der Hochschulen, dass ihre Absolventen rasch in adäquate Positionen einmünden und damit indirekt die hervorragende Arbeit der Einrichtung bestätigt wird. Auch der vielerorts geforderte Praxisbezug des Studiums kann zur Bereithaltung entsprechender Vermittlungsdienstleistungen beigetragen haben, durch die die Studierenden beispielsweise bei der Suche nach geeigneten Praktikumsplätzen unterstützt werden. Vielerorts finden sich daher an den Universitäten entsprechende „CareerCenter" oder „CareerServices", zu deren Aufgabe auch die Vermittlung von Studierenden in Praktika oder Einstiegstellen nach dem Studium zählen. Oft arbeiten diese eng mit den Hochschulteams der Arbeitsagenturen zusammen[82].

Auch aus studentischer Initiative heraus entstehen entsprechende Hilfsangebote. So bieten viele Studentenwerke Vermittlungsangebote, die von einem schwarzen Brett für Nebenjobs bis hin zur professionellen Beratung und Betreuung reichen. Ziel kann die Vermittlung nach dem Studium, während des Studiums in Praktika oder in Nebenjobs zur Bestreitung des studentischen Lebensunterhalts sein[83].

➔ *Arbeitsvermittlung durch Verbände, Interessenvertreter und berufsständische Vereinigungen*

Kammern kümmern sich traditionell um die Einmündung von Lehrlingen und Gesellen in entsprechende Beschäftigungsbetriebe. Grundlage dafür ist oft ein standesrechtlicher Ehrenkodex, sich um die Angehörigen des eigenen Standes bzw. Zunft zu kümmern. Mittlerweile kommen in vielen Bereichen des Handwerks massive Nachwuchssorgen hinzu – dies gilt für Ausbildungsinteressenten, Arbeitnehmer, aber auch für entsprechende Firmennachfolger in kleinen und mittleren Handwerksbetrieben. Daher spielt hier die Nachwuchsgewinnung bei der Arbeitsvermittlung eine besondere Rolle.

Auch die Gewerkschaften kümmern sich verstärkt um die Vermittlung besonderer Personengruppen. Vor dem Hintergrund sinkender Beschäftigtenzahlen und der Verringerung der Mitgliederzahlen erscheint ein Engagement für Arbeitslose, aber auch ansonsten nur schwer zu erreichend Zielgruppen für diese als lohnenswert.

Zu den Vermittlungsschwerpunkten der Arbeitgeberverbände und Interessenvertretungen zählt die Vermittlung von Fach- und Managementkräften sowie von Firmennachfolgen im Mittelstand[84].

➔ *Arbeitsvermittlung durch Kirchen und Wohlfahrtsverbände*

Wohlfahrtsverbände und kirchliche Vermittlungsdienste kümmern sich vorrangig um am Markt benachteiligte Bewerber und stellen neben der Arbeitsvermittlung noch

82 http://www.fu-berlin.de/career/wirueberuns/index.htm; 14.10.2004
83 http://www.casebo.de/Hauptseite/Uber_uns/uber_uns.html; 14.10.2004
84 http://www.dihk.de/inhalt/themen/starthilfe/index.main.html; 15.10.2004

weitere soziale Hilfsangebote, wie soziale Beratung, Drogenberatung und seelsorgerische Hilfen bereit.

4 Private Arbeitsvermittlung

Insgesamt zählt der Bundesverband Personalvermittlung (BPV) mit 1.100 Mitgliedern in Form Vermittlerbüros zum größten Interessenvertreter der privaten Arbeitsvermittler[85]. Daneben betreiben zahlreiche Arbeitnehmerüberlasser im Nebengeschäft Arbeitsvermittlung. Hier zählt der Bundesverband Zeitarbeit Personaldienstleistungen (BZA) mit etwa 1850 Mitgliedern zu den bedeutendsten Einrichtungen[86]. Daneben bieten in Deutschland nach Erhebungen im Auftrag von Crosswater Systems etwa 820 Internetstellenbörsen ihre oft automatisierten Vermittlungsdienstleistungen an[87]. Mit den zahlreichen nicht organisierten Vermittlern und Personalberatern und natürlich den privaten Vermittlern, die im Auftrag öffentlicher Stellen tätig sind, hat sich hier seit der Liberalisierung im Jahr 1994 ein Markt gebildet, der nicht unterschätzt werden sollte.

4.1 Finanzierung privater Vermittlungstätigkeit

Als Finanzierungsquellen für die Tätigkeit privater Vermittlungsdienstleistungen spielen in Deutschland öffentliche Mittel eine nicht unbedeutende Rolle. Die Arbeitsagentur und die 2005 eingerichteten Arbeitsgemeinschaften, die sich und die von ihr gewährten Leistungen aus den Beiträgen der Arbeitnehmer und der Arbeitgeber zur Arbeitslosenversicherung sowie Bundeszuschüssen und Umlagen finanzieren[88], haben dabei die wichtigsten Verteilerrollen inne. Im Auftrag der Agentur sind diese tätig und erhalten häufig Fallpauschalen, Erfolgsprämien oder eine Kombination aus beiden. Daneben sind weitere Finanzierungsmöglichkeiten privater Vermittlung denkbar, die im Folgenden beschrieben werden:

➔ ***Einahmen aus dem Geschäft mit Vermittlungsgutscheinen***

Neben der Zuweisung an private Vermittler, die für die Arbeitsagenturen als Dritte tätig sind, haben sich einige Vermittler auf das Geschäft mit Vermittlungsgutscheinen

85 http://www.bpv-info.de/bpv/content.php; 21.10.2004; 15.44 Uhr
86 http://www.bza.de/wir/verband_fr.htm, 21.10.2004, 15.53 Uhr
87 http://www.crosswater-systems.com/ej2000_alpha.htm; 21.10.2004, 16.12h
88 §§ 363 – 365 SGB III

spezialisiert. Hier erfolgt keine Zuweisung – anspruchsberechtigte Arbeitslose erhalten von der Arbeitsagentur bzw. Arbeitsgemeinschaften einen Vermittlungsgutschein. Dieser kann bei beliebig vielen Vermittlern eingelöst werden. Im Gegensatz zu den im Auftrag tätigen Dritten können diese selber entscheiden, ob sie einen Kunden annehmen. Die Regelung der Vermittlungsgutscheine war ursprünglich bis Ende 2004 befristet und wurde unter geänderten Bedingungen bis 2008 verlängert.

Der Vermittlungsgutschein wird nach sechswöchiger Arbeitslosigkeit und Anspruch auf Arbeitslosengeld I oder II ausgestellt. Alternativ kann die Teilnahme an einer Arbeitsbeschaffungsmaßnahme an die Stelle des Kriteriums der sechs Wochen Arbeitslosigkeit treten. Der Gutscheininhaber kann nun mit beliebig vielen privaten Vermittlern einen Vermittlungsvertrag schließen. Dabei ist die Schriftform erforderlich und aus dem Vertrag müssen die Leistungen des Vermittlers deutlich hervorgehen[89]. Die Praxis einiger privater Vermittler, den Vermittlungsgutschein in der Hoffnung einzubehalten, der Kunde würde dann keine weiteren Vermittler aufsuchen, ist gegen das Einverständnis des Kunden nicht zulässig.

Erst im Erfolgsfall ist die Auszahlung der Vermittlungsprämie von 2000 Euro an den Vermittler möglich, der den Kunden nachweislich in Beschäftigung gebracht hat. Um dabei Missbrauch vorzubeugen, erfolgt die Zahlung der ersten Rate erst 6 Wochen nach Aufnahme der Beschäftigung und die Überweisung des Restbetrages nach einem halben Jahr erfolgreichen Fortbestehens des Beschäftigungsverhältnisses.[90]

Neben dieser durch den Gutschein abgedeckten Erfolgsprovision darf der Vermittler keine weiteren Gebühren vom Kunden erheben; d.h. bei ausbleibendem Vermittlungserfolg hat der Vermittler keine Einnahmen von diesem Kunden zu erwarten. Daher werden nicht alle Gutscheininhaber, insbesondere bei geringer Marktattraktivität des Kunden, auch einen willigen privaten Vermittler finden. Die Einlösung des Gutscheins ist ausgeschlossen, sofern der private Vermittler bereits als Dritter mit der Vermittlung des Kunden beauftragt ist oder der Kunde bei dem Arbeitgeber, zudem er vermittelt worden ist, innerhalb der letzten drei Jahre bereits mehr als drei Monate versicherungspflichtig beschäftigt war. Geringfügige Jobs und Praktika schließen folglich ebenfalls die Zahlung der Provision nicht aus, da diese nicht der Versicherungspflicht unterliegen. Sofern das vermittelte Beschäftigungsverhältnis auf weniger als drei Monate befristet ist, ist ebenfalls keine Einlösung des Vermittlungsgutscheines möglich. Der Arbeitgeber hat der Arbeitsagentur die Mitwirkung des privaten Vermittlers zu bestätigen. Erfolgt keine Bestätigung, ist die Auszahlung ebenfalls nicht möglich.

➔ ***Vermittlungsprovisionen von Arbeitnehmern und Arbeitgebern***

Das originäre Klientel auf Bewerberseite sind für private Vermittler allerdings weniger Gutscheininhaber. Im Regelfall zahlen Arbeitgeber die vereinbarte Gebühr, sofern ihnen im Rahmen eines Vermittlungsauftrages ein geeigneter Arbeitnehmer vermittelt

89 § 292 I SGB III
90 § 421g II SGB III

wurde - Arbeitnehmer können die Vermittlungsdienstleistungen häufig kostenlos in Anspruch nehmen. Für Arbeitssuchende gilt für die zu zahlende Vermittlungsprämie ein Maximum, das in § 296 SGB III festgelegt ist. Bei Arbeitslosen, die im Besitz eines gültigen Vermittlungsgutscheins sind, darf die Vermittlungsgebühr den darin genannten Wert nicht überschreiten[91].

Besonderheiten bei der zulässigen Höhe der Vermittlungsprovision gelten für bestimmte Personengruppen. So darf sie bei Vermittlung in Au-Pair-Stellen 150 Euro nicht überschreiten[92]. Ausbildungsvermittlung ist für den Ausbildungssuchenden grundsätzlich kostenfrei[93].

➔ *Provisionen aus der Förderberatung*

Für die Beschäftigung förderungsbedürftiger Arbeitnehmer können Arbeitgeber von der Arbeitsagentur und anderen Stellen (z.B. durch Landesprogramme) Zuschüsse zum Arbeitsentgelt oder andere Provisionen erhalten. Einige private Vermittler haben sich darauf spezialisiert, neben der Vermittlung auch Beratung über Fördermöglichkeiten anzubieten. Oft wirken sie dabei als Erfüllungsgehilfen des Arbeitgebers, indem sie Arbeitnehmer auf Förderfähigkeit überprüfen und sich im Namen des Arbeitgebers um die Abwicklung der Formalitäten kümmern. Sie vereinbaren im Regelfall mit dem Arbeitgeber einen prozentualen Anteil an der erwirkten Fördersumme als Honorar[94].

➔ *Aufgabenübernahme im Rahmen der Personalberatung*

Neben der reinen Vermittlung übernehmen private Arbeitsvermittler auch Aufgeben der Personalberatung in Zusammenarbeit mit den eigenen Personalabteilungen des Unternehmens. Hier erfolgt im Regelfall die feste Vergütung je nach Umfang der vereinbarten Einzelleistung. Zum Dienstleistungsprofil vieler Personalberater gehören u.a. folgende Aufgaben[95]:

- Erarbeitung einer Aufgabenstellung und eines Anforderungsprofils,
- Erarbeitung der organisatorischen Einordnung der Stelle,
- Formulieren und Gestalten einer aussagefähigen Anzeige,
- und / oder Durchführung der Direktansprache,
- telefonischer Erstkontakt mit Bewerbern,
- Prüfung und vergleichendes Bewerten von Bewerbungsunterlagen,
- Durchsprechen der Ergebnisse mit dem Auftraggeber,

91 § 296 III SGB III
92 § 296 III S. 3 SGB III
93 § 296a SGB III
94 http://62.216.176.146/pt/pko.de/printmlm.php3?id=302&sid=pko; 22.10.2004, 15.30 Uhr
95 in Anlehnung an: Dincher, R.: Personalwirtschaft, 2. Auflage, S. 124, fbp, Neuhofen/Pfalz 2003

- Durchführung von Bewerbergesprächen,
- Auswertung von Bewerbergesprächen,
- Einholung und Auswertung von Auskünften,
- Vorstellung der ausgewählten Bewerber beim Auftraggeber,
- Mitwirkung beim Vorstellungsgespräch,
- Beratung bei der Entscheidung,
- Beratung bei dem Festlegen der Anstellungsbedingungen,
- Nachbetreuung des Auftraggebers / Kandidaten und
- Leistungen außerhalb der Personalbeschaffung u.a.:
  - Personalentwicklung,
  - Outplacementberatung,
  - Coaching,
  - Management-Audits,
  - Weiterbildung / Training,
  - Eignungsdiagnostik.

➔ ***Vermittlung im Rahmen von betrieblichen Anpassungsprozessen***

Privatisierung, Rationalisierung und die Verlagerung von Arbeitsplätzen in das Ausland haben in vielen Unternehmungen zu Personalüberhängen geführt. Aus Verantwortungsbewusstsein, aber auch im Rahmen tarifvertraglicher Vereinbarungen, aufgrund rechtlicher Vorschriften oder, um in der Öffentlichkeit eine besondere Fürsorge zu demonstrieren, versuchen viele Unternehmen durch die Gründung von Auffang- oder Vermittlungsgesellschaften ihr Personal sozialverträglich dem Bedarf anzupassen. Neben Qualifizierung und Beratung gehört zu deren Aufgabe insbesondere die Vermittlung von überzähligen Arbeitnehmern in andere Unternehmensbereiche. Bei diesen Gesellschaften handelt es sich im Regelfall um Teile oder Töchter des Unternehmens, durch das auch die Finanzierung erfolgt.

4.2 Auswahl eines geeigneten privaten Vermittlers durch Arbeitsuchende

Während die Leistungen der staatlichen und halbstaatlichen Arbeitverwaltung oft zumindest auf Arbeitnehmerseite ohne größere Auswahlmöglichkeiten in Anspruch genommen werden müssen, gibt es bei der Einschaltung eines privaten Vermittlers weitaus eine weitaus größere Auswahl. Die Kunden müssen hier selbständig den für sie passenden Vermittler finden, dessen Angebot geeignet erscheint, rasch zu einer Lösung des Vermittlungsproblems beizutragen. Gerade vor dem Hintergrund, dass ein Gewerbeschein ausreicht, um sich Arbeitsvermittler nennen zu können, müssen Angebote kritisch durchleuchtet werden. Der nachfolgende Fragebogen kann bei der Entscheidung zur Einschaltung eines privaten Vermittlers entsprechende Hinweise liefern.

Tabelle 11: Fragebogen zur Auswahl eines geeigneten privaten Arbeitsvermittlers

Fragestellung:	**Ja**	**Nein**
(1) Ist der Vermittler Mitglied eines Vermittlerverbandes?	☐	☐
(2) Kennt der Vermittler Qualitätsstandards für private Arbeitsvermittler?	☐	☐
(3) Verfügt er über ansprechende Geschäftsräume?	☐	☐
(4) Kennt er Ihre Branche und kann Sie und Ihre Anforderungen richtig einschätzen?	☐	☐
(5) Hat der Vermittler entsprechende Kontakte zum Zielmarkt bzw. ist in ein Netzwerk eingebunden, dass ihn die andere Marktseite zugänglich macht?	☐	☐
(6) Bringt der Vermittler eine Vorbildung bzw. Berufserfahrung mit, die ihn zur Erbringung von Personaldienstleitungen befähigt?	☐	☐
(7) Hat er sich im Erstgespräch ausreichend Zeit für Sie genommen? *Hinweis: ein gutes Erstgespräch dauert mindestens eine Stunde!*	☐	☐
(8) Hat er sich Ihre mitgebrachten Unterlagen (Bewerbungsmappe, Zeugnisse etc.) angesehen?	☐	☐
(9) Hat er Sie nach Ihren beruflichen Zielen befragt?	☐	☐
(10) Falls Sie Probleme haben, die Ihre Vermittlung erschweren. Ist er darauf eingegangen?	☐	☐
(11) Sind im Vermittlungsvertrag alle Leistungen aufgeführt?	☐	☐
(12) Hat er mit Ihnen konkrete Vereinbarungen über das weitere Vorgehen getroffen?	☐	☐
(13) Haben Sie seinen Ausführungen folgen können und alles, was er ausgeführt hat, verstanden?	☐	☐

(14) Verlangt er nicht die Bezahlung weiterer Leistungen über den Wert im Vermittlungsgutschein hinaus?	☐	☐
(15) Hat er mit Ihnen verbindliche Rückmeldetermine vereinbart?	☐	☐
(16) Dürfen Sie auch die Dienste anderer Vermittler in Anspruch nehmen?	☐	☐
Anzahl der „Nein"-Wertungen:		

Je häufiger auf diese Fragen mit „Nein" geantwortet wird, desto mehr spricht gegen den jeweiligen Vermittler. Die Kriterien 14 und 16 sollten auf keinen Fall mit „Nein" beantwortet werden – in diesem Fall erscheint der Vermittler insgesamt sehr unseriös.

5 Profiling und Matching bei der Arbeitsvermittlung und beim Fallmanagement

5.1 Begriffe

Sowohl die Bundesagentur für Arbeit als auch die kommunalen Arbeitsgemeinschaften bzw. zugelassenen kommunalen Träger haben mit ihren Kunden eine Eingliederungsvereinbarung abzuschließen[96]. Dabei wird unter einer Eingliederungsvereinbarung eine für beide Seiten verbindliche und aus dem Profiling abgeleitete Festschreibung einer individuellen Vermittlungsstrategie verstanden[97]. Grundlage für jede Zielplanung und die Festlegung einer Vermittlungsstrategie ist hier folglich das Profiling. Um zu der Erkenntnis zu gelangen, dass Profiling an allen beteiligten Marktseiten für ein erfolgreiches Vermittlungsverfahren unabdingbar ist, bedarf es allerdings für die meisten Vermittler keiner Vorschrift – Profiling oder die Profilanalyse, wenn auch nicht unter diesen Begriffen, wurde in der Vermittlung seit jeher betrieben[98]. Nachfolgend werden die wichtigsten Begriffe im Rahmen des Profilings kurz vorgestellt.

96 § 35 IV SGB III; § 15 SGB II

97 Ruppenthal, T., Scheller C.: Fit für die Vermittlung – die ersten Monate meistern, Veranstaltungsskript zur gleichnamigen Veranstaltung an der FH-Arbeit in Mannheim, Seite 50, Mannheim 2003; Internet: http://www.talentmarketing.de/wahlpflichtfach/fit_vermittlung2003/fit_vermittlung2003.pdf

98 vgl. Ausführungen in Kap. 1.2 dieses Abschnitts

Unter einem **Profil** wird in Beratung und Vermittlung die systematische Darstellung beratungs- und vermittlungsrelevanter Merkmale und Eigenschaften einer Person, Sache oder einer Kombination von Umständen verstanden[99], aus der sich weitere im Rahmen der Vermittlung erforderlichen Ziele, Strategien und Kontrollinstrumente ableiten lassen. Dabei können Profile bestehende Zustände bzw. festgestellte Merkmale beschreiben. In diesem Fall wird von einem Eigenschafts- bzw. **IST-Profil** gesprochen. Stellt das Profil allerdings wünschenswerte Zustände oder geforderte Merkmale dar, handelt es sich um ein Anforderungs- oder **Soll-Profil**.

Das **Differenz- bzw. Übereinstimmungsprofil** wird im Rahmen des Matchingverfahrens ermittelt und ist Ergebnis des Abgleichs zwischen Anforderungsprofil und Eigenschaftsprofil beziehungsweise Sollprofil auf der einen und dem Ist-Profil auf der anderen Seite. Es gibt Aufschluss über den Grad der Übereinstimmung bzw. den Grad der Nicht-Passung zwischen Eigenschaften und Anforderungen und wird daher auch als Eignungsprofil bezeichnet.

Profiling in Vermittlung und Beratung am Arbeitsmarkt ist folglich der Prozess, in dem zielgerichtet mit Hilfe unterschiedlicher Erhebungsmethoden für den Vermittlungsprozess relevante Merkmale, Eigenschaften und Anforderungen ermittelt und schließlich systematisch in Form eines Profils dargestellt werden.

5.2 Rolle des Profilings im Matchingprozess

Profiling wird auf der Bewerberseite, aber auch auf der Stellen- bzw. Arbeitgeberseite, also an beiden Seiten des Arbeitsmarktes, durchgeführt. Erst das Matching bringt beide Seiten für den Abgleich zusammen. Die nachfolgende Abbildung verdeutlicht den Matchingprozess.

99 Scheller, C.: Profiling in Vermittlung und Beratung am Arbeitsmarkt, in Heusch, R. u. Kutzera E.: Das neue Recht der Arbeitsförderung; Loseblattsammlung Stand Juni 2003; Forum-Verlag Mehring

Abbildung 32: Soll- und Ist-Profil im Matchingprozess

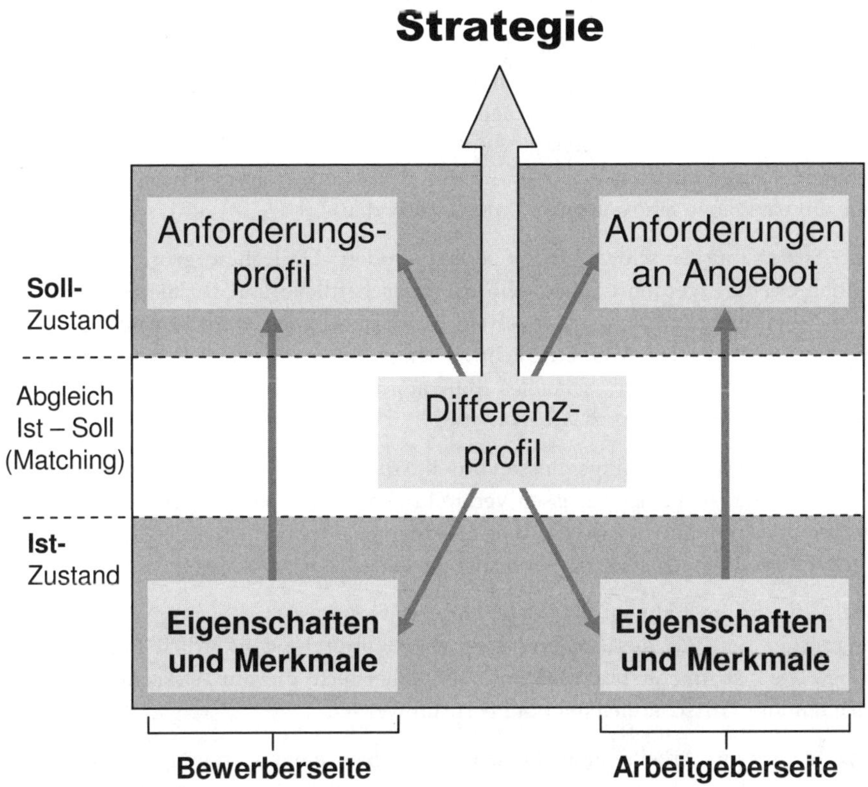

Beim ***bewerberseitigen Profiling*** wird im ersten Schritt der Ist-Zustand festgestellt, indem vermittlungsrelevante Eigenschaften und Merkmale des Bewerbers ermittelt werden. Aus diesen erfolgt die Ableitung der Anforderungen an die Stellenseite.

Auf der ***Stellenseite*** wird ebenfalls zuerst der Ist-Zustand festgestellt und daraus Anforderungen an die Bewerberseite abgeleitet.

Beim ***Matching*** werden nun Anforderungen auf der Bewerberseite und Ist-Zustand auf der Arbeitgeberseite abgeglichen und umgekehrt. Ziel des Abgleichs ist die Ermittlung der Überschneidungen von Anforderungen und dem, was die andere Seite tatsächlich anbieten kann. Das Ergebnis wird im Überschneidungs- bzw. Differenzprofil dargestellt. Aus ihm lassen sich nun weitere Strategien für Vermittlung und Integration für jede Seite ableiten.

Ein erfolgreiches Profiling bzw. Matching oder gar Profiling- bzw. Matchingsystem ist an folgende Voraussetzungen geknüpft: Passgenauigkeit, Schnelligkeit, Verbreitung, Anerkennung, Wirtschaftlichkeit und Eigenverantwortung der Beteiligten.

Um dauerhaft Arbeitszufriedenheit, Arbeitserfolg und Qualität sowie Quantität der Aufgabenerledigung eines Arbeitnehmers auf einer bestimmten Stelle sicher zu stellen, reicht es nicht aus, eine freie Stelle einem beliebigen Bewerber zuzuordnen. Auf beiden Seiten gilt es, eine genaue Analyse des Stellen- und Bewerberprofils vorzunehmen, um geeignete Bewerber und passende Stellen erfolgreich zusammen zu bringen, um passgenau eine geeignete Lösung zu finden.

Freie Stellen müssen schnell wieder besetzt werden, damit ihr zugeordnete Aufgaben zeitnah erledigt werden können. Um die wirtschaftliche und soziale Existenz zu sichern, aber auch, um sich selbst verwirklichen zu können, darf Beschäftigungslosigkeit bei den meisten Bewerbern nicht zu lange dauern. Auch volkswirtschaftlich ist Schnelligkeit geboten. Ein schnelles Matchingverfahren liegt daher im Regelfall im Interesse aller Beteiligten am Arbeitsmarkt.

Art und Form des Matchings müssen durch Arbeitgeber und Arbeitnehmer anerkannt sein, Verfahren sich einer gewissen Verbreitung erfreuen, beziehungsweise Ergebnisse zueinander kompatibel sein, um den überregionalen Arbeitsmarktausgleich und die Kooperation unterschiedlicher Vermittler gewährleisten zu können.

Der Aufwand im Rahmen des Matchingprozesses an sich darf insgesamt nicht umfangreicher sein, als das Ergebnis bzw. die Einmündung in Arbeit schließlich einbringt. Die Instrumente und Mittel müssen daher nicht nur auf Wirksamkeit, sondern auch auf ihre Wirtschaftlichkeit hin überprüft werden.

Arbeitgeber und Arbeitnehmer können in der Selbstanalyse die eigene Leistungsfähigkeit und die eigenen Anforderungen am besten definieren. Eine externe Stelle, die alle erforderlichen Aufgaben übernimmt, wäre allein damit qualitativ und quantitativ überfordert. Es ist daher auch aus wirtschaftlichen Erwägungen heraus, aber auch im Hinblick auf Aussagekräftige Ergebnisse erforderlich, dass die Beteiligten am Prozess mitwirken.

5.3 Formen des Profilings

Profiling darf dabei niemals als etwas Statisches betrachtet werden, dass einmal durchgeführt wird und sämtliche Informationen für das gesamte Vermittlungsverfahren liefert. Sowohl Bewerber- als auch Stellenseite verändern sich fortlaufend. Im Zeitverlauf wachsen zudem die Erkenntnisse über den Bewerber bzw. die Stellen- und Arbeitgeberseite. Profiling ist ein fortlaufender Prozess, in welchen die bestehenden

Profile fortgeschrieben, angepasst und daraus auch wieder neue Strategien entwickelt werden.

➔ *Erst- oder Eingangsprofiling*

Auf der ***Bewerberseite*** werden zu Beginn des Vermittlungsverfahrens die vom Bewerber gewonnenen Informationen den Ergebnissen einer globalen Analyse des Arbeits- bzw. Stellenmarktes gegenüber gestellt. Dies wird vielerorts auch als Eingangs- oder Erstprofiling bezeichnet. Dabei liefert das Bewerbererstprofiling in der Arbeitsvermittlung wichtige Informationen für den Vermittler und den Bewerber:

- Einschätzung der Vermittlungschancen und den voraussichtlichen Umfang und die Dauer der Bemühungen,
- Kundensteuerung und Kundensegmentierung,
- Zuordnung einzelner Leistungsangebote im Rahmen der Vermittlung bzw. Entwicklung von Vermittlungsstrategien und
- Ermittlung der voraussichtlichen Kosten für die Integration bzw. Höhe der Vergütung.

Kunden, deren Profil eine hohe Passung mit den allgemeinen Anforderungen des Arbeitsmarktes aufweisen (hoher Grad der Passung/Eignung), werden beim Vorliegen günstiger Rahmenbedingungen schnell und ohne großen Aufwand zu vermitteln sein. Bei Ihnen kann gleich an die Entwicklung entsprechender Suchstrategien für geeignete Stellenangebote und Arbeitgeber gegangen sowie eine Vermarktungsstrategie entwickelt werden.

Für Kunden, deren Profil mit den globalen Anforderungen des Arbeitsmarktes eine geringe Passung aufweist, die aber durch bestimmte Maßnahmen erhöht oder kompensiert werden kann, muss eine entsprechende Strategie zur Optimierung des Profils bzw. zur Optimierung der Rahmenbedingungen entwickelt und angewendet werden. Erst nach Verbesserung der Marktchancen sollte die eigentliche Vermittlungsarbeit beginnen. Kunden deren Profil kaum den allgemeinen Anforderungen des Arbeitsmarktes gerecht wird und die auch mit Hilfe von Verbesserung von Maßnahmen zur Profiloptimierung langfristig keine Chance haben, auf entsprechende Nachfrage auf Arbeitgeberseite zu treffen, muss ein entsprechendes Angebot zur Substitution geschaffen werden. Dies ist auf keinen Fall Aufgabe kommerzieller Vermittler, sondern der staatlichen bzw. halbstaatlichen Arbeitsvermittlung, der in ihrem Auftrag tätigen Träger bzw. Dritten und gemeinnützigen Stellen. Kunden, die dauerhaft nicht mehr arbeiten können, stellen keinen Fall für die Arbeitsvermittlung dar, da kein entsprechendes Angebot vorhanden ist, das mit der Nachfrage auf Arbeitgeberseite zusammengeführt werden könnte. Hier müssen andere Hilfsangebote greifen.

Abbildung 33: Ergebnisse des Eingangsprofilings

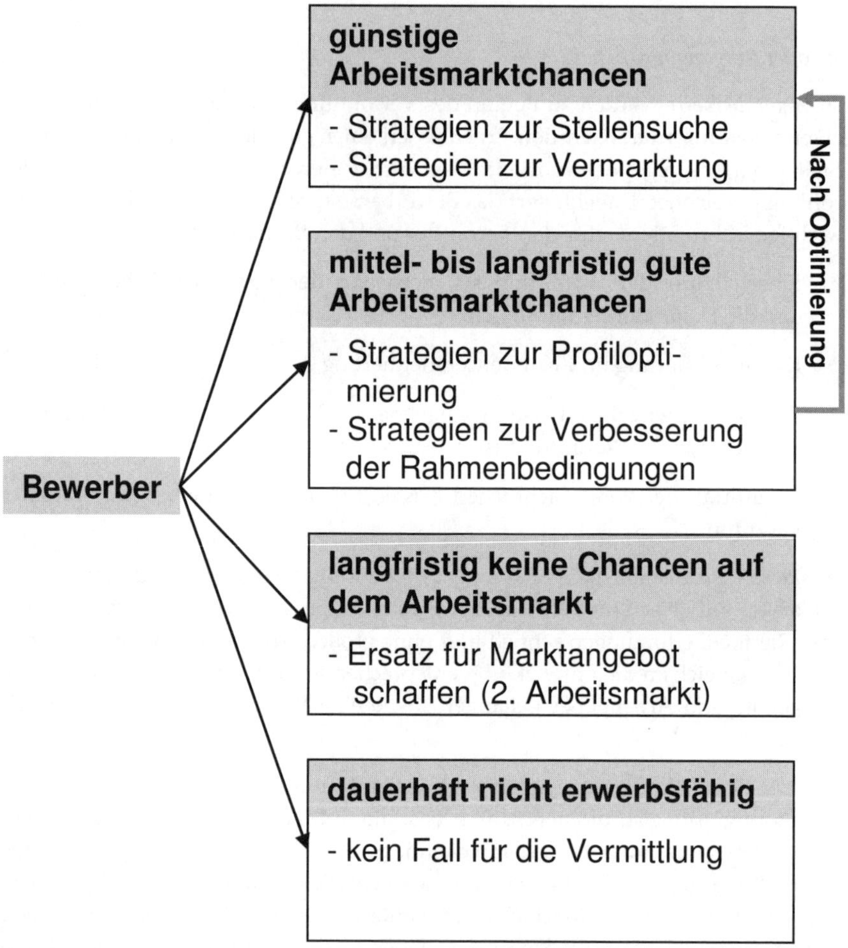

Das ***arbeitgeberseitige Profiling*** beginnt ebenfalls mit einer Analyse der der IST-Situation. Allerdings werden sowohl die zu besetzende Stellen und der Betrieb als Ganzes analysiert. Aus dem gewonnenen Stellen- und Unternehmensprofil werden nun Anforderungen an die Bewerber abgeleitet. Zu Beginn des Vermittlungsprozesess werden diese wiederum globalen Informationen über den Bewerbermarkt gegenüber gestellt.

Dabei erfüllt das Eingangsprofiling auf der Arbeitgeberseite folgende Aufgaben:

- Ermittlung der Chancen und der Dauer bis zur erfolgreichen Stellenbesetzung,
- Auswahl der Marktsegmente auf dem Bewerbermarkt,
- Auswahl der Formen der Personalrekrutierung bzw. Anwerbung und
- Ermittlung der Kosten des Verfahrens bzw. Festlegung der Höhe der Vergütung.

Kaum ein Vermittler wird im Rahmen des Eingangsprofilings sowohl auf Bewerber- als auch Stellenseite tätig werden. Oft haben sich Vermittler auf eine Seite spezialisiert, die sehr intensiv bearbeitet wird. Bei der Einschätzung der anderen Seite wird aus ökonomischen Gründen oft sekundäre Informationsquellen zurückgegriffen. Immer häufiger arbeiten Vermittler, die unterschiedliche Seiten betreuen nicht nur an dieser Stelle zusammen.

➔ Laufendes Profiling bzw. anlassbezogenes Profiling

Im Verlauf des Vermittlungsprozesses ist das Profiling weiterhin durchzuführen, an den aktuell ermittelten Erkenntnisstand anzupassen und Strategien entsprechend auszurichten. Bei gravierenden Änderungen stellt sich nämlich die Frage, ob die bisher vereinbarten Ziele und Maßnahmen den geänderten Umständen noch entsprechen – es ist rechtzeitig gegenzusteuern.

Folgende Anlässe bzw. Informationen könnten Grund für die Anpassung der bestehenden Profile ergeben:

Bewerberprofiling:

- Abschluss von Teilnahme an Bildungsmaßnahmen und anderen Maßnahmen der Arbeitsförderung,
- Beendigung von Praktika (Rückmeldung Bewerber und Arbeitgeber sowie Zeugnisse etc.),
- ergebnislose Suchläufe nach freien Stellen bzw. Bewerbungsmöglichkeiten,
- Rückmeldungen der Bewerber nach erfolgten Bewerbungsläufen und Maßnahmen im Rahmen von Auswahlverfahren,
- Aufnahme von oder Änderung bei ehrenamtlichen Tätigkeiten,
- Veränderungen im Verhalten und der Einstellung des Bewerbers, z.B. Fatalismus und Resignation,
- Änderungen am Gesundheitszustand; z.B. Ergebnisse von ärztlichen und psychologischen Untersuchungen und
- Änderung familiärer Verhältnisse oder anderer Rahmenbedingungen mit Einfluss auf die Vermittlung

Arbeitgeberprofiling:

- Unzureichender Eingang von Bewerbungen bzw. Anzahl von vermittelbaren Bewerbern,
- Scheitern vieler Kandidaten im Auswahlverfahren,
- Absagen von Kandidaten, die das Auswahlverfahren erfolgreich durchlaufen haben,
- Änderung an der Stelle (z.B. Aufgabengebiet) oder den Rahmenbedingungen für die Stelle (z.B. Organisation, Leitung),
- Veränderungen im Verhalten bzw. Einstellungen des Unternehmens (Unternehmensziele, Leitbild etc.) und
- Veränderungen in der Arbeitsweise am Arbeitsplatz oder dem Unternehmen

➔ Tiefenprofiling

Im Regelfall erfolgt das Profiling mit der Hilfe von „Boardmitteln" im persönlichen Gespräch mit dem Vermittler. Als Quellen für das Bewerberprofiling kommen dabei in Frage:

- ausführliches Beratungs- und Vermittlungsgespräch, in dem Gesprächs- und Fragetechniken zielgerichtet eingesetzt werden,
- Auswertung von Anmeldebögen für die Vermittlung,
- Analyse der bisherigen Bewerbungsunterlagen des Kunden,
- Auswertung bereits vorhandener Einschätzungen Dritter:
  - Schulzeugnisse und andere Abschlüsse,
  - Beurteilungen und Arbeitszeugnisse,
  - Aussagen von Begleitpersonen im Beratungsgespräch,
  - Austausch mit Kollegen, die bereits Kontakt zum Kunden hatten,
  - Befragung von Arbeitgebern, bei denen sich der Bewerber bereits erfolglos beworben hat,
  - vorhandene Informationen aus vorangegangenen Praktika oder Bildungsmaßnahmen und
  - Befragung von Kollegen, mit denen der Kunde bereits Kontakt hatte.

Bei der Anwendung dieser „Boardmittel" gelingt das Profiling im Regelfall ohne große Probleme. Allerdings gibt es auch einige Umstände bzw. Gegebenheiten, welche die Ermittlung und Einschätzung vermittlungsrelevanter Informationen maßgeblich erschweren. So ist das Selbstbild und die damit verbundene Selbsteinschatzung der Klienten nicht kontinuierlich gleich und von mehreren Faktoren abhängig. Dies wären beispielsweise die Stimmung und Tagesform, Erfahrungsschatz (Erfolge und Misserfolge in der Vergangenheit), soziokulturelle Hintergründe und Schichtzugehörigkeit, Bildung und Intellekt, Fassadentechniken des Ratsuchenden, der versucht, bestimmte Informationen zurück zu halten oder ein bestimmten Eindruck bei der Beratungsfachkraft zu hinterlassen.

Manchmal fehlt es auch an den erforderlichen Unterlagen für eine genaue Einschätzung. Aber auch wenn diese Möglichkeiten gegeben sind, sollten Aussagen und Urteile Dritter mit äußerster Vorsicht interpretiert werden. Diese können durch subjektive Einflüsse und Fehlurteile verfälscht oder insgesamt nicht den Tatsachen entsprechen. Aber auch Vermittler sind in ihren Bewertungen nicht immer objektiv oder lassen sich von Vorurteilen (z.B. gegenüber bestimmten Personengruppen) beeinflussen. Trotz aller Objektivität und zahlreicher Unterlagen können bestimmte Fälle durch den Vermittler nicht zufriedenstellend geklärt werden, weil es beispielsweise an medizinischen, psychologischen oder berufskundlichen Kenntnissen fehlt.

In solchen Fällen muss sich besonderer Hilfsmittel bzw. besonderer Helfer bedient werden. In der öffentlichen Arbeitsverwaltung stehen Vermittlern dazu besondere Fachdienste, wie der medizinische Dienst, der psychologische Dienst und der technische Berater zur Verfügung, die entsprechende Gutachten erstellen. Auch die Teilnahme an einer Maßnahme der Eignungsfeststellung kann in diesen Fällen eingeleitet werden[100].

Die Ermittlung der erforderlichen Informationen für das Stellen- und Unternehmensprofiling erfolgt im Regelfall auch im Gespräch mit dem Arbeitgeber. Häufig finden diese Gespräche nicht in den Räumen des Vermittlers, sondern denen des Arbeitgebers im Rahmen von Außendiensten statt. Mögliche Quellen für das arbeitgeberseitige Profiling wären:

- Das Gespräch mit dem Arbeitgeber und anderen Beteiligten, wie Vorgesetzten und Kollegen,
- die Betriebs- und Arbeitsplatzbesichtigung,
- der Aufnahmebogen für ein Stellenangebot,
- Sichtung vom Unternehmen zur Verfügung gestellten Unterlagen, wie

- Stellenbeschreibung,
- Organigramme,

[100] § 35 III SGB III

   - Tarif- und Arbeitsverträge,
   - Imagebroschüren zum Unternehmen, Geschäftsberichte,
   - Leitbild des Unternehmens und
   - Internetauftritt,

- Recherche in Unternehmensdatenbanken und
- Vermerke zu vorangegangenen Kontakten und Aufträgen des Arbeitgebers.

Auch hier können Schwierigkeiten bei der Datenerhebung auftreten. So geben manche Unternehmen bestimmte Informationen nur sehr ungern preis, wie z.B. Lohnstrukturen, Geschäftsentwicklung oder Probleme im Unternehmen. Diese müssen vom Vermittler mit viel Feingefühl ermittelt werden, um das Vertrauensverhältnis, von dem gegebenenfalls Folgeaufträge abhängen können, nicht zu gefährden.

5.4 Profiling der in der staatlichen Arbeitsverwaltung

Für die Arbeitsagenturen und die Arbeitsgemeinschaften bzw. zugelassene kommunale Träger ist das Profiling verbindlich in den Sozialgesetzbüchern II und III festgelegt worden. Es soll an dieser Stelle erläutert werden. Allerdings ist zu beachten, dass in der staatlichen Arbeitsvermittlung unter dem Profilingbegriff vorrangig das Bewerberprofiling zu verstehen ist. Das für die Vermittlung erforderliche Profiling der Stellen- bzw. Arbeitgeberseite wird im SGB kaum konkretisiert.

➔ ***Profiling durch die Arbeitsagenturen***

Grundlage für das Profiling der Arbeitsagenturen ist der § 6 I SGB III. Profiling im Sinne der öffentlichen Arbeitsvermittlung ist danach die auf den Bedarf des Arbeitsmarktes bezogene individuelle Chanceneinschätzung eines Arbeitslosen. Dabei werden berufliche Merkmale, persönliche Merkmale und Umstände, die eine Eingliederung erschweren festgestellt.

Die gewonnenen Erkenntnisse werden zu Beginn der Arbeitslosigkeit ermittelt und den Gegebenheiten des für den Arbeitslosen in Betracht kommenden Arbeitsmarktes gegenüber gestellt. Sie sind Ausgangspunkt für eine Chancen- und Risikoprognose. Die getroffenen Feststellungen sind Grundlage für die Wahl einer geeigneten Vermittlungsstrategie und der Vereinbarung einer angemessenen Eingliederungsvereinbarung. Das Profiling wird als Prozess verstanden und soll laufend angepasst und bei länger auf sich wartenden Vermittlungserfolgen intensiviert werden. Es werden insbesondere folgende Merkmale und Umstände festgestellt:

Tabelle 12: Charakteristische Merkmale beim Profiling

Berufliche Merkmale:	**Persönliche Merkmale:**	**Umstände, welche die Eingliederung erschweren:**
• Auslandserfahrungen, • Berufserfahrung, • Fertigkeiten, • Kenntnisse, • Qualifikationen / Abschlüsse / Weiterbildung, • Sprachkenntnisse, • Talente, • Weiterbildungsfähigkeit, • etc.	• Auftreten, • Ausdrucksfähigkeit, • Erscheinungsbild, • gesundheitliche Einschränkungen, • intellektuelle Fähigkeiten, • Motivation, • Verhalten, • Überschuldung, • Weiterbildungsbereitschaft, • etc.	• familiäre Situation, • soziale Situation, • Wohnsituation, • Einschränkungen der Lage und Verteilung der Arbeitszeit, • Einschränkungen der Arbeitszeit, • mangelnde regionale Mobilität, • Alkohol- und Missbrauch anderer Drogen, • Kriminalität, • etc.

Das Verfahren beginnt grundsätzlich für jeden Kunden nach dem Tag der Meldung als arbeitsuchend, spätestens hat es aber nach der Meldung als arbeitslos zu erfolgen[101]. In der Bundesagentur wird dabei zwischen dem Eingangscheck und dem vertieftem Profiling unterschieden.

Der Eingangscheck, den alle Kunden der Arbeitsagentur am Tag der Meldung durchlaufen, wird von den Fachkräften der Arbeitsagentur durchgeführt und ist Grundlage für alle weiteren Aktivitäten. Vornehmlich dient er der Kundensteuerung, indem hauptsächlich sogenannte „harte Kriterien", wie Alter, Berufserfahrung, Schulbildung und Gesundheitszustand erfasst und in die Datenbank der Arbeitsagentur eingegeben werden. Für Personen, die nur vorübergehend arbeitslos sind und eine rasche Wieder-

[101] § 6 S. 1 SGB III

einmündung in den Beruf abzusehen ist, ist das Profilingverfahren damit abgeschlossen.

Das Tiefenprofiling hingegen wird vorgenommen, sofern im Rahmen des Eingangschecks festgestellt wurde, dass der Kunde einen weitergehenden Beratungs- und Betreuungsbedarf hat oder eine abschließende Chanceneinschätzung einen größeren Aufwand erfordert. Dabei werden hauptsächlich „weiche Faktoren", wie Motivation, Verhalten oder Auftreten ausführlich ihre Verwertbarkeit am Arbeitsmarkt analysiert und bewertet. Dabei kann sich der Fachdienste der Arbeitsagentur bedient werden.

Die Ergebnisse des Profilings fließen in die sogenannte Eingliederungsvereinbarung ein[102]. Darunter wird eine für beide Seiten verbindliche aus dem Profiling abgeleitete Festschreibung einer individuellen Vermittlungsstrategie verstanden. Diese Eingliederungsvereinbarung muss mindestens folgende Inhalte haben:[103]

- Geltungszeitraum, bis wann vereinbarte Maßnahmen durchgeführt und Ziele erreicht sein sollen bzw. Überprüfungszeitpunkte,
- Vermittlungsbemühungen, die seitens des Arbeitsamtes durchzuführen sind und
- Künftig erforderliche Leistungen der Arbeitsförderung, die im Rahmen der Vermittlung erforderlich sind.

Beispiele für mögliche Vereinbarungen in der Eingliederungsvereinbarung werden in Kapitel 4.2.4 beschrieben. Daher wird an dieser Stelle auf entsprechende Beispiele verzichtet. Das Original der Eingliederungsvereinbarung verbleibt bei der Arbeitsagentur und der Kunde erhält eine Kopie, so dass beide Seiten die Einhaltung überprüfen können[104]. Die Vereinbarung ist sich verändernden Verhältnissen anzupassen und fortzuschreiben, wenn nach ihrem Ablauf die Arbeitslosigkeit nicht beendet wurde. Spätestens nach sechs Monaten muss sie allerdings geprüft und ggf. angepasst werden[105].

➔ ***Besonderheiten des Profilings durch die Arbeitsgemeinschaften und durch die zugelassenen kommunalen Träger***

Auch mit erwerbsfähigen Hilfeempfängern nach dem Zweiten Sozialgesetzbuch wird eine Eingliederungsvereinbarung mit einer Laufzeit von sechs Monaten abgeschlossen, die bei Veränderungen anzupassen ist. Die Eingliederungsvereinbarung soll insbesondere bestimmen, welche Leistungen der Erwerbsfähige zur Eingliederung in Arbeit erhält und welche Bemühungen in welcher Häufigkeit zur Eingliederung in

102 § 6 S. 3 SGB III
103 § 6 I S. 3 SGB III i.V.m. § 35 IV S. 1 SGB III
104 § 35 IV S. 2 SGB III
105 § 35 IV S. 2 und 3 SGB III

Arbeit mindestens zu unternehmen sind und in welcher Form die Bemühungen nachzuweisen sind[106].

Der Abschluss Eingliederungsvereinbarung ist im Rahmen der SGB II Leistungsgewährung verpflichtend für den Kunden. Kommt es zu keinem freiwilligen Abschluss der Vereinbarung, können durch Verwaltungsakt dem Kunden ähnliche Verpflichtungen auferlegt werden[107].

Weigert sich der erwerbsfähige Hilfebedürftige, die ihm angebotene Eingliederungsvereinbarung abzuschließen oder die ihm nach dieser obliegenden Pflichten zu erfüllen bzw. deren Erfüllung nachzuweisen, wird das Arbeitslosengeld II mit einer Dauer von drei Monaten um bis zu 30% gemindert[108]. Bei anhaltender Pflichtverletzung sind weitere Minderungen möglich und teilweise sogar die Substitution von Geldleistungen durch geeignete Sachleistungen[109].

Die Eingliederungsvereinbarung dient folglich nicht nur der sozialen und beruflichen Integration - sie ist auch ein Instrument zur Sanktionierung von Fehlverhalten bzw. fehlender Mitwirkung des Leistungsempfängers. Allerdings sollte bei allem Streben nach ordnungspolitischer Korrektheit auf die freiwillige Mitwirkung des Kunden gesetzt werden. Wirkt dieser nur unter massivem Druck bzw. Zwang mit, werden seine Eigenbemühungen kaum über die bloße Pflichterfüllung hinausreichen. Ohne ein umfangreiches Profiling können kaum sinnvolle Vereinbarungen getroffen bzw. Verpflichtungen auferlegt und kontrolliert werden. Das Profiling erhält allerdings auch unter einem anderen Gesichtspunkt große Bedeutung – so kann die gesamte Bedarfsgemeinschaft des Hilfebedürftigen in die Eingliederungsvereinbarung mit einbezogen werden; d.h. Profiling erstreckt sich nicht nur auf die Person des Hilfsbedürftigen, sondern auf sein gesamtes soziales Umfeld. Damit treten soziale und soziokulturelle Aspekte weiter in den Fordergrund – fast schon müsste man von einem Sozio- oder Sozialprofiling sprechen.

Eine besondere Rolle kommt dem Profiling zudem durch den Gedanken des Fallmanagements zu. Dieses betrachtet nicht nur das Vermittlungsproblem, das gelöst werden muss, sondern versucht, alle Problemfelder, die den Fall erschweren und sich oft gegenseitig bedingen, systematisch und geordnet anzugehen. Daher werden den Hilfeempfängern neben den Vermittlungsleistungen auch andere Leistungen angeboten, die auf den ersten Blick nichts mit dem eigentlichen Vermittlungsproblem zu tun haben. Dazu gehören beispielsweise die Betreuung minderjähriger oder behinderter Kinder oder die häusliche Pflege von Angehörigen, die Schuldnerberatung, die psychosoziale Betreuung und die Suchtberatung[110]. Das Profiling muss auch diese Aspekte verstärkt beachten und geeignete Informationen zur Bearbeitung dieser Problemfel-

106 § 15 S. 1 – 5 SGB II
107 § 15 I S. 6 SGB II
108 § 31 I und VI SGB II
109 § 16 II SGB II
110 § 16 I SGB II

der bereitstellen. Eine Änderung der Profilinformation einer Person aus der Bedarfsgemeinschaft muss letztendlich aufgrund der Interdependenz aller Profildaten in der Bedarfsgemeinschaft auch eine Überprüfung auf Einflüsse aller weiteren Personen nach sich ziehen. Die einzelnen Profildaten der Mitglieder einer Bedarfsgemeinschaft müssen daher nachvollziehbar miteinander verknüpft sein.

6 Beschleunigung des Arbeitsmarktausgleichs durch Kooperation und Qualifizierung der Vermittlungsakteure

6.1 Ausgangslage

Der Markt für Arbeitsvermittlung und Personalvermittlung in Deutschland war in den letzten fünfzehn Jahren gekennzeichnet durch die Diversifizierung der Vermittlungsangebote und Umstrukturierung der staatlichen Arbeitsverwaltung sowie die Entstehung und das Wachstum privater Arbeitsvermittlung durch Wegfall des Vermittlungsmonopols sowie zunehmende Vergabe von Vermittlungsaufgaben durch staatliche Träger an Dritte.

Der Umbau bestehender und das Entstehen völlig neuer Strukturen erfordert eine entsprechende Qualifizierung des Personals. In den letzten Jahren wurden einige recht erfolgversprechende Aus- und Weiterbildungsgänge geschaffen. Ein bundesweit gezieltes und einheitliches Vorgehen ist allerdings noch immer zu vermissen. Im März 2002 wurden unter Moderation des Bundesministeriums für Wirtschaft und Arbeit unter Mitwirkung zahlreicher Vermittlungsverbände Qualitätsstandards für die private Vermittlung vereinbart, die auch Grundsätze zum Berufsbild des Personalvermittlers enthalten. Es blieb bisher allerdings bei dieser Absichtserklärung; auf den Abdruck der Vereinbarung in der zweiten Auflage dieses Buches wurde daher verzichtet, da ihr in der Praxis keinerlei Bedeutung mehr zugeschrieben wird.[111]

Ungeachtet dessen, plädieren die Autoren weiterhin für die Einführung eines allgemein anerkannten Berufsbildes des Arbeits- und Personalvermittlers und der Ableitung verbindlicher Mindeststandards bei dessen Aus- und Fortbildung. Der Ausgleich am Arbeitsmarkt als wichtige volkswirtschaftliche Aufgabe, die individuelle Hilfe bei

[111] Egle/Nagy [Hrsg.]: Arbeitsmarktintegration, 1. Auflage, S. 289 ff.

der Suche nach einer beruflichen Perspektive für Arbeitsuchende und die Personalbeschaffung für Betriebe sollten nicht Laien überlassen werden.

Nachfolgend wird daher der Versuch unternommen, ein einheitliches Berufsbild zu definieren, Anforderungen an die Aus- und Fortbildung abzuleiten sowie Überlegungen für eine erfolgreiche Zusammenarbeit aller Vermittlungsakteure anzustellen.

6.2 Berufsbild des Vermittlers

Bei der Suche nach Information über Berufe ist das BERUFENET der Bundesagentur für Arbeit mit über 6.300 eingestellten Berufsprofilen eine der wichtigsten berufskundlichen Informationsquellen Deutschlands. Danach üben Arbeitsvermittler folgende Tätigkeiten aus[112]:

„Arbeitsvermittler/innen arbeiten in den Agenturen für Arbeit auf der Grundlage des Sozialgesetzbuches III (SGB III), in Arbeitsgemeinschaften (ARGEn) nach dem SGB II, aber auch bei privaten Arbeitsvermittlungen, Personalberatungsunternehmen, Zeitarbeitsfirmen oder als Selbstständige mit einer eigenen Vermittlungsagentur. Sie übernehmen Aufgaben bei der Vermittlung, Beratung und Integration von Arbeitnehmerkunden. Darüber hinaus beraten und unterstützen sie Arbeitgeberkunden bei allen Fragen der Personalbeschaffung. Außerdem bearbeiten sie Anträge auf Leistungen zur Arbeitsförderung. Arbeitsvermittler/innen arbeiten in den Agenturen für Arbeit auf der Grundlage des Sozialgesetzbuches III (SGB III) sowie in Arbeitsgemeinschaften (ARGEn) nach dem SGB II, aber auch bei privaten Arbeitsvermittlungen, Personalberatungsunternehmen, Zeitarbeitsfirmen oder als Selbstständige mit einer eigenen Vermittlungsagentur".

Grundsätzlich sind die zwei Vermittlungsbegriffe Arbeitsvermittlung und Personalvermittlung von einander zu trennen, da sie die Vermittlung am Arbeitsmarkt aus unterschiedlichen Perspektiven betrachten.

Bei der ***Arbeitsvermittlung*** steht die Person des Bewerbers bzw. das Bewerberprofil im Vordergrund. Engpass ist hier der Faktor Arbeit - es gilt, für den Kunden mit Hilfe von Job-Search-Strategien eine geeignete Arbeitsstelle zu akquirieren und mit Hilfe von Vermarktungsstrategien ihn auf dieser zu platzieren. Die angebotenen Dienstleistungen richten sich daher in erster Linie an den Bewerber, an den sich in der privaten Vermittlung bei Erfolg auch der Vergütungsanspruch richtet. In der öffentlichen Arbeitsvermittlung wird diese auch als bewerberorientierte Vermittlung bezeichnet.

---

112 http://infobub.arbeitsagentur.de/berufe/resultList.do?searchString=%27+Arbeitsvermittler*+%27&resultListItemsValues=67308&suchweg=begriff&doNext=forwardToResultShort. Stand: 29.12.2007

Bei der ***Personalvermittlung*** hingegen stehen der Betrieb und das zu besetzende Stellenprofil im Vordergrund. Engpass ist hier der Faktor Personal - es gilt, für den Kunden mit Hilfe geeigneter Personalmarketingstrategien geeignete Mitarbeiter zu finden und an das Unternehmen zu binden. Die angebotenen Dienstleistungen richten sich daher in erster Linie an den Arbeitgeber, an den sich in der privaten Vermittlung bei Erfolg auch der Vergütungsanspruch richtet.[113]

Dass Vermittler, die entweder Arbeitgeber oder Arbeitnehmer oder gar beide Zielgruppen zugleich betreuen, sowohl in der staatlichen Arbeitsverwaltung, der halbstaatlichen Auftragsverwaltung als auch der privaten Vermittlung zu finden sind, ist anzunehmen. Bei der Entwicklung von Berufsbildern sollte daher besser zwischen Arbeitsvermittlern mit Schwerpunkt in der Arbeitnehmerbetreuung und Personalvermittlern mit Aufgabenschwerpunkt bei der Betreuung von Arbeitgebern unterschieden werden. Da Vermittler oftmals beide Funktionen wahrnehmen, betrachten die Verfasser eine Bezeichnung des entsprechenden Berufsbilds als ***„Personal- und Arbeitsvermittler“*** oder gar ***„Vermittler am Markt für Personal und Arbeit“*** für die treffendste Variante.

In anderen berufskundlichen Quellen sind allerdings ebenfalls keine oder sehr unzureichende Informationen über das Berufsbild zu finden. Nachfolgend wird daher der Versuch unternommen, diese Lücke zu schließen und ein solches zu entwerfen. Den Verfassern ist nicht an einer abschließenden Darstellung gelegen, sondern vielmehr soll damit eine weitergehende Beschäftigung und Diskussion über das Berufsbild und seine Spezialisierungen initiiert werden. Großer Dank gilt dabei den Studierendem des Studiengangs „Management von Arbeitsmarktintegration“, die im Rahmen eines berufskundlichen Seminares ihre praktischen Erfahrungen als Vermittler, Personalfachkräften und Personaldisponenten in der ARGE Mannheim, der Telekom/Vivento, der DB-Vermittlung und DB-Bildung, Randstad sowie der SRH-Gruppe eingebracht haben.

Bei der Darstellung erfolgt die Orientierung weitgehend an der Systematik der berufskundlichen Datenbank BERUFENET.

[113] vgl. hierzu: Scheller, C.: Begleitheft zum Modul 8 im Zertifikatsstudiengang Management von Arbeitsmarktintegration: Arbeitsmarktausgleich und Matchingsysteme; Heidelberg 2007

Berufsbild des Vermittlers am Markt für Personal und Arbeit

I. Kurzbeschreibung

Die Tätigkeit im Überblick

Vermittler am Markt für Personal und Arbeit stellen den Ausgleich zwischen Angebot und Nachfrage am Arbeitsmarkt her, indem sie Arbeitsuchende bei der Suche nach geeigneten Stellen und Arbeitgeber bei der Suche nach passendem Personal unterstützen.

Beschäftigt sind Vermittler am Markt für Personal und Arbeit in der staatlichen Arbeitverwaltung, wie den Arbeitsagenturen, ARGEN oder den optierenden Kommunen. Sie können aber auch als Selbständige oder als Mitarbeiter bei privaten Vermittlungsdienstleistern, Bildungsträgern oder Selbsthilfeeinrichtungenn tätig sein.

Sie halten sich vorwiegend in Büroräumen auf, wo sie oftmals Vermittlungsgespräche mit Bewerbern oder Arbeitgebern führen. Im Rahmen von Außendiensten besuchen Sie regelmäßig andere Betriebe. Sie führen häufig auch Gruppeninformationen oder Maßnahmen der Berufsorientierung durch.

Die Ausbildung im Überblick

Die Ausbildung ist nicht geregelt. Die Qualifizierung findet häufig on-the-job oder Rahmen von Weiterbildungen statt. Die Tätigkeit setzt im Regelfall ein abgeschlossenes Studium sowie entsprechende Berufserfahrung voraus.

Lediglich bei der Bundesagentur für Arbeit gibt es an der unternhemseigenen Hochschule einen grundständigen FH-Studiengang, in dessen Verlauf die Spezialisierung zum Vermittler möglich ist. Das dreijährige Studium mit entsprechenden Praktika in den Agenturen steht nur Studierenden offen, die sich verpflichten, im Anschluss an das Studium ein gewisse Zeit bei der Bundesagentur tätig zu werden.

Tätigkeitsbezeichnungen

Auch übliche Berufsbezeichnungen/Synonyme sind:

- Vermittler am Markt für Personal und Arbeit,
- Arbeits- und Personalvermittler,
- Bachelor of Arts (FH) – Arbeitsmarktmanagement (nur Bundesagentur)
- Fachkraft für Personalvermittlung (IHK),

bei vorwiegend bewerberorientierter Tätigkeit:

- Arbeitsvermittler,
- Vermittlungscoach,
- Bewerbermakler,

bei vorwiegend arbeitgeberorientierter Tätigkeit,

- Personalvermittler,
- Researcher,
- Stellenmakler.

Berufsbezeichnungen in englischer Sprache:

- Work mediator (m/f),
- Personnel mediator (m/f).

Berufsbezeichnung in französischer Sprache:

- Fournisseur de main-d'oeuvre,
- Médiateur de personnel.

Hinweis: Die (fremdsprachigen) Berufsbezeichnungen dienen der Orientierung auf internationalen Arbeitsmärkten. Es handelt sich dabei zum Teil um Übersetzungen der deutschen Berufsbezeichnung. Berufsinhalte und Abschlüsse sind nicht unbedingt identisch oder in vollem Umfang vergleichbar.

II. Tätigkeit

1. Aufgabe / Tätigkeit

Tätigkeitsbeschreibung (Bild vom Beruf)

Worum geht es?

Vermittler am Markt für Personal und Vermittlung beraten Arbeitsuchende bei allen Fragen der Stellensuche und helfen bei der Umsetzung von Selbstvermarktungsstrategien. Durch die Unterbreitung von Stellenangeboten und die Weiterleitung des Bewerberprofils an Arbeitgeber unterstützen sie diese bei dem Bestreben, eine neue Stelle zu finden.

Arbeitgeber beraten sie bei der Besetzung offener Stellen und schlagen diesen geeignete Kandidaten vor. Häufig sind sie auch am Personalauswahl- und -bindungsprozess beteiligt, indem sie beispielsweise bei der Vorauswahl der Kandidaten mitwirken oder den Arbeitgeber bei den Vertragsverhandlungen unterstützen.

Experten in Arbeitsmarkt- und Beschäftigungsfragen

Vermittler am Markt für Personal und Vermittlung beobachten die Entwicklungen am Arbeitsmarkt, z.B. in welchen Bereichen die Anfrage nach Mitarbeitern steigt und welche Anforderungen an diese jeweils gestellt werden. Sie können die Chancen für Bewerber, eine Stelle und für Arbeitgeber, einen passenden Mitarbeiter zu finden, einschätzen sowie entsprechende Strategien entwickeln und umsetzen.

Sie wissen, wie man Personen und ihre Fähigkeiten bei der Stellensuche einschätzt und können diese in Fragen der Stellensuche, einer geeigneten Bewerbungsstrategie und dem Verhalten und Auftreten bei Vorstellungsgesprächen und Auswahltests kompetent beraten. Sie unterstützen Bewerber direkt, indem sie deren Bewerberprofil Arbeitgebern zugänglich machen und oftmals auch aktiv für ihren Klienten werben. Regelmäßig führen sie Suchläufe nach potentiellen Arbeitgebern sowie Stellenangeboten durch und schlagen diese bei Eignung ihrem Kunden vor. Sie wirken zudem bei der Beseitigung von Vermittlungshemmnissen mit, indem sie Bewerber in Qualifizierungsfragen beraten.

Auch Arbeitgebern treten Sie als kompetenter Ansprechpartner gegenüber, der dessen Anforderungen analysieren und in Form von Stellenprofilen konkretisieren kann. Sie können die Chancen auf eine erfolgreiche Besetzung einer Stelle sowie den damit verbundenen Aufwand einschätzen und daraus eine entsprechende Personalmarketingstrategie ableiten. Bei der Umsetzung unterstützen sie den Arbeitgeber bei der Personalsuche, indem sie sein Stellenangebot Bewerbern zugänglich machen und geeignete Kandidaten vorschlagen. Sie wirken bei Bedarf bei der Personalauswahl, -bindung und ggf. in Fragen der Personaleinarbeitung (z.B. durch Coaching) praktisch oder in beratender Funktion mit. Sie helfen Arbeitgebern auch im Rahmen der Outplacementvermittlung dabei, Alternativen für überzähliges Personal in anderen Unternehmen zu finden.

Persönlicher Einsatz bei der Arbeit mit Profil(en)

Persönliche Kontakte und der Einsatz moderner EDV prägen den Arbeitsalltag des Vermittlers. Häufig wird er von Stellensuchenden zu Vermittlungsgesprächen oder Aktivitäten im Rahmen der Stellensuche aufgesucht. In diesem Zusammenhang führt er Stellensuchläufe durch, händigt Stellenvorschläge aus und beantwortet Fragen zu den Stellenangeboten. Hier bedarf es oftmals einem hohen Grad an Einfühlungsvermögen, um herauszufinden, wo Chancen und Probleme des Kunden liegen. Da häufig sehr sensible Themen angesprochen werden, muss er es schaffen, das Vertrauen seiner Kunden zu gewinnen und die Bereitschaft zur Mitarbeit zu wecken. Hier ist ein hohes Maß an Diskretion gefordert. Auch in kritischen Gesprächssituationen, z.B. bei längerem Misserfolg der Suche des Kunden, muss er einen kühlen Kopf bewahren und den Kunden zur weiteren Mitarbeit gewinnen.

Arbeitgeber betreut er häufig im Rahmen von Außendiensten oder zwischendurch am Telefon. Hier versucht er, freie Stellen zu akquirieren und passende Bewerber vorzuschlagen. Bei den Verhandlungen mit Arbeitgebern bedarf es Überzeugungskraft, Zuverlässigkeit und eines professionellen Auftretens.

Das wichtigste Arbeitsmittel des Vermittlers sind die Profile in Form von Bewerber-, Arbeitgeber und Stellenprofilen. Um sie zu erstellen, braucht es analytischen Geschicks und systematischer Vorgehensweise. Einen Großteil seiner Zeit verbringt der Vermittler daher am Computer, in den die Profile eingegeben, miteinander abgeglichen und nach dem Abgleich Vermittlungsvorschläge erstellt werden. Am PC verfasst er auch seine Beratungsvermerke und erledigt seinen Schriftverkehr. Das Internet nutzt er ebenfalls für die Suche nach Stellen und Bewerbern und zur Kontaktaufnahme mit den Kunden.

Sowohl staatlich als auch privat

Vermittler können sowohl selbständig mit einer eigenen Vermittlungsagentur oder als Angestellte bei einem Vermittlungsunternehmen tätig sein. Häufig Gerade bei selbständigen Vermittlern hängt die Höhe des Einkommens vom Vermittlungserfolg ab, da Provisionen nur bei erfolgreicher Vermittlung fällig werden.

Danben sind zahlreiche Vermittler im öffentlichen Dienst bei Arbeitsagenturen, Arbeitsgemeinschaften, oder den Optionskommunen als Angestellte oder Beamte tätig, wo sie versuchen, Arbeitslose zu vermitteln. Dabei müssen sie häufig Rechtsvorschriften anwenden: So entscheiden sie häufig über Anträge auf Förderleistungen oder leiten Sanktionen ein, z.B. bei fehlender Mitwirkung des Arbeitslosen am Vermittlungsprozess. Andere sind beim Berufsförderungsdienst der Bundeswehr tätig, wo sie helfen, Soldaten wieder ins zivile Erwerbsleben zu integrieren.

Aufgaben und Tätigkeiten (Liste)

Durchführung des Profilings:

- Ermittlung beruflich verwertbarer Eigenschaften von Arbeitssuchenden,
- Ermittlung von Anforderungen der Bewerber an Arbeitgeber,
- Feststellung von Vermittlungshemmnissen,
- Erstellung von Bewerberprofilen,
- Ermittlung von Merkmalen zur Erstellung von Stellenprofilen,
- Eingabe der Profile in die EDV.

Beratungs- und Informationsaufgaben:

- Aufzeigen von beruflichen Alternativen,
- über den Arbeitsmarkt, seine Anforderung und Berufe informieren,
- Möglichkeiten der Stellensuche und Bewerbung aufzeigen,
- Hilfestellung bei der Lösung von Vermittlungshemmnissen geben,

- Arbeitgeber bei der Besetzung offener Stellen beraten,
- Möglichkeiten des Personalmarketings aufzeigen,
- Beratung über Förderleistungen sowie Rechte und Pflichten bei Arbeitslosigkeit,
- Durchführung von Einzelberatungsgesprächen und Gruppeninformationen,
- Verweis auf weiterführendes Informationsmaterial zu Vermittlungsthemen.

Durchführung von Vermittlungsaufgaben:

- nach Stellen suchen und Bewerbern Stellenvorschläge unterbreiten,
- nach Bewerbern suchen und Arbeitgebern Bewerbervorschläge unterbreiten,
- Veröffentlichung von Profilen in unterschiedlichen Medien,
- Beantwortung von Anfragen zu einzelnen Profilen,
- Mitwirkung an der Bewerberauswahl,
- Umsetzung von Personalmarketingmaßnahmen,
- Festlegung der Vermittlungsstrategie / Abschluss der Vermittlungsvereinbarung.

Administrative und organisatorische Aufgaben:

- Anfertigung von Beratungsvermerken,
- Fertigung von Schriftstücken / Schriftverkehr,
- Bearbeitung von Anträgen,
- Führung von Vermittlungsstatistiken,
- Einleitung von Sanktionen,
- Abrechnung des Vermittlungshonorars,
- Terminplanung und Terminvergabe.

2. Arbeitsbedingungen

Allgemeine Arbeitsbedingungen

Die Tätigkeit findet häufig im Einzelbüro des Vermittlers statt – ist aber ggf. auch durch häufige Außendienste bei Arbeitgebern geprägt. Regelmäßig erfolgt die Arbeit unter Zeit- und Termindruck, da Stellen von Arbeitgebern häufig kurzfristig eingehen und in kurzer Zeit zu besetzen sind. Bei einer hohen Bewerberfrequentierung müssen täglich mehrere Gespräche bewältigt und Anliegen in kurzer Zeit bewältigt werden.

Arbeitszeit

Im Prinzip gilt bei fest angestellten bzw. verbeamteten Arbeitsvermittlern die Fünf-Tage-Woche. Unter großem Termindruck, wenn sie beispielsweise eine wichtige Kundenbesprechung für den nächsten Tag vorbereiten müssen, können Überstunden anfallen. Arbeitszeiten bis in die Abendstunden müssen dann in Kauf genommen werden. Teilzeitbeschäftigung ist möglich und wird im öffentlichen Dienst praktiziert.

Selbständige Vermittler arbeiten häufig auch an den Wochenenden zu unregelmäßigen Zeiten.

Zusammenarbeit und Kontakte

Sie arbeiten überwiegend eigenständig und betreuen dabei Arbeitgeber und Arbeitsuchende. Häufig erfolgt bei getrennter Betreuung von Arbeitgebern und Arbeitssuchenden eine Zusammenarbeit mit Vermittlern, welche die andere Marktseite betreuen. Im Rahmen der Ausgleichsfunktion am Arbeitsmarkt ergeben sich dabei Kontakte zu Behörden, Verbänden, Bildungsträgern, Hochschulen und sozialen Einrichtungen.

Körperliche Aspekte

- Körperlich leichte Arbeit,
- in geschlossenen, temperierten, oft klimatisierten Räumen, selten in Großraumbüros,
- überwiegend im Sitzen, zeitweise im Stehen und Gehen,
- Umgang mit Bürokommunikationsmitteln und Datenverarbeitung, vor allem Arbeit am Bildschirm,
- Tagesschicht,
- Teilzeitarbeit ist möglich,
- Häufig Arbeit unter Zeitdruck (Terminarbeiten), in der Privatwirtschaft oftmals unregelmäßige Arbeitszeiten.

Psychische Aspekte

- hoher Zeit- und Termindruck,
- Büroarbeit vor allem am Bildschirm, verbunden mit schriftlichen, telefonischen und vielen persönlichen Kontakten,
- hohe Erwartungshaltung der Kunden an die Problemlösungsfähigkeit,
- intensiver Umgang mit Kunden, Behörden, Bildungsträgern,
- überwiegend Einzelarbeit im eigenen Büro,

3. Arbeitsorte/Branchen

Allgemein

Beschäftigt sind Vermittler am Markt für Personal und Arbeit bei staatlichen Stellen und Privatunternehmen. Ein großer Teil ist selbständig mit eigenen Vermittlungsagenturen.

Sie halten sich in Einzel-Büroräumen - seltener in Großraumbüros - auf, wo sie Beratungsgespräche führen am Computer einen großen Teil ihrer Aufgaben erledigen. Im Außendienst suchen Sie häufig die Betriebe der Arbeitgeber auf. In Besprechungsräumen stimmen sie sich mit Kollegen und Vorgesetzten ab.

Arbeitsbereiche/Branchen

Die Fachkräfte können sowohl freiberuflich, in der Privatwirtschaft oder der staatlichen Arbeitsvermittlung tätig sein. Eine vollständige Auflistung ist nicht möglich. Nachfolgend finden Sie eine exemplarische Auswahl:

Staatliche Arbeitsverwaltung / öffentlicher Dienst:

- Arbeitsagenturen und besondere Dienststellen der Bundesagentur für Arbeit
- Arbeitsgemeinschaften
- Optionskommunen
- Berufsförderungsdienst der Bundeswehr

Private Vermittlung / Personaldienstleister

- Private Vermittlungsagenturen
- Personalberatungen und Headhunter
- Transfergesellschaften
- Outplacement großer Unternehmen
- Unternehmen der Arbeitnehmerüberlassung
- Internet-Vermittlungsbörsen
- Fördermittelberatung

Gemeinnützige Einrichtungen / Selbsthilfeeinrichtungen

- Kammern und Verbände
- Regionalverbünde
- Studentenwerke
- kirchliche Einrichtungen
- Arbeitsloseninitiativen

Bildungseinrichtungen / im Auftrag Dritter tätige Einrichtungen:

- Career-Services der Universitäten und Fachhochschulen
- Berufsbildungs- und -förderungswerke sowie weitere Träger der Förderung der beruflichen Weiterbildung
- Werkstätten für Behinderte
- Integrationsfachdienste

Arbeitsorte

- Büros
- Teilweise Großraumbüros
- Räumlichkeiten von Arbeitgebern (Außendienste)

4. Arbeitsmittel

Allgemein

Neben einem für Gesprächssituationen ausgestattetem Büro benötigen sie vorrangig moderne Kommunikationsmittel wie Telefon, Internet, E-Mail und Faxgerät. Die Eingabe und Verwaltung von Profilen erfolgt mit Hilfe von Vermittlungsdatenbanken, durch die Angebot und Nachfrage abgeglichen werden können. Für die Durchführung von Gruppeninformationsveranstaltungen sowie Vorträge sind Flipchart, Beamer und andere Vortragsmaterialien erforderlich.

Um sich über aktuelle Entwicklungen auf dem Arbeitsmarkt, der Berufe, aktuelle Jobsearch- und Selbstvermarktungsstrategien sowie Personalmarketingstrategien informieren zu können, benötigen sie berufs- und wirtschaftskundliche Informationsschriften und Verzeichnisse sowie Zugang zu aktuellen Statistiken.

5. Zugang zur Tätigkeit

Allgemein

In der Regel wird für den Zugang zur Tätigkeit ein abgeschlossenes Studium, eine Techniker- oder Meisterausbildung sowie entsprechende Berufserfahrung vorausgesetzt. Entsprechende betriebs-, volkswirtschaftliche-, personalrechtliche Kenntnisse sind dabei häufig von Vorteil.

Zugangsberufe:

Nicht einheitlich geregelt. In der Bundesagentur für Arbeit ist der Zugang über ein grundständiges dreijähriges Studium mit integrierten Praktika an der Hochschule der

Bundesagentur möglich - allerdings rekrutiert sich hieraus nur noch ein kleiner Teil der in der Bundesagentur tätigen Vermittler.

6. Spezialisierungen:

Vermittler am Markt für Personal und Arbeit können sich auf die Unterstützung und Beratung einer Marktseite spezialisieren. So betreuen Personalvermittler hautsächlich die Arbeitgeberseite und Arbeitsvermittler die Bewerberseite.

Auch eine Schwerpunktbildung bei der Vermittlung bestimmter Berufe, in bestimmten Branchen sowie besonderer Personenkreise ist möglich, z.B. Vermittler für Handwerksberufe, Führungskräfte oder Rehabilitanden.

Oftmals erfolgt auch ein Einsatz mit Schwerpunkt in vermittlungsnahen Aufgabenfeldern, wie der Beratung als Berufs-, Bildungs-, Personal-, Unternehmens- oder Existenzgründerberater. Auch Tätigkeiten in der Arbeitnehmerüberlassung oder gar im Personalmanagement sind denkbar.

7. Kompetenzen:

Für die nachfolgend dargestellte Übersicht der im Berufsbild erforderlichen und förderlichen Hard- und Soft-Skills wurde als Grundlage das Verzeichnis beruflicher Merkmale der Bundesagentur für Arbeit herangezogen, da es sich um das am weitesten verbreitete und umfassendste Merkmalsverzeichnis handelt. Die Merkmale decken das gesamte Berufsbild des Vermittlers am Markt für Personal und Arbeit ab. Je nach Spezialisierung und Fachrichtung müssen hier nochmals Schwerpunkte gesetzt werden.

Hard-Skills

- Ablage, Registratur
- Ablauforganisation
- Abrechnung
- Adobe Acrobat
- Agentur (Vermittlung
- Akten, Schriftgut
- Antragsbearbeitung
- Arbeitgeberverbände
- Arbeitsförderungsrecht
- Arbeitslehre
- Arbeitslose (Betreuung etc.)
- Arbeitslosenversicherung
- Arbeitsplatzgestaltung
- Arbeitsrecht
- Arbeitsvermittlung
- Arbeitsvertragsrecht
- Arbeitsvorbereitung
- Asylberatung
- Asylbewerber (Betreuung etc.)
- Aufbauorganisation
- Aufsicht, Leitung
- Auftragsannahme

- Auftragsbearbeitung
- Aus- und Fortbildung
- Ausbildereignungsprüfung
- Ausbildertätigkeit
- Ausbildungsförderungsrecht
- Ausbildungsvermittlung
- Ausländer (Betreuung etc.)
- Ausländerrecht
- Außendienst
- Außendienstorganisation, -steuerung, -planung
- Aussiedler (Betreuung etc.)
- Autistische behinderte Menschen (Betreuung etc.)
- Beamtenrecht
- Behinderte Menschen (Betreuung etc.)
- Behindertenwerkstatt
- Beitragsangelegenheiten bearbeiten
- Beratung
- Berufs- und Arbeitspädagogik
- Berufsberatung
- Berufsbildungsrecht
- Berufsvorbereitung
- Betreuung
- Betriebssanierung
- Betriebswirtschaftslehre
- Bewährungshilfe
- Bewerberauswahl, -beurteilung
- Bezirks-, Gebiets-, Regionaldirektion leiten
- Bezirksleitung
- Bilanzanalyse
- Bildbearbeitung
- Bildungseinrichtung
- Bildungsmanagement
- Buchführung, Buchhaltung
- Buchprüfung
- Bundesverwaltung
- Bürgerliches Recht, Zivilrecht
- Büro- und Verwaltungsarbeiten
- Bürokommunikation Lotus Smart Suite
- Bürokommunikation StarOffice
- Büromanagement, Büroleitung
- Case Management
- Change Management
- Coaching
- Controlling
- Datenbank Access (MS Office)
- Datenschutzrecht
- Datenverarbeitung
- Dienst-/Urlaubsplanerstellung
- Dienstleistungsmarketing
- Drogenabhängige (Betreuung etc.)
- DTP-Anwendung Publisher (MS Office)
- Einzelbetreuung
- Einzelunterricht

- E-Mail-Programm Outlook (MS Office)
- Erfolgskontrolle
- Erwachsene (Betreuung etc.)
- Filial-, Geschäftsstellen-, Zweigstellenleitung
- Finanzwesen, Haushaltswesen (öffentliche Verwaltung)
- Fördermittelmanagement
- Förderprogramme, -datenbanken
- Frauen, Frauenarbeit, Frauenhaus
- FS Ad Motorrad (A Direkt) (alt: FS 1)
- FS B PKW bis 3,5 t (alt: FS 3)
- FS BE PKW bis 3,5 t incl. Anhänger (alt: FS 3)
- FS C LKW (alt: FS 2)
- FS C1 LKW bis 7,5 t (alt: FS 3)
- FS C1E LKW bis 7,5 t incl. Anhänger (alt: FS 3)
- FS CE LKW incl. Anhänger (alt: FS 2)
- FS D Bus (alt: FS 2B)
- FS D1 Bus von 9 bis 16 Pl. (alt: FS 2B)
- FS D1E Bus von 9 bis 16 Pl. incl. Anhänger (alt: FS 2B)
- FS DE Bus incl. Anhänger (alt: FS 2B)
- Gehörlose (Betreuung etc.)
- Geistig behinderte Menschen (Betreuung etc.)
- Geschäftsleitung, Geschäftsführung
- Gesellschaftsrecht
- Gesetzliche Arbeitslosenversicherung
- Gewerberecht
- Gruppen-, Teamleitung
- Gruppenarbeit
- Handelsrecht
- Handwerksorganisation
- Haushaltsrecht
- Individualarbeitsrecht
- Industrie- und Handelskammern
- Insolvenz-, Konkursverwaltung
- Insolvenzrecht
- Integrierte Managementsysteme
- Jugend- und Erwachsenenbildung
- Jugendarbeit, -pflege
- Jugendliche (Betreuung etc.)
- Jugendschutzrecht
- Jugendschutzrecht
- Kartell-, Wettbewerbsrecht
- Kirchliche Einrichtungen
- Kleingruppenunterricht
- Kollektives Arbeitsrecht
- Kommunalrecht
- Kommunalverwaltung
- Korrespondenz
- Kostenanalyse
- Krisenmanagement
- Kundenberatung, -betreuung
- Kundendienst

- Kündigungsschutzrecht
- Leistungsfälle bearbeiten
- Lohn- und Gehaltsbuchhaltung, -abrechnung
- Lohn-, Gehalts-, Tarifwesen
- Makeln
- Maklerrecht
- Marketing
- Marketing-Management
- Marktforschung
- Monatsabschluss
- Öffentliche Verwaltung
- Öffentliches Dienstrecht
- Öffentliches Dienstrecht
- Öffentliches Recht
- Öffentlichkeitsarbeit, Public Relations
- Open Office Bürosoftware
- Organisation
- Organisationsberatung
- Outsourcingberatung
- PC-Anwendungen, allgemein
- Personalabrechnungs- und -informationssystem Paisy
- Personalabrechnungs- und -informationssystem Paisy
- Personalabrechnungs- und -informationssystem People Soft
- Personalabrechnungs- und -informationssystem People Soft
- Personalabrechnungs- und -informationssystem PERSIS
- Personalabrechnungs- und -informationssystem PERSIS
- Personalberatung
- Personalbeschaffung
- Personaleinsatzplanungs- und -organisationssystem EPOS
- Personaleinsatzplanungssoftware Dienstplanagent
- Personalentwicklung
- Personalleasing, Arbeitnehmerverleih
- Personalplanung
- Personalvertretungsrecht
- Personalverwaltung
- Personalwesen
- Postbearbeitung
- Präsentation
- Präsentationsprogramm PowerPoint (MS Office)
- Private Arbeitsvermittlung
- Projektleitung
- Randgruppenarbeit
- Rationalisierung
- Rechnungswesen
- Recht der Eingliederung Behinderter, Schwerbehindertenrecht
- Recht der Eingliederung Behinderter, Schwerbehindertenrecht
- Recht der Eingliederung Behinderter, Schwerbehindertenrecht

- Rehabilitation
- Sachbearbeitung
- Sachbearbeitung
- SAP R/2
- SAP R/3
- SAP-Modul HR (Human Ressources)
- Schwerhörige, Hörbehinderte Menschen
- Seminarplanung
- Sozial-, Milieugeschädigte (Betreuung etc.)
- Sozialamt
- Sozialarbeit
- Sozialhilferecht
- Sozialkompetenz- und Persönlichkeitsentwicklung (Förderung)
- Sozialmanagement
- Sozialpädagogik
- Sozialrecht
- Sozialversicherung
- Sozialversicherungsrecht
- Sozialversicherungsverhältnisse klären
- Strafgefangene (Betreuung etc.)
- Suchtkranke (Betreuung etc.)
- Supervision
- Tabellenkalkulation Excel (MS Office)
- Tabellenkalkulation Lotus 1-2-3
- Tabellenkalkulation Multiplan
- Tarifkenntnisse
- Terminplanung, -überwachung
- Textverarbeitung Word (MS Office)
- Übungsfirma
- Umsatzanalyse
- Unternehmensberatung
- Unternehmensbewertung
- Unternehmensführung
- Unternehmenskauf und -verkauf
- Unternehmenskommunikation, Corporate Identity
- Unterricht, Schulung
- Verbandsaufgaben
- Vereinstätigkeit
- Verhandlungsführung
- Verleihen
- Vermietung
- Vermitteln
- Versicherungsgeschäft
- Versicherungsrecht
- Versicherungsrecht
- Vertragsgestaltung
- Vertrieb
- Verwaltungsrecht
- Verwaltungswissenschaften
- Visualisierungs- und Grafikprogramm Visio (MS Office)
- Volkswirtschaftslehre
- Vortragstätigkeit

- Wirtschafts-, Businessenglisch
- Wirtschafts-, Steuerberatung
- Wirtschaftsförderungsrecht
- Wirtschaftssprachkenntnisse
- Wirtschaftstheorie
- Wirtschaftsverbände
- Wirtschaftswissenschaften
- Wissensmanagementsysteme
- Wohlfahrtspflege
- Workflowmanagementsysteme
- Zeiterfassungsysteme (Einsatz und Auswertung)

Soft-Skills

- Einfühlungsvermögen
- Erscheinungsbild
- Flexibilität
- Interkulturelle Kompetenz
- Kommunikationsfähigkeit
- Konfliktfähigkeit
- Kontaktfähigkeit
- Kooperationsfähigkeit
- Kreativität
- Kundenorientierung
- Loyalität
- Organisationsfähigkeit
- Psychische Belastbarkeit
- Schriftliche Ausdrucksfähigkeit
- Selbstbewusstsein
- Selbstständige Arbeitsweise
- Sorgfalt
- Sprachliche Ausdrucksfähigkeit
- Umgangsformen
- Unternehmerisches Denken
- Urteilsfähigkeit
- Verantwortungsbewusstsein
- Verhandlungsgeschick
- Zuverlässigkeit
- Anpassungsfähigkeit

8. Verdienst / Einkommen

Angestellte Vermittler erhalten bei der Bundesagentur für Arbeit in Westdeutschland ein monatliches Anfangsgehalt von brutto etwa 2.400 Euro (Regelfall: Tätigkeitsebene 4 inklusive einer Funktionszulage), das sich nach 15 Tätigkeitsjahren auf etwas über 3000 Euro erhöht. Verbeamtete Vermittler werden seit etwa 2 Jahren in die Besoldungsgruppe A9 eingruppiert – ein Regelaufstieg in die A10 ist nicht mehr möglich. Die Verbeamtung ist allerdings hier nicht mehr vorgesehen.

In anderen Bereichen des öffentlichen Dienstes dürfte sich der Verdienst in ähnlichen Bereichen bewegen (BAT IVb bzw. A9/A10).

Werte aus der Privatwirtschaft sind nicht bekannt.

6.3 Zugang und Qualifizierung

Der Zugang zu einer Tätigkeit als Arbeitsvermittler oder Personalberater ist nicht reglementiert. So darf sich jede Person nach einer entsprechenden Gewerbeanmeldung als privater Arbeitsvermittler bezeichnen. Aus- und Fortbildung erfolgen hier oftmals auf freiwilliger Grundlage. Die wachsende Zahl entsprechender Qualifizierungsangebote lässt allerdings einen entsprechenden Trend zur Professionalisierung des Berufsbildes erkennen. So waren in der Mitte des Jahres 2007 insgesamt 45 Veranstaltungen zum Suchbegriff „Arbeitsvermittlung" in die größte deutsche Bildungsdatenbank „KURS" eingestellt. Dabei handelt es sich fast ausschließlich um Weiterbildungsangebote, während Erstausbildungen bzw. grundständige Studiengänge kaum zu finden sind.[114]

Dabei waren hier nur drei Angebote zu finden, die nicht nur Teilqualifikationen vermitteln, sondern zu einer qualifizierten Berufsausübung befähigen sollen. Sie werden nachfolgend kurz vorgestellt:

1. Fachkraft für Personalberatung und Personalvermittlung (IHK)[115]

Die Weiterbildung umfasst im Regelfall sechs Module zu je 20 Unterrichtsstunden, die berufsbegleitend abends oder in Blockform zu belegen sind. Interessant für die Teilnehmer ist das IHK-Zertifikat zum Abschluss, das auf der Fachkräfteebene relativ hohes Ansehen bei den Arbeitgebern genießt. Zugangsvoraussetzungen werden nicht genannt. Der Titel der Fortbildung, aber auch die Inhalte lassen darauf schließen, dass hier vorrangig arbeitgeberorientiert arbeitende Vermittler (Personalvermittler) und deren Aufgabenerledigung und weniger die der bewerberorientierten Vermittler (Arbeitsvermittler) im Vordergrund stehen. Die wesentlichen Inhalte lassen sich wie folgt zusammenfassen:

- ***Modul 1: Arbeitsmarkt, Arbeitnehmer und Arbeitgeber***
  - Methoden zur Analyse und Einschätzung
- ***Modul 2: Recht für Personalvermittler***
  - rechtliche Grundkenntnisse
  - Rechte und Pflichten
  - Haftung des Personalvermittlers

---

114 www.kurs.de, Suchbegriff „Arbeitsvermittlung", 02. Juni 2007, 12.50h

115 Grundlage für die Analyse und Zusammenfassung waren die Darstellung der entsprechenden Weiterbildungsangebote in der Datenbank KURS und der entsprechenden Internetseiten und Seminarflyer der IHK Akademie Mittelfranken, des IHK-Bildungszentrums Cottbus, IHK-Bildungszentrums Dresden sowie des IHK-Form Düsseldorf am 01.06.2007

- verwaltungsrechtliche Grundlagen
- Arbeitsrecht
- Tarifvertragsgesetz

- ***Modul 3: Der Personalvermittler als Coach***
  - Coaching
  - Profilanalysen
  - Gesprächsverfahren
  - Konfliktmanagement
  - Selbstmanagementtechniken
- ***Modul 4: Personalbeschaffung, -beurteilung, Auswahl und professionelle Begleitung***
  - Arten
  - Instrumente
  - Profiling
- ***Modul 5: Der Personalvermittler als Berater***
  - Personalplanung und -entwicklung im Kundenunternehmen
- ***Modul 6: Workshop***
  - Personalvermittlung von A - Z

2. Zertifikatsstudiengang Management von Arbeitsmarktintegration / Masterstudiengang Dienstleistungsmanagement- Schwerpunkt: Personaldienstleistung

Der 12 Module umfassende berufsbegleitende Zertifikatsstudiengang „Management von Arbeitsmarktintegration" richtet sich an Fach- und Führungspersonen, die Dienstleistungen am Markt für Arbeit und Ausbildung sowie entsprechende Beratungsdienstleistungen erbringen und schließt mit einem Zertifikat ab, das durch den Bundesverband privater Vermittlung (BPV) und den Bundesverband Zeitarbeit (BZA) anerkannt ist. Teilnehmer, die zudem über ein Erststudium verfügen, erhalten die belegten Module im drei weitere Module umfassenden Masterstudiengang Dienstleistungsmanagement angerechnet. Der Studiengang ist der erste seiner Art, in dem es gelungen ist, sowohl staatliche Arbeitsvermittler aus den Arbeitsgemeinschaften, private Vermittler und Vermittler aus Großunternehmen wie Bahn und Telekom gemeinsam fortzubilden. Die wesentlichen Modulinhalte sind:

I. Studiensemester: Wissenschaftliche Grundlagen

1. Arbeitsmarktökonomie

2. Recht der sozialen Sicherungssysteme
3. Human Resource- und Personalmanagement

II. Studiensemester: Beratung und Coaching

4. Kommunikation und Beratung am Arbeitsmarkt
5. Case Management und Vermittlungscoaching
6. IT-basierte Vermittlungsstrategien

III. Arbeitsmarktintegration

7. Angewandte Berufswissenschaft, Praxis Vermittlungs-/Vorstellungsgespräche
8. Arbeitsmarktausgleich und Matchingsysteme
9. Kompetenzbilanzierung und Selbstvermarktungsstrategien

IV. Personaldienstleistungmanagement

10. QM und systemische Ansätze in der Personalarbeit
11. Zeitarbeit und Recruiting in Personalvermittlung
12. Existenzgründung und Akquisition von Kunden

3. Bachelorstudiengänge „Arbeitsmarktmangagement" und „Beschäftigungsorientierte Beratung und Fallmanagement"

An der Hochschule der Bundesagentur für Arbeit werden derzeit die grundständigen Bachelorstudiengänge „Arbeitsmarktmangagement" und „Beschäftigungsorientierte Beratung und Fallmanagement" angeboten. Die Ausbildung dauert drei Jahre, die zur Hälfte in Form von Praktika in den Arbeitsagenturen und zur anderen Hälfte im Rahmen von Studienzeiten an der BA-FH zu absolvieren ist. Die Studiengänge sind ausschließlich Studierenden vorbehalten, die später in die Dienste der Bundesagentur eintreten. Das Ziel aus dem Jahr 2004 zu einer Hochschule für Wirtschaft und Arbeit zu werden, an der alle Akteure am Arbeitsmarkt professionell qualifiziert werden, ist damit gescheitert. Damit handelt es sich letztendlich um eine unternehmensinterne Qualifizierung, die für externe Bildungsinteressenten von geringem Interesse ist. Da es sich inhaltlich um einen durchaus gelungen Ansatz handelt und die Qualität der Ausbildung der staatlichen Arbeitsvermittler für Öffentlichkeit und die beteiligten Akteure am Arbeitmarkt von Bedeutung ist, werden die Studiengänge hier trotzdem skizziert.

Der Bachelorstudiengang ***Arbeitsmanagement*** wird nach drei gemeinsamen Studientrimestern in drei Studienschwerpunkten mit zwei Trimestern durchgeführt. Der Schwerpunkt „Vermittlung und Integration" richtet sich vorrangig an künftige Arbeitsvermittler in den Agenturen und Argen, die nach Abschaffung der Arbeitsberater zusätzlich die Aufgabe der beruflichen Beratung von Erwachsenen übernehmen. Die Sachbearbeiter im Leistungsrecht (z.B. Arbeitslosengeld I und II) werden mit Schwerpunkt „Leistungsgewährung" ausgebildet. Im Schwerpunkt Ressourcensteuerung erfolgt die Vorbereitung auf Aufgaben in der Sach-, Finanz- und Personalverwaltung. Die nachfolgende Übersicht zeigt die einzelnen Studienmodule:[116]

gemeinsames 1. - 3. Studientrimester für alle Studienschwerpunkte	4. - 5. Studientrimester nach drei Schwerpunkten
• BWL - Grundlagen • VWL - Grundlagen • Sozialwissenschaft - Grundlagen • Integration in Ausbildung und Beschäftigung • Rechtswissenschaft - Grundlagen • Unternehmenssteuerung • Arbeitsmarktprozesse • Beratungsprozesse • Integrationsmanagement • Recht der Sozialversicherung • Entgeltersatzleistungen	***Vermittlung und Integration:*** • Arbeitgeberberatung • Fallmanagement • Integrationsmanagement • Wahlmodule ***Leistungsgewährung:*** • Arbeitgeberberatung • Integrationsmanagement • Entgeltersatzleistungen • Wahlmodule ***Ressourcensteuerung:*** • Personalmanagement • Dienstleistungsmanagement • Projektmanagement und Controlling • Unternehmensplanspiele • Wahlmodule

Der Studiengang ***Beschäftigungsorientierte Beratung und Fallmanagement*** qualifiziert für die Aufgaben der beruflichen Beratung und Orientierung sowie für das Aufgaben-

[116] In Anlehnung an: www.arbeitsagentur.de/zentraler-Content/A20-Intern/A202-Personalentwicklung/Publikation/pdf/Praesentation-Studiengang-Arbeitsmarktma.pdf; 03.06.07, 22.30h

feld des beschäftigungsorientierten Fallmanagements. Absolventen werden später je nach besuchter Fachrichtung als Berufsberater für Jugendliche oder als Fallmanager eingesetzt. Nachfolgend sind die wesentlichen Studienmodule der jeweiligen Fachrichtungen dargestellt:[117]

gemeinsames 1. - 3. Studientrimester für alle Studienschwerpunkte	**4. - 5. Studientrimester nach drei Schwerpunkten**
• BWL - Grundlagen • VWL - Grundlagen • Sozialwissenschaft - Grundlagen • Unternehmenssteuerung • Arbeitsmarktprozesse • Beratungsprozesse • Integrationsmanagement	***<u>Berufsberatung</u>*** • Arbeitgeberberatung • Gruppenprozesse • Berufliche Eignungsdiagnostik • Rechtliche Aspekte der Berufsberatung ***<u>Fallmanagement:</u>*** • Fallmanagement • Gruppenprozesse • Netzwerkmanagement • Grundsicherung für Arbeitslose

Trends in der Aus- und Weiterbildung von Vermittlern

Die Zahl der Weiterbildungsangebote im Bereich der privaten Arbeitsvermittlung hat in den letzten zwei Jahren deutlich zugenommen. Hier wird die Bedeutung qualifizierten Personals für einen hohen Vermittlungserfolg erkannt. Allerdings unterscheiden sich die Qualifizierungsangebote hinsichtlich zu vermittelnder Inhalte, Dauer und auch der Qualität der Maßnahmen ganz erheblich voneinander. Der Grund liegt mit Sicherheit in der fehlenden bzw. nicht einheitlichen Definition des Berufsprofils des Arbeits- und Personalvermittlers. Aus einem einheitlichen Berufsprofil ließen sich Anforderungen an die Inhalte entsprechender Bildungsangebote ableiten. Daneben könnte dieser Prozess durch Vorgaben zur Ausbildung und Anforderungen an das Vermittlungspersonal durch die entsprechenden Arbeitgeber- und Fachverbände beschleunigt werden.

In der der staatlichen Arbeitsverwaltung ist im Gegensatz zur privaten Vermittlung ein deutlicher Trend zur Deprofessionalisierung des Berufsbildes des Arbeitsvermitt-

[117] Hochschule der Bundesagentur für Arbeit [Hrsg.]: Studienführer; Stand 29.08.2006; 08.36h

lers und auch des Berufsberaters zu erkennen. Die Bundesagentur hat in der Vergangenheit den Zugang zur Vermittlertätigkeit auf zwei Weisen ermöglicht. So war die Teilnahme am grundständigen dreijährigen Studium an der FH des Bundes für öffentliche Verwaltung an den Standorten Mannheim und Schwerin für Abiturienten möglich. Die Ausbildung wird mittlerweile nicht mehr unter dem Dach der FH des Bundes, sondern nach der Modernisierung um Umstellung auf das Bachelor-System an einer eigenen durch den Wissenschaftsrat akkreditierten Hochschule der BA durchgeführt. Allerdings deckt die sehr anspruchsvolle Ausbildung mit jährlich etwa 300 Studienanfängern[118] bei weitem nicht den Personalersatzbedarf einer Behörde mit nahezu 100.000 Mitarbeitern[119].

Daneben bestand in der Vergangenheit für Mitarbeiter der Ausführungsebene (mittlerer Dienst) die Möglichkeit, nach Beendigung der dualen Ausbildung zum Fachangestellten für Arbeitsförderung und entsprechender Berufserfahrung am Studium teilzunehmen oder sich durch mindestens 1,5 Jahre umfassende berufsbegleitende Weiterbildungen zum Arbeitsvermittler zu qualifizieren. Mittlerweile ist ein Aufstieg ohne Qualifizierung nach einer entsprechenden Erprobungszeit möglich.

Den restlichen Personalbedarf deckt die BA derzeit durch die Einstellung befristeten Personals, wobei als Mindestvoraussetzung in den entsprechenden Stellenangeboten das Vorhandensein eines FH-Diploms oder Meister- und Technikerabschlusses genannt wird. Grundsätzlich ist die Einstellung externer Kräfte wünschenswert - bringen diese doch neue Ideen und Kenntnisse in das Unternehmen. Allerdings darf deren Aus- und Fortbildung - gerade vor dem Hintergrund, dass die BA soziale, sozialrechtliche und ordnungspolitische Aufgaben zu erfüllen hat - nicht vernachlässigt werden. Seitens der Autoren wird vermutet, dass es sich derzeit bei etwa 1/3 der Vermittler um externe Kräfte handelt, die weniger als 6 Wochen durch Qualifizierungsangebote auf ihre Aufgabe vorbereitet wurden.

Völlig unberücksichtigt bleibt derzeit die Aus- und Fortbildung für das durch die Kommunen in den ARGEN und den Optionskommunen eingesetzte Personal. Hier gibt es weder geeignete grundständige noch nennenswerte inhaltlich und zeitlich ausreichende (fortbildende) Qualifizierungsangebote. Vor dem Hintergrund der raschen Einführung des ARGE-Modells und damit gebotenen Eile konnten entsprechende Angebote für eine grundlegende Fort- oder gar Ausbildung nicht geschaffen werden; man war durchweg damit beschäftigt „das Modell überhaupt zum Laufen zu bringen". Um langfristig den hohen Erwartungen an die Betreuung und Integration der Langzeitarbeitslosen gerecht zu werden, kann eine Qualifizierung künftig nicht ausschließlich on-the-job erfolgen.

---

118 Bundesagentur für Arbeit: Presse Info 011 vom 30/01/2007

119 Bundesagentur für Arbeit: Studieren bei der BA - Bachelorstudium und Karriere - Arbeitsmarktmanagement ; Nürnberg 2006

Insgesamt betrachtet sollte die private Vermittlung ihre Bestrebungen, um eine Professionalisierung fortsetzen, dabei aber auch auf ein festgelegtes Berufsbild mit einheitlichen Ausbildungsstandards hinwirken. Die staatliche Arbeitsverwaltung sollte sich an ihre in der Vergangenheit vorbildliche Vermittlerausbildung anknüpfen und so dem Trend der Deprofessionalisierung entgegen wirken. Langfristig könnte bei einer gelungenen Aus- und Fortbildung des Vermittlungspersonals sogar eine Durchlässigkeit für das Personal beider Systeme erreicht werden.

6.4 Kooperation und Networking

Seit dem Fall des Vermittlungsmonopols der damaligen Bundesanstalt für Arbeit sind zahlreiche Akteure am Markt für Personal- und Vermittlung tätig, die neben, teilweise im Auftrag oder in enger Zusammenarbeit mit der staatlichen Arbeitsverwaltung agieren. Aus dieser Diversifikation des Vermittlungsangebots hat man sich insbesondere einen rascheren Ausgleich zwischen Angebot und Nachfrage versprochen, da neue Konzepte und Vorgehensweisen bei der Vermittlung in unmittelbare Konkurrenz treten.

In vielen Bereichen wäre allerdings auch eine engere Zusammenarbeit der einzelnen Beteiligten wünschenswert, da sich Konkurrenz durchaus auch behindern kann.

Abbildung 34: Koopkurrenz zwischen privater und staatlicher Arbeitsvermittlung

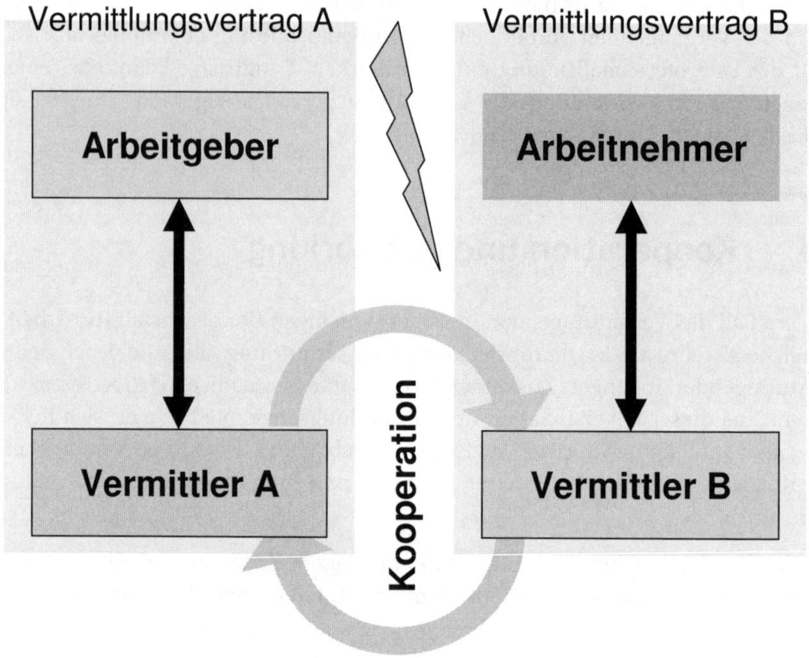

Der Idealfall, bei dem ein Vermittler die beiden Pole des Arbeitsmarktes zusammenführt, hat in der Praxis selten Gültigkeit. Häufig wird jeder Pol durch einen eigenen Vermittler betreut, die im ungünstigsten Fall in gegenseitiger Konkurrenz stehen. Stellenangebote und Bewerberprofile werden „gehütet wie Staatsgeheimnisse", da nur der Vermittler die im Regelfall erfolgsabhängige Provision erhält, der beide Seiten zuerst zusammenbringt. Ein bewerberorientierter Vermittler wird daher trotz hoher Passung wenig Interesse daran haben, dass sein Kunde auf das Stellenangebot eines anderen Vermittlers einmündet, wenn er damit seinen Anspruch auf Honorierung verliert. Da auch die staatliche Arbeitsvermittlung trotz des Vermittlungsskandals weiterhin vorrangig an ihren Vermittlungen gemessen wird, die sie ohne die Hilfe Dritter tätigt, hat die enge Kooperation mit privaten Vermittlern nicht oberste Priorität. In Fällen, in denen sich unterschiedliche Vermittlungsakteure gegenseitig behindern, wird der Vermittler zum systembedingten Vermittlungshemmnis.

Im Jahr 2002 wurden bereits Qualitätsstandards postuliert, die ein Jahr später von zahlreichen Verbänden für ihre Mitglieder als verbindlich erklärt wurden. In ihnen geht es vorrangig um die Sicherung von Qualitätsstandards durch Prozessdefinition, Qualifikation des Vermittlers, Verhaltensgrundsätze und das Beschwerdemanagement. Leider wurden diese seither nicht konkretisiert und sind scheinbar weitgehend in Vergessenheit geraten. Auch deutliche Aussagen zur Zusammenarbeit der Vermittlungsakteure untereinander fehlen.

Die Interessen, einen raschen Arbeitsmarktausgleich herbeizuführen und für die geleistete Arbeit entweder in Form von Geld oder statistischer Wertung und öffentlicher Anerkennung honoriert zu werden, sind keinesfalls konträr. Durch eine gezielte Kooperation aller Akteure und die Vereinbarung systematischer Grundsätze für die Zusammenarbeit könnten die meisten Probleme nicht nur beseitigt, sondern dies gar zu einer Nutzenmaximierung führen. Nachfolgend dazu Vorschläge für eine systematische Zusammenarbeit und die Überwindung der hier oftmals gesehenen Probleme:

Das ***materielle und immaterielle Honorierungsproblem*** scheint hier am schwersten überwinden zu sein, da das Honorar für die privaten Vermittler Grundlage für die wirtschaftliche Existenz bildet und der Vermittlungserfolg als statistischer Wert die Daseinslegitimation für die staatliche Arbeitsverwaltung darstellt. Hier muss ein System entwickelt werden, wie Erfolg bzw. die Mitwirkung daran gerecht zu teilen ist. Grundlage für die Erfolgsteilung sollte die schriftliche Kooperationsvereinbarung oder die Mitgliedschaft in einer Kooperationsvereinigung der beteiligten Akteure sein. Durch eine Änderung der statistischen Wertigkeit könnte sich die staatliche Arbeitsverwaltung Vermittlungen im Rahmen der Zusammenarbeit mit anderen zurechnen lassen. Schwieriger gestaltet sich die Kooperation zwischen den privaten Vermittlern untereinander. Verfügt einer der Netzwerkpartner über das Stellenangebot und der andere über den passenden Bewerber, müssen klare Regeln für die Aufteilung des Honorars geschaffen werden. Den Beteiligten des Netzwerkes ist freigestellt, ab wann sie ihre Stelle oder ihren Bewerber in das Netzwerk geben. Damit können gut zu besetzende Angebote weiterhin in Eigenregie verfolgt werden. Der Anreiz, Fälle die im Alleingang nicht bedient werden können, anzunehmen und ins Netzwerk einzustellen, steigt. Dadurch erhöhen sich die Chancen der Arbeitssuchenden und die gestiegene Zahl der Vermittlungen führt zu Einnahmezuwächsen, welche die Teilung des Honorars kompensieren könnten. Ein zentraler und vor allen Dingen unabhängiger Dienstleister könnte die hierfür notwendige Infrastruktur stellen und für Ab- und Verrechnungen zuständig sein (ähnlich beispielsweise den privatärztlichen Verrechnungsstellen).

Häufig wird der ***Datenschutz*** als ein zentrales Argument angeführt, dass den Profilaustausch zwischen den Vermittlern erschwere. Der originäre Vermittlungsbegriff sieht den Vermittler als dritte Einheit, der Daten zwischen Angebot und Nachfrage austauscht. Die Weitergabe an einen weiteren Vermittler - folglich einem vierten Beteiligten - der seinerseits wieder die Daten streut, ist durchaus problematisch. Gelöst werden könnte dieses Problem durch klare Richtlinien für die Profilweitergabe. Nur der unmittelbare Bewerber- bzw. Arbeitgebervermittler legt zusammen mit seinem Kunden fest, welche Daten, in welcher Form an festgelegte Zielgruppen (z.B. nur bestimmte Branchen, Betriebsarten, Regionen oder Ausschluss namentlich benannter Arbeitgeber) durch dritte Vermittler weitergegeben werden dürfen. Dritte haben zu dokumentieren und an die Erstvermittler zurückzuspiegeln, an wen das jeweilige Profil weitergereicht wurde. Legitimiert wird diese Vorgehensweise durch die Einverständniserklärung des Kunden und die Verpflichtung zur Einhaltung der Datenschutzvereinbarungen durch die beteiligten Vermittler.

Viele Vermittler sehen die mit ihrem Kunden vereinbarte ***Vermittlungsstrategie als gefährdet*** an, wenn mehrere Externe am Integrationsprozess mitwirken. Die deutliche Festlegung, dass der Erstvermittler federführend bei der Festlegung der Strategie ist, muss daher von allen Netzwerkpartnern akzeptiert werden. Hat der Vermittler mit dem Arbeitgeber beispielweise die Unterbreitung von maximal 10 Vorschlägen vereinbart, könnten zusätzliche Vorschläge nur noch über den Erstvermittler freigegeben werden. Auch Kommunikationswege (z.B. Unterbreitung der Vorschläge nur per Fax) werden durch diesen definiert.

Auch einem ***technischen Problem*** ist beim verstärkten Networking der Vermittlungsakteure zu begegnen. Es besteht sowohl auf einer inhaltlichen Ebene als auch reines ***Datenkompatibiliätsproblem***. Damit ein aussagekräftiges Matching möglich wird, müssen die Profile der Akteure miteinander zu vergleichen sein. Daher ist unbedingt die Festlegung inhaltlicher Mindeststandards für Stellen und Bewerberprofile erforderlich. Sofern die Verschlüsselung der Kenntnisse und Fertigkeiten sowie Hemmnisse nach einem Merkmalskatalog erfolgt, muss sich auf einheitliche Kriterien sowie eine Bewertungsskala bei der Ausprägung der einzelnen Merkmale geeinigt werden. Die Verfasser empfehlen hier den Merkmalskatalog der Bundesagentur für Arbeit, da er das derzeit umfangreichste Instrument auf diesem Gebiet darstellt und durch die Berufskundler der Bundesagentur regelmäßig aktuellen Entwicklungen angepasst wird.

Daneben muss sich auf ein einheitliches Datenaustauschformat geeinigt werden, so dass Daten auch unabhängig von der durch den Vermittler genutzten Software zu verarbeiten sind.

Neben den eigentlichen Profildaten sollten noch zusätzliche, nur durch die Vermittler einsehbare Daten an das eigentliche Profil gehängt werden. Sie könnten Informationen zum Fall, der gewählten Strategie und Hinweise zum Datenschutz (z.B. durch den Bewerber von der Vermittlung ausgeschlossene Arbeitgeber) enthalten.

Lokales Networking

In der Fallmanagementtheorie spielt der Netzwerkgedanke bereits eine entscheidende Rolle. Netzwerke und der Netzwerkbegriff sind in den unterschiedlichsten Disziplinen zu finden, wie z.B. der EDV, der Betriebswirtschaftslehre aber auch in den Sozialwissenschaften. Für alle kann folgende Minimaldefinition gelten:

Unter einem Netzwerk versteht man ein nach festgelegten Kriterien geordnetes System von Elementen (Knoten), die zueinander in Verbindung stehen.

Neben dieser sehr allgemeinen Beschreibung ist für das Fallmanagement und die Arbeitsvermittlung die Definition des „sozialen Netzwerkes" aus dem Bereich der Soziologie und der Ethnologie bedeutsam:

„Unter einem sozialen Netzwerk soll eine eigenständige Form der Koordination von Interaktionen verstanden werden, deren Kern die vertrauensvolle Kooperation autonomer, aber interdependenter (wechselseitig voneinander abhängiger) Akteure ist, die für einen begrenzten Zeitraum zusammenarbeiten und dabei auf die Interessen es jeweiligen Partners Rücksicht nehmen, weil sie auf diese Weise ihre Ziele besser realisieren können als durch nichtkoordiniertes Handeln."[120]

Soziale Netzwerke werden zudem noch unterschieden in:

- ***natürliche Netzwerke***
  Zu Ihnen zählen familiäre und freundschaftliche Bindungen. Ihre Bedeutung bei der Sicherung der materiellen Existenz hat seit der industriellen Revolution und der voranschreitenden Urbanisierung deutlich abgenommen. Für das Wohlbefinden und das Bedürfnis nach sozialer Geborgenheit des Individuums sind sie aber weiterhin unabdingbar. Sie sind Grundlage für die Sozialisation des Einzelnen. Ihnen muss im Rahmen des Fallmanagements und der Vermittlung daher ebenfalls besondere Beachtung geschenkt werden.

- ***soziale oder künstlichen Netzwerke***
  Darunter ist die Zusammenarbeit formell und funktional ausgerichtete Organisationsgebilde, wie staatlicher Einrichtungen, Organisationen der Selbsthilfe und professionelle Systeme, zu verstehen. Sie bieten auf freiwilliger Basis oder aufgrund eines bestehenden Rechtsanspruchs Hilfsleistungen an. Das Fallmanagement und die Vermittlung müssen dem Kunden helfen, sich die Leistungen dieser Netzwerke zu erschließen.

- ***das persönliche Netzwerk***
  Es symbolisiert alle Beziehungen einer Person - folglich auch solche, die über familiäre Bindungen hinausgehen, wie z.B. das Beziehungsgeflecht zu Arbeitskollegen, Vorgesetzten, Kunden oder Geschäftspartnern. Auf die Nutzung dieser Netzwerkkontakte bei der Stellensuche und Selbstvermarktung wurde und wird in der Vermittlung großer Wert gelegt; in der staatlichen Vermittlung spielt es bisher leider eine untergeordnete Rolle.

Netzwerkarbeit im Fallmanagement und der Arbeitsvermittlung

Die Vermittlung kann häufig aus wirtschaftlichen aber auch aus ganz praktischen Gründen nicht alle Leistungen, die zur Lösung eines Vermittlungsfalles erforderlich sind, anbieten. Dies könnte dazu führen, dass einzelne Kunden trotz einer sehr hohen

120 Dr. Weyer, J.: Soziale Netzwerke - Konzepte und Methoden der sozialwissenschaftlichen Netzwerkforschung.München, 2000. S.11

Vermittlungschance abgewiesen werden müssen, da das im Einzelfall erforderliche Hilfsangebot nicht zum Leistungsspektrum des Vermittlungsdienstes gehört.

An die Netzwerkarbeit des Fallmanagements und der Arbeitsvermittlung ergeben sich folgende Anforderungen:

- die Nutzung bestehender Netzwerke,
- die Knüpfung eigener / Einbindung in Netzwerke und
- die Stärkung des familiären bzw. persönlichen Netzwerkes des Kunden.

Knüpfung eigener / Einbindung in bestehende Netzwerke

Beim Aufbau von Netzwerken bzw. den Anschluss des Fallmanagements bzw. des Vermittlers als Organisation an bestehende Netzwerke zu anderen Einrichtungen empfiehlt sich nachfolgende Vorgehensweise:

1. ***Ermittlung der für die Kunden erforderlichen Leistungen***
Zu Beginn des Prozesses muss sich die Frage gestellt werden, welches Leistungsspektrum im Rahmen des Fallmanagements und der Vermittlung für das eigene (oder das künftig angestrebte) Klientel für eine erfolgreiche Vermittlung erforderlich wird. Es ist folglich eine allgemeine Wunschliste aus Sicht des Fallmanagements und der Vermittlung zu erstellen. Neben dieser Aufstellung ist aber auch zu ermitteln, was diese Leistungen maximal Kosten dürfen; damit Fallmanagement und Vermittlung rentabel bleiben.

2. ***Untersuchung des eigenen Leistungsangebots***
Daneben muss das eigene Leistungsangebot untersucht und ein Leistungskatalog der bereits angebotenen und des theoretisch möglichen Leistungsangebotes im eigenen Hause erstellt werden, der auch eine Übersicht über die Kosten der einzelnen Leistungen erhält.

3. ***Ermittlung des fehlenden Leistungsangebots***
Erforderliche Leistungen und die Fähigkeit, diese durch eigene Angebote abzudecken, werden schließlich abgeglichen und so das fehlende Leistungsspektrum ermittelt. Zum fehlenden Leistungsspektrum hinzugerechnet werden auch Leistungen, die zwar durch eigene Stellen abgedeckt werden können, deren Erbringung aber unwirtschaftlich bzw. zu teuer erscheint.

4. ***Suche nach potentiellen Kooperationspartnern***
Im nächsten Schritt beginnt die Suche nach möglichen Kooperationspartnern und die Beschaffung geeigneten Informationsmaterials über die Einrichtungen selbst und deren Leistungsangebot. Aus den Rechercheergebnissen wird eine Auswahl möglicher Partner getroffen.

5. ***Untersuchung des Dienstleistungsangebots der potentiellen Kooperationspartner***
   Nach zuvor genau festgelegten Kriterien, wie z.B. Leistungen, Kosten, räumliche Verfügbarkeit, Image etc., wird das Dienstleistungsangebot der potentiellen Kooperationspartner untersucht. Die dabei zu beantwortenden Fragestellungen wären:
   - Welche Leistungen des Kooperationspartners sind für unsere Kunden interessant?
   - Was kostet die Zusammenarbeit in diesem Fall?
   - Gibt es Anbieter, die Leistungen besser und/oder günstiger anbieten?
   - Welche der eigenen Leistungen sind ggf. für den potentiellen Kooperationspartner interessant?
6. ***Kontaktaufnahme***
   Mit dem potentiellen Netzwerkpartner muss nun Kontakt aufgenommen und das grundsätzliche Interesse an einer Kooperation erfragt werden.
7. ***Verhandlungsphase und Abschluss der Kooperationsvereinbarung***
   Wurde die Kooperation beschlossen, sollten die wesentlichen Vereinbarungen in einer Kooperationsvereinbarung festgehalten werden. Wesentliche Inhalte einer solchen Vereinbarung sind:
   - Bezeichnung der Kooperationspartner
   - Ziel der Kooperation
   - Dauer der Kooperation
   - Ansprechpartner
   - von den Kooperationspartnern eingebrachte Leistungen und Gegenleistungen
   - Verfahren und Kommunikationswege (z.B. Fallzuweisung)
   - Art und Verfahren der Evaluation
8. ***Beginn der Kooperation***
   Die Zusammenarbeit sollte durch ein vertrauensvolles Miteinader geprägt sein. Dazu gehören die unbedingte Einhaltung der Inhalte der Kooperationsvereinbarung und die offene Kommunikation. Missverständnisse und Fehler sollten durch regelmäßigen Austausch vermieden werden.
9. ***Evaluation der Zusammenarbeit***
   Prozesse und Ergebnisse der Zusammenarbeit müssen regelmäßig evaluiert und auf ihre Tauglichkeit und Einhaltung überprüft werden.

Literaturverzeichnis

Bartels, A., Ruppenthal, T. u. Scheller, C.: "Fit für die Vermittlung - die ersten Monate in der Arbeitsvermittlung meistern", Skript zum gleichnamigen Seminar im HS IV, Mannheim 2002 und 2003; http://www.talentmarketing.de/wahlpflichtfach/fit_vermittlung2003/fit_vermittlung2003.pdf

BECK JURISTISCHER VERLAG [Hrsg.]: Mietrecht; darin: Gesetz zur Regelung der Wohnungsvermittlung (WoVermittG); Sonderausg. 39., neubearb. Aufl., München 2004

BECK JURISTISCHER VERLAG [Hrsg.]: Sozialgesetzbuch; darin: SGB I, SGB II, SGB III u. SGB IX., 31. Auflage, München 2004

BFD [Hrsg.]: Berufsförderung – Leistungsbilanz des Berufsförderungsdienstes 2003; Broschur

Bundesagentur für Arbeit [Hrsg]: Kompendium – Aktive Arbeitsmarktpolitik nach dem SGB II; Seite 26; 1. Auflage; Stand September 2004

Bundesarbeitsgemeinschaft der Integrationsämter: Internetangebot unter http://www.integrationsaemter.de

Bundesamt für Wehrverwaltung [Hrsg]: Berufsförderung für Soldaten auf Zeit und BO41; Bonn 01.08.2004

Bundesverband Personalvermittlung e.V.: Internetangebot unter http://www.bpv-info.de

Bundesverband Personalvermittlung e.V.: Presseinformation vom 01.09.2004

Bundesverband Zeitarbeit: Internetangebot unter http://www.bza.de

Deutscher Bundestag: Bundestagsdrucksache 15/25

Dincher, R.: Personalwirtschaft, 2. Auflage, S. 124, fbp, Neuhofen/Pfalz 2003

Dincher, R.: Die Arbeitsverwaltung als Personaldienstleister – Ergebnisse und Analysen zum Dienstleistungsmarketing der Arbeitsverwaltung, fbp, Neuhofen/Pfalz 2001

Egle, F., Bens, W.: Talentmarketing, Strategien für Job_Search und Selbstvermarktung, und Fallmanagement, 2. Auflage, Gabler-Verlag, Wiesbaden 2004

Egle, F., Pfortner, R., Stemes, H.: Personal - Placement - Handbuch für Berater und Arbeitsvermittler, Luchterhand Fachbuch Verlag, Februar 1996

Egle, F. und Scheller, C.: Das Arbeitsamt als selbstlernende Organisation, in "Profiling", gsub [Hrsg.], bod-Verlag 2002

Egle, F. und Scheller, C.: TQM und @SIS-Talentbank – Kundenorientierte Innovationen für die Berufsberatung, in dvb –forum – Zeitschrift des deutschen Verbandes für Berufsberatung e.V., 1999

Heusch, R. u. Kutzera E.: Das neue Recht der Arbeitsförderung; Loseblattsammlung Stand Juni 2003; Forum-Verlag Mehring

Knobloch D.: Private Arbeitsvermittlung: Funktionsweise – Zielgruppen – Erfahrungen in: IAB [Hrsg.], April 2003

Mayer, U. u.a.: Lexikon Arbeitsförderung, Bund Verlag, Frankfurt am Main 2004

Scheller, C.: "Personalmanagement", Skript zur Veranstaltung an der Berufsakademie Mannheim, Mannheim 2003; http://www.christian-scheller.de/cfs2003/skript_personalwesen.pdf

Scheller, C. u. Stops, M.: „Angewandte Berufswissenschaften - Berufskunde", Begleitmaterialen zum Modul 6 im Studiengang Arbeitsmarktmanagement an der SRH Hochschule Heidelberg; Heidelberg 2007

Michael Stops

Berufe als Informationsgrundlage für die Personalvermittlung

Summary

Ein gleichzeitig hohes Niveau von Arbeitsangebot und Arbeitsnachfrage kann in vielen Ländern beobachtet werden. Dies ist neben einem qualitativen Mismatch dadurch erklärbar, dass Informationsdefizite beseitigt sowie regionale und zeitliche Barrieren überwunden werden müssen, um beide Marktseiten zusammenführen zu können. Nach einer allgemeinen Beschreibung von für die Personalvermittlung notwendigen Informationen und deren Kategorien wird auf das Berufskonzept fokussiert, da es offensichtlich eine Möglichkeit bietet, bestimmte Einzeltätigkeiten zu Tätigkeitsmustern zusammenzufassen, die in verschiedenen Betrieben oder Betriebsteilen zu finden sind. Damit scheint es eine nützliche Informationsgrundlage für die Personalvermittlung und -disposition zu sein. Nach der Vorstellung des Berufskonzeptes werden Entwicklungslinien diskutiert, die das Berufskonzept „entwerten" und es wird mit einer Alternative – dem Kompetenzkonzept – verglichen. Es lässt sich schlussfolgern, dass das Berufskonzept und seine daraus entstandenen Klassifizierungen allein nicht hinreichend sind, um bestimmte relevante Arbeitsmarktausschnitte für Zwecke der Vermittlung von Personal zu analysieren. Insbesondere fehlen in den Klassifizierungen Informationen zu weiteren wichtigen Strukturmerkmalen des Arbeitsmarktes. Im Weiteren wird deshalb eine „gedankliche" Teilung des Arbeitsmarktes vorgeschlagen, die der Segmentationstheorie folgt und bei der die Segmente unter anderem nach der Substituierbarkeit und Durchlässigkeit bestimmter Berufe und Tätigkeitsmuster unterschieden werden. Mit dieser „Strukturschablone" versehen könnten internationale und nationale Berufsklassifizierungen geeignete Informationsgrundlagen für die Personalvermittlung darstellen. Diese werden abschließend kurz vorgestellt, verglichen und bewertet.

1 Einführung

1.1 Grundüberlegungen zu einem gesteuerten Arbeitsmarktausgleich

Arbeitsmärkte sind nicht selten gekennzeichnet durch eine Situation mit hoher Arbeitslosigkeit auf der einen und einer großen Zahl offener Stellen auf der anderen Seite.

Exemplarisch soll dies verdeutlicht werden an einer Geschäftsstatistik der Bundesagentur für Arbeit: Bezogen auf den deutschen Arbeitsmarkt sind die Zahlen auf beiden Seiten „konservativ", es fehlen auf der Arbeitnehmerseite die stille Reserve sowie die Zahl der Arbeitssuchenden und auf der Arbeitgeberseite die Stellen, die nicht bei der Bundesagentur gemeldet wurden[121]. Tabelle 13 verdeutlicht die Situation für November 2006 bis April 2007.

*Tabelle 13: Zahl der Arbeitslosen und gemeldeten offenen und ungeförderten Stellen von November 2006 bis April 2007**

	November	Dezember	Januar	Februar	März	April
Zahl der Arbeitslosen (1)	3.995.087	4.007.559	4.246.606	4.222.156	4.107.969	3.966.648
Gemeldete ungeförderte Stellen (2)	402.000	386.000	388.000	423.000	443.000	452.000
Anteil (2) an (1)	10,1 %	9,6 %	9,1 %	10,0 %	10,8 %	11,4 %

*Quelle: Bundesagentur für Arbeit (2007a und 2007b), eigene Berechnungen

[121] Zum genauen Konzept der Statistiken vgl. Bundesagentur für Arbeit (2007a und 2007b). Zur echten Zahl der Arbeitslosigkeit in der amtlichen Statistik vgl. bspw. Franz 2005, S. 142 ff..

Unter anderem versucht die öffentliche Arbeitsvermittlung, das Angebot an verfügbaren und sofort arbeitsfähigen Arbeitskräften (Zahl der Arbeitslosen) mit der Nachfrage nach Arbeitskräften (Zahl der gemeldeten ungeförderten Stellen) passgenau zusammen zu bringen[122].

Dies gelingt im Einzelfall dann, wenn ein Bewerber und ein Unternehmen zu einer Übereinkunft über ein künftiges Beschäftigungsverhältnis kommen. Bis es soweit ist, haben sowohl Bewerber als auch Unternehmen einige Anstrengungen unternommen.

Die Heterogenität von Stellen und Bewerbern führt insbesondere zu Aufwendungen,

- da Informationen gegenseitig ausgetauscht sowie
- zeitliche und räumliche Barrieren überwunden werden müssen[123].

Im Ergebnis dieser Aufwendungen kann jedoch nicht immer ein Beschäftigungsverhältnis begründet werden, denn es ist möglich, dass Bewerber die Qualifikationsanforderungen der Betriebe nicht erfüllen.

Nicht zuletzt um Unternehmen und Bewerber zu entlasten, wurden öffentliche Vermittlungseinrichtungen bei der Bundesagentur für Arbeit als auch bei den Kommunen geschaffen[124]. Diese, wie auch alle anderen Unternehmen und Einrichtungen, die sich mit der Vermittlung und Disposition von Personal befassen, benötigen neben vielen konkreten Informationen auch Wissen darüber, wie der Arbeitsmarkt strukturiert ist.

Im Folgenden werden wichtige Kriterien für die passgenaue Zusammenführung von Bewerbern und Stellen erläutert und es wird dabei besonders auf das Berufskonzept fokussiert. Dieses stellt den Versuch dar, eine Vielzahl an Informationen über Einzeltätigkeiten in Betrieben realitätsgetreu zusammenzufassen und abzugrenzen. Dies gelang und gelingt nicht immer - orientiert sich dieses Konzept doch an vorhandenen betrieblichen Gegebenheiten und stellt die betriebliche Realität in der Vergangenheit dar. Neben der Beschreibung und Diskussion des Berufskonzeptes wird in einem weiteren Schritt das Kompetenzkonzept als eine Alternative erläutert und mit dem Berufskonzept hinsichtlich der entstehenden Kosten insbesondere bezüglich der resultierenden Qualifikationssysteme verglichen. Schließlich folgt eine Erläuterung verfügbarer Strukturierungskonzepte und Informationsquellen für die Abbildung von Tätigkeitsstrukturen – die Berufsklassifizierungen.

---

122 § 1 Abs. 2 Nr. 1 und 2 Drittes Buch Sozialgesetzbuch (SGB III)

123 Arbeitsmärkte werden deshalb häufig als Suchmärkte bezeichnet – die Bewerber müssen nach Betrieben und Betriebe nach Bewerbern suchen, vgl. Jahn et.al. (2004), S. 63 ff.

124 Dadurch entstehen selbstverständlich auch Kosten, mindestens die Kosten für Beiträge für diesen Zweig der Sozialversicherung, zusätzliche Steuern und die Kosten der entstehenden Verzögerungen bei der Vermittlung, bspw. aufgrund der Zahlung von Arbeitslosengeld. Für eine ausführliche Diskussion weiterer Aspekte vgl. bspw. Bruttel (2005).

1.2 Informationskategorien für die Personaldisposition und -vermittlung

Abbildung 35 fasst nützliche Informationskategorien für die Personalvermittlung zusammen. Neben einigen einfach zu erhebenden Informationen, bspw. über das Unternehmen und einigen Merkmalen der Stelle, bspw. Arbeitsort und Arbeitszeit, gibt es andere Informationen, bei denen zu entscheiden ist, mit welcher Detailtiefe diese für den Vermittlungsprozess benötigt werden.

Dies betrifft insbesondere stellenbezogene Anforderungen an die Bewerber, also geforderte Abschlüsse bzw. Qualifikationen, Fertigkeiten und Fähigkeiten, aber auch die Beschreibung der Aufgaben, des Umfangs der Verantwortung oder die Einordnung in die Hierarchie der Unternehmung. Sinnvoll einsetzen lassen sich diese Informationen nur, wenn es gelingt, diese Bewerber- und Stellengerecht aufzubereiten und einen bestimmten Grad der Standardisierung zu erreichen. Wie noch gezeigt wird, sind die Informationskategorien unterschiedlich zu gewichten, je nach dem welches Arbeitsmarktsegment bearbeitet wird.

Abbildung 35: Informationskategorien für einen gesteuerten Arbeitsmarktausgleich

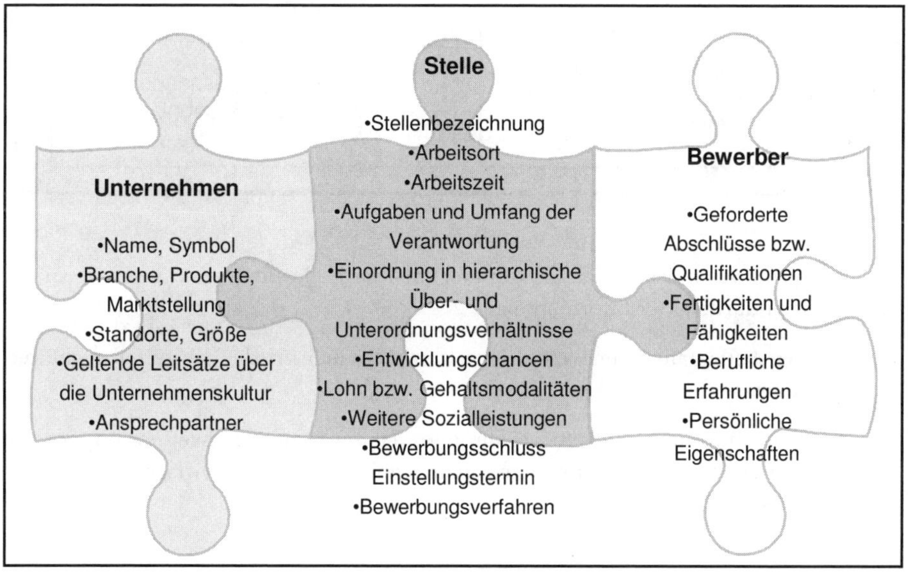

Standardisierung bedeutet Informationsverlust. Bei der Wahl des richtigen Konzepts befinden sich Personalvermittler in einem Dilemma zwischen (unendlich) hohen Kosten für die Verfügbarkeit vollständiger Arbeitsmarktinformationen, mit denen die Möglichkeit verbunden ist, wirklich passgenau vermitteln zu können und Informationsreduktion durch Standardisierung, die zu weniger passgenauen Vermittlungen führt und damit das Risiko erfolgloser Vermittlungsarbeit steigert (Abbildung 36).

Abbildung 36: Dilemma bei der Wahl eines geeigneten Arbeitsmarktinformationssystems aus Sicht der Personalvermittlung

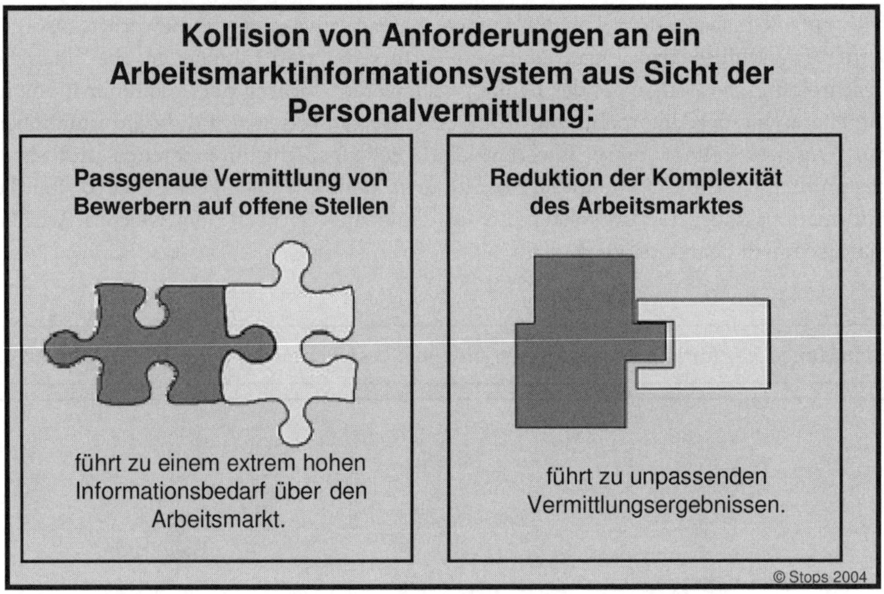

Personalvermittler müssen sich also immer im Klaren darüber sein, dass sie bei der Nutzung standardisierter Informationen

- gegebenenfalls über wesentliche Informationen für den Einzelfall nicht verfügen und
- diese Informationen eine bestimmte „Halbwertzeit" aufweisen, da sich die betriebliche Realität im Zuge der technologischen und wirtschaftlichen Entwicklung stetig verändert.

2 Berufskonzept

Der Rückgriff auf das Berufskonzept scheint eine praktikable Lösung innerhalb des beschriebenen Dilemmas zu sein. Das Konstrukt des Berufes als „...jene Spezifizierung, Spezialisierung und Kombination von Leistungen einer Person [...], welche für die[-se] Grundlage einer kontinuierlichen Versorgungs- oder Erwerbschance ist..."[125], war Grundlage für die Schaffung von Klassifizierungssystemen, die wiederum als eine Informationsgrundlage für die Personalvermittlung und -disposition verwendet werden. Im Folgenden soll das Berufskonzept skizziert werden. Dabei wird deutlich, dass es keineswegs für die Strukturanalyse des Arbeitsmarktes ausreicht. Dies mag daran liegen, dass der Beruf als Träger vieler Funktionen in der Gesellschaft herangezogen und mit unterschiedlichen Analyseproblemen verbunden wird. Das mag dann auch die Vielzahl der vorgelegten Erklärungsansätze und Definitionsversuche von Berufen erklären. Für die Zwecke der Personalvermittlung wird die Analyse des Arbeitsmarktes genauer, wenn man weiß, in welchem Verhältnis definierte Berufe, Tätigkeitsbezeichnungen oder Qualifikationen zueinander stehen, also ob sie bspw. substituierbar sind oder nur betriebsspezifisch ausgeprägt werden.

2.1 Definitionen und theoretische Erklärungsmuster für die Entstehung von Berufen

„Neuere" Berufsrollen entstehen auf verschiedenen Wegen. Einige erklären sich durch die Entwicklung hoch arbeitsteiliger öffentlicher und privatwirtschaftlicher Organisationen[126]. Die Existenzgrundlage für Familien stellte nicht mehr die „Haushaltsarbeit", bspw. die Bestellung eigener Felder, die Aufzucht von Nutzvieh oder die Herstellung von Werkzeugen in Handarbeit dar, sondern der Bezug von Lohnzahlungen in zunehmend arbeitsteiligen Betrieben für die Erbringung von Arbeitsleistungen. Damit hat sich die Notwendigkeit von Arbeitsmärkten mit einem gewissen Organisationsgrad ergeben, denn die nunmehr spezialisierten Arbeitskräfte und der spezielle Arbeitskräftebedarf musste koordiniert werden. Dabei trat die „Verberuflichung" zuerst bei den einfach qualifizierten Arbeitnehmern ein und konnte später auch bei höheren Qualifikationen und in der Leitung von Organisationen beobachtet werden[127]. Neben den „neueren" Berufsrollen gibt es jedoch auch Berufe, deren Entstehung so nicht erklärt werden kann. Hierzu gehören religiöse, juristische und medizinische Betäti-

---

[125] Weber 2005, S. 104

[126] Parsons 1996, S. 36 f.

[127] Parsons 1996, S. 138

gungsfelder, bei denen eine Professionalisierung teilweise bereits seit der Antike nachgezeichnet werden kann. In diesen Berufen wurde als Erstes die Notwendigkeit der wissenschaftlichen Befähigung normiert und dies wurde später auch in anderen angewandten Wissenschaften durchgesetzt[128]. Nach diesem Ansatz ist die Universität das Ideal der Verberuflichung. Gleichzeitig ist sie damit auch der Ausgangspunkt für die Verberuflichung in allen anderen „angewandten" und „abgeleiteten" Tätigkeitsbereichen.

Berufe werden auch wie folgt definiert: Sie sind „...relativ tätigkeitsunabhängige, gleichwohl tätigkeitsbezogene Zusammensetzungen und Abgrenzungen von spezialisierten, standardisierten und institutionell fixierten Mustern von Arbeitskraft, die als Ware am Arbeitsmarkt gehandelt und gegen Bezahlung in fremdbestimmten, kooperativ-betrieblich organisierten Arbeits- und Produktionszusammenhängen eingesetzt wird."[129] Dies folgt dem Gedanken, dass zunächst einmal die Arbeitskraft als handelbares Gut jeder Person mit einem bestimmten „Tauschwert" zur Verfügung steht. Die Arbeitskraft wird zur Berufsform entwickelt unter den Grundbedingungen eines marktwirtschaftlichen Systems und der Lohnarbeit. Diese Bedingungen motivieren Unternehmen zwingend zu Maßnahmen der Steigerung von Produktivität und Rentabilität. Dies wiederum führt dazu, dass die Arbeitnehmer in einem Konkurrenzverhältnis zueinander stehen, denn die Unternehmen beschäftigen nur die Arbeitnehmer, die Produktivitätssteigerungen bzw. Rentabilität gewährleisten und setzen die Anderen frei. Das jedoch führt zu Tendenzen der Abschottung, fortschreitender Spezialisierung und Standardisierung der Arbeitskraftangebote. Diese Institutionalisierung lässt sich bspw. im Handwerk oder bei den freien Berufen (Heilkundler wie etwa Ärzte, Zahnmediziner und Apotheker; rechts-, wirtschafts- und steuerberatende Freiberufler; Techniker wie beispielsweise Architekten und Ingenieure sowie Angehörige der Freien Kulturberufe) nachweisen. Dies wird kombiniert mit der Institutionalisierung und der Weitergabe des spezifischen Wissens. Somit bilden sich Berufe heraus, um Arbeitsmarkt- und Beschäftigungschancen der Arbeitenden zu verteidigen, aber auch, um Versorgungs- und Statusansprüche durchzusetzen, die vor allem mit der Zusammensetzung und Abgrenzung von Berufen verbunden sind[130][131].

Aus dem angelsächsischen Raum stammt ein dem Beruf nicht weit entferntes Begriffskonzept – die „Profession". Diese ist in Anlehnung an Freidson[132] ein Beruf oder eine

---

[128] Parsons 1996, S. 124

[129] Beck et al. 1980, S. 20

[130] Beck et al. 1980, S. 40 ff..

[131] Die hier angeführten Überlegungen zur Entstehung, der Berufe verdeutlichen, dass diese nicht ohne die gesellschaftlichen Akteure, insbesondere den Staat und die Sozialpartner entstanden wären, deren Handeln durch bestimmte grundsätzliche Rahmenbedingungen bspw. einer Wirtschaftsverfassung bestimmt wird. Da berechtigterweise zu vermuten ist, dass es in Ländern mit einer anderen Wirtschaftsverfassung auch eine „Beruflichkeit" gibt, wäre deren spezifische Entstehungsgeschichte zu untersuchen.

[132] Freidson 2004, S. 10

Berufsgruppe, die sich selbst kontrolliert, sich in speziellen Formen organisiert und sich auf die Verwendung von spezifischem Wissen sowie auf die Einhaltung spezieller Verhaltensnormen stützt. Wie deutlich betont wird, sind nicht alle Berufe, besser „occupations", mit „professions" gleichzusetzen. Einigkeit herrscht auch nur darüber, dass die genannten geistlichen, medizinischen und juristischen Betätigungsfelder Beispiele für „Professionen" darstellen[133]. Gleichzeitig wird auch resümiert, dass die Abgrenzung schwierig erscheint. Beispielsweise kann beobachtet werden, dass Unternehmens- aber auch Arbeitnehmergruppen bestrebt sind, den Organisationsgrad ihrer Tätigkeitsfelder zu erhöhen, beispielsweise durch die Einführung von entsprechenden "Berufsbezeichnungen," standardisierten Ausbildungsgängen, Gründung von Fachverbänden oder Netzwerken[134].

2.2 Funktionen

Dem Berufskonzept werden folgende Funktionen zugeschrieben[135]:

- Berufe ermöglichen für die jeweiligen Arbeitnehmergruppen kollektive Autonomie.

  Damit ist zum Einen gemeint, dass durch Berufe ein Maß an selbstbestimmter Gestaltung von Tätigkeitsinhalten oder -abläufen möglich wird. Zum Anderen wird mit Autonomie die Möglichkeit verbunden, den Arbeitgeber, den Arbeitsplatz oder den Arbeitsort wechseln zu können. Der Autonomiegrad hängt eng mit dem Anteil des generierten oder angewandten theoretischen Wissens am Tätigkeitsspektrum des Berufes zusammen. Die im angelsächsischen Bereich verbreitete Abstufung des Autonomiegrades vom „professionalism" über „technicians" hin zu „crafts" verdeutlicht dies. Auf der Stufe des „professionalism" (professionalisierte Erwerbsbereiche) wird ausschließlich theoretisches Wissen generiert bzw. angewendet. „Technicians" verknüpfen Anwendungswissen mit einer formalen Ausbildung, die auf theoretischem Wissen basiert und„crafts" wenden Wissen lediglich an. Je höher der Anteil des wissenschaftlich begründeten Wissens bei einer Tätigkeit ist, desto höher ist der Autonomiegrad der Arbeitnehmergruppe. Dabei ist zu berücksichtigen, dass der Autonomiegrad bei Arbeitnehmergruppen mit jeweils anderen Berufen und unterschiedlichen Arbeitsmarktsituationen bei gleichem Qualifikationsni-

---

133 Freidson 2004, S. 17

134 Exemplarisch sei hier nur die Interessensgemeinschaft Call Center Netzwerk Sachsen benannt, die die Einführung neuer Berufsbilder wie das des Kaufmannes bzw. der Kauffrau für Dialogmarketing unterstützen (Hübner, Jacob 2006). Trotz der Standardisierung ist dies dennoch keine „Profession" im obigen Sinne. Im übrigen wird darauf verwiesen, dass das Professionalisierungskonzept aus dem angelsächsischen Raum kaum übertragbar auf europäische Arbeitsmärkte sei, vgl. Freidson 2004, S. 17.

135 Deutschmann 2005, S. 8

veau (z.B. Stufe des „professionalism") dennoch unterschiedlich ausgeprägt sein kann.

- Der Beruf ist mit einem definierten Bestand an spezialisiertem Wissen verknüpft.

Dabei handelt es sich insbesondere um selbstgesetzte Normen, Werte und Wissensbestände. Mit letzterem sind theoretisches, wissenschaftlich begründetes Wissen, situations- und fallbezogenes Urteilsvermögen und praktische Kompetenzen gemeint.

- Die Normen, Werte und Wissensbestände werden in institutionalisierten Ausbildungsprozessen vermittelt und formal zertifiziert.

In Deutschland wird dies im dualen System, in berufsbildenden Schulen und an Hochschulen[136] realisiert.

- (Qualifikation-)Zertifikate werden allgemein anerkannt und bieten exklusive Zugangschancen am Arbeitsmarkt.

Es wird von einer engen inhaltlichen Verknüpfung von Ausbildung und Erwerbsleben ausgegangen. Dies scheint für qualifizierte Lehrberufe in der Produktion, für produktionsnahe Dienstleistungen und im Handwerk sowie in den professionalisierten Erwerbsbereichen[137] noch gegeben zu sein[138].

In anderen Bereichen ist eine Entkoppelung festzustellen. Zunächst gibt es Arbeitnehmergruppen, die ihrem Lebenserwerb nachgehen, ohne dass dies mit einem Beruf beschreibbar ist. Außerdem gibt es Erwerbssituationen, in denen Arbeitnehmer mit etwas völlig anderem beschäftigt sind als sie gelernt haben[139]. Beispielsweise wurde ermittelt, dass im Bereich der dualen Berufausbildung im Schnitt der letzten 30 Jahre insgesamt ein Fünftel der Absolventen nach der Ausbildung den erlernten Beruf gewechselt haben[140]. In beiden Fälle scheint die Anerkennung der Zertifikate für die Beschäftigung nicht nötig zu sein bzw. gibt es keine „berufs-„ oder „ausbildungsadäquate" Beschäftigung im erforderlichen Umfang. Die Gründe hierfür sind vielfältig, möglicherweise aber waren bereits die Implikationen für die Gestaltung der Ausbildungsgänge schlichtweg falsch. Festgestellt wurde, dass bildungsökonomische Modelle zur Prognose des künftigen Arbeitskräftebedarfs falsche und unsichere Ergebnisse lieferten. Bestimmte Annahmen über künftige Entwicklungen, die – auch wissenschaftlich fundiert – als bestimmend für den Qualifikationsbedarf erkannt wurden, können nur sehr vage und unter Unsicherheit getroffen werden. Dies trifft bspw. die Vorhersage von technischem Fort-

---

136 Vgl. zu diesem Aspekt Nagy, Kapitel 2 in diesem Buch

137 Vor allem im Erziehungs-, Gesundheits- und Rechtswesen aber auch im IT-Bereich, aber nicht in Geistes- und Sozialwissenschaftlichen Bereichen.

138 Daheim 2001, S. 31

139 Daheim 2001, S..26

140 Seibert 2007

schritt, der – auch vergangenheitsbezogen – nur schwer erfassbar ist[141]. Dies führte wohl auch dazu, dass Elemente des Bildungssystems, insbesondere das duale System der „Beschäftigtenstruktur" hinterherhinken und somit in Bereichen ausbilden, die nicht mehr so stark gebraucht werden und Bereiche mit zunehmender Nachfrage vernachlässigen[142].

Als Ausweg oder Alternative wurde gefordert, dass die berufliche Flexibilität der Arbeitnehmer in allen Qualifikationsniveaus zu erhöhen sei. Im Hochschulbereich ist das bei vielen Studiengängen bereits der Fall. Allgemein führt dies dazu, dass Ausbildungsgänge weniger trennscharf werden und somit den Charakter der „Beruflichkeit" verlieren. Damit geht auch ein Stück weit Orientierung verloren, die Funktionalität des Berufskonzeptes löst sich auf. Um die Funktionalität zu erhalten, wird bspw. für die Weiterentwicklung des dualen Systems vorgeschlagen, Berufsbilder zu entwerfen, die Basisqualifikationen enthalten, die (geschäfts-)prozessorientiert sind und angemessen flexibel durch Fach- und Zusatzqualifikationen ergänzt werden.

Schließlich werden Modelle gefordert, nach denen Unternehmen und Arbeitnehmer die Qualifikationsbedarfe abstimmen und selbst realisieren. Solch ein Modell ist auch das Kompetenzkonzept, dass in Abschnitt 2.4 angesprochen wird.

Exklusive Zugangschance als Funktion des Berufes kann bedeuten, dass es zur Herausbildung von voneinander abgeschotteten Teilarbeitsmärkten kommt. Hierzu wird ausführlicher im nächsten Abschnitt eingegangen, da die Kenntnis dieser Teilarbeitsmärkte eine wichtige Grundlage für Organisation und Abläufe der Personalvermittlung und -disposition ist.

- Kollektive Organisationsformen, die die vier beschriebenen Funktionen gewährleisten.

Hierzu gehören beispielsweise Arbeitnehmer- und Arbeitgeberverbände, Kammern wie die Handwerkskammer oder die Industrie- und Handelskammer, Einrichtungen der wirtschaftlichen Selbstverwaltung, der Staat und zugehörige einschlägige Einrichtungen wie bspw. das Bundesinstitut für berufliche Bildung. Die Vielfalt der Institutionen führt zu einer „Segmentierung des Bildungssystems"[143], die bspw. Strukturreformen erschweren können.

---

141 Zu weiteren Gründen, die gar nicht die Konstruktion der Prognosemethoden selbst betreffen, sondern inhaltlicher Natur sind, vgl. bereits Beck et al. 1980, S. 103 f.

142 Baethge 2001, S .40

143 Baethge 2001, S. 65

2.3 Entwertung des Berufskonzeptes

Insbesondere dadurch, dass tatsächlich ausgeführte Tätigkeiten maßgeblich durch einzelne Betriebe bestimmt sind, haben sich betriebsspezifische „Berufe" herausgebildet. Durch den Wandel von der Industrie- zur Dienstleistungsgesellschaft[144] verliert der „Beruf" seine Bedeutung im Sinne eines beständigen Arbeitskraftmusters – insbesondere bezüglich der Zuschneidung möglicher Stellenpositionen. Die Art des Lebenserwerbs bzw. der Erwerbsstatus scheint abhängig von der Art des Betriebes zu sein. Offensichtlich setzt sich dieser Wandel in der Arbeitswelt unabhängig von Staat oder Politik durch. Dies führt zur Lockerung der Koppelung von Ausbildung, Beruf und Erwerb und zur Entgrenzung der tradierten Formen des Arbeitens. Damit und durch Technisierung, Stärkung der betrieblichen Tarifpolitik und die Weiterentwicklung des Arbeitsrechts scheinen betriebsinterne Arbeitsmärkte zunehmend an Bedeutung zu gewinnen. Jedoch sind auch Tendenzen erkennbar, die zu einer „Erosion" interner Arbeitsmärkte führen[145]. Genannt werde können die Dezentralisierung von Entscheidungs- und Organisationsstrukturen, Outsourcing, die Bildung temporärer oder virtueller Unternehmen, die Flexibilisierung und Verkleinerung von Hierarchien, was nicht zuletzt auf die verschärften Wettbewerbsbedingungen in einer globalisierten Wirtschaft zurückzuführen ist.

Parallelen können zum Konstrukt des so genannten „Arbeitskraftunternehmers" hergestellt werden[146]. Ihm liegt die Annahme zugrunde, dass die Unternehmen neue Strategien entwickelt haben, die sie in die Lage versetzt, bisherige (Arbeits-)Produktivitätsgrenzen zu überschreiten. Oberflächlich betrachtet soll dies gelingen durch die Einführung (innovativer) Instrumente der Zusammenarbeit, bspw. kooperative Führung, Anreicherung von Einzeltätigkeiten mit dispositiven Funktionen, Flexibilisierung und Deregulierung von Arbeitszeiten und Beschäftigungsformen oder Führungsprinzipien wie Management by Objectives. Bei näherer Betrachtung ist erkennbar, dass sich dadurch die „Ware Arbeitskraft", wie bereits weiter oben eingeführt, strukturell verändert. Drei Wesentliche Merkmale weist der Arbeitskraftunternehmer auf, nämlich

- eine deutlich erweiterte Autonomie der Arbeitenden,
- einen Zwang zum effizienten und fokussierten Einsatz aller verfügbaren Arbeitsfähigkeiten – auch abseits von einem erworbenen Qualifikationsmuster – und
- eine „Verbetrieblichung" bzw. „Rationalisierung" der alltäglichen Lebensführung.

144 Daheim 2001, S. 33 f.

145 Lutz 2004, S. 97 ff.

146 Vgl. im Folgenden Voss, Pongratz 1998

Zur ersten Eigenschaft sei ergänzt, dass sie allein nicht bestimmend für den Arbeitskraftunternehmer sein kann. Bereits weiter oben wurde gezeigt, dass auch Berufe, bspw. die freien Berufe Autonomietendenzen aufweisen. Jedoch gibt es Unterschiede. Die Unternehmen „verleihen" den Arbeitnehmern Autonomie, in dem diese zu Auftraggebern werden. Die Freiheit wird also „verliehen" und ergibt sich nicht aus der Möglichkeit, einen hohen Anteil von spezifischem theoretischem Wissen zu generieren bzw. anzuwenden. Zudem fällt der relativ sichere Arbeitnehmerstatus weg und wird durch zeitlich begrenzte Auftragsverhältnisse ersetzt. Dabei sind unterschiedliche Beschäftigungsformen denkbar. Zum Einen basieren sie auf vermeintlich „klassischen" Beschäftigungsformen, also lohn- und weisungsabhängiger Erwerbsarbeit. Diese wird so ausgestaltet, dass eine hohe zeitliche und räumliche Flexibilität gewährt wird, beispielsweise durch Gruppenarbeit, Projektarbeit oder Telearbeit. Zudem werden durch Dezentralisierung der Entscheidungsstrukturen die Autonomie und gleichzeitig die Verantwortung der mittleren und unteren Managementbereiche erhöht. Zum Anderen werden zunehmend rechtlich selbständige Beschäftigungsformen genutzt, die jedoch faktisch Abhängigkeiten erzeugen, wie das häufig bei Freiberuflern und Kleinstbetrieben der Fall ist.

Die zweite Eigenschaft „entwertet" im Grunde den Ansatz des Berufskonzeptes. Die Annahme ist, dass der Arbeitskraftunternehmer als Auftragnehmer handelt und somit auch dafür sorgen muss, dass er kontinuierlich im Einsatz ist. Der Einsatz ist selbst kontrolliert und selbst bestimmt. Während dem – wie oben ausgeführt – die freien Berufe Abschottungs- und Monopolisierungstendenzen aufweisen, ist dies bei Arbeitskraftunternehmern nicht der Fall. Sie befinden sich in einem offenen Leistungswettbewerb, der umso intensiver werden dürfte, je unspezifischer bzw. einfacher ihre Fähigkeiten und Fertigkeiten sind. Um im Wettbewerb zu bestehen, reichen nicht allein ihre erworbenen Qualifikationen. Vielmehr sind Erfahrungen und Fähigkeiten entscheidend. Diese ergeben in ihrer Kombination ein individuelles Tätigkeitsmuster, das kaum mehr als Beruf im obigen Sinne bezeichnet werden kann und mit jedem weiteren Auftrag „unsystematisch" ergänzt wird.

Die letzte Eigenschaft umschreibt, dass sich Arbeitnehmer in ihrer Lebensführung auf die Erwerbstätigkeit einstellen. Hierzu gehört bspw. ein Zeitmanagement im privaten Bereich oder auch die Senkung kommunikativer Hürden, bspw. durch den Erwerb und die Nutzung von Informations- und Kommunikationsgeräten.

Dies hat im Übrigen auch Auswirkungen auf die Personalvermittlung und -disposition. Der Typus des Arbeitskraftunternehmers wird genau abwägen, ob er tatsächlich Informations- oder Transaktionskosten spart, wenn er diese Dienstleistungen nutzt bzw. nutzen muss. Für Personaldienstleistungen stellt dies eine große Herausforderung dar. Je unspezifischer bzw. individueller die „Arbeitskraftmuster" werden, desto höher sind auch die Informations- und Transaktionskosten. Sollte sich der Typus des Arbeitskraftunternehmers durchsetzen – was derzeit empirisch ungeklärt ist – dann kann er aber auch nicht vernachlässigt werden, zudem die dann implizierte hohe Fluktuation der Arbeitnehmer Erwerbsmöglichkeiten für Personaldienstleistungen verspricht.

Schließlich sei noch eine Entwicklungslinie benannt, die allgemein die Transformation von der Industrie- zur Dienstleistungsgesellschaft bezeichnet und dabei die stetige Zunahme der Intensität des eingesetzten Wissens unterstreicht, so dass auch über einen weiteren Übergang zur Wissensgesellschaft berichtet wird. Zu beobachten ist bereits jetzt, dass in einigen Wirtschaftsbereichen, insbesondere im Dienstleistungssektor, die Bedeutung von impliziten Wissen oder Tacit Knowledge zunimmt[147]. Dieses Wissen, gelegentlich verkürzt als Erfahrungswissen bezeichnet, lässt sich durch den Erwerb von Erfahrungen in der Praxis (Sozialisation) oder durch die Codierung der Erfahrungen, also der Externalisierung zu explizitem Wissen erwerben[148]. Je schneller implizites Wissen entsteht, desto mehr wird sich der letzte Prozess verzögern und dazu führen, dass das Wissen bei der Vermittlung nicht mehr aktuell ist. Deshalb wird die Bedeutung von spezifischer arbeitsplatzbezogener Wissensvermittlung, also bspw. training-on-the-job zunehmen. Das heißt aber auch, dass es zunehmend noch unsicherer ist, ob die Arbeitswelt durch ein relativ starres Berufskonzept dargestellt werden kann und ob die beruflichen Ausbildungssysteme den sicheren Übergang zwischen schulischer Ausbildung und Arbeit immer noch gewähren können[149]. Einen Ausweg aus diesem Problem könnte das so genannte Kompetenzkonzept darstellen. Im Folgenden soll es vorgestellt und bewertet werden.

2.4 Eine Alternative: Das Kompetenzkonzept

Das Kompetenzkonzept, das eher in Frankreich beobachtbar ist, wird in Tabelle 4 knapp dargestellt und dem Berufskonzept gegenübergestellt:

147 Shire 2001

148 Nonaka et al. 1997, S. 85

149 Stehr, Grundmann 2001, S. 331

Tabelle 14: Das Kompetenzkonzept (in Anlehnung an Drexel 2005, S. 41ff.)

Kompetenzkonzept	Berufskonzept
Orientierung des Konzeptes	
■ Outputorientierung ■ Kompetenzen können auf beliebige Weise erworben werden, also im Betrieb bzw. allgemeiner im sozialen Umfeld ■ Die Prozesse werden nicht gesellschaftlich geplant bzw. sind nicht institutionalisiert ■ Die Zahl der Kompetenzen und Kompetenzkombinationen ist unbegrenzt	■ Inputorientierung ■ Qualifikation wird in gesellschaftlich geplanten und geregelten Lernprozessen und Lernortkombinationen erworben ■ Es gibt nur eine begrenzte, gesellschaftlich kontrollierte Zahl beruflich geschnittener Qualifikationen
Lernziele der Qualifikationssysteme für die Vorbereitung auf die Erwerbstätigkeit	
■ Erwerb von konkreten Kompetenzen für einen spezifischen Arbeitsplatz, auch durch Erfahrung und Arbeitsverhalten	■ Handlungsfähigkeit in einem Beruf – Fachwissen, Fertigkeiten und Fähigkeiten auf einem breiten Feld verwandter Tätigkeiten sowie Diagnose-, Planungs- und Entscheidungsfähigkeit
Zertifizierung des Qualifikationsangebot	
■ Geringe gesellschaftliche Normierung von Qualifikationsprofilen ■ Verfahren für die Identifikation, Bewertung und Anerkennung der Kompetenzen werden entwickelt	■ Bildungsabschlüsse, die nach öffentlich verantworteten Prüfungen erworben wurden
Verantwortung des Staates und der Sozialpartner	
■ Entlastung von Staat und Sozialpartnern und Begrenzung auf die Mithilfe bei der Konzeption von Zertifizierungsverfahren ■ Verantwortung bei Arbeitnehmern und Unternehmen	■ Element der öffentlichen Grundversorgung ■ Sicherung zentraler Rahmenbedingungen, Strukturen und Normen

Folgende kostenmäßige Konsequenzen ergeben sich aus den beiden Konzepten für die Betriebe bzw. Bewerber hinsichtlich der Personaldisposition bzw. -vermittlung:

- Beim Kompetenzkonzept sind die Informationskosten für Bewerber und Betriebe insgesamt relativ hoch, denn die Auswahl und Festlegung relevanter Kompetenzen aus einem unbegrenzten Angebot wird eigenverantwortlich vorgenommen. Beim Berufskonzept sind die Informationskosten relativ niedrig, da Qualifikationsstrukturen und Prozesse dargestellt und transparent gestaltet werden und sich Betriebe und Bewerber an diesen Strukturen orientieren können.
- Die Folgekosten aufgrund der Qualität der Vermittlung von Betrieben und Bewerbern, also Nachqualifizierungs-, Einarbeitungskosten oder Kosten der Neuausschreibung, sind beim Kompetenzkonzept relativ niedrig, da die Qualifikation arbeitsplatzbezogen erfolgt. Beim Berufskonzept hingegen können die Kosten höher sein, da sich die Handlungsfähigkeit auf ein „Arbeitskraftmuster" (Beruf) bezieht und nicht auf einen konkreten Arbeitsplatz.
- Die Kosten für die Zertifizierung und den Nachweis des Fähigkeitserwerbs sind beim Kompetenzkonzept insgesamt relativ hoch, da (betriebs-) individualisierte und kaum standardisierbare Verfahren eigenverantwortlich von Betrieben, Branchen oder Verbänden entwickelt werden müssen. Die Zertifizierungskosten beim Berufskonzept dürften insgesamt niedriger ausfallen, da seitens des Staates und der Gesellschaft Standards gesetzt wurden, die in verschiedenen Qualifikationsbereichen Anwendung finden.
- Die direkten Ausbildungs- bzw. Qualifizierungskosten dürften im Rahmen des Kompetenzkonzeptes für Betriebe und Bewerber höher ausfallen als beim Berufskonzept mit seinen vielfältigen öffentlichen Ausbildungsmöglichkeiten.

Der vorgenommene Kostenvergleich kann nur skizziert werden, weitere Kostenarten sind denkbar. Für eine tiefere Analyse muss entschieden sein, welche Branchen oder welche Betriebe betrachtet werden. Dies kann darüber Aufschluss geben, wie die Vermittlung und Disposition des Personals gestaltet werden sollte (bspw. über externe oder interne Dienstleister) in Abhängigkeit vom zugrunde gelegten Konzept und den erwarteten Transaktionskosten für Bewerber und Betriebe.

2.5 Fazit

Zusammenfassend lässt sich feststellen, dass Berufe allein für die Beschreibung von Arbeitsmarktstrukturen offensichtlich nicht hinreichend sind. Ständiger und beschleunigter wirtschaftlicher Wandel entwertet vermeintlich anerkannte Berufsfelder immer schneller. Zudem ist die Erfassung von Tätigkeitsmustern auf betriebsinternen Stellenmärkten für externe Personaldienstleister erschwert.

Die mögliche Alternativen und Ergänzungen zum Berufskonzept sind ebenfalls nicht hinreichend. Der Typus des Arbeitskraftunternehmers dürfte für die Personalvermittlung aus den beschriebenen Gründen eine große Herausforderung darstellen. Das Kompetenzkonzept stellt gesamtwirtschaftlich eine teure Alternative dar. Zudem existieren - bisher zumindest - keine Klassifizierungen oder Informationsstrukturen, die die Arbeitsmarktstruktur transparent macht.

Letztlich ist – je nach relevanten Teilarbeitsmarkt – abzuwägen, welche Erklärungsansätze und Informationsquellen genutzt werden sollen. Eine solche Quelle könnten Berufsklassifizierungen darstellen, wenn man diese mit anderen Strukturkriterien verbindet, die man aus den Klassifizierungen selbst nicht herauslesen kann. Eine Möglichkeit besteht darin, den Arbeitsmarkt zunächst gedanklich in Teilarbeitsmärkte aufzuteilen, die sich bspw. durch Substitutionsmöglichkeiten und durch Abschottungs- und Durchlässigkeitseigenschaften der Berufe oder Qualifikationen unterscheiden.

3 Berufe und Teilarbeitsmärkte

3.1 Strukturadäquate Personalvermittlung

Die Personalvermittlung wird dauerhaft von beiden Marktseiten nachgefragt, wenn sie in der Lage ist, beschriebene Transaktionskosten – also bspw. Informations- oder Mobilitätskosten - merklich zu verringern. Dies wird aber nur dann gelingen, wenn Abläufe und Organisation der Personalvermittlung an der Struktur des relevanten Arbeitsmarktausschnittes ausgerichtet werden. Beispielsweise genügt die Kenntnis der Spannweite möglicher Berufe und Qualifikationen in einem Teilarbeitsmarkt allein noch nicht; vielmehr muss auch bekannt sein, inwieweit die relevanten Berufe und Qualifikationen bezüglich eines speziellen Arbeitsplatzes substituierbar oder ob bestimmte Berufe nur betriebsspezifisch vorhanden sind oder ob entsprechende Arbeitnehmer auch überbetriebliche Beschäftigungschancen haben. Im Übrigen lässt sich erst dann entscheiden, ob sich die Personalvermittlung in einem Teilarbeitsmarkt überhaupt lohnt.

Deshalb sollte die Struktur des Arbeitsmarktes genau analysiert werden. Angenommen werden kann, dass sie ein Ergebnis unterschiedlicher, teilweise wechselseitig wirkender Regeln und Normen mit verschiedenen Ausprägungen hinsichtlich ihrer Geltungsbereiche, Verbindlichkeit und Sanktionsmechanismen ist.

Gedanklich kann der Arbeitsmarkt in Teilarbeitsmärkte (Segmente) geteilt werden[150], die sich vor allem dadurch auszeichnen, dass die Durchlässigkeit dieser Teilarbeitsmärkte gering ist, also ein Austausch von Arbeitskräften zwischen den Teilarbeitsmärkten erschwert wird. Zwei Ursachen sind zu benennen. Erstens sind bestimmte Arbeitsmarktsegmente qualitativ nicht kompatibel – Arbeitskräfte können deshalb nicht wechseln, weil sie die Anforderungen des anderen Teilarbeitsmarktes nicht erfüllen. Zweitens können staatliche oder private Zugangsregeln eine Durchlässigkeit verhindern.

Folgende Teilarbeitsmärkte können unterschieden werden:

- Unstrukturierte Arbeitsmärkte,
- Berufsfachliche Arbeitsmärkte und
- Betriebs- oder unternehmensinterne Arbeitsmärkte.

3.2 Beschreibung der Teilarbeitsmärkte

3.2.1 Unstrukturierte Arbeitsmärkte

Im unstrukturierten Arbeitsmarktsegment sind die Bindungen zwischen Arbeitnehmern und Arbeitgebern gering ausgeprägt.

Arbeitgeber in diesem Segment sind daran interessiert, sich möglichst nicht an die von ihnen beschäftigten Arbeitnehmer zu binden. Einzelne Arbeitnehmer können jederzeit kostenminimal substituiert werden. Dies gilt umgekehrt auch für den Arbeitgeber aus der Arbeitnehmerperspektive, vorausgesetzt die Arbeitsnachfrage ist gegeben. Aus Sicht des Arbeitgebers ist dieses Handeln bei niedrigen Einstell- und Entlassungskosten insbesondere dann lohnenswert, wenn keine oder nur geringe Einarbeitungs- oder Rüstkosten anfallen. Dies wird insbesondere in Branchen der Fall sein, in denen arbeitsintensive und relativ einfache Tätigkeiten ausgeführt werden.

---

150 Die folgende Darstellung ist angelehnt an die idealtypische Beschreibung von Teilarbeitsmärkten bei Sengenberger 1987, inbes. S. 117 ff..

Arbeitgeber in diesem Segment orientieren sich bei der Auswahl der Arbeitnehmer und bei der Kontrolle der Arbeitsleistung lediglich am Produktionsergebnis, das Interesse an der Qualität der Arbeitskraft ist auf wenige Informationskategorien beschränkt. Das heißt, es genügt der Nachweis einer „Mindestbefähigung". Unterschiedliche Leistungsausprägungen werden durch flexible Löhne ausgeglichen. Wo dies nicht möglich ist, weil Produktionsergebnisse nicht quantifizierbar sind, werden zusätzliche Kriterien herangezogen. Bspw. wird das Leistungsvermögen des Arbeitnehmers anhand der Qualifikation „gemessen". Häufiger Arbeitsplatzwechsel, unterbrochen durch Arbeitslosigkeit, kennzeichnet die Erwerbssituation der Arbeitnehmer in diesem Segment. Grund hierfür ist ein insbesondere von saisonalen und konjunkturellen Einflüssen abhängiger Arbeitskräftebedarf.

3.2.2 Berufsfachliche Arbeitsmärkte

Berufsfachliche Arbeitsmarktsegmente zeichnen sich dadurch aus, dass Arbeitgeber zum Einen spezifisch qualifizierte Arbeitskräfte benötigen, d.h. sie sind zwar nicht an den einzelnen Arbeitnehmer gebunden, jedoch an die Qualifikationen bzw. die Beruflichkeit einer bestimmten Arbeitnehmergruppe. Zum Anderen sind die spezifisch qualifizierten Arbeitnehmer nicht auf einen speziellen Arbeitgeber angewiesen, jedoch auf bestimmte Branchen.

Arbeitnehmer, so die Annahme, gehen einer Erwerbstätigkeit nach, die sich durch einen Beruf beschreiben lassen, der die obigen Funktionen erfüllt. Im Idealfall entsprechen sich die Struktur der Arbeitsplätze und die berufliche Struktur der Arbeitskräfte quantitativ und qualitativ. Veränderungen auf der Arbeitgeberseite werden kompensiert durch Betriebswechsel der Arbeitnehmer bzw. durch die Modifizierung und des Wegfalls alter sowie die Generierung von neuen Berufsbildern. Aufstiege sind innerhalb und außerhalb des Betriebes möglich und führen zu einer weiteren „Verberuflichung" bzw. Professionalisierung und damit zu mehr Autonomie im Sinne der beschriebenen Funktionen. Der Zugang zu diesem Teilarbeitsmarkt ist beschränkt, insbesondere wird eine bestimmte zertifizierte Qualifikation gefordert. Für den Arbeitgeber ist insbesondere der (berufliche) Bildungsabschluss des Arbeitnehmers eine wichtige Informationskategorie. Zertifikate erhalten also eine Signalwirkung. Je nach Positionierung des Arbeitnehmers im Betrieb sind aber auch andere Informationskategorien relevant, bspw. die Erfahrung im Beruf und weitere Qualifikationen. Die Arbeitgeber orientieren sich zu dem nicht „holzschnittartig" an einen bestimmten Beruf. Bestehen ausreichende Schnittmengen mit den Qualifikationsinhalten anderer Berufe, so finden diese ebenfalls Berücksichtigung. Die Arbeitsplatzsituation ist auch hier relativ instabil. Arbeitnehmer wechseln häufig zwischen den Betrieben.

3.2.3 Betriebs- oder unternehmensinterne Arbeitsmärkte

Ist ein Arbeitnehmer an einen bestimmten Betrieb gebunden bzw. gilt dies wechselseitig, so spricht man vom betriebs- oder auch unternehmensinternen Arbeitsmarkt.

Anpassungsprozesse, die auf die Arbeitnehmer wirken, werden unternehmensintern, ohne Rückgriff auf externe Arbeitsmärkte vollzogen. Zudem werden die bereits im Unternehmen beschäftigten „Insider" gegenüber den „Outsidern" vorteilhafter behandelt, bzw. die „Insider" haben Möglichkeiten, die „Outsider" zu benachteiligen. Ist der Arbeitgeber ausschlaggebend hierfür, so spiegelt sich das häufig in einer Personalpolitik wieder, die bspw. den Aufstieg eines Mitarbeiters auf eine höher dotierte Stelle gegenüber einer Besetzung dieser Stelle mit einem neuen Mitarbeiter präferiert[151]. Ein Externer hätte also höchstens eine Chance auf Einstellung auf der unteren Sprosse der Beförderungs- oder Nachbesetzungsleiter. Bedeutsam sind auch die horizontalen Anpassungen. Arbeitnehmer werden, wenn ihre Stelle überflüssig wird, nicht entlassen sondern innerhalb des Betriebes weiterbeschäftigt, wenn an anderer Stelle auf gleicher Ebene Arbeitskräftebedarf vorhanden ist. Für die Personaldisposition in großen Konzernen ist dies gerade in Verbindung mit der zunehmenden Wissensintensität der Arbeitsplätze eine große Herausforderung[152]. Der Arbeitgeber nimmt offensichtlich in diesem Segment in Kauf, dass er sich bestimmten Rekrutierungswegen und Substitutionsmöglichkeiten verschließt und er riskiert, dass seine Belegschaft sich stärker organisieren kann und ihm somit mächtiger gegenübertritt. Vorteilhaft ist dieses Vorgehen, da der interne Arbeitsmarkt Produktivitätspotentiale, Reaktions- und Anpassungsspielräume eröffnet, die über einen (angespannten) externen Arbeitsmarkt nicht ohne Weiteres erzielbar wären. Hinzu kommt, dass die Einarbeitung in betriebsspezifische, bspw. in infrastrukturelle, aber auch in verfahrens-, anlagen- oder werksstoffrelevante Kenntnisse erleichtert wird bzw. entfällt. Förderlich für die Ausbildung betriebsinterner Arbeitsmärkte sind zu dem Regeln zum Kündigungs- und Bestandsschutz der Arbeitnehmer. Nicht zuletzt versprechen sich Arbeitgeber auch ein unternehmensbezogenes loyales Verhalten. Die Suche auf dem externen Arbeitsmarkt reduziert sich auf Kandidaten für Einstiegspositionen, dabei sind nur wenige Informationskategorien zur Qualifikation nötig, bspw. der Schulabschluss, wenn es um Lehrstellen geht oder der Berufsabschluss bei Arbeitsplätzen. Jedoch werden bei den Kandidaten bspw. das Lern- und Anpassungsvermögen, Zuverlässigkeit und Arbeitsdisziplin eine große Bedeutung erlangen, da diese Eigenschaften für eine dauerhafte Leistung erbringende Beschäftigung förderlich sind[153]. Die Arbeitsplatzsituation ist

[151] Man spricht in dem Falle, in dem die Beschäftigten eines Betriebs gegen äußere Konkurrenten abgeschirmt werden auch von betriebszentrierter Arbeitsmarktsegmentation, vgl. Sengenberger, 1987, S. 151.

[152] Vgl. hierzu ein Vorschlag von Egle et al. 2006.

[153] Hier liegt auch Diskriminierungspotential, ggf. werden jüngere den älteren, deutsche den ausländischen oder männliche den weiblichen Arbeitnehmern vorgezogen. Ein weiterer Aspekt ist der, dass informelle private Netzwerke erhebliche Bedeutung erhalten, da die bereits

relativ stabil und frei von konjunkturellen oder anderen Einflüssen, jedoch ist zu vermuten, dass Arbeitnehmer, die ihren Stammbetrieb verlassen haben, ein höheres Verbleibsrisiko in der Arbeitslosigkeit aufweisen.

3.3 Struktur des Arbeitsmarktes

Die beschriebenen drei Grundtypen von Arbeitsmarktsegmenten bestimmen die Struktur des gesamten Arbeitsmarktes. Sie treten jedoch nur gedanklich nebeneinander auf. Bestimmende Eigenschaften der drei Segmente waren die Qualität der Beschäftigung[154] bzw. der Arbeitsplätze und die Frage, ob es sich um einen betriebsinternen oder betriebsexternen Arbeitsmarkt handelt. Im Grunde können nun alle real festgestellten Arbeitsmarktsegmente in einem zweidimensionalen Raster verortet werden (Abbildung 37). Durch die Dimensionierung werden die unstrukturierten Märkte noch einmal aufgeteilt in ein Segment externer Märkte für „Jedermannqualifikationen" und in ein abhängiges Segment, das als „Puffermarkt" bezeichnet wird. Dieses Segment zeichnet sich dadurch aus, dass die Arbeitnehmer weder eine hohe Qualifikation aufweisen noch allgemein einsetzbar sind. Sie sind davon abhängig, dass bestimmte Betriebe ihre Arbeitskraft zeitweise nachfragen und dienen als Randbelegschaft zur Abpufferung von schwankendem Arbeitskräftebedarf. Die Gründe für schwankenden Arbeitskräftebedarf sind vielfältig, sie können durch Auftragsschwankungen zustande kommen, die bspw. saisonal, konjunkturell oder technologisch bedingt sind. Eine weitere gedankliche Modifikation wird notwendig: Die Märkte für „Jedermannqualifikationen" und die betriebsabhängigen externen Märkte sind grundsätzlich offen für Arbeitskräfte aus den beiden Märkten mit einer hohen Qualität von Arbeitsplätzen. Umgekehrt ist dies nicht der Fall, Teilarbeitsmärkte mit einer hohen Qualität der Arbeitsplätze weisen Abschottungstendenzen auf.

---

beschäftigten Arbeitnehmer aufgrund ihrer Identifikation mit dem Betrieb und der besseren Kenntnis der Bewerber „gute" Arbeitskräfte akquirieren, vgl. Sengenberger, 1987, S. 178.

154 Nach Sengenberger 1987, S.210 gehören hierzu die Höhe der Löhne und Lohnnebenleistungen, Arbeitsplatzsicherheit, Arbeitsumgebung, Arbeitsbelastungen, Fortentwicklungsmöglichkeiten und einige Merkmale mehr.

Abbildung 37: Raster für die Verortung realer Teilarbeitsmärkte (in Anlehnung an Sengenberger 1987, S. 212)

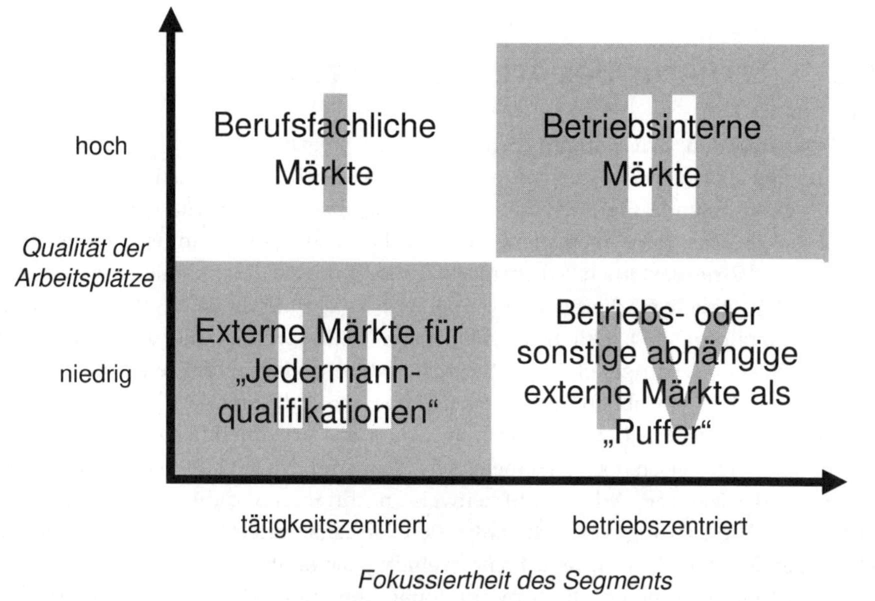

Möchte man einen realen Teilarbeitsmarkt mit Hilfe des Vierfelderschemas korrekt verorten, so muss man sich tatsächlich auf Beschäftigtengruppen beziehen: Ein einzelner größerer Betrieb kann unterschiedliche Arbeitsplatzqualitäten aufweisen, die zu verschiedenen Segmenten in Abbildung 37 gehören. Dies ist insbesondere bei der Vermittlung von Personal entscheidend – ein und derselbe Betrieb kann ganz unterschiedliche Anforderungen an Umfang und Art der Vermittlungs- oder Dispositionsdienstleistungen stellen. Zudem ist ein zeitlicher Aspekt relevant: Teilarbeitsmärkte können sich verändern. Gehörten bestimmte Beschäftigtengruppen bisher zum betriebsinternen Arbeitsmarkt, so finden sie sich ggf. künftig im berufsfachlichen Arbeitsmarkt wieder. Teilarbeitsmärkte ersetzen sich gegenseitig, wachsen oder schrumpfen quantitativ und qualitativ im Laufe der Zeit. Dies erfordert dynamische Geschäftsmodelle für Personaldisposition und -vermittlung. Die Existenz der beschriebenen Teilarbeitsmärkte wurde für Deutschland nachgewiesen und auch deren Umfang wurde allgemein bestimmt[155]. Jedoch gibt es keine regelmäßig erscheinenden Berichtssysteme, die aktuelle Daten zur Arbeitsmarktsegmentation bieten. So bleibt

155 Szydlik 1990

nur die individuelle Beobachtung potentieller oder relevanter Teilarbeitsmärkte in regionaler, betrieblicher oder fachlicher Hinsicht für die Zwecke der Personalarbeit.

3.4 Fazit

Aus den vier Teilarbeitsmärkten können jeweils spezifische Geschäftsmodelle abgeleitet werden. In Abbildung 38 wird eine entsprechende Geschäftsmodelltypisierung vorgeschlagen.

Abbildung 38: Geschäftsmodelltypen für Teilarbeitsmärkte

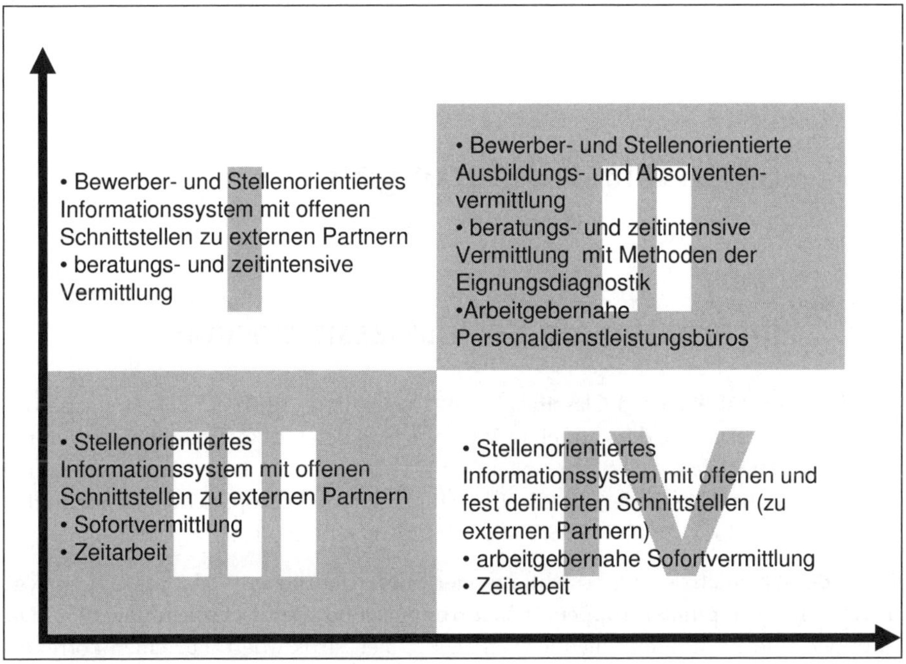

Die Typen folgen der Überlegung, dass für unstrukturierte Teilarbeitsmärkte (III und IV) arbeitgeberbezogene und weniger detaillierte Informationen nötig sind. Die Geschäftsmodelle müssen insbesondere eine zügige Vermittlung und Disposition von Personal gewähren.

Hingegen besteht bei betriebsinternen Arbeitsmärkten (II) ein hohes Interesse an validen, detaillierten und prospektiv ausgerichteten Informationen über Bewerber und die

Stellensituation im Unternehmen. So ist die künftige Befähigung der Bewerber für verschiedene Positionen im Betrieb von Interesse. Instrumente der Eignungsdiagnostik sind hier gefragt.

Auf den berufsfachlichen Arbeitsmärkten besteht ebenfalls ein intensiverer Informationsbedarf. Hier lassen sich wohl am ehesten Berufsklassifizierungen, wie sie im Folgenden noch vorgestellt werden, einsetzen. Auch da anzunehmen ist, dass auf diesen Märkten die meisten regionalen und fachlichen Divergenzen zwischen Arbeitsangebot und -nachfrage bestehen, werden gerade auf diesem Teilarbeitsmarkt Personaldienstleistungen nachgefragt. Diese haben das Potential, die den Unternehmen entstehenden Transaktionskosten zu senken.

Die gedankliche Teilung des Arbeitsmarktes in einzelne Segmente kann bei der spezifischen Analyse eines relevanten Arbeitsmarktausschnittes behilflich sein. Sie unterstützt den Umgang mit dem Angebot an vorhandenen Informationsquellen für Tätigkeitsbeschreibungen, wie sie Berufsklassifizierungen bieten.

4 Berufsklassifizierungen

4.1 Internationale Berufsklassifizierung

Die International Standard Classification of Occupations 88 (ISCO 88) ist ein Berufsklassifizierungssystem, dass auf einer Vereinbarung der 14th International Conference of Labour Statisticians (ICLS) im November 1987 beruht. Auf dieser Grundlage wurde eine statistische Klassifizierung für die Mitglieder der europäischen Gemeinschaft entwickelt– die ISCO 88 (COM). Sie ist der ISCO 88 sehr ähnlich[156].

Diese Berufsklassifizierung besteht aus vier Hierarchieebenen – Hauptgruppen (vgl. Tabelle 15, Hauptuntergruppen, Untergruppen und Berufsbezeichnungen[157]. Die Gruppen sind nach unterschiedlichsten Merkmalen strukturiert. Für einen korrekten ISCO 88(COM)-Code sind folgende Informationen notwendig[158]:

- Stellung im Beruf

[156] Hoffmann, Scott 1993

[157] Aus dem Englischen: "Major", "Sub-Major", „Minor" und „Unit Groups"

[158] Vgl. insbesondere auch zu Details Hoffmeyer-Zlotnik et al. 2004.

- Branche [159]
- Öffentlicher Sektor (ja / nein)
- Bildung und höchster Bildungsabschluss
- Betriebsgröße
- Einkommen
- Arbeitsgerät

Tabelle 15: ISCO 88-Hauptgruppen[160]

Code	Beschreibung
1	Legislators, senior officials and managers
2	Professionals
3	Technicians and associate professionals
4	Clerks
5	Service workers and shop and market sales workers
6	Skilled agricultural and fishery workers
7	Craft and related workers
8	Plant and machine operators and assemblers
9	Elementary occupations
0	Armed forces

Mit der ISCO 88 wurde versucht zu berücksichtigen, dass sich Arbeitsmarktstrukturen immer schneller verändern. Einzelne Qualifikationen werden bedeutsamer als die nach einem Fähigkeits- und Fertigkeitsmuster gestalteten Berufsausbildungen. Dennoch ist eine Überarbeitung der ISCO 88 geplant (ISCO 08). Ein wichtiges Ziel dabei ist, die Kompatibilität mit nationalen Berufsklassifizierungen zu erhöhen[161]. Außerdem sollen vorhandene Gruppen, die nicht länger unterschieden werden müssen, zusammengeführt bzw. gelöscht werden[162].

159 Nach der „Nomenclaturegénérale des activités économiques dans les Communautés Européennes" Rev. 1.1 (NACE Rev. 1.1) auf Zweistellerebene. Sie ist die Grundlage für die Systematik der Wirtschaftszweige WZ 2003, Statistisches Bundesamt 2003, S. 35.

160 International Labour Organization 2004, Seite „ISCO-88, Structure & Definitions"

161 International Labour Organization 2004, Seite „Updating ISCO-88, Reasons for updating ISCO 88"

162 International Labour Organization 2004, Seite „Updating ISCO-88, What will be changed"

Für das Zusammenführen von Bewerber- und Stellenprofilen ist die ISCO 88-Klassifizierung nur bedingt geeignet. Bestimmte Informationen, bspw. die Betriebsgröße, das Einkommen und Arbeitsgeräte führen dazu, dass vorhandene geeignete Bewerber nicht gefunden werden, da sie für ein anderes Einkommen, mit anderen Arbeitsgeräten, in einem kleineren oder größeren Betrieb tätig waren. Berücksichtigt man solcherart Probleme, dann könnte die ISCO 88 bzw. ihre überarbeitete Version eine probate Grundlage für einen strukturierten Vermittlungsprozess auf internationaler Ebene sein.

4.2 Deutsche Berufsklassifizierungen

In Deutschland werden offiziell derzeit (mindestens) zwei Klassifizierungssysteme für Berufe verwendet. Insbesondere die Bundesagentur für Arbeit greift auf die Klassifizierung der Berufe Kldb88 zurück. Das Statistische Bundesamt und einige weitere Einrichtungen verwenden eine revidierte Version – die KldB92. Beide Systeme haben einige Gemeinsamkeiten. Zunächst einmal sind sie nach tatsächlichen Tätigkeits- und Ausbildungsinhalten strukturiert. Die Klassifizierungen bestehen aus fünf Hierarchiestufen – Berufsbereiche, Berufsabschnitte, Berufsgruppen, Berufsordnungen und Berufsklassen. Es wird impliziert, dass mit dem Beruf eine treffende Beschreibung der wirtschaftlichen und sozialen Struktur möglich ist. Man erkennt auch leicht, dass die obere Hierarchieebene – die Berufsbereiche nach Wirtschaftssektoren (primärer, sekundärer und tertiärer Sektor) strukturiert sind. Damit aber verlieren die Klassifizierungssysteme umso schneller an Aktualität, je schneller der wirtschaftliche Wandel voranschreitet. Außerdem ist aufgrund der Detailliertheit der Codes Vorsicht bei der Verwendung angebracht – ohne genaue Kenntnis des Klassifizierungssystems kann es dazu kommen, das eigentlich passende Betriebe und Bewerber nicht zueinander finden, da die Stelle und der Bewerber vielleicht in der gleichen Berufsordnung, jedoch nicht in der gleichen Berufsklasse codiert sind. Hier sind intelligente Suchstrategien angebracht.

Tabelle 16: Berufsbereiche der KldB 88 und 92

Code	Beschreibung
01-06	Pflanzenbauer, Tierzüchter, Fischereiberufe
07-09	Bergleute, Mineralgewinner
10-54	Fertigungsberufe
60-63	Technische Berufe
68-93	Dienstleistungsberufe
97-99	Sonstige Arbeitskräfte

Die Bundesagentur für Arbeit verwendet für ihre Vermittlungsdienste ein Berufsklassifizierungssystem, dessen Basis die Klassifizierung der Berufe KldB 1988[163] ist. Um die Struktur der Berufe feiner darstellen zu können, wird ein System verwendet, dass den vierstelligen Berufscode um drei weitere Stelle auf einen siebenstelligen Berufscode erweitert hat. So wird zwischen ca. 11.000 Berufen unterschieden. Die öffentlichen Vermittlungsdienste verfügen über erhebliche Erfahrungen mit dieser Klassifizierung. Systematisch werden neue Berufstitel erfasst und als Synonyme bzw. als neuer 7stelliger Berufscode in die Klassifizierung eingebracht.

Das Statistische Bundesamt hat im Jahr 1992 eine revidierte Fassung der unverändert vierstelligen Klassifizierung der Berufe herausgegeben (KldB 1992)[164]. Diese wird für große Umfragen des Statistischen Bundesamtes oder anderer Einrichtungen verwendet[165].

4.3 Fazit

Aus der Beschreibung der Systematiken wird deutlich, dass die ISCO 88 und die deutschen Klassifizierungssysteme nicht kompatibel sind: Eine Umkodierung ohne zusätzliche Information ist oft nicht möglich[166]. So kommt der Beruf „Altenpfleger/-in" in der ISCO 88 an zwei Stellen vor. Eine korrekte Zuordnung lässt sich nur vornehmen, wenn man Informationen über die Organisationsanbindung hat (Tabelle 17).

Tabelle 17: Umkodierung von KldB 88 zu ISCO 88

KldB 88		ISCO 88	
8614	Altenpfleger/-in	5132	Institution-based personal care workers
		3231	Nursing associate professionals

163 Bundesanstalt für Arbeit 1988

164 Statistisches Bundesamt 1992

165 Beispielsweise können hier der Mikrozensus des statistischen Bundesamtes oder die Erhebung des gesamtwirtschaftlichen Stellenangebots des Instituts für Arbeitsmarkt und Berufsforschung genannt werden.

166 Beispiele entnommen aus Kettner et al. (2007, im Ersch.).

Umgekehrt sind die Büroberufe in der ISCO 88 nicht sehr differenziert. Ohne Weiteres lässt sich keine eindeutige Zuordnung zu einem Beruf der KldB 88 vornehmen (Tabelle 18).

Tabelle 18: *Umkodierung von ISCO 88 zu KldB 88*

ISCO-88		KldB 88	
3419	Finance and sales associate professionals not elsewhere classified	6812	Einzelhandelskaufleute
		7031	Werbekaufleute

Es lässt sich schlussfolgern, dass berufsbezogene Vergleiche der Arbeitsmarktstruktur von Deutschland mit anderen Ländern ohne Weiteres nicht vorgenommen werden können.

Möchte man die beschriebenen Klassifizierungen für die Personalvermittlung und -disposition verwenden, so muss man sich für ein System entscheiden.

Die deutschen Klassifizierungen haben den Vorteil, dass sie relativ einfach kodierbar sind. Gründe hierfür sind ein tradiertes Verständnis über Berufe und Tätigkeiten in der Arbeitswelt. Tätigkeitsinformationen werden schnell verarbeitet.

Die ISCO 88 ist international verbreitet und hat damit das Potential, die Ausweitung der Personalvermittlung und -disposition über Ländergrenzen hinweg zu unterstützen. Außerdem hat die ISCO Vorteile hinsichtlich des Versuchs, Qualifikationen und Qualifikationsniveaus ein höheres Gewicht einzuräumen.

Dennoch – beide Klassifizierungen sind für eine passgenaue Vermittlung nur dann geeignet, wenn man die relevanten Teile genau kennt und auch eine genaue Kenntnis der zu bearbeitenden Teilarbeitsmärkte hat. Zudem müssen die eingangs beschriebenen generellen Nachteile von Standardisierungsbemühungen berücksichtigt werden, also insbesondere der Informationsverlust gegenüber der tatsächlichen Situation und die „Halbwertzeit" der vorhandenen Informationen.

Sowohl die ISCO 88 als auch die deutsche Klassifizierung sollen überarbeitet werden. Es bleibt abzuwarten, inwieweit es möglich sein wird, die Systematiken so weiterzuentwickeln, dass sie trotz der beschriebenen Entwicklungslinien zur validen Analyse und Bearbeitung von Informationen über den Arbeitsmarkt beitragen können. Dies wird dann auch dass Einsatzspektrum der Klassifizierungen in den verschiedenen Organisationsformen der Personalvermittlung und -disposition bestimmen.

Literatur

Baethge, Martin (2001): Beruf - Ende oder Transformation eines erfolgreichen Ausbildungskonzepts? In: Kurtz, Thomas (Hg.): Aspekte des Berufs in der Moderne. Opladen: Leske + Budrich, S. 39–68.

Beck, Ulrich; Brater, Michael; Daheim, Hansjürgen (1980): Soziologie der Arbeit und der Berufe. Grundlagen, Problemfelder, Forschungsergebnisse. Reinbek bei Hamburg: Rowohlt (Rowohlts deutsche Enzyklopädie, 395).

Bruttel, Oliver (2005): Radikale Reformen. Die Privatisierung der öffentlichen Arbeitsvermittlung. In: WZB-Mitteilungen, Nr. 109, S. 46–48.

Bundesagentur für Arbeit (Hg.) (2007): Das Stellenangebot in Deutschland. April 2007. Nürnberg.

Bundesagentur für Arbeit (Hg.) (2007): Monatsbericht April 2007. Nürnberg. (Der Arbeits- und Ausbildungsmarkt in Deutschland).

Bundesanstalt für Arbeit (Hg.) (1988): Klassifizierung der Berufe. Systematisches und alphabetisches Verzeichnis der Berufsbenennungen. Nürnberg.

Daheim, Hans-Jürgen (2001): Berufliche Arbeit im Übergang von der Industrie- zur Dienstleistungsgesellschaft. In: Kurtz, Thomas (Hg.): Aspekte des Berufs in der Moderne. Opladen: Leske + Budrich, S. 21–38.

Deutschmann, Christoph (2005): Latente Funktionen der Institution des Berufs. In: Jacob, Marita; Kupka, Peter (Hg.): Perspektiven des Berufskonzepts. Die Bedeutung des Berufs für Ausbildung und Arbeitsmarkt. Nürnberg: Institut für Arbeitsmarkt- und Berufsforschung der Bundesagentur für Arbeit. Beiträge zur Arbeitsmarkt- und Berufsforschung, S. 3–16.

Drexel, Ingrid (2005): Die Alternative zum Konzept des Berufs: das Kompetenzkonzept. Intentionen und Folgeprobleme am Beispiel Frankreichs. In: Jacob, Marita; Kupka, Peter (Hg.): Perspektiven des Berufskonzepts. Die Bedeutung des Berufs für Ausbildung und Arbeitsmarkt. Nürnberg: Institut für Arbeitsmarkt- und Berufsforschung der Bundesagentur für Arbeit. Beiträge zur Arbeitsmarkt- und Berufsforschung, S. 39–53.

Egle, Franz; Stops, Michael; Nagy, Michael (2006): Wissensmanagement als Ansatz zur Lösung von Personalproblemen bei Unternehmen mit eigenen Konzernarbeitsmärkten. In: Lück-Schneider, Dagmar; Maninger, Stephan (Hg.): Wissensmanagement. Eine interdisziplinäre Betrachtung. Brühl (Schriftenreihe, 48), S. 35–51.

Franz, Wolfgang (2005): Arbeitsmarktforschung und Arbeitsmarktstatistik aus der Sicht der wirtschaftspolitischen Beratung: Erfahrungen und Perspektiven. In: Allgemeines Statistisches Archiv, H. 88, S. 141–158.

Freidson, Eliott (2004): Professionalism Reborn. Theory, Prophecy and Policy. 2. Aufl. Cambridge: Polity Press.

Hoffmann, Evind; Scott, Mirjana (1993): The revised International Standard Classification of Occupation (ISCO-88). A short presentation. International Labour Office – Bureau of Statistics. Genf.

Hoffmeyer-Zlotnik, Jürgen H.P.; Hess, Doris; Geiss, Alfons J. (2004): Computerunterstützte Vercodung der International Standard Classification of Occupations (ISCO88). In: ZUMA-Nachrichten, Nr. 55, S. 29–52.

Hübner, Ulrich; Jacob, Rainer (06.02.2006): Neue Berufe für die Call Center Branche? Herausgegeben von Interessengemeinschaft Call Center Netzwerk Sachsen. Online verfügbar unter http://www.ig-ccnet.de/modules.php?op=modload&name=PagEd&file=index&topic_id=0&page_id=34, zuletzt aktualisiert am 06.02.2006, zuletzt geprüft am 21.04.2007.

International Labour Organization (Hg.) (2004): ISCO. Online verfügbar unter http://www.ilo.org/public/english/bureau/stat/isco/index.htm, zuletzt geprüft am 22.02.2007.

Jahn, Elke; Wagner, Thomas (2004): Neue Arbeitsmarkttheorien. Stuttgart: Lucius & Lucius (wisu - Texte).

Kettner, Anja; Drechsler, Jörg; Rebien, Martina; Schmidt, Katrin; Semerdjiva, Marina; Stops, Michael; Vogler-Ludwig, Kurt (2007, im Ersch.): Estimation of vacancies by NACE and ISCO on disaggregated regional level. Nürnberg: Institut für Arbeitsmarkt- und Berufsforschung der Bundesagentur für Arbeit (Beiträge zur Arbeitsmarkt- und Berufsforschung).

Lutz, Burkart (2004): Die Segmentationstheorie ist nicht am Ende, aber steht vor neuen Herausforderungen! Podium. In: Gensior, Sabine; Mendius, Hans Gerhard; Seifert, Hartmut (Hg.): 25 Jahre SAMF. Perspektiven Sozialwissenschaftlicher Arbeitsmarktforschung. Cottbus: SAMF (Arbeitspapier / SAMF, 2004,1), S. 91–104.

Nonaka, Ikujiro; Takeuchi, Hirotaka; Mader, Friedrich (1997): Die Organisation des Wissens. Wie japanische Unternehmen eine brachliegende Ressource nutzbar machen. Frankfurt/Main: Campus-Verl.

Parsons, Talcott (1996): Das System moderner Gesellschaften. 4. Aufl. Weinheim, München: Juventa.

Seibert, Holger (2007): Wenn der Schuster nicht bei seinen Leisten bleibt. Berufswechsel in Deutschland. In: IAB-Kurzbericht, H. 1.

Sengenberger, Werner (1987): Struktur und Funktionsweise von Arbeitsmärkten. Die Bundesrepublik Deutschland im internationalen Vergleich. Frankfurt/Main: Campus (Arbeiten aus dem Institut für Sozialwissenschaftliche Forschung e. V., ISF, München).

Shire, Karen A. (2001): Arbeiten und Lernen in der Wissensgesellschaft. Thesen zur Entwicklung der wissensbasierten Arbeit im Front-Line Bereich. Beitrag zum Kongress "Gut zu Wissen". Herausgegeben von Heinrich-Böll-Stiftung. Online verfügbar unter http://www.wissensgesellschaft.org/themen/wissensoekonomie/arbeitenundlernen.pdf, zuletzt geprüft am 5.05.2007.

Statistisches Bundesamt (1992): Klassifizierung der Berufe. Systematisches und alphabetisches Verzeichnis der Berufsbenennungen. Wiesbaden: Statistisches Bundesamt.

Statistisches Bundesamt (2003): Klassifikation der Wirtschaftszweige mit Erläuterungen. Ausgabe 2003. Wiesbaden.

Stehr, Nico; Grundmann, Reiner (2001): Die Arbeitswelt in der Wissensgesellschaft. In: Kurtz, Thomas (Hg.): Aspekte des Berufs in der Moderne. Opladen: Leske + Budrich, S. 315–335.

Szydlik, Marc (1990): Die Segmentierung des Arbeitsmarktes in der Bundesrepublik Deutschland. Eine empirische Analyse mit Daten des sozio-ökonomischen Panels, 1984 - 1988. Berlin: Ed. Sigma (Beiträge zur Sozialökonomik der Arbeit, 24).

Voss, G. Günter; Pongratz, Hans J. (1998): Der Arbeitskraftunternehmer. Eine neue Grundform der Ware Arbeitskraft? In: Kölner Zeitschrift für Soziologie und Sozialpsychologie, Jg. 50, Nr. 1, S. 131–158.

Weber, Max (2005): Wirtschaft und Gesellschaft. Grundriss der verstehenden Soziologie. Frankfurt am Main: Zweitausendeins.

Michael Nagy, Gustav Rückemann

Integration behinderter Menschen in den Arbeitsmarkt

Summary

Im Beitrag **Integration behinderter Menschen in den Arbeitsmarkt** geht es zunächst darum, dem Leser die Rechtsvorschriften näher zu bringen. Mit der schrittweisen Entstehung der einzelnen Sozialversicherungszweige entwickelten sich Verantwortlichkeiten der Träger für die Rehabilitation von behinderten Menschen, jeweils im Zusammenhang mit dem versicherten Risiko. Aber auch das Prinzip der Vorsorge und Fürsorge hat sich entwickelt. Es entstand eine breite Trägerlandschaft, die jeweils nach den Vorschriften ihrer Gesetze Leistungen erbrachte und dies zum Teil auch heute noch erbringt. Das Gesetz über die Angleichung von Rehabilitationsleistungen von 1974 war ein erster Versuch, die Leistungen, wie es das Gesetz ausdrückte, anzugleichen. Eine Vereinheitlichung war zu dem damaligen Zeitpunkt kaum denkbar. Inzwischen wurden Leistungen vereinheitlicht, so z. B. die Kraftfahrzeughilfe. Mit Inkrafttreten des SGB IX gibt es für alle Leistungsträger verbindliche Definitionen von Behinderung (§ 2 SGB IX). Zudem wurden Leistungen vereinheitlicht und ein Teil ist für alle Rehabilitationsträger nur noch im SGB IX geregelt. Mit der Schaffung von gemeinsamen Servicestellen der Rehabilitationsträger wurde ein weiterer wichtiger Schritt in Richtung gemeinsamer Aufgabenerledigung behinderter Menschen unternommen. Es bleibt aber die Unübersichtlichkeit der Zuständigkeit der einzelnen Rehabilitationsträger und es ist Ziel dieses Kapitels, die hier vorhandenen Strukturen aufzuzeigen. Außerdem soll ein Überblick über die Leistungen zur Teilhabe am Arbeitsleben für behinderte Menschen gegeben werden.

Zunächst geht es um die verschiedenen Lernorte in den Fällen, in denen eine berufliche (Neu-) Qualifizierung erforderlich ist und auf die Belange der behinderten Menschen Rücksicht zu nehmen ist. Dabei geht es sowohl um die Ausbildung von behinderten Menschen im Betrieb oder in einer Rehabilitationseinrichtung, als auch um die Qualifizierung von berufserfahrenen behinderten Menschen, die behinderungsbedingt ihre bisherige Tätigkeit nicht mehr ausüben können. Besonderes Augenmerk wird gelegt auf die Integration der behinderten Menschen in den Arbeitsmarkt. Wegen der zum Teil bestehenden multiplen Problemlagen bietet sich häufig ein Casemanagement als Strategie zur Integration behinderter Menschen in den Arbeitsmarkt an. Denn letztendlich haben alle Maßnahmen und Förderleistungen der beruflichen Rehabilitation die Eingliederung in den ersten Arbeitsmarkt zum Ziel. Dargestellt am Beispiel der SRH Hochschule Heidelberg soll die Integration behinderter Hochschulabsolventen aufgezeigt werden.

1 Einleitung

Eine Gesellschaft, die sich dem Solidaritätsprinzip verpflichtet fühlt, muss besondere Konzepte und Strategien entwickeln, um ihren schwächsten Mitgliedern zu helfen. Dies ist keinesfalls eine selbstlose Hilfe. Ziel dabei ist es, den Einzelnen zu befähigen, sein volles Leistungspotential zu entwickeln, seine persönlichen Ressourcen zu aktivieren und somit selbst einen Beitrag zu seiner Integration in die Gesellschaft zu leisten. Gerade Menschen mit gesundheitlichen Einschränkungen haben Probleme, einen geeigneten Arbeitsplatz zu finden und einen ihren Fähigkeiten und Möglichkeiten entsprechenden Beruf auszuüben.

Arbeit und Beruf stellen im Sozialisationsprozess der Gesellschaft einen zentralen Stellenwert dar. Arbeit als Sinnfaktor der individuellen Lebensplanung beeinflusst auf vielfältige Weise die Lebensqualität und schafft fördernde oder hindernde Bedingungen der Lebensintegration. Arbeit gibt und macht Sinn für die Lebensgestaltung, schafft Strukturen und vermittelt Werte für die Lebensorientierung. Der Sozialstaat ist darauf aufgebaut und unterstützt mit seinem sozialen Sicherungssystem die Sicherheit für seine Bürger.

Insbesondere wird auch unser Gemeinwesen dadurch geprägt, dass die Erwerbsarbeit für die meisten Menschen ein wichtiger Zugang zur eigenen Lebensvorsorge und zur Teilhabe am gesellschaftlichen Leben schafft. Die Benachteiligung von behinderten Menschen am Arbeitsmarkt wird von vielfältigen Einflüssen geprägt:

- Gesundheitliche Probleme, die die bisherige Berufstätigkeit nicht mehr ermöglichen und eine Umorientierung erfordern, häufig verbunden mit einem Neuanfang.
- Nachteile bei der gesellschaftlichen Integration, bedingt durch Erschwernisse, am gesellschaftlichen Leben teilhaben zu können. Das soziale Umfeld kann nicht mit der Behinderung umgehen und distanziert sich bewusst oder unbewusst und schafft dadurch für den behinderten Menschen eine gesellschaftliche Isolation.
- Persönliche Probleme durch ein mangelndes Selbstwertgefühl, gefördert durch die unbewältigte Behinderungsproblematik, bringen den einzelnen in die gesellschaftliche Isolation. Die Verhaltensunsicherheit der Mitmenschen fördert diese Entwicklung.

Die Bearbeitung dieses Problemkomplexes gilt es zu durchbrechen und für und mit den Beteiligten Perspektiven aufzuzeigen. Je nach Komplexität der individuellen Situation kann das gelingen oder auch scheitern.

In der Bundesrepublik Deutschland gibt es entsprechende gesetzliche Grundlagen zur Förderung behinderter Menschen und damit verbunden, zahlreiche Konzepte und Strategien sowie Fördermöglichkeiten, die zur Integration behinderter Menschen in Gesellschaft und Beruf beitragen.

2 Rechtliche Grundlagen zur Förderung behinderter Menschen

2.1 Begriffsdefinitionen

Behinderung und behinderte Menschen. In der Genfer Empfehlung Nr. 99 der Internationalen Arbeitsorganisation (IAO) wurden bereits im Jahr 1957 Behinderte definiert als Personen, deren Aussichten, eine geeignete Beschäftigung zu finden und beizubehalten, infolge der Beeinträchtigung ihrer körperlichen oder geistigen Fähigkeiten wesentlich gemindert sind. Es fällt auf, dass damals die seelische Gesundheit nicht einbezogen wurde. Vermutlich liegt dies an der erst in den letzten Jahrzehnten zunehmenden Bedeutung dieser Erkrankung bzw. Behinderung. Es fällt aber auch auf, dass bereits zu diesem frühen Zeitpunkt der Bezug zur Arbeitswelt hergestellt wurde.

1980 befasste sich die Weltgesundheitsorganisation (WHO) mit diesem Thema. Über zwei Jahrzehnte hinweg wurden die von der WHO geprägten Begriffe „impairment" (Beeinträchtigung der körperlichen Unversehrtheit), „disability" (Funktionsverlust) und „handicap" (Behinderung in der Lebensführung) verwendet. Im Mai 2001 verabschiedete die WHO eine neue Klassifikation, die International Classification of Functioning, Disability and Health (ICF). Im Vordergrund steht nicht mehr die Orientierung an wirklichen oder vermeintlichen Defiziten, sondern das Ziel der Teilhabe an den verschiedenen Leistungsbereichen (Partizipation) wird in den Vordergrund gerückt. Der gesamte Lebenshintergrund der Betroffenen wird nun berücksichtigt. Diese Betrachtungsweise fand ihren Niederschlag im SGB IX.

§ 2 SGB IX definiert, was nach diesem Sozialgesetzbuch unter einer Behinderung zu verstehen ist. Danach sind Menschen behindert, „wenn ihre körperliche Funktion, geistige Fähigkeit oder seelische Gesundheit mit hoher Wahrscheinlichkeit länger als 6 Monate von dem für das Lebensalter typischen Zustand abweichen und daher ihre Teilhabe am Leben in der Gesellschaft beeinträchtigt ist". Es ist vergleichsweise einfach, eine körperliche Funktionsbeeinträchtigung festzustellen. Körperliche Einschränkungen können sichtbar sein, wie z. B. eine Querschnittslähmung mit der Folge, auf einen Rollstuhl angewiesen zu sein; aber auch innere Erkrankungen gehören hierzu. Es kommt bei einer körperlichen Funktionsbeeinträchtigung, ebenso wie bei den nachfolgend beschriebenen Beeinträchtigungen, nicht auf die Ursache an. Wichtig ist, dass sie besteht. Wenn es darum geht, abzuklären, ob diese Funktionsbeeinträchtigung länger als 6 Monate anhält und vom Lebensalter typischen Zustand abweicht, kann es gegebenenfalls erforderlich sein, ärztlichen Rat einzuholen.

Schwieriger gestaltet es sich, abzugrenzen, ab wann die geistigen Fähigkeiten dazu führen, dass Menschen behindert sind im Sinne des SGB IX. Soweit es sich um Kinder und Jugendliche handelt, die in ihrer geistigen Entwicklung neben ihren Altersgenossen zurückbleiben, eine Regelschule nicht durchlaufen können und deshalb eine Förderschule für geistig Behinderte besuchen, dürfte die Abgrenzung noch relativ einfach sein. Schwierig wird es dann, wenn es sich um Grenzfälle handelt, es lediglich um einen Entwicklungsrückstand geht, bei dem es zu erkennen gilt, dass er mit entsprechender Förderung aufgeholt werden kann. Eine – wenn auch umstrittene Möglichkeit – ist die Feststellung des Intelligenzquotienten und eine Abgrenzung über seine Höhe. Die Grenze von geistiger Behinderung zu Lernbehinderung ist fließend. (Vgl. Thias, Hans Hugo,. 1980) Um diesem Rechnung zu tragen, wurden die Lernbehinderten im Zuständigkeitsbereich der BA in § 19 SGB III ausdrücklich mit einbezogen bei der Definition der Berechtigten nach diesem Gesetz. Lernbehinderte stellen bei der BA die größte Gruppe unter den jugendlichen behinderten Menschen dar, die Hilfen zur Integration ins Erwerbsleben benötigen.

Zugenommen haben die Beeinträchtigungen der seelischen Gesundheit sowohl bei jungen Menschen als auch bei Erwachsenen. Die Frage, inwieweit diese Beeinträchtigungen länger als 6 Monate anhalten, ist häufig nicht zu beantworten, da eine Reihe von Erkrankungen keinerlei Zukunftsprognosen zulassen. Zu unterscheiden gilt es hier Psychosen, Neurosen, Persönlichkeitsstörungen und psychische Krankheiten als Folge körperlicher Leiden. Bei kurzfristigem Verlauf führen die Erscheinungsformen zur Ausheilung. Eine Erkrankung von längerer Dauer führt zur Chronifizierung und letztlich zu einer psychischen/seelischen Behinderung. (Vgl. BAR, Frankfurt, 2003)

Wenn eine der oben genannten Beeinträchtigung zu erwarten ist, sind Menschen von Behinderung bedroht und können ebenfalls nach dem SGB IX (§ 2 Abs. 1 S. 2 SGB IX) bzw. nach den für die Rehabilitationsträger geltenden Leistungsgesetzen gefördert werden. Der Gedanke der Prävention kommt auch hier zum Tragen.

Sowohl die körperliche Funktion, die geistige Fähigkeit als auch die seelische Gesundheit müssen mit hoher Wahrscheinlichkeit länger als 6 Monate von dem für das Lebensalter typischen Zustand abweichen. Dies bedeutet, dass sowohl Entwicklungen in der Kindheit und bei Jugendlichen immer in Relation zur Altersgruppe zu sehen sind und altersbedingte Einschränkungen (wie z. B. Abnehmen der Sehstärke, Abnutzen der Gelenke) bei der Beurteilung der lebensälteren Menschen außen vor bleiben.

Zwingend vorgegeben ist in § 2 SGB IX, dass wegen dieser Einschränkungen die Teilhabe am Leben in der Gesellschaft beeinträchtigt ist. Die Einschränkungen müssen also Auswirkungen haben auf den Alltag des betroffenen Menschen, auf seine Berufstätigkeit, auf seine gesellschaftlichen Beziehungen. Erst dann sind die Voraussetzungen für eine Förderung nach dem SGB IX erfüllt.

Das Vorliegen der Voraussetzungen des § 2 Abs. 1 ist erforderlich, damit das SGB IX angewendet werden kann. Sind Menschen schwerbehindert oder ihnen gleichgestellt, so gelten die besonderen Regelungen im Teil 2 des SGB IX.

Schwerbehinderte Menschen. Um als schwerbehinderte Menschen im Sinne des § 2 Abs. 2 SGB IX zu gelten, muss von den für die Durchführung des Bundesversorgungsgesetzes zuständigen Behörden auf Antrag ein Grad der Behinderung von wenigstens 50 festgestellt worden sein. Hinzu kommt, dass diese behinderten Menschen ihren Wohnsitz, ihren gewöhnlichen Aufenthalt oder ihre Beschäftigung auf einem Arbeitsplatz im Sinne des § 73 rechtmäßig im Geltungsbereich dieses Gesetzbuches haben müssen. Es fällt auf, dass es auch ausreicht, die Beschäftigung innerhalb des Geltungsbereiches des Gesetzes zu haben. Dies bedeutet, dass Grenzgänger in den Teil 2 des SGB IX einbezogen werden. Dies ist vor allem dadurch zu erklären, dass die Anerkennung als schwerbehinderter Mensch Auswirkungen hat auf die Rechte des Arbeitnehmers (§ 81 SGB IX) und die Pflichten des Arbeitgebers. Vor allem geht es hierbei um die Pflicht der Arbeitgeber zur Beschäftigung schwerbehinderter Menschen (§ 71 SGB IX), gegebenenfalls um die Zahlung einer Ausgleichsabgabe bei Nichterfüllen der Beschäftigungspflicht (§ 77 SGB IX) und um die Erfordernis der Zustimmung der Integrationsämter zur Kündigung eines Arbeitsverhältnisses (§ 85 SGB IX). Für den anerkannten schwerbehinderten Menschen ist der genannte Kündigungsschutz sicher die wichtigste Regelung im SGB IX. Teil II des SGB IX sieht aber u. a. auch vor, dass Schwerbehinderte die Freistellung von Mehrarbeit verlangen (§ 124 SGB IX) oder Zusatzurlaub beanspruchen können (§ 125 SGB IX).

Schwerbehinderten gleichgestellte Menschen. Schwerbehinderten Menschen können behinderte Menschen gleichgestellt werden, die einen Grad der Behinderung von weniger als 50, aber wenigstens 30 bei Vorliegen der übrigen Voraussetzungen des Abs. 2 des § 2 SGB IX haben, wenn sie infolge ihrer Behinderung ohne die Gleichstellung einen geeigneten Arbeitsplatz im Sinne des § 73 nicht erlangen oder nicht behalten können (§ 2 Abs. 3 SGB IX). Zuständig für die Gleichstellung sind gem. § 68 Abs. 2 die Agenturen für Arbeit. Zu beachten ist, dass für gleichgestellte behinderte Menschen der § 125 SGB IX (Zusatzurlaub) und Kapitel 13 SGB IX (unentgeltliche Beförderung schwerbehinderter Menschen im öffentlichen Personenverkehr) nicht angewendet wird. Dies entspricht der Zielsetzung einer Gleichstellung, nämlich der Anwendung der auf den Arbeitsplatz bezogenen Schutzbestimmungen.

Bei der Gleichstellung wird zum ersten Mal bei der Definition nach dem SGB IX ein Bezug zur Arbeitswelt hergestellt. Behinderung nach Abs. 1 SGB IX und Schwerbehinderung nach Abs. 2 SGB IX sind losgelöst von Alter, Erwerbsfähigkeit oder Berufstätigkeit. Sowohl Kinder, abhängige oder selbständige Erwerbstätige, Arbeitslose oder Rentner werden bei Vorliegen der Voraussetzungen vom Sozialgesetzbuch IX erfasst. Die Gleichstellung zielt davon abweichend ab auf behinderte Menschen, die um ihren (zukünftigen) Arbeitsplatz wegen ihrer Behinderung bangen müssen.

Diese Definitionen der Behinderung, Schwerbehinderung und der Gleichstellung gelten für alle Rehabilitationsträger, die in § 6 SGB IX genannt sind und zusätzlich für die Integrationsämter, die im Teil 2 des SGB IX wesentliche Aufgaben zu übernehmen haben.

Teilhabe bzw. Rehabilitation. Mit dem SGB IX wurde der bisherige Begriff Rehabilitation weitgehend abgelöst durch den Begriff Teilhabe. Lediglich für den Bereich der medizinischen Rehabilitation wird dieser Begriff im Gesetz noch verwendet (Teil I, Kapitel 4 SGB IX). Auch für die Träger der Leistungen zur Teilhabe kennt das SGB IX noch den Begriff Rehabilitationsträger (§ 6 SGB IX).

Die erstmalige Verwendung des Begriffs Rehabilitation erfolgte durch den Staatsrechtslehrer Ritter von Buss im Jahr 1843:

„Vielmehr soll der heilbare Kranke vollkommen rehabilitiert werden, er soll sich zu der Stellung wieder erheben, von welcher er herabgestiegen war, er soll das Gefühl seiner persönlichen Würde wiedergewinnen und mit ihm ein neues Leben". Anhand dieser Definition kann auch heute noch deutlich gemacht werden, dass es Ziel der beruflichen Rehabilitation sein muss, z. B. einen bisher auf Facharbeiterniveau arbeitenden Menschen, der behinderungsbedingt seinen Beruf nicht mehr ausüben kann, auf diesem Niveau zu rehabilitieren. Ein Verweisen auf eine Hilfstätigkeit erfüllt nicht das Ziel.

Auch in der Gesetzesbegründung des Vorgängergesetzes des Teiles I des SGB IX, dem Gesetz über die Angleichung der Leistungen zur Rehabilitation (RehaAnglG) von 1974, wird Rehabilitation definiert, und zwar als "alle Maßnahmen, die darauf gerichtet sind, körperlich, geistig oder seelisch behinderten Menschen zu helfen, ihre Fähigkeiten und Kräfte zu entfalten, um einen angemessenen Platz in der Gesellschaft zu finden; hierzu gehört vor allem eine dauerhafte berufliche Eingliederung in Arbeit und Beruf" (aus der amtlichen Begründung zum Entwurf des RehaAnglG-Bundestagsdrucksache 7/1237).

Bereits hier geht es um körperlich, geistig und seelisch behinderte Menschen, bis heute gültige und wichtige Begriffe. Außerdem geht es um alle erforderlichen Maßnahmen.

Auch die WHO definiert Rehabilitation, und zwar als „ein gezielter und zeitlich begrenzter Prozess, der den Behinderten in die Lage versetzen soll, ein optimales Funktionsniveau in körperlicher, geistiger und sozialer Hinsicht zu erreichen und ihm so die Möglichkeit gibt, sein Leben zu ändern."

Hier wird vor allem deutlich, dass es sich bei der Rehabilitation um einen Prozess handelt. In diesem Prozess können behinderte Menschen verschiedene Phasen durchlaufen, die parallel oder nebeneinander ablaufen können: schulisch/pädagogische, medizinische, berufliche und soziale Phasen. Manche behinderte Menschen durchlaufen alle Phasen, andere lediglich eine Phase.

Im SGB IX geht es im § 2 Abs. 1 SGB IX um den umfassenden Begriff, nämlich um die Teilhabe am Leben in der Gesellschaft. Damit werden, wie bei der Klassifikation der WHO alle Lebensbereiche in jeder Alterstufe der behinderten Menschen erfasst. Eine Differenzierung der Leistungserbringung ermöglicht § 5 SGB IX. Neben Leistungen zur medizinischen Rehabilitation stehen Leistungen zur Teilhabe am Arbeitsleben und in der Gemeinschaft im Vordergrund. Abgesichert werden diese durch unterhaltssichernde und ergänzende Leistungen. Zu beachten ist, dass nicht alle Rehabilitationsträger alle in § 5 SGB IX dargestellten Leistungen erbringen (vgl. § 6 Nr. 1 – 7 SGB IX).

Berechtigte gem. SGB III. Die einzelnen Rehabilitationsträger definieren ihren eigenen Leistungsgesetzen die Leistungsberechtigten. Beispielhaft soll hier erwähnt werden § 19 SGB III für die Bundesagentur für Arbeit (BA). Nach dieser Vorschrift sind Menschen behindert, wenn ihre Aussichten, am Arbeitsleben teilzuhaben oder weiter teilzuhaben, wegen Art oder Schwere der Behinderung im Sinne des § 2 Abs. 1 SGB IX (siehe oben) nicht nur vorübergehend wesentlich gemindert sind (auch hier gilt die 6-Monats-Frist des SGB IX) und sie deshalb Hilfen zur Teilhabe am Arbeitsleben benötigen. Die lernbehinderten Menschen werden ausdrücklich eingeschlossen, ebenso nach Abs. 2 die von Behinderung bedrohten Menschen. Die in § 3 SGB IX geforderte Prävention war für die BA auch schon vor Inkrafttreten des SGB IX vorgeschrieben. Für die BA ist die Definition der Behinderung im Sinne des SGB IX eine von drei Voraussetzungen, damit ein behinderter Mensch nach dem SGB III gefördert werden kann. Es erfolgt allerdings eine Einschränkung des Teilhabegedankens auf das Arbeitsleben. Die in § 19 SGB III notwendigen Hilfen, die wegen Art und Schwere der Behinderung erforderlich werden, können von einer Beratung über die Vermittlung eines behinderungsgerechten Arbeitsplatzes bis hin zu einer völligen beruflichen Neuausrichtung reichen. Zu den möglichen Leistungen vgl. Kapitel 2.

2.2 Rechtliche Grundlagen - Überblick

Grundgesetz. Mit dem deutsch-deutschen Einigungsvertrag wurde das Grundgesetz geändert, und ein Verbot der Benachteiligung Behinderter in Art. 3 Abs. 3 Grundgesetz (GG) aufgenommen: „Niemand darf wegen seiner Behinderung benachteiligt werden." Diese Grundgesetzänderung war durchaus, auch unter den behinderten Menschen, kontrovers diskutiert worden. Es ist sicher Konsens, dass es nicht ausreicht, eine Änderung des Grundgesetzes zu bewirken. Wichtiger ist es, das Benachteiligungsverbot der behinderten Menschen im Alltag, im Beruf umzusetzen. Hier reichen gesetzliche vorgaben nicht aus, vielmehr muss sich „in den Köpfen" der Menschen etwas ändern.

Sozialgesetzbuch I. Das Sozialgesetzbuch I (SGB I – Allgemeiner Teil) beinhaltet gemeinsame Vorschriften für alle Rehabilitationsträger. Das SGB I hat die Aufgabe, zur Verwirklichung sozialer Gerechtigkeit und sozialer Sicherheit Sozialleistungen zu gestalten (§ 1 SGB I). Die dort genannten Aufgaben dienen der Erfüllung der im SGB I genannten sozialen Rechte. Hierbei ist die Eingliederung Behinderter in § 10 besonders hervorzuheben. Von Bedeutung ist, dass unabhängig von der Ursache der Behinderung ein Recht auf notwendige Hilfe besteht. Die Hilfen zielen ab auf einen entsprechenden Platz in der Gemeinschaft, insbesondere im Arbeitsleben. Zur Umsetzung verweist § 12 SGB I auf die in §§ 18 – 29 genannten Körperschaften, Anstalten und Behörden (Leistungsträger).

Sozialgesetzbuch IX in Verbindung mit den Hausgesetzen der Rehabilitationsträger. Das 9. Buch Sozialgesetzbuch (SGB IX) vom 19.06.2001 (BGBl. I S. 1045) trat am 1. Juli 2001 in Kraft. Es löste das Reha-AnglG vom 7. August 1974 (BGBl. I S. 1881) ab (Teil I des SGB IX). Das Gesetz zur Sicherung der Eingliederung Schwerbehinderter in Arbeit, Beruf und Gesellschaft (Schwerbehindertengesetz-SchwbG) vom 26. August 1986 (BGBl. I S. 1421, Ber. S. 1550) wurde als Teil II in das SGB IX übernommen.

Wesentliche Änderungen des Teil I SGB IX gegenüber dem RehaAnglG ist die Aufnahme der Träger der öffentliche Jugendhilfe und der Träger der Sozialhilfe als Rehabilitationsträger in § 6 SGB IX. Ebenfalls von Bedeutung ist die weggefallene Bestimmung von Vorleistungsträgern gem. § 6 Abs. 2 RehaAnglG als Folge der Verfahrensänderungen bei der Zuständigkeitserklärung, dargelegt in § 14 SGB IX. Die wichtigste Änderung dürfte allerdings sein, dass im SGB IX der behinderte Mensch in den Mittelpunkt gestellt wurde. Die Rehabilitationsträger haben dafür zu sorgen, dass den behinderten Menschen ein selbstbestimmtes Leben ermöglicht wird. Dies wird bereits in § 1 SGB IX in der Überschrift deutlich: Selbstbestimmung und Teilhabe am Leben in der Gesellschaft. Beispielhaft erwähnt werden soll das Wunsch- und Wahlrecht der Leistungsberechtigten in § 9 SGB IX und die Möglichkeit der Erstattung selbst beschaffter Leistungen gem. § 15 SGB IX, wenn die Rehabilitationsträger nicht rechtzeitig oder ohne zureichenden Grund die Leistungen in angemessener Zeit bzw. innerhalb der in § 14 SGB IX vorgegebenen Fristen nicht erbringen.

In das Gesetz ist mit dem neuen Absatz 2 des § 84 die rechtliche Verpflichtung für alle öffentlichen und privaten Unternehmen – gleich welcher Größe – eingefügt worden, für Menschen mit längeren Erkrankungen (über 6 Wochen pro Jahr) ein betriebliches Eingliederungsmanagement zu installieren. Ohne Übertreibung kann diese Verpflichtung als Kern der in praktisch allen größeren Unternehmen entstehenden Disability Management Systeme bezeichnet werden. Wir werden auf diese sehr wichtige Entwicklung der betrieblichen Förderung von Menschen mit (drohender) Behinderung unter 6.2 ausführlicher ein,

Das SGB IX enthält einen umfassenden Leistungskatalog für die Rehabilitationsträger in Teil I, bei den besonderen Regelungen für schwerbehinderte Menschen einen Aufgabenkatalog für die Bundesagentur für Arbeit und die Integrationsämter in Teil II. In

Teil I regelt allerdings § 7 SGB IX, dass die Vorschriften dieses Buches nur gelten, soweit sich aus den für den jeweiligen Rehabilitationsträger geltenden Leistungsgesetzen nichts Abweichendes ergibt.

Da sich im SGB III für die Bundesagentur für Arbeit umfangreiche Vorschriften finden, soll im nächsten Gliederungspunkt hierauf noch kurz näher eingegangen werden.

Sozialgesetzbuch III. Das Sozialgesetzbuch III – Arbeitsförderung – (SGB III) vom 24. März 1997 (BGBl. I S. 594) enthält für Behinderte und von Behinderung bedrohte Menschen über die für alle geltenden im SGB IX verankerten Bestimmungen hinausgehende spezielle Vorschriften für den Personenkreis, für den die Bundesagentur für Arbeit zuständiger Rehabilitationsträger ist. § 3 SGB III definiert hierbei Leistungen der Arbeitsförderung an behinderte Menschen: Hierbei werden allgemeine und besondere Leistungen zur beruflichen Eingliederung Behinderter unterschieden, wobei die besonderen Leistungen nach § 3 Abs. 5 SGB III Pflichtleistungen sind. Diese Pflichtleistungen sind allerdings gem. § 98 Abs. 2 SGB III den allgemeinen Leistungen gegenüber nachrangig. Zunächst muss versucht werden, die behinderten Menschen, die als Berechtigte in § 19 SGB III definiert sind, mit den allgemeinen Leistungen (Ermessensleistungen) in den Arbeitsmarkt einzugliedern bzw. wieder einzugliedern. Der Katalog der allgemeinen Leistungen ist in § 100 SGB III aufgezählt, wobei Besonderheiten hierzu in § 101 SGB III benannt sind. Hierbei geht es insbesondere um erleichternde und vereinfachende Vorschriften für behinderte Menschen. Reichen diese allgemeinen Leistungen nicht aus, und sind wegen Art und Schwere der Behinderung oder zur Sicherung des Eingliederungserfolges Maßnahmen in einer besonderen Einrichtungen für behinderte Menschen erforderlich, oder sieht der Leistungskatalog der allgemeinen Leistungen erforderliche Hilfen nicht vor, so können besondere Leistungen als Pflichtleistungen erbracht werden. Nach § 103 SGB III umfassen diese Leistungen das Übergangsgeld, das Ausbildungsgeld und die Übernahme der Teilnahmekosten für eine Maßnahme.

Die nach dem SGB III an Arbeitgeber möglichen Leistungen bei der Einstellung von Arbeitnehmern gelten selbstverständlich auch für behinderte Menschen. Zusätzlich sieht das Gesetz höhere Leistungen und eine verlängerte Förderzeit bei Behinderten und insbesondere bei besonders betroffenen Schwerbehinderten gem. § 219 SGB III vor. Eine spezielle Förderung der Eingliederung Behinderter ermöglicht § 235a mit den Zuschüssen zur Ausbildungsvergütung Schwerbehinderter und § 236 ff. für die Ausbildung von Behinderten, für Arbeitshilfen für Behinderte und der Möglichkeit der Erstattung der Kosten für eine Probebeschäftigung behinderter Menschen.

Daneben ermöglicht das SGB III die Gewährung von Leistungen an Träger im Rahmen der Förderung von Einrichtungen der beruflichen Eingliederung behinderter Menschen (§§ 248 ff. SGB III).

Sollten Hilfen bzw. Leistungen erforderlich werden, die das SGB III nicht vorsieht, die allerdings im SGB IX enthalten sind, so leistet die BA als Rehabilitationsträgerin nach den Vorschriften des SGB IX.

Sozialgesetzbuch II. Zum 1.1.2005 tritt das SGB II in Kraft. Arbeitslosenhilfe und Sozialhilfe werden zu einer Leistung, dem Arbeitslosengeld II, zusammengefasst. Allerdings beinhaltet das SGB II nicht nur diese Leistungsänderung, auch wenn dies in der öffentlichen Diskussion um Hartz-IV immer im Vordergrund stand. Ziel des Gesetzes ist vor allem, die Integration von Langzeitarbeitslosen in den ersten Arbeitsmarkt zu verbessern. Hierfür sieht das SGB II auch die Leistungen zur Teilhabe am Arbeitsleben vor. § 16 Abs. 1 Satz 2 sieht Eingliederungsleistungen an erwerbsfähige behinderte Menschen vor. Bei der Aufzählung der Leistungen handelt es sich weitgehend um den Leistungskatalog der BA nach dem SGB III. Die BA ist hierfür zuständiger Leistungsträger nach dem SGB II. Das bedeutet, dass sie für den Personenkreis der Arbeitslosengeld II-Bezieher Leistungen zur Teilhabe am Arbeitsleben erbringt. Werden Arbeitsgemeinschaften im Sinne des § 44b SGBII eingerichtet, eine vom Gesetzgeber präferierte Kooperationsform von BA und kommunalen Trägern, wird die BA diesen Leistungskatalog einbringen. Kommen Arbeitsgemeinschaften nicht zustande, wird es innerhalb der Agenturen für Arbeit im Reha-Team Zuständigkeiten geben für Berechtigte nach dem SGB II und dem SGB III. Die nach § 6a SGB II zugelassenen kommunalen Träger übernehmen gem. § 6b SGB II die Aufgabe der Erbringung von Leistungen zur Teilhabe am Arbeitsleben für die erwerbsfähigen Hilfebedürftigen.

2.3 Ausgewählte Rechtsgrundlagen

2.3.1 Antragstellung und Zuständigkeitserklärung

Die im früheren § 6 RehaAngl.G von 1974 festgelegten Regelungen zur Vorleistungspflicht bei nicht geklärter Zuständigkeit eines Rehabilitationsträgers waren offensichtlich für den Gesetzgeber nicht mehr akzeptabel. Dort war bestimmt worden, dass bei der medizinischen Rehabilitation die Krankenversicherung Vorleistungsträger ist. Bei berufsfördernden Leistungen gab es eine Vorleistungspflicht der Bundesanstalt für Arbeit, und zwar dann, wenn der zuständige Träger nicht gefunden werden konnte bzw. dieser nicht leisten konnte. § 6 des RehaAnglG kannte bereits Fristen, allerdings enthielt dieses Gesetz keine Sanktionen, wenn diese Fristen nicht eingehalten wurden.

Mit Einführung des SGB IX hat der Gesetzgeber in § 14 den Rehabilitationsträgern sehr enge Fristen auferlegt. Neu ist hierbei, dass die Nichteinhaltung dieser Fristen für die Rehabilitationsträger Folgen hat (§ 15 Erstattung selbstbeschaffter Leistungen). Die Rehabilitationsträger haben 2 Wochen Zeit, nach Antragstellung die Zuständigkeit festzustellen. Die Antragstellung ist in § 16 SGB I geregelt. Zur Klärung der Zuständigkeit ist es allerdings erforderlich, dass dem Träger, bei dem der Antrag gestellt wurde, bestimmte Angaben vorliegen, aus denen er ersehen kann, wer zuständiger Träger sein könnte (siehe unten dargestellte Rangfolge). Aus diesem Grunde haben sich die Rehabilitationsträger in einer Gemeinsamen Empfehlung über die Ausgestaltung des in § 14 SGB IX bestimmten Verfahrens (Gemeinsame Empfehlung der Zuständigkeitsklärung) in Kraft ab 1. Mai 2003. Die Gemeinsame Empfehlung wurde vom Bundesversicherungsamt als zuständiger Aufsichtsbehörde mit Schreiben vom 9. Mai 2003 aufgrund von Rechtsbedenken zunächst nicht genehmigt. § 13 SGB IX sieht gemeinsame Empfehlungen der Rehabilitationsträger vor.) darauf verständigt, dass die Zwei-Wochen-Frist dann beginnt, wenn die antragsbegründenden Unterlagen vorliegen. Hiernach liegt gem. § 1 ein fristauslösender Antrag dann vor, wenn die Unterlagen, die eine Beurteilung der Zuständigkeit ermöglichen, vorliegen. Dies bedeutet, dass zwischen der Willenserklärung des behinderten Menschen und der Antragstellung i. S. d. § 14 durchaus ein längerer Zeitraum liegen kann. Ob dies der ursprünglichen Intention des Gesetzgebers entspricht, ist fraglich.

Liegen antragsbegründende Unterlagen vor, so stellt der Rehabilitationsträger innerhalb von 2 Wochen fest, ob er für die Leistungsgewährung zuständig ist. Versäumt er diese Frist, muss er, selbst wenn er unzuständiger Rehabilitationsträger ist, Leistungen erbringen, ohne nach § 14 Abs. 4 einen Erstattungsanspruch gegen den tatsächlich zuständigen Träger geltend machen zu können. Erkennt er innerhalb dieser Frist, dass er zuständiger Leistungsträger ist, hat er die notwendigen Leistungen nach dem SGB IX bzw. den Vorschriften des für ihn geltenden Leistungsgesetzes festzustellen und zu erbringen.

Erkennt der Rehabilitationsträger, bei dem der Antrag gestellt wurde, dass er nicht zuständig ist, hat er den Antrag unverzüglich an den nach seiner Auffassung zuständigen Rehabilitationsträger weiterzuleiten (§ 14 Abs. 1 Satz 2). Hier ist sorgfältig vorzugehen, denn das Gesetz erlaubt lediglich eine einmalige Weitergabe des Antrags. Dies dient ebenfalls wie Satz 1 der Beschleunigung des Verfahrens und hebt sich ab von den Regelungen im RehaAnglG. Der Träger, an den der Antrag weitergeleitet wurde, erbringt Leistungen. Sollte sich herausstellen, dass er nicht zuständiger Rehabilitationsträger ist, hat er als zweitangegangener Träger gem. § 14 Abs. 4 Satz 1 einen Erstattungsanspruch gegenüber dem zuständigen Rehabilitationsträger.

Es hat sich in der Vergangenheit gezeigt, dass bei der Zuständigkeitserklärung die in Satz 1 verlangte Zwei-Wochen-Frist nicht immer eingehalten werden kann. Deshalb hat der Gesetzgeber in Satz 3 und Satz 4 die Weiterleitung des Antrages auf Rehabilitationsleistungen eingeschränkt: Muss für die Zuständigkeitserklärung (siehe oben Punkt 1 und 2) die Ursache der Behinderung geklärt werden und ist dies nicht innerhalb von 2 Wochen möglich (was relativ häufig der Fall sein dürfte), so wird der Antrag einem Rehabilitationsträger zugeleitet der Leistungen erbringen kann ohne Rücksicht auf die Ursache der Behinderung. Dies sind, wenn man die Nachrangigkeit der

Träger der Jugendhilfe und der Sozialhilfe außer Betracht lässt, die Träger der gesetzlichen Rentenversicherung und die Bundesagentur für Arbeit. Eine Weiterleitung des Antrags sollte gem. der gemeinsamen Empfehlung an den Träger erfolgen, der bei Nichtzuständigkeit des Trägers, der nach der Ursache fragt, dann zuständiger Rehabilitationsträger wäre. Dies bedeutet für alle diejenigen, die die versicherungsrechtlichen Voraussetzungen der Rentenversicherung erfüllt haben, eine Weiterleitung des Antrags an die Rentenversicherung, bei allen anderen eine Weiterleitung des Antrags an die Bundesagentur für Arbeit. Ebenfalls zur Beschleunigung dient § 14 Abs. 1 Satz 4, wonach in den Fällen, in denen der Antrag bei der BA eingegangen ist, es aber sein kann, dass bei Nichtgewährung von Leistungen zur Teilhabe am Arbeitsleben Rente wegen verminderter Erwerbsfähigkeit zu gewähren wäre, dieser Antrag nicht an die Rentenversicherung weitergeleitet wird. Denn auch hier wird der Rentenversicherungsträger innerhalb der in Satz 1 verlangten Zwei-Wochen-Frist diese Fragen in der Regel nicht klären können. Mit dem Gesetz zur Förderung der Ausbildung und Beschäftigung schwerbehinderter Menschen vom 28.04.2004 (BGBl I, S. 606) erfährt § 14 eine Änderung dahingehend, dass der Rehabilitationsträger, auch als zweitangegangener, nur dann leisten muss, wenn er aufgrund seines Leistungskataloges dazu in der Lage ist. Ansonsten ist eine erneute Weitergabe des Antrages möglich. Verdeutlicht werden soll dies an folgenden Beispiel: Der BA wird von der Rentenversicherung ein - Antrag auf Rehabilitationsleistungen weitergeleitet, da die versicherungsrechtlichen Voraussetzungen für eine Gewährung der Leistungen durch den Rentenversicherer nicht vorliegen. Bei der Prüfung des Rehabilitationsbedarfes stellt sich aber heraus, dass Leistungen zur Teilhabe an der Gemeinschaft erforderlich werden, die die Bundesagentur für Arbeit nicht erbringen kann. Sie wird den Antrag an den Träger der Sozialhilfe weitergeben.

§ 14 SGB IX kennt in Abs. 2 und 5 weitere Fristen, die von den Rehabilitationsträgern einzuhalten sind. Nach Abs. 2 ist der Rehabilitationsbedarf unverzüglich festzustellen. Wenn hierzu kein Gutachten erforderlich ist, schreibt der Gesetzgeber ab Antragseingang eine Frist von drei Wochen vor. Sollte ein Gutachten erforderlich sein – und dies wird bei den komplexen Fragestellungen häufig der Fall sein, so ist der Rehabilitationsbedarf zwei Wochen nach Vorliegen des Gutachtens festzustellen. Aber auch die Erstellung der Gutachten wird mit Fristen belegt. Zunächst ist vorgeschrieben, dass die Rehabilitationsträger sicher stellen, dass Sachverständige beauftragt werden können, bei denen weder Zugangs- noch Kommunikationsbarrieren bestehen. Diese Vorgabe ist sehr weitgefasst; damit darf es weder bei baulichen noch bei zeitlichen Gegebenheiten zu Engpässen und Probleme kommen. Ebenfalls sind z. B. bei hörgeschädigten Menschen Gebärdendolmetscher vorzuhalten. Eine vor In-Kraft-Treten des SGB IX völlig unbekannte Vorschrift sieht vor, dass dem behinderten Menschen in der Regel drei geeignete Sachverständige benannt werden. Der benannte und ausgewählte Sachverständige erstellt das Gutachten innerhalb von zwei Wochen.

Diese engen zeitlichen Vorgaben machen deutlich, dass es dem Gesetzgeber mit einfügen des § 14 SGB IX darum ging, das Rehabilitationsverfahren zu beschleunigen. Ob ihm das gelingt, wird im Zeitablauf deutlich werden. Bis heute kann jedoch festgestellt werden, dass die Zweiwochenfrist zur Feststellung der Zuständigkeit die Rehabilitationsträger zur schnelleren Überprüfung und ggf. Weiterleitung des Rehabilitationsantrages veranlasst hat. Auch wurden zumindest bei der Bundesagentur für Arbeit die Abläufe bei den Fachdiensten Ärztlicher und Psychologischer Dienst dahingehend gestaltet, dass die Einhaltung der Fristen gem. § 14 SGB IX ermöglicht wurde.

2.3.2 Rehabilitationsträger in Deutschland

Die nachfolgende Übersicht gibt an, welche Institutionen in Deutschland Träger der Rehabilitation sein können.

Abbildung 39: Träger der Rehabilitation in Deutschland

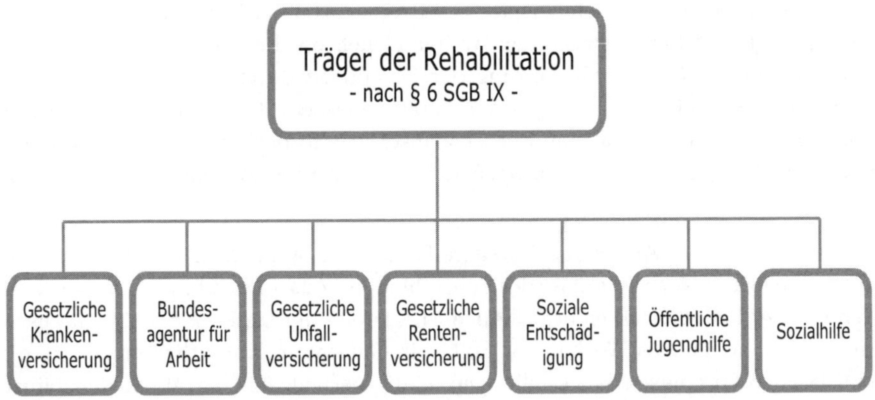

§ 12 SGB I legt fest, dass die in den § 18 – 29 SGB I genannten Körperschaften, Anstalten und Behörden zuständig sind für die Erbringung der Sozialleistungen. Nach Satz 2 regelt sich die Abgrenzung ihrer Zuständigkeit aus den besonderen Teilen des SGB. In den jeweiligen Paragraphen sind neben der Aufzählung der Leistungsarten in dem jeweiligen Abs. 2 auch die Zuständigkeiten der Leistungsträger definiert.

Mit In-Kraft-Treten des SGB IX im Jahre 2001 gibt § 6 einen Überblick über die Rehabilitationsträger, für die das SGB IX anzuwenden ist. In Verbindung mit § 5 können die jeweiligen Leistungen den Rehabilitationsträgern zugeordnet werden. Das SGB IX wiederholt in § 7 Satz 2 die oben genannte Aussage, dass sich die Zuständigkeit (und hier jetzt ergänzt um die Voraussetzungen für die Leistungen zur Teilhabe) nach den für den jeweiligen Rehabilitationsträger geltenden Leistungsgesetzen richtet.

Nachdem die gesetzliche Krankenversicherung (§ 6 Abs. 1 Nr. 1) in Verbindung mit § 5 Nr. 1 SGB IX nur Leistungen zur medizinischen Rehabilitation erbringt, wird sie im weiteren Verlauf der Überlegungen außer Acht gelassen. Die Rehabilitationsträger nach § 6 Abs. 1 Nr. 2 - 7 erbringen alle Leistungen zur Teilhabe am Arbeitsleben und/oder unterhaltssichernde und ergänzende Leistungen bzw. Leistungen zur Teilhabe am Leben in der Gemeinschaft. Da es insbesondere darum geht, herauszufinden, welcher Träger in welcher Situation Leistungen zur Teilhabe am Arbeitsleben und gegebenenfalls unterhaltssichernde und andere ergänzende Leistungen erbringt, wird nachfolgend auf die Prüfrangfolge eingegangen. Dabei wird deutlich, dass in den Leistungsgesetzen einzelner Träger hierzu Regelungen enthalten sind. Die Nachrangigkeit der Träger der öffentlichen Jugendhilfe ergibt sich aus § 10 SGB VIII, die der Träger der Sozialhilfe ab dem 1.1.2005 aus § 2 SGB XII. Für die Bundesagentur für Arbeit regelt § 22 Abs. 2, dass allgemeine und besondere Leistungen zur Teilhabe am Arbeitsleben, einschließlich der Leistungen an Arbeitgeber und der Leistungen an Träger, nur erbracht werden dürfen, sofern nicht ein anderer Rehabilitationsträger im Sinne des SGB IX zuständig ist. § 12 SGB VI regelt die Nachrangigkeit der gesetzlichen Rentenversicherung gegenüber den Trägern der gesetzlichen Unfallversicherung und den Trägern der Versorgungsleistungen bei Gesundheitsschäden. Damit ergibt sich eine zwingende Prüfrangfolge, wenn es darum geht, den zuständigen Träger für die Gewährung von Leistungen zur Teilhabe am Arbeitsleben herauszufinden. Zu beachten ist, dass die Träger der gesetzlichen Unfallversicherung und die Träger nach dem Bundesversorgungsgesetz, der Kriegsopferfürsorge, dem Soldatenversorgungsgesetzen etc. in der Rangfolge nicht miteinander konkurrieren, und damit in der Rangfolge ausgetauscht werden können. Die diesem Ausschluss ist die nachfolgende Prüfrangfolge allerdings zwingend. Die Prüfrangfolge ergibt sich aus der nachfolgenden Übersicht:

Abbildung 40: Zuständigkeit der Träger beruflicher Rehabilitation

Zuständigkeitsprüfung
Rangfolge der Träger beruflicher Rehabilitation

1. URSACHENTATBESTAND
1a Kriegs- oder Wehrdienst-, Ersatzdienst-, Zivildienstbeschädigung, Impfschäden (bei Impfungen nach dem Gesetz zur Verhütung und Bekämpfung übertragbarer Krankheiten beim Menschen); Opfer von Gewalttaten: zuständig sind die Träger nach dem Bundesversorgungsgesetz (BVG), der Kriegsopferfürsorge (KOF), dem Soldatenversorgungsgesetz (SVG) oder ähnlicher Versorgung.
1b Arbeitsunfall (incl. Wege-, Kindergarten-, Schulunfall o.ä.), Berufskrankheit: zuständig sind die Träger der gesetzlichen Unfallversicherung (SGB VII).

2. RENTENVERSICHERUNGSANSPRUCH
Träger der gesetzlichen Rentenversicherung (SGB VI), (ausgenommen ist die „Alterssicherung für Landwirte", nach der keine Leistungen zur beruflichen Rehabilitation gewährt werden)

3. BESCHÄFTIGUNG AUF DEM ALLGEMEINEN ARBEITSMARKT ODER IN EINER WERKSTATT FÜR BEHINDERTE IST BEABSICHTIGT UND LEISTBAR
Träger der Arbeitsförderung (SGB III: Bundesagentur für Arbeit)

4. JUGENDHILFE
Vorrangige Leistungserbringung der Jugendhilfe vor den Leistungen nach dem SGB XII. Für körperlich und geistig behinderte Menschen sind BSHG-Leistungen vorrangig (§ 10 SGB VIII)

5. Die TRÄGER DER SOZIALHILFE leisten nachrangig und bei Bedürftigkeit des behinderten Menschen – SGB XII

Die Träger der **Kriegsopferversorgung** und die Träger der **Kriegsopferfürsorge** im Rahmen des Rechts der sozialen Entschädigung bei Gesundheitsschäden erbringen dann Leistungen, wenn die Ursache der Behinderung auf bestimmte Schädigungen zurückzuführen ist:

- Leistungen nach dem Bundesversorgungsgesetz (BVG) erhalten Geschädigte, die Versorgungsansprüche habe, weil sie insbesondere durch Kriegseinwirkung, Kriegsgefangenschaft oder Internierung anerkannte Gesundheitsschäden erlitten haben (§§ 1 – 8 BVG). Die Versorgungsansprüche gelten auch für die Hinterbliebenen (§§ 38 ff. BVG). § 9 Nr. 2 BVG bezeichnet Leistungen zur Teilhabe als Leistungen der Kriegsopferfürsorge.

- Auf Soldaten und ehemalige Soldaten der Bundeswehr, die in Ausübung des Wehrdienstes eine gesundheitliche Schädigung erlitten haben (Wehrdienstbeschädigung, und deren Hinterbliebene findet das BVG gem. §§ 80, 81 und 82 Abs. 1 Soldatenversorgungsgesetz (SVG) Anwendung.

- Zivildienstleistende mit einer Zivildienstbeschädigung und deren Hinterbliebene erhalten Leistungen aufgrund der §§ 47 und 48 Abs. 1 Zivildienstgesetz (ZVG) nach dem BVG.
- Teilnehmer an einem freiwilligen sozialen Jahr/ökologischem Jahr.
- Impfgeschädigte und deren Hinterbliebene erhalten berufsfördernde Leistungen nach dem Gesetz zur Verhütung und Bekämpfung übertragbarer Krankheiten beim Menschen.
- Opfer von Gewalttaten, die eine gesundheitliche Schädigung erlitten haben, oder Hinterbliebene von Geschädigten haben unter bestimmten Voraussetzungen Anspruch auf Leistungen nach dem BVG (§ 1 Opferentschädigungsgesetz – OEG –).

Diese Träger erbringen gemäß SGB IX Leistungen zur medizinischen Rehabilitation, Leistungen zur Teilhabe am Arbeitsleben, unterhaltssichernde und andere ergänzende Leistungen sowie Leistungen zur Teilhabe am Leben in der Gesellschaft. Ziel ist, dass die Folgen einer erlittenen Entschädigung angemessen ausgeglichen bzw. gemildert werden.

Die Träger der **gesetzlichen Unfallversicherung** erbringen dann Leistungen für Versicherte, wenn die Ursache der Behinderung auf einen Arbeitsunfall (§ 8 SGB VII) oder auf eine Berufskrankheit (§ 9 SGB VII) oder auf eine drohende Berufskrankheit (§ 3 Berufskrankheiten - Verordnung) zurückzuführen ist. § 2 des SGB VII regelt, wer kraft Gesetzes versichert ist. Der Arbeitsunfall gemäß § 8 SGB VII schließt den Wegeunfall mit ein.

Sowohl zwischen der versicherten Tätigkeit und dem Unfall bzw. dem Unfall und dem Körperschaden muss ein ursächlicher innerer Zusammenhang bestehen. Demnach ist z. B. ein in der Freizeit erlittener Unfall mit Folgen, die Leistungen zur Teilhabe am Arbeitsleben erforderlich machen, nicht erfasst. Eine Berufskrankheit liegt nur vor, wenn die behinderten Menschen bei der Ausübung einer versicherten Tätigkeit eine Erkrankung davon getragen hat, die eine anerkannte Berufskrankheit im Sinne der Berufskrankheiten - Verordnung ist. In der Praxis werden insbesondere von den Betroffenen oftmals Zusammenhänge zwischen einer Behinderung und der Berufstätigkeit gesehen, die sich nicht als Berufkrankheit manifestieren lassen. Die Träger der gesetzlichen Unfallversicherung gewähren gem. SGB IX Leistungen zur medizinischen Rehabilitation, Leistungen zur Teilhabe am Arbeitsleben, unterhaltssichernde und andere ergänzende Leistungen und Leistungen zur Teilhabe am Leben in der Gemeinschaft.

Beide genannten Träger fragen nach der Ursache der Behinderung. Mit der Beschreibung der jeweiligen Zuständigkeitsbereiche wird aber deutlich, dass die beiden genannten Träger nicht miteinander konkurrieren.

Die **gesetzliche Rentenversicherung** erbringt gem. § 11 SGB VI dann Leistungen zur Teilhabe, wenn die versicherungsrechtlichen Voraussetzungen erfüllt sind. Hierbei geht es nach § 11 Abs. 1 SGB VI zunächst um die Erfüllung der versicherungsrechtlichen Voraussetzungen für die Altersrente mit einer Wartezeit von 15 Jahren oder dem Bezug einer Rente wegen verminderter Erwerbsfähigkeit. Größere Schwierigkeiten mit der Abgrenzung, soweit es um Leistungen zur Teilhabe am Arbeitsleben geht, sind gegeben, wenn Abs. 2a zu prüfen ist. Diese Vorschrift besagt, dass die Rentenversicherung auch zuständig ist für die Gewährung von Leistungen zur Teilhabe am Arbeitsleben, wenn ohne diese Leistungen Rente wegen verminderter Erwerbsfähigkeit zu erbringen wären(§ 11 Abs. 2a Nr. 1 SGB VI). Es soll vermieden werden, dass ein anderer Träger Leistungen zur Teilhabe am Arbeitsleben erbringt, die Rentenversicherung dabei die Gewährung von Rentenzahlungen spart. Auch hat der Gesetzgeber nach dem Grundsatz der Erbringung der Leistungen aus einer Hand in § 11 Abs. 2a Nr. 2 SGB VI geregelt, dass, wenn unmittelbar im Anschluss an Leistungen zur medizinischen Rehabilitation, die vom Träger der Rentenversicherung erbracht werden, Leistungen zur Teilhabe am Arbeitsleben erforderlich werden, um eine erfolgreiche Rehabilitation zu erreichen, der Rentenversicherungsträger zuständig bleibt. § 11 Abs. 2a SGB VI wurde zum 1. Januar 1993 eingefügt, um die BA als Träger der beruflichen Rehabilitation zu entlasten.

Die Träger der gesetzlichen Rentenversicherung erbringen Leistungen zur medizinischen Rehabilitation, Leistungen zur Teilhabe am Arbeitsleben und unterhaltssichernde und andere ergänzende Leistungen (Ausnahmen stellen die Träger der Alterssicherung der Landwirte dar, die keine Leistungen zur Teilhabe am Arbeitsleben erbringen). Ziel der Gewährung von Leistung zur Teilhabe am Arbeitsleben durch die gesetzliche Rentenversicherung ist die Vermeidung einer Erwerbsunfähigkeit.

Die **Bundesagentur für Arbeit** ist gem. § 22 Abs. 2 SGB III nur zuständig, wenn bei den vorgenannten Trägern die Zuständigkeit ausgeschlossen werden konnte. Ihre Leistungsvoraussetzungen richten sich nach dem SGB III, wobei es darum geht, Arbeitslosigkeit zu vermeiden, die Dauer der Arbeitslosigkeit zu verkürzen und behinderte Menschen am Arbeitsleben teilhaben zu lassen. Zu den Leistungen der Agenturen für Arbeit vgl. Kapitel II.

Nachrangig erbringen die Träger der **öffentlichen Jugendhilfe** Leistungen für die Integration von seelisch behinderten Jugendlichen in das Arbeitsleben (§ 35a SGB VIII). Danach haben Kinder und Jugendliche einen Anspruch auf Eingliederungshilfe, wenn ihre seelische Gesundheit voraussichtlich länger als 6 Monate von dem für ihr Lebensalter typischen Zustand abweicht (s. auch § 2 Abs. 1 SGB IX) und daher ihre Teilhabe am Leben in der Gemeinschaft beeinträchtigt ist bzw. eine Beeinträchtigung zu erwarten ist. Vom Grundsatz gehen die Leistungen nach dem SGB VIII denen des Bundessozialhilfegesetzes (BSHG) vor. Maßnahmen zur Eingliederungshilfe nach dem BSHG sind allerdings vorrangig vor den Leistungen nach dem SGB VIII zu erbringen, soweit es sich um körperlich oder geistig behinderte junge Menschen handelt (§ 10

SGB VIII). Der Gesetzgeber hat also speziell für seelisch behinderte Kinder und Jugendliche im SGB VIII Regelungen getroffen. Auch nachrangig zur Jugendhilfe (Ausnahme s. oben bei seelisch behinderten Kindern und Jugendlichen) erbringen die Träger der **Sozialhilfe** Leistungen zur Teilhabe, wenn alle zuvor genannten Träger keine Leistungen erbringen können. Die Voraussetzungen sind im BSHG geregelt, ab dem Jahr 2005 im SGB XII. Die beiden letztgenannten Rehabilitationsträger wurden erst mit Inkrafttreten des SGB IX als solche benannt. Das RehaAnglG als Vorgängergesetz hatte für sie keinen Anwendungsbereich definiert.

Abbildung 41: Wegweiser zu den Trägern der beruflicher Rehabilitation167

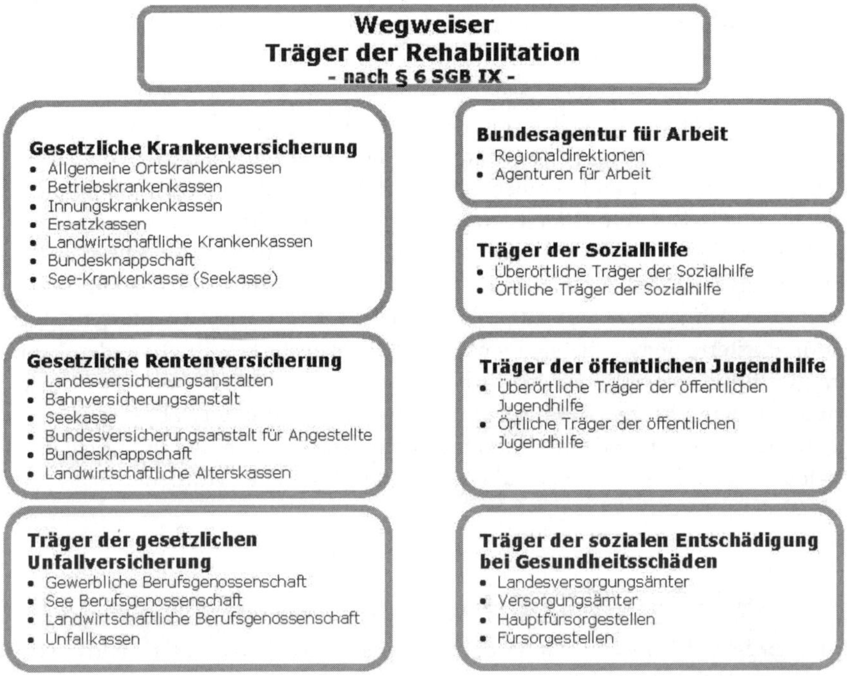

2.3.3 Gemeinsame Servicestellen

Zur Beratung und Unterstützung der behinderten Menschen, ihren Vertrauenspersonen und Personensorgeberechtigten sind gemeinsame örtliche Servicestellen einzu-

167 In Anlehnung an: Bundesarbeitsgemeinschaft für Rehabilitation, Wegweiser 2001.

richten (§ 22 SGB IX). Für sie hat der Gesetzgeber ein umfangreiches Aufgabenspektrum vorgesehen. Zur Umsetzung gibt es eine Rahmenempfehlung zur Errichtung trägerübergreifender Servicestellen für Rehabilitation vom 24. April 2001. Ziel ist eine trägerübergreifende vernetze Auskunft und Beratung für Rehabilitation. Die behinderten und von Behinderung bedrohten Menschen sollen umfassend, qualifiziert und bürgernah beraten werden. Außerdem sollen sie in ihrem Anliegen auf unverzügliche Leistungserbringung unterstützt werden.

Zur Vorbereitung der Umsetzung dieser gesetzlichen Aufgabe ergriffen die Landesversicherungsanstalten die Initiative. Sie führten mit den anderen Rehabilitationsträgern Informationsgespräche zur Organisation der regionalen Vernetzung. Wichtig dabei war, dass vorrangig vorhandene Strukturen genutzt werden sollten. Dabei wurde auch auf eine stärkere Einbindung von Verbänden behinderter Menschen, Selbsthilfegruppen, Verbänden der freien Wohlfahrtspflege etc. Wert gelegt. Sicher zu stellen ist auch ein barrierefreier Zugang. Inzwischen sind flächendeckend Servicestellen eingerichtet, allerdings werden bisher die Intentionen des Gesetzgebers nur zum Teil berücksichtigt. Die Servicestellen sind zum überwiegenden Teil bei einer **Landesversicherungsanstalt** angekoppelt. Die Mitarbeiter dort sind mit modernen Kommunikationsmitteln ausgestattet und nehmen bei Bedarf umgehend Kontakt auf mit den anderen Rehabilitationsträgern. Damit wird sicher das Rehabilitationsverfahren beschleunigt und den behinderten Menschen werden Wege erspart. Sie erfahren z. B. den richtigen Ansprechpartner, den sie zu einem bereits vereinbarten Termin aufsuchen können. Der Aufgabenkatalog aus dem Gesetz heraus ist aber so umfassend, dass er von Mitarbeitern eines Rehabilitationsträgers allein nicht bewältigt werden kann. Es wäre günstiger, wenn die am häufigsten frequentierten Träger bzw. die Träger, die nicht auf anderen Wegen von dem Eintritt einer Behinderung erfahren (wie z. B. die Unfallversicherung über den Arbeitgeber von einem Arbeitsunfall unterrichtet wird), gemeinsam in einer Servicestellen die Aufgaben wahrnehmen würden.

2.3.4 Qualitätssicherung

Der Gesetzgeber hat in § 20 SGB IX die Qualitätssicherung verankert. Hierbei schreibt er vor, dass die Rehabilitationsträger eine gemeinsame Empfehlung zur Sicherung und Weiterentwicklung der Qualität der Leistungen u. a. vereinbaren. Unter der Federführung der Bundesarbeitsgemeinschaft für Rehabilitation (BAR) haben sich die Rehabilitationsträger auf eine Gemeinsame Empfehlung Qualitätssicherung nach § 20 Abs. 1 SGB IX vom 27. März 2003 geeinigt. In § 2 dieser Empfehlung wird Qualität definiert: Qualität von Leistungen zur Teilhabe bedeutet eine wirksame und bedarfsgerechte, am Krankheitsfolgemodell der WHO (ICF) orientierte fachlich qualifizierte, aber auch wirtschaftliche Leistungserbringung. In § 3 der Empfehlung werden Grundsätze der Qualitätssicherung definiert. Dabei geht vor allem es um externe und interne Qualitätssicherung und um Transparenz bei der Leistungserbringung. Zur Bewertung der

Qualität der Leistung aus Sicht der Leistungsberechtigten werden systematische Befragungen vorgeschlagen. Die Dimensionen der Qualitätssicherung sind die Struktur-, Prozess- und Ergebnisqualität. Die Rehabilitationsträger verpflichten sich, die bereits angewendeten bzw. geplanten Verfahren der Qualitätssicherung einer Evaluation zu unterziehen und die Verfahren ggf. sich verändernden Bedingungen anzupassen. Diese Gemeinsame Empfehlung trat am 1. Juli 2003 in Kraft.

2.3.5 Persönliches Budget

§ 17 Abs. 1 Nr. 4 SGB IX sieht vor, dass der zuständige Rehabilitationsträger seine Leistungen in Form eines persönlichen Budgets erbringen kann. Zum 1. Juli 2004 ist die Verordnung zur Durchführung des § 17 Abs. 2 bis 4 des Neunten Buches Sozialgesetzbuch – Budgetverordnung – BudgetV vom 27. Mai 2004 (BGBl I Seite 1055) in Kraft getreten. Danach werden die Persönliches Budgets von den Rehabilitationsträgern, den Pflegekassen und den Integrationsämtern erbracht. Wenn mehrere Leistungsträger an einem Persönlichen Budget beteiligt sind, wird es als trägerübergreifende Komplexleistung erbracht. Hierzu wird eine umfassende Zusammenarbeit der Leistungsträger erforderlich, die weit über die bisherige Form hinausgeht. Es geht nicht mehr nur um Verfahrensabsprachen und Absprachen bei der Förderung in Einzelfällen, insbesondere, wenn die Zuständigkeit nicht eindeutig zu regeln war, sondern um die gemeinsame Feststellung des Rehabilitationsbedarfs , und dies unter Berücksichtigung des Wunsch- und Wahlrechts des behinderten Menschen gem. § 9 SGB IX. Die BudgetV sieht vor, dass der zuständige Leistungsträger (Beauftragte) gem § 17 Abs. 4 SGB IX die Federführung übernimmt und nach Abschluss einer Zielvereinbarung mit dem behinderten Menschen, der ein persönliches Budget beantragt, die Leistungen erbringt. Diese in § 4 der BudgetV vorgesehene Zielvereinbarung enthält Regelungen über die Ausrichtung der individuellen Förder- und Leistungsziele, der Erforderlichkeit eines Nachweises für die Deckung des festgestellten individuellen Bedarfs und die Qualitätssicherung.

Die BA hat in einer Handlungsempfehlung festgelegt, dass für sie budgetfähige Leistungen solche Leistungen sind, die sich aus alltäglichen, regelmäßig wiederkehrenden und regiefähigen Bedarfe ergeben. Alltäglich bezieht sich auf Leistungen, die sich hier insbesondere auf die Anforderungen im Arbeitsleben beziehen. Regelmäßig wiederkehrend bedeutet, dass die Leistungen in feststellbaren Abständen anfallen und einen erkennbaren Rhythmus aufweisen. Schwieriger gestaltet sich die Vorgabe, dass die Leistungen regiefähig sein müssen. Hier muss der behinderte Mensch als Budgetnehmer alleine oder mit Unterstützung entscheiden können, wer die Leistungen zu welchen Konditionen erbringt, wann, wo und wie sie erbracht werden. Dabei können die Leistungen als Geldleistungen erbracht werden oder auch in Form von Gutscheinen. Die Erbringung des Leistungen der Rehabilitationsträger in form eines Persönlichen Budgets trägt sicher zur in § 1 SGB IX geforderten selbstbestimmten Leben der behinderten Menschen bei, stellt sie aber auch vor ernorme Herausforderungen. Es ist oftmals für die professionell arbeitenden Reha(fach)berater oder Berufshelfer schon schwierig, die verschiedenen Angebote z. B. am Bildungsmarkt zu überblicken. Es dürfte für den behinderten Menschen noch schwieriger und vor allem aufwändiger sein, die beste, günstigste, für ihn wirtschaftlichste Leistung herauszufiltern.

Der Gesetzgeber hat aber für Menschen mit Behinderung in den § 17 SGB IX einen RECHTSANSPRUCH auf ein persönliches Budget für praktisch alle Teilhabeleistungen eingefügt. Dieser Rechtsanspruch tritt am 1.1.2008 in Kraft. Auf die daraus resultierende Konsequenzen gehen wir unter 6.1 ausführlicher ein.

3 Überblick über die Leistungen

3.1 Leistungen der Rehabilitationsträger und der Integrationsämter

Das SGB IX hält einen umfassenden Leistungskatalog für die behinderten Menschen und für Arbeitgeber, die behinderte Menschen einstellen, bereit. Dieser Leistungskatalog gilt für alle Rehabilitationsträger, soweit diese nach § 5 SGB IX von den einzelnen Leistungsträgern erbracht werden können. Von Bedeutung ist hierbei insbesondere § 33 SGB IX mit seinem umfassenden Katalog an Leistungen zur Teilhabe am Arbeitsleben, die behinderten Menschen gewährt werden können. § 34 SGB IX führt die Leistungen auf, die von den Rehabilitationsträgern Arbeitgebern bei der Einstellung von behinderten Menschen erbracht werden können. Allerdings können in den Leistungsgesetzen der jeweiligen Rehabilitationsträger abweichende Regelungen getroffen worden sein. Dies gilt auch für die Voraussetzungen zur Leistungsgewährung (§ 7 SGB IX).

Die BA und damit die Agenturen für Arbeit vor Ort haben umfassende Regelungen im SGB III, auf die beispielhaft eingegangen wird:

In den Agenturen für Arbeit (AA) sind in der Regel Reha-Teams eingerichtet für die Betreuung (schwer)behinderter Menschen. Dort werden (schwer)behinderte Menschen beruflich beraten, hier findet die Ausbildungs- und Arbeitsvermittlung statt und es werden Leistungsangelegenheiten geklärt. Für alle anderen Träger der beruflichen Rehabilitation übernimmt die Arbeitsagentur auf Anforderung zudem Gutachterfunktion in Fragen der beruflichen Integration und des Arbeitsmarktes (§ 38 SGBIX).

Die Leistungen der Agenturen für Arbeit an die behinderten Menschen umfassen allgemeine Leistungen, die auch von anderen Personengruppen in Anspruch genommen werden können. Es handelt sich hierbei um Ermessensleistungen. Die Gewährung ist damit abhängig von der Haushaltslage der Bundesagentur für Arbeit. Die besonderen Leistungen, ausgestaltet als Pflichtleistungen, werden nur für behinderte Menschen erbracht. Sofern die allgemeinen Leistungen zur beruflichen Eingliederung behinderter Menschen ausreichen, haben diese Vorrang vor den besonderen Leistungen (§ 98 II i.V.m § 102 I SGB III). Auch Arbeitgeber können Leistungen erhalten, wenn sie behinderte Menschen einstellen, allerdings nur als Ermessensleistungen.

Die nachfolgende Aufstellung gibt einen Überblick über die wichtigsten, über die Berufsberatung und Ausbildungs- und Arbeitsvermittlung hinausgehenden Leistungen:

Allgemeine Leistungen der Agenturen für Arbeit an behinderte Menschen gem. § 100 SGB III:

- Unterstützung der Beratung und Vermittlung, wie z. B. Bewerbungskosten und Reisekosten zu einem Vorstellungstermin,
- Verbesserung der Aussichten auf Teilhabe am Arbeitsleben, wie z. B. Trainingsmaßnahmen und Praktika,
- Förderung der Aufnahme einer Beschäftigung, wie z. B. Fahrkosten- oder Umzugskostenbeihilfe,
- Förderung der Aufnahme einer selbständigen Tätigkeit, wie das Überbrückungsgeld oder der Existenzgründungszuschuss,
- Förderung der Berufsausbildung, wie z. b. Berufsausbildungsbeihilfe und Förderung der beruflichen Weiterbildung, z. B. durch Zahlung des Arbeitslosengeldes bei beruflicher Weiterbildung.

an die Arbeitgeber:

- Zahlung von Eingliederungszuschüssen gem. §§ 218 und 226 SGB III,
- Zuschüsse bei beruflicher Weiterbildung von Ungelernten.

Besondere Leistungen der Agenturen für Arbeit an behinderte Menschen:

- Ausbildungsgeld,
- Übername der Teilnahmekosten in einer Rehabilitationseinrichtung (§§ 102 und 103 SGBIX),
- sonstige Hilfen, wie z. B. Kraftfahrzeughilfe, Arbeitsassistenz, Wohnungshilfe, technische Hilfen (nur über § 33 SGBIX!)

an die Arbeitgeber:

- Eingliederungszuschuss für besonders betroffene schwerbehinderte Menschen (§ 219),
- Zuschüsse für die Aus- und Weiterbildung von behinderten Menschen,
- Arbeitshilfen,
- Probebeschäftigungen.

3.2 Integrationsämter

Für die Durchführung des Teils 2 des SGBIX gibt es einen weiteren wichtigen Träger, das Integrationsamt. Es hat über §102 einen umfangreichen Aufgabenkatalog.

Nach dem Zweiten Teil des SGB IX sind die Integrationsämter für folgende Aufgaben zuständig:

- Beratung und finanzielle Förderung von Arbeitgebern und schwerbehinderten Menschen im Rahmen der begleitenden Hilfen zum Arbeitsleben. Die Beratung erstreckt sich auf alle Fragen, die mit der Beschäftigung schwerbehinderter Menschen zusammenhängen. Finanzielle Leistungen sollen Betriebe in die Lage versetzen, Schwerbehinderte zu beschäftigen und die Bedingungen zu schaffen, dass diese derartige Beschäftigungsangebote auch wahrnehmen können.
- Erhebung der besonderen Ausgleichsabgabe bei Nichterfüllung der vorgeschriebenen Beschäftigungsquote scherbehinderter Menschen
- Überwachung der Einhaltung des besonderen Kündigungsschutzes für Schwerbehinderte
- Schulung besonderer betrieblicher Funktionsträger, wie Schwerbehindertenvertreter, Arbeitgeberbeauftragten sowie Betriebs- und Personalräte
- Institutionelle Förderung besonderer Einrichtungen für schwerbehinderte Menschen, wie z.B. Werkstätten für Behinderte.

4 Berufliche Rehabilitation bzw. Teilhabe am Arbeitsleben

4.1 Überblick

Die berufliche Rehabilitation umfasst alle Maßnahmen und Unterstützungen, die für die Wiedereingliederung behinderter Menschen in Arbeit, Beruf und Gesellschaft erforderlich sind.

Oberstes Ziel der beruflichen Rehabilitation ist die Integration auf dem ersten Arbeitsmarkt. Durch die berufliche Integration in das Arbeitsleben wird die wirtschaftliche Unabhängigkeit gesichert, die gesellschaftliche Integration und damit auch die individuelle Positionierung geschaffen. Damit werden die Auswirkungen der Einschränkungen für den Betroffenen und seine Angehörigen so weit vermindert, dass ein gelingendes Leben möglich wird.

Dadurch leiten sich konkrete Aufgaben ab:

- Stärkung der Selbstständigkeit und Selbstbestimmung behinderter Menschen
- Behinderte Menschen in die Entscheidung über den ihnen zustehenden Leistungen mit einzubinden
- Behinderte Menschen bei der persönlichen Zukunftsplanung durch eine kompetente Beratung zu unterstützen.

Der systemische Ansatz einer ganzheitlichen Rehabilitation von der medizinischen Rehabilitation, über die soziale und berufliche Rehabilitation ermöglicht Chancen der Wiedereingliederung in den Arbeitsmarkt, stabilisiert die gesellschaftliche Integration und führt zur Steigerung des Selbstwertgefühls und damit zur Stabilisierung der persönlichen und beruflichen Lebensperspektive.

Zur Unterstützung und zur Umsetzung dieser Aufgabenstellung bedarf es Organisationen, die sich auf die individuelle Situation der Betroffenen einstellen können und in der Lage sind, Menschen mit Behinderungen optimal zu fördern. Als Beispiele dafür sind Berufsbildungswerke und Berufsförderungswerke zu nennen.

Die institutionalisierten Rehabilitationseinrichtungen haben in den letzten Jahren eine bedeutende Weiterentwicklung erfahren. Für die unterschiedlichsten Behinderungsarten und Behinderungsgruppen werden medizinische und berufliche Rehabilitationsinstrumente angeboten, die im Zusammenwirken die berufliche und gesellschaftliche Integration des behinderten Menschen vorbereiten.

Die **medizinische** Rehabilitation schließt an die kurative Medizin an. Sie stabilisiert die Fähigkeiten des Menschen und ermöglicht dadurch die Umsetzung des Rehabilitationsziels. In den beruflichen Rehabilitationszentren sind die medizinischen, die beruflichen und die gesellschaftlichen Rehabilitationskonzepte integriert und arbeiten unter systemischen Gesichtspunkte am gemeinsamen Ziel, den behinderten Menschen wieder aktiv in den Beruf zu integrieren und ihm damit die gesellschaftliche Teilhabe zu ermöglichen.

Die **berufliche** Rehabilitation schließt sich an die medizinische Rehabilitation. In Ergänzung und in Abstimmung mit den erforderlichen Therapien und Hilfsmitteln werden unter sonderpädagogischen Aspekten die beruflichen Qualifizierungen eingeleitet und von Rehabilitationsfachkräften unterstützt umgesetzt.

Die **soziale** Rehabilitation ist ein Ergebnis des Zusammenwirkens von medizinischer und beruflicher Rehabilitation. Insbesondere Themen der Behinderungs- und Krankheitsbewältigung, die Stärkung des Selbstbewusstseins durch die gewonnene berufliche Lebensperspektive und die persönlichkeitsstabilisierende Didaktik der Erwachsenenbildung fördern die Integration in das Gemeinwesen, die Motivation, sich einzubringen und bilden somit einen zentralen Baustein für den Erfolg beruflicher und medizinischer Rehabilitation.

Insbesondere die Ich-Stärkung und das stabilisierte Selbstbewusstsein unterstützt den medizinischen Prozess und fördert die intrinsische Motivation, sich beruflich weiterzubilden und somit ein individuelle Lebensperspektive aufzubauen.

Das folgende Schaubild beschreibt das Zusammenwirken der drei Rehabilitationsdimensionen:

- Medizinische Rehabilitation
- Berufliche Rehabilitation (Teilhabe am Arbeitsleben)
- Soziale Rehabilitation (Teilhabe am Leben in der Gesellschaft)
- Im Zentrum des Rehabilitationsprozesses steht die berufliche Rehabilitation, die eingebettet ist in die Prozesskette:
- Eingangsdiagnostik
- Berufliche Qualifizierung
- Integration in den Arbeitsmarkt

Das Zusammenwirken von medizinisch erforderlichen Therapien und der beruflichen Qualifizierung wird durch das Casemanagement gesteuert, das die einzelnen Hilfen, Maßnahmen und Angebote koordiniert, begleitet und evaluiert.

Durch diese Prozesse wird der berufliche Qualifizierungsprozess stabilisiert und ermöglicht in einer definierten Zeitspanne sowohl die medizinische als auch die berufliche Rehabilitation.

Das Casemanagement stimmt die Angebote der Rehabilitationskonzeptionen miteinander ab, koordiniert, korrigiert oder ergänzt weitere notwendige Interventionen medizinischer und pädagogischer Art und modelliert daraus ein individuelles Rehabilitationskonzept, das auf die spezifischen Bedürfnisse des einzelnen abgestimmt und umgesetzt wird.

Dadurch wird ein hoher Qualitätsstandard im Rehabilitationsprozess erreicht, und die Individualisierung ermöglicht ein effizientes und effektives Rehabilitationsergebnis und sichert somit dem einzelnen die bestmöglichste rehabilitative Versorgung.

Die berufliche Rehabilitation übernimmt in dieser Phase eine zentrale Verantwortung. Nach den eignungsdiagnostischen Maßnahmen wird die berufliche Rehabilitation eingeleitet, die den einzelnen nun fachlich und persönlich auf das selbstbestimmte und selbstverantwortete Leben in der Gesellschaft vorbereitet.

In Kooperation mit der medizinischen Begleitung, koordiniert durch das Casemanagement, werden durch ein erwachsenenpädagogisches Konzept fachliche Kompetenzen, soziale Kompetenzen und kommunikative Kompetenzen vermittelt, die den Eintritt in das Berufsleben fördern.

Der Prozess der beruflichen Rehabilitation ist gleichermaßen eine Brücke in den Arbeitsmarkt, indem:

- Bereits während der beruflichen Qualifizierung auf die spätere Berufstätigkeit fachlich vorbereitet wird,
- Instrumente für die Arbeitssuche und für Bewerbungsverfahren vermittelt werden,
- Unterstützung bei der Suche eines Arbeitsplatzes angeboten wird.

Abbildung 42: Prozess der beruflichen Rehabilitation

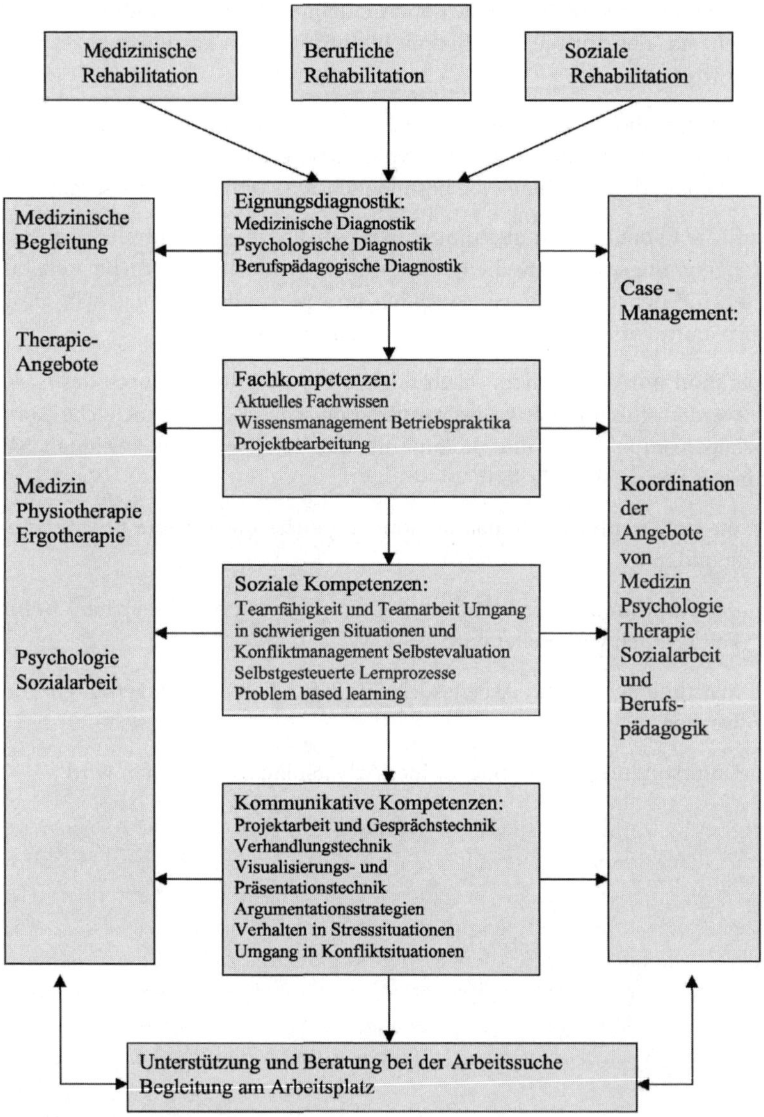

Der systemische Ansatz des Rehabilitationsprozesses integriert die drei Rehabilitationsdimensionen, stimmt deren Aufeinanderwirken miteinander ab und bietet dem Rehabilitanden die Möglichkeit, sich gesundheitlich zu stabilisieren, einen qualifizierten Bildungsabschluss zu erwerben und gezielt auf die Einmündung in die Arbeitswelt vorbereitet zu werden.

Durch die persönliche Vorbereitung auf die Arbeitswelt ist die Chance der Wiedereingliederung recht hoch und durch die damit verbundene Stärkung des Selbstwertgefühls und durch die Aktivierung der eigenen Ressourcen werden individuelle Ziele definiert, die sich positiv auf die Bewältigung der Krankheitssituation oder Behinderung auswirken.

Rehabilitationsmaßnahmen können ambulant, teilstationär und stationär durchgeführt werden. Die stationären Rehabilitationsleistungen werden immer dann erforderlich, wenn durch eine eingeschränkte Mobilität der tägliche Anreiseweg zu beschwerlich wird, wenn ein medizinischer oder therapeutischer Behandlungsplan das Vor-Ort-Sein erfordert, wenn psychosoziale Faktoren die Eigenverantwortung beeinträchtigen und damit der Erfolg der Rehabilitation gefährdet wird. Teilstationäre Konzepte ermöglichen das Verbleiben im sozialen Umfeld mit der Möglichkeit, an einer qualifizierten Ausbildung an einem Rehabilitationsinstitut teilzunehmen. Neben der beruflichen Qualifizierung wird dort auch die medizinische Betreuung möglich und schafft dadurch eine stabile Situation, Medizin und Lernen ohne großen Zeitverlust zu verbinden. Ambulante Konzepte gewinnen zunehmend an Bedeutung. Wichtig ist hier vor allem die fachliche Begleitung und Betreuung in dem Maße, wie es die Situation des einzelnen erfordert.

Die Begleitung kann durch eine persönliches Coaching vor Ort und/oder durch eine Distance - Learning - Begleitung erfolgen. Anbieten kann sich hier ein Methoden-Mix, der sich auf die individuelle persönliche und berufliche Situation ausrichtet. Die Flexibilität und die individuelle Lösungsstrukturen gewinnen heute immer mehr an Bedeutung und fordern von den Rehabilitationskräften entsprechende Angebote.

Zunehmend wird hier auch in Zukunft berufliche Qualifizierung durch das Konzept des Blended Learning an Bedeutung gewinnen. Selbstlernphasen, unterstützt durch didaktische Unterlagen, die per Internat und/oder einer Internetplattform dem einzelnen zugestellt werden, werden in regionalen Arbeitssitzungen mit einem Dozenten aufgearbeitet, vertieft und anwendungsorientiert diskutiert. Dieses System ermöglicht eine individuelle Lern- und Studiengeschwindigkeit, die sich auf die jeweilige persönliche oder gesundheitliche Situation anpassen lässt. Das Begleiten der Lernphasen durch qualifiziertes Personal, das in der Regel eine Teletutoren-Ausbildung hat, verhindert lange Lernpausen und unterstützt bei auftretenden Problemen rechtzeitig den Lernprozess.

Die Rehabilitanden können damit im gewohnten persönlichen Umfeld bleiben, können schon zu Lern- und Studienbeginn in einen zukünftigen Arbeitsplatz arbeiten und werden von daher sehr zielorientiert auf das Berufsleben vorbereitet.

4.2 Lernorte beruflicher Bildung

Der beruflichen Bildung behinderter Menschen kommt eine besondere Bedeutung zu. Sie ist verantwortlich für die Integration in einen Beruf und hat die Aufgabe, durch eine kompetente Qualifizierung eine Wettbewerbsgleichheit mit nichtbehinderten Menschen zu schaffen.

Vorrangig finden die beruflichen Qualifizierungen nach den jeweils gültigen Ausbildungsordnungen und in Betrieben und in schulischen Einrichtungen statt. Die Ausbildung in Rehabilitationseinrichtungen ist dann angezeigt, wenn Art und Schwere der Behinderung dies erfordern. Lernorte der beruflichen Bildung für Behinderte sind:

- Betrieb und Berufsschule
- Berufsfachschulen, Fachschulen und sonstige vergleichbare Bildungseinrichtungen
- Rehabilitationseinrichtungen (Berufsbildungswerke, Berufsförderungswerke, Einrichtungen der medizinisch-beruflichen Rehabilitation, Werkstätte für Behinderte, sonstige Rehabilitationseinrichtungen)

Krankheit oder Behinderung belasten die Berufstätigkeit, bzw. schränken diese so ein, dass im bisherigen Beruf eine Weiterführung der Tätigkeit nicht oder nur eingeschränkt möglich ist. In diesem Falle ist zunächst der Betrieb gefragt, der durch interne Umsetzungs- und/oder Umschulungsmaßnahmen für den kranken bzw. behinderten Mitarbeiter einen adäquaten Arbeitsplatz suchen und somit die Ausgrenzung des Mitarbeiters verhindern kann. Erst, wenn interbetrieblich keine Maßnahmen angeboten werden können, werden freie Bildungsträger zur beruflichen Qualifizierung hinzugezogen.

Der Betrieb ist für Jugendliche der zunächst anzustrebende Ausbildungsort, der dem Jugendlichen ermöglicht, einen anerkannten Berufsabschluss zu erwerben. Ist die Behinderung so gravierend, dass eine betriebliche Ausbildung nicht möglich ist und neben der beruflichen eine medizinische Rehabilitation erforderlich wird, dann bieten sich Rehabilitationseinrichtungen an, die eine integrierte Rehabilitation durchführen und somit ein individuelles medizinisches Therapiekonzept, koordiniert mit dem beruflichen Qualifizierungskonzept, anbieten.

4.3 Berufsbildungswerke

Berufsbildungswerke, von denen es derzeit deutschlandweit 52 gibt, haben sich der Erstausbildung jugendlicher Behinderter verschrieben. Jugendliche können hier eine Ausbildung in anerkannten Ausbildungsberufen absolvieren. Dazu wird in einer behindertengerechten Umgebung der schulische und der betriebliche Teil der dualen Berufsausbildung in Form von Ausbildungsstätten bzw. Übungsbüros bereitgestellt, so dass behinderte Jugendliche unter möglichst realen Bedingungen, den Abschluss in einem anerkannten Ausbildungsberuf erwerben können, der am besten zu ihrer Behinderung passt und auf dem Arbeitsmarkt ihnen die besten Chancen nach Ende der Ausbildung ermöglicht.

Vor dem Einstieg in die Ausbildung im Berufsbildungswerk sind im Regelfall die Berufsfindung und die Arbeitserprobung vorgeschaltet. In ihnen soll die Neigung, Eignung und entsprechende Erfolgsaussichten des Jugendlichen unter Einschaltung aller Fachdienste festgestellt werden. Eine direkte Zuweisung der Teilnehmer in die Ausbildung unter Auslassung der Berufsfindung und der Arbeitserprobung ist möglich, sofern der zuständige Rehabilitationsträger (z.B. Berufsberatung des Arbeitsamtes) Eignung und Neigung bereits festgestellt hat.

Ein umfangreiches Freizeitangebot entspricht dem ganzheitlichen Gedanken der Rehabilitation und fördert die Integration in alle Lebensbereiche. Durch ansprechende Angebote im Freizeitbereich wird die aktive Teilnahme am gesellschaftlichen Leben gefördert und therapeutische Maßnahmen werden unterstützt.

Für Jugendliche mit so starken Einschränkungen, welche die Ausbildung in einem anerkannten Ausbildungsberuf nach § 25 Berufsbildungsgesetz nicht möglich machen, werden dort besondere Ausbildungsgänge für Behinderte nach § 48 BBiG bzw. § 42 Handwerksordnung angeboten. Diese entsprechen im Kern den anerkannten dualen Ausbildungsberufen, verzichten aber aufgrund der Behinderung auf nicht realisierbare theoretische und praktische Elemente des Regelausbildungsganges. Auch diese Ausbildung schließt mit einer Prüfung vor der IHK ab.

Wenn es der Leistungsstand während der Ausbildung erlaubt, sollte und kann eine Ausbildung nach besonderen Vorschriften für Behinderte nach der regulären Ausbildungsordnung fortgesetzt werden. Auch dies ist im Berufsbildungswerk möglich.

Beispiele für vereinfachte Ausbildungsgänge sind:

- Metallbearbeiter / Metallbearbeiterin
- Metallfeinbearbeiter / Metallfeinbearbeiterin
- Werkzeugmaschinenspanner / Werkzeugmaschinenspannerin (Fachrichtung Drehen oder Fräsen)

- Bürokraft
- Holzbearbeiter / Holzbearbeiterin
- Bau- und Metallmaler / Bau- und Metallmalerin

Abbildung 43: Zusammenwirken von lebensweltbezogenen Faktoren bei der Integration

Sozialer Bereich	**Ausbildungsbereich**	**Reha-Fachdienste**
Wohnen: ***Internat*** mit Wohngruppen und ***Außenwohngruppen*** betreut durch Erzieher und Sozialpädagogen	Berufsausbildung nach dualem System - anerkannte Ausbildungsberufe - besondere Ausbildungsgänge für Behinderte (§ 48 BBiG/ §42 HWO) **Ausbildungs-Werkstätten / Übungsbüros** **Berufsschulunterricht**	Begleitende Fachdienste - **Ärztlicher Dienst** - **Psychologischer Dienst**
Sport und Freizeiteinrichtungen	**Berufsvorbereitung** - Förderlehrgänge (1 – 3 Jahre) - Berufsfindung (max. 60 Tage) - Arbeitserprobung (max. 20 Tage)	- **Sozialdienst / Placement**

Die Graphik zeigt das Zusammenwirken von lebensweltbezogenen Faktoren, von Bildungs- und Erziehungsfaktoren und von begleitenden Fachdiensten wie Ärzte, Psychologen und Sozialarbeiter.

Das Gelingen der Integration dieser Faktoren ist verantwortlich für den Erfolg einer entsprechenden Rehabilitationsmaßnahmen.

Berufliche Rehabilitation heißt nicht nur Bildung, Berufsabschluss und eventuell Finden eines Arbeitsplatzes. Berufliche Rehabilitation heißt auch die Stabilisierung der Persönlichkeit, das Anbieten von Hilfen bei persönlichen, schulischen und/oder sozialen Problemen.

Das lebensdidaktische Konzept des Berufsbildungswerkes spricht alle diese Aufgaben gleichermaßen an und fördert die Integration der Hilfen, die Abstimmung der Hilfen auf die individuelle persönliche Situation und das Heranführen in das selbstverantwortete Leben.

Im Regelfall steht ein ärztlicher Dienst bereit, der Ansprechpartner für alle Fragen der medizinischen Betreuung ist und der bei der behindertengerechten Gestaltung der Arbeitsplätze mitwirkt. Er arbeitet eng mit dem psychologischen Dienst zusammen, der die psychosoziale Betreuung gewährleistet.

Der Sozialdienst soll den reibungslosen Ablauf der Berufsausbildung und die spätere Integration in Arbeit, Beruf und Gesellschaft gewährleisten. Hier finden sich insbesondere Rehabilitationsberater, Sozialarbeiter und Arbeitsvermittler wieder, die mit allen für den Behinderten relevanten Stellen und Organisationen (Arbeitsagentur, Gesundheitsamt, Integrationsämter, Fachdienste und Behindertenorganisationen) eng zusammen arbeiten.

Der Ausbildung sind im Regelfall Internate mit festen Wohngruppen angeschlossen, in denen die Auszubildenden in Einzel- oder Doppelzimmern untergebracht sind. Hier finden sich auch gemeinschaftlich genutzte Küchen und Aufenthaltsräume. Für jede Gruppe sind feste Ansprechpartner in Form von Erziehern und Pflegefachkräften vorhanden. Daneben gibt es zudem oft Außenwohngruppen. Dabei handelt es sich um komplette Wohnungen, die außerhalb der Einrichtung angemietet werden. Die Jugendlichen leben hier weitgehend selbständig ohne unmittelbare Aufsicht. Dies soll insbesondere das „soziale Selbständigwerden" der Jugendlichen fördern – allerdings gibt es auch hier feste Ansprechpartner, die regelmäßig die Außenwohngruppen besuchen und bei Problemen helfen und bei Fehlentwicklungen gegensteuern können.

4.4 Berufsförderungswerke

27 Berufsförderungswerke bieten in Deutschland Maßnahmen der beruflichen Fortbildung und Umschulung von erwachsenen Menschen an, die in der Regel schon berufstätig waren; d.h. Zielgruppen hierbei sind vornehmlich Personen, die aufgrund einer Behinderung ihren alten Beruf nicht mehr ausüben können und durch das Erlernen eines neuen, im Regelfall anerkannten Ausbildungsberufes, wieder zu einer vollständigen Teilnahme am Erwerbsleben befähigt werden sollen. Im Gegensatz zu den Berufsbildungswerken wird die Ausbildung erwachsenengerecht durchgeführt und die Regelausbildungszeit um ein Drittel verkürzt.

Die Leistungen der Berufsförderungswerke sind umfassend und bilden eine Prozesskette von Aus- oder Weiterbildungen, über Anpassungsqualifizierungen, zu Berufsfindung mit Arbeitserprobung und berufsdiagnostischen Leistungen, von diagnostikbegleitende Leistungen bis zum Casemanagement und Reha-Service.

Die Berufsförderungswerke bieten ein umfassendes Rehabilitationssystem an, das die Prozesskette von der Arbeitserprobung mit berufsdiagnostischen Leistungen, über die integrierte berufliche Qualifizierung auf Kammer-, Fachschul- und Hochschulebene, bis zum Placement alles umfasst:

- Kaufmännische und Verwaltungsberufe
- Berufe der Informatik
- Berufe des Maschinenbaus und der Feinwerktechnik
- Berufe der Elektronik
- Berufe des Bauwesens
- Berufe des Hotel- und Gaststättenwesens
- Berufe des Sozial- und Gesundheitswesens

Die berufliche Aus- oder Weiterbildung wird von der Kammerebene über die Fachschulebene bis hin zur Fachhochschulebene angeboten. Somit kann das Rehabilitationskonzept auf die speziellen Bedürfnisse des einzelnen zugeschnitten werden. Insbesondere der Schweregrad der Behinderung und die Vermittlungsquote korrelieren mit einem Abschluss auf akademischer Ebene. Unterstützt wird der berufliche Qualifizierungsprozess durch die Bereitstellung weiterer notwendigen Hilfen wie z.B.

- Medizinische und therapeutische Angebote
- Beratung und systemische Begleitung
- Hilfen zur Gestaltung der sozialen Rehabilitation

Der Erfolg von Rehabilisationseinrichtungen wird an der langfristigen Einmündung der Teilnehmer in Arbeit und Beruf gemessen. Arbeitsvermittlung und Integration spielen dabei eine immer bedeutendere Rolle. Der Ablauf der Prozesse der beruflichen Rehabilitation ist definiert durch:

1. Berufsfindung, Reha-Assessment und berufsdiagnostische Leistungen: Ein differenziertes Dienstleistungssystem bereitet gezielt auf die berufliche Perspektive des einzelnen vor:

   - Eignungsfeststellung unterschiedlicher Dauer
   - Kurzerprobungen und Module der Eignungsdiagnostik
   - Orientierungsseminare

   Wird gezielt eine Weiterbildung im Fachschul- oder Fachhochschulbereich erwogen oder bestehen Unklarheiten über die Eignung oder die formalen Zugangsvoraussetzungen, dann empfiehlt sich eine erweiterte Eignungsfeststellung für Fachschul- und Fachhochschulberufe mit Tiefenprofiling.

Eine zentrale Rolle spielt die Berufsfindung, in der diagnostische und beratende Angebote durchgeführt werden. Durch die medizinische Diagnostik, durch die persönliche Testung und durch die berufsmotivationalen Verfahren werden Ausgangsbedingungen geschaffen, die eine valide Berufsperspektive erst erarbeiten lassen. Die Eingangsdiagnostik korrespondiert mit dem Ausbildungs- und Studienerfolg.

Die Bedeutung eines solchen Verfahrens ist ökonomisch und individuell zu legitimieren. Ein wiederholtes Scheitern in der beruflichen oder auch sozialen Rehabilitation wirkt sich auf die persönliche Situation des Teilnehmers aus und fördert oder hemmt die Motivation, mit Hilfe eigener Ressourcen die Integration in den Beruf und in die Gesellschaft zu unterstützen.

Integrationskonzepte und -hilfen scheitern nicht, weil diese nicht kompetent strukturiert durchgeführt werden, Integrationskonzepte scheitern an der individuellen Motivation, am eigenen Leistungsanspruch und an mangelnden positiven Erfolgen.

Umso wichtiger ist es, diesem Prozess Aufmerksamkeit zu widmen und diesen Prozess der Diagnostik und Beratung professionell durchzuführen.

2. Berufsdiagnostische Leistungen werden durchgeführt:
   - Psychologische Diagnostik und Beratung
   - Arbeits- und rehabilitationsmedizinische Diagnostik, Begutachtung und Beratung durch Ärzte verschiedener Fachrichtungen
   - Erprobung und Beratung durch Berufspädagogen verschiedener Kompetenzbereiche mit Einbeziehung der Bereiche der Berufsausbildung
   - Untersuchung und Feststellung der Notwendigkeit technischer Hilfen
   - Abschlussgutachten
3. Berufsvorbereitende Maßnahmen: Berufsvorbereitende Maßnahmen bereiten die berufliche Qualifikation und damit die gesellschaftliche Integration vor. Sie kompensieren Wissensdefizite, ermöglichen soziale Lernkompetenzen durch entsprechende erwachsenengerechte Maßnahmen und vermitteln das Gefühl und die konkrete Erfahrung trotz Behinderung und trotz persönlicher Unsicherheit, Erfolge zu haben und wertgeschätzt zu werden.
4. Begleitende Hilfen: Die Bedeutung der begleitenden Hilfen ist nicht zu unterschätzen. Im Zug der beruflichen Rehabilitation ist der Erfolg nur mit Unterstützung vielfältiger medizinischer und therapeutischer Hilfen zu erzielen. Auftretende Probleme sind zeitnah und im Fachteam zu lösen, damit der Teilnehmer ganzheitlich begleitet und betreut werden kann und somit trotz medizinischer

Schwierigkeiten wie z. B. Krankenhausaufenthalt oder therapeutische Maßnahmen am Unterricht teilnehmen kann.

5. Ausbildung, Weiterbildung Rehabilitationsvorbereitung und Anpassungsqualifikationen dienen der Vermittlung von beruflichen Qualifizierungen. Diesem Auftrag kommt eine zentrale Bedeutung zu. Die individuelle Qualifizierung von Behinderten, orientiert an seinen kognitiven, sozialen und medizinischen Fähigkeiten, ist die wichtigst Aufgabe. Ein Scheitern kann und muss für den Beteiligten zu einer Demotivation und damit häufig zu einem Scheitern seiner persönlichen und beruflichen Rehabilitation führen. Entsprechend sind die beruflichen Qualifizierungsmaßnahmen erwachsenendidaktisch und unter Einbeziehung rehabilitativer Notwendigkeiten anzubieten:
   - Berufstheoretische Ausbildung, Fachschulausbildung oder Hochschulstudium mit aktuellen Inhalten und praxisorientierten Schlüsselqualifikationen
   - Didaktisches Ausbildungs- und Studienkonzepte im Medienverbund
   - Berufspraktische Ausbildung in Werkstätten, Laboratorien und Firmen
   - Förderunterricht und Tutorials
   - Lehr- und Lernmaterial für Präsenzunterricht und Selbststudium

4.5 Werkstatt für behinderte Menschen

Die in Deutschland etwa 650 anerkannten oder vorläufig anerkannten **Werkstätten für Behinderte Menschen (WfbM)** sollen an dieser Stelle nicht unerwähnt bleiben. Aufgenommen werden gem § 136 behinderte Menschen, die wegen Art oder Schwere der Behinderung nicht, noch nicht oder noch nicht wieder auf dem allgemeinen Arbeitsmarkt beschäftigt werden können. Das heißt, dass es sich um Jugendliche handeln kann, die wegen ihrer Behinderung noch nicht in der Lage sind, eine Berufsausbildung bzw. eine vorgeschaltete berufsvorbereitende Maßnahme zu besuchen, der Rehabilitationsträger (in der Regel die Bundesagentur für Arbeit) aber davon ausgeht, dass nach dem Durchlaufen des Eingangsverfahrens und des Berufbildungsbereiches eine Integration auf dem allgemeinen Arbeitsmarkt möglich ist. Es kann sich aber auch um behinderte Menschen handeln, die bereits beruflich integriert waren, die aber jetzt behinderungsbedingt keine für den allgemeinen Arbeitsmarkt ausreichende Leistungsfähigkeit mehr erbringen können. Vorstellbar sind hier vor allem Folgen von Unfällen, Krankheiten, aber auch Folgen von Drogenabhängigkeiten. Auch hier geht der Rehabilitationsträger davon aus, dass mit einem Training die Wiedereingliederung in den allgemeinen Arbeitsmarkt erfolgen kann. Es gibt aber auch behinderte Menschen, bei denen eine Eingliederung in den allgemeinen Arbeitsmarkt nicht abzusehen ist. Für sie wurde in der WfbM der Arbeitsbereich geschaffen. Hier erbringen sie eine Arbeitsleistung entsprechend ihrem Leistungsvermögen.

Für alle genannten Personengruppen gilt, dass sie ein Mindestmaß an wirtschaftlich verwertbarer Arbeitsleistung erbringen können. Ist dies nicht möglich, kann eine Aufnahme in einer WfbM nicht erfolgen. Besteht ein Mindestmaß an wirtschaftlich verwertbarer Arbeit, das erfahrungsgemäß großzügig ausgelegt wird, soll den behinderten Menschen in der Werkstatt eine angemessene berufliche Bildung oder die Gelegenheit zur Ausübung einer beruflichen Tätigkeit ermöglicht werden. Sofern es das Leistungsvermögen zulässt, soll ein Übergang in den regulären Arbeitsmarkt ermöglicht werden. Diese Ziel wurde in den letzten Jahren vom Gesetzgeber verstärkt eingefordert. Leider zeigen die Erfahrungen, dass eine Vermittlung auf den allgemeinen Arbeitsmarkt aus der WfbM heraus, die Ausnahme darstellt. Hieran ändern auch finanzielle Fördermöglichkeiten nur wenig. Denn es muss ein Umdenken der Menschen erfolgen. Zunehmender Leistungsdruck, eine immer stärker produktivitätsorientierte Beschäftigungspolitik lassen hier wenig Hoffnung aufkommen, dass, wenn auch nur vorübergehend, leistungsgeminderte Menschen, auf dem allgemeinen Arbeitsmarkt integriert werden können.

4.6 Hilfen beim Übergang in das Erwerbsleben

Neben der Erstausbildung bzw. Umschulung ist die Vermittlung und Integration von Behinderten eine der wichtigsten Aufgaben. Sie wird von unterschiedlichen Stellen wahrgenommen. Die bereits erwähnten Berufsbildungswerke und Berufsförderungswerke haben im Rahmen der von ihnen eingerichteten Reha-Fachdienste spezielle Vermittlungsdienste eingerichtet, die sich um die Integration der Teilnehmer in den ersten Arbeitsmarkt nach Ende der Ausbildung und Umschulung kümmern. Bei der Zuweisung neuer Teilnehmer durch die Bundesagentur für Arbeit werden sie neuerdings auch an ihrem Erfolg bei der Einmündung der Absolventen in den Arbeitsmarkt (sogen. Eingliederungsquote) gemessen.

Für die Vermittlung in Arbeit sind allerdings noch andere Stellen zuständig. Hier sind insbesondere die Integrationsfachdienste und natürlich die Bundesagentur für Arbeit zu nennen.

5 Integration in den Arbeitsmarkt

5.1 Besonderheiten der Vermittlung behinderter Menschen

Die Vermittlung behinderter Menschen ist häufig belastet durch Einschränkungen und Problemlagen, die mit der jeweiligen Krankheit und Behinderung verbunden sind. Aus der Sicht des behinderten Menschen, aus der Sicht des Arbeitgebers und aus der Sicht der mit der Vermittlung beauftragten Stelle lassen sich nachfolgende Problemlagen feststellen. Die genannten Stellen verbindet das Ziel der raschen Vermittlung bzw. Integration. Dabei haben Sie allerdings mit einigen Problemen zu kämpfen bzw. Hürden zu überwinden, die mit dem Thema Behinderung verbunden werden:

Aus Sicht der behinderten Menschen lassen sich folgende Problemlagen feststellen:

- teilweise sehr geringe regionale und zeitliche Mobilität, da auf bestimmte regelmäßige pflegerische und medizinische Dienste nicht verzichtet werden kann (in Frage kommender Arbeitsmarkt ist regional eingeschränkt)
- trotz eines entsprechenden Ausbildungsabschlusses können nicht alle dem Berufsbild zugeordneten Tätigkeiten ausgeführt werden
- die Berufswahlmöglichkeiten sind für viele Behinderte aufgrund ihrer Einschränkungen und fehlender integrativer Einrichtungen reduziert, so dass nicht immer der Neigung entsprechende Berufe erlernt werden können; ggf. besteht nur ein sehr eingeschränktes Interesse an der tatsächlichen Ausübung.
- Der Behinderte unterschätzt sich und seine Fähigkeiten und fühlt sich im Wettbewerb mit nicht eingeschränkten Bewerbern als chancenlos und gibt ggf. vorzeitig auf

Aus Arbeitgebersicht ergeben sich folgende Probleme bei der Integration von behinderten Menschen in den Arbeitsmarkt:

- Arbeitgeber kennen Fördermöglichkeiten zum Ausgleich von Defiziten nicht
- Arbeitgeber kennen das Potenzial behinderter Menschen nicht und wissen nicht, dass Behinderung nur ein Aspekt eines Menschen sein kann, der noch nicht einmal die berufliche Leistungsfähigkeit beeinflussen muss

- Arbeitgeber befürchten, dass durch den besonderen Kündigungsschutz und die erforderliche Zustimmung der Hauptfürsorgestelle eine Kündigung des behinderten Arbeitnehmers fast unmöglich sei
- Arbeitgeber befürchten, dass Behinderte das Betriebsklima stören könnten. So könnten die anderen Arbeitnehmer nicht bereit sein, besondere Rücksicht zu nehmen oder werden neidisch auf vermeintliche Privilegien (z.B. längere Erholungspausen, mehr Urlaubstage)
- Es hat nie eine Arbeitsplatzanalyse statt gefunden, bei der die Beschäftigungsmöglichkeiten für Behinderte untersucht wurden

5.2 Vermittlung durch die Bundesagentur für Arbeit

Um den Besonderheiten der Vermittlung von behinderten Menschen Rechnung tragen zu können, sind bei den Agenturen für Arbeit Arbeitsvermittler speziell für diese Kundengruppe im Reha-Team angesetzt. Sie kennen die allgemeinen Förderleistungen und auch die rehabilitationsspezifischen Leistungen bzw. die Leistungen aus dem Teil 2 des SGB IX für schwerbehinderte Menschen.

Trotzdem gelingt es nur unzureichend, schwerbehinderte Menschen in den Arbeitsmarkt zu integrieren. Der Kündigungsschutz nach § 85 SGB IX trägt zwar zur Verringerung des Zugangs in Arbeitslosigkeit bei (vermindertes Zugangsrisiko), allerdings erschwert er arbeitslos gewordenen schwerbehinderten Menschen den Zugang in Beschäftigung (hohes Verbleibrisiko). Die Statistik der Bundesagentur für Arbeit weist eine überdurchschnittlich hohe Langzeitarbeitslosigkeit bei den schwerbehinderten Menschen aus. Erschwerend für die Vermittlung in Arbeit kommt eine hohe Alterlastigkeit hinzu. Fortgeschrittenes Alter allein bewirkt schon ein erhöhtes Verbleibrisiko in Arbeitslosigkeit. Wenn dann eine Behinderung hinzu kommt, verschlechtern sich die (Wieder-)Eingliederungsaussichten zusätzlich.

5.3 Behinderte Menschen als Arbeitnehmer

Behinderte und schwerbehinderte Menschen haben es heute nicht leicht auf dem ersten Arbeitsmarkt einen adäquaten Arbeitsplatz zu finden. Die dadurch gegebene Reduzierung des Selbstwertgefühls und die durch die Arbeitslosigkeit sich entwickelnde mangelnde soziale Anerkennung verstärken die negative persönliche Situation im Sinne eines kontinuierlichen Teufelskreises, der bis zur völligen Selbstaufgabe führen kann.

Spricht man von Behinderung oder Schwerbehinderung, dann unterscheidet man zwischen vielen Behinderungsarten, die auf unterschiedliche körperliche, geistige und psychologischen Ursachen beruhen.

Nach § 2 Abs.1 des Neunten Sozialgesetzbuches (SGBIX) sind Menschen behindert, wenn ihre körperliche Funktion, geistige Fähigkeit oder seelische Gesundheit mit hoher Wahrscheinlichkeit länger als sechs Monate von dem für das Legensalter typischen Zustand abweichen und daher in ihrer Teilhabe am Leben in der Gesellschaft beeinträchtigt sind.

Die gesetzliche Unterscheidung zwischen behinderten und schwerbehinderten Menschen wird durch die Schwere der Einschränkung mit dem Grad der Behinderung (GdB) definiert. Ein Mensch gilt als schwerbehindert ab einem GdB von wenigstens 50 (§2 Abs. 2 SGB IX). Einer Schwerbehinderung liegen auch oft Multi-Behinderungen zugrunde, die zusammen den Schweregrad der Behinderung definieren. In diesen Fällen spricht man von Mehrfachbehinderungen.

Die Integration von behinderten Menschen in den Arbeitsmarkt geschieht nicht nur auf inhaltlicher Ebene sondern im besonderen Maße durch die Förderung persönlicher Kompetenzen.

Das Ausbildungsziel Employabilität, verstanden als die Fähigkeit, sich auf die beruflichen Anforderungen einzustellen, sich kontinuierlich neues Wissen selbständig zu erarbeiten und persönlichkeitsunterstützende Instrumente zur Verfügung zu haben, muss das Ziel zur Vorbereitung in den Arbeitsmarkt sein. Das Beratungs- und Vorbereitungskonzept von arbeitslosen Behinderten konzentriert sich auf die Fähigkeit, die Strategien einer selbständigen und selbstorganisierten Informations- und Erfahrungsverarbeitung und die kreative Ausgestaltung einer das Selbstlernen fördernden Bildungsmaßnahme in die berufliche Arbeitswelt zu begleiten. Dementsprechend ist das didaktische Konzept als Strategie zur Integration behinderter Menschen in den Arbeitsmarkt nicht ein Neben- und Nacheinander einzelner Qualifizierungselemente, sondern zeichnet sich durch ein Ineinandergreifen unterschiedlicher Bausteine wie u.a. die Vermittlung von Fachinhalten, des persönlichen Coachens und der Selbstorganisation aus.

6 Berufliche Integration behinderter Hochschulabsolventen, dargestellt am Beispiel der SRH Hochschule Heidelberg

Ein besonderes Problem bildet in der beruflichen Rehabilitation noch immer die Hochschulbildung. Die meisten Hochschulen berücksichtigen dieses Klientel nur unzureichend und somit bleibt vielen behinderten Menschen die berufliche Rehabilitation auf Hochschulebene verwehrt.

Am Beispiel der SRH Hochschule Heidelberg wird vorgestellt, auf welche Weise und mit welchen Mitteln geeignete Studienbedingungen geschaffen werden können, damit auch behinderte Menschen alle ihre Chancen nutzen und ihren Wert für den Arbeitsmarkt und damit auch die gesellschaftliche Integration steigern können. Die berufliche Rehabilitation von behinderten Menschen unterliegt einer wirtschaftlichen, einer gesellschaftlichen und einer individuellen Verantwortung.

Durch die Genehmigung einer beruflichen Rehabilitationsmaßnahme ist die Forderung verbunden, den Rehabilitanden auf eine Berufstätigkeit vorzubereiten, die ihm ermöglicht, aufgrund seiner Behinderung, unter Berücksichtigung seiner persönlichen Fähigkeiten und unter Berücksichtigung der beruflichen Perspektiven die wirtschaftliche, gesellschaftliche und individuelle Eingliederung und damit auch die persönliche Selbständigkeit zu schaffen.

Diesem Anspruch unterliegen die Berufsbildungswerke, die Berufsförderungswerke im allgemeinen und die unterschiedlichen Bildungsmaßnahmen im besonderen.

Die SRH Hochschule Heidelberg als Bildungsdienstleister auch für behinderte Menschen hat, um diese Aufgabe verantwortlich zu erfüllen, ein besonderes Konzept entwickelt, das im folgenden dargestellt werden soll.

Die SRH Hochschule Heidelberg ist in der Tradition der beruflichen Rehabilitation behinderter Menschen und bietet ein besonderes Studienkonzept:

- Kurzer Studiendauer: Durch einen straffen Vorlesungsplan und gekürzten Semesterferien schließen die Studierende nach drei Jahren das Studium ab.
- Überschaubare Studiengruppen: Der persönliche Kontakt mit den Professoren schafft eine besondere Studienatmosphäre.
- Praxisnahes Studium: Planspiele, Projekte, Praxissemester und eine anwendungsorientierte Diplomarbeit bereiten unsere Studierende auf die Praxis vor.

Das hochschuldidaktische Konzept unserer Hochschule funktioniert auf der Grundlage, dass der Bildungsauftrag nicht mit dem Diplom endet, sondern, dass die fachliche und persönliche Vorbereitung auf das Berufsleben bereits mit dem Studium beginnt und die Verantwortung der Hochschule erst dann endet, wenn die Studierenden einen entsprechenden Arbeitsplatz gefunden haben. Das folgende Schaubild visualisiert diese Konzeption und zeigt das Zusammenwirken von Begleitung, Beratung und fachwissenschaftlicher Qualifizierung.

Abbildung 44: Konzept der Integration behinderter Menschen am Beispiel der SRH Hochschule Heidelberg

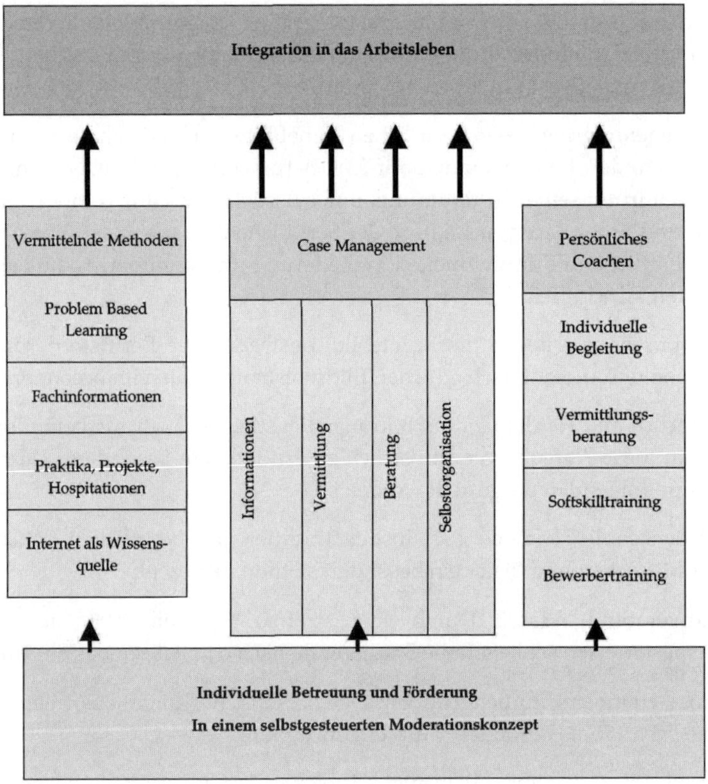

Casemanagement als koordinierendes Instrument zwischen Theorie und Praxis, zwischen persönlichem Coachen und den didaktischen Methoden der Wissensvermittlung steuert die einzelnen Prozesse am Rehabilitanden orientiert und ermöglicht somit ein individuelles Studien- und Begleitungssystem, das dem einzelnen in seiner persönlichen Situation gerecht wird.
Die Methode des Casemanagement wird hauptsächlich getragen von der fachlichen, methodischen und kommunikativen Kompetenz der Personen, die für den Casemanagementprozess Verantwortung tragen.
Seine Fähigkeit, die unterschiedlichen Rollen und Rollenanforderungen zu integrieren, mit Vertretern anderer Bereiche und Berufsfeldern zu interagieren und zu kommuni-

zieren und als Netzwerker alle erforderlichen Hilfen zu koordinieren, ermöglicht die individuelle Beratung, Begleitung und Unterstützung durch ein Netzwerk von Fachkräften.
Die Koordination und Vernetzung von Hilfemöglichkeiten bedingt eine höchstmögliche Effizienz im Rehabilitationsprozess. Der zuständige Berater hat dabei die konsequente Fallverantwortung und vereint in sich die Rollen des Koordinators, des Coaches, des Mentors und des Anwaltes.
Casemanagement koordiniert einzelfallspezifische Verfahrensabläufe und Schlüsselinterventionen und definiert Qualitätsstandards, die den Rehabilitationsablauf sichern.
In der Beratung und Vermittlung gibt es immer mehrere Kunden. Zum einen ist der Kunde das Arbeitsamt, das den Auftrag zur Vermittlung von behinderten Menschen hat, zum anderen ist der Kunden der behinderte Mensch, der sich durch die aktive Mitarbeit verpflichtet, den Vermittlungsprozess zu unterstützen. Entsprechend ist der Casemanager:

- Anwalt für die Klienten im Sinne der Interessenvertretung
- Berater für die Klienten im Sinne der Begleitung und Sicherung der Prozesse
- Mediator für die Klienten im Sinne der Konfliktsteuerung und Konfliktregelung
- Krisenmanager im Sinne von Krisenmanagement
- Netzwerker im Sinne von Netzwerkbildung und fachlicher Koordination
- Coach im Sinne von Unterstützung des Klienten bei persönlichen Schwierigkeiten und Krisen

Die Beratungskompetenz des Casemanagers zeigt sich darin, inwieweit er

- bedarfsgerecht, d.h. den individuellen Fähigkeiten und Neigungen des Rehabilitanden entsprechend, seine Leistung darlegt,
- wirksam und nachhaltig die gesetzten Zielvorstellungen begleitet,
- effizient und wirtschaftlich notwendige Prozesse einleitet.

Casemanagement ist somit eine Methode, die ziel- und personenorientiert wirkt und vor allem auf Personen mit multiplen Vermittlungshemmnisse ausgerichtet ist. Ergebnis des Casemanagement kann die individuelle, zielführende Integrationsstrategie sein, kann aber auch den Übergang zur Rente vorbereiten oder kann aber auch die Probleme durch Selbsterkenntnis identifizieren, die hauptsächlich hemmend für die Eingliederung in den Arbeitsmarkt sind.

Das Heidelberger Studienkonzept basiert auf der Begleitung und Beratung durch einen Casemanager und richtet seine Hochschuldidaktik auf die veränderten Anforde-

rungen der Arbeitswelt und auf der Kompetenzvermittlung während des Studiums aus.
Die Veränderungen der Arbeitswelt fordern Kompetenzen, welche den Studierenden die Möglichkeiten bietet, den Anforderungen der Arbeitswelt zu genügen.

Die heutige Arbeitswelt unterliegt einem immer rascheren Wandel. Wissensexplosion und moderne Technologien, tiefgreifende Umstrukturierungen in den Unternehmen, neue Arbeitsformen, verkürzte Produktlebenszyklen, differenziertere Kundenwünsche, Wettbewerbsdruck und Globalisierungstendenzen bringen den Arbeitnehmern von Unternehmen erweiterte und komplexere Anforderungen. Marktänderungen, Produktspezifikationen und Kundenorientierung fordern, neben flexiblem und raschem, innovatives und kreatives Handeln.

Während früher die fachlichen Kompetenzen der Mitarbeiter ausschlaggebend für deren Erfolg waren, werden heute eher Fähigkeiten, Informationen zu verarbeiten, dieses Wissen zu reflektieren und zu bewerten, kommunikative Verhaltenssicherheit und soziale Handlungsstrategien gefordert.

Offen sein für Innovation und Veränderung, selbstreflexives Verhalten und eine kongruente Persönlichkeit sowie die Bereitschaft zu lebenslangem Lernen helfen dem Einzelnen und der Gemeinschaft, sich diesen neuen anspruchsvollen Herausforderungen zu stellen. Nicht zuletzt zählen hierzu Änderungen im persönlichen Sicherungssystem, in der Einstellung zum Arbeitgeber und in der Selbstverantwortung im Arbeitsprozess. Ebenso ist zu beobachten, wie traditionelle Strukturen und Verhaltensmuster in Unternehmen aufbrechen.

So entspricht etwa traditionelles Führen und Leiten von Unternehmen nicht mehr den Anforderungen an ein wandlungsfähiges, sich permanent selbstverbesserndes, letztlich lernendes Unternehmen. Die Absolventen von Hochschulen finden so neue, sich ständig weiterentwickelnde Strukturen in der Arbeitswirklichkeit vor, die ganz anders sind, als sie es von den Eltern hörten oder als sie es sogar in den Hochschulen vermittelt bekamen.

Es ist zu fragen, welchen Anforderungen das Individuum in der heutigen Arbeitswelt begegnet, mit welchem Wissen und Können es ausgestattet sein muss, wie die Arbeitnehmer auf den Wandel reagieren, welche Kompetenzen vermittelt werden müssen, um auch behinderte Menschen für neue Aufgaben adäquat vorzubereiten.

Dieses Strategiekonzept beinhaltet nicht nur die inhaltliche Vermittlung mit einer anspruchsvollen Didaktik, sondern darüber hinaus eine intensive Begleitung, um die behinderten Menschen persönlich zu stärken und soziale und methodische Kompetenzen zu vermitteln.

Integration behinderter Studierende bereits in der Ausbildung und im Studium, als Vorstufe zum Arbeitsleben. Andererseits lernen nichtbehinderte Studierende einen normalen Umgang mit behinderten Menschen, der trotz gesellschaftspolitischer Veränderungen, nach wie vor keine gesellschaftliche Normalität darstellt. Allein diese Studienform fördert die Sensibilisierung für persönliche und gesellschaftliche Schwierigkeiten und ermöglicht in der täglichen Auseinandersetzung ein implizites Erlernen sozialer Kompetenzen.

Daneben werden Studienbedingungen geschaffen, die es den Studierenden ermöglichen sollen, auf Anforderungen einer veränderten Arbeitswelt und Gesellschaft produktiv und erfolgreich vorbereitet zu sein.

Der konzeptionelle Ansatz des Strategiekonzepts basiert zusammengefasst im Wesentlichen auf zwei Säulen:

- der Normalisierung durch strategische Integration
- der beruflichen und sozialen Integration

Den arbeitsmarkt und gesellschaftspolitischen Herausforderungen, kann somit bereits im Vorfeld begegnet werden.

Das didaktische Konzept der Hochschule versucht auf unterschiedlichen Ebenen, diesen Herausforderungen produktiv zu begegnen. Ein ineinandergreifendes System verschiedener, aufeinander aufbauender didaktisch-methodischer Ansätze, intendiert verschiedene Sinne anzusprechen, unterschiedlichste Bedürfnisse zu befriedigen, Mitdenken und -arbeiten anzuregen, um dadurch die fachlichen, wissenschaftlichen sowie die methodischen Kompetenzen herauszubilden, die den beruflichen Anforderungen standhalten.

Heute sind die wesentlichen beruflichen Qualifikationen, neben den fachlichen Herausforderungen, die der sozialen Kompetenzen: Sie bestimmen im Wesentlichen Einstiegs- und Aufstiegschancen. Dies mitbedacht, ist das Studienkonzept eingebettet in ein kontinuierliches „Soft Skill Training".

Neben den grundständigen Vorlesungen und Seminaren setzen wir didaktische Arrangements, greifen auf einen Methodenpool zurück, um die verschiedenen Lehrangebote zusammenzuführen, Gemeinsamkeiten und Unterschiede der wissenschaftlichen Positionen herauszuarbeiten, Themenbereiche der Studierenden aufzugreifen, und sukzessive Klarheit über die Profession an sich und die gestellten Anforderungen von Außen zu ermöglichen.

Die beruflichen Kenntnisse und Fähigkeiten wie Fachwissen und Handlungskompetenz sollen damit bereits im Studium geübt und vertieft werden. Der organisatorische Aufbau und das inhaltliche Angebot der Fachbereiche ist Studien- und Lernfeld für die Studierenden. Die Hochschule muss, um sich im Rahmen des Studienangebots diesen Aufgaben stellen zu können, konkrete Projekt- und Praxisaufgaben, theoretische Simulationen und wissenschaftlichen Diskurs anbieten sowie das Studium mit transferorientierten Anwendungen erweitern. Darüber hinaus muss sie sich mit dem Praxisfeld vernetzen.

Nur im engen Kontakt mit der Arbeitswelt kann die Hochschule ihren wissenschaftlichen Auftrag so ergänzen, dass die Absolventen die Forderungen der heutigen Arbeitswelt erfüllen. Praxisnetzwerke, reale Projekt- und Entwicklungsaufgaben aus und mit der Praxis dienen der fachlichen Vertiefung und dem persönlichen Ausprobieren von Handlungskompetenzen. Durch eine geleitete Fachbegleitung entwickelt somit der Student praxisorientierte Erfahrungen.
Ein Studium soll eine breitere Entwicklung von Kompetenzen ermöglichen. Das Lernangebot muss dabei als Chance gestaltet werden, aktiv und gestaltend in Entwicklungen einzugreifen zu können.

Wissensmanagement spielt dabei eine herausragende Rolle für die Selektion bei der Wissensaneignung, der Informationsverarbeitung, der Reflexion und Bewertung. An erster Stelle wird die Kompetenz zu fördern sein, die zum gezielten konstruktiven Erarbeiten des jeweils im eigenen Problem-, Vorstellungs- und Lernzusammenhang ad hoc benötigten neuen bzw. neu kombinierten Wissens führt.

Im Studium der Zukunft geht es um konstruktives, kompetenzentwickelndes Lernen. Und Kompetenzen lassen sich am besten entwickeln, wenn sie durch die Konfrontation mit praktischen Erfahrungs- und Problemsituationen herausgefordert werden.

Der berufliche Rehabilitationsprozess auf Hochschulebene spricht von daher vielfältige Kompetenzebenen an, die die Integration in den Arbeitsmarkt erleichtern. Gerade die hohe Vermittlungswahrscheinlichkeit von Rehabilitanden mit Hochschulstudium bescheinigt den Erfolg unseres Studienkonzeptes.

Zusammenfassend lassen sich für den beruflichen Rehabilitationsprozess verschiedene Strategieebenen definieren:

- Beratungsstrategien
- Profilingstrategien
- Qualifizierungsstrategien

Diese Strategieebenen sind systemisch gesehen miteinander verbunden und wirken auf den individuellen Rehabilitationsfall hin. Erst diese Koordinierungskompetenz, in der Regel unter dem methodischen Ansatz des Casemanagement umgesetzt, qualifiziert den beruflichen Rehabilitationsprozess.

Ziel aller rehabilitativen Bemühungen ist die persönliche Stabilisierung im Sinne von Behinderungsbewältigung, von Entwicklung von Copingstrategien zur Situationsklärung und zur Ermöglichung von Erfolgserlebnissen, um wieder an die eigene Zukunft zu glauben, die Klärung individueller Motivationen im Sinne von Interessenklärung und Perspektivenklärung im privaten und im beruflichen Feld und die Schaffung einer Lebensperspektive durch die Eröffnung persönlicher und beruflicher Perspektiven.

Somit ist medizinische Rehabilitation in Koordination mit der beruflichen Rehabilitation die maßgebende Entscheidung, auf deren Grundlage sich Lebensperspektiven für den behinderten Menschen eröffnen.

Um so mehr ist in diesem Prozess die fachliche Kompetenz der beteiligten Fachdienste gefragt, die kommunikative Sensibilität in Gesprächen ein individuelles Profiling herauszuarbeiten und die methodische Kompetenz, erforderlichen Hilfen und Unterstützungen zielorientiert auf den einzelnen abzustimmen.

Sowohl individuelle und institutionelle Verantwortungen wirken hier zusammen und gestalten den Erfolg eines Rehabilitationsprozesses, der prozessorientiert bis zur gesellschaftlichen Integration angelegt ist.

Die beruflichen Rehabilitationskonzepte müssen sich den veränderten sozialpolitischen und arbeitsmarktpolitischen Veränderungen anpassen. Das heißt:

- eine aktuelle Ausbildung oder Studium mit einem staatlichen Abschluss
- fachliche Aktualität durch Einbeziehung der Praxisnetzwerke
- persönlichkeitsbildende didaktische Maßnahmen durch Selbstlern- und Problemlösungskonzepte
- Soft-Skill-Training als berufsvorbereitende Verhaltenskompetenzen
- Koordination von medizinischen Hilfen und berufspädagogischer Ausbildung oder Studium durch ein systemisches Casemanagement
- Flexible Anpassungs- und Qualifizierungsmassnahmen bezogen auf den Arbeitsplatz
- Integratives Rehabilitationssystem zur Optimierung des Rehabilitationsprozesses
- Individuelle Rehabilitationslösungen mit gezielten Anpassungsqualifikationen an die Anforderungen des Arbeitsmarktes
- Innovative didaktische Vermittlungskonzepte wie Distance Learning und Blended Learning als Chance vor Ort sich unter Anleitung von Fachkräften zu qualifizieren mit der notwendigen Fachberatung und Fachbegleitung
- Berufliche Qualifizierungskonzepte entscheiden über berufliche Integration, gesellschaftliche Teilhabe und bewirken beim Scheitern eine irreversible Demotivation, die häufig zu zentralen Problemen der selbstständigen Lebensgestaltung führt. Die Verantwortung der Institutionen, die berufliche Qualifizierung anbieten, ist zu prüfen. Hier spielt die Darlegung eines anerkannten Qualitätssicherungssystems eine verantwortliche Rolle.

Diese Anforderungen an einen qualifizierten Integrations- und Ausbildungsprozess muss heute eine Bildungsträger erfüllen, wenn er mit dem Rehabilitanden, bzw. mit dem Kunden erfolgreich sein will. Die Ausrichtung auf die individuelle Förderung und Qualifizierung und auf die arbeitsmarktspezifischen Anforderungen müssen im Mittelpunkt des Prozesses stehen. Erst dann kann der Bildungsträger den Ansprüchen des Rehabilitanden gerecht werden, indem er ihn fachlich auf seine berufliche Tätigkeit vorbereitet, indem er ihn medizinisch stabilisiert und indem er ihm Kompetenzen vermittelt, die ihm helfen, einen Arbeitsplatz und damit eine Positionierung im gesellschaftlichen Feld zu finden.

7 Zukünftige Entwicklungen, die sich abzeichnen

Zwei wichtige Entwicklungen zeichnen sich im Jahr 2007 bereits für die Zukunft ab und sollen im Folgenden kurz erläutert werden.

- Zum einen der Rechtsanspruch auf ein Persönliches Budget bei Teilhabeleistungen, das am 1.1.2008 in Kraft tritt.
- Zum anderen die gesetzliche Verpflichtung aller Unternehmen, ein betriebliches Eingliederungsmanagement für Menschen mit längeren Erkrankungen aufzubauen.

Diese beiden Veränderungen im SGB IX werden in den nächsten Jahren die „Rehabilitationslandschaft", insbesondere die Nachfragestruktur und die Angebotssituation ganz erheblich verändern.

7.1 Rechtanspruch auf ein Persönliches Budget

Bereits unter 1.3.5 wurde das Persönliche Budget erläutert. Es ermöglicht es, Teilhabeleistungen – etwa der beruflichen Integration, nicht als Sachleistung, sondern als Geldleistung zu erbringen und somit praktisch den „Einkauf der Leistungen" in die Verfügung des Menschen mit Behinderung zu stellen. Der Gesetzgeber hat nun in § 17 SGB IX geregelt, dass ab 1.1.2008 prinzipiell ein Rechtsanspruch auf das Persönliche Budget besteht, und zwar für alle Teilhabeleistungen (vgl. Bartz, 2006). Hierdurch sollen Selbstbestimmungsrecht und Kundenstatus von Menschen mit Behinderungen gestärkt werden. Dies wird in wenigen Jahren zu großen Veränderungen, gerade für Menschen mit körperlichen und Sinnesbehinderungen führen. Wurden bisher – über das Sachleistungsprinzip – Art und Erbringer der Teilhabeleistungen weitgehend vom Sozialleistungsträger bestimmt, so wird der Mensch mit Behinderung jetzt zum – weitgehend autonomen – „Einkäufer“. Dies kann bis zum Arbeitgebermodell reichen, bei der Mensch mit Behinderungen als Arbeitgeber seine Dienstleister selbst einstellt und über das Persönliche Budget vergütet (vgl. Thomas und Spermann, 2004).

Das Persönliche Budget soll im Regelfall nicht zu höheren Ausgaben – verglichen mit den Sachleistungen – führen, aber zu deren Einsatz nach Wunsch des Betroffenen. Damit ändern sich die Rollen im Rehabilitationsprozess entscheidend:

- Der Sozialleistungsträger wird vom eigentlichen „Herren des Verfahren – von Planung bis zur Qualitätssicherung“ zum Finanzier der Dienstleistungen;
- Der Kunde (im Sinne von „Einkäufer“) für den Anbieter von Rehabilitationsleistungen ist nicht mehr der Sozialleistungsträger, sondern der Mensch mit Behinderungen selbst;
- Dieser gewinnt Autonomie und Spielräume, aber es muss auch mehr organisatorische Verantwortung übernehmen, wenn er gegenüber der Sachleistung das Persönliche Budget vorzieht.

7.2 Betriebliches Integrationsmanagement als rechtliche Verpflichtung

Dennoch bleibt das eben beschriebene Persönliche Budget noch Teil des klassischen korrigierenden Ansatzes von beruflichen Teilhabeprozessen. Mit dem § 84 Absatz 2 SGB IX hat der Gesetzgeber aber nun eine klare Verpflichtung zur betrieblichen Prävention geschaffen. Unternehmen jeder Größe und Trägerschaft (auch Öffentliche) haben einen Prozess zu schaffen, mit dem sie Menschen mit längerer Krankheit (über 6 Wochen pro Jahr) schnell und sicher wieder in der Arbeitsprozess integrieren (vgl. Mehrhoff und Schönle, 2005)..

In vielen Unternehmen ist die Forderung und der daraus resultierende Integrationsprozess zentraler Teil von Disability Management Systemen geworden (vgl. Mehrhoff, 2004). Dieser in Kanada entstandene und vor allem mit Unterstützung des Hauptverbandes der Berufsgenossenschaften von der Fort AG in Deutschland bekannt gemachte Ansatz setzt radikal auf (primäre und sekundäre) Prävention: Durch betriebliche Gesundheitsförderung und Ergonomie sollen Krankheiten und Behinderungen – als Leistungsminderungen – gar nicht erst entstehen. Wo es doch gesundheitliche Einschränkungen gibt, soll betriebliches Integrationsmanagement eine schnelle Rückkehr an einen Arbeitsplatz ermöglichen. Hierzu sollen betriebliche Instanzen wie Betriebsarzt, Personalabteilung, Arbeitssicherheitsfachkräfte, Betriebsrat und Scherbehindertenvertretung zusammen wirken. Ebenso sind betriebsnahe Sozialleistungsträger wie

Berufsgenossenschaften, Unfallkassen und Rentenversicherungsträger an der Konzeptentwicklung und an der Bearbeitung von Einzelfällen zu beteiligen.

Dies beinhaltet auch Möglichkeiten der innerbetrieblichen Rehabilitation.

Konsequent installierte Disability Management Systeme sind in der Lage, das Entstehen berufsbedingter oder durch Arbeit verschlimmerter Erkrankungen und Behinderungen massiv zu reduzieren und damit auch frühzeitigen Verrentungen vorzubeugen.

Hier entsteht aktuell ein immer wirksameres System der Prävention. Es kann zu einer Reduzierung von (Krankheits-, Behinderungs-, Renten-) Kosten führen, wird aber auch Nachfragerückgänge bei beruflichen Rehabilitationsanbietern erzeugen.

Dies stehen also einem doppelten Veränderungsdruck (präventives Disability Management und Persönliches Budget) gegenüber.

8 Literaturverzeichnis

Bartz, Elke (2006): Das Persönliche Budget. Ein Handbuch für Leistungsberechtigte. Von A wie Antragstellung bis Z wie Zielvereinbarung. Mulfingen-Hollenbach: Forum selbstbestimmter Assistenz behinderter Menschen, Berlin 2006.

Baudisch, W.: Berufliche Rehabilitation mit behinderten und benachteiligten Jugendlichen in Berufsbildungswerken, Band 5, Münster 2002

Beck, U.: Risikogesellschaft. Auf dem Weg in eine andere Moderne. Suhrkamp Verlag, Frankfurt/Main 1986

Beiträge zur Arbeitsmarkt- und Berufsforschung, BeitrAB 285, Nürnberg 2004

Bundesarbeitsgemeinschaft für Rehabilitation – BAR (Hrsg.): Arbeitshilfe für die Rehabilitation und Teilhabe psychisch Kranker und behinderter Menschen. Frankfurt 2003

Bundesarbeitsgemeinschaft für Rehabilitation – BAR (Hrsg.): Wegweiser – Rehabilitation und Teilhabe behinderter Menschen, Frankfurt 2001

Borchert, D.: Handbuch der sonderpädagogischen Psychologie, Hogrefe Verlag – Verlag für Psychologie, Göttingen 2000

Egle, F., Bens, W.: Talentmarketing, Strategien für Job-Search, Selbstvermarktung und Fallmanagement, Gabler Verlag Wiesbaden 2004

Ertelt, B. J., Schober, K.: Beratung im Umfeld beruflicher Bildung, Bertelsmann Verlag, Bielefeld 2000

Eichhorn, W. u.a.: Benchmarking Deutschland, Springer Verlag, Heidelberg 2001

Fischer, T.: Lernen mit seelisch behinderten Erwachsenen in der Beruflichen Rehabilitation, Europäischer Verlag für Wissenschaften, Frankfurt am Main 1999

Klie, Thomas / Spermann, Alexander (Hrsg.): Persönliche Budgets - Aufbruch oder Irrweg? Ein Werkbuch zu Budgets in der Pflege und für Menschen mit Behinderungen. Hannover: Vincentz Network 2004.

Mehrhoff, F. (Hrsg.): Disability Management – Ein Kursbuch für Unternehmer, Behinderte, Versicherer und Leistungserbringer. Strateien zur Integration von behinderten Menschen in das Arbeitsleben. Gentner Verlag, Stuttgart 2004.

Mehrhoff, F.. Schönle, W. (Hrsg.): Betriebliches Eingliederungsmanagement – Leistungsfähigkeit von Mitarbeitern sichern. Gesammelte Beiträge zum Eingliederungsmanagement. Gentner Verlag, Stuttgart 2005.

Niehaus, M., Montada, L.: Behinderte auf dem Arbeitsmarkt, Campus Verlag, Frankfurt/Main 1997

Sorrentino, A. M.: Behinderung und Rehabilitaion – ein systemischer Ansatz, Verlag Modernes Lernen – Dortmund, 1988

Schmidt-Zadel, R., Pörksen, N.: Teilhabe am Arbeitsleben, Arbeit und Beschäftigung für Menschen mit psychischen Beeinträchtigungen, Psychiatrie Verlag, Bonn 2002

Schröder, H., Steinwede, J.: Arbeitslosigkeit und Integrationschancen schwerbehinderter Menschen

Thias, H. H.: Die geistige Behinderung – Ursachen, Formen und Auswirkungen aus psychologischer Sicht. In: ibv Nr. 6 vom 6. Februar 1980.

Alexander Spermann

Die Kombilohndiskussion in Deutschland

Summary

Kombilohn ist nicht gleich Kombilohn! Hinter diesem schillernden Begriff verbergen sich ganz unterschiedliche Konzepte: Staatliche Zuschüsse an Arbeitnehmer (im Rahmen oder außerhalb des Grundsicherungssystems Arbeitslosengeld II), aber auch staatliche Zuschüsse an Arbeitgeber (zeitlich unbefristet oder befristet). Interessierte Leser sind gezwungen, genau hinzusehen und zu fragen: Welcher Kombilohn ist gemeint? Hierzu liefert dieser Beitrag wichtige Orientierung.

Zunächst werden die zentralen Fallen aufgezeigt, die bei der Implementierung eines Kombilohnes zu beachten sind. Hierzu zählen die Arbeitslosenfalle, die Minijob- und Teilzeitjobfalle, die Working Poor Falle, die „Bad Job Falle" sowie die Erwerbsunfähigkeitsfalle. Weiterhin werden die wichtigsten sechs Reformvorschläge der deutschen Kombilohn-Diskussion dargestellt und kritisch diskutiert. Es zeigt sich, dass nicht alle Wirkungen der verschiedenen Kombilohnvarianten empirisch abgeschätzt werden können – eine Restunsicherheit verbleibt für die Politik. Am wirkungsvollsten dürfte eine Kombination an positiv evaluierten Workfare- und Kombilohnelementen sein, wenn das bestehende Grundsicherungsniveau nicht abgesenkt werden soll. Anders formuliert: Die staatliche Grundsicherung wird eng mit der Arbeitspflicht verknüpft, Einkommenszuschüsse für Grundsicherungsbezieher werden zeitlich befristet an Arbeitnehmer und/oder Arbeitgeber gezahlt.

1 Einführung

In diesem Beitrag wird die Grundsicherungsdiskussion der letzten zehn Jahre in Deutschland zusammengefasst. Diese Diskussion wurde in den neunziger Jahren unter dem Stichwort „Bürgergeld" und in den letzten Jahren unter dem Stichwort „Kombilohn" geführt. Bei der Bürgergelddiskussion stand die Vereinfachung des sozialen Sicherungssystems im Mittelpunkt. Die über hundert verschiedenen Transfers an Haushalte sollten ersatzlos zugunsten eines einzigen Transfers gestrichen werden: dem Bürgergeld. Dabei sollten die Höhe und die Anrechnung eigenen Einkommens der Bürgergeldempfänger anreizfreundlich ausgestaltet werden. Die Bürgergelddiskussion, die in diesem Kapitel nicht im Detail nachvollzogen wird (vgl. Spermann 2001 für eine ausführliche Darstellung), führte zu mehreren Modellversuchen mit bürgergeldverwandten Instrumenten – die bundesweite Einführung wurde dagegen angesichts hoher errechneter fiskalischer Belastungen verworfen. In den letzten Jahren lebte die Bürgergelddiskussion unter dem Namen Kombilohn erneut auf – vor dem Hintergrund hoher Langzeitarbeitslosigkeit. Unter dem Stichwort Kombilohn werden sowohl Einkommenszuschüsse an Arbeitnehmer (in der Regel innerhalb des bestehenden Grundsicherungssystems) als auch Lohnkostenzuschüsse an Arbeitgeber verstanden.

Dieser Beitrag ist folgendermaßen gegliedert. Im Kapitel 2 werden die wichtigsten Fallen herausgearbeitet, die bei einer Reform der Grundsicherung zu beachten sind. Diesem Kapitel liegt der deutsche institutionelle Rahmen zugrunde. Kapitel 3 fasst die Erfahrungen und Lehren aus Modellversuchen mit Kombilohnmodellen in Deutschland zusammen. Kapitel 4 stellt die wichtigsten Reformvorschläge der aktuellen Kombilohndiskussion in Deutschland kritisch dar. Kapitel 5 fasst die wichtigsten Ergebnisse zusammen und gibt einen Ausblick.

2 Grundprobleme

2.1 Die Arbeitslosenfalle

Es ist illustrativ, sich den Status quo für Arbeitslosengeld II-Empfänger im Jahre 2006 in einem vereinfachten Brutto-/Nettoeinkommen-Schaubild (Abbildung 45) zu verdeutlichen. Arbeitslosengeld II ist die – unglückliche – Bezeichnung für die Grundsicherungsleistung für Arbeitssuchende. Diese Leistung ist steuerfinanziert und wird erst nach einer Einkommens- und Vermögensprüfung an Haushalte gewährt. Hierbei werden die seit 1. Oktober 2005 geltenden Anrechnungsregeln für Zuverdienste der Haushaltsmitglieder angewendet.

Das Grundsicherungsniveau liegt für einen Single in Westdeutschland bei durchschnittlich 575 €. Dieser Betrag setzt sich aus dem Grundbedarf in Höhe von 345 € (dem Arbeitslosengeld II) und den Kosten der Unterkunft und Heizung von 230 € zusammen. Erzielt der Hilfeempfänger ein eigenes Einkommen, so bleiben die ersten 100 € anrechnungsfrei. Zwischen 100 und 800 € beträgt die Transferentzugsrate 80 % (t= 0,8)und zwischen 800 und 1200 € werden 90 % des Zuverdienstes auf den Hilfeanspruch angerechnet (t=0,9). In dieser vereinfachten Beispielrechnung, in der Sozialabgaben und Einkommensteuer berücksichtigt sind, erhalten Singles mit einem eigenen Bruttoverdienst bis zu 1100 € ergänzendes Arbeitslosengeld II. In diesem Bericht wird lediglich der Bereich mit vollständiger Anrechnung eigener Verdienste als Arbeitslosenfalle bezeichnet, so dass für Single keine Arbeitslosenfalle existiert. Bezogen auf den Haushaltstyp Single lässt sich jedoch sagen, dass sich schon Minijobs (400 €) kaum aus finanziellen Erwägungen für die Grundsicherungsempfänger lohnen, weil aufgrund der Anrechnungsregeln lediglich 160 € zusätzlich beim Hilfeempfänger verbleiben.

Abbildung 45: Brutto-/Nettoeinkommen *(Status quo, Single, Westdeutschland)*

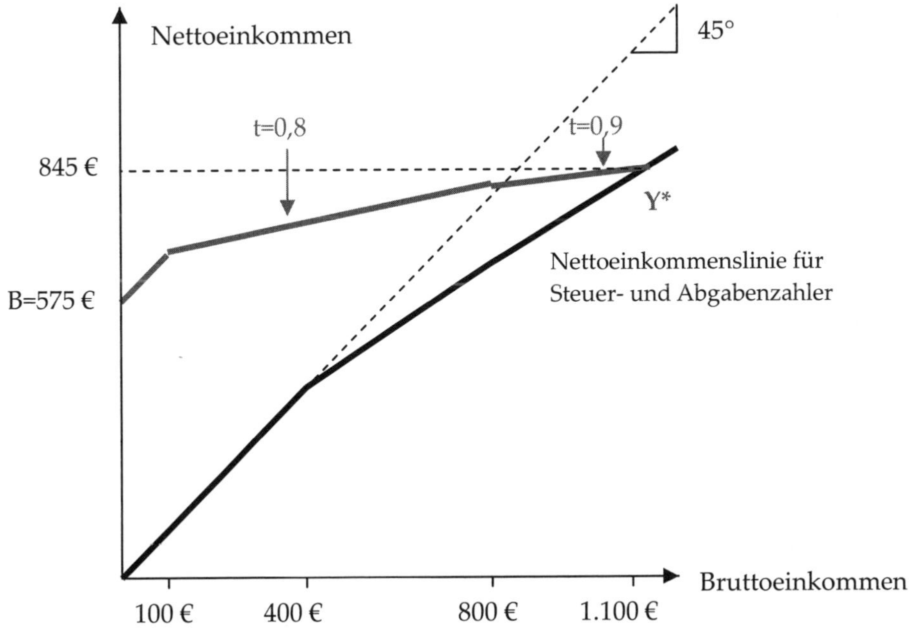

Bei einer Familie mit zwei Kindern (Westdeutschland) existiert jedoch eine Arbeitslosenfalle, wie in Abbildung 46 deutlich wird. Das Grundsicherungsniveau liegt mit 1471 € deutlich höher. Es setzt sich zusammen aus dem Grundbedarf für zwei Erwachsene (je 311 €), für zwei Kinder unter 14 Jahren (je 207 €) und den Kosten der Unterkunft und Heizung in Höhe von durchschnittlich 435 €. Die Zuverdienstmöglichkeiten berechnen sich nach obigem Schema, wobei die 90 %-ige Anrechnung bei einer Bedarfsgemeinschaft mit Kindern bis 1500 € gilt. Oberhalb dieses Bruttoeinkommens wird zusätzliches Einkommen voll angerechnet (t=1). Bis zu einem Bruttoeinkommen von etwa 2400 € (Y*) besteht Anspruch auf ergänzendes Arbeitslosengeld II.

Abbildung 46: Brutto-/Nettoeinkommen (Status quo, Familie, 2 Kinder, Westdeutschland)

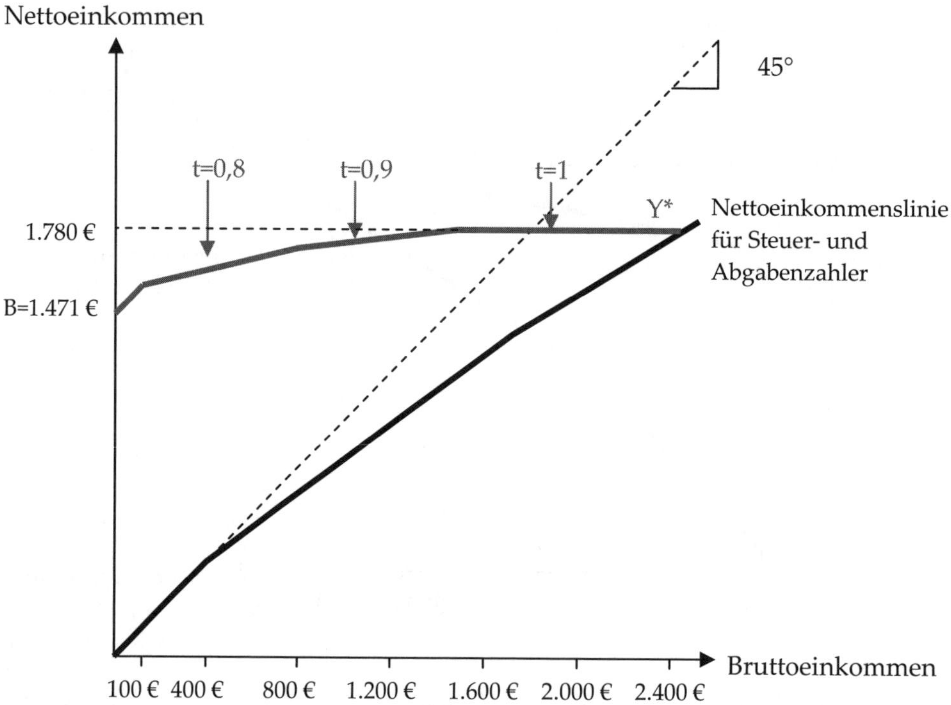

Es zeigt sich sehr deutlich, dass insbesondere für Familien der Ausstieg aus dem Transfersystem selbst bei großen Anstrengungen schwierig ist. Nehmen beide Partner Vollzeitstellen an, bei denen sie 5 € je Stunde verdienen, erzielen sie bei einer 40 Stunden-Woche monatlich etwa 1600 € - an ergänzendem Arbeitslosengeld II führt selbst bei voller Erwerbstätigkeit beider Partner kein Weg vorbei, solange die verdienten Stundenlöhne nicht deutlich höher sind.

2.2 Die Minijob- und Teilzeitjobfalle

Geringe anrechnungsfreie Einkommensbereiche in Kombination mit hohen Transferentzugsraten von deutlich über 50 % oberhalb dieser Absetzbeträge führen zum Phänomen der Minijob- und Teilzeitjobfalle. Für den September 2005, also für einen Zeitpunkt noch etwas restriktiverer Anrechnungsregeln als die oben dargestellten aktuellen Regelungen, liegen erstmals differenzierte empirische Belege für diese Falle vor. Danach arbeiteten etwa 20 % der Arbeitslosengeld II-Empfänger, das entspricht 906.000 Menschen in 844.000 Bedarfsgemeinschaften (vgl. Bundesagentur für Arbeit 2006c). Mehr als die Hälfte der Transferempfänger arbeiten unterhalb der Geringfügigkeitsgrenze von 400 Euro – mit einer auffälligen Häufung bei Jobs mit 100 bis unter 200 € (Bruttoeinkommen). 19 % im Midijob-Bereich bis 800 €. Aus dynamischer Sicht ist anzumerken: Noch existiert keine wissenschaftliche Studie, die einen Sprungbretteffekt von Minijob und Teilzeitjobs belegt. Deshalb führen diese Anrechnungsregeln in die Minijob- und Teilzeitjobfalle.

2.3 Die „Working Poor" Falle

Gering Qualifizierte Menschen, die nicht nur geringfügig arbeiten, aber dennoch kein Nettoeinkommen oberhalb ihres Bedarfs erzielen, werden häufig als working poor bezeichnet. Lösen sie ihren Anspruch auf staatliche Transferleistungen aus Scham oder Unwissenheit nicht, so werden sie auch als verdeckt Arme bezeichnet.

Vor Einführung des Arbeitslosengeldes II lebten nach Schätzungen mehrere hunderttausend Menschen in verdeckter Armut, weil sie ihre Ansprüche nicht bei den Sozialämtern einlösten. Job Center scheinen mit weniger Stigma als Sozialämter verbunden zu sein. Ein Indiz ist die Zunahme der Personen mit ergänzendem Hilfeanspruch. So verdoppelte sich die Zahl der erwerbstätigen Hilfeempfänger nahezu von 470.000 frühere Sozial- und Arbeitslosenhilfeempfänger auf 906.000 ALG II-Empfänger – auch durch die Ausweitung des Kreises der Anspruchsberechtigten. Einschränkend ist anzumerken, dass keine Angaben über die geleisteten Arbeitsstunden und über die Verteilung der Bruttoeinkommen der früheren Sozialhilfe- und Arbeitslosenhilfeempfänger vorliegen.

Aus sozialpolitischer Sicht ist die Aufstockung geringer Einkommen durch Arbeitslosengeld II wünschenswert, weil verdeckte Armut abgebaut wird und working poor vermieden wird. Ein spezifisches Problem des deutschen Grundsicherungssystems ist jedoch, dass die Aufstockung bis in relativ hohe Bruttoeinkommensbereiche möglich ist - insbesondere für Familien mit Kindern, wie Abbildung 2 für einen Haushalt mit vier Personen illustriert. Eine Working poor Falle ergibt sich aus den Anrechungsregeln im Status quo: Der anrechnungsfreie Pauschalbetrag von 100 €, die 80 %-ige Anrechnung bis 800 €, die 90 %-ige Anrechnung bis 1500 € (bei Familien) und bei höheren Einkommen die 100 %-ige Anrechnung bewirkt, dass noch relativ hohe am Markt erzielte Bruttoeinkommen aufgestockt werden können. In unserem Beispiel für eine Familie mit zwei Kindern: Statt einer Aufstockung bis zum Existenzminimum bis 1471 € bewirkt diese Art des Transferentzugs, dass Bruttoeinkommen bis 2400 € (Y* in Abbildung 46) aufgestockt werden können. So werden Aufstocker regelrecht systembedingt produziert. Sind sie einmal im Arbeitslosengeldbezug und sind sie vollständig über die Funktionsweise der Anrechnungsregeln informiert, dann könnte sogar eine Reduzierung des eigenen Arbeitseinsatzes aus individueller Sicht nutzenmaximal sein, weil das verfügbare Einkommen wegen der hohen Transferentzugsraten nicht oder nur geringfügig sinkt. Bildlich gesprochen (vgl. Abbildung 46): Wer durch den Gang zum Job-Center von der schwarzen Nettoeinkommenslinie der Steuer- und Abgabenzahler einmal auf die rote Nettoeinkommenslinie der Arbeitslosengeld II-Empfänger gesprungen ist, der könnte sich auf dieser roten Linie nach links bewegen und sich nutzenmäßig besser stellen, weil das Ausmaß an Freizeit zunimmt und das verfügbare Einkommen nicht (bei t=1) oder nur geringfügig (bei t=0,9 und t=0,8) sinkt.

2.4 Die „Bad Job Falle“

Die bestehenden Anrechnungsregeln in Verbindung mit den hohen Anforderungen an die Zumutbarkeit von Jobs können Langzeitarbeitslose dauerhaft in schlechte Jobs drängen. Das ist zumindest dann der Fall, wenn die Lohnprogression gering, also Stundenlohnsteigerung durch training-on-the job und/oder formale Zusatzqualifikationen sich nicht realisieren lassen. Die klassische „Vom Tellerwäscher zum Millionär" Erfolgsstory von ursprünglich gering Qualifizierten ist bei geringer Lohnprogression nicht möglich. Die Bad Job Falle ist somit Konsequenz der schlechten Aufstiegschancen - und nicht primär der Anrechnungsregeln und der verschärften Zumutbarkeit von Jobs.

2.5 Die Erwerbsunfähigkeitsfalle

Wenig diskutiert wird in Deutschland die Erwerbsunfähigkeitsfalle – auch, weil Erwerbsunfähigkeit quantitativ im europäischen Vergleich eine relative geringe Rolle spielt. Erwerbsunfähige finden sich in Deutschland unter Rentenbeziehern und/oder unter Sozialhilfeempfängern nach SGB XII. Zurzeit ist das Grundsicherungsniveau für Erwerbsfähige exakt genauso hoch wie für Sozialhilfeempfänger: Arbeitslosengeld II und Sozialhilfe betragen in West- und Ostdeutschland 345 € für einen Single – zusammen mit den Kosten der Unterkunft, die stark regional und individuell schwanken wird das kulturelle Existenzminimum abgedeckt. Sollte das Hilfeniveau für Erwerbsfähige abgesenkt werden, z.B. um 30 %, wie es der Sachverständigenrat in seinem Sondergutachten zum Kombilohn fordert, dann ergibt sich ein Anreiz den Status Erwerbsunfähigkeit zu erwerben, um das ursprüngliche Hilfeniveau weiterhin zu erhalten. Da diese Verhaltensreaktion von Hilfeempfängern aber auch in Ländern mit ausgeprägter Aktivierungsstrategie durch Fordern und Fördern beobachtbar ist (z.B.

Niederlande, Dänemark) muss die Erwerbsunfähigkeitsfalle auch dann betrachtet werden, wenn keine generelle Arbeitslosengeld II Kürzung realisiert wird.

Bei der Ausgestaltung der Grundsicherung müssen die Konsequenzen auf diese Fallen durchdacht werden. Dementsprechend muss eine solche Reform mit größter Vorsicht und Sorgfalt auf den Weg gebracht werden – auch wegen unvollständiger empirischer Erkenntnisse und Unwägbarkeiten der Verhaltensreaktionen der Menschen.

3 Erfahrungen und Lehren aus Modellversuchen mit dem Kombilohn in Deutschland und Kanada

Der Mannheimer Modellversuch ist der einzige Modellversuch mit Vergleichsgruppen, der aufgrund der Fallzahlen mikroökonometrisch evaluiert werden konnte (vgl. Spermann/Strotmann, 2005). Erstmals wurde auch in Deutschland ein Evaluationsdesign – entsprechend dem internationalen Standard – umgesetzt, das den Beschäftigungserfolg einer arbeitsmarktpolitischen Maßnahme im Vergleich zu einer von der Maßnahme ausgeschlossenen Vergleichsgruppe messen kann.

In Mannheim wurde Sozialhilfeempfängern, die im Norden der Stadt lebten, ein zeitlich befristeter, großzügiger finanzieller Anreiz angeboten. In einem in seiner Sozialstruktur vergleichbaren Gebiet im Süden der Stadt Mannheim wurde eine Vergleichsgruppe beobachtet. Das Ergebnis in Kurzform: Für die Stadt Mannheim konnten signifikant positive Beschäftigungseffekte in einem Quasi-Experiment nachgewiesen werden. Der zusätzliche Beschäftigungseffekt betrug 6,6 bis 6,8 Prozentpunkte. Es konnten jedoch wegen der begrenzten Laufzeit der Modellversuche keine Aussagen zur Nachhaltigkeit der Beschäftigung getroffen werden.

Aus Sicht des Autors können vier Lehren aus den Modellversuchen in Baden-Württemberg und Hessen gezogen werden. Erstens: Das größte Problem eines Anreizsystems für ALG II-Empfänger ist die Schwarzarbeit, weshalb der finanzielle Anreiz, auch gering entlohnte Stellen anzunehmen, sehr groß sein muss. Eine Transferentzugsrate von Null oder nahe Null lässt sich jedoch zeitlich unbefristet nur dann für größere Bruttoeinkommensbereiche realisieren, wenn das Grundsicherungsniveau massiv unter das physische Existenzminimum abgesenkt wird, was verfassungsrechtlich nicht durchsetzbar sein wird und auch nicht wünschenswert ist. Größerer Spielraum besteht bei zeitlich befristeten Systemen, insbesondere durch die mögliche zeitlich degressive Ausgestaltung. Zweitens: Das Konzept muss ganz einfach verständlich sein. Schließlich sollen gering Qualifizierte, die Arbeit zu geringen Stundenlöhnen aufnehmen, wissen, wie viel vom Verdienten bei ihnen verbleibt. Hier spielt ein

Kommunikationskonzept eine große Rolle. Auch wenn der Tarif dank des insgesamt komplexen Steuer-, Abgaben- und Transfersystem im Detail kompliziert ist, gibt es stets die Möglichkeit ihn sehr einfach darzustellen. Drittens: Ein Anreizkonzept muss juristisch sauber in die bestehenden Institutionen eingepasst werden. Bei einer Einführung eines Armutslückenkonzepts ist letztendlich verfassungsrechtlich zu klären, in welcher Höhe das physische Existenzminimum festgelegt werden darf. Viertens: Die gesetzliche Arbeitspflicht nach den bestehenden Zumutbarkeitserfordernissen muss strikt eingefordert werden. Dazu ist eine günstige Betreuungsrelation Fallbearbeiter zu Arbeitslosen in der Arbeitsverwaltung nötig.

In einer aktuellen Studie von Jirjahn et al. (2006) konnten sogar Nachhaltigkeitseffekte zeitlich befristeter Kombilöhne mikroökonometrisch belegt werden. Die Autoren untersuchten das so genannte Hamburger Modell zur Beschäftigungsförderung, das einen auf zehn Monate befristeten kombinierten Arbeitnehmer- und Arbeitgeberzuschuss vorsieht. Auch 20 Monate nach Aufnahme der Beschäftigung mit Kombilohn konnten positive Beschäftigungseffekte gegenüber einer Vergleichsgruppe nachgewiesen werden.

Die kanadischen Erfahrungen gehen in eine ähnliche Richtung: Im Rahmen des kanadischen „Self-Sufficiency Project (SSP)" wurde ein zeitlich befristeter Einkommenszuschuss (earnings supplement = in-work benefit = Negativsteuer) für allein erziehende Sozialhilfeempfängerinnen in den neunziger Jahren getestet. Dieses Programm wurde als soziales Experiment mit zufallsgenerierten Kontrollgruppen über einen Zeitraum von 10 Jahren professionell evaluiert (vgl. Michalopoulos et al., 2005).

Das kanadische SSP-Projekt umfasste drei soziale Experimente mit Langzeitsozialhilfeempfängern in zwei unterschiedlichen Regionen Kanadas. Im ersten Feldexperiment wurde Langzeitsozialhilfeempfängern eine großzügige Einkommenssubvention angeboten für den Fall, dass sie eine Vollzeittätigkeit finden und nicht mehr auf Sozialhilfe angewiesen sind. Eine Person, die 50 Wochen jeweils 35 Stunden pro Woche zu einem Stundenlohn von CAN$ 6,00 arbeitete, erhielt einen jährlichen Zuschuss in Höhe von 10.050 CAN$. Zusammen mit dem erarbeiteten Jahreseinkommen von CAN$ 10.500 betrug das gesamte Bruttoeinkommen 20.550 CAN$. Die Einkommenssubvention konnte maximal drei Jahre gewährt werden. Die Stichprobe des Experiments umfasste 2.100 allein Erziehende, die zufällig entweder der Programmgruppe oder der Kontrollgruppe zugeordnet wurden. Das zweite Feldexperiment diente der Abschätzung möglicher Mitnahmeeffekte durch Sozialhilfeempfänger. So bestand durch die Zielgruppenbildung zum einen ein Anreiz für Hilfeempfänger auf die Anspruchsberechtigung zu warten, zum anderen existierte der Anreiz von Nicht-Hilfeempfängern zu Hilfeempfängern zu werden, um die Einkommenssubvention zu erhalten. Dazu wurden 3.315 allein Erziehende zufällig einer Programm- oder Kontrollgruppe zugeordnet. Die Kontrollgruppe wurde vom Bezug der Einkommenssubvention explizit ausgeschlossen. Das dritte Feldexperiment diente der empirischen Überprüfung von „Stellenvermittlungsaktivitäten" als Ergänzung des Arbeitsanreizkonzepts („SSP-

Plus"). Dazu wurden 892 Personen nach dem Zufallsprinzip entweder der Programmgruppe „SSP-Plus" oder der Kontrollgruppe „SSP" oder der Kontrollgruppe ohne Einkommenszuschuss zugeordnet.

Im ersten Feldexperiment zeigte sich, dass durch den Einkommenszuschuss die Zunahme der Vollzeitbeschäftigung von Hilfeempfängern in einem Maße zu beobachten waren, wie sie noch nie zuvor in einem sozialen Feldexperiment beobachtet werden konnte. Außerdem finanzierte sich das Programm durch zunehmende Steuereinnahmen selbst. Interessanterweise zeigte sich, dass die SSP-Zuschussempfänger in ihren Jobs einen Stundenlohn erhielten, der deutlich über dem gesetzlichen Mindestlohn in Kanada liegt. Im zweiten Feldexperiment stellte sich heraus, dass Mitnahmeeffekte von sehr geringer Bedeutung sind. Im dritten Feldexperiment konnte gezeigt werden, dass zusätzliche „Stellenvermittlungsaktivitäten" die Vermittlungswahrscheinlichkeit von Langzeitsozialhilfeempfängern nur geringfügig erhöhen.

Die wissenschaftliche Begleitforschung kam zu dem Schluss, dass ein sorgfältig ausgearbeitetes, zielgruppenorientiertes Arbeitsanreizkonzept wie SSP die Beschäftigung von allein Erziehenden Langzeitsozialhilfeempfängerinnen im Vergleich zur Kontrollgruppe erhöht. Ergänzende „Stellenvermittlungsaktivitäten" erhöhen die Beschäftigung, wenn auch nur geringfügig. Damit stellen Arbeitsanreizkonzepte nach den kanadischen Ergebnissen einen erfolgreichen Weg zur Verminderung von Langzeitsozialhilfebezug dar.

4 Reformvorschläge in der deutschen Kombilohn-Diskussion

4.1 Das ifo-Kombilohnmodell

Anfang des Jahres 2006 legte das Münchener ifo-Institut den Vorschlag einer Aktivierenden Sozialhilfe aus dem Jahre 2002 neu auf – unter dem Titel ifo-Kombilohnmodell (vgl. Sinn et al. 2006).

Im Wesentlichen enthält der Vorschlag drei Elemente:

Zum einen werden die Hinzuverdienstgrenzen zeitlich unbefristet deutlich angehoben. Bruttoerwerbseinkommen bis 500 € wird nicht auf die Sozialleistung angerechnet (Senkung des Politikparameters t auf Null); für Einkommen unter 200 € sind darüber hinaus vom Arbeitnehmer keine Beiträge zur Sozialversicherung zu leisten, es wird vielmehr ein Lohnzuschuss von 20 % gezahlt, der bis zu einem Verdienst von 500 € konstant bleibt. Erst bei Einkünften jenseits dieser Grenze werden Lohnzuschuss und reduzierte Arbeitnehmerbeiträge abgeschmolzen, so dass von jedem zusätzlich verdienten Euro ca. 30 Cent übrig bleiben (Grenzbelastung von 70 %). Als Ergebnis ist bereits bei einem Halbtagsjob das verfügbare Einkommen höher als bei ausschließlichem Transferbezug.

Zum anderen ist eine Absenkung des Grundsicherungsniveaus (Politikparameter B) je nach Haushaltstyp um 345 bis 460 € vorgesehen; Wohnkostenzuschüsse und kinderbezogene Transfers sind von Kürzungen ausgenommen. Nach Angabe der Autoren sinkt damit die Unterstützung von Sozialleistungsempfängern im Durchschnitt um rund 33 %.

Im Falle anhaltender Arbeitslosigkeit werden den Betroffenen Beschäftigungen in kommunaler Regie angeboten, um damit ein Transfereinkommen in Höhe des heutigen Arbeitslosengeldes II erzielen zu können.

Das ifo-Kombilohnmodell entspricht demnach einem Armutslückenkonzept nach Friedman, das mit gemeinnütziger Arbeit (Workfare-Element, vgl. unten) kombiniert wird.

Die Autoren erwarten langfristig hohe Beschäftigungseffekte mit bis zu 3,2 Millionen zusätzlich Beschäftigter bei einer Lohnsenkung um 33 %. Fiskalisch sollen bis zu 21 Milliarden € (mittelfristig 7,7 Milliarden €) eingespart werden – vor allem durch die Kürzung des Arbeitslosengeldes II und durch zusätzliche Sozialversicherungseinnahmen über Mehrbeschäftigung.

Gegen das Ifo-Kombilohnmodell werden mehrere Kritikpunkte angeführt. Insbesondere muss seine Durchsetzbarkeit angezweifelt werden: Die starke Absenkung des Arbeitslosengeldes II von heute auf morgen gilt als politisch und gesellschaftlich nicht mehrheitsfähig und würde wohl in der deutschen Öffentlichkeit zu heftigen Debatten über soziale Gerechtigkeit führen. Die Auswirkungen einer Verminderung des Grundsicherungsniveaus im vorgeschlagenen Umfang auf das verfügbare Einkommen der Transferhaushalte wäre immens, eine Schätzung geht von einem Rückgang von 14,5 Milliarden € aus (Schneider und Bonin, 2006). Auch die notwendige Absenkung der Löhne um ein Drittel innerhalb kurzer Zeit erscheint tarifpolitisch nicht durchsetzbar.

Weiterhin wird befürchtet, dass die gemeinnützige Beschäftigung angesichts des unflexiblen Arbeitsmarktes in Deutschland eine sehr große Bedeutung erhalten dürfte – mit der Konsequenz eines fiskalisch sehr teuren zweiten Arbeitsmarktes und negativen Auswirkungen auf reguläre Beschäftigungsverhältnisse (Verdrängungseffekte). Dementsprechend sind die versprochenen hohen Beschäftigungsgewinne und fiskalischen Entlastungen zweifelhaft – auch, weil ihnen keine Mikrosimulation zugrunde liegt. Schneider und Bonin (2006) schätzen die Effekte auf Basis des mikroökonometrischen Arbeitsangebotsmodells des Sachverständigenrates (2006, vgl. unten). Sie ermitteln ein zusätzliches Beschäftigungspotenzial in Höhe von 908.000 Personen, aber nur um den Preis einer erheblichen Einkommensverschlechterung.

Die genannten Punkte tragen dazu bei, dass der Vorschlag in der aktuellen Debatte über Kombilöhne keine Rolle mehr spielt.

4.2 Das Kombilohnmodell des Sachverständigenrats

Ähnlich wie das ifo-Institut schlägt auch der Sachverständigenrat (2006) in seiner im Auftrag des Bundeswirtschaftsministeriums erstellten Expertise ein Kombilohnmodell vor, dass das Armutslückenkonzept mit der Pflicht zu gemeinnütziger Arbeit verbindet. Allerdings sind die Änderungen zum Status Quo hier weitaus weniger umfangreich, was einerseits zwar zu deutlich geringeren erwarteten Beschäftigungseffekten führt, andererseits aber die Durchsetzungschancen dieses Vorschlags im politischen Prozess erhöht.

Das Modell besteht aus drei Modulen:

- Modul 1: Bei den Hinzuverdienstmöglichkeiten zum Arbeitslosengeld II wird eine Geringfügigkeitsschwelle in Höhe von 200 € eingeführt, diese werden voll auf die Sozialleistung angerechnet (Transferentzugsrate von 100%). Die Aufnahme einer geringfügigen Beschäftigung bis 200 € (Minijob), bei der nach gegenwärtiger Regelung die ersten 100 € vollständig und von den darüber hinausgehenden Einkünften immerhin noch 20% beim ALG II-Empfänger verbleiben, wird dadurch unattraktiv.
- Modul 2: Der Regelsatz des ALG II für erwerbsfähige Transferempfänger (345 €) wird um 30% abgesenkt. Gleichzeitig steigt der Umfang, in dem Sozialleistungen aufgestockt werden können: die Transferentzugsrate sinkt für einen Hinzuverdienst zwischen 200 € und 800 € auf 50%. Bleibt die Stellensuche erfolglos, erhält ein Erwerbsloser durch Annahme von öffentlichen Arbeitsgelegenheiten Arbeitslosengeld II auf dem derzeitigen Niveau. Eine Beschäftigung auf dem ersten Arbeitsmarkt gewinnt dadurch an Attraktivität gegenüber der Nichterwerbstätigkeit.
- Modul 3: Die Grenze für geringfügig entlohnte Beschäftigungen (Minijobs), die nach § 8 I Nr.1 SGB IV von der Sozialversicherungspflicht befreit sind, sinkt von 400 € auf 200 €. Dafür erhalten die sozialversicherungspflichtigen Midijobs mehr Gewicht: die Arbeitnehmerbeiträge zur Sozialversicherung steigen innerhalb der ausgedehnten Gleitzone zwischen 200 € und 800 € von 0 auf ca. 21,5% (bisher: von 4% auf 21,5% zwischen 400 € und 800 €) an, dadurch sinkt in diesem Bereich die Abgabenbelastung. Durch diese Reform

der Mini- und Midijobs in Verbindung mit Modul 1 steigt die Wahrscheinlichkeit, dass Arbeitslose sozialversicherungspflichtige Beschäftigungsverhältnisse aufnehmen.

Bei vollständiger Umsetzung dieser Vorschläge rechnen die Autoren auf Grundlage eines mikroökonometrischen Arbeitsangebotsmodells mit einer langfristigen Beschäftigungszunahme in Höhe von ungefähr 350.000 Personen, was deutlich unter den erwarteten Effekten des ifo-Modells liegt. Die fiskalischen Wirkungen werden auf 7,6 Mrd. € geschätzt, vor allem durch Einsparungen beim Arbeitslosengeld II sowie durch steigende Sozialversicherungseinnahmen in Folge der Mehrbeschäftigung.

Ähnlich wie beim ifo-Modell sind auch bei diesem Vorschlag die Absenkung des Grundsicherungsniveaus, wenn auch in geringerem Umfang, und die damit einhergehenden zu erwartenden Probleme bei der Umsetzung ein wesentlicher Kritikpunkt. Die Vielzahl der (teils überzogenen) ablehnenden Äußerungen aus den Reihen der Politik bei der Vorstellung der Expertise verdeutlicht, dass ein solcher Schritt in weiten Teilen der Bevölkerung offenbar als unverhältnismäßiger Einschnitt in die Fürsorgepflicht des Staates empfunden wird und damit dem Gedanken der „sozialen Gerechtigkeit" zuwiderläuft. Dass im Rahmen dieses Modells faktisch kein arbeitswilliger Sozialleistungsbezieher im Vergleich zum Status Quo schlechter gestellt wird, und dass eine durch veränderte Anreizstrukturen induzierte Mehrbeschäftigung letztlich für mehr Gerechtigkeit im System der sozialen Sicherung sorgt, wird dabei meist nicht beachtet.

Darüber hinaus gibt das Modell des Sachverständigenrats noch in weiteren Punkten Anlass zu Kritik. Auch bei diesem Vorschlag müssen gerade auf kurze Sicht in hohem Umfang öffentliche Arbeitsgelegenheiten zur Verfügung gestellt werden, die Autoren selbst erwarten eine Verdoppelung des gegenwärtigen Bedarfs. Kurzfristig können daher auch höhere Belastungen für die öffentlichen Haushalte entstehen; nach Meinung der Autoren geht dieser Bedarf lang- und mittelfristig aber zurück, so dass es zu den genannten fiskalischen Entlastungen kommt. Werden Arbeitsgelegenheiten insgesamt oder in einzelnen Regionen nicht in ausreichendem Maße bereitgestellt, führt dies zu unterschiedlichen Voraussetzungen für den Bezug von Transferleistungen, was wiederum der Akzeptanz des Modells schaden würde.

Die erwarteten Beschäftigungsgewinne fallen im Vergleich zum ifo-Modell eher gering aus, selbst bei vorsichtiger Schätzung von dessen Effekten. Der Grund liegt vor allem in einem höheren Grundsicherungsniveau; würde die Absenkung des Politikparameters B im politischen Prozess aus genannten Gründen noch stärker abgemildert, wäre nur mehr ein minimaler Beschäftigungseffekt zu erwarten.

4.3 Lohnsubventionen an Arbeitgeber

4.3.1 Unbefristete Lohnsubventionen

Im Rahmen von Kombilohnmodellen werden Lohnsubventionen gezahlt an Arbeitnehmer, mit dem Ziel, Erwerbsanreize zu schaffen und sie zur Aufnahme eines regulären Beschäftigungsverhältnisses zu motivieren. Alternativ können Lohnsubventionen auch an der kürzeren Marktseite, der Arbeitsnachfrage, ansetzen. Diese Variante propagiert unter anderem der Nobelpreisträger für Wirtschaft des Jahres 2006, Edmund S. Phelps. Danach erhalten die Arbeitgeber für jeden neu eingestellten Niedriglohnempfänger eine staatliche Beihilfe (Phelps 1994); auf diese Weise werden die Arbeitskosten gesenkt, und damit der niedrigen Produktivität des Arbeitnehmers Rechnung getragen. Dies schafft Anreize für die Unternehmen zu erhöhter Arbeitsnachfrage und führt zu mehr Beschäftigung unter Geringqualifizierten und Langzeitarbeitslosen.

In Deutschland werden unbefristete Lohnsubventionen an die Arbeitgeber vertreten von den Ökonomen Schöb und Weimann (2006) - im Rahmen ihres Konzepts „Magdeburger Alternative". Weil zu wenig Stellen existieren, so die plausible Logik der Autoren, sollten die Arbeitskosten durch Abgabenentlastungen für die Unternehmer direkt gesenkt werden.

Der Vier-Punkte-Plan sieht erstens vor, einem Arbeitgeber die gesamten Sozialversicherungsbeiträge für einen neu eingestellten Hilfeempfänger zu erstatten, wenn der Lohn unter der Förderhöchstgrenze liegt.

Zweitens setzen sie gegen die erwarteten Drehtüreffekte (Entlassung von nicht subventionierten Arbeitnehmern zugunsten von geförderten Arbeitnehmern) eine Stichtagsregelung sowie eine doppelte Erstattung. Die Stichtagsregelung sieht vor, dass nur die Sozialabgaben der im Vergleich zu einem Stichtag zusätzlich in dieser Lohngruppe eingestellten Arbeitnehmer übernommen werden. Damit ist die Verdrängung von regulären Beschäftigten innerhalb eines Betriebes aufgrund der Subventionierung ausgeschlossen. Die doppelte Erstattung sieht vor, dass bei Einstellung eines Hilfeempfängers dem Unternehmen nicht nur die Beiträge für diesen Beschäftigten erstattet werden, sondern darüber hinaus auch für einen bereits vor dem Stichtag beschäftigten Arbeitnehmer.

Drittens ist eine so genannte Hartz IV Plus-Regelung beabsichtigt: Lehnt ein arbeitsfähiger Hilfeempfänger eine zumutbare Arbeit ab, so verliert er den Anspruch auf Hilfeleistung. Viertens gilt die Förderung ohne Befristung, so lange der Beschäftigte die unterste Lohngruppe nicht verlässt.

Die Autoren erwarten von ihrem Reformvorschlag langfristig bis zu 1,8 Millionen zusätzlich Beschäftigte, auch wenn ein Mindestlohn eingeführt wird. Fiskalisch sollen 3-6 Milliarden € eingespart werden – je nach Annahmen über die zu erwartenden Verdrängungseffekte.

Üblicherweise werden als Argumente gegen Zuschüsse an Arbeitgeber der mögliche Missbrauch in Form von Mitnahme- und Drehtüreffekten angeführt. Letztere scheinen durch die oben genannten Regelungen erschwert zu werden; allerdings erhöhen diese Bestimmungen auch den administrativen Aufwand, der mit der Gewährung von Beihilfen und der Überprüfung der Förderungsvoraussetzungen verbunden ist (Sachverständigenrat, 2006). Zudem könnte die Stichtagsregelung durch die Neugründung von Firmen umgangen werden (Sinn et al., 2006); diese könnten dann für die gesamte Belegschaft Lohnsubventionen erhalten, was ihnen Wettbewerbsvorteile verschafft. Mitnahmeeffekte, d. h. wenn Arbeitgeber Beihilfen für Arbeitnehmer erhalten, die sie auch ohne Subventionierung eingestellt hätten, lassen sich ohnehin schwer vermeiden.

Anders als Kombilohnmodelle haben Lohnsubventionen an die Arbeitgeber zudem keinen Einfluss auf das Verhalten des Arbeitsangebots; haben die Sozialleistungsempfänger kein Interesse an der Aufnahme einer Stelle auf dem ersten Arbeitsmarkt, sind Beschäftigungseffekte fraglich. Sanktionen bei Ablehnung eines Jobangebots, wie sie das Konzept vorsieht, setzen ausreichende Kontrollen und damit einen erhöhten Aufwand seitens der Arbeitsverwaltung voraus. Auf Arbeitgeberseite kann es durch die Förderung zu Fehlanreizen kommen: da die Beihilfe bei Übergang in eine höhere Lohngruppe entfällt, erschwert dies den Aufstieg des Arbeitnehmers innerhalb des Unternehmens.

Darüber hinaus sind bei dieser Variante insbesondere zwei weitere Einwände von Bedeutung. Erstens: Da die staatlich festgelegte Förderhöchstgrenze de facto an die Lohnuntergrenze gekoppelt ist, bestehen Anreize der Tarifpartner, die unteren Lohngruppen – wie bereits in der Vergangenheit – anzuheben. Weiterhin bestehen Anreize, einen hohen Mindestlohn einzuführen – auch weil die Protagonisten des Vorschlags, die Vereinbarkeit mit hohen Tarifabschlüssen und Mindestlöhnen als großen Vorteil ihres Modells darstellen. Damit entsteht in einer dynamischen Betrachtung eine Quelle zusätzlicher fiskalischer Belastung, weil die Fördersummen steigen müssen. Zweitens wird letztlich der gesamte Niedriglohnsektor – unabhängig von der Bedürftigkeit der Menschen – subventioniert. Hier stellt sich die Frage, ob staatliche Mittel wirklich dazu verwendet werden sollen, z.B. die zu Niedriglöhnen arbeitenden Kinder und Partner in wohlhabenden Familien zu subventionieren.

4.3.2 Befristete Lohnsubventionen - Der Vorschlag des IfW

Im Gegensatz zur Magdeburger Alternative schlägt eine Ökonomengruppe des Instituts für Weltwirtschaft in Kiel Lohnsubventionen an die Arbeitgeber für Neueinstellungen (Beschäftigungs- oder Einstellungsgutscheine) vor, die nicht unbefristet, sondern nur für einen bestimmten Zeitraum gezahlt werden. Als Kriterium bei der Auswahl der Zielgruppe halten sie die Dauer der Arbeitslosigkeit für wirkungsvoller als die Qualifikation eines Erwerbslosen. Neben dem Beschäftigungseffekt betrachten die Autoren auch die Wirkung einer solchen Maßnahme auf die Einkommensverteilung und den Staatshaushalt.

Es werden mehrere mögliche Varianten des Einstellungsgutscheins diskutiert, mit unterschiedlichen Zielgruppen und Finanzierungsaufwand:

Lohnsubventionen für Langzeitarbeitslose in Höhe von 17% der Arbeitskosten für gering qualifizierte und 8% bei mittlerer Qualifikation wären auf lange Sicht selbstfinanzierend und würden ca. 120.000 Stellen schaffen (Verminderung der Arbeitslosigkeit um 3%). Der Gini-Koeffizient als Maß für die Einkommensungleichheit würde um 0,5% sinken.

Würden in diesem Fall zusätzliche 2 Mrd. € aufgewendet, könnten bis zu 400.000 Stellen entstehen, die Arbeitslosigkeit würde um 10% sinken, der Gini-Koeffizient um 1,6%.

Bei Zuschnitt der Einstellungsgutscheine auf gering qualifizierte Arbeitslose wären die erwarteten Effekte unter einem 2 Mrd. Programm geringer: die Arbeitslosigkeit würde sich nur noch um 7% verringern, der Gini-Koeffizient um 0,8%.

Nach Ansicht der Autoren ist unabhängig von der Wahl der Zielgruppe beim Einstellungsgutschein mit deutlich höheren Beschäftigungseffekten im Vergleich zu einem Kombilohnmodell zu rechnen; die Einkommensungleichheit nimmt zumindest bei Fokussierung auf die Langzeitarbeitslosen stärker ab. Zudem bleibt im Rahmen dieses Konzepts die Arbeitslosenunterstützung unangetastet, was die Realisierungschancen im politischen Prozess erhöht.

Eine befristete Förderung bietet ebenfalls Möglichkeiten zum Missbrauch: zusätzlich zu den oben erwähnten Mitnahme- und Drehtüreffekten könnten die Unternehmen einen Anreiz haben, einen subventionierten Beschäftigten nach Ablauf des Förderungszeitraums wieder zu entlassen. Eine solche Variante des Drehtüreffekts sehen die Autoren nicht als bedeutendes Problem an, nach ihrer Argumentation steigt im Laufe Beschäftigungsverhältnis die Produktivität eines vormaligen Langzeitarbeitslosen an, was die Wahrscheinlichkeit einer Entlassung vermindert; und selbst bei erneutem Eintritt in die Arbeitslosigkeit hätte ein dann Kurzzeitarbeitsloser deutlich höhere Wiedereinstellungschancen als vor der geförderten Beschäftigung. Mitnahmeeffekte aufgrund nicht förderungsinduzierter Einstellungen dürften sich allerdings auch hier schwer vermeiden lassen.

4.4 Der Vorschlag von Bofinger/Walwei

Das im Auftrag des sächsischen Wirtschaftsministeriums erstelltes Gutachten von einer Autorengruppe um den Würzburger Ökonomen Peter Bofinger stellt ein weiteres Kombilohnmodell dar; obwohl Mitglied des Sachverständigenrates trug er dessen Expertise (vgl. oben) nicht mit, sondern legte einen eigenen Maßnahmenkatalog vor (Bofinger et al., 2006).

Im Zentrum stehen dabei drei „Kernelemente":

Das derzeitige Niveau des Arbeitslosengeldes II wird beibehalten, allerdings werden der befristete Zuschlag bei Übergang vom Arbeitslosengeld I zur Grundsicherung gestrichen, und die Hinzuverdienstmöglichkeiten modifiziert.

Jedem Erwerbstätigen wird ein abgabenbefreites Grundeinkommen gewährt: bis zu einem Bruttoerwerbseinkommen von 750 € wird der Arbeitnehmerbeitrag zur Sozialversicherung vom Staat getragen, der Erwerbstätige erhält eine Steuergutschrift (Negative Einkommenssteuer). Übersteigen die Einkünfte dieses Grundeinkommen, wird der Zuschuss in einer Gleitzone wieder abgeschmolzen.

Auf Subventionen für atypische Beschäftigungsverhältnisse (z. B. kurzfristige Beschäftigung, Studentenjobs) wird verzichtet.

Dazu kommen neun weitere komplementäre Elemente, darunter

die Absenkung von Einstiegstarifen für Langzeitarbeitslose;

befristete Lohnsubventionen im Niedriglohnbereich;

die Einführung eines niedrigen gesetzlichen Mindestlohns;

die Etablierung haushaltsnaher Dienstleistungsagenturen;

die Ausweitung so genannter „Schnupperbeschäftigung" (unentgeltliche Praktika);

eine aktive Unterstützung der Arbeitssuchenden durch die Bedarfsträger des SGB II;

eine verstärkte Eigeninitiative von Hilfeempfängern bei der Jobsuche;

eine möglichst frühe Betreuung von Arbeitslosengeld I-Beziehern, die ein hohes Risiko aufweisen, langzeitarbeitslos zu werden;

sowie der befristete Einsatz sozialpolitisch motivierter Beschäftigungsformen für arbeitsmarktferne Hilfeempfänger.

Kritisch zu beurteilen sind vor allem die ersten beiden Elemente – insbesondere, weil an dieser Stelle Mikrosimulationen fehlen, um die Beschäftigungseffekte und die fiskalischen Wirkungen zu quantifizieren. Nicht nur deshalb ist zweifelhaft, ob diese Bausteine zu positiven Effekten führen. Bei der Modifikation der Hinzuverdienstmöglichkeiten (Element 1) wird die Analyse erschwert, da hier zwei alternative Möglichkeiten genannt werden, ohne eine eindeutige Wahl zu treffen. Bonin et al. (2007) legen eine Mikrosimulation zu diesem Vorschlag vor. Sie kommen zu dem Ergebnis, dass das Konzept 3,7 Milliarden € kostet, jedoch nur 21.000 zusätzliche Vollzeitjobs bringt. Aufgrund massiver Mitnahmeeffekte kostet jeder auf diese Weise zusätzlich entstehende Job den Staat rund 175.000 €.

Das zweite Element schlägt einen Freibetrag bei den Sozialabgaben vor; da dieser allerdings jedem sozialversicherungspflichtig Beschäftigten gewährt wird, ist mit erheblichen Einnahmeausfällen zu rechnen. Schon für einen ähnlichen Vorschlag des Deutschen Gewerkschaftsbundes, allerdings mit einem deutlich geringeren Freibetrag, wurden hohe fiskalische Belastungen geschätzt (Sachverständigenrat, 2005; Schneider und Bonin, 2005). Im Falle einer Gegenfinanzierung über höhere (Konsum-)Steuern sind positive Beschäftigungseffekte fraglich, da mit einem Rückgang des Arbeitsangebots zu rechnen ist (Schneider und Bonin, 2005).

4.5 Workfare

Das so genannte Workfare-Modell dreht die Logik des Sozialstaates um: Statt eines Anspruchs auf Hilfe besteht ein Anspruch auf Arbeit. Das Workfare-Modell sieht vor, dass Erwerbsfähige als Gegenleistung für Grundsicherungsleistungen ganztags arbeiten müssen. Auf diese Weise wird Sozialleistungsempfängern, notfalls durch gemeinnützige Arbeitsangebote, Freizeit entzogen; der Bezug von Grundsicherungsleistungen verliert so deutlich an Attraktivität. Als Konsequenz wird erhofft, dass Hilfeempfänger sich auf die Suche nach (niedrigentlohnten) Stellen begeben, die bei gleichem Zeiteinsatz höher entlohnt werden als Tätigkeiten in Workfare. Wer allerdings die Gegenleistung in Form von Arbeit verweigert, verliert den Anspruch auf Grundsicherung; Workfare, Welfare-to-Work und aktivierende Sozialhilfe werden im Folgenden synonym benutzt.

Ein großer Vorteil von Workfare ist es, dass das Lohnspektrum unmittelbar oberhalb der Grundsicherung für Hilfeempfänger finanziell interessant wird: Selbst eine geringe Differenz zwischen einem Einkommen aus regulärer Beschäftigung und dem Niveau der Sozialleistungen schafft nun einen Anreiz zur Aufnahme einer Erwerbstätigkeit. Weiterhin stellt Workfare einen wirksamen Beitrag zur Bekämpfung der Schwarzarbeit dar – es bleibt schlicht keine Zeit mehr für Schwarzarbeit. Schließlich kann bei der Einführung eines Workfare-Modells, das gegenwärtige Niveau der Grundsicherung unangetastet bleiben.

Internationale Erfahrungen mit Workfare

Diese radikale Umstellung des Wohlfahrtssystems wurde in den USA im Jahre 1996 während der Präsidentschaft Clinton durchgeführt. Damit konnte in einer Zeit des konjunkturellen Aufschwungs die Zahl der Sozialhilfeempfänger stark reduziert werden. Einen gelungenen Überblick zur empirischen Evidenz von Workfare-Programmen bieten Grogger/Karoly (2005). Es zeigt sich in nahezu allen Analysen, dass die Einforderung der Arbeitspflicht einen positiven Effekt auf den Beschäftigungsstatus der Programmteilnehmer (zu einem festgelegten Zeitpunkt nach dem Bezug von Unterstützungszahlungen) hat. Weiterhin deuten die ausgewerteten Studien darauf hin, dass die Anwendung von Workfare auch einen positiven Einfluss auf die Löhne der Unterstützungsempfänger *nach* der Teilnahme an dem Arbeitsmarktprogramm hat.

In Großbritannien wurde 1998 der „New Deal for Young People" eingeführt. Teilnehmer können zwischen vier Optionen wählen, wenn sie nach viermonatiger Suche noch keine Arbeitsstelle gefunden haben. Diese Optionen umfassen eine staatlich subventionierte Vollzeitbeschäftigung in der privaten Wirtschaft, eine Ausbildungs- oder Trainingsmaßnahme auf Vollzeitbasis, ein Praktikum im freiwilligen Sektor oder einer Beschäftigung in der „Environmental Task Force". Laut Dorsett (2006), der die Wirkungen der optionalen Maßnahmen getrennt evaluiert, ist eine subventionierte Vollzeitbeschäftigung in der Privatwirtschaft die effektivste Möglichkeit, den Wiedereinstieg der Teilnehmer in den regulären Arbeitsmarkt zu forcieren.

Workfare ist nicht gleich Workfare

Grundsätzlich lassen sich zwei Typen von Workfare-Programmen unterscheiden: Work first-Programme betonen die Arbeitserfahrung im privaten Arbeitsmarkt, Human Capital-Programme stellen Qualifizierungsmaßnahmen in den Mittelpunkt.

Bloom et al. (2003) untersuchen, wie sich verschiedene Aspekte der Implementierung eines Arbeitsmarktprogramms auf die Effektivität des Programms auswirken. Danach wirkt sich ein klarer Fokus auf die schnelle Aufnahme einer neuen Beschäftigung positiv auf den Erfolg eines Arbeitsmarktprogramms aus. Ausbildungsmaßnahmen zeichnen sich hingegen durch kurzfristig negative Effekte auf den Erfolg eines Programms aus. Greenberg et al. (2004) kommen auf der Basis einer Meta-Analyse zu 64 Welfare-to-Work Programmen in den USA zu dem Ergebnis, dass Work first-Programme die Einkommen der Teilnehmer im Vergleich zu Humankapitalprogrammen um das Zweieinhalbfache innerhalb von sechs Jahren nach der Teilnahme erhöhen. Ochel (2005) fasst eine Vielzahl empirischer Studien zur Wirkung von Workfare-Progammen in den USA, Großbritannien, Dänemark, den Niederlanden und Deutschland zusammen. Die Ergebnisse bestätigen das Bild, dass Work first-Programme am effektivsten sind.

King/Mueser (2005) betonen, dass Beschäftigungsverhältnisse, die als Folge von Arbeitsmarktprogrammen an vormals Arbeitslose vermittelt wurden, instabiler sind und schlechter bezahlt werden als gewöhnliche Beschäftigungsverhältnisse in derselben Branche. Die Autoren bezweifeln weiterhin, dass sich gezielte Investitionen in das Humankapital der Arbeitslosen positiv auf Stabilität und Entlohnung der später eingegangenen Beschäftigungsverhältnisse auswirken könnten. Sie begründen dies damit, dass die Effizienz derartiger Ausbildungs- und Trainingsmaßnahmen bisher noch nicht überzeugend empirisch belegt werden konnte. Laut einer von den Autoren selbst durchgeführten empirischen Analyse wird der Erfolg bzw. das Scheitern der Programmteilnehmer auf dem Arbeitsmarkt hauptsächlich durch „stabile und im Großen und Ganzen unveränderbare persönliche Charakteristiken" (King/Mueser 2005: 168) bedingt.

Deutsche Erfahrungen mit Workfare

Die Erfahrung mit Workfare-Elementen in Deutschland deuten auf eine hohe Wirksamkeit hin. Feist (2000) dokumentiert die Erfahrungen mit dem „Betrieb für Beschäftigungsförderung" in der Stadt Leipzig, der seit 1994 Bewerber um Sozialhilfe konsequent zur Arbeitsleistung anhielt. Es zeigt sich, dass die Zahl der Sozialhilfeempfänger innerhalb kurzer Zeit deutlich reduziert werden konnte. Doch fiskalisch war der Betrieb ein Zuschussgeschäft. Nur etwa die Hälfte der Kosten konnten durch die wegfallenden Hilfeempfänger eingepart werden. Pohnke (2001) berechnet im Rahmen einer Kosten-Nutzen-Analyse der Freiburger Kommunalen Leitstelle für Arbeit einen Grenzwert, ab dem sich ein Workfare-Programm für Kommunen rechnet. Sobald eine Wertschöpfung von (damals) 3,50 DM überschritten wird, rechnen sich gemeinnützige Arbeitsgelegenheiten aus kommunaler Sicht.

Das frühere Bundessozialhilfegesetz und das jetzige SGB II in Deutschland enthalten im Prinzip Workfare-Elemente enthalten; diese kommen jedoch wegen Vollzugsdefiziten kaum zum Tragen. So existiert zwar rechtlich eine Arbeitspflicht - sie wird jedoch selten eingefordert, weil die Job-Center wegen personeller Unterbesetzung und organisatorischer Schwierigkeiten weiterhin nicht reibungslos funktionieren. Auch die Kürzung des Transferanspruchs bei Arbeitsverweigerung ist möglich - jedoch nur im Einzelfall, was für die Fallbetreuer zeitlich sehr aufwändig ist. Dies könnte sich in den folgenden Jahren ändern, weil mit dem Fortentwicklungsgesetz 2007 ein automatischer Kürzungsmechanismus implementiert wurde.

Für Deutschland berechneten Bonin und Schneider (2006) vom Institut zur Zukunft der Arbeit auf Grundlage eines Mikrosimulationsmodells, dass die Implementierung des IZA-Workfare-Modells in Deutschland zu einem Anstieg der Beschäftigung am regulären Arbeitsmarkt in Höhe von mehr als 800.000 Personen führt. Fiskalisch könnte dieses Workfare-Modell Einsparungen in Höhe von über 30 Mrd. € erbringen. Das Workfare-Modell des Bundeswirtschaftsministeriums (BMWi) bringt nach Bonin und Schneider (2007) sogar bis zu 1,4 Millionen Menschen in Beschäftigung – bei Einsparungen bis zu 25 Milliarden €. Das BMWi-Modell kombiniert – wie das Mannheimer Grundsicherungsmodell von Genz/Spermann (2007) – Kombilohn- und Workfare Elemente.

Nachteile von Workfare

Die Nachteile von Workfare liegen in einem unflexiblen Arbeitsmarkt insbesondere darin, dass in großem Umfang gemeinnützige Beschäftigungsverhältnisse bereitgestellt werden müssen. Diese Arbeitsgelegenheiten müssen zumindest teilweise dauerhaft angelegt sein, insbesondere für Geringqualifizierte, deren Marktlohn bei Vollzeittätigkeit auf dem regulären Arbeitsmarkt unterhalb des Grundsicherungsniveaus liegt. Die Finanzierung dieser Arbeitsgelegenheiten könnte fiskalisch schwierig sein. Außerdem sind Verdrängungseffekte zu erwarten.

Die Verdrängung bestehender Arbeitsplätze durch gemeinnützig Beschäftigte ist durch anekdotische Evidenz belegt, die vorliegende empirische Evidenz (vgl. Hohendanner 2007) ist jedoch noch wenig überzeugend. Ob die Dimension der Verdrängungseffekte bedenklich ist, hängt vom Umfang des gemeinnützigen Sektors ab. Die Wahrscheinlichkeit von Verdrängungseffekten dürfte zunehmen, je höher der Anteil an gemeinnützige Beschäftigungsverhältnisse an allen Arbeitsverhältnissen in lokalen Arbeitsmärkten ausfällt.

Bestehende Arbeitsgelegenheiten, z. B. Ein-Euro-Jobs, haben eher freiwilligen Charakter, nicht zuletzt, da sie durch Aufnahme einer subventionierten Teilzeitbeschäftigung (Aufstocker) vermieden werden können. Werden gemeinnützige Tätigkeiten als Freude und nicht als Arbeitsleid bzw. Freizeitentzug, dann entfällt der zentrale Wirkungsmechanismus des Workfare-Systems (vgl. Koch/Walwei 2005).

Ein weiteres Problem hinsichtlich der Wirksamkeit von Workfare folgt aus der Grundsicherung für Erwerbsunfähige. Hier kann eine Arbeitspflicht nicht eingefordert werden, es muss bedingungslos Sozialhilfe gewährt werden. Transferempfänger haben daher einen verstärkten Anreiz, Erwerbsunfähigkeit zu deklarieren und so der Arbeitspflicht zu entgehen. Der Anreiz ist umso höher, je geringer der Einkommensabstand zwischen der Grundsicherung für Erwerbsfähige und Erwerbsunfähige ist. Auf diese Weise entsteht eine Ausweichmöglichkeit, mittels derer die Anreizstrukturen von Workfare unterlaufen werden können.

Eine aktuelle Studie von Autor und Duggan (2006) zum drastischen Anstieg der Erwerbsunfähigkeit in den USA verdeutlicht die Dimension des Problems. Zwischen 1985 und 2006 erhöhte sich der Anteil erwerbsunfähiger Personen dort von 2,2 auf 4,1 Prozent. Laut der Studie kann dieser Anstieg nur zu einem kleinen Teil durch Faktoren wie die Altersstruktur oder den Gesundheitszustand der Arbeitnehmer erklärt werden. Eine weitaus wichtigere Rolle spielen in diesem Zusammenhang veränderte institutionelle Rahmenbedingungen. So wurde die offizielle Feststellung der Erwerbsunfähigkeit durch Reformen im Jahr 1984 liberaler gestaltet; desweiteren stieg die Höhe der Sozialleistungen (relativ zum Lohnniveau) an. Wenn institutionelle Rahmenbedingungen eine entscheidende Determinante der Erwerbsunfähigkeitszahlen sind, ist zu erwarten, dass auch der Ausbau des Workfare-Systems bedeutende (Fehl-) Anreize zur Deklarierung von Erwerbsunfähigkeit setzen würde.

4.6 Gradualismus statt Schnellschuss

4.6.1 Das Vier-Komponenten-Modell

Ziel des Konzepts von Spermann (2006) ist eine behutsame und verfassungsgemäße Weiterentwicklung der bestehenden Instrumente Arbeitslosengeld II und Einstiegsgeld nach § 29 SGB II zu einem Kombilohn für zukünftige bedürftige Langzeitarbeitslose. Es unterscheidet sich von den bereits betrachteten Kombilohnmodellen (ifo, Sachverständigenrat) vor allem darin, dass die Absenkung des Arbeitslosengeldes II für Hilfeempfänger nicht auf einmal erfolgt, sondern der Politikparameter B mit fortdauernder Arbeitslosigkeit schrittweise reduziert wird (gradualism strategy); Lohnsubventionen werden befristet als Einstiegsgeld gezahlt. Darüber hinaus bezieht dieser Vorschlag in die Reform der Grundsicherung auch das Arbeitslosengeld I mit ein.

Im Einzelnen besteht das Vier-Komponenten-Modell aus

- einem zeitlich degressiven Arbeitslosengeld I, das 12 Monate lang bezahlt wird (Versicherungskomponente);
- einem zeitlich befristeten Einkommenszuschuss bis zur Höhe der Armutsgrenze (Einstiegsgeld-Komponente);
- einem zeitlich unbefristeten Arbeitslosengeld II in Höhe des physischen Existenzminimums (Armutslückenkonzept-Komponente);
- aus gemeinnütziger oder ehrenamtlicher Tätigkeit als Auffangbecken (Workfare-Komponente).

Im Ergebnis kommt es freilich auch bei diesem Konzept zu einer (wenn auch verzögerten) Absenkung des Grundsicherungsniveaus – mit entsprechenden Folgen für die Realisierungschancen im politischen Prozess.

4.6.2 Das Mannheimer Grundsicherungsmodell

Ausgehend von der Erkenntnis, dass ein Armutslückenkonzept mit einer verminderten Grundsicherung in der deutschen Politik momentan nicht konsensfähig ist, verzichtet das Konzept von Genz und Spermann (2006) auf eine Absenkung des Arbeitslosengeldes II. Um dennoch für Langzeitarbeitslose Anreize zur Aufnahme von Erwerbstätigkeit zu schaffen, schlagen sie einen Reformentwurf vor, der sich aus 10 Bausteinen zusammensetzt. Im Mittelpunkt stehen dabei vor allem die folgenden Module:

Durchsetzung der Arbeitspflicht: Um Mitnahmeeffekte (Bezug von Sozialleistungen durch Nicht-Bedürftige) zu vermeiden und Anreizwirkungen zu entfalten soll das Vollzugsdefizit bei der Einforderung der Arbeitspflicht beseitigt werden, u. a. durch gesetzlich festgelegte Sanktionen (Fortentwicklungsgesetz 2007) und die Prüfung der Arbeitsbereitschaft durch gemeinnützige Beschäftigung.

Dauerhafte Verpflichtung zu gemeinnütziger Arbeit als Gegenleistung für den Bezug von Sozialleistungen (Workfare): Neben öffentlichen Arbeitsgelegenheiten in Verwaltung und Wohlfahrtspflege zählen dazu auch ehrenamtliche Tätigkeiten, solange sie dem Gemeinwohl dienen. Allerdings dürfen solche Beschäftigungen nicht als lohnenswerte Alternative zu Jobs auf dem regulären Arbeitsmarkt betrachtet werden (kein dritter Arbeitsmarkt), auf Aufwandsentschädigungen sollte daher verzichtet werden.

Festlegung einer zumutbaren Wochenarbeitszeit durch den Fallbetreuer (Stundenregel): Bestehen keine Erziehungs- oder Pflegeaufgaben, sollte dabei ein Gesamtumfang von 40 Stunden (Vollzeittätigkeit) für alle Tätigkeiten (reguläre Erwerbstätigkeit, gemeinnützige Arbeit, Qualifizierung) angesetzt werden; bei Unterschreitung kommt es zu einer Kürzung der Sozialleistung.

Damit diese Elemente wirksam umgesetzt werden können, ist nach Ansicht der Autoren eine intensive Beratung durch die Arbeitsverwaltung notwendig. Die übrigen Module beinhalten die Qualifizierungspflicht für junge Menschen, eine konsequente Durchführung von Bedürftigkeitsprüfungen, zeitlich befristete Lohnsubventionen in Form eines Einstiegsgeld bis zur Armutsgrenze für Hilfeempfänger und in Form von Einstellungsgutscheinen für Arbeitgeber sowie eine unattraktivere Ausgestaltung der Sozialhilfe für arbeitunwillige Erwerbsfähige, beispielsweise durch eine geringere Erstattung der Unterkunftskosten. Darüber hinaus soll die Nachfrage nach Arbeitskräften, z. B. eine Abgabensenkung im Niedriglohnbereich, gestärkt werden.

Die Autoren erwarten, auch auf Grundlage praktischer Erfahrungen, bei einer Umsetzung dieser Vorschläge erhebliche positive Wirkungen auf die Beschäftigung. Auch fiskalisch Einsparungen sind bei einer sachgerechten Implementation zu erwarten; sie verzichten allerdings darauf, die Effekte zu quantifizieren.

Dennoch bietet auch dieses Modell Anlass zur Kritik. Wie bei allen Reformvorschlägen mit Workfare-Komponenten sind öffentliche Arbeitsgelegenheiten ein entscheidendes Element; je mehr aber davon bereitgestellt werden müssen, um so höher ist die fiskalische Belastung. Dies ist vor allem dann problematisch, wenn die Arbeitsnachfrage auf dem regulären Arbeitsmarkt zu gering ist. Durch die Anerkennung ehrenamtlicher Tätigkeiten als gemeinnützige Beschäftigung dürften diese Kosten im Vergleich zu anderen Workfare-Konzepten allerdings geringer ausfallen.

Ein weiterer wichtiger Baustein im Rahmen dieses Modells, gerade um die Ausgaben für Sozialleistungen zu begrenzen, sind Sanktionen in Form von Leistungskürzungen bei anhaltender Arbeitsverweigerung. Fraglich ist jedoch, ob die Möglichkeiten zur

Sanktionierung von arbeitsunwilligen Erwerbsfähigen, wie sie z. B. das Fortentwicklungsgesetz ab 2007 vorsieht, umfassend genug sind, um Anreize zur Aufnahme einer regulären Beschäftigung zu schaffen; das Vollzugsdefizit bei der Durchsetzung der Arbeitspflicht würde so bestehen bleiben.

5 Fazit und Ausblick

Die Diskussion der Reformvorschläge in der deutschen Kombilohndiskussion hat gezeigt, dass hohe Beschäftigungseffekte und fiskalische Einsparungen im Wesentlichen durch die Absenkung des Grundsicherungsniveaus zu erwarten sind. Mikrosimulationsstudien zeigen – wenig überraschend -, dass die Beschäftigung um so mehr zunimmt und der Staat um so mehr einspart, je höher die Absenkung des Grundsicherungsniveaus ausfällt. Will man jedoch zusätzliche finanzielle Anreize in ein System mit hohem Grundsicherungsniveau einführen, dann sind sehr hohe fiskalische Belastungen in der Einführungsphase zu erwarten. Es ist schwer vorstellbar, dass die hohen Einführungskosten durch zusätzliche Beschäftigung und den damit verbundenen staatlichen Einnahmen überkompensiert werden können.

Schwierig wird die Kombilohndiskussion erst dann, wenn man Reformen ohne Absenkung des Grundsicherungsniveaus umsetzen will. Dabei lassen sich grundsätzlich zwei Wege beschreiten. Entweder wird die Arbeitspflicht der Hilfeempfänger massiv eingefordert wird. Im Extremfall wird auf alle Kombilohnelemente verzichtet und ausschließlich gemeinnützige Beschäftigung als Gegenleistung eingefordert (Workfare). Oder es werden Lohnsubventionen an Arbeitgeber gezahlt, wodurch de facto bestehende tarifliche Vereinbarungen kostenmäßig unterboten werden können, so dass die Beschäftigung steigen kann.

Aber auch diese beiden Wege sind nicht unproblematisch. So ist bei einem reinen Workfare-Konzept, das in einen unflexiblen Arbeitsmarkt eingeführt wird, zu befürchten, dass hohe fiskalische Lasten durch einen dauerhaften und umfangreichen gemeinnützigen Sektor entstehen. Weiterhin ist ein Sog in Richtung Erwerbsunfähigkeit zu erwarten, wenn die Hilfeleistungen bei Erwerbsunfähigkeit nicht deutlich unter der bei Erwerbsfähigkeit liegen. Dagegen sind bei ausschließlicher Fokussierung auf die Senkung der Arbeitskosten der Unternehmen durch Lohnsubventionen zu befürchten, dass Mitnahme- und Verdrängungseffekte eine zunehmende Rolle spielen – und letztlich ein erheblicher Teil der Stellen im Niedriglohnbereich dauerhaft subventioniert werden muss.

Trotz aller Schwierigkeiten: Die Reform der Grundsicherung muss angesichts der aufgezeigten Fallen in Angriff genommen werden. Viel versprechend könnte eine Kombination von positiv evaluierten Workfare-, Kombilohn- und Lohnsubventionselementen sein, wobei sich deren Wirkungen durch Ausnutzen von Komplementaritäten sogar noch verstärken ließen. Einschränkend ist zu vermerken, dass die existierenden Evaluationsverfahren, stets nur einen Teil der zu erwartenden Wirkungen abschätzen können – der Politik bleibt eine Restunsicherheit nicht erspart.

Die große Koalition hat sich im Jahre 2007 nicht an eine grundlegende Reform der Grundsicherung in Richtung Workfare und Kombilohn gewagt. Statt dessen werden bereits existierende zeitlich befristete Lohnkostenzuschüsse an Arbeitgeber (Eingliederungszuschüsse) speziell für die Einstellung junger Arbeitsloser unter der Bezeichnung Kombilohn eingeführt. Auch wird die Bereitstellung von bis zu 100.000 Arbeitsplätzen für Langzeitarbeitslose mit Vermittlungshemmnissen im gemeinnützigen Bereich unter dem Stichwort Kombilohn diskutiert – auch wenn es sich hierbei definitiv um kein Kombilohnkonzept handelt. So ist zukünftig – noch mehr als bisher – darauf zu achten, welches Konzept sich hinter dem Begriff Kombilohn verbirgt.

6 Literaturverzeichnis

Ammermüller, A., B. Boockmann, M. Maier u. T. Zwick (2007): Do Hiring Subsidies reduce Unemployment among the Elderly? Evidence from two natural experiments, ZEW Discussion Paper No. 07-001, Mannheim.

Arntz, M. u. M. Feil u. A. Spermann (2003): Die Arbeitsangebotseffekte der neuen Mini- und Midijobs – eine ex-ante Evaluation, Mitteilungen aus der Arbeitsmarkt- und Berufsforschung, 36, 271-290.

Autor, D. u. M.G. Duggan (2006): The Growth in the Social Security Disability Rolls: A Fiscal Crisis Unfolding, Journal of Economic Perspectives, Summer2006, Vol. 20 Issue 3, S. 71-96.

Bloom, H.S. u. C.J. Hill u. J.A. Riccio (2003): Linking Program Implementation and Effectiveness: Lessons from a Pooled Sample of Welfare-to-Work Experiments, Journal of Policy Analysis & Management, Vol. 22 Issue 4, S. 551-575.

Boeters, S., R. Schnabel und N. Gürtzgen (2003): Reforming Social Welfare in Germany – An Applied General Equilibrium Analysis, ZEW Discussion Paper No. 03-70, Mannheim.

Bonin, H. u. H. Schneider (2006): Workfare: Eine wirksame Alternative zum Kombilohn, Wirtschaftsdienst, 86 (10), 645-650.

Bonin, H. u. H. Schneider (2007): Untersuchung der beschäftigungs- und finanzpolitischen Auswirkungen eines Konzepts für existenzsichernde Beschäftigung des Bundesministeriums für Wirtschaft, Kurzexpertise für das Bundesministerium für Wirtschaft, Bonn.

Bonin, H. u. U. Rinne u. H. Schneider (2007): Untersuchung der beschäftigungs- und finanzpolitischen Auswirkungen des Bofinger/Walwei-Konzepts zur Neuordnung des Niedriglohnbereichs, IZA Research Report No. 11, Bonn.

Brenke, K. (2006): Wachsender Niedriglohnsektor in Deutschland – sind Mindestlöhne sinnvoll?, Wochenbericht des DIW Berlin, Nr. 15-16, 197-205.

Bundesagentur für Arbeit (2005): Der Arbeits- und Ausbildungsmarkt in Deutschland, Monatsbericht Dezember und Jahr 2005, Nürnberg.

Bundesagentur für Arbeit (2006a): Der Arbeits- und Ausbildungsmarkt in Deutschland, Monatsbericht März, Nürnberg.

Bundesagentur für Arbeit (2006b): Grundsicherung für Arbeitsuchende, Jahresbericht 2005, Nürnberg.

Bundesagentur für Arbeit (2006c): Grundsicherung für Arbeitsuchende, Anrechenbare Einkommen und Erwerbstätigkeit, März, Nürnberg.

Bundesministerium für Wirtschaft und Arbeit (BMWA) (2005): Erschließung des Beschäftigungspotenzials im Niedriglohnsektor. Ein österreichisches Modell des Kombilohns und der Eingliederungsbeihilfe, 11.8.2005, Wien.

Bundesregierung der Bundesrepublik Deutschland (2005): Lebenslagen in Deutschland, Der 2. Armuts- und Reichtumsbericht der Bundesregierung, Berlin.

Burtless, G. (1986): The Work Response to a Guaranteed Income: A Survey of Experimental Evidence, in: Munell, A.H. (Hrsg.): Lesson from the Income Maintenance Experiments, Federal Reserve Bank of Boston and the Brooking Institution, 22-52.

Dann, S./A. Kirchmann/A. Spermann/J. Volkert (2002a): Einstiegsgeld in Baden-Württemberg, Schlussbericht, in: Sozialministerium Baden-Württemberg (Hrsg.), Stuttgart.

Dann, S./A. Kirchmann/A. Spermann/J. Volkert (2002b): Erprobung und Umsetzung des „Hessischen Kombilohns", Endbericht des IAW Tübingen an das Sozialministerium Hessen, Tübingen.

Dietz, M./S. Koch/U. Walwei (2006): Kombilohn, Ein Ansatz mit Haken und Ösen, IAB-Kurzbericht Nr. 3 v. 1.3.2006, Nürnberg.

Dorsett, R. (2006): The new deal for young people: effect on the labour market status of young men, Labour Economics, Vol. 13 Issue 3, S. 405-422.

Feist, H. (2000): Arbeit statt Sozialhilfe: Zur Reform der Grundsicherung in Deutschland, Mohr Siebeck, Tübingen.

Fertig, M./J. Kluve/M. Scheuer (2004): Aspekte der Entwicklung der Minijobs, Essen.

Friedman, M. (1962): Capitalism and Freedom, Chicago.

Friedman, M. (1968): The Case for the Negative Income Tax, in: Melvin, L. (Hrsg.): Republican Papers, 202-220.

Genz, H. u. A. Spermann (2007): Das Mannheimer Grundsicherungsmodell – der Weg zu einer effizienteren und gerechteren Grundsicherung ohne Absenkung des Arbeitslosengeldes II, ZEW Discussion Paper No. 07-002, Mannheim.

Greenberg, D. et al. (2004), Do Welfare-to-Work Programmes Work for Long? Fiscal Studies, Vol. 25 Nr. 1, S. 27-53.

Grogger, J. (2003): The Effects of Time Limits, the EITC, and other Policy Changes on Welfare Use, Work, and Income among Female-Headed Families, Review of Economics and Statistics, Vol. 85, No. 2, 394-408.

Grogger, J. u. L.A. Karoly (2005): Welfare Reform-Effects of a Decade of Change, Harvard University Press, Cambridge, London.

Hieming, B./K. Jaehrling/T. Kalina/A. Vanselow/C. Weinkopf (2005): Stellenbesetzungsprozesse im Bereich „einfacher" Dienstleistungen, Dokumentation Nr. 550, hrsg. v. Bundesministerium für Wirtschaft und Arbeit, Berlin.

Hotz, V.J./ J.K. Scholz (2001): The Earned Income Tax Credit, NBER Working Paper Nr. 8078, Cambridge.

Jirjahn, W./C. Pfeiffer/G. Tserstvadze (2006): Mikroökonomische Beschäftigungseffekte des Hamburger Modells zur Beschäftigungsförderung, IAB Discussion Paper No. 25/2006, Nürnberg.

Kaltenborn, B. (2001): Kombilöhne in Deutschland, Eine systematische Übersicht, IAB-Werkstattbericht Nr. 14, Nürnberg

Kaltenborn, B. et al. (2005): Evaluierung der arbeitsmarktpolitischen Sonderprogramme CAST und Mainzer Modell, Forschungsbericht Nr. 552, hrsg. v. Bundesministerium für Wirtschaft und Arbeit, Berlin.

Koch, S./G. Stephan/U. Walwei (2005): Workfare: Möglichkeiten und Grenzen, IAB Discussion Paper No. 17/2005, Nürnberg.

Michalopoulos, C./ P.K. Robins/D. Card (2005): When financial work incentives pay for themselves: evidence from a randomized social experiment for welfare recipients, Journal of Public Economics, 89, 5-29.

Mitschke, J. (1985): Steuer- und Transferordnung aus einem Guß, Entwurf einer Neugestaltung der direkten Steuern und Sozialtransfers in der Bundesrepublik Deutschland, Schriften zur Organisationspolitik Bd. 2, hrsg. v. Frankfurter Institut für wirtschaftspolitische Forschung, Baden-Baden.

Mitschke, J. (1995): Steuer- und Sozialpolitik für mehr reguläre Beschäftigung, Wirtschaftsdienst 75, 75-84.

OECD (2005): Employment Outlook, Paris.

Reinberg, Alexander/ Markus Hummel (2005): Höhere Bildung schützt auch in der Krise vor Arbeitslosigkeit, IAB-Kurzbericht Nr.9/2005, Nürnberg, 2005.

Rhys-Williams/Lady J. E. (1953): Taxations and Incentives, London.

Rudolph, H./Blos, K. (2005): Schätzung der Auswirkungen des Hartz-IV-Gesetzes auf Arbeitslosenhilfe-Bezieher, IAB-Forschungsbericht Nr. 14/2005, Nürnberg.

Sachverständigenrat zur Begutachtung der gesamtwirtschaftlichen Entwicklung (2003): Jahresgutachten 2003/04: Staatsfinanzen konsolidieren - Steuersystem reformieren, Wiesbaden.

Sachverständigenrat für die gesamtwirtschaftliche Entwicklung (2005): Die Chance nutzen - Reformen mutig vorantreiben, Jahresgutachten 2005/06, Wiesbaden.

Sachverständigenrat für die gesamtwirtschaftliche Entwicklung (2006): Arbeitslosengeld II reformieren – Ein zielgerichtetes Kombilohnmodell, Expertise im Auftrag des Bundesministers für Wirtschaft und Technologie, Wiesbaden.

Schneider, H. u. H. Bonin (2005): Wohlfahrts- und Verteilungseffekte eines allgemeinen Freibetrags bei den Sozialabgaben, Journal for Labour Market Research, 38 (4), 475-492.

Schöb, R. u. J. Weimann (2005): Arbeit ist machbar. Die Magdeburger Alternative: Eine sanfte Therapie für Deutschland, 4. Aufl., Dößel.

Schöb, R. u. J. Weimann (2006): Kombilohn und Mindestlohn: Das kleine Steuerüberwälzungseinmaleins, Wirtschaftsdienst, Heft 2, 102-104.

Sinn, H.-W. et al. (2002): Aktivierende Sozialhilfe, Ein Weg zu mehr Beschäftigung und Wachstum, ifo-Schnelldienst Nr. 9, München.

Sinn, H.-W. et al. (2006): Aktivierende Sozialhilfe 2006: Das Kombilohn-Modell des ifo Instituts, ifo schnelldienst Nr. 2, München.

Spermann, A. (2001): Negative Einkommensteuer, Lohnsubventionen und Langzeitarbeitslosigkeit, Finanzwissenschaftliche Schriften Bd. 104, Frankfurt am Main.

Spermann, A. (2006a): Der Kombilohn: Chancen, Gefahren und Erfahrungen aus Modellversuchen, Wirtschaftspolitische Blätter, 53, 173-189.

Spermann, A. (2006b): Basic Income Reform in Germany: Better Gradualism than Cold Turkey, Applied Economics Quarterly Supplement, 57, 113-130.

Spermann, A. u. H. Strotmann (2005): The Targeted Negative Income Tax (TNIT) in Germany: Evidence from a Quasi Experiment, ZEW Discussion Paper No. 05-68, Mannheim.

Steiner, V. u. K. Wrohlich (2004): Work Incentives and Labor Supply Effects of the 'Mini-Jobs Reform' in Germany, DIW Discussion Papers 438, Berlin.

Tobin, J. (1965): On Improving the Economic Status of the Negro, Daedalus, Journal of the American Academy of Art and Sciences 94, 878-898.

Vaubel, R. (1996): Aktuelle Möglichkeiten der Einkommenssicherung über eine negative Einkommenssteuer, in: Siebert, H. (Hrsg.): Sozialpolitik auf dem Prüfstand, Leitlinien für Reformen, 169-195.

Werner, G.W. (2007): Einkommen für alle, Verlag Kiepenheuer & Witsch.

Hans-Peter Brömser

Potenzial der Zeitarbeit

Summary

Zeitarbeit in Deutschland ist Jobmotor, wird per Gesetz aber vielfach benachteiligt. Die positiven Effekte der Zeitarbeit auf den Arbeitsmarkt könnten bei konsequenter weiterer Liberalisierung rechtlicher Rahmenbedingungen in sehr viel höherem Maße zum Tragen kommen, als dies gegenwärtig der Fall ist.

Seit Jahren fordern Zeitarbeitsverbände eine sog. Pro-Zeitarbeitsgesetzgebung die den genannten arbeitsfördernden Aspekten in ausreichendem Maße Rechnung trägt und zur stärkeren Geltung verhilft. Eine solche Gesetzgebung hätte sich nochmals intensiv mit Fragen der Tarifbindung, des Synchronisationsverbots, der Kettenüberlassung und nicht zuletzt mit der diskriminierenden im Arbeitnehmerüberlassungsgesetztes verwendeten Begrifflichkeit der „Leihe" zu befassen.

Vorliegend wird in einem ersten Teil ein historischer Abriss zu den Anfängen der Zeitarbeit im Sinne gewerbsmäßiger Arbeitnehmerüberlassung geliefert. Die geschichtlichen Entwicklungen der Branche finden ebenso Erwähnung wie das die Zeitarbeit heute kennzeichnende Dreiecksverhältnis zwischen Zeitarbeitsunternehmen, Zeitarbeitnehmer und dem Unternehmen des Kunden. Begriffliche Abgrenzungen der Zeitarbeit gegenüber „benachbarten" Gegenstandsbereichen, beispielsweise der Zeitarbeit gegenüber der Arbeitsvermittlung und dem Werksvertrag, dienen dem besseren Verständnis folgender Kapitel.

Im zweiten Teil werden eine knappe Übersicht des Zeitarbeitsmarkts in Deutschland sowie wesentliche Veränderungen der Gesetzeslage im Zeitablauf skizziert. Das die Zeitarbeit normierende Arbeitnehmerüberlassungsgesetz (AÜG) wie auch neuere Arbeitsmarktreformen werden in den Blick genommen.

Der dritte Teil liefert einen visionären Ausblick über mögliche Entwicklungen der Zeitarbeit. Der Fokus wird auf sinnhafte und wünschenswerte Liberalisierungen innerhalb des AÜG gerichtet. Es wird anhand von bereits Erreichtem herausgearbeitet, welche zusätzlichen positiven Effekte auf den Arbeitsmarkt durch ein konsequentes Vorgehen von Politik und Gesellschaft mit hoher Wahrscheinlichkeit eintreten könnten. Dazu werden beispielhafte innovative Modellprojekte präsentiert.

1 Grundlagen der Zeitarbeit

1.1 Einleitung

Die Arbeitswelt der früh industrialisierten Länder ist gegenwärtig im Umbruch. Die Dynamik vieler Märkte, der rasch voranschreitende technologische Wandel, verkürzte Produktlebenszyklen sowie Verhaltensänderungen von Konsumenten sind Entwicklungen, welche fortlaufend und offenbar in immer kürzeren Zeitabständen neue Voraussetzungen schaffen. Internationalisierung und Globalisierung bedingen, dass neue Wettbewerber auf bestehende Märkte dringen. Auch wenn Internationalisierung und Globalisierung keine neuen Tendenzen darstellen, haben sich die Geschwindigkeiten von grenzüberschreitender bzw. grenzenloser Kommunikation- und Informationsmöglichkeit sowie gesunkene Transportkosten des Güterverkehrs deutlich erhöht (Keegan, W. J., Schlegelmilch, B. B., Stöttinger, 2002, S. 175).

Branchen- und Unternehmensgrenzen verschwimmen zunehmend. Angesichts dieser dynamischen Entwicklungen bedarf es der Entwicklung von Fähigkeiten und Strategien um erfolgreich am Markt bestehen zu können. Dazu zählt insbesondere die Notwendigkeit zur Flexibilisierung vieler Wirtschaftbereiche. In kapitalintensiven wissens- und könnensbasierten Gesellschaften kommt der Auswahl und dem Einsatz von Mitarbeitern herausragende Bedeutung zu. So sind beispielsweise auch in Deutschland viele Unternehmen darauf angewiesen, bei einem effizienten Personaleinsatz mit möglichst hoher Flexibilität sich beispielsweise schwankende Auftragslagen anpassen und individuell reagieren zu können.

Diesen Notwendigkeiten wird ein Personalmanagement gerecht, welches einen ausreichenden Flexibilisierungsgrad bietet. Viele Unternehmen haben das erkannt und sich auf die Veränderungen vorbereitet. Ein wichtiges Flexibilisierungsinstrument bei dieser Vorbereitung wird übereinstimmend in der Nutzung gewerbsmäßiger Arbeitnehmerüberlassung, d. h. Zeitarbeit gesehen. Neben der verstärkten Nutzung dieses Flexibilisierungsinstruments durch Unternehmen entdeckt zunehmend auch die Politik die positiven Effekte der Zeitarbeit auf den Arbeitsmarkt.

Das Potenzial der Zeitarbeit wird allerdings gegenwärtig nicht annähernd ausgeschöpft. Während laut „ILO -Arbeitsmarktstatistik Erwerbstätige 2006" des Statistischen Bundesamtes in Deutschland lediglich 1,5 % der Erwerbstätigen als Arbeitnehmer in der Zeitarbeitsbranche beschäftigt sind, sind es beispielsweise in Großbritannien 4,7 %. Mit 2,3 % liegt der Anteil von Zeitarbeitnehmer an den sozialversicherungspflichtig Beschäftigten etwas höher.

Die Zeitarbeitsbranche hat in den zurückliegenden Jahren ein weit überdurchschnittliches Wachstum verzeichnet und es bestehen keine Anzeichen dafür, dass sich unter den gegebenen Rahmenbedingungen hieran in den kommenden Jahren etwas ändert. Eine Stagnation ist nicht absehbar. Die Zeitarbeitsbranche hat sich vielfach zum Jobmotor entwickelt und die Erfolge werden mittlerweile auch von jenen nicht mehr bestritten, die in der Vergangenheit die gesamte Branche in Acht und Bann geschlagen haben.

1.2 Entwicklung der Zeitarbeit

Die Zeitarbeit im Sinne gewerbsmäßiger Überlassung von Arbeitnehmern ist keine Erfindung des 20. Jahrhunderts. Schon sehr viel früher war es üblich, dass verschiedene Berufsgruppen, wie Handwerker, Waschfrauen, Hafenarbeiter, ihre Dienste zeitlich begrenzt anboten (Krellmann, 1987, 22). Zeitarbeit heutiger Prägung fand allerdings erst in den 50er Jahren des 20. Jahrhunderts in den USA ihren Ursprung. In der Zeit begaben sich die Rechtsanwälte und Geschäftspartner Elmar L. Winter und Aaron Scheinfeld unter großem Zeitdruck auf die Suche nach adäquatem Ersatz für eine erkrankte Sekretärin. Sie mussten feststellen, dass kein Unternehmen die Dienstleistung der temporären Überlassung von Arbeitnehmern anbot. Da sie davon ausgingen, dass Sie nicht die einzigen waren, die durch plötzliche Erkrankung von Mitarbeitern einen Personalengpass erfuhren, gründeten sie wenig später ein Unternehmen, welches speziell diese Art von Dienstleistung offerierte. In den darauf folgenden Jahren taten es ihnen viele weitere Unternehmer gleich und gründeten ihrerseits Zeitarbeitsunternehmen.

Zu Beginn des 21. Jahrhunderts sind Zeitarbeitsunternehmen und deren Dienstleistungen fester Bestandteil des Marktgeschehens entwickelter Volkswirtschaften. Während man auch und gerade in Deutschland noch im dritten Quartal des vorigen Jahrhunderts die Daseinsberechtigung von Zeitarbeitsunternehmen vor allem in der Bekämpfung der Schwarzarbeit sah, bestreiten heute nur noch Minderheiten die von Zeitarbeitsunternehmen ausgehenden generellen positiven Effekte auf den Arbeitsmarkt.

Studien zur Entwicklung der Zeitarbeitsbranche zeigen, dass sie sich vielfach zu einem regelrechten „Jobmotor" entwickelt hat. Beständig hohe Quote neu eingestellter Mitarbeiter und überproportionale Umsatzsteigerungen illustrieren die Etablierung von innovativen Personaldienstleistungskonzepten. Die Zeitarbeitsbranche befindet sich auch in Deutschland im Aufwind. Der Markt für Zeitarbeits- und Personaldienstleistungen wächst dynamisch. Nach der aktuelle Lünendonk-Liste 2007 „Führende

Zeitarbeits- und Personaldienstleistungsunternehmen in Deutschland“ konnten die 25 größten Zeitarbeitsunternehmen in Deutschland, getragen von einem stabilen Konjunkturaufschwung im Jahre 2006, ihren Umsatz durchschnittlich um mehr als 43 Prozent steigern. Gegenüber dem mit rund 22 Prozent wachsenden Gesamtmarkt verzeichneten die untersuchten Unternehmen damit ein überdurchschnittliches Wachstum. Außerdem vereinen diese Unternehmen im Jahr 2006 einen Inlandsumsatz von mehr als 5,7 Milliarden Euro auf sich, was mehr als 50 Prozent des Gesamtmarktes entspricht. Die übrigen rund 46 Prozent des Marktvolumens teilen sich einige Tausend mittelgroße und kleine, häufig nur regional oder sektoral tätige Zeitarbeitsunternehmen. Für Wirtschaftsunternehmen bildet der Einsatz von Zeitarbeitnehmern häufig eine Säule flexibler Ressourcenplanung. Zunehmend werden auch komplexe und anspruchsvolle Aufgaben wie Finanzbuchhaltung, Konstruktions- und Ingenieurstätigkeiten an Zeitarbeitsunternehmen übertragen. Angesichts der hohen Nachfrage verspüren führende Zeitarbeitsunternehmen mittlerweile bereits einen Fachkräftemangel. Dieser hemmt gegenwärtig das konstant hohe Wachstum, beispielsweise im Bereich der Überlassung besser- und hochqualifizierter Mitarbeiter.

Tabelle 19: Führende Zeitarbeits- und Personaldienstleistungsunternehmen in Deutschland 2006

Rang	Unternehmen	Umsatz in Mio. Euro		Interne Mitarbeiter		Zeitarbeitnehmer	
		2006	2005	2006	2005	2006	2005
1	Randstad Deutschland GmbH & Co. KG, Eschborn	1057	754	1719	1416	40500	28950
2	persona service Verwaltungs AG & Co. KG, Lüdenscheid	536	375	1588	1426	17500	12905
3	Adecco Personaldienstleistungen GmbH, Fulda	474	365	1000	900	20000	12500
4	Manpower GmbH & Co. KG, Frankfurt am Main *)	466	402	1150	900	20000	16700
5	DIS Deutscher Industrie Service AG, Düsseldorf 1)	399	315	690	681	9600	6655
6	Tuja Zeitarbeit Holding GmbH, Ingolstadt	321	203	700	400	11000	8500
7	Hays AG, Mannheim 2) *)	250	190	320	250	5000	4100
8	ZAG Zeitarbeits-Gesellschaft GmbH, Hannover	215	159	430	380	10000	7000
9	Timepartner GmbH, Nürnberg 3)	214	98	300	165	6500	4000
10	AutoVision GmbH, Wolfsburg	198	169,8	170	150	4750	3950
11	orizon AG, Augsburg *)	184	152	265	220	5700	4900
12	I.K. Hofmann GmbH, Nürnberg	183	133	358	230	8000	6000
13	Allgeier Holding AG, München 3)	167	72	600	190	5000	4000
14	Trenkwalder Personaldienste GmbH, München 3)	138,6	64	175	110	5253	2408
15	Bindan GmbH & Co. KG, Stuhr/Bremen 4)	126,1	98,6	200	195	4000	3600
16	Vedior Personaldienstleistungen GmbH, Hamburg	120	112	125	135	2900	2500
17	usg people Germany GmbH, München *)	100	86	281	312	4467	3840
18	Dekra Arbeit GmbH, Stuttgart	93	66	180	165	4000	2800
19	Runtime Group GmbH, Bremen	88,6	76,2	192	178	2400	1980
20	Start Zeitarbeit NRW GmbH, Duisburg	79,4	63,7	151	152	2250	1801
21	Allbecon Olympia AG, Düsseldorf 5)	71	56	211	194	2462	1870
22	Amadeus Fire AG, Frankfurt am Main	67,1	48	174	148	955	643
23	DB Zeitarbeit GmbH, Berlin	60	38,9	62	55	1697	1053
24	Job AG Personaldienstleistungen, Fulda	59,2	33,2	146	96	2250	1300
25	Jobs in Time Holding GmbH, Hamburg	58,4	42,2	97	77	2500	1900

* Daten teilweise geschätzt

1) Übernahme der DIS AG durch Adecco im März 2006

4) Übernahme der Bindan-Gruppe durch Randstad im Januar 2006; Umsätze der Bindan GmbH & Co. KG ohne Tochtergesellschaften

5) Fusion zwischen Allbecon AG und der niederländischen Olympia Uitzendgroep BV im September 2006

Die Rangfolge des Rankings basiert auf kontrollierten Selbstauskünften der Unternehmen über in Deutschland bilanzierte/erwirtschaftete Umsätze.

Führende Zeitarbeits- und Personaldienstleistungs-Unternehmen in Deutschland 2006

Quelle: Lünendonk-Liste 2007

Auch wenn die „Top 15 der Branche“ mit 74,8 Prozent den Großteil ihres Umsatzes durch traditionelle Arbeitnehmerüberlassung erwirtschaften, zeigt die Studie, dass Zeitarbeit sich mittlerweile nicht mehr nur auf reine Arbeitnehmerüberlassung reduzieren lässt: Das niederländische Zeitarbeitsunternehmen Randstad und andere bieten ein breites Spektrum ausdifferenzierter Personaldienstleistungen: Von der sog. Inhouse-Lösung über die Direktvermittlung von Arbeitnehmern, bis hin zur Organisation eines Interimsmanagements durch hoch qualifizierte Zeitarbeitnehmer. Diese ausdifferenzierten Personaldienstleistungen sind durch konsequente Weiterentwicklung traditioneller Arbeitnehmerüberlassung entstanden. Am Gesamtumsatz haben sie mittlerweile einen Anteil von über zwanzig Prozent.

1.3 Funktionsweise der Zeitarbeit

Zeitarbeit und gewerbsmäßige Arbeitnehmerüberlassung werden im Folgenden synonym verwendet. Zeitarbeit ist eine Form des sog. drittbezogenen Personaleinsatzes. Drittbezogener Personaleinsatz liegt vor, wenn zu erbringende Arbeitsleistungen in Unternehmen nicht von Mitarbeitern der Stammbelegschaft erbracht werden, sondern von Mitarbeitern eines anderen Unternehmers. Diese Voraussetzungen erfüllt das Instrument der Zeitarbeit: Unternehmen werden vom Zeitarbeitsunternehmen auf Grundlage eines Arbeitnehmerüberlassungsvertrages Arbeitskräfte für die Durchführung von Arbeitsaufgaben zur Verfügung gestellt. Dieser Mechanismus wird auch im allgemeinen Sprachgebrauch als Zeitarbeit (temporary employment, travail temporaire, trabajo temporal), zuweilen auch als Leiharbeit, Arbeitskräfteverleih oder Personalleasing bezeichnet.
Der deutsche Gesetzgeber verwendet den Begriff Zeitarbeit nicht, sondern spricht statt dessen ausschließlich von gewerbsmäßiger Arbeitnehmerüberlassung. Auf Fälle der gewerbsmäßigen Arbeitnehmerüberlassung, sind die Vorschriften des Gesetzes zur Regelung der gewerbsmäßigen Arbeitnehmerüberlassung (AÜG) von 1972 anzuwenden. In den letzten Jahrzehnten wurden das Gesetz zahlreichen Novellierungen unterzogen, um es verändernden wirtschaftlichen Rahmenbedingungen und Notwendigkeiten anzupassen. Leider hat es der Gesetzgeber bislang unterlassen, diskriminierende Begriffe wie beispielsweise „Leihe" aus dem Gesetzt zu verbannen.

1.4 Zeitarbeit als Dreiecksverhältnis

Da Zeitarbeit durch die Beteiligung von drei Vertragsparteien gekennzeichnet ist, wird sie vielfach auch anhand eines Dreiecksverhältnisses veranschaulicht. Das Dreiecksverhältnis entsteht durch wechselseitige Rechte und Pflichten aufgrund von Verträgen, indem einem Dritten *(Kundenunternehmen/ Einsatzbetrieb/ „Entleiher")* von einem Arbeitgeber *(Zeitarbeitsunternehmen/ „Verleiher")* Arbeitnehmer *(Zeitarbeitnehmer/ überbetriebliche Mitarbeiter/ „Leiharbeitnehmer")* zur Erbringung von Arbeitsleistungen überlassen werden, die der Dritte entsprechend seiner betrieblichen Erfordernisse in seinem Betrieb einsetzt. Es existieren in dieser Konstellation also mehrere Verträge.
Ein Vertrag *(Arbeitsvertrag i.S.d. § 611 BGB i.V.m. § 11 AÜG)* besteht zwischen Zeitarbeitsunternehmen und überbetrieblichem Mitarbeiter. Dieser Arbeitsvertrag regelt, die wesentlichen Rechte und Pflichten aus dem Arbeitsverhältnis (z. B. Arbeitsentgelt, Arbeitsumfang, Sozialleistungen). Weiterhin besteht zwischen Zeitarbeitsunternehmen und Kundenunternehmen ein auf die Überlassung von Arbeitskräften gerichteter Vertrag *(sog. Arbeitnehmerüberlassungsvertrag i.S.d. § 11 AÜG.)* Dieser Arbeitnehmerüberlassungsvertrag normiert z. B. Kundentarif, Qualifikation zu überlassender Mitarbeiter, Rechnungsstellung und ähnliches mehr. Im Verhältnis zwischen überbetrieblichem Mitarbeiter und Kundenunternehmen existieren hingegen keine arbeitsvertrag-

lichen Verpflichtungen im engeren Sinne, sondern Schutz- und Fürsorgepflichten. Das Zeitarbeitsunternehmen übt gegenüber dem Zeitarbeitnehmer das arbeitsvertragliche Direktionsrecht aus. Dieses Direktionsrecht wird, durch den zwischen Zeitarbeitsunternehmen und Kundenunternehmen zu schließenden Arbeitnehmerüberlassungsvertrag, teilweise vom Kundenunternehmen ausgeübt. Kraft des arbeitsvertraglichen Direktionsrechts, weist das Zeitarbeitsunternehmen den Zeitarbeitnehmer an, seine Arbeitsleistung nach den Anweisungen des Kundenunternehmens zu erbringen.

Abbildung 47: Dreiecksverhältnis Zeitarbeit

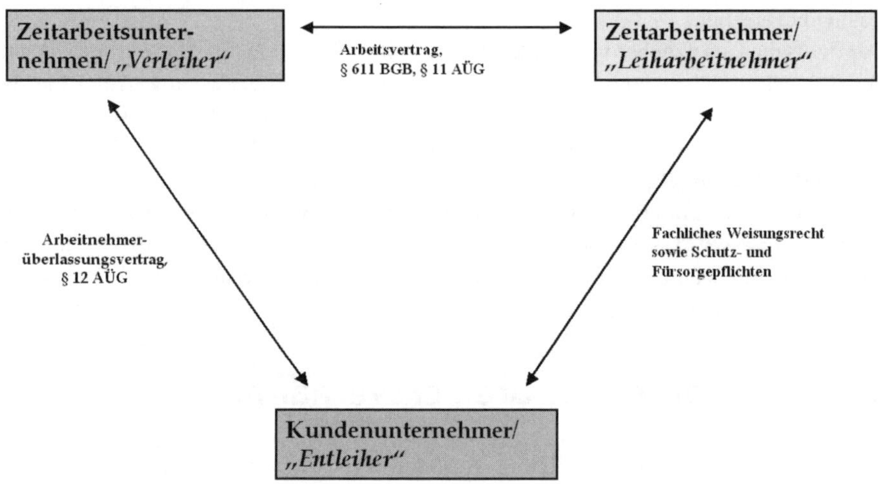

1.5 Begriffe der Zeitarbeit

1.5.1 Zeitarbeitsunternehmen

Gemäß § 1 Abs. 1 Satz 1 des die Zeitarbeit regelndes Arbeitnehmerüberlassungsgesetzes (AÜG) ist der „*Verleiher*" derjenige Arbeitgeber, der Arbeitnehmer (Zeitarbeitnehmer/ überbetriebliche Mitarbeiter/ „*Leiharbeitnehmer*") einem Dritten (Kundenunternehmen/ Einsatzbetrieb/ „*Entleiher*") gewerbsmäßig zur Arbeitsleistung überlässt. Der *Verleiher* im Sinne des AÜG ist der Arbeitgeber des Zeitarbeitnehmers im arbeitsrechtlichen Sinne. Die Begründung eines Arbeitsverhältnisses zwischen dem Zeitarbeitnehmer und dem Kundenunternehmen unterliegt insofern keinen rechtlichen Besonderheiten und beurteilt sich nach den allgemeinen zivilrechtlichen und arbeitsrechtlichen Bestimmungen. Da es sich bei der Arbeitnehmerüberlassung nicht um eine „Leihe" im Sinne des Gesetzes handelt und im übrigen die Vorstellung vom „Verleihen von Menschen" auch den Kern des typischen Dreiecksverhältnisses der Arbeitnehmerüberlassung verfehlt, sollen im Folgende die Begriffe Verleiher, Entleiher und Leiharbeitnehmer zugunsten der Begriffe Zeitarbeitsunternehmen, Kundenunternehmen und Zeitarbeitnehmer ersetzt werden.

1.5.2 Kundenunternehmen

Das Kundenunternehmen beschäftigt den überlassenen Zeitarbeitnehmer, wird jedoch nicht dessen Arbeitgeber. Dem Kundenunternehmen werden Zeitarbeitnehmer zur Arbeitsleistung überlassen. Die überlassenen Zeitarbeitnehmer werden nach Maßgabe des zwischen dem Kundenunternehmens und Zeitarbeitsunternehmens geschlossenen Arbeitnehmerüberlassungsvertrages im Betrieb des Kundenunternehmens nach den Vorstellungen des Kunden tätig. Für die Dauer der Überlassung steht dem Kundenunternehmen ein Direktionsrecht zu. Im Rahmen des Beschäftigungsverhältnisses treffen das Kundenunternehmen Schutz und Fürsorgepflichten, während der Zeitarbeitnehmer dem Kundenunternehmen für schuldhafte Verletzungen von Arbeitspflichten haftet.

1.5.3 Zeitarbeitnehmer

Der Zeitarbeitnehmer ist der Arbeitnehmer, der zu einem Zeitarbeitsunternehmen in einem Arbeitsverhältnis steht und Dritten (Kundenunternehmen) gewerbsmäßig zur Arbeitsleistung überlassen wird. Der Arbeitnehmerbegriff ist dem allgemeinen Arbeitsrecht zu entnehmen. Arbeitnehmer ist danach die Vertragspartei des Arbeitgebers, die aufgrund eines zivilrechtlichen Vertrages fremdbestimmte Arbeitsleistungen erbringt. Der Arbeitnehmer muss abhängige, fremdbestimmte Arbeitsleistungen erbringen. Der Grad der persönlichen Abhängigkeit und die Weisungsgebundenheit hinsichtlich Arbeitszeit, Arbeitsdauer, Arbeitsort und Arbeitsausführung sind maßgebliches Merkmal für den Arbeitnehmerbegriff. Der Umfang der Beschäftigung spielt für die Arbeitnehmereigenschaft keine Rolle. Zu den Zeitarbeitnehmern können auch Teilzeitbeschäftigte und geringfügig Beschäftigte zählen.

1.6 Abgrenzungen gegenüber Zeitarbeit

1.6.1 Abgrenzung der Zeitarbeit gegenüber der Arbeitsvermittlung

Kennzeichnend für die Zeitarbeit ist, dass der überlassene Zeitarbeitnehmer nicht dem Kundenunternehmen als deren Arbeitnehmer zugeordnet wird. Vielmehr verbleibt der Arbeitnehmer arbeitsrechtlich dem Zeitarbeitsunternehmen verbunden. Dagegen ist die in § 35 Abs. 1 Satz 2 SGB III legaldefinierte Arbeitsvermittlung darauf gerichtet „Ausbildungssuchende mir Arbeitgebern zur Begründung eines Ausbildungsverhältnisses und Arbeitssuchende mit Arbeitgebern zur Begründung eines Beschäftigungsverhältnisses zusammenzuführen".

Der Vermittler ist, anders als bei der Zeitarbeit, nie Arbeitgeber des zu vermittelnden Arbeitnehmers. Die Arbeitsvermittlung zeichnet sich dadurch aus, dass der Vermittler ein Arbeitsverhältnis zwischen dem Arbeitnehmer und dem Dritten anbahnt. Bei der Arbeitsvermittlung wird der Beschäftigte also nicht nur für einen bestimmten Zeitraum überlassen, so dass in diesen Fällen keine Zeitarbeit vorliegt.

1.6.2 Abgrenzung der Zeitarbeit gegenüber Werkverträgen

Der Werkvertrag (§ 631 BGB) ist dadurch gekennzeichnet, dass der Unternehmer (Hersteller) dem Besteller die Herstellung eines Werkes, d.h. die Herbeiführung eines bestimmten Erfolges schuldet. Der Besteller schuldet dem Hersteller den Werklohn. Geschuldet wird also ein konkreter Erfolg. Beispiele für werksvertragliche Leistungen sind Bauarbeiten, handwerkliche Tätigkeiten oder die Erstellung von Gutachten. Demnach kann kein Fall von Zeitarbeit vorliegen, wenn Arbeitnehmer aufgrund von Verpflichtungen ihres Arbeitgebers aus einem Werkvertrag im Betrieb eines Dritten tätig werden. Bei dieser Form des drittbezogenen Personaleinsatzes durch einen Werkvertragsunternehmer liegt die Organisation der Durchführung des Auftrages einschließlich aller dafür notwendigen Maßnahmen und Handlungen beim beauftragten Werkvertragsunternehmer, der dafür seine Arbeitnehmer als Erfüllungsgehilfen einsetzt. Der Werkvertragsunternehmer bleibt aber selbst für die Erfüllung des im Werkvertrag verabredeten Auftrages, des „Werkes", verantwortlich.

2 Marktübersicht

2.1 Entwicklung des Zeitarbeitsmarkts in Deutschland

Zeitarbeit in Deutschland hat als Form drittbezogenen Personaleinsatzes in den vergangenen Jahren weiter an Bedeutung gewonnen. Die Anzahl an Zeitarbeitsunternehmen hat sich jeweils zum Stichtag 31.12. von 12.500 im Jahre 2000 auf 18.940 im Jahre 2006, erhöht.[168] Darunter befinden sich sowohl „reine" Zeitarbeitsunternehmen, deren hauptsächlicher oder überwiegender Betriebszweck in der Überlassung von Arbeitnehmern besteht, wie auch sog. Mischbetriebe. Mischbetriebe betreiben Zeitarbeit entweder nur gelegentlich oder sie überlassen Arbeitnehmer lediglich zeitweise an andere Unternehmen. Die Zunahme um rund 50 Prozent verdeutlicht die bestehende Gründungsbereitschaft bei Zeitarbeitsunternehmen wie Mischbetrieben gleichermaßen. Der Zuwachs an insgesamt überlassenen Arbeitnehmern zeigt ebenfalls ein stabiles Wachstum. Im genannten Zeitraum ist die Zahl an insgesamt überlassenen Arbeitnehmern von 348.570 auf 518.048 gestiegen. Die Gründe für diese Entwicklungen sind u.a. die mit Novellierung des AÜG veränderte Gesetzeslage, der verstärkte strategische Einsatz von Zeitarbeitnehmern durch Unternehmen sowie die gestiegene gesellschaftliche Akzeptanz von Zeitarbeit. Letztere ist auch auf den Abschluss weitreichender Tarifverträge zwischen Arbeitgeberverbänden und Gewerkschaften zurückzuführen. Wegweisend war hier vor allem der zwischen dem Bundesverband Zeitarbeit e.V. (BZA) und dem Deutschen Gewerkschaftsbund (DGB) am 22.07.2003 geschlossene Tarifvertrag. Die Entwicklung wird von einer konstant hohen Nachfrage nach flexiblen Personaldienstleitungen wie sie die Zeitarbeit bietet getragen. Die strategischen Gründe für die Inanspruchnahme von Zeitarbeit durch Unternehmen sind vielfältig:

- Entlastung des Personalhaushaltes
- Einsparungen von direkten Personal-, einschließlich Lohnfortzahlungskosten
- Minderung des Verwaltungsaufwandes
- Ausgleich erhöhten Arbeitsanfalls
- Umgehung des im internationalen Vergleich sehr strengen Kündigungsschutzes
- Instrument der Personalsuche und -rekrutierung

168 Statistik, Bundesagentur für Arbeit

- Risikominimierung bei schwer überschaubare Wirtschafts- und Auftragslage
- Abnehmende Neigung, den eigenen Personalbestand aufzustocken und langfristige arbeitsrechtliche Bindungen einzugehen

2.2 Zeitarbeit im Gesetzeskontext

2.2.1 Einleitung

Seit 1972 ist Zeitarbeit als gewerbsmäßige Arbeitnehmerüberlassung im AÜG geregelt. Die vorrangigen Ziele des AÜG sind der Schutz der in der Zeitarbeit tätigen Arbeitnehmer, insbesondere in arbeits- und sozialversicherungsrechtlicher Hinsicht, sowie die Unterbindung illegaler Praktiken bei der gewerbsmäßigen Arbeitnehmerüberlassung. Die Zielsetzung wird unter anderem dadurch begründet, dass im Falle der Überlassung von Arbeitnehmern ein Auseinanderfallen von Empfänger der Arbeitsleitung und Schuldner der Vergütung für die Arbeitsleistung besteht. Das AÜG trägt dem besonderen Schutzbedürfnis des Arbeitnehmers Rechnung. Vor allem seit 1982 wurde das die Zeitarbeit regelnde Arbeitnehmerüberlassungsrecht stufenweise dereguliert. Im Mittelpunkt der Reformen stand bis 1997 vor allem die schrittweise Verlängerung der Überlassungshöchstdauer.

Tabelle 20: Sukzessive Verlängerung der Überlassungshöchstdauer

Datum:	Überlassungshöchstdauer	Änderung durch:
07.08.1972	Drei Monate	Inkrafttreten des AÜG mit einer Überlassungshöchstdauer von drei Monaten.
26.04.1985	Sechs Monate (bis 31.12.1989)	Beschäftigungsförderungsgesetz (BeschFG 1985) mit Wirkung vom 01.05.1985.
22.12.1989	Sechs Monate (bis 31.12.1995)	Beschäftigungsförderungsgesetz (BeschFG 1990) – Verlängerung der Gültigkeit.
21.12.1993	Neun Monate	Erstes Gesetz zur Umsetzung des Spar-, Konsolidierungs- und Wachstumsprogramms (1.SKWPG) mit Wirkung vom 01.01.1994.
26.07.1994	Neun Monate (bis 31.12.2000)	Beschäftigungsförderungsgesetz (BeschFG 1994) Verlängerung der Gültigkeit.
24.03.1997	Zwölf Monate (bis 31.12.2001)	Arbeitsförderungs-Reformgesetz (AFRG 1997).
10.12.2001	24 Monate	Job-AQTIV-Gesetz zur Reform der arbeitsmarktpolitischen Instrumente Mit Wirkung vom 01.01.2002.
23.12.2002	Unbegrenzt	Erstes Gesetz für moderne Dienstleistungen am Arbeitsmarkt (Hartz I) Mit Wirkung vom 01.01.2003 bzw. 2004 (Übergangsregelung § 19 AÜG).

Quellen: Rudolph H./ Schröder E. (1997), Jahn E. (2002).

Die weitreichendsten Änderungen fanden durch die Gesetze für moderne Dienstleistungen am Arbeitsmarkt (sog. Hartz-Gesetzgebung) statt. Innerhalb einer kurzen Zeitspanne wurden zahlreiche Deregulierungsmaßnahmen durchgeführt und bestehende Beschränkungen aufgehoben:

- Besonderes Befristungsverbot
- Wiedereinstellungsverbot
- Synchronisationsverbot
- Beschränkung der Überlassungsdauer auf 24 Monate

Im Gegenzug zu den genannten Flexibilisierungen hat der Gesetzgeber von den Tarifpartnern der Zeitarbeitsbranche erwartet, dass sie entweder die Arbeitsbedingungen von Zeitarbeitnehmern tariflich regeln, oder dass sie die tatsächliche Gleichstellung überlassener Zeitarbeitnehmer gegenüber der Stammbelegschaft des Kundenunternehmens garantieren *(sog. Gleichstellungsgebot).*

Das **Gleichstellungsgebot** ist zunächst auf breite Kritik bei Arbeitgeberverbänden gestoßen, mittlerweile sind durch den Abschluss von Tarifverträgen zusätzliche Imagegewinne eingetreten. Der Deutsche Gewerkschaftsbund hatte die Einführung der Gleichstellungsverpflichtung ausdrücklich begrüßt, weil sie auch in anderen europäischen Staaten üblich sei. Die Thematik des Gleichstellungsgebots wird im Zusammenhang neuerer Arbeitsmarkreformen nochmals aufgegriffen.

Bei der Bewertung, wie sich die Reform der beschäftigungspolitischen Rahmenbedingungen auswirken, wird im *„Bericht des Bundesministeriums für Arbeit und Soziales zur Wirkung der Umsetzung der Vorschläge der Kommission Moderne Dienstleistungen"* aus dem Jahre 2006 vor allem die Neuregelung der Arbeitnehmerüberlassung durch die weitgehende Deregulierung des Arbeitnehmerüberlassungsgesetzes (AÜG) positiv hervorgehoben. Die Zeitarbeit wird als „kleines, jedoch überaus dynamisches Marktsegment", das „gemessen an seiner Größe einen sehr deutlich überproportionalen Anteil an Neueinstellungen" gehabt habe, beschrieben. Auch nach Befragungen von Zeitarbeitsunternehmen im Frühjahr 2006 wird die Reform des AÜG insgesamt als, positiv und deregulierend begrüßt. Das Gebot des „Equal-Treatments" wird von den befragten Zeitarbeitsunternehmen mehrheitlich als nicht gerechtfertigter Markteingriff abgelehnt, auch wenn das Gebot durch die Schließung eines Tarifvertrages zu umgehen sei. 55 Prozent der befragten Betriebe sprachen sich für eine Aufhebung des Tarifzwangs aus, wenngleich auch ein gutes Drittel bestätigte, dass die generelle Akzeptanz der Zeitarbeit bei Kundenunternehmen und potentiellen Kundenunternehmen durch die Einführung der einschlägigen Tarifverträge verbessert habe.

Abbildung 48: Bewertung der AÜG-Reform durch Zeitarbeitsunternehmen

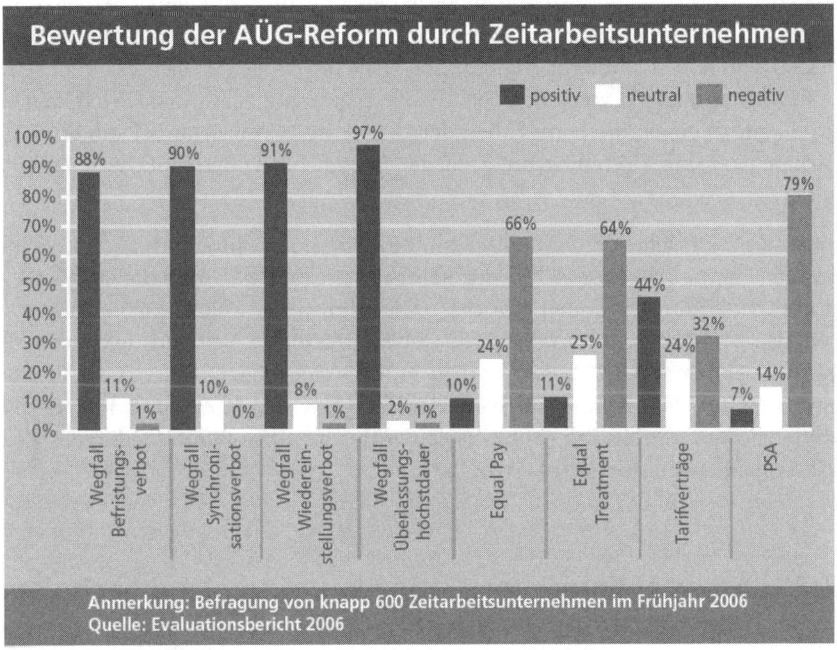

2.2.2 Arbeitnehmerüberlassung in Deutschland vor Inkrafttreten des AÜG

Bedeutende Schritte hin zur gewerbsmäßigen Arbeitnehmerüberlassung heutiger Prägung waren die Folgenden:

- Arbeitsnachweisgesetz in der Weimarer Republik 1922
- Reichsanstalt für Arbeitsvermittlung 1935
- Gesetz über Arbeitsvermittlung, Arbeitslosenversicherung und Krankenfürsorge 1952
- Urteil des Bundesverfassungsgerichts von 1967 (BVerfGE 21, 261)

Das genannte Urteil des Bundesverfassungsgerichts ist insofern von herausragender Bedeutung für die Entwicklung der Zeitarbeit, als es zwar einerseits das Vermittlungsmonopol der Bundesanstalt für Arbeitsvermittlung und Arbeitslosenversicherung grundsätzlich bejaht hat, andererseits aber § 37 Abs. 3 des Gesetzes über Arbeitsvermittlung, Arbeitslosenversicherung und Krankenfürsorge wegen Verstoßes gegen

Art. 12 des Grundgesetzes für verfassungswidrig erklärt hat. Das Gericht begründete seine Entscheidung mit seiner grundsätzlichen Annahme, dass eine strikte Trennung zwischen gewerbsmäßiger Arbeitnehmerüberlassung und verbotener Arbeitvermittlung vorzunehmen sei, welche sich in der Verschiedenartigkeit der Rechtsbeziehungen darlege. Denn Arbeitnehmerüberlassungsverträge unterscheiden sich in ihrem rechtlichen Charakter deutlich von jenen der Arbeitsvermittlung. Nach dem Urteil kam es in Deutschland zu einem raschen Anstieg der Gründungen von Zeitarbeitsunternehmen. Zwischen 1968 und 1972 stieg die Zahl der Unternehmen der Branche von 145 auf 1.046.

In dieser Zeit wurden, von der deutschen Rechtsprechung unberührt, auch viele internationale Unternehmen wie Adia oder Randstad gegründet. Durch die steigende Anzahl und Bedeutung begannen sich die Unternehmen der Zeitarbeitsbranche in verschiedenen Verbänden zu organisieren. Der internationale Verband der Personalleasing-Unternehmen C.I.E.T.T. wurde 1966 in Paris gegründet. Auf nationaler Ebene folgten 1969 der Unternehmensverband der Zeitarbeit e. V. (UZA) und 1972 der Bundesverband Personal-Leasing (BPL), Vorläufer des heutigen Bundesverbandes Zeitarbeit Personaldienstleistungen e. V. (BZA).

2.2.3 Arbeitnehmerüberlassung in Deutschland nach dem Inkrafttreten des AÜG

Am 21. Juni 1972 verabschiedete der Bundestag das „Gesetz zur Regelung der gewerbsmäßigen Arbeitnehmerüberlassung" (AÜG) Am 12. Oktober 1972 trat das AÜG in Kraft. Es bezweckte die Herbeiführung einer wirksamen Ordnung und Kontrolle der Überlassungspraxis, um damit Störungen am Arbeitsmarkt insgesamt zu unterbinden und den arbeits- und sozialrechtlichen Mindestschutz der Zeitarbeitnehmer zu gewährleisten.

Sichergestellt werden sollten sowohl die Einhaltung sozialversicherungsrechtlicher Meldeverfahren und Arbeitgeberpflichten wie auch der Schutz von ausländischen Zeitarbeitnehmern vor der Schlechterstellung durch Arbeitsbedingungen, die in einem Missverhältnis zu den Arbeitsbedingungen deutscher Arbeitnehmer stehen. Daneben wurde eine Überwachung von Zeitarbeitsunternehmen durch die Bundesagentur für Arbeit normiert. Ein zu etablierendes Erlaubnis- und Kontrollwesens sollte unseriösen Zeitarbeitsunternehmen entgegenwirken *(Pollert/Spieler, 2005)*.

Im Zuge der Änderung des Beschäftigungsförderungsgesetzes (BSchFG) v. 26.07.1994 sowie des Gesetzes zur Reform der Arbeitsförderung vom 27.03.1997 wurde auch das AÜG verändert. Neben der Gestattung privater Arbeitsvermittlung wurde auch der besondere Schutz der Zeitarbeitnehmer dem Schutz von Arbeitnehmern nach den allgemeinen arbeitsrechtlichen Vorschriften weitgehend angepasst.

2.2.4 Neuere Arbeitsmarktreformen der sog. Hartz-Gesetze

Die weitreichendsten Änderungen des AÜG wurden durch das „Erste Gesetz für moderne Dienstleistungen am Arbeitsmarkt“ vom 23.12.2002 (sog. Hartz-Gesetze) ab dem Jahr 2004 vorgenommen.

Wesentliche Restriktionen bei der Beschäftigung von Zeitarbeitnehmern wurden ersatzlos gestrichen. Dazu zählten das Synchronisationsverbot, Begrenzung der maximalen Überlassungsdauer auf 24 Monate, das Verbot der wiederholten Befristung und das Wiedereinstellungsverbot.

Das AÜG erlaubte bislang den Abschluss eines befristeten (Zeit-)Arbeitsvertrages nur dann, wenn in der Person des Zeitarbeitnehmers sachliche Gründe für die Befristung vorlagen. Ansonsten war die wiederholte und synchron zur jeweiligen Überlassung beim Kundenunternehmen verlaufende Befristung eines Zeitarbeitsverhältnisses nicht zulässig (sog. Synchronisationsverbot gem. § 3 Abs. 1 Nr. 5 AÜG a. F.)

Für die Befristung auch von Zeitarbeitsverhältnissen gelten seither lediglich die allgemeinen Bestimmungen des Teilzeit- und Befristungsgesetzes. Im Gegenzug zum Wegfall dieser Restriktionen wurde durch die Einführung des oben genannten Gleichstellungsgrundsatzes geregelt, dass Zeitarbeitnehmern für die Zeit der Überlassung jeweils die wesentlichen Arbeitsbedingungen („Equal Treatment“) einschließlich des Arbeitsentgelts („Equal Pay“) der im Betrieb des Kundenunternehmens beschäftigten, vergleichbaren Arbeitnehmer zu gewähren sind. (§§ 3 Abs. 1 Nr. 3, 9 Nr. 2 AÜG). Die Gleichstellung der Arbeitsbedingungen und des dazugehörigen Entgelts von Zeitarbeitnehmern gegenüber vergleichbaren Arbeitnehmern eines Kundenunternehmens soll den Regelfall bilden. Von diesem Regelfall, d.h. der tatsächlichen faktischen Gleichstellung des Mitarbeiters der Stammbelegschaft und des Zeitarbeitnehmers darf lediglich beim Vorliegen einer besonderen Voraussetzungen abgewichen werden: So trifft das Zeitarbeitsunternehmen die Pflicht zur Gewährung der wesentlichen Arbeitsbedingungen einschließlich des Entgelts dann nicht, wenn die Arbeitsbedingungen des Zeitarbeitsnehmers für die Zeit der Überlassung in einem anwendbaren Tarifvertrag geregelt sind. Entscheidend ist die tarifvertragliche Bindung des Arbeitgebers. Im Verlauf des Jahres 2003 kam es daraufhin zu mehreren Tarifabschlüssen, wie beispielsweise zwischen der DGB-Tarifgemeinschaft Zeitarbeit und den großen Arbeitgeberverbänden der Zeitarbeit, namentlich dem Bundesverband Zeitarbeit Personal-Dienstleistungen e. V. (BZA) und dem Interessenverband Deutscher Zeitarbeitsunternehmen e. V. (IGZ). Die Arbeitsbedingungen der Mehrzahl der in der Zeitarbeit beschäftigten Zeitarbeitnehmerinnen und Zeitarbeitnehmern orientieren sich de facto nicht an den Grundsätzen des „Equal Treatment“ und „Equal Pay“, sondern an dem jeweils gültigen Tarifvertrag.

3 Aspekte zukunftsweisender Zeitarbeit

3.1 Pro-Zeitarbeits-Gesetzgebung

3.1.1 Zeitarbeit als Schlüsselbranche

Eines der Kernziele der sog. „Lissabon-Strategie" der Europäischen Union ist es, bis zum Jahr 2010 eine Beschäftigungsquote von 70 Prozent zu erreichen und die Arbeitslosigkeit auf durchschnittlich vier Prozent zu senken. Auch in Deutschland könnte der Einsatz von Zeitarbeit einen wesentlichen Beitrag zur Zielerreichung leisten. Dazu bedarf es allerdings eines Paradigmenwechsels. Statt die Zeitarbeitsbranche mit Sondergesetzen wie dem AÜG einzuengen, ist geradezu eine Gesetzgebung „ProZeitarbeit" erforderlich. Aus wenig beachteten Anfängen in den sechziger Jahren hat sich die Zeitarbeit in Deutschland, wie dargestellt, bis zu einer anerkannten Form drittbezogenen Personaleinsatzes entwickelt. Seit 1972 durch das AÜG reguliert, konnte sie sich jedoch nicht annähernd so positiv entfalten, wie in Ländern vergleichbaren Industrialisierungsgrades. Mit dem Ersten Gesetz für moderne Dienstleistungen am Arbeitsmarkt (Hartz I) wurden zwar einige der im AÜG geregelten Einschränkungen aufgehoben – die dabei vorgenommenen Deregulierungen blieben aber auf halber Strecke stehen. Ein prägnantes Beispiel für das gespaltene Verhältnis, welches der Gesetzgeber gegenüber der Zeitarbeitsbranche Branche hat, ist die widersprüchliche Anerkennung der Zeitarbeit als eigenständige Arbeitsform: Einerseits wird Zeitarbeitsunternehmen per Tarifvertrag eine eigenständige Entgeltfindung zugebilligt, andererseits wird per Gesetz auferlegt, dass Zeitarbeitnehmer mit vergleichbaren Mitarbeitern des Kundenbetriebs nach dem Gleichstellungsgrundsatz des „Equal-Treatments" gleichzustellen seien. Einerseits wird Zeitarbeitsunternehmen die Arbeitgeberrolle mit sämtlichen sozialen Verpflichtungen zugewiesen, andererseits werden originäre Arbeitgeberrechte wie die uneingeschränkte Tarifautonomie vorenthalten. Einerseits gelten bei Arbeitssicherheit und -medizin verschärfte Arbeitgeberpflichten, andererseits werden sinnvolle gesonderte Regelungen wie die Möglichkeit, Einsatz und Beschäftigungsdauer sachbezogen zu synchronisieren, abgelehnt. Dies alles ist wenig überzeugend.

Zeitarbeit hat sich als Flexibilisierungsinstrument in Unternehmen etabliert. Der Anteil der Zeitarbeitnehmer an der Gesamtbeschäftigtenzahl steigt jedoch nur langsam. Statistische Zuwächse brachten in den letzten Jahren u.a. sog. *Personalserviceagenturen (PSA)*, wobei es sich um ein Instrumente der öffentlichen Arbeitsförderung (SGB III) handelt, sowie Transfergesellschaften von Großunternehmen. Knapp 70 Prozent der in der Zeitarbeit Beschäftigten waren vor ihrer Tätigkeit als Zeitarbeitnehmer erwerbslos, knapp 30 Prozent der jahresdurchschnittlich Beschäftigten werden von Einsatzbetrieben übernommen. Die Werte veranschaulichen die arbeitsmarktpolitischen Effekte der Zeitarbeit eindrucksvoll. Noch größere Effekte könnten erzielt werden, wenn nicht gesetzliche Beschränkungen, wie zum Beispiel das restriktive Befristungsrecht, die Entwicklung dämmten. Für die Beurteilung, welche Bedeutung Zeitarbeit im nationalen Gefüge des Arbeitsmarktes hat, ist die so genannte Penetrationsrate von Bedeutung. Diese Kennziffer setzt die Zahl der Zeitarbeitnehmern in Relation zur Zahl der Erwerbstätigen. Im Gegensatz zu den sozialversicherungspflichtig Beschäftigten, zählen zu den Erwerbstätigen auch all jenen Personen, die eine auf Erwerb gerichtete Tätigkeit ausüben, unabhängig von der tatsächlich geleisteten oder vertragsmäßig zu leistenden Arbeitszeit oder deren Dauer. Für die Zuordnung zur Gruppe der Erwerbstätigen ist es unerheblich, ob durch die Tätigkeit der überwiegende Teil des Lebensunterhalts bestritten wird oder nicht. Einbezogen sind auch Personen, die "geringfügigen Beschäftigungen" nachgehen. Dieser Anteil beläuft sich nach der Statistik der Bundesagentur für Arbeit zum Stichtag 31.12.2006 auf rund 2,3 Prozent.

Der Anteil von Zeitarbeitnehmern innerhalb der Gruppe der Erwerbstätigen beträgt laut „ILO -Arbeitsmarktstatistik Erwerbstätige 2006“ des Statistischen Bundesamtes in Deutschland rund 1,5 Prozent. Damit bildet der Standort Deutschland eines der Schlusslichter in Europa und wird es mit einiger Sicherheit bleiben, so lange sich die gesetzlichen Restriktionen auf dem gegenwärtigen Niveau verharren. Dass sich die Zeitarbeit auch trotz bestehender gesetzlicher Restriktionen behaupten kann, zeigt die von der European Foundation for the Improvement of Living and Working Conditions (EIRO) erstellten Studie *„Zeitarbeit in der erweiterten Europäischen Union“*. Danach verzeichnet die Branche in allen 25 EU-Staaten ein beachtliches Wachstum. Gleiches gilt für die ebenfalls untersuchten Staaten Rumänien, Bulgarien und Norwegen.

Auch in dieser Studie wird die europaweit anzutreffende und dargestellte zeitarbeitsspezifische Regulierung als wachstumshemmend gekennzeichnet. Neben dem fehlenden Zugang zu einigen Branchen, wie beispielsweise zum Baugewerbe in Deutschland, wird das Verbot unbegrenzt befristeter Arbeitsverträge und der Grundsatz des „Equal Treatments“ kritisiert. Darüber hinaus dürfen Unternehmen in einigen Staaten wie unter anderem Belgien, Spanien und Italien Zeitarbeitnehmer nur beim Vorliegen ganz bestimmter Voraussetzungen, wie beispielsweise unerwartete Auftragsspitzen, einsetzen.

Abbildung 49: Regulierung der Zeitarbeit

Regulierung der Zeitarbeit in Europa

Staat	Equal treatment	Bedingungen für die Einführung	Begrenzung der Einsatzdauer	Branchen- und Tätigkeitsbeschränkungen
Belgien	✔	✔	✔	✔
Portugal	✔	✔	✔	✔
Frankreich	✔	✔	✔	✔
Spanien	✔	✔	✘	✔
Luxemburg	✔	✔	✔	✘
Griechenland	✔	✘	✔	✘
Deutschland	✔	✘	✘	✔
Italien	✔	✔	✘	✘
Österreich, Finnland, Niederlande	✔	✘	✘	✘
Norwegen	✘	✔	✘	✘
Großbritannien, Dänemark, Schweden, Irland	✘	✘	✘	✘

Quelle: EIRO / Grafik: Randstad Deutschland

Trotz wachstumshemmender Effekte bereits bestehender Regulierungen, fordern Kritiker der Zeitarbeit den weiteren Ausbau branchenspezifischer Regulierungen mit dem Ziel, die Beschäftigten vor vermeintlich instabilen Jobs zu schützen. Es soll die befürchtete Substitution regulär Beschäftigter durch Zeitarbeitnehmer verhindert werden. Die Studie „Arbeitnehmerüberlassung – Boomende Branche mit hoher Fluktuation" des IAB stellt fest, dass sich Beschäftigungsverhältnisse in der Zeitarbeit durch eine relative Stabilität auszeichnen. Befürchtung, dass Kundenunternehmen Mitarbeiter der Stammbelegschaft systematisch durch Zeitarbeitnehmer ersetzen, sind danach unbegründet . Die Studie untersuchte u. a. Langzeitentwicklungen der Zeitarbeit auf den Arbeitmarkt. Eine Erkenntnis, die sich aus der Untersuchung ziehen lässt ist, dass der Zeitarbeitssektor nicht nur stetig wächst, sondern zusätzliche Jobs schafft und sichert. Die günstige wirtschaftliche Entwicklung der Zeitarbeitsunternehmen führen die Autoren der Studie auch auf die punktuellen Deregulierungen des Gesetzgebers in der Vergangenheit zurück. Ein weiteres Argument für die These, dass eine „Pro-Zeitarbeit-Gesetzgebung", zu der neben der Anpassung des Teilzeit- und Befristungsgesetzes auch zeitarbeitsspezifische Modifikationen im Betriebsverfassungsgesetz und im Arbeitssicherheitsgesetz gehören, für ein noch dynamischeres Wachstum der Zeitarbeit sorgen würde.

3.1.2 Zeitarbeit als Integrationsinstrument

Dass die Branche mit dazu beiträgt, die Arbeitslosenversicherung zu entlasten, ist ein weiteres Ergebnis der o. g. Studie: Immer häufiger erhalten Arbeitslose die Gelegenheit, in der Zeitarbeit erwerbstätig zu sein. Der Anteil der Zeitarbeitnehmer, die aus der registrierten Arbeitslosigkeit kommen, ist zwischen 1980 und 2006 von 24 auf 59 Prozent gestiegen. Zählt man zusätzlich noch den Anteil jener Zeitarbeitnehmer hinzu, die vor Aufnahme ihrer Tätigkeit überhaupt noch nicht beschäftigt gewesen waren, so liegt der Wert bei insgesamt 68,04 Prozent.[169]

169 Statistik der Bundesagentur für Arbeit Arbeitsmarkt in Zahlen, Arbeitnehmerüberlassung, 2. Halbjahr 2006

Abbildung 50: Entwicklung der Arbeitnehmerüberlassung in Deutschland

Nur eine Minderheit fällt im Anschluss in die Arbeitslosigkeit zurück und bezieht erneut Lohnersatzleistungen. In 1980 sind dies 19 Prozent, 34 Prozent in 2003. Bemerkenswert ist, dass während des gesamten Beobachtungszeitraums der Anteil der Zeitarbeitnehmer, der aus der Arbeitslosigkeit kommt, deutlich über dem Anteil liegt, der in Arbeitslosigkeit zurück fällt.

1980 waren 41 Prozent der Zeitarbeitnehmer vor Arbeitsaufnahme überhaupt nicht erwerbstätig, 2006 sind es nur noch 8,5 Prozent. Diese Personengruppe nutzt Zeitarbeit zum Einstieg in den Arbeitsmarkt. Ein Einstieg, der zumeist von Dauer ist. Lediglich Minderheiten sind nach ihrem Einsatz in der Zeitarbeit erneut nichterwerbstätig. Während sich das „Beschäftigtenreservoir" der Zeitarbeit sich zu fast zwei Drittel aus der Arbeitslosigkeit sowie der Nichterwerbstätigkeit speist (68,0 Prozent), sind auf der anderen Seite nur rund die Hälfte der aus einem Zeitarbeitsverhältnis ausscheidenden Zeitarbeitnehmer zunächst wieder beschäftigungslos.

Der so genannte Klebeeffekt, der traditionell als Übernahme von Zeitarbeitnehmern durch das Kundenunternehmen verstanden wird, ist vor allem auch ein Arbeitsmarktklebeeffekt bei Arbeitslosen und Nichterwerbstätigen. Bis ins Jahr 2003 stellte eine Tätigkeit in der Zeitarbeit für die meisten Zeitarbeitnehmer nur eine sehr kurze Phase ihrer Berufslaufbahn dar. Bezogen auf diesen Zeitraum zeigt sich, dass die häufig geäußerte Befürchtung, dass Unternehmen systematisch reguläres Personal durch Zeitarbeitnehmer ersetzen, nicht zutrifft. Für den Beobachtungszeitraum ab dem Jahre 2004 ergibt sich ein anderes Bild: Durch tarifliche Regelungen für die gesamte Branche ab 2004 hat sich die durchschnittliche Beschäftigungszeit von Zeitarbeitsverhältnissen ungefähr verdoppelt. Sie beträgt heute bei führen Zeitarbeitsunternehmen mehr als ein Jahr mit weiter steigender Tendenz.

3.1.3 Kettenüberlassung

Grundsätzlich dürfen Zeitarbeitsunternehmen nur jene Zeitarbeitnehmer überlassen und beim Kundenunternehmen eingesetzt, die arbeitsvertraglich ans eigene Zeitarbeitsunternehmen gebunden sind. Davon zu unterscheiden wäre die Zwischen- oder Kettenüberlassung durch Dritte, welche an Normen des AÜG scheitert. Die Einhaltung dieser Normen wäre bei einer Zwischen- oder Kettenüberlassung unter Beteiligung Dritter regelmäßig nicht sicherzustellen. Nach dieser Rechtslage steht es einem Zeitarbeitsunternehmen nicht frei, Zeitarbeitnehmer an ein anderes Zeitarbeitsunternehmen zwecks Überlassung an dessen Kunden zu überlassen. Diese Rechtslage ist überholt. Eine Lockerung des Verbots der Kettenüberlassung hätte arbeitsmarktpolitische Vorteile, von denen Arbeitgeber und Arbeitnehmer direkt profitieren würden. Arbeitgeber, die als Zeitarbeitsunternehmen anderen Unternehmen Arbeitnehmer gewerbsmäßig überlassen, bedürfen ohnehin der Erlaubnis. Sie übernehmen dabei sämtliche Arbeitgeberpflichten und tragen das Arbeitgeberrisiko. Wäre es anders, läge keine Arbeitnehmerüberlassung vor, sondern Arbeitsvermittlung im Sinne des § 1 Abs. 2 AÜG. Die Arbeitsvermittlung ist seit Aufhebung des Arbeitvermittlungsmonopols der Bundesagentur für Arbeit erlaubnisfrei. Sie bedarf jedoch der Gewerbeanmeldung. Durchführungsanweisungen der Bundesagentur für Arbeit zur Arbeitnehmerüberlassung leiten gleichwohl aus dem Gesetz das Verbot der „Kettenüberlassung" ab. Deshalb darf ein Zeitarbeitsunternehmen nur direkt an Kundenunternehmen überlassen, nicht aber an andere Zeitarbeitsunternehmen. Das so zwischengeschaltete Zeitarbeitsunternehmen würde nämlich möglicherweise, so die Befürchtung, seinen Arbeitgeberpflichten nach § 3 Abs. 1 AÜG nicht ordnungsgemäß nachkommen, also beispielsweise die Lohnsteuer nicht ordentlich abführen oder arbeitsrechtliche bzw. Arbeitsschutzvorschriften vernachlässigen. Im Hinblick auf Zeitarbeitsunternehmen ist diese Befürchtung nicht berechtigt, sofern beide die Erlaubnis zur gewerbsmäßigen Arbeitnehmerüberlassung besitzen. Diese sind bereits nach bestehender Rechtslage zur besonderen Sorgfalt verpflichtet. Als Arbeitgeber sind sie beispielsweise zur ordnungsgemäßen Abführung der Lohnsteuer ebenso verpflichtet wie zur Abführung von Sozialversicherungsbeiträgen. Der Einsatzbetrieb hingegen ist für die Einhaltung des Arbeitsschutzes und der Arbeitssicherheit zuständig. Auch wenn ein Zeitarbeitnehmer über ein zwischengeschaltetes Zeitarbeitsunternehmen an einen Einsatzbetrieb überlassen werden würde, blieben die bestehenden Arbeitgeberpflichten bzw. Arbeitnehmerschutzrechte davon unberührt. Durch die Zulassung von Kettenüberlassungen könnten Zeitarbeitnehmer in Arbeitsmarktprojekten eingesetzt werden, die durch die Beteiligung mehrerer Zeitarbeitsunternehmen gekennzeichnet wären: Die Mitarbeiter könnten auf diese Weise für verschiedene Unternehmen tätig sein, ohne ihr Beschäftigungsverhältnis beenden zu müssen. Ebenso wenig müssten beteiligte Zeitarbeitsunternehmen bestehende Aufträge an konkurrierende Wettbewerber abgeben.

3.1.4 Synchronisationsverbot

Mit der geplanten Lockerung des Verbots für Unternehmen, denselben Mitarbeiter mehrfach befristet einzustellen, einigten sich Bundesregierung und Opposition im Jahre 2005 auf ein sinnvolles Instrument zur Flexibilisierung des Arbeitsmarkts. Konsequent wäre es, die Zeitarbeitsbranche im Rahmen einer „ProZeitarbeit-Gesetzgebung" vom Synchronisationsverbot generell zu befreien. Mit der Modifizierung des Befristungsverbots erhalten Unternehmen die Möglichkeit, flexibler auf konjunkturelle Schwankungen zu reagieren. Zwar sollen Arbeitgeber und Arbeitnehmer nach zwei Jahren erneut ein befristetes Arbeitsverhältnis abschließen dürfen – jedoch bietet diese Neuregelung den Zeitarbeitsunternehmen keine zusätzlichen Vorteile, da die sachbezogene Synchronisation von Einsatz- und Beschäftigungsdauer weiterhin untersagt bleibt.

3.1.5 Makler oder Arbeitgeber?

Wer positiv gestalten will, braucht Freiräume: Dazu gehören branchenspezifische Regelungen, um die Übernahmechancen von Zeitarbeitnehmern bei Kundenbetrieben zu erhöhen, maßgeschneiderte Lösungen zur Altersversorgung zu finden und um Qualifizierungsbausteine definieren zu können. Zeitarbeitsunternehmen müssen in die Lage versetzt werde, die aus sozialpartnerschaftlichen Beziehungen resultierenden Pflichten positiv und gestalterisch annehmen zu können. Dazu ist es nötig, Zeitarbeitsunternehmen eine Arbeitgeberrolle in „Reinkultur" zuzugestehen. Die Beschränkung von Arbeitgeberrechten aufgrund Branchenzugehörigkeit, ist mit den Grundsätzen unserer Rechtsordnung nur schwer vereinbar. So könnte beispielsweise die aktuell gültige „sowohl - als auch" Doppelbelastung beim Arbeitsschutz, bei der Arbeitsmedizin und der Betriebsverfassung durch ein klar definiertes „entweder - oder" ersetzt werden. Die Eigenständigkeit einer Branche umfasst mehr als die Zuweisung der Arbeitgeberrolle. Sie umfasst auch die Übernahme von Verantwortung für Dauer, Umfang und Tiefe der Dienstleistung, einschließlich der Zuständigkeit für die Produktqualität. Wer sich bewusst der Arbeitgeberverantwortung stellt, muss einen vertrauensvollen Dialog mit den Gewerkschaften führen – ein Weg, den führende Zeitarbeitsunternehmen schon lange gehen und zu dem sich u. a. auch der Bundesverband

Zeitarbeit Personaldienstleistungen (BZA) bekennt. Daher sollte es eine Selbstverständlichkeit sein, Tarifverträge abzuschließen und mit Betriebsräten in einem zeit- und branchengemäß definierten Rahmen vertrauensvoll zusammenzuarbeiten. Das Ende der negativen Sondergesetzgebung hätte zur Folge, dass die Qualität der Dienstleistung, also die flexible Bereitstellung von Arbeitskräften, weit über das heutige Maß gesteigert und damit als „Flexible Beschäftigung" bezeichnet werden könnte. Das Ergebnis wären reale arbeitsmarktpolitische Erfolge, die der gesamten Gesellschaft nützen und als Grundlage für weitere Reformen dienen würden.

3.2 Beschäftigungsfähigkeit und Zeitarbeit

3.2.1 Employability -Fit für die Arbeitswelt von morgen

Die demografische Entwicklung und die vielfach als „Brain Drain" bezeichnete Abwanderung qualifizierter Fach und Führungskräfte stellen Unternehmen und Beschäftigte vor neue Herausforderungen. Flexibel, lernbereit und mobil sollen sich die Arbeitnehmer heute präsentieren, um die Produktivität ihres Arbeitgebers und damit auch ihre eigene Beschäftigung zu sichern. Diese gefragten Fähigkeiten werden unter dem Begriff „Employability" zusammengefasst, womit die generelle Beschäftigungsfähigkeit umschrieben wird. Wie ein „Employability Management für den Arbeitsmarkt der Zukunft" gestaltet sein muss, ist gemeinsames Anliegen von Wissenschaft, Wirtschaft und Gesellschaft.

Neben der demografischen Entwicklung wird die Zukunft der Erwerbsarbeit u. a. von zwei Trends geprägt – zum einen der zunehmenden Dynamik und Innovationsabhängigkeit in Unternehmen und zum anderen der wachsenden Bedeutung der Faktoren Wissen und Bildung. Für die berufliche Laufbahn vieler qualifizierter Arbeitnehmer haben diese Entwicklungen zwei Konsequenzen: Berufswege sind immer weniger planbar und finden zudem immer seltener nur in einem einmal erlernten Berufsfeld statt.

Um die eigene Beschäftigung langfristig zu sichern, müssen sich Arbeitnehmer, flexibel, stets lernbereit und mobil präsentieren. Dies sichert nicht zuletzt die Produktivität der eigenen Tätigkeit.
Arbeitgeber sind gefordert, ihren Mitarbeitern den Erwerb und die kontinuierliche Pflege ihrer Beschäftigungsfähigkeit zu ermöglichen und sie über den Tellerrand der eigenen kurzfristigen betrieblichen Erfordernisse hinaus zu fördern. Um die Beschäftigungsfähigkeit gezielt fördern zu können, lassen sich drei Anknüpfungspunkte identifizieren: die individuelle Ebene, die betriebliche Ebene sowie die gesellschaftliche und bildungspolitische Ebene.

Auf betrieblicher Ebene muss von der Prämisse ausgegangen werden, dass Employability kein Phänomen ist, dem mit kurzfristigen Lösungsansätzen begegnet werden kann. „Employability" als Floskel für eine konturlose Sammlung von Einzelprojekten muss abgelöst werden von einer Personalpolitik, die der Förderung der Beschäftigungsfähigkeit einen hohen strategischen Stellenwert beimisst. Es ist für eine integrative Personalstrategie zu plädieren, die auf eine fundamentale Veränderung des „inneren Kontrakts" zwischen Arbeitgeber und Arbeitnehmer zielt. Neben einer erhöhten Lernbereitschaft müssen Arbeitnehmer stärker darum bemüht sein, selbstverantwortlich zu handeln – und bereit sein, sich lebenslang weiter zu qualifizieren.
In den kommenden Jahren wird der Altersdurchschnitt der Belegschaften steigen, werden Vorruhestandsmodelle auslaufen, steigt das Renteneintrittsalter und demografiebedingt stehen dem Arbeitsmarkt weniger junge Mitarbeiter zur Verfügung. Diese Probleme werden in vielen Unternehmen noch immer unterschätzt. Der Handlungsdruck, Prozesse zu entwickeln, die die Risiken bei Personalkosten, Flexibilität und Qualifikation berücksichtigen, werde in den nächsten Jahren weiter ansteigen.
Zudem müssen Betriebe drauf hinwirken, dass Mitarbeiter selbstverantwortlich und präventiv daran arbeiten, die Gefahr von im Alter auftretenden Gesundheitseinschränkungen zu minimieren. Ebenso geboten scheint ein Mentalitätswandel bei der Bereitschaft, sich im Alter neue Wissensgebiete zu erschließen. In den Bereichen Bildung, lebenslanges Lernen und Qualifizierung ist vor dem Hintergrund der demografischen Entwicklung besonders die Politik gefragt. Arbeitssuchende und Arbeitnehmer über 50 Jahren sind gezielt zu unterstützen. So gewährleistet der Gesetzgeber gegenwärtig beispielsweise die Übernahme von Weiterbildungskosten in Betrieben mit bis zu 250 Beschäftigten für Arbeitnehmer über 45 Jahre sowie für geringqualifizierte Arbeitnehmer. Neben beschäftigungspolitischen Fördermaßnahmen kommen Fragen der Arbeitsgesundheit und der Arbeitszeitpolitik grosse Bedeutung zu. Hier sind wiederum Unternehmen gefordert, die mit innovativen Modellen sicherstellen, dass Arbeitnehmer länger fit im Job gehalten werden. Gerade Zeitarbeitsunternehmen sind bereit und in der Lage, die seitens vieler Wirtschaftunternehmen benötigte Flexibilität bei der Personaleinsatzplanung zu bieten. Da durch die konstant hohe Nachfrage nach flexiblen Personaleinsatzmöglichkeiten auch die Beschäftigungssicherheit von Zeitarbeitnehmern steigt, wird der Zusammenhang vielfach auch knapp als „Flexicurity" bezeichnet.

3.2.2 Employability fordern - und fördern

Der Wandel zur wissens- und könnensbasierten Dienstleistungs- und Informationsgesellschaft geht einher mit einem immer deutlicher werdenden Trend zu neuen Arbeitsmodellen und veränderten Anforderungen an den Arbeitsmarkt als Ganzes. Das so genannte Normalarbeitsverhältnis, also das männlich dominierte Alleinverdiener-Vollerwerbsarbeitsverhältnis bei einem Arbeitgeber auf Basis einer einmal erworbenen

Qualifikation, steht auf der „Roten Liste". Eine Ausbildung, eine Qualifikation, ein Arbeitsverhältnis, eine Rente – diese Zeiten sind unwiederbringlich vorbei. Doch wie sehen die neuen Zeiten aus? Freiberufliche Tätigkeit und Projektarbeit, Teilzeitarbeit, Honorartätigkeit und Contracting, Telearbeit, geringfügige und befristete Arbeit sowie vor allem Zeitarbeit spielen schon heute eine große Rolle und werden weiter zunehmen. Sie insgesamt als „atypische Arbeitsverhältnisse" oder gar als „prekäre Arbeitsverhältnisse" zu diskriminieren, wird der betrieblichen Praxis schon seit längerem nicht mehr gerecht - und ignoriert dabei eine unumkehrbare und grundlegende Veränderung des Arbeitsmarktes. Arbeitgeber und Politik sind gefordert, Menschen Mut zu machen, die Vielfalt der Arbeitsformen anzunehmen. Wie sonst sollen Erwerbsquoten von Frauen steigern? Wie sonst sollen Langzeitarbeitslose effektiv in den ersten Arbeitsmarkt integriert werden? Wie sonst lebenslanges Lernen im Wechsel mit Berufstätigkeit organisieren? Und wie sonst im Zuge der Globalisierung veränderten Unternehmensanforderungen begegnen? Mut machen ist das eine, Gelegenheiten bieten das andere. Die Nutzung von Zeitarbeit erfüllt bereits eine Vorbildfunktion. Sie ist eine niederschwellige Möglichkeit für Arbeitslose und von Arbeitslosigkeit Bedrohte, in den Arbeitsmarkt zurückzukehren bzw. dort zu verbleiben. Und sie bietet, mehr als andere Beschäftigungsformen, für eine Vielzahl von Beschäftigten in den unterschiedlichsten Berufsgruppen, Hilfen und Betreuung beim Wechsel der Erwerbstätigkeit und Möglichkeiten der Qualifizierung on-the-job.

3.2.3 Working-First

Um die Ziele der genannten Lissabon-Strategie zu erreichen, müssen die Mitgliedstaaten der Europäischen Union (EU) verstärkten Einfluss auf den Arbeitsmarkt nehmen. Besonders nachdem die EU zunächst die finanziellen Mittel für die Förderperiode von 2007 bis 2013 drastisch kürzte, braucht Deutschland eine flexible Arbeitsmarktpolitik mit einer engeren Kooperation zwischen staatlichen Stellen und Unternehmen im Rahmen einer „Working-First-Strategie". Grundgedanke dieser Strategie ist die Einsicht, dass nichts effektiver für Arbeit qualifiziert als Arbeit. Nachdem die EU-Staaten beschlossen, die Fördermittel bei Regional- und Strukturhilfen zu deckeln und auf die neuen EU-Mitgliedsstaaten zu konzentrieren, wird demzufolge der deutsche Anteil an der Gesamtförderung in der Periode zwischen 2007 und 2013 auf 22,6 Milliarden Euro sinken. Angesichts der knapperen EU-Förderbeiträge müssen sich Bund und Länder auf Arbeitsmarktinstrumente verständigen, die Arbeitnehmer zielgerichtet qualifizieren, aber gleichzeitig Arbeitssuchende in Beschäftigung bringen. Unternehmen, die Profis auf dem Arbeitsmarkt sind, können dem Staat mit Know-how, konkreten Integrationsprojekten, aber auch mit privater Co-Finanzierung hilfreich zur Seite stehen.

3.3 Innovative Projekte und Initiativen

3.3.1 „Lernen im Job - Kompetenzerwerb in der Zeitarbeit"

Wie dargestellt, wird das Thema der Kompetenzentwicklung zukünftig auf dem Arbeitsmarkt eine große Rolle spielen. Das Zeitarbeitsunternehmen Randstad hat im Hinblick auf zu erwartende Veränderungen das Ziel gesetzt, insbesondere geringqualifizierten Mitarbeitern sowie jenen, deren Ausbildung nicht mehr marktgerecht ist, die Möglichkeit zu eröffnen, dauerhafte Beschäftigungsfähigkeit zu erlangen bzw. zurück zu gewinnen. Bedingt durch wechselnde und unterschiedliche Arbeitseinsätze (beispielsweise verschiedene Kundenbetriebe, Arbeitsmethoden, Arbeitsgeräte und soziale Umfelder) sind Geschwindigkeit und Vielfalt des praktischen Lernens (soziale Kompetenzen, fachspezifisches Know-how, Fähigkeiten, Fertigkeiten und Anwendungspraxis) in der Zeitarbeit erheblich höher als in konventionellen vergleichbaren Tätigkeiten. Insofern ist Zeitarbeit eine Qualifizierungsmaßnahme per se. Das Besondere an dieser Qualifizierung ist die Einbeziehung einer Zielgruppe, die vielfach aufgrund sozialer Herkunft oder Bildung kaum Zugang zu konventionellen Dualen Berufsausbildungen hat beziehungsweise die Chance oder den Zeitpunkt zum Einstieg in eine Duale Berufsausbildung verpasst hat. Etwa die Hälfte aller überbetrieblichen Beschäftigten in der Zeitarbeit üben Tätigkeiten aus, die keine oder nur geringe Vorkenntnisse erfordern. Die in der Zeitarbeit beschäftigten Mitarbeiter sind somit zwar beruflich integriert, haben aber nicht in ausreichendem Maße die Chance auf berufliche Entwicklung oder sozialen Aufstieg. In der Praxis vieler Zeitarbeitsunternehmen hat sich eine Unterscheidung zwischen Hilfskräften und Fachhelfern etabliert. Fachhelfer haben eine praktische berufliche spezifische Erfahrung erworben, die sie befähigt, Tätigkeiten oberhalb der normalen Helfer-Ebene und unterhalb der Facharbeiter-Ebene auszuführen. Analog gilt dies auch für Bürotätigkeiten. Durch das Konzept „Lernen im Job – Kompetenzerwerb in der Zeitarbeit" erhält eine hohe Anzahl von Menschen den Zugang zu einer zertifizierten Qualifizierung, die dieser Entwicklung Rechnung trägt. Das Konzept „Lernen im Job – Kompetenzerwerb in der Zeitarbeit" bedeutet, die Inhalte der neu definierten Qualifizierungen Lagerassistent/-in, Büroassistent/-in und Produktionsassistent/-in zu modularisieren und Kundenaufträge, bei denen im Anforderungsprofil die notwendigen Fähigkeiten, Fertigkeiten, Arbeitsplatzbeschreibungen etc. enthalten sind, mit diesen Modulen abzugleichen. Ein Einsatz, der einem oder mehreren dieser Module entspricht, wird nachträglich dokumentiert. Praktisch erworbene Kompetenzen werden durch den Einsatzbetrieb bestätigt, kognitive durch entsprechende Tests überprüft. Hat der Mitarbeiter im Laufe der Zeit alle für eine bestimmte Fachrichtung des „Lernen im Job- Kompetenzerwerb in der Zeitarbeit" vorgesehenen Module erworben und bescheinigt, kann er einen Test bei der IHK ablegen und erhält einen Abschluss mit Zertifikat der IHK. Die erworbenen Bausteine sollen bei späterem Nachholen eines herkömmlichen Berufsabschlusses angerechnet werden können, beispielsweise im Rahmen von Externenprüfungen der DIHK.

Einen Arbeitsgruppe bestehend aus Vertretern der Randstad-Stiftung, des Bundesbildungsinstituts für Berufsbildung (BIBB), der IHK Bildungs-GmbH Koblenz und verschiedenen Kundenunternehmen, haben für die Qualifizierungen Lagerassistenz, Büroassistenz und Produktionsassistenz Module entwickelt. Diese Module entsprechen inhaltlich Auszügen der Rahmenlehrpläne der Berufsbilder Fachkraft Lager/ Logistik und Kaufmann für Bürokommunikation. Die Qualifizierungen wurden in Modulgruppen zerlegt, die wiederum in Module gegliedert wurden. Durch die Mitarbeit der IHK Bildungs-GmbH Koblenz und die Unterstützung durch den DIHK Berlin wird eine zertifizierte Anerkennung der Qualifizierung bundesweit möglich. Die Arbeitsgruppe entwickelte einen Qualifizierungspass für die Mitarbeiter, in dem die erreichten Module dokumentiert werden. Um das Erreichen der Module dokumentieren zu können, wurde eine detaillierte Einsatzbeurteilung entwickelt, anhand derer die Qualität und Intensität der erworbenen Module durch die einzelnen Einsatzunternehmen bestätigt werden. Die Mitarbeiter werden zu Beginn des Beschäftigungsverhältnisses über die Möglichkeiten und Verfahrensweisen des „Lernen im Job – Kompetenzerwerb in der Zeitarbeit" informiert. Sie erhalten den Qualifizierungspass, in dem die durch ihre Einsätze erlangten Module eingetragen werden. Wann und in welchem Umfang einzelne Module erworben werden können, bleibt von einer gewissen Zufälligkeit der anfallenden Arbeitseinsätzen bei Kundenunternehmen abhängig. Einsätze . Die überbetrieblichen Mitarbeiter arbeiten weiterhin in Kundeneinsätzen, die ihren aktuellen Kenntnissen und Fähigkeiten entsprechen. Parallel zu diesem Beschäftigungsverhältnis werden rückblickend die Kundeneinsätze auf Passgenauigkeit zu den definierten Modulen überprüft und dokumentiert. Aufgrund von detaillierten Beurteilungen durch die Kunden werden die Intensität und die Qualität der Tätigkeiten/ Module bescheinigt. In regelmäßigen Abständen werden Evaluationsgespräche gemeinsam mit dem Mitarbeiter/-innen geführt, in denen festgehalten wird, welche Kenntnisse und Fertigkeiten sie sich in dem jeweiligen Kundeneinsatz angeeignet haben und inwieweit diese zu den definierten Modulen passen. Sobald die definierten Tätigkeiten eines Moduls in guter Qualität und im vorgeschriebenen zeitlichen Umfang geleistet wurden, erhalten die Mitarbeiter/-innen einen Stempel in ihren Qualifizierungspass über das Erreichen dieses Moduls. Die Mitarbeiter/-innen können also immer genau nachvollziehen, wo sie stehen, welche Schritte sie bereits gemacht haben, und welche Module ihnen noch fehlen. Nach Erlangung und Bestätigung aller praktischen Fähigkeiten findet eine Überprüfung der notwendigen Kenntnisse vor der IHK statt. Nach erfolgreichem Bestehen dieses Tests erhalten die Mitarbeiter/-innen ein von der IHK ausgestelltes Zertifikat: Büroassistent/-in, Lagerassistent/-in oder Produktionsassistent/-in. Diese Qualifizierungen sind unterhalb einer herkömmlichen Dualen Berufsausbildung angesiedelt.

Da die Module inhaltlich Auszügen der Rahmenlehrpläne der Berufbilder Fachkraft für Lager/ Logistik und Kaufmann für Bürokommunikation entsprechen, sollen diese bei späterem Nachholen eines herkömmlichen Berufsabschlusses angerechnet werden können.

Das „Lernen im Job – Kompetenzerwerb in der Zeitarbeit" wurde in einer Pilotphase anfangs 14 Niederlassungen Randstads in Zusammenarbeit mit dem BIBB, dem DIHK Berlin sowie der IHK-Koblenz eingeführt. Heute ist das Konzept bundesweit bei Randstad implementiert. Das Konzept steht mittlerweile auch unter bestimmten Voraussetzungen, d. h. im wesentliche der Einhaltung von Standards, der gesamten Branche der Zeitarbeit zur Verfügung. Eine Personengruppe, die in hohem Maße bildungs- und arbeitsfremd ist, kann an regelmäßige Arbeit gewöhnt werden und eine Entwicklung erfahren. Durch die Steigerung der Qualifikation und dadurch der Beschäftigungsfähigkeit entsteht ein hoher Nutzen für die Gesellschaft, da aufgrund demografischer Entwicklungen künftig qualifizierte Arbeitskräfte fehlen werden. Für die überbetrieblichen Mitarbeiter ergibt sich unter anderem ein Mehrwert, da sie zusätzlich zur Tätigkeit und Entlohnung eine für alle sichtbare Qualifizierung erwerben. Dadurch wird ihnen Wertschätzung, Erfolg und Anerkennung zu Teil. Die wichtigste Voraussetzung für den Erfolg der Qualifizierung ist die Anerkennung durch Politik und Wirtschaft.

3.3.2 Die „Alltags-Engel" -Eine Initiative der kommunalen Arbeitsvermittlung Wiesbaden und Randstad

Langzeitarbeitslosen eine neue Perspektive zu geben – das ist erklärte Absicht der Stadt Wiesbaden. In Kooperation mit Randstad Deutschland wurde ein völlig neuartiges Projekt ins Leben gerufen: Die Alltags-Engel.

Ziel ist es, Personen die länger als ein Jahr arbeitslos waren und Arbeitslosengeld-II empfangen, wieder in den Arbeitsmarkt zu integrieren. Die Projektteilnehmer werden in privaten Haushalten eingesetzt, wo sie so genannte "haushaltsnahe Dienstleistungen" verrichten, also beispielsweise Tätigkeiten in Küche oder Garten, Erledigung von Einkäufen, Versorgung von Haustiere oder die Verrichtung von Reinigungsarbeiten. Auf diese Weise erhalten die Projektteilnehmer die Chance, einer geregelten Arbeit nachzugehen, was eine Integration in den ersten Arbeitsmarkt begünstigt. Die kommunale Arbeitsvermittlung der Stadt Wiesbaden schlägt mögliche Teilnehmer für das Projekt vor. Im Rahmen von Bewerbungsgesprächen wählt Randstad die ersten 100 Mitarbeiter aus. Diese werden dann in einem sechswöchigen Training auf ihre persönliche Eignung geprüft und auf die Einsätze vorbereitet. Im Anschluss an diese Phase erhält jeder Teilnehmer ein Zertifikat und einen auf zwölf Monate befristeten Arbeitsvertrag bei Randstad. Die Haushalte zahlen für die "Alltags-Engel" einen Festbetrag von 10,50 Euro pro Stunde. Darin sind alle Nebenkosten wie Versicherung, Sozialabgaben und Mehrwertsteuer enthalten. Darüber hinaus können die Mitarbeiter auch in gewerblichen Betrieben eingesetzt werden, dann aber zu marktüblichen Kundentarifen. Sie profitieren so möglicherweise vom so genannten "Klebeeffekt", das heißt Projektteilnehmer werden von einem Unternehmen bei dem sie im Einsatz sind, übernommen. Wenn die Mitarbeiter kurzfristig nicht eingesetzt werden können, werden sie bei Randstad weiterqualifiziert und erhöhen so zusätzlich ihre Chancen auf eine nachhaltige Integration in den Arbeitsmarkt. Insgesamt sollen über eine Laufzeit von zwei Jahren 200 Personen als "Alltags-Engel" qualifiziert und eingesetzt werden. Mindestens 40 Prozent von ihnen sollen durch ihre Einsätze wieder in den Arbeitsmarkt integriert werden. Die Alltags-Engel werden seit dem 02. Januar 2006 vermittelt. Der gesamte Projektzeitraum wird in einer wissenschaftlichen Begleitforschung durch die Randstad Stiftung betrachtet und ausgewertet. Dabei sollen Erkenntnisse für weitere Projektkonzeptionen gewonnen werden.

3.3.3 „Erfahrung hat Zukunft“ -Eine Initiative der hessischen Landesregierung

Arbeitslose Menschen über 50 haben jetzt in Hessen die Chance, in einem innovativen Pilotprogramm schrittweise wieder an eine Tätigkeit herangeführt zu werden. Unter dem Motto „Erfahrung hat Zukunft“ wollen das Bundesland Hessen und die Bundesagentur für Arbeit (BA) bis zu 1.000 ältere Arbeitslose in den Arbeitsmarkt integrieren. Partner bei diesem Projekt ist die Randstad Stiftung. Ein Kooperationsvertrag zwischen dem hessischen Sozialministerium und der Stiftung wurde am 29. Januar 2007 abgeschlossen. Das auf zwei Jahre befristete Programm startete im Februar 2007. Insgesamt ist es auf den Eintritt von bis zu 1.000 Personen ausgelegt. Die hessische Landesregierung hat hierfür, bis zu 37,3 Millionen Euro bereitgestellt. Die Bundesagentur für Arbeit (BA) beteiligt sich am dem Projekt mit bis zu acht Millionen Euro. Als Ziel gilt eine Integrationsquote von 70 Prozent. Im Einzelnen sieht das Programm „Erfahrung hat Zukunft“ vor, Arbeitslose in sechs Phasen an den ersten Arbeitsmarkt heranzuführen. Nach einem vorgeschalteten Gespräch durch die örtliche Arbeitsagentur und einer einmonatigen Vorbereitungsphase, die der Feststellung individueller Fähigkeiten und Stärken der Teilnehmer sowie der Vorbereitung auf die Tätigkeit dient, werden die arbeitsuchenden Älteren in einem zweimonatigen Praktikum in ihrem künftigen Betätigungsfeld eingesetzt. Nach dieser Vorbereitungsphase sollen die Teilnehmer, allesamt im Alter zwischen 50 und 63 Jahren, über 18 Monate in einer geförderten sozialversicherungspflichtigen Beschäftigung tätig sein. Die ersten zwölf Monate stehen die Teilnehmer quasi im öffentlichen Auftrage, beispielsweise als so genannte „Arbeits-Coaches“ für Schüler, als Dienstleister für größere Sportvereine, -kreise oder -fachverbände, als „Bioenergieberater“ für Kommunen und Unternehmen oder als „Integrationsassistent“ für Migranten. Die Einsatzfelder sind in dieser Phase des Projektes landesnah. In den daran anschließenden sechs Monaten können die Teilnehmer im Zuge der Arbeitnehmerüberlassung ihr neu erworbenes Wissen und Können in regulären Beschäftigungen bei Wirtschaftsunternehmen einsetzen. Während der gesamten Projektlaufzeit sind die Teilnehmer bei teilnehmenden Zeitarbeitsunternehmen als Zeitarbeitnehmer angestellt. Auch die Bundesagentur für Arbeit beteiligt sich an der Finanzierung der ersten Projektphase. Während der 18-monatigen sozialversicherungspflichtigen Beschäftigung erhalten die Teilnehmer ein monatliches Bruttoentgelt auf Basis des DGB-BZA-Tarifvertrages, das als Anreiz für die Aufnahme von Beschäftigung leicht oberhalb des jeweiligen Arbeitslosengeldanspruches liegt. Das Programm soll durch das frühzeitige Ergreifen von Maßnahmen erhöhte Beschäftigungschancen eröffnen und somit dem Entstehen von Langzeitarbeitslosigkeit vorbeugen.

3.3.4 IT-Fitness

Die Initiative wird von acht namhaften Unternehmen getragen, die zum Abschluss der Einführungsveranstaltung eine gemeinsame Absichtserklärung unterzeichneten. Das gemeinsame Ziel ist ambitioniert: Unter dem Motto „fIT kommt weiter" sollen bis 2010 allein in Deutschland vier Millionen Menschen aller Berufs- und Altersgruppen kostenfrei ihr IT-Wissen testen und den Umgang mit Neuen Medien trainieren. Jeder Partner der Initiative trägt maßgeblich zur Umsetzung von IT-Fitness bei: Softwarehersteller stellen verschiedenen Bildungsprogrammen Schulungsinhalte und Sachleistungen zur Verfügung. Ein Zentralverband des deutschen Handwerks (ZDH) setzt ein umfassendes Pilotprojekt zur IT-Qualifizierung im Handwerk um. Das Zeitarbeitsunternehmen Randstad, das auch zu den Gründungsmitgliedern der europäischen Initiative gehört, stellt sein Niederlassungsnetz zur Verfügung und ermöglicht so Bewerbern und Mitarbeitern, den IT-Fitness-Test abzulegen. Bis zu 500.000 Menschen sollen in den nächsten vier Jahren in Deutschland von der Teilnahme an dem Test profitieren. Auch in Portugal, Polen, Großbritannien, Belgien, den Niederlanden, Spanien und Italien stellt Randstad Kapazitäten zur Verfügung. Die Initiative soll bis zum Jahre 2012 weltweit rund 20 Millionen Menschen Zugang zu IT-Schulungen verschafften. Der Test fragt grundlegende IT-Kenntnisse in gängigen Anwendungsbereichen wie Textverarbeitung, Tabellenkalkulation, E-Mail sowie Internet ab und stuft die aktuelle IT-Kompetenz ein. Jeder Teilnehmer erhält eine übersichtliche Testauswertung. Sie gibt Aufschluss über Stärken und Schwächen und schlägt konkrete und kostenlose Schulungsmöglichkeiten vor.

Literaturverzeichnis

Pollert, D., Spieler S.: Die Arbeitnehmerüberlassung in der betrieblichen Praxis, Rehm Verlag, Heidelberg 2005

Elghahwagi, S.: Arbeitnehmerüberlassung – Grundlagen, Entwicklung, Ziele, Verlag Dr. Müller, Saarbrücken 2006

Frensch, L.: Handbuch der Arbeitnehmerüberlassung, Salzwasser-Verlag, Bremen 2006

Sell, S.: Modernisierung und Professionalisierung der Arbeitsvermittlung – Strategien, Konzepte und Modelle unter Berücksichtigung internationaler Erfahrungen, Gutachten der Friedrich-Ebert-Stiftung, Bonn 2006

Schwarzkopf, B., Schöne, S.: Zeitarbeit und ArbeitnehmerüberlassungsG, Bundesvereinigung der Deutschen Arbeitgeberverbände, 2. vollständig überarbeitete Auflage, Berlin 2004

Gutmann, J., Kollig, M.: Zeitarbeit, Haufe Verlag, 2004

Scheller, C.: Arbeitsvermittlung, Profiling und Matching, in: Egle F., Nagy, M.: Arbeitsmarktintegration

Keegan, W. J., Schlegelmilch, B. B., Stöttinger, B.: Globales Marketing Management – Eine europäische Perspektive, München 2002

Then, W., Denkhaus, G.: Zeitarbeit – Flexibel arbeiten und beschäftigen, München 1994

Bruttel, Oliver (2005), Die Privatisierung der öffentlichen Arbeitsvermittlung: Australien, Niederlande und Großbritannien: Ein Vergleich aus neo-institutionenökonomischer Perspektive, *Schriften zur Governance-Forschung*, 3, 99-112, Baden-Baden: Nomos

BZA (2006), Wirtschaftliche Bedeutung und arbeitsmarktrechtlicher Beitrag der Zeitarbeit in Deutschland 2001-2005, Studie der Social Consult GmbH, Berlin, im Auftrag des Deutschen Instituts Zeitarbeit (DIZ)

CIETT (2007), Orchestrating the Evolution of Private Employment Agencies towards a stronger society: Four million new jobs for Europe, Studie der McKinsey Company, Bonn, im Auftrag des Bundesverbandes Zeitarbeit Personal-Dienstleistungen e.V. (BZA)

Egle, Franz/ Nagy, Michael, Hrsg. (2005), Profiling – Arbeitsvermittlung – Fallmanagement, Wiesbaden, 2005

Elghahwagi, Sonja (2006), Arbeitnehmerüberlassung: Grundlagen, Entwicklung, Ziele, Saarbrücken, 2006

Jahn, Elke J., Phönix aus der Asche? Entwicklung der Laiharbeit in Deutschland in:

Münchhausen, Gesa, Hrsg. (2007), Kompetenzentwicklung in der Zeitarbeit – Potentiale und Grenzen, Bielefeld, 2007

Siebert, W. Stanley (2006), Labour Market Regulation in the EU – 15: Causes and Consequences – A Survey, IZA Discussion Paper No. 2430, Birmingham/Bonn, 2006

Tijdens; Kea, Maarten v. Klaveren, Hester Houwing, Marc van der Meer und Marieke van Essen (2006), Temporary Agency Work in the Netherlands, Working Paper 06/54, Amsterdam Institute of Advanced Labour Studies, University of Amsterdam, Amsterdam

Dormann, F. (2006), Wirtschaftliche Bedeutung und arbeitsmarktlicher Beitrag der Zeitarbeit in Deutschland 2001 bis 2005

www.abu.nl

www.iza.org

http://statistik.arbeitsagentur.de (Statistiken der Agentur für Arbeit)

Stichwortverzeichnis

A

L

M

N

O

P

Q

R

S

T

U

V

W

Z